U0576135

上册

向“美”而行

萧山十中教育教学的实践探索

韩立明 主编

·杭州·

图书在版编目(CIP)数据

向"美"而行 ：萧山十中教育教学的实践探索 ：上下册 / 韩立明主编. — 杭州 ：浙江工商大学出版社，2023.3

ISBN 978-7-5178-5414-2

Ⅰ. ①向… Ⅱ. ①韩… Ⅲ. ①中学教育－教学研究 Ⅳ. ①G632.0

中国国家版本馆 CIP 数据核字(2023)第 050329 号

向"美"而行——萧山十中教育教学的实践探索(上下册)

XIANG"MEI"-ERXING——XIAOSHAN SHIZHONG JIAOYU JIAOXUE DE SHIJIAN TANSUO(SHANGXIACE)

韩立明 主编

策划编辑 周敏燕
责任编辑 厉 勇
责任校对 何小玲 都青青
封面设计 朱嘉怡
责任印制 包建辉
出版发行 浙江工商大学出版社
(杭州市教工路 198 号 邮政编码 310012)
(E-mail:zjgsupress@163.com)
(网址:http://www.zjgsupress.com)
电话:0571-88904980,88831806(传真)
排 版 杭州朝曦图文设计有限公司
印 刷 浙江全能工艺美术印刷有限公司
开 本 787mm×1092mm 1/16
印 张 41.25
字 数 858 千
版 印 次 2023 年 3 月第 1 版 2023 年 3 月第 1 次印刷
书 号 ISBN 978-7-5178-5414-2
定 价 209.80 元

做一名研究型教师

这本教科研成果集,收录了我校建校20年来各类获奖研究成果92篇(项),填补了我校教科研工作专著出版的空白,也翻开了我校教科研工作新的一页,未来可期!

众所周知,教科研走进中小学其实才几十年。从无到有,从“科研兴校”“科研强校”到如今新教材改革,引领学校发展、教师成长,教科研发展势头迅猛。作为新生事物,发展中难免存在一些问题,这同任何新事物一样,都需要时间来完善。我想基于问题导向,就多年来老师们对教科研工作的几种较负面的观点谈谈个人理解,希能通过交流来解放思想,提升认知,以便进一步推动我校教科研工作。

功利论:有些老师认为教科研都是带有较强功利性的工作,而且是短期内不能改变的客观事实。但这不是教科研本身造成的,也不是教科研工作的本质与初心。教科研,是要教师发现教育教学中的问题,并想办法去解决的过程。教科研目的在于分析和解决问题,作为学校整体工作的一部分,教科研肯定要被纳入整体评价的环节中。“风物长宜放眼量”,要在发展中看问题,杜绝空谈。

务虚论:有些老师认为教科研都是虚的,不是一线教师做的事。殊不知,中小学教科研与大学教授、专家学者的研究不一样,我们的研究是实践研究、案例研究或者叫“草根研究”“平民研究”。我校多年来践行“做教科研”的核心理念,提出的理念、方案,直至成果,都是基于问题,基于案例扎扎实实“做”出来的,不是“写”出来的。

无用论:有些老师认为做课题写论文对提高学生成绩无用。这种观点只能说明我们还没有真正走进教科研!教科研实际上是一种涵养、一种手段,是现代教师的核心素养与关键能力,我们只有具备这种素养,才能在教育教学中更深层次地发现问题、分析问题、解决问题,才能成为成长型教师。

没空论:有些老师总是以工作太忙、“没空”作为理由,拒绝搞研究。作为一线老师,抽出时间,沉浸其中,精心研究,对教学质量提升也会有显著效果,这种类型的教师就是我们倡导的“研究型教师”。我们工作中的灵感、智慧和发现,大都是在“忙”中激发与生成的。

针对教科研还有另外一些观点,这里就不再赘述。我校此教科研成果集的出版,去伪存真,去虚存实,去粗取精,希望能在认知上消除对教科研的曲解,并期待有更多老师参与其中,以此实现自己的专业发展！愿我校教科研工作大放异彩！

仅以此为本书之序,不妥之处,敬请指正！

编者

2022年11月23日

目　录

☆　☆　☆

☆　☆　☆

“花雨”育人:普通高中特色社团建设的20年探索

杭州市萧山区第十高级中学　韩立明　莫利崧
徐叶强　张　旺　杨　丽　陈筱艳

摘　要:20年的探索,我们有了惊人的发现。社团具有独特的育人价值,与传统育人方式相比,具有不可替代的优越性,蕴含着巨大的育人潜能:一个社团,可以影响学生的一生,让学生终生难以忘怀;一个社团,可以影响一个学校,让校园“社”彩缤纷,青春靓丽。20年来,花雨文学社在探索多样化学习、拓展第二课堂、丰富课程资源、促进个性成长等方面发挥了独特的作用,“花雨”经验、“花雨”现象、“花雨”模式、“花雨”精神,播撒四方,润泽南北,“花雨”日妍月丽,成为新时代校园“文学育人”的一张金名片,享誉全国。

关键词:“花雨”育人;特色社团;文学社

一、研究缘起

(一)一所生源不好的普通高中怎样解决学生的个性成长问题

1.学生生源与管理现状促使我们思考学生个性成长问题

萧山第十高级中学(以下简称萧山十中)录取的生源几乎是萧山区9所普高当中最差的,如2002年我校统招线为433分,而全区一所重点高中统招线为535分,相差102分。大部分学生学习没有明确的目标与动力,有部分学生本身不愿到高中学习,主要是因为家长逼迫,无奈之下才来读书的。他们上课不听讲,作业不做,老师与班主任的管理与教育根本无法奏效;有的家长甚至说,孩子学习成绩随他便,只要在学校不出大事就行,俨然把学校当作托儿所。在这种情况下,有的学生“我行我素”,与任课老师、班主任甚至学校经常发生冲突,校园不和谐的情况比较严重。

大量问题学生的存在,给学校日常行为习惯的管理带来了极大的困难,再加上个别学生家长不理解、不配合甚至是袒护,让老师在课堂教学中苦不堪言。有的只好睁一只眼闭一只眼,任由个别学生不学习的行为现象存在。学校政教处、年级部对个别非常严重的违纪学生进行处罚,但不能从根本上解决这些问题。这些学生自暴自弃,对批评、处分等一点都不在乎;极个别学生在课外抽烟、打架、破坏公物、滋事等现象不断发生。对此,学校下了很大功夫,但无论是苦口婆心的说教还是严厉的处分,好像都没有触及他们的灵魂,无法有效改变他们的行为。究其原因,主要是他们缺少学习动力,对校园生活不感兴趣,于是我们尝试以文学社团活动来改变这一状况。随着参与社团学习人数的不断增加,最多时达到500多人,上述情况得到了明显改观。

2.学生的学习和生活现状促使我们思考学生个性成长问题

作为一所普高,面临着生存与升学的严峻形势,同是在传统知识本位的教育思想指导下,学生的校园生活整体上呈现出知识化倾向,整个精神生活被锁定在学习世界和书本知识之中,缺乏生活感和现实感,这使得学校生活呈现出单一化、封闭化、规训化和虚假化的弊端。校园生活对社会生活和现实生活的排斥和疏远,使它丧失了生活应有的完整性和丰富性,造成生命意义的干枯、生命情感的干涸、生命自主性的压抑和生命活力的消解。校园生活中开展的丰富多彩的活动,因为与考试、与知识没有直接的联系,甚至被学生视为“没用”“浪费时间”而不愿参加。学生完全被封闭在学校与课堂之中,禁锢在学科知识的象牙塔里,天天有上不完的课,写不完的作业,从早到晚,学生的每分每秒都被细致地“规划、分割”,学生整天甚至一周都没有时间和机会离开学校。“教室—食堂—寝室”三点一线,像钟摆一样机械重复,成了学生全部的生活,似乎课堂就是学生生活的全部天地,书本世界就是学生生活的全部空间,这是萧山十中当然也是很多普高的真实现状。

3.现代教育发展现状促使我们思考学生个性成长问题

英国哲学家斯宾塞说过,教育的目的是培养学生的个性。学生个性发展已经成为教育的时代潮流,成为学生发展的重要内涵。首先,个性发展是学生自信和成功的重要基础。传统观念中的完美标准,让学生感到更多的是自卑与挫败,进而是自信心和进取心的丧失。个性发展则充分认可和理解学生的差异,充分尊重每个人的独特存在和发展价值,从而不断激发个体发展的活力与动力,由智能优势上升到自身整体素质的提升,以此逐步导向成功。其次,个性发展是学生实现自我最大价值的前提。一个人的价值实现,取决于能够及早明确自己个性特质和发展优势、找准自己的人生道路。认清自我,找准方向,做好人生规划,如此才能逐步集聚自己的生命能量,提高自己的素质和能力,向更高的人生目标不断努力,实现自己的最大价值。最后,个性发展是社会发展的必然要求。胡适说,人的千分之九百九十九是社会性的,而能够促使社会进化的是其中的千分之一。社会的发展是多种要素和力量聚合的结果,有了丰富多彩的个性就有了丰富多彩的创造力,才能有对社会的独特贡献。任何一个成功者,个性素质都是他们成长发展的内在动力,同样也是推动社会进步的创新力量。每个生命都是独特的。而教育不仅要让学生认识到自己的独特性,更要创造学生个性发展的条件,让学生挖掘自身独特的潜质,寻找自身发展的独特价值,为其终身发展奠定基础。

(二)社团育人给我们的启示:为不同学生提供成才路径

1.社团育人赋能萧山十中未来发展特色

学校要发展,必须有特色,立足自身实际,走特色发展之路,才能打出萧山十中的教育品牌。审视萧山十中的发展,社团建设成为萧山十中一道亮丽的风景,已成为未来发展的一大特色。20年风雨,20年探索,蓦然回首,成绩斐然,在萧山区、杭州市乃至全国产生了较好的反响,已成为全国校园文学社团的“顶流”社团,引起了文学界、教育界、艺术界的高度关注与“围观”。据此,站在学校发展的战略高度,在花雨文学社团建设领域深化发展,以新理念对之进行科学的优化与理论架构,进一步使花雨文学社成为学生个性成长与学校特色发展的重要平台,拓展学习与成长的空间,构建丰富多彩的有意义的校园生活,把“花雨”育人理念与内涵拓展到教育教学的实践中去,使之成为萧山十中的育人理念、育人方式、育人特色,从而全面改观校园生活现状,让学生个性成长,使学校焕发蓬勃生机。

2.社团育人陶冶学生思想情操

社团活动体现自主,体现爱心,平等对话,尊重人格,呵护自尊,使学生的行为习惯有了根本改观,让那些“屡教不改”的学生,根据他们的爱好与特长加入相应的社团中,让他们在社团这个集体中发现自己的亮点,找回成功的自信,体验成功的喜悦,找到自己人生的坐标,从而填平师生间形成的情感沟壑,修补他们因受不良影响而形成的心理障碍,点燃他们人生的希望。他们在社团感受到集体的温暖,感受到自己在学校有一席之地,社团成为他们展示自身价值、树立自身形象的舞台,从而让社团活动迸发出一股巨大的精神力量,创生出一种巨大的教育力量,通过潜移默化的陶冶和影响,有效地促进学生良好的行为、习惯、意志、性格的形成和发展,助长积极、健康和进步因素的不断放大。英国作家萨克莱曾说:“播种思想,收获行动;播种行动,收获习惯;播种习惯,收获人格;播种人格,收获命运。”社团在学生的心灵深处滋长为崇高道德的生长点,学生的行为习惯有了质的提升。

3.社团育人助力学生个性成长

社团活动中学生通过自主参与、独立学习、各抒己见、小组讨论、师生交流等多种手段,达成了互相思维共振与感情共鸣,开阔了思路,调动了他们学习的主动性和积极性,引导他们自我获取知识、自我创造学习的机会,推动他们顺应环境、挖掘潜力、走向成功的内在动能。苏联教育家苏霍姆林斯基曾说过:“在人的心灵深处,都有一种根深蒂固的需要,这就是希望自己是一个发现者、研究者、探索者。”在每一个活动的策划、设计、组织和实施中,学生表现出敢想、敢说、敢做、敢争论的特质,处处是创造之地,天天是创造之时,人人是创造之人。在每个学生身上发现他最强的一面,并使其成为他的发展源的“机灵点”,能够充分地显示和发挥他的天赋。实践证明,生动活泼、朝气蓬勃、充满活力的校园社团就是校园精神的生动载体,色彩斑斓的课余生活，丰富多彩的社团活动，就能让学生精神饱满，热情洋溢，处处显出青春的朝气，这就是学校精神的高度体现。一个好的社团，一个好的校园刊物，往往会成为一个学校最具代表性的特色品牌；一系列有意义的校园社团生活，往往会成为校园最亮丽的风景。

（三）“花雨”育人：基于学校优势学科组建特色社团来助推学生成长的新路子

1.“花雨”助推萧山十中语文成为优势学科

花雨文学社与萧山十中语文教研组几乎同年组建，从一开始，“花雨”社团活动就融入语文学习中，学生对文学社抱以极大的兴趣与热情，并参与其中。丰富的“花雨杯”社团活动，尊重学生的多样化发展需要，以培养学生思想道德素质为核心，以培养学生创新精神和实践能力为重点，以尊重差异、追求个性和鼓励创新为核心理念，积极引导学生主动参与、乐于探究、善于实践，从根本上实现学生学习方式的转变，把学生的学习过程转变为主动建构的过程，从而使“花雨”成为语文学习的第二课堂，备受学生青睐。学生语文学习的时空得到大大拓展与延伸，学习兴趣得以大大激发，学生天天在阅读，天天在写作，并成为一种自然的习惯，语文成绩快速提升，全校学生在历年统考、学考、高考中的语文成绩，在同类学校中遥遥领先。以学校首届高考为例，学生高考语文成绩名列全区第二，一炮打响，进而成为学校的优势学科、特色学科。

2.依托语文优势学科让“花雨”快速发展

花雨文学社满足不同层次的学生个性发展与爱好，让尽可能多的学生找到自我发展的坐标。特别是差生，通过参与活动，有助于培养健康积极的兴趣、爱好，发挥自己的潜能，从而不断成长；有助于培养主体意识，提高管理能力；有助于正确认识自己，找到归属感，体验成功，增强自信，塑造完善人格。有的学生因为在《花雨》上发表了一篇文章，爱不释手，把自己的文稿看了一遍又一遍；有的学生在全国报刊上发表了一篇文章，还拿到了稿费，高兴得手舞足蹈，奔走相告。每位语文老师都是指导老师，且都面向全体学生进行辅导。到了高三，还有个别学生不愿退社，继续参加花雨文学社的活动，有的还拿着自己的文章到文学社求修改，求推荐发表。花雨文学社助推了语文学科建设，语文的学科优势又推进了文学社的高速成长。

3.“花雨”助推学生成长

“花雨”作为一个社团坚守了 20 年，取得了如此重大的成果，产生了如此重大的影响，我们要思考“为什么”。我们现在来看“花雨”，可以分明地发现：它不再仅仅是一个学科类社团，而已茁壮成长为一个“育人型”社团；它的位置也从育人的“边缘”地带逐步移到学生成长的“中心”地带；它对人的影响也从以课外兴趣为主，进而影响学生的一生成长；它的活动空间也从校园走向更广阔的空间；它的影响力也从本地走向全国。这是一条基于学校优势学科组建特色社团来助推学生成长的"花雨"育人新路子,而且越来越明晰,越来越宽广。

二、探索历程:花雨文学社迭代升级为"花雨"育人的重要节点

(一)区域架构的搭建

花雨文学社在萧山区中小学文学社联合会的基础上,又牵头组建了杭州市青少年文学教育联盟,创办了"杭州市青少年文学教育网",全国中语会、全国校园文学研究会在萧山十中挂牌成立了全国校园文学"杭州工作委员会"、全国首家"校园文学名师工作室",从而形成了一个辐射更广、影响更大的校园文学发展共同体,具体情况如图 1 和图 2 所示。

图 1　萧山区中小学文学社联合会第四届年会

图 2　杭州市青少年文学教育联盟成立暨研讨活动现场

(二)特色场馆的建设

我们先后建成了"校园文学创作研究工作室""全国校园文学名师工作室""花雨文学展馆""花雨文学社小作家班专用教室""花雨书屋""萧山区中小学文学社联合会秘书处""杭州市青少年文学教育联盟秘书处""全国校园文学杭州工作委员会""全国中学生文学社活动实践研究基地""杭州市首届教育科研标兵张旺工作室"等花雨专用场馆,对花雨活动空间统一规划,对需要的相关设施配足配齐,形成了档案完整、资料丰富、内涵丰富、文化气息浓厚的活动场馆。它看上去既像图书馆、阅览室、档案室,又像书法艺术馆,还像文艺沙龙,美不胜收,让人流连忘返,成为学校文化标本、特色标签、社团标杆、师生的精神家园,具体情况如图 3 所示。

(a)

(b)

(c)

图 3　花雨文学社活动专用场馆

(三)大型会议的承办

第四届全国校园文学高峰论坛在萧山十中召开，全国350多所学校的老师走进萧然山下、湘湖之滨的萧山十中，观摩学校社团教育嘉年华，展示了萧山十中风采，也展示了萧山教育的风采，具体情况如图4所示。

(a)

(b)

图4　第四届全国校园文学高峰论坛开幕式上，全国350多所学校的老师观摩“花雨”成果展

(四)领导的莅临

2015年6月2日，时任省教育厅厅长刘希平一行饶有兴趣地参观了花雨文学社，刘希平认真了解花雨社师生在全国报刊发表文学作品情况、社员活动情况、学生参与文学选修课程开发情况及场馆开放情况。刘希平翻阅着新编辑的《花雨》社刊及出版的作品集，看到花雨社在全国报刊发表了如此多的作品，啧啧称赞；当看到《萧山日报》报道全国第四届校园文学高峰论坛在萧山十中召开的新闻时给予充分肯定，并询问会议的动态。刘希平对萧山十中花雨文学社活动充分肯定与鼓励，并反馈：“你们每期的《花雨》杂志我都收到了。”他认为“花雨”育人就是个性化教育，学校要在利用资源、用活资源方面多下功夫，加大花雨特色场馆开发力度，让“花雨”育人全面转化为新时代育人新标杆，让学生生活与学习更加幸福、快乐，具体情况如图5所示。

(a)

(b)

图5　省教育厅原厅长刘希平一行饶有兴趣地参观花雨文学社

三、模式的建构

(一)"花雨"育人的概念界定

"花雨"育人概念,是萧山十中的首创,即通过花雨文学社团活动来实现育人目标的育人新样态、新路径、新方式,是新时代学校育人手段多样化、特色化、小微化的新探索,它超越原有的班组形式进行临时性重组,通过松散性群体来实现自我管理、自我教育、自我服务,进而影响学生态度、认识和情感、生活,使学生获得丰富的经验和真切的体验,养成丰富的合作、分享、进取等个性品质,促进完善的人格。

(1)"花雨"育人是一种理念。当前,"花雨"育人的提出体现了萧山十中育人的新追求新理念,也是萧山十中对社团育人价值和功能不断认识的结果。在当前以知识为本位、以课堂为中心和权威型管理下,"花雨"育人则通过社团建设的独特方式实现育人的目的。

(2)"花雨"育人是一种机制。"花雨"育人是一项系统工程,不是碎片化的,不是随意性的,而是在一定高度下创生为一种机制来持续性发展的育人模式,是一个育人有机体。

(3)"花雨"育人是一种行动。"花雨"育人是润物细无声式的,即在活动中育人,让学生在"动"中成长,具体表现在以活动为线索,以自主参与为前提,以兴趣激发为手段,以特长塑造为突破点,为学生成长打下亮丽的底色。

(二)"花雨"育人的目标定位

(1)满足或实现学生基于兴趣、爱好而需要的专项能力发展需求,让学生在文学兴趣、爱好方面能够挖得更深、走得更远,拓展新时代育人的新天地。

(2)对花雨社团进行理论上的建构和运作机制上的探寻,形成社团的发展范式,打造精品社团活动和精品社团品牌,建构"花雨"育人新模式。

(3)使学校在文学社团这一平台上,凸显"让校园成为绽放师生生命精彩的舞台"的办学理念,助力学校实现"让每一个学生都成为品行端正、品位高雅、品格多元的现代公民"的育人目标。

(三)"花雨"育人的模式建构

1. 理念的产生

(1)"花雨"育人是一种生活教育。花雨社是由学生自主设计、自主谋划的社团,在整体上营造了校园语文学习公共生活的空间,不仅让全校范围的学生可以按照自己的意愿参与,更重要的是活动的设计、组织全由学生一手操办,这个过程不仅锻炼了学生的自身能力,更让学生个体之间互相交往、分工、合作的机会增多。比如学生现场演绎课本剧,如图6所示。

图 6 学生现场演绎课本剧

(2)“花雨”育人是最优秀的隐性课程。将育人寓于社团文化之中，会使育人更生动活泼，更具吸引力，更容易为学生所接受。丰富多彩的花雨社团活动为学校营造了一种健康向上、活泼生动、富有青春气息的校园文化氛围，对引导学生形成健康向上的世界观、人生观和价值观有积极作用。因此，花雨社团文化是一种巨大的无声的力量，是最优秀的隐性课程，它如“润物细无声”的春雨，能以最深刻最微妙的方式进入学生的心灵深处并产生影响。比如学生在湘湖边采风时，触景生情，一起朗诵诗歌的场景，如图 7 所示。

图 7 学生一起朗诵诗歌

(3)“花雨”育人使学校教育实现了与社会生活的无缝衔接。花雨社团的诸多活动都体现了民主法治、公平正义、自由平等的原则。社团人员的选拔是有一套公平程序的，比如新一届人员的选拔，其评委以老一套班子的高年级同学为主，再加上少数老师，进行面试，包括朗诵、情境问答等各个环节，最后由各评委打分排出名次，择优录取，让学生提前体验了社会公正和程序正义。比如由学生主持的读书活动课现场，如图 8 所示。

图 8 学生主持的读书活动课

(4)“花雨”育人是公民教育的最好实践。花雨文学社团的组织形式和具体活动，不仅给学生营造了公共生活的“小环境”，让学生提早适应、履行一个现代公民对于公共事务的各种权利和义务，而且更重要的是，培养学生对公共生活的参与意识，培养他们在活动中应该树立的自信心和责任感，让他们感觉到自己才是校园真正的主人。一个没有社团活动的学校是不完整的学校，因为它没有给学生提供参与公共生活的机会。比如学生参加新一届花雨文学社干部演讲的场景，如图 9 所示。

图 9　学生参加新一届花雨文学社干部演讲的场景

(5)“花雨”育人是校园文化的前进方向。花雨文学社团是一种不同于学生班级的群体，它兼有正式群体和非正式群体的特性，这个特殊的群体具备如心理上的认知性、行为上的联系性、目标上的共同性、群体行为的规范性相结合的组织性等特征，是一个有组织、有领导、有目标，相互影响、相互联系的有机整体，并且通过这个整体的运行来达到共同目标。社团的建设目标与学校育人目标是一致的，反映了校园文化的先进的前进方向。比如学生在苏州园林采风合影，如图 10 所示。

图 10　学生在苏州园林采风合影

(6)“花雨”育人是现代教育理念的拓展。花雨文学社团作为育人的有型载体，它带给我们新的教育理念：全面关注人的发展，其核心是人的个性成长；在教育的过程中建构具有民主性、教育性、创造性、实践性等学生主体活动形式，促使学生自我选择、自我指导、独立思考、自我评价等一系列自我教育能力的生成，使学生真正成为具有主体意识和自主能力的人；让教育的主辅渠道真正成为师生共同的、生动的、真实的学习生活场所，让学生在丰富多彩的活动中进行个性化成长。花雨文学社学生采访名家的场景，如图 11 所示。

图 11　花雨文学社学生采访名家的场景

2.路径的探索

(1)活动的开展。“花雨杯”系列活动内容丰富多彩:演讲比赛、朗诵比赛、征文大赛、校园文学原创大赛,让学生放飞青春的梦想,让校园的生活与学习更加多姿多彩!每学期一次外出文学采风活动:寻名人足迹,探造化神功。每学期一次“花雨文学大讲堂”:与名人零距离,与作家面对面,走进文学天地,感受成长脉搏!另外的社团活动也在蓬勃开展,社团活动成为校园一道亮丽的风景。比如花雨文学社开展的首届“花雨杯”“走读湘湖”文化演出场景,如图 12 所示。

(a)

(b)

(c)

图 12　花雨文学社开展的首届“花雨杯”“走读湘湖”文化演出场景

(2)课程的开发。我们以“社团课程化、课程社团化”开发推进花雨文学社活动课程化。先后推出系列花雨“社团课”、花雨系列选修课;2014 年在萧山十中举办的第四届全国校园文学研究高峰论坛上,成功推出了“走进曹文轩的文学世界”社团读书活动课,受到了与会专家老师的好评;萧山十中社团课程开发的经验,在北京潞河中学召开的第三届全国校园文学研究高峰论坛上做过专题介绍。比如“走进曹文轩的文学世界”全国优秀社团读书活动课现场,如图 13 所示。

(a)

(b)

(c)

图 13　“走进曹文轩的文学世界”全国优秀社团读书活动课现场

(3)机制的生成。花雨文学社每年举办一届年会,年会内容丰富,首先要为新一届花雨文学社干部颁发聘书,表彰一年来在各类活动中取得优异成绩的社员,表彰一年来在社团建设中表现突出的优秀社员和干部;更重要的是,每届年会都邀请知名作家光临年会,为全体社员做精彩的文学报告。花雨年会成为展示师生文学特长的重要平台与舞台,也成为推进花雨文学社长效发展的重要机制。比如花雨文学社第十三届年会、萧山十中第二届“花雨小作家班”开班典礼,如图14所示。

(a)

(b)

图14 花雨文学社第十三届年会、萧山十中第二届“花雨小作家班”开班典礼

(4)场馆的建设。一个好的场馆,就是给文学社安一个家,打造一个活动基地,更是一个课程开发与实施的重要平台与载体。文学社从开始的“一间活动室”,到现在的集展厅、工作室、编辑部、资料室、档案室、活动室、教室、书屋、会议室等多重功能于一身,不仅成为课程资源开发与课程实施的重要载体与平台,更是对外交流与展示、学习与研讨的阵地与舞台。

(四)策略的建构

1.突破书本

多年来,我们把书本作为学生获取知识、提升能力的唯一载体,而花雨文学社团活动,则是追寻书本以外的知识与学习的载体,感悟书本知识的价值和意义,开辟由知识到现实生活的通道,建构个人的直接经验和生活体验,创造一种书本之外的活生生的生活世界与精神追求。比如花雨文学社走进全国名校镇海中学校史馆,如图15所示。

图15 花雨文学社走进全国名校镇海中学校史馆

2. 突破课堂

凡是可以学习的地方,可以交流与沟通的地方,可以让人潜移默化的地方,可以让人受到启示的地方,可以让人感动的地方,这样的场所与空间都是课堂。花雨社团活动的“课堂”就是传统意义以外的时空,空气新鲜,视野开阔,灵活多样,别开生面,让学生的心灵得以放飞。比如花雨文学社走进苏州十中参观研学活动,如图 16 所示。

图 16　花雨文学社走进苏州十中参观研学活动

3. 突破个体

在当前的校园生活中,学生是一个实质上的个体存在,而花雨社团这个独立于班级之外的“集体”,是基于共同爱好与追求的共同体,必然对学生封闭的个体的突破,走向深层的交往、探究与合作,生成一个共同学习、共同追求、共同成长的“集体团队”起到促进作用。比如花雨文学社走进杭州高级中学著名作家张抗抗文学馆,如图 17 所示。

图 17　花雨文学社走进杭州高级中学著名作家张抗抗文学馆

4. 突破单一

花雨文学社活动成为学生课堂学习之余所期盼的,是既能调剂学习、生活,又能获取各种知识和才能的充满强烈动感的校园文化活动。通过组织各种各样的贴近时代、贴近校园、贴近学生的社团活动,丰富了校园生活,使校园处处洋溢着时代气息和青春氛围,使学生思想得以净化,灵魂得以升华,身心得以健康。

5. 突破班级

花雨文学社活动中在思想、观点、情感和人格等方面的充分交流、对话,真正切入了学生的经验系统,让学生充分、自由、生动活泼地发展,学校才能真正成为师生之间共同学习、共同创造、共同发展的家园。如花雨文学社走进衢州二中,并与衢州二中学子交流对话,如图 18 所示。

图 18　花雨文学社走进衢州二中,并与衢州二中学子交流对话

6. 突破校园

丰富多彩的花雨文学社活动,为学生走出校园,走向社会提供了可能与机会,有意识地让学生多接触、多了解社会,参加社会实践活动,让小小的校园向社会延伸与拓展,让充满希望与憧憬的学生怀揣知识与梦想走向那广阔的生活空间。如花雨文学社走进白马湖畔名人故居并参观考察。

(五)模式的形成

20 年来,花雨文学社牢记以文学立德树人的宗旨,践行学校“让校园成为绽放师生生命精彩的舞台”的办学理念,落实学校“让每一个学生都成为品行端正、品位高雅、品格多元的现代公民”的育人目标,引领师生“读万卷书,行万里路”,精心打造“行走的课堂”,努力追求“人人爱阅读,个个会写作”的文学校园,以课外阅读写作为抓手,以活动建构为线索,以四大维度、六大策略创生了具有独特价值的“花雨”育人新模式,如图 19 所示。

图 19 “花雨”育人新模式

四、“花雨”育人的理论主张

（一）“花雨”育人的价值指向

（1）“花雨”育人是学生自由本真的校园生活的回归。花雨文学社活动是走出现代教育的“异化”、回归校园生活本真的重要途径，充满生机与活力的校园社团，真正把“生命”还给学生，使校园生活基于生命、生命融入校园生活，最终使校园生活成为生命的诗意“栖息地”。

（2）“花雨”育人是学生追求意义和价值、获得解放与自由的过程。花雨文学社活动成为师生共同参与共同探索新知的过程，社团活动所代表的教育形态不再是在教育情境之外固定的、物化的、静态的知识文本，而是在教育情境中师生共同创造的一系列“事件”，是师生开放的、动态的、生成的生命体验，成为师生追求意义和价值、获得解放与自由的过程。

（3）“花雨”育人是学生在生活世界中通过交往共同建构意义的活动。花雨文学社活动的视野中，教育成为一种生活——一种以精神交流和意义创生为主要目的的人的生活。学习不再是单纯的认识过程，而是师生在生活中通过交往共同建构意义的活动。社团活动成为师生生命与情感沟通的桥梁，实现了真正意义上的教与学方式的转变。

（4）“花雨”育人是学生迈向交流与合作的一种深度学习。花雨文学社活动改变了学生的单一认知学习，走出个体学习行为，迈向交流与合作，融合了学生的知识探索与精神建构。由于学生情感、态度、价值观的参与，社团活动成为一种深度学习，影响到学生的生命状态，并以深刻的方式改变着他们智力之外的东西，使生命的责任感与丰富性重新返回到学习活动中。

(5)“花雨”育人是学生创新的“实验室”。从产生成立社团的冲动到寻求志同道合的支持者，到成立社团筹备组、起草社团章程，到提出申请、得到审批，再到招聘会员，并依据章程组织活动，在这一系列过程中，学生表现出非凡的能动性、创造性，学生的潜能得到激发，花雨社团成为创新实践的重要平台。

(6)“花雨”育人是学习空间与情境的最大化扩展。花雨文学社把学生的发展置于比课堂、学校生活更广大的社会背景中，把课堂延伸到无限广大的社会生活中去；把学生的学习场所，从学校拓展到社区乃至整个社会，是最广阔的课堂。它使学生的学习方式从被动接受变为主动探究和发现，把课堂知识和社会体验学习结合起来，使学生学习渠道多样化、学习方式生活化，为学生搭建了展现自我、发现自我、实现自我的舞台，拓展了学生学习和生活的空间。

(二)“花雨”育人的基本原则

(1)建构性原则。花雨文学社活动是一个不断充盈自己的生活意义和提升自己生命价值的特殊生活过程，是一个学生通过自主活动和交往对话进行主动建构的过程。在活动中，学生是活动的主体，他们基于自己与外部世界相互作用而获得的独特经验并赋予这些经验以意义，去建构自己的认知领域和情感世界。如花雨文学社社员走进绍兴鲁迅故居，加强对鲁迅的认知，通过现场考察，自主建构对文学大师鲁迅相关历史与知识的印证与拓展。

(2)体验性原则。花雨文学社活动是一种“以身体之，以心验之”的活动，它对于学生个体的生活意义和生命价值的实现具有重要作用。它以学生的现实生活和社会实践为基础，而不是在学科知识的逻辑序列中来构建活动。它以活动为主要展开形式，强调学生通过真实情境中的实践构建个性化的知识与生活经验。如花雨文学社社员在观看江南水戏《社戏》时，对语文课本中有关《社戏》的描写有了深刻理解，增加了现场真实的体验，学到了课本上学不到的东西。

(3)游戏性原则。花雨文学社活动作为一种学生的特殊生活过程，应该具有“游戏”的精神和性质，即自由自在的精神、轻松开放的精神、自成目的的精神、不断自我生成和自我更新的精神以及不断创生的精神。如花雨文学社社员在采风的游船上，开展唐诗朗诵接力赛游戏活动，营造了一个在游戏中活动、在活动中学习，时时皆学习、处处可学习的高雅氛围。

(4)过程性原则。花雨文学社活动之后，不一定形成成果或成果很幼稚；但是，学生通过社会调查、实际操作、参观访问，可以获得一种直接感受，获得对社会的一些认识，了解研究的一般过程和方法，增强自己的问题意识和科研意识，学会如何去解决问题，如何去与人交往和合作，这将使他们受益终身。如花雨文学社社员在走进三味书屋，对课本中的有关描写方面获得了一种直接和真实的感受，让学生认识到“纸上得来终觉浅，绝知此事要躬行”的道理。

(5)生成性原则。就花雨文学社活动本身而言，在活动主题的选择、活动方式的确定、活动计划的安排、活动实施的过程中，新主题又不断生成，新的活动方式又不断出现，新的活动计划在不断制订，活动的实施过程又有新的发展，从而促进了学生综合素质的动态生成和发展，这正是花雨文学社活动的魅力所在。如花雨文学社社员在上曹文轩名著读书活动课时，临时生成一个场景，让《草房子》剧组演员与现场学生老师面对面，讲述自己学习、理解、扮演人物的心路历程。

(三)“花雨”育人的着力点

(1)重社团发展的自主性。依靠行政手段等方式建立和发展的“社团”，不能称为真正意义上的社团。因此，在研究中，花雨文学社将社团管理和尊重社团的自主性有机结合，更多地采取鼓励、引导、激励等方式，促使社团实现自我管理、自我服务和自我发展，强化自身建设，提升活动层次，增强社团的凝聚力和吸引力。如花雨文学社社员在宁波天一阁景区游学，游学的地点、方式，现场景区的进出时间，游学过程的安全文明教育全都由学生自主完成。

(2)重社团的学校特色。许多学生社团不是依托学校的生源特点、学科特点和文化传统设立的，而是跟着感觉走。这必然导致学生社团良莠不齐、结构失当、后劲不足。当务之急，我们应加强宏观统筹，构建花雨“多元＋特色”的社团结构，树立精品意识，走精品化和内涵发展的路子，打造富有特色的品牌社团。花雨文学社社员走进元代大画家黄公望纪念馆，参观内容与学校艺术教育特色非常吻合。这是一节生动的艺术欣赏课，也是令人难忘的人生一课。

(3)重活动的创新和实效。研究中我们发现，许多社团活动多年一个模子，内容单一，形式呆板，常常是虎头蛇尾；追求活动形式的华美和热闹，搞花架子。因此，社团活动中要避免“为活动而办活动”的急功近利的短期行为，注重活动的质量和实效，探索建立一套具有社团自身特点的活动机制。如上海青年作家王若虚做客花雨文学社，在活动形式上，我们采用互动的形式，大大激发了学生参与的激情。整个过程中，学生提出的问题越来越多，越来越深入，精彩不断，高潮迭起，王若虚老师成为花雨社员倍受追捧的偶像人物。

(4)重活动的校外延伸。一方面，学生不仅仅要在校园里开展活动，更应走出校门，到社会的广阔大舞台中经历风雨，在奉献社会的过程中完善自身的人格塑造；另一方面，学生社团走向社会，可以实现社团之间的优势互补和资源共享，利用社会的广阔舞台和丰富资源，来充实学生社团活动的内涵。如花雨文学社社员与春晖中学的小作家面对面交流阅读与写作，通过校外拓展与延伸，拉长了学生语文学习的时空。

五、“花雨”育人的运行流程

(一)设立程序

花雨文学社本身相对开放与自由，但这一特性应表现在成立之后的运作过程中，在成立之前，还应有一定的引领，对于社团如何产生，需要有一个什么程序，还应事先向学生宣传到位。萧山十中在基于自身的经验与借鉴其他学校的基础上，本着尽量简化、简便、简单的原则明确设立程序，如图20所示。

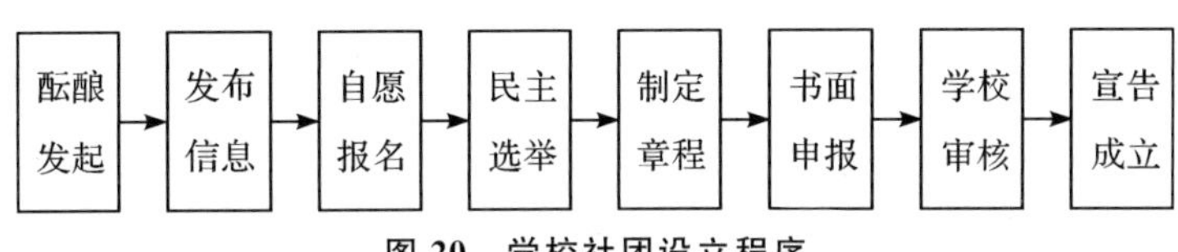

图20　学校社团设立程序

图20根据萧山十中的实际与社团的特点，把花雨文学社产生的流程归纳为八大程序。

酝酿发起：根据校内外教育资源与背景，在反复论证与调研的基础上，报请学校有关部门审议，决定成立花雨文学社。由老师、学生若干人作为发起人，成立筹建工作小组，具体展开有关筹备工作。

发布信息：由发起人向全校发布信息(网上发布、告示栏发布等)，并深入到师生中去，进行宣传发动，尽可能地吸引更多的学生参与。

自愿报名：学生根据兴趣爱好、本人特长，自愿报名参加；社员登记表由本人填写，并上报花雨文学社审批。

民主选举：根据民主的原则，推选负责人或理事会，采用竞选的办法产生负责人；在全体社员大会上为其颁发聘书。

制定章程：在社团负责人主持下，共同讨论、起草和制定章程，在草案出台后，征求全体社员意见，并进行表决。

书面申报：在所有筹备工作完成后，由社团负责人持有关材料向学校团委提交书面申报。

学校审核：校团委对花雨文学社的申报进行审核，校团委在考核同意后再上报校党总委审批。

宣告成立：最后经学校党总委批准，社团正式成立，择机召开全体社员大会，宣告成立并开始运作。

(二)运作流程

根据普高的实际情况，花雨文学社一年一换届，招收社员对象为高一高二全体学生。运作流程如图21所示。

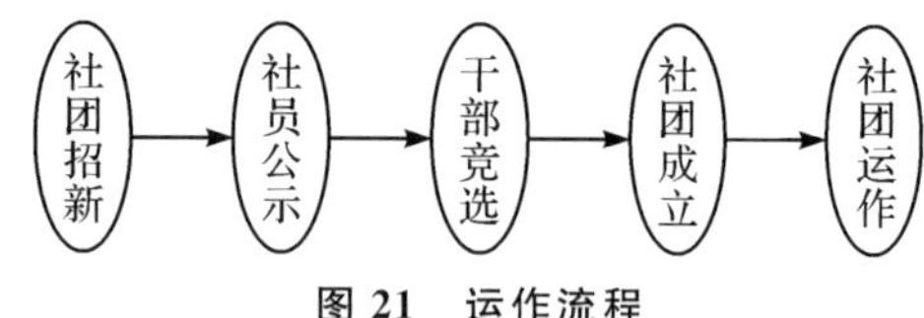

图 21　运作流程

从图 21 中可以看出，花雨社团换届流程分为五个环节。

社团招新：每学年开学之后，花雨社团发布海报，面向全校学生招收新一届社员。

社员公示：根据自主、自愿原则，由学生书面申请，经花雨文学社审定后张榜公示。

干部竞选：花雨社团社员产生后，本着公正、公平、自愿的原则，进行社团干部竞选，民主产生新一届社团干部。在此以前，由老一届干部负责各社团的运作。

社团成立：社员、干部的组建完成后，把新一届社团的情况上报校社团联合会，校社团联合会审定后在全校发文公布。

社团运作：各社团依据各自章程及相关制度自主运作，以一学年为周期，直至下学年社团招新结束。

（三）组织架构

花雨文学社采用校党委领导、团委统一管理、各处室协助配合、各社团自主运作、指导老师辅导、花雨社员主导的基本运作模式，形成了共同参与、协同配合、责任明确、保障有力、推动良性发展的工作机制。

其构成包括：设社长 1 名，副社长 2—3 名，主要负责主持日常事务；秘书长 1 名，协助社长主持社团事务，主持各项资料的整理和汇总。根据社团的性质不同，下设若干职能部门：具体负责落实各项活动的宣传以及落实其他事宜。指导老师予以协助，在团体的组织、有效沟通、项目的开拓等方面提供支持和帮助，具体情况如图 22 所示。

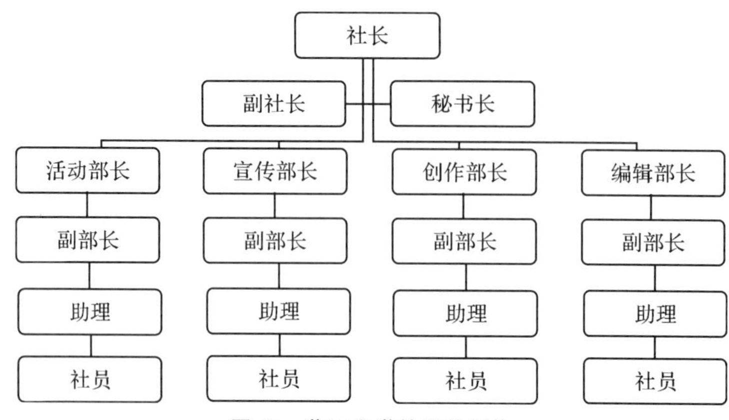

图 22　花雨文学社组织架构

从图22可以看出,花雨文学社在内部运作时,都有自己的一个自主管理的系统和机制,以保障社团在运作中既自主又规范有序。

(四)实践形态

(1)文学殿堂:作家、专家学者的讲座、报告和辅导。

(2)文学列车:针对当前文学热点话题和疑点困惑展开讨论,采用对话、讨论、论辩、座谈等互动交流的形式。

(3)文学驿站:与校报和广播站合作开设专栏,在学生课外时间定时播出。

(4)文学公园:以文学骨干为主,把全校学生吸引和组织起来,使整个校园变成一个文学大公园,营造出浓厚的文学空间和氛围。

(5)文学擂台:开展诸如文学艺术才艺展示、演讲赛、论辩赛、科幻创作、征文比赛等丰富多彩的竞赛活动。

(6)文学快餐:聘请校内外专家学者开展人文教育讲座,扩大学生知识视野,提高学生审美素养。

(7)文学天地:寒、暑两个假期的文学社会实践活动,将学生引向社会、引向生活,丰富了成员的人生经历。

(8)文学乐园:配合一年一度的科技、体育、艺术、社团文化节,推出"文学游园"综艺活动等。

(9)文学世界:办好杭州市青少年文学教育网和花雨文学社微信公众号,开展富有吸引力和影响力的网上文学教育。

(10)文学桥梁:以小型文学交流为主要形式,沟通心灵、交流情感、关心体贴、解决问题,建立真诚、和谐、互助、友爱的人际关系。

(11)文学之窗:举办文学竞赛等探究型活动,能使学生掌握灵活的方法,培养探索和创造的精神。

花雨文学社实践形态,如图23所示。

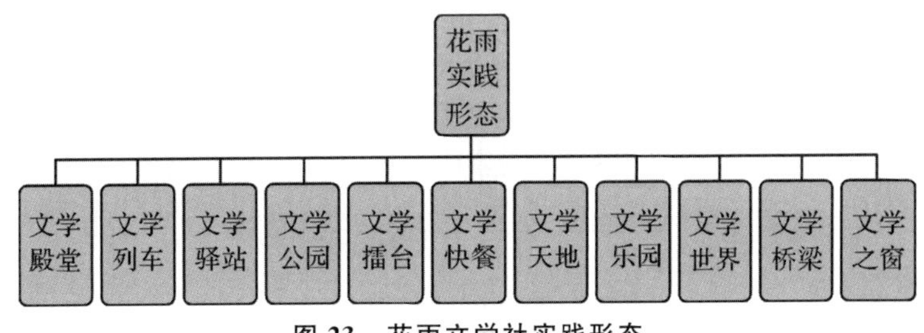

图23　花雨文学社实践形态

从图23中可以看出,通过20年的探索,花雨社团活动的实践形态已相当全面与丰富,这些实践形态的内涵是努力把社团建设成为拓展学生的自由时空,营造学生健康成长的家园,这不仅丰富了学生课外生活,营造了浓厚的文化氛围,而且进一步提高了学生的综合素质。

(五)实施保障

花雨文学社活动实行“四定”:“定时间”——每天利用第 9 节活动课活动一次,有时也可利用中午或其他休息时间;“定地点”——花雨文学社有固定的场馆,50 人以内定在花雨文学社活动室,100 人左右定在阶梯二大会议室;“定内容”——每次花雨活动都有一个主题内容;“定反馈”——制订花雨社团活动记录本,由社长进行记录,包括制订计划、人员组成、活动时间、内容记录以及指导老师评价等等,并于期中、期末开展社团活动小结交流会,及时有效地了解社团活动的开展情况,并予以指导,具体情况如图 24 所示。

图 24　花雨文学社实施保障

(六)操作步骤

花雨活动实施流程为“自己组织,自己设计,自己操作,自己总结”,社团活动的意义并非在于活动本身,而是活动成为人的主体性发展的有效中介。在这里,活动的本质特征是个体的主动参与;活动的过程是活动主体个性创造力的双向化过程:一方面,通过活动个体的创造力、潜能、天赋、审美鉴赏力、个性等表现在活动过程和活动结果中;另一方面,通过活动又丰富、发展着主体的个性潜能、素质和修养。花雨文学社操作步骤,如图 25 所示。

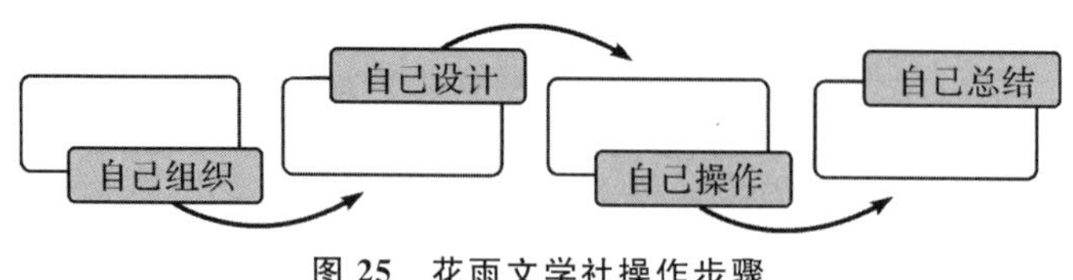

图 25　花雨文学社操作步骤

六、实践亮点

(一)长效机制——分层发展

我们本着可持续发展的理念,不断固化社团建设的长效机制,以差异化分层发展来推动花雨社向更高品质方向循环。花雨文学社一年一换届,换届工作分三步走:第一步基于文学爱好,自愿申报,面向高一、高二发展新一届花雨文学社社员,约150人;第二步基于写作特长,在新一届花雨文学社社员中以现场作文大赛的形式产生新一届"花雨小作家班",约30人;第三步基于综合素养,在新一届"花雨小作家班"中以现场演讲比赛的形式产生新一届"花雨文学社干部",约15人。从而立足于爱好,基于兴趣,注重差异,分层发展,机制循环,长效推动。

(二)精品名片——《花雨》杂志

《花雨》杂志,是萧山十中花雨文学社社刊,也是学校校刊,为校园文学双季刊合订本。著名学者、作家余秋雨题写社刊名。办刊20年来的实践证明,一个好的文学社,一本好的文学校刊,往往成为一所学校较具代表性的品牌标志。萧山十中高度重视文学社团的发展与建设,《花雨》因此得以快速发展:我们先后编辑发行《花雨》期刊37期,推出了3部长篇小说、3部散文专辑、1部诗歌专辑,推出学生文学作品4000多篇,逾千篇文章在公开报刊(含媒体)发表及获奖。

(三)文学盛宴——"花雨"年会

每年举办一届年会,已成功举办了20届。为新一届文学社干部颁发聘书,表彰一年来在各类活动中取得优异成绩的社员,表彰一年来在社团建设中表现突出的优秀社员和干部,先后邀请了郑愁予、曹文轩、格非、麦家、黄亚洲、王旭烽、流潋紫、饶雪漫、郭敬明等做客年会,成为展示师生文学特长的重要舞台,也成为推进文学教育的重要平台。花雨文学社第十届年会,如图26所示。

图26 花雨文学社第十届年会

(四)行走的课堂——"三名"研学

以社团为载体推进名校、名胜、名师等"三名"研学,切口小,操作性强,富有灵活性,可以收到短、平、快之效果,花雨文学社多年来的研学实践也充分证明了这一点。因为"三名"资源本身就是一本极其博大、厚重、灵动的教科书,是名副其实的教育摇篮、学习圣地,具有典型而独特的研学资源与魅力,学生身临其境,很容易受到感染与熏陶,达到如沐春风、润物无声之功效!如今,通过20年的着力打造,"三名"研学活动已成为花雨文学社打造“行走的课堂”，赋能学生多样化学习和个性化成长的特色品牌。

(五)网上家园——杭州市青少年文学教育网

为打造“花雨”育人的网络平台与载体，花雨社与萧山网合作共建“杭州市青少年文学教育网”，开设了“精品社团”“校园文学”“教师文学”“教师风采”“文学之星”“校园文学研究”“校园文学动态”栏目，面向全国中小学师生开放。网络首页设置“我要投稿”端口，点击即可进入投稿，吸引了全国各地青少年文学爱好者来投稿，还吸引了不少学生家长与老师向本网推荐来稿。为便于交流与指导，我们组建了 3000 人规模的“中国杭州校园 QQ 群”、500 人规模的“全国优秀文学社指导老师之友”微信群，邀请了全国一大批名师、名校、名社、名报刊的加入，组建了一个影响力空前的文学教育大联盟。

(六)高山仰止——与名家面对面

花雨文学社充分利用各种资源与路径，邀请了当代名家做客花雨文学社，与师生面对面。先后邀请到了郑愁予、白烨、吴思敬、顾之川、曹文轩、格非、黄亚洲、麦家、王旭烽、徐则臣、马原、流潋紫、饶雪漫、苏沧桑、董宏猷、秦文君、赵丽宏等先后做客“花雨”。

七、研究成效

(一)“花雨”——全国最具影响力的品牌社团

1. 全国几百家报刊媒体先后宣传报道与发表“花雨”作品

《语文教学通迅》《杂文选刊》《中华文学选刊》《中学生》《中国中学生报》《中学生阅读》《作文新天地》《语文新圃》《语文报》《作文指导报》《写作》等数百种报刊，发表花雨文学社作品，或在封面彩版推介花雨文学社，有些报刊几次推介或发表学生作品。《钱江晚报》曾推出花雨文学社 20 年专题报道《坚持“大阅读，大学习”，成立 20 年，这所中学的文学社成了“行走的课堂”》，新闻发布 24 小时，阅读量达 16.7 万人次。

2. 数百位当代名家挥毫泼墨题词“花雨”或为花雨写卷首语

余秋雨、王蒙、余光中、刘征、于漪、曹文轩、黄亚洲、徐则臣、白烨、毕飞宇、赵丽宏、任蒙、雷抒雁、钱梦龙、魏书生、李镇西等一大批大家、名家墨题“花雨”，这些墨宝不仅在花雨文学社展厅展示，而且在行政楼连廊、科技楼连廊等校园公共空间建成“花雨连廊”，让整个校园弥漫着花雨的芳香、名家墨宝的墨香。另外，曹文轩、王干、王旭烽等名家还为《花雨》杂志写了卷首语，助力花雨影响力大幅提升。教育家于漪题词，如图27所示。著名学者、作家余秋雨挥笔点《花雨》，如图28所示。

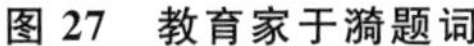

图27　教育家于漪题词

图28　著名学者、作家余秋雨挥笔点《花雨》

3. 几十位全国顶尖作家、专家先后做客花雨文学社

名家的到来，让校园劲刮文学风，推动校园形成了爱读书爱写作的氛围，出现了一批又一批的文学追星族：董宏猷老师讲学结束后，一个男生让董老师现场在自己白色的T恤上写上他的名字；饶雪漫来校讲学后，一个女生一定要拥抱下才让饶老师离开；每次作家来讲课互动时，学生打破平时上课不爱发言的习惯，总有问不完的问题，有些学生还恋恋不舍；每次名家讲完课后，后面总是排有很长队伍要求签名的学生。每一位名家来到萧山十中后，都不禁由衷地感叹：萧山十中的文学氛围真浓！

4. 每年前来调研、参访的团体络绎不绝

桃李不言，下至成蹊。花雨文学社的巨大影响力每年都吸引了一批又一批前来调研、参观、学习的团队：省教育厅原厅长刘希平携市、区教育局领导一行调研社团活动课程开发，西安市灞桥区教育局教育教学考察团在曹宏顺副局长带领下考察社团文化，全国知名诗人采风团专题前来调研校园诗歌创作，深圳市光明区少年文学院骨干成员专题前来驻校学习文学教育，第四届全国校园文学高峰论坛在萧山十中召开期间，来自全国350多所学校的领导与老师观摩花雨文学社社团建设成果展。花雨文学社成了名闻遐迩的教育“网红”打卡地，每年都要接待几十家来自全国各地的参访团。

（二）人人爱阅读，个个会写作——“花雨”人的爱好与追求

1. 助力全体社员形成了爱读书爱写作的习惯

以读写为抓手，以活动为线索，深入开展“花雨杯”系列活动，助力社员形成爱读书爱写作的习惯：花雨文学社场馆是一个开放的大阅览室、大图书馆，学生利用课外时间，随时可以走进去阅读与学习，随时可以与老师就阅读与写作中的相关问题进行交流。作为指导老师，不仅在学校，即使在家休息，如学生有需要，也会在网上即时与之进行交流指导。有些学生到了高三，不再是文学社社员，遇到写作中的问题也到文学社求教，有的甚至在紧张的备考中继续写作，把自己的文章发给文学社；很

多社员,在利用课外时间阅读经典名著的同时,《花雨》杂志也读得津津有味;每一期新《花雨》杂志下发到各班时,都有班主任前来"告状",说学生在晚自修期间还在看《花雨》杂志。

2. 指导学生创作文学作品发表获奖成果丰硕

为强化对学生的写作指导,我们建立了多个投稿渠道:一是可以直接来文学社投稿;二是可以在网上投稿。既可交纸质稿,也可交电子稿;既可以是平时在校写的,也可以是自己在家写的;既可以是考场上写的,也可以是课外自由写的。指导老师对来稿进行初审后,对重点文稿进行当面辅导,让学生进行两三次修改,定稿后由指导老师进行点评,作为报刊投稿或参评的备用文稿。在向公开报刊投稿后,有些根据编辑的要求,再进行最后的修改,就这样,一篇篇文章陆续发表了,获奖了。20年来,发表获奖的数量由少到多,文稿质量由弱到强,由原来文学社主动向报刊投稿,到现在报刊主动向我们约稿,有些报刊甚至推出一个栏目,专题推介花雨文学社的文章,专题推介花雨文学社小作家,有的还同时在封二、封三彩页专题推介花雨文学社。随着新媒体的涌现,很多教育类、文学类网站及微信公众号,也不断向我们约稿,极大地推动了花雨文学社作品的发表与展示力度。有很多学生因为一篇文章发表而倍受鼓舞,极大地改变了其对语文学习的态度与方法,甚至影响到其他学科的学习;有的学生因为收到一篇文章发表的稿费而手舞足蹈,欢呼雀跃;有的是发表的录用通知寄到了学生家里,让学生与家长都感受到了成功。

3. 小作家群体不断涌现

20年来,花雨文学社先后评选并表彰了五届"十佳花雨小作家",其中王佳萍、周镭镭先后被评为"全国十佳小作家",花雨文学社小作家群体逐步形成:王佳萍,萧山区作家协会首批会员,《萧山日报》小记者成员,十佳花雨小作家,全国十佳小作家,有20多篇文章在《语文报》《作文指导报》《作文周刊》《高中生》《贵州文学》《中国校园文学》(中学读本)等报刊发表;芦依莎,十佳花雨小作家,坚持写作,有30多篇文章公开发表在《中学语文报》《读写月报(初中版)》《中学生学习报》《学语文之友》等报刊上,另外她利用课外时间创作了20多万字的长篇小说,2007年被某大学中文系录取,她把文学作为一生发展的规划与追求;张驰,活泼开朗,3岁背唐诗,7岁读宋诗,对张爱玲、梁晓声的作品情有独钟;张军,在校就读期间就酷爱文学,尤其是古诗词的阅读与写作,大学毕业后,边工作边读书,利用课余时间笔耕不辍,创作的《晨雨集》由浙江大学出版社出版,诗集《天上的星辰有声》已与河北文艺出版社签约。

4. 教师作家群体初步形成

文学名家特别是大家经常来校,使校园文学氛围越来越浓。著名作家麦家来校讲学时,吸引外校师生慕名前来聆听:曾经在萧山十中工作过的一批语文老师,听说麦家来了,组团回校参加;学校总务处的员工,听说麦家来了,也坐在后面"凑热闹",听完讲座后,抱着麦家的书等着签名。医务室校医张红燕,爱好写作,经常把自己的文章发给文学社，几年下来，竟有 10 多篇文章被发表；音乐老师李献玉天天写，已出版了诗歌、散文、小说集；英语老师姚慧出版了长篇科幻小说《凤舞九天》；美术老师张丹、吴畏，物理老师徐奎经常在报刊上发表自己的诗歌、散文。

(三)"花雨"润心——文学让"花雨"人的心灵更美丽

文学是人学。在文学社活动这个大舞台上，学生充分体验了升华生命的蜕变。副社长徐银放学回家路上勇救受伤的温州女商人的事迹被《萧山日报》报道。社员范彩丽帮助盲人女记者的事迹在萧山广为传诵，具体情况如图 29 所示。

花雨特写

喜看花雨中走来的小雷锋

本校花雨文学社副社长徐银同学如一缕温暖的春风抚慰了受伤的温州女商人。

在物质文明高度发展的今天，车上少了主动让座的情景，人行道上少了主动搀扶老人的好心人，台阶旁少了帮助残疾人的人群，人们似乎遗忘了什么，在人们的思想空间里似乎缺少些什么？雷锋纪念日后的一段时间里，我一直在思考着一个问题："雷锋真的被遗忘了吗？"

今天，徐银的行动分明告诉了我，我们没有忘记雷锋，十中人更是一直在宣扬着雷锋精神。

我敬佩她，这个小"雷锋"，抛开世俗的冷眼，以自己的爱心，自己的热心，自己的诚心，去帮助一个并不相识的人。在没有利益的驱使下，徐银毫不犹豫扶起了多处擦伤并流着鲜血的她，并扶她到附近的药店，自掏腰包，给她包扎好，直到送她到饭店床上安顿了，然后连姓名也不留地离开了。虽然徐银忙得满头大汗，但她还是做了，而且做得那么好，那么伟大！

来自异地，人生地不熟的阿姨，虽经历了这次不幸，但她还是感受到了萧山人的温暖，十中人的热情，花雨人的美好。因为有了徐银，这个不留名的小雷锋。

她的行为是雷锋精神的最好体现。也许有人会说："这算得了什么？"那我也想反问一下，如果是你，你会做吗？我希望回答是"会"。因为雷锋是新时代的英雄，雷锋精神是最美好感情的传递者。

我们要向雷锋学习，如今我们有了榜样，那就是徐银，从十中花雨中走来的小雷锋，这个品学兼优的好学生。

让我们一起向徐银学习。

花雨文学社记者（董智燕）

萧山日報

XIAOSHAN RIBAO

2003 年 3 月 29 日 星期六

雷锋式的好学生找到了

社会新闻

忘不了你，雷锋式的好学生

图 29 社员事迹

花雨文学社副社长徐银、社员范彩丽不仅在校内，而且在全区范围内，成为轰动一时的新闻人物，他们的行为可以认为是偶然的，但也是必然的。因为他们在社团当中一直是优秀的社员代表，关键时刻挺身而出，是他们平时心灵世界的折射与反映，而他们也只是众多社员当中的代表。

(四)“花雨”缤纷——“花雨”助推语文学科与学校的特色发展

1.“花雨”让学生语文学科成绩更优秀

文学社活动基于课外阅读与写作，是语文学习的重要延伸与拓展，活动开展得好，一定会有力提升学生的语文综合素养，成为学生提升语文学科成绩的重要动力。我们曾调查过，凡是参加社团活动的学生不但不会影响学习，而且其语文学习的习惯、方法都在不断优化，尤其是文学社的骨干成员，往往在班内都是语文尖子生，特别是文章能发表或获奖的同学，往往在全年级都是名列前茅的。花雨文学社每周开设一节选修课，专题化、系列化指导学生课外阅读写作。凡是学生在读写过程中遇到困惑的，都可以到花雨文学社去交流解决，不仅是在老师上班期间，休息时间也可以问问题。名家来校做讲座也面向全体学生，如曹文轩、麦家、王旭烽等来校，所有的学生都聆听了讲座。花雨文学社研学活动，在自愿的前提下，也允许非社员的学生报名。花雨文学社场馆全天候开放，办成全校师生的阅览室、图书馆、艺术馆，随时都可进去看书学习，哪怕只有十多分钟，也能开卷有益；不但能读书，交流参观，提问探究，而且也可现场练书法。有的说，花雨文学社就像是一个书法艺术馆，给人以艺术的熏陶；有的说，花雨文学社像一个阅览室，可以带你走进全新的语文新世界；有的说，花雨文学社像一个语文学习的新时空，以另一个视角让你喜欢上阅读与写作……总之，花雨文学社就是一个来了不想走的地方，是一个让你兴趣萌发的地方，是一个体验成功与收获的地方……因此，花雨文学社让语文学习大受裨益。据学校统计，在历年的统考中，社员的语文成绩与非社员相比有明显优势；在历年高考中，语文高分段学生几乎全是文学社学生；花雨文学社拉动了语文学科整体发展，赋能了学生语文多样化学习与个性化成长，全面助推了学生语文成绩的提升。

2.“花雨”升级为学校特色内涵与品牌

萧山十中随着缤纷花雨飞向了四面八方、神州大地，“花雨”已成为萧山十中的符号，成为萧山十中的代名词，成为萧山十中的金名片，成为萧山十中最具标志性的品牌。萧山十中先后被评为：全国校园文学社团百面旗；全国百佳文学社；少年写作园(全国20家)；全国中学九十九佳文学社刊特别奖(全国20家)；全国百家阅读示范工程文学社；全国中学文学社团活动示范单位；全国中学文学社课题研究基地；全国中小学校报刊一等奖；全国创新作文核心文学社；全国美文核心文学社；杭州市中学生精品社团；杭州市大中学校优秀社团；萧山区二十佳文学社团；全国示范校园文学社团；杭州市教育系统共青团十大精品项目；全国优秀文学校园；全国文学教育先进单位；萧山区首届中学生十大精品社团。张旺老师也成为全国校园文学的领军人物，萧山区中小学文学社联合会秘书长，中国当代文学研究会校园文学委员会常务理事，全国中学生文学社团联盟副理事长，全国校园文学名师工作室领衔人；省优秀青年教师，市优秀教师，市首届教育科研标兵，全国首届校园文学指导名师，全国校园文学社“十佳名师”，“知联杯”萧山区“学生喜爱的好教师，萧山区首届中学生十大优秀社团指导老师。花雨文学社展厅、活动室、书屋华丽落成，萧山区中小学文学社联合会、杭州市青少年文学教育联盟、全国校园文学杭州工作委员会、全国校园文学名师工作室、萧山区蜀山街道文学家协会先后落户花雨文学社，成为校园一道亮丽的文化景观，每年吸引一批又一批参访团光临花雨文学社。

3. 日妍月丽——新时代“文学育人”的一张金名片

花雨文学社20年的奋斗历程，这种情有独钟的执着与努力，赢得了良好的口碑：先后在乐清中学、春晖中学、复旦大学附中、北师大附中、红岭中学、潞河中学、西安中学、张家界民族中学、萧山十中、学军中学、苏州角直高级中学、石家庄十七中等召开的全国校园文学高峰论坛上作大会典型发言，其中在萧山十中举办的第四届校园文学高峰论坛上，全国中语会、中国当代文学研究会为花雨文学社张旺老师挂牌成立了“全国校园文学名师工作室”。张旺老师每次的发言稿都刊发在《中国校园文学研究》上，并在公众号上推送。当代文学研究会成立10周年之际，张旺老师应邀写了专稿《我与校园文学》一文，在会网与公众号上专题推送。在深圳举办的第三届全国校园文学高峰论坛上，针对现代教育背景下，张旺老师关于文学校园的理论建构与实践路径，引起了很大反响，解决了当时老师们的思想困惑，而且丰富了文学教育的理论与内涵。在第四届全国校园文学高峰论坛上，张旺老师执教了“走进了曹文轩的内心世界”社团活动课，引起与会专家老师的高度评价。20年来，花雨文学社牢记“以文学立德树人”的神圣使命和崇高职责，引领师生“读万卷书，走万里路”，精心打造“行走的课堂”；努力追求“人人爱阅读，个个会写作”的“文学校园”。花雨文学社在探索多样化学习、拓展第二课堂、丰富课程资源、促进个性成长等方面发挥了独特的作用，“花雨”经验、“花雨”现象、“花雨”模式、“花雨”精神，播撒四方，润泽南北，“花雨”日妍月丽，成为新时代校园“文学育人”的一张金名片。

八、研究结论与思考

(一)结论：“花雨”让学生在校园诗意地栖居

20年来在花雨文学社建设的实践探索中，让学生在社团活动中找到成功与自信成为我们的重要推力，让学生在社团活动中成长成为我们的育人特色，以社团活动为平台，建设学生成长的精神家园成为我们的梦想与追求。

(二)思考：与最美“花雨”一起向未来

(1)教育要关注生命，就要关注学生的幸福，因为生命的最大值就是幸福。但每个生命都是不同的，教育必须对生命丰富的、差异的、深刻的内涵做出回应，并立足校本、师生、生本，走出具有自己特色的育人之路，才能让学校成为收获幸福的地方。

(2)特色社团活动，是校园精神高度与学校特色的内涵体现，随着新课程改革在高中的普及，未来高中学校间的竞争将主要体现在个性化的服务方面，谁能为师生的个性发展提供独具特色的服务，谁就能培育具有“主动发展”能力的人才，谁就能获得更大的社会影响力。

(3)花雨文学社建设中还面临一些问题，主要有：在高考制度影响深远的今天，学生参加社团活动的空间面临被进一步挤压的挑战，学校对指导教师的各种管理评价制度有待进一步改革完善；社团软硬件支撑还有提升空间，活动经费需要建立相应政策性保障，学生在社团活动面前还不善于根据自身需要和特点进行选择；等等。

参考文献

[1] 郭元祥. 综合实践活动课程的实施[M]. 北京：高等教育出版社，2004.

[2] 靳玉乐. 合作学习[M]. 成都：四川教育出版社，2005.

[3] 张天宝. 走向交往实践的主体性教育[M]. 北京：教育科学出版社，2005.

[4] 辛继湘. 体验教学研究[M]. 长沙：湖南大学出版社，2005.

[5] 教育部基础教育、教育部师范教育司组织. 综合实践活动的实施与管理[M]. 北京：高等教育出版社，2004.

高三班主任化解师生矛盾的案例研究

杭州市萧山区第十高级中学　冯　臻

摘　要：教育起作用的前提是良好的师生关系，但是，近年来高三学生与班主任因不良关系而引发矛盾的事件频频发生，甚至造成严重后果。笔者在高三班主任工作中深入研究师生矛盾案例，总结出有效策略，在化解矛盾、营造和谐的师生关系方面取得了实效。

关键词：高三师生矛盾；化解；策略

师生关系是学生学习生活中最主要的人际关系，是教师与学生在理智、情感、言语、行为诸方面进行的动态人际交往。和谐融洽的师生关系是教师有效教育学生和学生良好发展的坚实基础。作为冲刺高考的高三学生和高三班主任来说，只有“心往一处想”，才能形成合力，在高考中考出优异成绩，所以高三班主任与学生的和谐关系尤为重要。

高三班主任与高三学生是教育与被教育、管理与被管理的关系，朝夕相处不可避免地会产生大大小小的冲突矛盾，如果不能及时有效地化解，将严重损害师生间的信任和情感，甚至还可能激化矛盾，导致恶性事件发生。如 2017 年 11 月，湖南益阳沅江三中高三学生罗某某，因不满班主任鲍老师对其严格管教，用水果刀将班主任残忍杀害，血洒办公室……因高三班主任与学生矛盾而引发的命案，让人触目惊心。

笔者于 2017 年、2018 年连续两年担任高三班主任，在工作过程中也遇到不同程度的师生矛盾，一度使班主任工作陷入困境，这促使我苦苦思考和探寻“化解师生矛盾”的智慧和策略，并积极运用于工作实际，有效地化解了师生矛盾，并且化“危”为“机”。在解决问题的过程中，积极进行师生沟通，促进师生间的理解，增进师生感情，取得了实效。

一、一触即发：笔者在高三班主任工作中遭遇师生矛盾的“那些事儿”

笔者于 2017 年 8 月担任高三班主任，工作强度特别大，而学生的课务也安排得很满，笔者很难找到充分的时间与学生较为深入地交流。在笔者对学生还不是十分了解时，班里接连发生违纪事件，让笔者猝不及防。一是男女同学在教室里交往过密。二是两个男生因座位问题在教室打架。

以上违纪学生都受到年级部的处分，学生比较任性，他们不认为自己的错误严重，却认为笔者作为班主任不保护他们，因此部分学生开始与我产生隔阂。

而紧接着发生的“调座位事件”，则把笔者推上了师生矛盾的风口浪尖。

案例回放：2017 年 9 月的一节晚自修，我在给学生调座位，本来都已经做好了思想工作，只要换一个座位就可以了，我也只当是一件平常小事。可是没想到，换座的一名女生突然发飙，歇斯底里地喊：“我就不换！”我虽然一惊，但还是冷静地说：“你先换一下，大局为重。等下我们再交流。”可是这个女生居然说出了让我怎么也想不到的话：“你要让我换座位，信不信我弄死你！”教室里的气氛一下凝固了，我是又惊又气。

其实，我一直对这个女生关爱有加，不久前还帮她申请了“国家生活困难补助”，在我难得的休息天，我与她微信联系，与她交流思想……可是她今天居然因为换座位这样的小事，说出要“弄死我”的狠话，怎能不让我心痛，这时我的感觉就是心脏剧烈地痛……

面对自身工作困境，联系到高三学生与班主任矛盾的社会问题，笔者开始深入思考高三班主任与学生产生冲突的深层原因，并探索“化解师生矛盾”的对策。

二、拨开迷雾：高三班主任与学生产生矛盾的深层原因何在

高三班主任与学生之间矛盾冲突的产生往往是突发性的，一件十分平常的小事就会引发激烈冲突，给高三班主任和学生双方都带来较大的心理创伤，严重破坏师生间的信任和情感。矛盾往往是一触即发、暴风骤雨式的，可是理性思考，让我们拨开迷雾，高三班主任与学生的一些特殊性，才是他们之间产生矛盾的深层原因。

1. 价值观的差异，在高三激化，引发师生矛盾

教师与学生的价值观往往存在着较大差异，这一差异到高三这一特定时期，很可能激化。如我们做教师的这一代，对于“我为什么要学习？”根本就不称其为问题。而今天的学生有不少是“佛系青年”，他们常常想的是：“学习这么苦，我为什么要上学？”“我为什么要考重点大学？”“我只想轻轻松松地生活，不行吗？”我们做班主任的不能简单地判定学生是错误的。湖南益阳的罗某某弑师案，罗某某学业优秀，成为学校和班主任重点期待的对象。可是他本人压力过大，不想考重点大学，只想轻松生活，他和班主任的矛盾由此产生。

2. 高三学生学习压力大，班主任极易成为其不良情绪的发泄口

高三学生面临着来自家长、自身、学校等各方面的要求和期望，学习任务繁重，产生过重的压力，压力大到一定程度会使学生的心灵发生不同程度的扭曲，压抑的内心必然要找到一个出口，而与之接触最为频繁的班主任，极易成为学生发泄不良情绪的出口。比如前文案例中因换座位而发飙的学生，据她后来与笔者交流时所

说，因为当时周考成绩十分不理想，她感觉前途渺茫，心情特别低落；再加上刚接了母亲的电话得知父母之间的矛盾，导致她当时情绪失控，而我正巧要给她换座位，正撞在“枪口”上，成为她不良情绪的出口。

3. 高三学生作为“准成人”崇尚个性、挑战规则，引发师生矛盾

高三学生在年龄上进入了“准成人”时期，觉得自己长大了，事事都可以自己做主，不想受到校规约束，更不想让班主任管束。他们还表现出与众不同的个性，部分学生喜欢以出格行为来寻求刺激，获得乐趣。如上文案例中男女学生在校园里谈恋爱，他们根本就不认可校规的合理性，认为自己的爱情很神圣很美好，别人无权干涉。有些学生则用个性去挑战规则，潜意识里是希望引起他人关注。这也是上文案例中打架行为发生的原因。

而高三班主任正是规则的维护者、班级的管理者。当个性与规则相遇，当管理与被管理相碰，师生矛盾如箭在弦上，一触即发。

4. 高三班主任工作繁重，身心疲惫，管理学生预案不足或缺乏智慧

高三班主任工作强度特别大，每天早上 6 点前进教室，陪伴学生早读，上午上课，管理课间操。中午 12 点半管理学生午自修和午睡，下午管理自修课，傍晚 5 点 50 分管理自修，晚自修结束是晚上 9 点 30 分，还要去管理寝室。下班时间往往在晚上 10 点以后。同时还任两个班的课务，每天备课、上课、批改作业，常常处于身心疲惫的状态。

因此高三班主任在管理学生时，有时会预案不足，面对突发性的师生矛盾一时手足无措，或因为自身的疲乏而情绪急躁，面对学生的违纪、顶撞等，难以控制情绪而使师生矛盾多发。

三、路在脚下：高三班主任化解师生矛盾的有效策略

笔者认为，首先，高三班主任要正确对待师生矛盾，毕竟班主任与学生之间的矛盾是“人民内部矛盾”，高三学生要为高考拼搏，在高考中取得优异成绩是学生的最终目标，也是班主任和学校的重要责任所在，因此高三班主任要以大局为重，以实现学生的高考目标为重，以有利于学生的发展为重。

其次，高三班主任还要透过现象看本质。在激烈冲突、强烈反叛的表象背后，高三学生的内心也有着强烈的与班主任沟通，亲近班主任的愿望，所以我们做班主任的要心胸开阔，做到“心底无私天地宽”，把学生当作自己的孩子，不要把学生推到对立面，甚至敌对面。

笔者在面对师生矛盾时，积极调整心态，潜心研究，主动沟通，总结出以下化解师生矛盾的有效策略。

（一）春风化雨，与高三学生打好师生关系的底色，班主任宜“爱”不宜“压”

教育家夏丏尊认为：“没有情感，没有爱，也就没有教育。”高三班主任面对的是情感丰富复杂、学业压力巨大的高三学生，只有热爱他们才能教育引领他们，帮助他们实现人生理想，在高三这一特殊时期，师生间“爱与温暖”的关系底色尤为重要。

反之，如果班主任缺乏爱心，采用压服的手段，学生必然口服心不服，产生一定程度的心理创伤，甚至到成年后依然不能释怀。2018 年 12 月，一个“毕业 20 年，他用耳光‘报答’当年班主任”的视频在网络上引起热议，打人青年称 20 年前读高中时，班主任常常训斥甚至殴打他，致使他身心受到严重伤害，他要报复老师。

无论如何在大街上打老师耳光都是错误的，甚至是违法的；但是这件事也警示我们，作为班主任，在学生成长过程中肩负着重要的责任，必须用爱心来对待学生。

笔者担任高三班主任，都会主动关爱学生。若学生没吃早饭，会到食堂或饭店为学生买来可口早餐。当学生感冒生病时，为学生去医务室配药，嘘寒问暖。新年时，笔者特意在除夕守夜，为的是等到大年初一的零点为学生发红包，给他们送上高考祝福。

除了在生活上需要班主任关心外，高三学生在学习上尤其需要班主任的引领。笔者特别善于鼓励学生勇于去挑战高分。班里万某某同学，在英语方面有一定特长，笔者常常与她谈心鼓励她，她在高考中英语考出 129 分的高分，位列全校（包括普通生与美术生）第 1 名。杨某某同学对地理特别有兴趣，但第一次选考 82 分，还有些信心不足。笔者常常找杨某某交流，对他说：“你是鹰就应该飞得更高，不能飞得比鸡还低啊。”他下定决心地理要考 100 分。此后他发奋努力，第二次选考考出 94 分的好成绩，位列校美术生第 1 名。此后，这两名同学与我的关系特别好。

付出总会有回报，高三班主任为学生的无私付出，为规避师生矛盾打下坚实基础。同时，良好的情感基础也是化解矛盾的有利因素。

案例回放：2018 年 4 月 20 日，因班里李某某与俞某某两人自修课讲话，按照班规，他们两人要为班级做好事来弥补，同学们的意见是让他们两人打扫走廊一周，他们两人也答应了。4 月 21 日到 22 日，我发现这两人连续两天都没有拖地，于是就把他们找来询问。

我：看到你们不拖地，我是很伤心的，我伤心的是你们不懂事。毕竟还有一个多月就要高考了，之前的七选三成绩不理想，而你们却还不努力，常常在自修课讲话，还影响他人。我还伤心的是你们不懂担当，做错事就要自己承担，而不是逃避责任。

我：我对你们两个人一向以来也是非常关心的。先说李某某，我与你初交往时，有几件事我是挺不满意你的，觉得你自由散漫，不懂事。比如，在校运动会时，你参加铅球比赛，我特意为你拍照，希望为你留下高中生活的纪念。而你没有一句感谢的话，却说：“我的动作像在大便。”

李某某（忙解释）：我是在说我自己动作难看。

我：是的，但你当时这么说话是很不礼貌的。但我觉得你毕竟还是个孩子，所以也不计较，还是从我给你拍的几张照片中挑选了两张好的，放入班级 QQ 群的相册里，主要是想为你留下一个纪念。

李某某：嗯嗯（边听边点头，面露感激的表情）。

我：后来，我越来越欣赏你，我们班如果今后有在社会上有所作为的人，你一定是其中之一。为什么呢？主要是你有想法，有个性。我认为学生既应该有个性，同时也要遵守纪律，所以我建议你好好思考：在个性与规则之间做好平衡，这对你今后的成长也是有利的。（我对学生真情付出，真心为他长远发展考虑，学生是能够体会到的。）

李某某（慢慢回想，感动）：老师，谢谢你，我知道我错了。我保证把走廊拖干净。

我：好的，再说俞某某。我对你同样是十分关心的，你的总体成绩不太理想，自己也缺乏信心，但是我觉得你在语文方面还是很不错的，所以也常常鼓励你，单独辅导你的作文，是不是？（对他的真情付出，是交流的基础。）

俞某某（感谢的表情）：是的，某老师。

我：这个学期以来，你的确懂事了不少，上次周末你也主动留下来搞卫生，就是有责任心的表现。

俞某某：某老师，我错了，我会做好卫生的。

案例分析：虽说现在学生普遍缺乏感恩的心，但是大多数学生在内心深处还是知道班主任对他们好的。在这一案例中，李某某和俞某某与笔者产生了一定矛盾，但是因为笔者之前对他们两人都关爱有加，对他们的错误也是和风细雨地与他们讲清道理，所以能够顺利地化解师生矛盾。

（二）凡事预则立，对于特异性的高三学生，班主任的研究工作宜“早”不宜“迟”

学生是班主任教育的对象，研究学生是班主任工作的前提。研究学生的心理特点、家庭情况、成长经历以及高一高二的学习和奖惩情况，建立起学生个人小档案，做到心中有数。这是高三班主任与学生沟通的基础，对于特异性的学生需要提前做好相关预案，有利于规避或化解师生冲突。

案例回放：班里有一名女生李某某，她的一个癖好是化妆，几乎每天都要化妆，这肯定是违反校规的。高二时因化妆问题被年级部批评，她竟然离家出走两天，曾引起轩然大波。要管理这个学生，肯定是一个难题。

我通过向前任班主任及该生的妈妈了解情况，得知她的父母都是河北人，到萧山来打工发展，目前经济状况良好，她父亲工作很忙，很少在家，成长过程中父亲是缺位的。母亲因为自己小时候吃了不少苦，所以对女儿非常宠爱，发朋友圈时会称呼女儿为“小宝贝”“小美妞”。我又了解到这个学生性情很敏感。

由此，我给这个女生建立了心理小档案，我分析她因为自己是外地人，存在一定的自卑心理，想要通过化妆来增强自信。此外，因为父亲缺位，这个学生还有较强烈的不安全感,因此表现为性情急躁,听不得批评。

在管理她化妆这一问题上,我特别慎重,为避免发生冲突而引发她过激反应(离家出走等),做好预案,分成四步走。

第一步,我与她单独交流,表扬她长得漂亮,学习认真,不需要化妆。第二步,发掘她的优点,如她的作文写得不错,我鼓励她,并指导她的作文,将她的作文作为范文在班里示范。第三步,向她强调作为学生必须有规则意识,必须遵守《中学生守则》,遵守校纪校规,否则会按规定受到惩罚。第四步,我在自己难得的休息天,或寒假里,通过微信与她交流,指导她作文,并向她推荐林清玄散文《生命的化妆》,让她明白人生道理:“多读书,多欣赏艺术,多思考,对生活乐观,对生命有信心,心地善良,关怀别人,自爱而有尊严,这样的人就是不化妆也丑不到哪里去。三流的化妆是脸上的化妆,二流的化妆是精神的化妆,一流的化妆是生命的化妆。”这样的做法,既让她受到教育,又有效避免了与之发生矛盾冲突。

案例分析:作为高三班主任,工作要做得细致,要落在实处。对于难管的学生,在高一、高二有过特异行为的学生要了解到位,并做好心理评估,做好管理预案,这样可以有效避免师生冲突,思想教育效果会更好。

(三)灵活处理,面临高三学生的情绪失控,班主任的处理宜“活”不宜“死”

对于违反校纪校规的学生,班主任肯定要按照校规来管理并处罚。但是,目前的学生多是独生子女,受家庭的娇惯与溺爱,“个人中心主义”严重,不服管教,遇事独断专行。同时他们特别缺乏规则意识,不遵守校纪校规,更不能接受违规后的处罚,甚至有暴力倾向或自残倾向,不珍惜生命,特别是在高三这一特殊时期。高三班主任一定要保持冷静和警惕,必要时灵活处理,避免矛盾激化酿成悲剧。

案例回放:2018 年 10 月,第一次选考前的一节晚自修,我去教室检查,发现一女生沈某某低头在书桌里看,原来是在违规使用手机。我快步走过去说:“你怎么在使用手机呢? 拿给我吧。”她十分快速地把手机藏了起来,情绪激动地说:“我又没有在看手机,不信你看我的包啊! 你检查好啦!”说着硬把一个双肩包塞到我手里。我不想在教室与她发生冲突。于是平静地说:“你的包我就不看了,你出来一下。”

到我办公室后,我好好地对她说:“你也知道,教室里不能使用手机,你这样做是违反校规的,所以我暂时给你保管。”她却用指责我的口气说:“我又没有看手机,我不是让你看我的包嘛,谁让你不看的。”我对她说:“问题的关键不在于我是不是看你的包,而是你不能违反校规使用手机。你说是不是啊?”她想了片刻,从包里拿出一只绿色的充电器说:“我没有看手机,而是拿的这个。”我说:“我看到屏幕一闪一闪的,是手机。而且颜色也不对,是白色的手机,不是绿色的。”她突然歇斯底里地喊道:“没有手机,就是没有手机!”边说边情绪失控地跑出了办公室。我马上跟出去,她跑到走廊上的窗边,哭得上气不接下气,同时把头探出窗外,大口喘气。

此刻,我的脑海中突然闪过一则新闻,一高中生因被父亲没收手机而跳楼自杀。

我惊得倒吸一口冷气，心脏咚咚直跳，我立刻改变策略，用平静温和的口气说："沈某某，我选择相信你，你没看手机。"听我这么说，她的哭声小了许多。（此时一定要避免矛盾激化，防止学生有过激行为。）

接着我说："其实，我也没有别的意思，过几天就是选考了，对你来说特别重要，我是希望你能够排除干扰，安心学习。你说是不是啊？"这时她总算停止了哭泣，将头从窗外伸了进来。我放下心来，拉她进办公室，与她推心置腹地讲要努力学习，不违反校规的道理。她平静下来，表示听进去了。

案例分析：这件事过后，我庆幸自己在事发时对潜在危险有足够的警觉，并能及时调整策略灵活处理，否则后果真是不堪设想。目前高三班主任也是高风险的职务，相当一部分学生心理非常脆弱，又不能对自己的行为负责，犯错却不能承担相应的处罚，心理受伤就采取极端做法。

在百度输入"中学生跳楼"竟然有4460000条信息，中学生跳楼自杀事件成为全社会关注的问题。2019年4月，上海一个17岁男生因与同学吵架，妈妈批评他几句，他就承受不了，从高架桥上一跃而下，当场身亡，花季生命就此凋零再也无法挽回，这是谁都不忍看到的悲剧。

高三班主任作为校规的维护者，会面临相当大的教育风险，应该对此有足够的认识，做到预警在前，面对突发情况能够灵活处理，有效规避教育风险。

（四）以诚相待，与高三学生化解冲突，班主任的姿态宜"低"不宜"高"

高三班主任与学生发生冲突，有很多时候是因为双方沟通不畅，高三学生的年龄特征，荷尔蒙激增，做事易冲动，往往因为一件小事就与班主任起争执。而事后学生马上就会后悔，会向班主任道歉。班主任不要守着陈旧的"师道尊严"，应该放下身段，把姿态放低，与学生平等交流，往往会收到意想不到的好效果。

案例回放：2019年4月，我班李某某打算外出补习数学，但是她缺乏规则意识，事先没有向我咨询。直到她自己已经将补习时间都安排好了，才来告知我说她每周四、周五晚上要独自外出补课。

我感到非常突然，因为学生外出补习存在一定安全隐患，学校一般是不允许的，如果因特殊情况一定要外出，要办好相关手续。我当时回答她说我现在不能答应你，校规一般是不允许的……我的话还没说完，她就情绪激动起来："为什么不可以？我都已经联系好了，那我怎么办？"然后就冲进教室，重重地关上教室门。正上自修课的同学们也受到了惊吓。当时我比较生气，当众批评了她，她也不甘示弱，出言不逊地与我争执起来。

事后，我找年级部的老师来调解和处理此事，年级部老师告诉她校规中的确有这样的规定，是为了学生的安全考虑。第二天中午，她写好道歉信在班里向我道歉，虽然碍于面子，她读道歉信的声音很小，但我能感受到她的真心。

我也走上讲台对全班同学说了我的感想，我对大家说："因为当时我比较生气，过后想想自己态度也不好，我今天也向李某某同学道歉。”

我还对大家说：“其实，我作为班主任，面对你们的一些要求，也想尽力满足，但是有时候校规不允许，或是条件不成熟，我一时不能满足你们的要求，也请你们要理解。你们要对老师多一分信任多一分理解，那么我们的关系就会和谐，心情就会好，心情好了当然有利于身体健康，也更有利于学习，你们说是不是啊？”全班同学都非常认同。

我又把李某某找到办公室单独交流，跟她一起回忆我之前对她的关心和信任，她也更加感受到我对她的关爱。后来李某某与我相处非常和谐。

案例分析：这一师生冲突中，因为学生过于冲动，没有听笔者说完话就情绪失控，在班级里发脾气，当众与我争执，造成了不良影响。她道歉时，笔者也放下身段真诚地在班里向她道歉，并且趁机对全体学生做思想工作，有效避免了类似事件的发生。

（五）班会引领，面对高三学生的思想问题，班主任宜“疏”不宜“堵”

高三学生也会产生各种思想，如因为崇尚个性，他们在穿着打扮上比较出格，有的女同学喜欢涂口红、打耳洞，有的男生留长发，自诩是偶像剧《流星雨》中的 F4。此外学习任务繁重，也会产生懈怠情绪。如在 2019 年 3 月，笔者发现班级里有较多学生早读及第一节课趴在桌上睡觉，学习提不起劲头。看到这些情况，我非常着急，但是想到高三学生心理的特殊性，决定用疏导的方式，由学生去说服学生，比班主任一个个做思想工作有效，又可以规避师生矛盾。

笔者找来班干部和一些相对来说明事理的学生开会，统一思想，指导他们开主题班会，由他们来发言，组织活动。同学们先后组织了“铁打的纪律是胜利的保证”“高三加油冲冲冲”等主题班会，收到良好效果。

案例回放：针对学生上课睡觉，以励志讲座为契机，召开主题班会“高三加油冲冲冲”。

主持人：沈某某、项某某、许某某、任某某（均为本班学生）

学生李某某发言节选：在接下来的 40 天中，我希望自己能够放下杂念，为了自己的梦想与目标去拼搏与奋斗，让自己不会在成绩出来的那一刻感到后悔与失望。也决不辜负父母的付出，老师的付出。时间是短暂的，40 天转眼即逝，我要把每一分每一秒都充分利用起来，即使我没有勇敢地走上讲台，但我相信我一定也和那些站在台上的同学一样奋发向上。

黑夜给了我黑色的眼睛，我却用它寻找光明。是的，无论前方的道路有多困难，我将在困难中自强不息。

学生徐某某发言节选：距离高考时间所剩无几，是选择站起来奋斗一搏，还是乌龟散步？都在一念之间。

人要对自己负责，如何前行，走什么样的道路，都由每个人自己做出选择，都由自己所愿付出的（放下的）来换取。学该学的知识，做该做的事，进自己想进的大学。

学生杨某某发言节选：距离高考越来越近，校内氛围也越来越紧张。既然要进步，既然想要在高考时取得好成绩，既然想在高考后不后悔，就必须付出相应的代价。

在学校的日子里，希望我能够稳住我那颗浮躁的心，完全沉下心来学习，下课少说笑打闹，晚上寝室里不说话，早早睡觉，调整生物钟，第二天才有精力学习。

案例分析：在距离高考只有一个多月时，笔者发现班里的学生出现了懈怠情绪。在这个特殊时期，如果由班主任去批评学生，极有可能引发师生矛盾，而无法有效地改变学生的思想和行动，由此我想到让学生发动学生，学生说服学生的办法。主题班会收到很好的效果，会后学生学习状态面貌一新，在高考中取得了好成绩。

(六)形成合力，与高三学生家长的沟通，班主任宜“先”不宜“后”

家有高三学生，家长都会特别关注，所以高三班主任不能忽视家长的作用。对于一些特别有个性、特别难管的学生，班主任可以与家长多沟通多联系，争取得到家长的支持，形成合力来管教学生。要注意的是，联系家长应该在接手班级之初，而不是等学生出了违纪等事情后再与家长联系，这时家长往往接受不了，甚至会护着自家孩子。与家长交流要成为常态，在学生表现有闪光点时，就及时与家长，联系及时表扬。

案例回放：班里一男生杨某某经常上课迟到，上课睡觉，喜欢留长发。我在开学初就及早与他妈妈互加微信，了解杨某某在家情况。2019 年 9 月召开学校运动会，杨某某在体育方面有特长，800 米和 1500 米获得了两块金牌，我马上在班级微信群里告诉杨某某的妈妈，并晒出了他的两块金牌，他妈妈非常高兴。

当杨某某考试取得较好成绩时，我及时与家长联系。当杨某某出现一些违纪行为，我与他沟通不畅时，他妈妈就会配合我做儿子的思想工作。2019 年 3 月的一天，杨某某因在教室违规使用手机要受到学校处罚，我也对他进行了批评，由此他对我心怀怨恨。他妈妈来校和我一起与杨 X X 交流，有效化解了矛盾。后来杨某某在高考中考出综合分 580 分的优异成绩。

杨某某妈妈微信给我留言：“感谢某老师，对孩子您真是用心了，我们特感谢您。自己的孩子我们知道，您接手之后孩子有了变化，让我感觉捡到宝了。”

案例分析：对于行为比较怪异、难管教的学生，光靠班主任的力量是很难说服教育的，必须取得家长的支持。但是如果等杨某某犯错后再与家长联系，将心比心，家长肯定是不高兴的。因此高三班主任与家长联系，宜“先”不宜“后”。笔者与杨某某家长形成合力，有效地化解师生矛盾，教育取得了很好的效果。

随着时代的发展、价值取向的多元化，高中生的思想和心态渐趋多元；此外，高三学生正处于学习压力巨大的特殊时期，作为高三班主任应该面对现实，要认识到冲突与矛盾其实是高三师生关系的常态。冲突与矛盾也并非只有消极作用，只要我们理性面对，深入分析矛盾产生的原因，积极探索化解矛盾的策略，一定能有效化解矛盾，并促进高三班主任与学生的相互理解，创造和谐美好的师生关系。

参考文献

[1] 魏书生.班主任工作漫谈[M].桂林:漓江出版社,2018.
[2] 吴小霞.班主任微创意[M].上海:华东师范大学出版社,2018.
[3] 熊华生.做一个老练的班主任[M].北京:中国人民大学出版社,2015.

强化思维品质的论述文写作教学实践研究

杭州市萧山区第十高级中学　冯　臻

摘　要：写论述文的核心能力是思维能力，思维品质的高下决定了论述文的优劣。近年来全国及浙江高考卷作文都十分重视考查学生的思维品质，而学生论述文的最大问题就是思维品质的欠缺。笔者尝试进行强化思维品质的论述文教学，着力指导学生关注现实强化阅读以提升思想，理性考量精深立意，建构思维框架议事论理，通过一系列教学实践和思考，以提升学生论述文的思维品质。

关键词：论述文教学；思维品质；强化

写论述文的核心能力就是思维力，思维品质的高下决定了一篇论述文的优劣。《普通高中语文课程标准(2017 年版)》(以下简称《课标》)指出："语文学科的核心素养包括四个方面：语言建构与运用、思维发展与提升、审美鉴赏与创造、文化传承与理解。""语言发展与思维发展相互依存"，是说作为语言建构与运用核心内容的写作活动与思维的发展紧密相连、相辅相成。近年来，全国及浙江高考卷的作文题都十分重视考查学生的思维品质。因此，强化思维品质的论述文写作教学实践研究十分必要。

此外，语文学科具有其独特的人文属性，因此作文的思维品质不仅体现在写作技巧的层面，究其本质是与个人的人文修养、思想境界密切相关的。试想，如果一个学生没有高远的人生境界，那么他对 2019 年全国一卷作文题"劳动"，浙江高考作文题"'作家'与'读者'的关系"也一定不会有深刻的认识。笔者认为，"有思维品质"的论述文是指立意准确深刻、思考具体深入、情感真挚朴实、构思简约严整、说理顺畅严密、富含理性思维的文章。笔者强化思维品质的论述文写作教学以锤炼思想、提升认识为起点，这与核心素养立德树人目标是一致的。

笔者在教学中从关注现实提升思想、理性考量精深立意、建构思维框架议事论理几个方面来强化学生论述文思维品质，取得了一定实效。

一、关注现实，锤炼提升思想

王国维说，"词以境界为最上，有境界则自成高格，自有名句"。"境界"指一个人的思想高度，决定了人生观价值观。学生只有具备正确的人生观价值观，对自己有清醒的认知，对社会、人生有独立思考、深度探究，才能写出见解深刻的文章。

我们说写论述文，首先得有思想。想到了，才能写出来，想得清楚深入，才能表达得严密深刻。那么，学生的思想从哪里来呢？不是凭空产生，也不是靠教师去“灌输”。笔者认为引导学生投身生活，关注现实，积极思考，这才是学生思想的源头活水。

（一）关注时事热点，进行头脑风暴

笔者在教学中引导学生关注时事热点，鼓励学生表达观点。如“八达岭野生动物园老虎伤人事件”，有人说下车妇女不守规则，自己负全责；有人说，动物园未能尽到保护游客的责任和义务。你的看法呢？一篇《第一批“90后”已经出家了》的博文引起热议，你如何看待“佛系青年”？如你对“商丘铁锅断货”的看法是什么？对“北大校长不识鸿鹄”，你怎么看？对于“高铁霸座男博士”你认为该怎样处罚？“瑞典曾先生住宿冲突”是歧视中国人吗？对马云提出的“996”工作制，你是赞同还是反对？为什么？

学生在对事件的评论中，相互讨论进行“头脑风暴”，在讨论甚至辩论的过程中提炼思想，提升思维，并形成正确的价值观。

（二）阅读优秀时评，提升思想认识

笔者定期将《人民日报》《钱江晚报》等报刊的优秀时评文章印发给学生看，如人民网评论《崇尚奋斗，不等于强制‘996’》《佛系生活也要走心》等，用这些文章的观点来点燃学生思维，打开思路，学习感受其中的论述方法，并指导学生做摘抄，写出自己的观点或感悟。这既是学生锤炼思想的有效途径，同时也是积累作文素材的过程。

学生摘抄片段：

时新素材：4月11日，马云的微博分享了自己在阿里内部交流会上对996的看法。马云认为，“能做‘996’是一种巨大的福气。如果你年轻的时候不‘996’，你什么时候可以‘996’？这个世界上，我们每个人都希望成功。我们请问大家，你不付出超越别人的努力和时间，你怎么能实现你想要的成功？”（其余略）

我的观点：诚然，每个人都希望创造美好生活，“996”工作制固然增加了工作时间，这为成功提供了时间保证。但是，要知道，延长工作时间可能带来副作用，是职业的倦怠，是健康的损耗，是与家人情感的淡漠。

我认为“苦干”是通向成功的一种方式，而“巧干”则是更有效率的方式。因此，我反对“996”工作制。作为企业老总的马云，应该提倡更为智慧更为人性化的奋斗方式。

（三）积极练笔写作，强化思维表达

笔者每周都用一节自修课作为“时事评论写作”课，首先组织学生观看《新闻1+

1》等新闻评论;然后给出题目,组织学生讨论;最后练笔,进行论述片段的写作。笔者及时批改讲评。

如近期组织学生阅读“重庆大巴坠江事件”,进行练笔:网友激烈争论,有人说,女乘客素质低下,是罪魁祸首;有人说,司机缺少职业素养,应预知危险,不该激烈还击;还有人说……对以上事件和讨论,你有怎样的看法和思考?

学生习作片段:(309 班楼某某)

我认为“公交车坠江”,“坠”的不仅是“人命”。有很多值得我们思考的问题,这个事件中没有人是无辜者。

首先,悲剧的罪魁祸首是那名女乘客。她只顾玩手机,没有听清通知,后来却蛮横无理地要求在非站点下车,颇有“野人”“泼妇”之风,女乘客素质太低,做事太任性,不计后果,不顾全大局,酿成惨剧。

其次,司机也有不可推卸的责任。因为他是大巴车安全责任人,应该知道自己的职责所在。但是遗憾的是,他也有行为失当。他的确强调了道路改行,但还有乘客没有听清,说明传达信息没有到位。此外,当女乘客责骂时,司机情绪冲动地予以回击,司机的情绪冲动也是悲剧发生的原因之一。

再说全车的乘客,目睹女乘客与司机的争执过程,却不加劝阻,抱着一种围观心态,他们也有责任。

“不要问丧钟为谁而鸣,丧钟为你而鸣”,正如朋友圈的评论那样:当雪崩发生时,没有一片雪花是无辜的。

“往者不可谏,来者犹可追。”我认为此次悲剧给我们每个公民敲响了警钟:无论出于何种动机,即便从最利己的角度,也要使自己充满理性和良知、爱和正义感。

学生在对新闻热点事件的评判辩论、在阅读优秀时评文章的过程中,促进自己的思维发展,对社会上的不同事件和不同声音有自己的判断,逐渐形成对个人、对社会人生的正确认知,形成正确的人生观价值观,并愿意将自己的思考用语言文字表达出来。对学生而言,这是思维的训练,更是思想的锤炼,是写作论述文必不可少的思想积淀。

二、理性考量,精深审题立意

笔者认为,论述类作文的课堂教学,不仅要有针对性的“思维方法”训练,更应让学生掌握“可以带得走”的作文技巧。

审题立意是一个理性思辨的过程,要从具体材料和现象中提炼出理性思考,是从感性认识到理性认识的升华。论述文的思维品质如何,核心就在于立意是否精准深刻。因此,由作文材料挖掘出精深论点来立意,是提升论述文思维品质的重要一环。

(一)全面思考,核心概念与非核心概念

学生要实现有逻辑地说理,首先要能概括和提炼作文材料,找到核心概念,精准

地界定内涵和外延。概念把握得越精准、越深入，越能深刻全面地认识和评价，立意才能深刻有新意。

此外，还要全面分析题目中所有文字，分析核心概念之外的材料（非核心概念）与核心概念的逻辑关系。如：是否可以构成因果分析？非核心概念如何来印证核心概念？这一思考过程体现了思维的严密性。

如2018年浙江高考作文：浙江大地，历史上孕育过务实、经世致用、知行合一等思想，今天又形成了“干在实处、走在前列、勇立潮头”的浙江精神。

在与时俱进的浙江文化滋养下，代代浙江人书写了一个又一个浙江故事，创造了一个又一个浙江传奇。

作为浙江学子，站在人生新起点，你有怎样的体验和思考？

学生认为“浙江精神”是“干在实处、走在前列、勇立潮头”，对核心概念不加以界定和辨析，立意笼统浅表化。此外，题目分为三段，除“浙江精神”这一核心概念，还有非核心概念，需要全面考量。我启发学生进行具体分析。

第一段：核心概念“浙江精神”的内涵有哪几个要素？几个要素间的关系是怎样的？是并列的，还是有主次之分？从过去到现在，“浙江精神”有无发展？第二段：有哪些浙江故事、浙江传奇？它们如何诠释“浙江精神”？第三段：作为浙江学子，你有没有受到“浙江精神”的影响？你是不是“浙江精神”的传承者？你们这一代学子是否可以将“浙江精神”的内涵加以丰富和充实？

用这些问题引导学生对材料进行全面辨析，精深立意。

（二）精细思辨，多个核心概念的关系

一些作文题目，会提供多个核心概念，多个思维角度的材料作文。尽管每个核心概念都比较明确，不难定义，但是要能对多个核心概念进行思辨，判断写作的方向和切入点，对学生来说，也并非易事。笔者对学生进行思维训练和指导，多层次多角度地分析思考材料，还指导学生综合运用逆向思维、批判性思维，精细地“思”和“辨”，找到最佳立意。

2017年浙江高考作文，让学生对作家“人生要读三本书”的观点加以评说。题中有三个核心“概念”：“有字之书”“无字之书”“心灵之书”。这三个概念界定并不难，但很多学生只对“三本书”的内涵进行阐释，再穿插事例来论述，立意比较“平”。

笔者指导学生审题注意题目提供的思维角度较多，突破非此即彼的二元思维。除对“三本书”的内涵加以阐释，还要对“有字之书”“无字之书”“心灵之书”三者逻辑关系进行分析：是并列的，还是有主次的？要关注到题目要求你去“评说”。你可以赞同作家观点，可以部分赞同，还可以运用批判性思维加以质疑。学生思考得出以下立意：人生不同阶段对“三本书”的“阅读”应有所侧重，童年、少年时期重在读“有字之书”，青年时期重在读“无字之书”，而“心灵之书”则贯穿人的一生。还可立意为：作家“三本书”说法是不严密的，因为“心灵之书”蕴含在前两本书当中，“三本书”不是并列关系。

这样精细化地对多项概念分析思考，就可以更为个性化地立意。

三、思维框架，深入议事论理

精深立意后，就要谋篇布局，进行议事说理。学生往往在文章主体部分思维短路，不知如何建构思路，更不知如何深入论述。因此，有必要教会学生几种基本实用的思维框架，给予学生直观的思维路径，让学生在模仿运用中提升思维，先模仿再创造。

（一）论述的基本思维框架

论述文是说服劝导读者同意作者观点的说理性文章，说理是其核心价值。如何说理？可以运用逻辑思维最基本最普遍的思维方式——因果分析法。因果联系普遍存在于事物之中，因果分析在每一篇论述文中都有用武之地，指导学生建构基本的论述思维框架：**是什么—为什么—怎么办**。

写作前自问：我的观点是什么？针对什么问题提出的？我为什么要坚持这一观点（多角度思考）？应该如何做？

笔者指导学生以此思维来架构全文。作文题目：农民女诗人余秀华离婚了，她说不想忍受苟且。有人认为，“生活不止眼前苟且，还有诗和远方”，余此举是对“诗和远方”的最好证明；也有人认为，先正视“苟且”，才有“诗和远方”，余秀华的行为表明她无法面对现实，更别说“诗和远方”；还有人认为，现实生活中也能发现诗。你的思考？

学生习作：（309 班陈某）

是什么（观点）：追求诗与远方，是不屈服于苦难生活的坚韧和追求理想的勇气。余秀华离婚是“诗与远方”的最好证明。

为什么：

原因 1：当一个人面对失去尊严的绝境，苟且不必忍。五代南唐后主李煜明知写下“春花秋月何时了”的诗句会引来杀身之祸，但他还是义无反顾地写出心中呐喊，因为没有尊严的日子，他无法忍也不必忍。

原因 2：不忍苟且者，表现出生活的勇气，是理想主义者。例证 1：屈原“宁赴湘流”，为了理想，为了大楚命运，舍弃生命，追求心中净土。例证 2：心怀梦想的女教师写下“世界那么大，我想去看看”的辞职信，走向生活的远方，被网友称作史上最具情怀的辞职信。

原因 3：追求远方，舍弃苟且，本身就是无功利、诗意的生活。例证：诗人海子北大毕业，在北京一所知名大学任教，拥有世俗意义上的体面生活，可是他心中对诗意的追求与现实产生了严重的冲突。

怎么办：倘若眼前满是苟且，不如奋起，做一个决然的离别。

(二)让论述更有力度的思维框架

1. 多角度分析思维框架:分论点一—分论点二—分论点三

论述文的分析,需要以果溯因,探求问题的本质。写作时不妨多问几个为什么,多角度地分析,阐明几个并列或递进的因由,以增强论述说服力。针对学生作文中“一个理由撑起全文”的常见问题,笔者在教学中注重用此思路框架来强化多角度思维。

如上文“诗与远方”和“苟且”作文,笔者指导学生用三个分论点递进思路来架构。

又如作文题:博文《第一批“90后”已经出家了》介绍年轻人“佛系生活”,“佛系”指“不争不抢,不求输赢,不苛求,看淡一切,随遇而安”的生活态度。

有人说,“佛系”体现了年轻人对非理性争执的反感。也有人说,年轻人以“佛系”自嘲,体现的是一种求之不得干脆降低人生期待值的无奈。对此你怎么看?

学生习作初稿论述主体没有分论点,原因分析缺乏逻辑关联。笔者指导学生用多角度原因分析框架,体现出逻辑思维层层深入。

学生习作:(302班项某某)

提出观点:我认为,“佛系”只是为消极偷懒找借口,是一种不积极进取,对自己毫无要求的逃避态度,不可取。

分论点1:仿佛看淡一切,对任何事物都不紧不慢,不争不抢,实则是因物质条件优越而失去了前进的动力。

分论点2:“佛系”生活态度更可以解读成是为自己的惰性找借口。

分论点3:“佛系”生活与随遇而安的生活态度有着本质区别。后者是努力之后对不尽如人意的结局的释怀,而前者则根本没有事前的努力。

结论:“佛系”终究是一种自嘲式的说法,人生依旧是要有追求的。不要将“佛系”作为潮流而放松了对自己的高标准定位。

2. 论据阐释思维框架:概述事例(指向论点)—阐释分析(指向论点)

举例论证是普遍运用的论述方法,对事例的分析论述最能体现思维深度。学生写论述文最爱用事例,但往往只举例不分析,写成“事例”加“观点”的拼接,写成了“举例文”而非“论述文”。笔者教给学生深入论述的思路架构,对事例做指向性阐述:概述事例—阐释分析。

当然,这个框架是给学生强化一种事例阐述的思维,如何具体阐述,整合在事例分析的具体指导中。运用这一思维框架需找到事例与论点之间的联结,对事例做指向论点的概述,并对事例做定向论点的阐释。

笔者教学实例:“丧文化”流行,有人认为,“丧文化”与年轻人朝气蓬勃格格不入;有人认为,“丧文化”是缓解压力途径。你的思考?

学生习作:(302 班袁某某)

论点:远离"丧文化"做有为青年。

概述事例:外卖小哥雷海为击败北大硕士,成为新一届"中国诗词大会"的擂主。他在杭州打工时,每天骑电瓶车风里来雨里去**送外卖,利用下午换电瓶的一小时来读诗。他的生活明明如此艰难,却拥有自己内心的"诗与远方"**。(**指向观点的概述**)

阐释分析:我们青年人与外卖小哥雷海为相比,缺少的是钱,是房子,是车子吗?都不是。我们缺少的是他那样丰盈的内心世界!因为读书太少,内心空虚,才会发出颓丧之声。多读书,多读经典,丰盈内心,就可以**远离"丧文化"**。(**定向观点的分析:联系自身对比论证,凸显论点。**)

3.辩证分析思维框架:观点阐述—辩证分析

思维品质的高下还体现在对论题做辩证阐述的思维上。我们对一个论题的认识不应该是简单的二元对立、非黑即白,而是应该做全面思考和辩证阐述。论述过程不只是对自己所持观点的单方面阐述,还能够对论点的对立面做辩证分析,能体现出思维的严密与深刻,增强文章的说服力。

笔者的教学实例:"因为相信,所以看见。"传统思维下,我们奉行"看见才相信""眼见为实"。而在现代思维下"相信才看见"代表了一种尊重梦想、追逐理想的思维格局,更体现"把不可能变为可能"的底气和担当。对此,你是怎样认识的?

学生习作初稿观点明确,赞同"因为相信,所以看见"。但是只对观点做单线式思维阐述,对于"看见才相信""眼见为实"的一方观点持完全否定态度,思想偏激,缺乏说服力。笔者指导学生对观点的对立面做辩证分析和思考,加入两段辩证分析段——第 2 段和第 5 段,使文章逻辑思维更严密,增强了说服力。

学生习作:(302 班杨某某)

标题:去相信　去看见

(1)**提出观点:**去相信,去看见,正成为越来越多人的行为担当。

(2)**辩证分析:**"眼见为实"的传统思想是一种严谨求实的治学精神和从客观实际出发的做事方法,而"相信才看见"是当今社会高速发展的科技条件下盛行的现代思维。两者看似各执一词,实则并不矛盾。(<u>加入这一辨析段,从论题的两方面辩证思考。</u>)

(3)**观点阐述(为什么):**当前,人工智能产业方兴未艾,图灵测试已然不是什么难关,那么,当你我对话人工智能,会相信它仅仅是人类制造的产物吗?我们尽可以提出千百种阴谋论式的假设,但若要真正去"看见"真相,我们唯有先去"相信"技术,"相信"未来。

(4)**观点阐述(为什么):**如今,"眼见为实"太慢太慢。计算机界有一条摩尔定律:处理器的性能每六年增长一倍。人类社会何尝不是如此?时代潮流浩浩荡荡,顺之者昌,逆之者王。要引领趋势,就要相信平静下的暗流涌动,就能看见波涛汹涌抑或风和日丽的未来。

(5)**辩证分析:**然而,相信并不是盲信,"相信才看见"也绝非掩耳盗铃,而需要与

"眼见为实"相辅相成。没有证据支撑的"相信"无异于空穴来风,与妄自尊大别无二致。尼采自诩过他是太阳,光热无穷,然而他究竟不是太阳,他发了疯。因此,我们要在尊重事实的基础上,尊重梦想,追逐梦想。(**加入这一段从论题的两方面辨析,强调"相信并不是盲信",需要与"眼见为实"相辅相成,文章更有说服力。**)

(6)**观点阐述(怎么办)**:不要把"相信"当成虚无缥缈的幻影,"相信"应该成为你我奋力前行的高标。我们相信着一个个似乎是妄想一般的理想,并见证了它们的一一实现。

(三)让论述更有深度的思维框架

1.横向拓展思维框架:个体(个人)—社会(人性)

思辨论述文是对某一话题、现象做判断说理论证。因此要针对论题做"就事论事"分析,若要使论述进一步推进,则需要将视野放大,联系社会同类事例,由"这一个"到"这一类"分析阐释。笔者教给学生横向拓展的论述思维框架:个体(个人)—社会(人性)。

笔者教学实例:电影《芳华》热映,主人公刘峰非常善良,但他的善良不被珍视。有人提出"善良,是否需要回报"的问题,你的看法?

学生习作(308 班朱某某)

(1)善良是出于本性,无须回报。

(2)刘峰是善良的,可是不被珍视。刘峰会不会感到心寒?

(3)(**思维拓展段**)"善良不被珍视"不仅是"刘峰"的遭遇,还成为社会问题。且不说震惊全国的"江歌刘鑫案",江歌因为善良救助朋友刘鑫而身中 11 刀,惨死血泊中;且不说杭州"蓝色钱江小区保姆纵火案",善良的女主人和三个孩子被恶保姆放火害死;只说新闻报道,善良路人扶助摔倒老人而被讹巨款,就足以让人对"行善"望而却步。(**由个体拓展到社会问题**)

第(3)段,由"刘峰",拓展到社会同类事例,由"个案"到"社会现象",呈现思维的广度与深度。

2.纵向探究思维框架:为什么—为什么—为什么

要提高说理的深刻性,可以寻找话题冲突点,不断追问质疑,由追问,探究导致现象的先在性因素,从行为习惯、价值观念等分析,得出背后的原因,即社会原因、人性普遍性等,追问问题的实质,使论述深入。笔者教给学生纵向深入的思维框架:为什么—为什么—为什么。

作文题:"王者荣耀"成为"国民游戏",众多青少年沉迷其中,《人民日报》怒怼"王者",称其不是"荣耀"而是"农药"。写阐述段论述"王者荣耀"何以成为"农药"。

笔者启发学生以追问思维来思考:为什么青少年面对"王者"毫无自控力?因为"王者"太好玩了。为什么青少年玩"王者"游戏如此快乐?生活中还有让他们快乐的事吗?没有。为什么呢?学习压力大,人际交往受阻,父母给予压力,等等。那么青少年沉迷"王者",表面上是自制力问题,实质是什么?

学生习作:(309 班孙某)

青少年**为什么**会沉迷游戏呢?他们到底想从中获得什么呢?是现实情感的发泄与补偿,是获得团队归属感还是成就感?**为什么**青少年会缺失情感、归属感与成就感呢?**为什么**有人会将这些矛头指向家庭、学校甚至社会与时代呢?面对日渐功利和冷漠的社会,面对辛苦打拼的父母,面对周考、月考等各种考试泛滥的学校,青少年或者学习竞争压力山大,或者人际关系矛盾重重,或者处世哲学愤世嫉俗。如何化解?游戏自然成了最好的慰藉。

因此,"王者荣耀"成"毒药"背后折射出的是教育问题、亲子关系等一系列复杂的社会问题。

论述段以层层追问,层层深入到表象背后,抓住问题实质,显现出思维的深刻性。

3.反向批驳思维框架:反向批驳—正面立论

这一思维框架是指在论述中,不直接阐述自己的观点,而是先提出错误观点——批驳的靶子,在将错误观点批倒的同时,立起自己的观点并阐述。反向批驳思维有三个步骤:一是摆出错误观点与看法;二是具体分析批驳其中的错误;三是在反驳批驳的基础上,让自己的观点更加有力量地立起来。

笔者教学实例:作家王安忆在选编《给孩子的故事》中,选择了不少表现"苦难"和"残酷"的故事,她希望这些故事能"澄澈地映照世界",让孩子们在故事里成长。有不少教育家不同意这一看法,他们认为应该让孩子多感受世界的温存。对于这两种说法你有什么思考?

笔者指导学生先批驳两方错误观点,在此基础上,于第 3 段正面立论。

学生习作:(302 班李某某)

标题:成长于真实中

(1)**反向批驳**:近年来,"裸贷""校园贷"等事件层出不穷,所瞄准的多是大学生——这一处于步入社会前夜的群体。为何大学生频频"中招"呢?究其根本,他们中仍有不少人还耽于大人们给予的虚假的"温暖"当中,无法与真实社会接轨。(**反向批驳:虚假的温暖让孩子无法与社会接轨。**)

(2)**反向批驳**:而人为炮制的苦难也会导致孩子的脆弱与早夭,从早年接受父母手握冰块残酷教育的哈佛女孩刘亦婷,到因父亲"严格家教"而性格扭曲的药家鑫,再到主持人乐嘉带着年仅 4 岁的女儿,徒步 76 千米穿越沙漠的"吃苦教育",这些"虎妈狼爸"刻意制造的苦难并没有让孩子看见真实的世界,却让孩子幼小的心灵受到不必要的伤害,留下了阴影。(**反向批驳:炮制的苦难导致孩子脆弱与早夭。**)

(3)**正面立论**:只有真实的苦难,方能淬炼出百折不挠的灵魂;同样,真实的温暖,永远是引领孩子穿越苦难的那一道阳光。正如以高分考入北大的寒门女孩王心仪,因为妈妈给予她的温暖与爱,让她一路走来,依然热爱生活,顽强而生机勃勃,并写下了那篇深情的《感谢贫穷》。(**正面立论:引领孩子面对真实的苦难和温暖。**)

以上论述是在第1段和第2段两次反向批驳，将“虚假的温暖”与“炮制的苦难”驳倒的基础上，在第3段正面立论，这时提出观点水到渠成，顺理成章，也体现思维严整，格局大气。

笔者坚持引导学生关注现实锤炼思想、理性考量精深立意、搭建思维框架议事论理几个方面来强化学生思维品质，取得了一定实效。强化思维品质的论述文作文教学是一个大工程，毕竟思维的锤炼与优化不是一朝一夕的事。从教者倘能积极整合与开发论述文的教学活动，指导学生做指向思维发展与提升的作文训练，学生的论述文思维品质一定可以不断提升。

参考文献

[1] 孙绍振. 孙绍振论高考语文与作文之道[M]. 福州：福建人民出版社，2013.
[2] 姜恒权. 2017年高考作文题，满地尽带“思考力”[J]. 中学语文，2017(7)：14-19.
[3] 余党绪. 批判性思维：推动语文教学的素养转向[J]. 语文学习，2017(5)：12-17.
[4] 王忠敏. 从学生习作谈论证语段的写作[J]. 中学语文，2018(5)：40-42.
[5] 张永飞. “脚手架”：为论述文写作引路——由欧阳炜的作文课《论辩的针对性》引发的思考[J]. 中学语文(教学参考)，2019(7)：40-42.

“五向”新课堂的理论架构与推进路径

杭州市萧山区第十高级中学　张　旺

摘　要：用行动来打造“五向”新课堂，是萧山十中师生智慧、经验、精神的积淀和提炼，是教学理念成为共同付诸实践的氛围，是学校教学发展的灵魂和情感根基，它韵化成意义、物化成行动。

关键词：“五向”新课堂；教学；推进路径

一、问题的提出

基于学生发展核心素养立意，在萧山十中新确立的“面向未来的求真教育”办学思想指导下，建构向美的身心、向善的品格、向真的学识、向上的学力、向新的行动等“五向”新课堂，并以此为突破口、载体和平台，全面启动与实施核心素养背景下的新一轮课堂研究，让每一个学生在新课堂中享受课堂，在新课堂中体验成功与喜悦。

二、研究的设计

(一)研究的目标

立足校本、师本与生本，借鉴外校新课堂研究的成果与经验，结合多元智能理论，探讨“五向”新课堂的理论架构与推进路径，构建“‘五向’新课堂研究”课题群，形成基于校本的“‘五向’新课堂研究”的理论与实践架构，创生基于“核心素养”的“五向”新课堂样态。

(二)研究的界定

“五向”的解读与界定

“向美的身心”与“健康生活”相对应，包括“良好的习惯、健康的身体、坚毅的性格、略现的特长”四个方面。正向心理学认为，预示孩子未来成功的分别是坚毅、激情、自制力、乐观态度、感恩精神、社交智力、好奇心。

“向善的品格”与“责任担当”相对应，包括“与他人、与社会、与自然、与文化”的善良的态度和理解。其中“与社会”的态度中包括对家庭、家乡和祖国的深厚情感和初步责任感；“与文化”的态度包括对社会主义核心价值观、中华民族优良传统文化的继承发扬，也包括对不同国家、地区文化的理解和包容。

“向上的学力”与“学会学习”相对应，包括“乐学、会学、学会、恒学”四个层面。“乐学”是授之以“欲”，明确目标、激发兴趣，是学力的前提；“会学”是授之以“渔”，学生为本、指导方法，是学力的保障；“学会”是授之以“鱼”，体验成功、促进发展，是学力能得到保持的重要元素。

“向真的学识”与官方核心素养中的“人文底蕴、科学精神”相对应，包括“崇文、重理、跨界、贯通”四个内涵。我们强调“跨界贯通”，是基于未来人才培养需求和学校的实际特色定位的。

“向新的行动”与“实践创新”相对应，包括“动脑质疑、动情合作、动口表达、动身实践”四个维度。

“五向”标准中的底色是“向美的身心”和“向善的品格”，亮色是“向真的学识”“向上的学力”“向新的行动”。“向美”是基础标准，“向善”是核心标准，“向真”“向上”“向新”是增值标准。

“向美的身心”用蓝色表征，自然纯净；“向善的品格”以黄色诠释，阳光和谐；“向真的学识”和橙色对应，金灿灿的果实；“向上的学力”像绿色的春天，充满着朝气和生命力；“向新的行动”如同红色，代表青春和激情。具体情况见表1。

表1　基于核心素养的“五向”标准内涵

核心素养 官方阐释 三大领域 六大素养	自主发展		文化基础		社会参与
	学会生活 健康生活		人文底蕴 科学精神		责任担当 实践创新
核心素养 校本理解 “五向”标准	学力（向上）	身心（向美）	学识（向真）	品格（向善）	行动（向新）
	乐学	好习惯	崇文	与他人	质疑（动脑）
	会学	健身体	重理	与社会	合作（动情）
	学会	全人格	跨界	与自然	表达（动口）
	恒学	现特长	贯通	与文化	实践（动手）

三、研究的理论架构

（一）创设“五向”新课堂的生态环境

“五向”新课堂的生态环境把培养学生独立、健全的人格放在首位；转变交往形式，从师生单向交往转向师生、生生之间的多维互动交往；拓宽交往渠道，除课堂上的对话交往，还提倡课外活动中的心灵沟通、精神交往，以和谐的人际关系，活跃教学气氛；丰富交往语言，要让教学环境中充满道德、做人、生活、智慧的语言，而摒弃知识、分数、升学率之类的话语。

（二）把握“五向”新课堂的设计策略

“五向”新课堂关注生活，挖掘教材资源中那些触发学生思想灵感、激发求知欲、产生情感共鸣、贴近生活本真的因素，积极融合学生学习和生活的经验，把教材与学生的生活真正联系起来，使教学设计的聚焦点落实在教学主体即学生身上。“五向”新课堂还关注学生文化的独特性，用学生的眼光去阅读，用学生的智慧水平去理解，为学生的文化展示预留空间，使学生的需求得到最大限度的满足。

（三）锤炼“五向”新课堂的课堂策略

“五向”新课堂的课堂过程，是从兴趣、探究、生成、创意四个方面来锤炼心智、培养情趣、创造智慧、享受课堂的过程，学生逐步学会实现个人的经验世界与社会共有的精神文化世界的沟通和富有创造性的转换，逐渐完成个人心智对社会共有智慧形成个性化和创生性的占有。

四、推进路径

（一）课堂观察推进

依托课堂，以对学生学习行为的观察、对自己教学行为的反思为对象，用科研的方法和思路，遵循“带着困惑进入课堂，用批判的眼光重新打量行为—带着问题寻找理论，用先进的理念引领行为—带着理念重返课堂，让同伴研讨指点行为—带着意见反思课堂，不断跟进变革行为”的顺序，实实在在地弄明白自己的困惑之所在，真实地解决课堂教学中的一个个“小”问题“真”问题。

（二）课例研究推进

以“课例”为载体，解剖麻雀，将它提升到“研究”的高度，选择那些有价值、有借鉴意义的教学问题作为研究对象，克服以往研究课的盲目性，以主题为中心，围绕课题进行研讨；为教研活动提供了一个展示研讨过程的平台，教师共同探讨，交流分享，得到大量的信息，共同感受成功与困惑，整个过程就是教师积极参与的一种互助互学过程。

（三）分轮依次推进

第一轮是尝试性探索，推出“五向”新课堂形态展示课；第二轮是反思、学习、吸收、内化，本着走出去、请进来的原则进行内修；第三轮是让“五向”新课堂走向学科，各学科根据前面课题研究的情况，提出本学科的“五向”新课堂学科课题；第四轮研究是再显身手，展示各学科一学年来“五向”新课堂研究成果，推出“五向”新课堂精品展示课。

五、研究的成效：创生了基于“五向”理念的新课堂样态

（一）基于“向新的行动”的“五向”新课堂

基于“向新的行动”，我们实施“选择加特长”模式，“选择”即选择作业、选择考试、选择课程（新课程规定的自修课程），所谓“特长”即要求每一个学生“塑造一项特长”。教师对每章节的同一次作业分层要求为 A，B，C 三类，在数量、难度上对每道试题做出说明，教师在征求学生意见的基础上，学生可根据自己的情况做出任意一类的选择：A 类全部做完，B 类做完三分之二，C 类做好四分之一。这些选择实行固定与流动相结合，可视学情定期升级或降级；同样，学校举办的各类考试，试卷也分 A，B，C 三类要求，评价时对同类学生的成绩进行类比。另外，我们要求每个学生在搞好文化课的同时，每人根据自己的爱好选择一门特长——唱歌、器乐、书法、绘画、文学、足球、武术、表演、演讲、小发明、舞蹈等，形成学校处处有特色、教师人人有专长、学生个个有特长的办学格局。

（二）基于“向上的学力”的“五向”新课堂

基于“向上的学力”，彰显“乐学、会学、学会、恒学”。我们在一些适合的学科或部分章节中，实验“先学后教，当堂训练”：每堂课教师先不要讲，先让学生自学。当然学生也不是盲目地学，而是在教师指导下自学，教师指导做到四明确：明确内容，明确时间，明确方法，明确要求。“先学后教”不是系统讲授，而是教师根据学生的自学情况进行点拨，或规范其不准确的表述，或解答其疑惑的问题，或纠正其错误的理解。由于学生通过自学已基本掌握了书上的知识，所以教师真正讲解的东西不一定都很多，课堂上能够省出不少的时间让学生“当堂训练”，体现“五向”中“向上的学力”所提倡的“乐学、会学、学会、恒学”。

（三）基于“向真的学识”的“五向”新课堂

“向真的学识”彰显“崇文、重理、跨界、贯通”，强调“跨界贯通”，基于未来人才培养需求和学校的实际特色，我们在教学中实施“两本合一”，即让学生与教师同时共有“教案本”与“作业本”，学校根据校本、师本、生本选订二合一的版本，教师不再用大量的时间抄所谓的“教案”，统一教案，彻底打破教师利用教案唱戏演戏的玄机，撩开教师的神秘面纱，师生共享课堂、共享教学资源、共享学习过程与成果。让学生与教师共同拥有备课本就是对教师的一种更高的要求，也是一个严峻挑战。另外，教师与学生共同拥有同一个作业本，师生共同做作业，师生共同评价作业，不允许另外征订与大量印制课外作业。

（四）基于“向善的品格”的“五向”新课堂

“向善的品格”彰显“责任，担当”，包括“与他人、与社会、与自然、与文化”的善良

的态度和理解。我们以学生参与社团的活动与经验为核心，以学科的知识和理论为基础，通过对松散、自发、盲目的社团活动的规范设计，明确教学目的和课程内容，纳入课程计划，促进学生兴趣、才能、个性全面发展。社团课堂的开设，不仅带来教师角色的转变，使课本剧本化、课堂舞台化、教师导演化、学生演员化，还开辟了全新的课堂。如社团将课堂建在社区、纪念馆、自然保护区、实践活动基地等等，不仅可以满足学生求知成才、发展个性特长、探索人生价值、开展人际交往和文化娱乐活动等方面的需求，而且对学生良好道德素质的形成具有很大的影响力和塑造力。

（五）基于“向美的身心”的“五向”新课堂

“向美的身心”彰显“健康生活”，包括“良好的习惯、健康的身体、坚毅的性格、体现的特长”。决定孩子成功的最重要因素，不在于给孩子灌输了多少知识，而在于我们是否帮助孩子获得了重要的性格特质。为此，我们从以下几方面来实验：(1)把课堂变“超市”，即把课堂变得如同超级市场，充分发挥学生学习的积极性，注重学生的学习过程和学习方法，注重探究性学习，使学习过程成为学生发现问题—提出问题—解决问题的过程。教学中注重学生的自主建构，教师利用外部资源，为学生创设一种开放的环境，将有关知识呈现于眼前，由学生根据自己的实际需要进行选取，并进行加工与整合。教师在课堂教学过程中充当“导购员”的角色，这样的课原汁原味，保证了学生的自主选择和自主探究。(2)把班级变小组，根据课堂实际把学生分成“四人小组”，小组内分 A，B，C，D 四个学生，全班分成四类，人人有专门研究的任务，每大组同类的学生则是同一学习任务的合作者，全班所有学生既当老师又当学生，自主、合作、探究得到充分的体现。(3)教学内容生活化活动化，教师把学生的生活情境引入课堂，真正实现课堂教学活动化，教学内容生活化，实现学习与生活的有机融合。教师在教学目标的指引下，根据学生需要宜讲则讲，宜练则练，达到教学方法的最优化。(4)把课堂变擂台，根据新课程“情感、态度、价值观”的培养目标，针对学生的年龄特点，教师有意识地把课堂教学过程引入竞争机制，以个人擂台、小组擂台等多种形式，让学生在竞争与合作的氛围中学习。在这个过程中，教师特别注重赏识学生独特和富有个性的理解和表达，鼓励学生勇于对书本的质疑和对教师的超越。(5)把课堂变成实验室，把课堂当作实验室、制作间，放手让学生去做一做，玩一玩，练一练，使学生在实践中产生问题，带着问题去实践，再在实践中解决问题，从而实现由感性到理性的升华。在理科教学中，重视培养学生收集图片资料与其他信息的能力，学生科学探究的方法，鼓励学生自己观察、思考、提问，重视探究报告的撰写与交流，提倡报告形式的创新。在文科教学中，加强学生课堂阅读的主动参与，激发学生参与的积极性，老师采取激情导入、鼓励质疑、讨论合作等办法，引导学生参与课堂，同时注重对学生学法的指导，并充分利用课外学习的资源增强学生对学文科、用文科的意识。

六、研究的反思与展望

究竟什么是“五向”新课堂？这是我们探讨了一年的一个问题，回过头来，想要准确而明晰地回答，感到还是很难。或许暂不需要说得太明白，我们只要先做起来，先阐释它的意义，让它的核心价值作为一种信念，融入教学的机体与血脉，形成一种特殊的文化。然而，“五向”是不能测量的，我们不可能把学生的发展目标完全精细地量化，因此，我们就不能简单地以一般认识论所涉及的对所有认识活动具有普遍意义的一般原理，来代替对“五向”新课堂的具体考察。

“五向”我们可以去解释，但不要下定义，因为一旦定义就限制了拓展空间。对于“五向”，除了具体实践体悟外，我们没有生搬硬套地灌输理念，而是希望在具体的课堂教学中，教师能形成某种行为样式来体现对“五向”的理解。

用行动来打造“五向”新课堂，是萧山十中师生智慧、经验、精神的积淀和提炼，是教学理念成为共同付诸实践的氛围，是萧山十中教学发展的灵魂和情感根基，它韵化成意义，物化成行动，我们将继续这一行动。这就是我们逐渐体悟到的对“五向”新课堂的开放式界定、课堂关键行为的整体勾勒、累积的教学历程。虽然这条轨迹还不很清晰，许多问题还有待研究，但我们毕竟“已阔步行走在‘五向’新课堂的大道上”了。如果说教育是一种文化活力，那么，“五向”新课堂就是萧山十中的一种特质文化，在教学实践中营造的一种文化景观。

参考文献

[1] 李松林.回归课堂原点的深度教学[M].北京：科学出版社，2016.
[2] 郭景扬，陈振国.课堂教学模式与教学策略[M].上海：学林出版社，2009.
[3] 刘金玉.高效课堂八讲[M].上海：华东师范大学出版社，2010.
[4] 周彬.课堂密码[M].上海：华东师范大学出版社，2009.
[5] 查有梁.课堂教学模式论[M].桂林：广西师范大学出版社，2001.

《乡土中国》与鲁迅乡土小说互文性阅读教学策略

杭州市萧山区第十高级中学　郭婷婷

摘　要:费孝通的《乡土中国》和鲁迅乡土小说在作者创作或研究的动因、对象和时代背景等方面具有很大的一致性,这构成二者实现互文性阅读教学的前提。在具体教学过程中,以解读文本为根本的"互文性阅读"策略又可以细化为补充阅读、对比阅读和深化阅读。而检验这一教学策略的实现与否,则仍需以新版《普通高中语文课程标准》为参考。

关键词:《乡土中国》;鲁迅乡土小说;互文性阅读

"互文性"是从西方文艺理论中借来的一个专有名词,近年来,越来越多地运用于中小学教学研究中。在中学语文教学中实现"互文性阅读",首先在于整合教材及其延伸的教学内容,在相似或关联文本(不限文体)之间建构起一个作为桥梁的同一"意义空间",从而帮助学生更好地理解各类文本的内涵和价值。费孝通的《乡土中国》是研究中国传统乡土社会结构公认的社会学代表作,被编入部编版高中语文教材必修上"整本书阅读"单元。而鲁迅先生开中国现代乡土小说之先河,其入选教材的《祝福》《阿Q正传》都是极为经典的小说文本。由此,本文力图将这两种教学资源进行整合,探究二者实现互文性阅读教学的可能性。

一

费孝通的《乡土中国》和鲁迅的乡土小说代表作(如《祝福》《阿Q正传》《风波》《离婚》等)能够实现互文性阅读教学的前提是什么?简单地说,就是这两个完全不同类型的文体(一个是讲求学理的学术著作,一个是虚构的小说)在什么层面上可以构成联结。

(一)作者与时代背景层面

1928年,费孝通考入东吴大学医学预科,但受当时学潮中进步思想的影响,他决心改行。"我不再满足仅仅帮助个人,治疗身体上的疾病的这个目标,人们的病痛不仅来自身体,来自社会的病痛更加重要。所以我决定不去学医一个一个人治病,而要学社会科学去治疗社会的疾病。"[1]这以后,他放弃进入协和医科大学学习的机会，转学到燕京大学攻读社会学。这与鲁迅先生众所周知的“弃医从文”的经历在某种程度上可以说是殊途同归。

虽然，在时间上，鲁迅先生所遭遇的“幻灯片事件”要远早于当时费孝通在大学校园里发生的一系列思想转变；但他们所处的都是近现代转型时期的中国，“乡土性”正前所未有地遭受“现代性”“现代化”的冲击，并面临着瓦解。换言之，中国传统乡土社会结构以及依赖这一结构产生的种种制度、社会分工、生活方式、宗教活动等，与不可阻挡的现代化趋势发生了剧烈冲突。无论是鲁迅还是费孝通，都处于这一特殊时代语境中，作为有良知、有思想的知识分子，为中国的未来寻找一个出路不能不成为他们创作或研究的共同动因。

基于这样一个在作者经历层面的相似性以及特定的时代背景，教师可以给学生提供相应的学习资料作为补充，让学生通过课前预习活动阅读相关材料，在对比中进一步了解作者创作或研究的时代背景和思想动因。比如，可以设计一个课前预习任务。

自主选择阅读以下材料：鲁迅《呐喊·自序》、许寿裳著《鲁迅传》、张冠生著《费孝通传》（提示：传记文学可采取粗读的方式，且并不限以上版本）。找出促使鲁迅和费孝通思想发生转变的具体事件分别是什么。二者之间有何内在联系？围绕这个话题，讲一个关于作者的故事。一方面，可以作为一个兴趣支点撬动课堂活力，促使学生产生进一步阅读研究的兴趣；另一方面，作为补充材料，有助于学生更好地把握《乡土中国》和鲁迅系列乡土小说的思想价值和文化意义。另外，从教学实施角度考虑，这也能够体现以学生为主体的“学”，而不是以教师为主的一味介绍和讲解。

（二）写作或研究对象维度

费孝通在《乡土中国》后记中明确提出：“以全盘社会结构的格式作为研究对象，这对象并不能是概然性的，必然是具体的社区，因为联系着各个社会制度的是人们的生活，人们的生活有时空的坐落，这就是社区。”[2]事实上，他的研究成果，也正是基于大量、扎实的乡村实地调查。《乡土中国》这本小书，作为他抗战时期在西南联大和云南大学的教学讲义，客观地展现了西南地区乡村社会的形态和特点。也可以这么说，他在书中提出的许多抽象的、具有统摄意义的概念是可以在一些具有代表性的“社区”（单个或一定范围内的乡村）中得到事实例证的。但是，这些具体到个体细节的实例，费孝通并不能在一部社会学学术著作中充分展开。

相对而言，鲁迅的乡土小说呈现的是一个具象化的中国乡土社会，并且构建了“鲁镇”这样一个反复出现的文学地理空间。“鲁镇”是作者回不去的记忆故乡，也是传统乡村社会之于作者的主要经验和获取创作灵感的重要来源。在虚构的小说文本里，作者有更大、更灵活的空间去展现和阐释他对于中国传统乡村社会的理解。这些理解最后落实到创作中则是他对小说人物的刻画、对情节的把握和对作品主题的呈现。而在具体的小说教学过程中，这些也正是需要教师引导学生去深刻解读和剖析的主要内容。

因此,《乡土中国》和鲁迅的乡土小说在写作或研究的对象上具有显见的同一性,亦即他们都以“中国传统乡土社会”作为书写对象。如此一来,这两类文本就能在内容上进行一定程度上的互补和深化。教师在整合教材内容时,完全可以不拘泥于教材原来的设计与安排,而是基于学情去挑选适合的文本来展开教学,并由此进一步丰富“群文阅读”教学的意义和内涵。

二

那么,教师在实际的教学过程中应该怎样去实现这两者的互文性阅读教学呢?无论是论述类文本还是文学类文本,如何指导学生避免浮于表面的浅阅读,都是题中应有之义。而所谓的“互文性”理论在语文教学中的运用,归根到底还是为解读文本服务的。

(一)补充阅读

学生扎实的阅读,往往是教师有效实施语文教学的重要前提和保障。我们在开展《乡土中国》的“整本书阅读与研讨”教学中发现,如何激发学生的阅读兴趣是一大难点。一是由于学术著作对于刚刚进入高中阶段学习的学生来说是相对陌生的文本类型,同时也对他们的阅读能力提出了更高要求,学生普遍存在或多或少的畏难情绪。二是学术著作相比小说、散文、诗歌等其他文学文本,并不具有那么浓厚的文学意味,相反更多是强于逻辑思维的说理与论述,因而对于理性思维仍在发展阶段的高中生来说,吸引力不足也是问题之一。相较而言,学生对小说文本的接受度更高,且对于鲁迅及其作品,高中生也已经有了小学及初中阶段足够的学习铺垫。

由此,可以将鲁迅的乡土小说作为阅读《乡土中国》前的“预热文本”,激发学生的探索兴趣。比如,在指导阅读《无讼》《无为而治》《长老统治》几个章节时,可以引入鲁迅的小说《离婚》作为导入材料,从小说内容出发创设问题情境。除此以外,鲁迅小说中的情节、人物、风俗(环境)等也可以作为补充阅读材料,帮助学生厘清费孝通在《乡土中国》中提出的两个核心概念(差序格局、礼治秩序),以及由此延伸的其他概念,如家族、长老统治、地缘与血缘等。

(二)对比阅读

“群文阅读”在如今中学语文教学中是一个比较前沿的热点研究话题,而“群文阅读”教学实际上又是更大范围的对比阅读。但无论是群文阅读还是对比阅读,能够实现的基础往往是文本与文本之间潜在的“互文性”,也就是两种或多种文本之间的相似或关联性。而且,任何一个单一文本都有其独创性,群文阅读的教学目标不仅在于让学生简单地从文本中找异同,更在于从这些异同中挖掘一个更丰富的意蕴空间,在对比阅读中拓宽学生理解文本的思路。

鲁迅先生的小说创作为的是疗救中国人精神上的疾病,他曾说:“凡是愚弱的国民，即使体格如何健全，如何茁壮，也只能做毫无意义的示众的材料和看客，病死多少是不必以为不幸的。所以我们的第一要著，是在改变他们的精神，而善于改变精神的是，我那时以为当然要推文艺，于是就想提倡文艺运动了。”[3]而费孝通的研究致力于解答“作为中国基层社会的乡土社会究竟是一个什么样的社会”[4]的问题，目的在于从社会科学角度针砭社会弊病。二者在根本目标上是一致的，但当读者真正进入他们的创作或研究后，发现更多呈现给我们的恰恰是乡土社会的多面性和复杂性。对此，教师应该引导学生做进一步讨论和体悟，如设计课堂学习任务。

费孝通《乡土中国》前三章(《乡土本色》《文字下乡》《再论文字下乡》)，极力为乡下人的“愚”做辩护，而鲁迅在小说《阿Q正传》中却深刻揭露了底层农民的“愚”。参考以下表格，设计一个辩论题目，并选择其中一方，小组合作完成答辩稿，具体情况见表1。

表1　完成答辩稿

篇目	愚/不愚	如何论述/体现	作者立场(情感)
《乡土中国》前三章			
《阿Q正传》			

(三)深化阅读

《乡土中国》作为一本社会学学术著作，其中对中国传统乡土社会以及广大乡村百姓的生存和生活状况有比较深刻的概括和总结，这与鲁迅乡土小说对“农民”形象的刻画、对农民精神的揭示形成呼应。费孝通在《乡土中国》中以一个更为理性、客观的视角从具体的社会里提炼出来的一些概念和观点，也可以作为深入解读鲁迅乡土小说文本的“关键”。教师可以围绕某个特定的关键词或核心观点，指导学生进一步挖掘鲁迅小说文本的主题内蕴。如设计《祝福》一课的写作任务：

乡土社会是礼治的社会。

礼并不带有“文明”，或是“慈善”，或是“见了人点个头”、不穷凶极恶的意思，礼也可以杀人，可以很“野蛮”。

礼是社会公认合式的行为规范。合于礼的就是说这些行为是做得对的，对是合式的意思。

礼并不是靠一个外在的权力来推行，而是从教化中养成了个人的敬畏之感，使人服膺；人服礼是主动的。[5]

——《乡土中国·礼治秩序》

根据以上材料中的观点，围绕“祥林嫂之死”写一则文学短评，探究《祝福》中祥林嫂悲剧的社会根源。

从读到写，由输入到输出，是中学生学习语文的基本过程。如何引导并推进教学活动来深化学生的阅读是我们始终要思考的问题。尤其是鲁迅的作品，是现当代文学中的经典，值得反复和仔细地研读。但在实际教学中我们发现，中学生由于时代隔阂往往对鲁迅的乡土小说主题缺乏深入思考和理解。为此，在《乡土中国》中选择一些恰当、适宜的观点作为评论写作的参考材料，有意识地引导学生从深层的社会结构角度考虑鲁迅乡土小说揭示的主题，或许也可以是一个尝试的方向。

三

2017年，课标修订完成，这一版的《课标》进一步优化了高中语文教学课程结构，为一线教师实施教学活动提供了更多切实的指导意见。任何教学方向和策略的意义和反思都可以将这一“标准”作为参考。

（一）就实现语文学科核心素养而言

《课标》中尤其值得注意的是提出了四大“语文学科核心素养”，分别是语言建构与运用、思维发展与提升、审美鉴赏与创造、文化传承与理解。[6]无论是《乡土中国》还是鲁迅作品的教学都应竭力实现这四个维度的目标。在这两类文本之间实施的“互文性阅读教学策略”（如补充、对比和深化阅读），主要目的仍是更贴近《课标》提出的课程目标，更好地适应现阶段高中语文课堂转型的要求。

不过，由于文类本身的限制，“互文性阅读”主要还是以阅读活动为核心的教学策略，强调学生阅读、理解和表达能力的提升。换句话说，在语文课程中更侧重学生文学素养的培养。而《课标》指出，“工具性与人文性的统一，是语文课程的基本特点”[7]。因此，在实施这一教学策略的过程中，要避免教学重心一边倒的现象。如何利用论述类和文学类文本设计真实的语言运用情境和语言实践活动，从而帮助学生把握语言规律和积累言语经验，也是值得我们反思的。

（二）就完成“学习任务群”课程内容而言

《课标》将整个高中的语文学习课程内容细分为18个“学习任务群”，同时，这也是教师组织教学的新方式。《乡土中国》和鲁迅小说作品分属于“整本书阅读与研讨”和“文学阅读与写作”学习任务群，尤其后者贯穿了必修、选修课程。

其中，整本书阅读任务虽然要求学生通过阅读整本书来建构整本书阅读的经验，提升阅读鉴赏能力，但这并不意味着不可以化整为零。基于“互文性”理论的阅读教学策略补充、对比和深化的不仅仅是阅读的内容，也能促进学生阅读方法的改进。并且，对于学术著作，除了实现读懂的目标，还要求了解本书的学术思想及学术价值。相对掌握具体的方法而言，这都是比较形而上的抽象概念，在阅读《乡土中国》时，增加与鲁迅乡土小说的互文性阅读学习环节，可以让学生得到切身的感悟和体会，而不是浮于表面的知识记忆。

另外，《课标》中“文学阅读与写作”学习任务群也明确了教师的教学方向，如“运用专题阅读、比较阅读等方式创设情境，激发学生的阅读兴趣，引导学生阅读、鉴赏、探究与写作”[8]。高中语文教材所选入的鲁迅小说作品《祝福》《阿Q正传》都是鲁迅乡土小说创作的代表，挖掘《乡土中国》与之相关的联结点（互文性），使学生的阅读鉴赏和写作过程得以落实和深化十分必要。不过这一过程推进的难点不仅在于如何实现“群”的整合意义，更在于如何突出“任务”，而且是由真实情景驱动的任务。

无论如何，“乡土经验”毕竟是当代成长、生活于城市中的学生所普遍缺乏的。加之时代巨变，如今的乡村也早已不是费孝通和鲁迅笔下的“乡土社会”，学生在学习过程中对这一类话题产生隔膜是无可避免的。但是，费孝通在《乡土中国》中提出的核心观点：中国乡基层社会的基本结构——差序格局是不变的；鲁迅在其乡土小说中揭露的中国人的精神疾病——骗与瞒是依旧存在的。当代中学生学习这些经典文本，所思考的向度自然不能囿于一个不复存在的乡土空间，而应该是回到当代社会、回到个体生命的反思。教师借助“互文性”理论推动的阅读最终目标，也正在于此——实现生命教育。

参考文献

[1] 费孝通.城乡和边区发展的思考[M].天津：天津人民出版社，1990.

[2] 费孝通.乡土中国[M].北京：人民文学出版社，2019.

[3] 鲁迅.鲁迅全集·第一卷[M].北京：人民文学出版社，2005.

[4] 费孝通.乡土中国[M].北京：人民文学出版社，2019.

[5] 费孝通.乡土中国[M].北京：人民文学出版社，2019.

[6] 中华人民共和国教育部.普通高中语文课程标准（2017年版）[S].北京：人民教育出版社，2020.

[7] 中华人民共和国教育部.普通高中语文课程标准（2017年版）[S].北京：人民教育出版社，2020.

[8] 中华人民共和国教育部.普通高中语文课程标准（2017年版）[S].北京：人民教育出版社，2020.

群文阅读在高中语文古诗词教学上的策略探析

——以部编教材教学为例

杭州市萧山区第十高级中学 钱 美

摘 要:提升高中生古诗词学习和鉴赏能力十分重要。2020年9月,浙江省高中教育阶段统一使用部编版语文教材,“部编教材”在选材上突出经典型,大幅度增加古诗文篇目。高考古诗词考题中涉及比较阅读的内容,近五年全国Ⅰ卷、全国Ⅱ卷和全国Ⅲ卷中都有关于古诗词比较阅读的题目。群文阅读法是《课标》明确倡导的阅读方法,本文通过教师的古诗词教学实施过程和实践,探究如何运用群文阅读的方法培养学生对古诗词阅读的兴趣,以及群文阅读在古诗词鉴赏上的策略和路径,进而提升学生运用群文阅读鉴赏古诗词的能力。

关键词:古诗词;群文阅读;策略

群文阅读,最早由台湾语文教育学会会长赵镜中先生提出:“随着图书出版及学生阅读量的增加,教师开始尝试群文的阅读教学活动,结合教材及课外读物,针对相同的议题,进行多文本的阅读教学。”随着统编概念的提出和课程意识的提升,研究者也达成共识,都认为群文阅读是针对两个或两个以上文本而言的,并且文本之间存在某种联系或在某些方面具有相似性,然后对这些文本进行比较和鉴别。“教学建议”指出:“要借助群文阅读等方式,对语文课程进行重组优化,以实现知识与能力,过程与方法,情感、态度与价值观的整合,从而促进学生语文素养的整体提升。”由此可见比较阅读方法对古诗词教学和提升学生语文素养的重要性。那么,在高中教学实践中,我们在古诗词教学上应该比较哪些内容,又有哪些比较策略呢?

一、群文阅读在古诗词教学中的阅读内容

一提到群文阅读,我们首先想到的就是怎么进行群文阅读,即比较的内容是什么。卢旭涛认为,群文阅读的内容可以是古诗词的感情、题材、人物、思想内容。吴如厂提出的比较内容也很细致,包括意境、意象和情感等。除了意象、情感等写作内容,张雪姣认为还可以从群文的手法上进行比较。笔者最后总结认为,古诗词群文阅读的比较内容主要有意象、意境、结构、风格、情感、主题等。

具体地说,可以是同一作家不同时期作品进行比较,同一作家相同境遇下系列

作品的比较，不同作家不同风格作品进行群文比较，同一主题下不同风格不同体裁作品的群文比较，同一风格不同作家作品的群文比较，等等，在改变传统“译—讲—背”的教学模式基础上，形成“读—比—思—解—悟”的教学形式。

（一）不同诗人不同风格

笔者在上部编教材必修上册第三单元第九课时，将豪放派词人苏轼的《念奴娇·赤壁怀古》和婉约派词人李清照的《声声慢·寻寻觅觅》进行了群文阅读。《念奴娇·赤壁怀古》将写景、咏史、抒情融为一体，境界宏阔，雄浑苍凉，词作中寄托了词人生命感悟和人生态度，是豪放词的代表作。《声声慢·寻寻觅觅》以朴素清新的口语入词，抒写词人在国破家亡遭受劫难后的忧愁苦闷，通篇围绕“愁”字展开，婉转凄楚。通过两首词的群文阅读，学生很快掌握了不同风格的词的特点，明白了豪放派词风和婉约派词风的区别。当然，这两首词在风格上迥异，但是内容都是建立在国家的角度之上的，格调相近。

（二）同一诗人不同特点

同一诗人，不同的处境下会有不同的心境，写出的诗句也会不同。笔者在上李清照的《声声慢·寻寻觅觅》时，就将其和她的《一剪梅》进行比较。两首词都写到“雁”这一意象，《一剪梅》中是“雁字回时，月满西楼”，《声声慢·寻寻觅觅》中是“雁过也，正伤心，却是旧时相识”。《一剪梅》中的“雁”寄托了思妇对远行丈夫思念之情，而《声声慢·寻寻觅觅》中的“雁”是丈夫离世后，思妇再见“雁”，却无人可以接收思念情绪，只有伤心和痛苦。同一个作者不同情境下，情随事迁。

（三）不同内容不同思想

有些诗词内容和思想都不一样，在教学时可以异中找同，进行群文阅读。笔者在上选择性必修下第一单元时将《氓》和《孔雀东南飞并序》进行比较，二者都是叙事诗，都刻画了女性形象，都写到了她们的恋爱和婚姻，女子都是美丽、善良、勤劳、忠贞之人，都曾有过幸福美满的婚姻，但后来都以悲剧收尾。通过比较分析，探究古代女性婚姻悲剧的原因。

此外，笔者写的案例中将冯延巳的《酒泉子》和《蝶恋花》进行群文阅读，对比两首词的意象、意境。《蝶恋花》写的是深秋，《酒泉子》写的是晚春；意象都由深闺走向自然；都是写花，《蝶恋花》写得具体，《酒泉子》写得笼统；都写了时间很长，《酒泉子》通过“更漏永”来表现，《蝶恋花》通过“斜光到晓穿朱户”表现时间很长；两首词都表达相思之苦，但表达方法不同，一个在句中，一个在句末。

二、群文阅读在古诗词教学中的策略

（一）明确群文阅读点，确定比较篇目

将群文阅读运用到古诗词的阅读教学中，教师首先要做的就是明确比较点。寻

找合适的比较内容，是群文阅读的前提，也是群文阅读的关键。科学地确定比较点能够有效激发学生的学习兴趣，调动学生探究古诗词的积极性，利于学生提升古诗词鉴赏能力。基于学生的认知水平，在确定比较点的时候，教师应起主导作用，根据教学内容给学生提供相同类型两首或者是两首以上的古诗词，并引导学生对古诗词所表达的主题思想、表达方式、语言特点等进行分析。根据统编教材内容和明确的比较点，确定群文阅读篇目。群文阅读篇目有：《短歌行》和《归园田居（其一）》，《梦游天姥吟留别》和《登高》，《念奴娇·赤壁怀古》和《永遇乐·京口北固亭怀古》，《蜀道难》和《蜀相》，《扬州慢》和《望海潮》，等等。

（二）创设群文阅读情境，活跃课堂氛围

当前，大部分高中生因为古诗词的晦涩难懂，学习积极性并不高，课堂学习氛围沉闷，学生大部分时间处在被动状态，学习效率低下。鉴于此，我根据高中学生的年龄特点，结合教学内容，创设诗歌群文阅读的情境，以此营造愉悦的学习环境，从而激发学生学习古诗词的兴趣。比如部编教材选择性必修下第一单元第8课，可以设置《望海潮》《扬州慢》的群文阅读情境。情境如下：近期，我校开展“我读古诗词”视频制作评选活动，请同学们根据《望海潮》《扬州慢》两首词制作相关视频。学生制作视频的前提是对文本的解读，是对诗歌全面的理解和鉴赏。通过创设真实有趣的情境，激发学生学习古诗词的兴趣，活跃课堂氛围。

（三）探究共同点，掌握古诗词类型

每首诗歌都会有自己的特色，将任意两首诗歌拿出来进行群文阅读比较，都能找出许多共同点。探究共同点主要是将不同作者、不同创作背景、不同题材的古诗词放在一起进行阅读比较，引导学生去探究它们之间的共同点。例如部编教材必修上苏轼的《念奴娇·赤壁怀古》、辛弃疾的《永遇乐·京口北固亭怀古》和必修下王安石的《桂枝香·金陵怀古》，在比较中发现，它们都是怀古咏史诗。教学中，可以引导学生先对这三首古诗词进行比较，以点带面再牵引出其他学过的怀古咏史诗，从思想感情、修辞手法、内容表达等方面进行求同比较，从而在整体上加深学生对怀古咏史诗的理解。

除了以怀古咏史为题材的诗歌比较外，还可以引导学生对山水田园诗、思乡怀远诗、送别诗、羁旅诗等题材的古诗词进行比较，探究同一题材诗歌的相同点。

（四）比较差异点，延伸学习深度

在教学中，教师可以将同一个作者在不同时期或者所创作的古诗词进行群文阅读比较，使学生更加全面深刻地把握作者的创作风格。比如将李清照《醉花阴·薄雾浓云愁永昼》与《声声慢·寻寻觅觅》进行比较阅读教学。这两首词分别创作于李清照的前期、后期，前者表达的是词人对丈夫深深的思念之情，写的闺怨之情，后者写的是词人夫死人老、国破家亡的复杂情感。群文阅读点可以依托同类主题进行比

较，或依托意象进行比较，或依托修辞手法进行比较；通过对文本多角度的解读，来感受词人思想感情的变化。联系作者境遇进行群文阅读，可以发现不同时期的风格不一样。教师教学时将同一诗人不同时期的作品进行群文阅读，学生的认识会更加全面、更加系统、更加深刻。

参考文献

[1] 孙绍振.月迷津渡——古典诗词个案微观分析[M].上海:上海教育出版社,2012.
[2] 罗益.比较阅读在高中古诗教学中的应用[J].华夏教师,2018(8):66.
[3] 王万祥.比较阅读在高中古诗文教学中的应用[J].课外语文,2020(12):130-131.
[4] 魏小娜,董阳.指向阅读力的文本分析与教学设计探索[J].语文建设,2021(2):20-24.

精准答题:提升高考现代文阅读答题能力的实践研究

杭州市萧山区第十高级中学　杨　丽

摘　要:阅读能力是语文能力的重要组成部分,也是高考考查的重点。在教与学的实践中,学生面对现代文阅读题无从下笔、答无边际、答而无分的现象普遍存在,其成为制约现代文阅读得分的一大难题。面对千变万化的题目,如何有的放矢,切实提高答题的质量与作答的效率,进而提升高考现代文阅读答题能力?本文将从精准答题的角度对高考现代文阅读答题指导进行实践探索。

关键词:高考语文;现代文阅读;精准答题

一、研究的缘起

(一)阅读在语文教学中的重要地位

在《课标》中,明确了语文学科的核心素养包括语言建构与运用、思维发展与提升、审美鉴赏与创造、文化传承与理解四个方面。这其中,不论是语言、思维还是审美、文化均离不开阅读作为积淀,而阅读如果缺乏能力的培养也将是无本之木、无源之水。

即将投入使用的高中语文新教材更是提出了群文阅读的概念,群文阅读"以阅读为核心,以任务为引领,但更多指向建构经验,养成习惯,形成适合自己的读书方法"。

(二)对阅读能力的考查在高考中不断被强化

根据对近年来浙江省高考语文试卷的统计,现代文阅读主要由论述类文本和文学类文本两部分组成。其中文学类文本的现代文阅读文字量大,往往在2000字左右,虽然分值只有20分,但是学生需要耗费大量的时间,书写大量的文字才能完成答题,对学生的阅读速度和答题效率的要求越来越高。

二、现状分析

（一）考教分离下，语文基础教学阶段对现代文阅读的忽视

人民教育出版社编审顾之川先生说：“现代文阅读教学既是培养学生阅读能力的重要手段，也是提高学生审美和人文素养的重要途径，因而历来是中学语文教学的重要内容。”现行苏教版语文教材中有着大量的经典现代文佳作，编者按主题、分专题分类汇编，如果能够潜心学习，对于提升现代文阅读水平无疑是大有帮助的。

然而，由于统考试题中的现代文阅读均出于课外，一定程度上造成了语文教学考教分离的现状。在应试的压力面前，在对语文教材的选用上，教师和学生往往偏向于文言文的识记与积累，而忽视对现代文的阅读与思考。功利化的教学让传统的现代文阅读课浅尝辄止，缺少深入的分析与思考，更鲜有对词句和艺术手法的推敲与探讨。久而久之，缺乏思考使学生的理解能力整体偏弱，突然面对高考的长篇课外阅读难免会手足无措。

（二）学生阅读能力相对薄弱的现实

“00后”的这一代学生是伴随着电子产品成长的一代人，他们是数字化时代的原住民，在数字化、碎片化的阅读情境中，很难静心思考、深入思考，更多地停留在表面的浅阅读和缺乏思考的人云亦云上。

（三）无从下笔与答而无分的困惑

在写作这篇文章之前，我曾对任教班级的学生进行过高考语文试卷的各板块难度的问卷调查。结果显示，刨除得分高低因素，整张试卷中，除了作文是大家最不愿意写的一道题外，现代文阅读则以高文字量，答题时茫然无序、令人头痛的特点位居第二。

我们经常看到有的同学拿着笔迟迟写不下几个字的情况，我们也更多地看到许多同学写得满满的答卷却只换来1分，甚至0分。巨大的时间消耗与所得分值极不相称，加重了学生对现代文阅读的畏惧心理，同时对于分秒必争的高考答题时间来说，这也是极大的浪费。

综上所述，如何引导学生答而有序、言之有物，精准答题，是当下高三语文教学中亟待解决的一个问题。

三、精准答题的解决路径

（一）为精准答题做好心理准备：研究高考，教会学生建立题型意识

兵法有云：“知己知彼，百战不殆。”“整体感知文意，厘清作者思路，概括文章要

点,品味作品语言,理解文本所表达的思想、观点和感情,既是现代文阅读教学的主要内容,也是高考现代文阅读试题的考查目标。”

就此而言,教师应该精心选择典型的现代文阅读试题。下面以2018—2019年的浙江省高考试题为例,结合其他省市近年来的优秀考题,帮助学生树立题型意识。

如:2019年浙江高考现代文阅读试题《呼兰河传》(节选):

10.简析文中画线部分的语言特点。(4分)

11.结合故事情节,概括“我”的形象。(4分)

12.分析本文叙述上的特征。(6分)

13.如果给本文拟一个标题,你会选“磨坊里外”还是“冯歪嘴子”?为什么?(6分)

以上四题,我们依次可以将其归为语言赏析、人物形象的概括、叙述、标题的作用等相关题型。

又如:2018年浙江高考现代文阅读试题《汴京的星河》:

10.作者的兴奋情绪在文中画横线部分表现为怎样的语言特点?(4分)

11.文中画波浪线部分连用10个“一”,具有怎样的艺术效果?(5分)

12.从结构上分析作品为什么先写街、再写人、后写灯。(5分)

13.根据全文,分析作者“感到如此新奇和庆幸”的深层意蕴。(6分)

以上四题,我们可以从语言、赏析、结构、句子意蕴等角度去归纳题型。

循着这个思路,可以进一步梳理2012—2017年的高考试题的题目类型。我们发现,赏析类题目是深受命题者青睐的一种题目类型,在2012—2019年的高考考查中,有八年都考到了赏析题,而在2018—2019年,赏析题由整体赏析细化到了对语言的赏析:

2012年　14.赏析文中画线的句子。(5分)(《母亲的中药铺》)

2013年　12.赏析第五段中画线句。(4分)(《牛铃叮当》)

2015年　13.赏析文中画线部分。(4分)(《捡烂纸的老头》)

2016年　14.结合上下文,赏析文中画横线部分。(5分)(《母亲》)

2017年　11.赏析文中画线的句子。(5分)(《一种美味》)

2018年　10.作者的兴奋情绪在文中画横线部分表现为怎样的语言特点?(4分)(《汴京的星河》)

2019年　10.简析文中画线部分的语言特点。(4分)(《呼兰河传》节选)

通过对题型的研究,我们还发现,不同文体的题型是可以互通的,比如赏析题,既可以出现在现代文阅读中,也可以出现在诗歌鉴赏中。如2016年浙江高考诗歌鉴赏题:

北来人二首

〔宋〕刘克庄

试说东都[①]事,添人白发多。寝园残石马,废殿泣铜驼。

胡运占难久,边情听易讹。凄凉旧京女,妆髻尚宣和[②]。

【注】①东都:指北宋都成汴梁。②宣和:宋徽宗年号。

21.赏析第一首中的画线句。(3分)

又如，在2019年高考中出现的对叙述的考查，在2016年和2017年的诗歌鉴赏题中分别也出现过。

刘勰在《文心雕龙》中说，“操千曲而后晓声，观千剑而后识器”，意思是说，做任何事情，没有一定的经验积累，就不会有很高的造诣。顾之川先生在《高考语文现代文阅读：现状与改革》一文中指出：“高考语文阅读能力考查研究主动适应社会实际与考生需要，不仅要研究现代文阅读能力的考查内容、考查目标和选材标准，还要对题型设计与评分标准进行深入研究。”既然命题者都注意到了题型的设计，我们又怎能对其视而不见，忽视了题型的教学与答题就如同盲人摸象一样，只见一斑，难窥全貌！

学生通过研究高考题，了解高考题型的样式，心中有了底，做题时也就有了方向，不会出现茫然无序、乱答一通的情况，从而为精准答题做好了心理上的准备。

（二）为精准答题做好知识铺垫：教会方法，触一篇通一类

在明确题型、建立题型意识之后，教师应该结合具体的题型帮助学生建构起现代文阅读庞大知识体系中的结构树，使学生知晓各个不同知识点的答题方法。引导学生从千变万化的题目中，从复杂多义的语言文字中觅得解决问题的方法。

(1)建立思维导图，心中有法。思维导图，又叫心智导图，是表达发散性思维的有效图形思维工具，它简单却又很有效，是一种实用性的思维工具。

阅读教学低效的原因，很大程度上在于思维训练的缺失，通过思维导图有助于学生训练思维，提升思维的全面性和系统性，从而有助于答题的精准度。

如：小说的三要素和主题之间的关系可以表示为：

主题｛环境
情节
人物

又如：文章各个部分在结构上的关系可表示为：

标题　统领全文；点明主题；点明写作对象；作为线索

↓

开头　照应标题；引出下文；设置悬念；吸引读者；交代环境

↓

中间　承上启下；插入（丰富内涵）；与上下文形成照应（对比）；层层递进

↓

结尾　照应标题（开头）；总结全文；意料之外，情理之中；留给读者想象的空间

↓

深化主旨

(2)研究评分参考，答题有序。高考作为一种选拔性考试，在参考答案的拟定、评分参考的设计中必然体现着不可或缺的效度、信度与区分度。而高考阅卷现场反馈的阅卷报告，则体现着阅卷组结合考生答题情况做出的对试题答案的把握程度，所以考生最终的分数既取决于命题者参考答案的设置，也取决于阅卷现场的评分标准。

在短短七八秒的阅卷时间内,如何有效地拿到分数?这就要求学生不仅能够知道答案的要点,而且还能够把要点清晰地呈现出来。比如,在研究完赏析题的参考答案之后,学生发现,答赏析题首先需要考虑“手法”,而在众多“手法”中,往往先考虑修辞手法,然后是描写手法……同时,分点答题既有助于考生自己厘清思维,也便于阅卷老师快速找到得分点,如此避免了答案的盲目、繁多、无效,从而实现了精准答题。

(3)做好例题整理,触类旁通。虽说“书山有路勤为径”,但是“苦学”更离不开“巧学”,教师要引导学生做好方法的积累和记忆。不仅记方法,还应记例题,让方法附着在题目上,有血有肉,而不再是死的知识,不再是教条般的死记硬背。

以往,无序无法的阅读教学往往是教一篇会一篇,闻一知一。引导学生树立精准答题的意识之后,学生就可以从题型入手,主动思考答题方法,变被动为主动,由一篇到一类,力求闻一知十。这样的教学才更能够满足学生的需求,更有助于学生的精准答题。当然,这个前提是学生在教师的引领下能够对各个知识板块的答题要点有清晰明确的认识,而方法的归纳始终离不开文本本身,脱离了文本语言情境的方法只会变成令人生厌的教条,做不到活学,更加做不到活用。

四、精准答题的实践思考

(一)回归课本,寻找源头活水

朱熹有诗云:“问渠那得清如许?为有源头活水来。”高考的考题看似来自课外的阅读,但是文无定文,法有通法,古今中外的文章概莫能外。

2018年浙江高考诗歌鉴赏中一个“点染”手法的考查,难倒了一众考生,事后翻开课本,人们赫然发现,在必修四柳永的《雨霖铃》一词之后,编者早已提出这一概念。所以课本是个巨大的宝藏,高考“考在课外、功在课内”。

古诗词如此,现代文阅读也是如此。例如,老舍先生的《想北平》一文,标题、开篇、结尾相互照应,从中我们可以进一步明确散文结构上的特点,结尾的“不说了,要落泪了,真想念北平啊”,不仅照应了开篇和标题,同时还深化了文章的主题。就抒情方式而言,这句话也是典型的直抒胸臆。又如,《最后一片常春藤叶》一文,我们可以学习到小说的意料之外、情理之中的欧·亨利式结尾;通过常春藤叶这一意象的选择,我们可以教给学生象征手法的运用;而从老贝尔曼这个性格脾气怪异的小人物身上,我们又分明看到了“捡烂纸的老头”(2015年浙江高考现代文阅读《捡烂纸的老头》一文主人公)的影子。

所以,现代文阅读的知识点及方法看似高深,其实在课本中或多或少都能找到依据,如果教师在上课时能够引导学生回归课本,在熟悉的课文中寻找那些被忽略的方法,就会让学生产生一种亲切感,进而有助于知识的接受与运用。

(二)学生为本,构建自己的阅读体验

《课标》写道:“教师应向学生提供有效的学习支持,如做好问题设计,提供阅读

策略指导，适时组织经验分享和成果交流活动；在学习过程中相机进行指导点拨，组织平等参与问题讨论。"

人民教育出版社中学语文室主任王本华认为："核心素养的达成，不是像通常那样老师讲学生听，老师问学生答，而是要围绕具体情境中遇到的问题来布置任务，也就是要让学生来做事儿。在做事儿的过程中，学生要运用自己的智慧，阅读大量的资料，采用适当的方法，借助多样的方式，通过实践去解决问题，完成任务。学生在完成任务的过程中，会自主地、自然地积累语言文字运用经验和阅读体验，建构相应的语文知识和语文能力，从而有效地提升语文素养。"

在精准答题的教学指导中，教师应该创设机会让学生建构自己的学习经验，可以通过互相评分、互相质疑、互相纠错，基于问题合作探究，在互动中促进学习，力图做到学生不一定能答出满分答案，但他知道满分答案是什么样子。

（三）避免僵化，无招胜有招

佛家有人生三重境界之说："看山是山，看水是水；看山不是山，看水不是水；看山还是山，看水还是水。"这种说法在现代文阅读的答题中也同样适用，如果在未学会答题方法前属于"看山是山"阶段，那么经过一段时间的针对性训练就可以透过题目看到题型，运用方法进行答题，从而达到"看山不是山"的境界，但是真正的阅读则要回归到第三阶段"看山还是山"。

回归到阅读的本质，不可否认，阅读始终是一种个性化的体验，所谓"一千个读者，有一千个哈姆雷特"，阅读方法可以规范思维，但教师绝不能用框架来约束学生的思维。顾之川教授指出："中学生好奇心、求知欲强，喜欢'打破砂锅问到底'，在现代文阅读中设置探究题，也符合中学生的这种心理。探究题从最初要求考生从不同侧面探究阅读文本中的某一个特点，到围绕文本正反两种不同认识评价或提出并论证自己的观点，再发展到针对文本中的主要内容进行多方面的深入思考。"由此可见，高考的命题者也在命题中反套路化。

所以我们要避免学生思维的僵化，真正的阅读是跳出了"雕虫小技"对文章真正的理解与把握，是一种宏大的境界，这样的理解也是最高境界的理解，这也是我们每一个阅读人和阅读教学者为之努力的方向。

参考文献：

[1] 中华人民共和国教育部. 普通高中语文课程标准（2017 年版）》[M]. 北京：人民教育出版社，2018.

[2] 顾之川. 高考语文现代文阅读：现状与改革[J]. 中国考试，2014(1)：3-7.

[3] 王本华. 阅读教学 正在发生的重大转变[N]. 光明日报，2019-10-16.

[4] 石素芝，康丽娜. 构画思维导图，揭秘高考阅读——思维导图现代文阅读训练[J]. 散文百家(新语文活页)，2014(11)：12.

构建“评点”式阅读教学

杭州市萧山区第十高级中学　孔俊俊

摘　要:“‘评点’式阅读是启发、引导学生和‘他者’对话——学生作为读者,‘他者’是文本;学生作为说者、写者,‘他者’就是听者、读者;学生作为反思的‘自我’,‘他者’就是现实的‘自我’。”评点教学法恰是以这种“对话”为基本要旨,激发学生与“他者”之间对话的欲望,在自我与外界同化、顺应的过程中,建构“平衡—失衡—再平衡”的认知图式。个体之间、小组之间对于彼此意见的反馈、再评点,使得学生在碰撞、对话的相互协商中,收获新的审美体验。

关键词:评点式;文本;阅读

一、研究缘起

(一)直击“课堂现象”

笔者发现在高中的阅读教学中,普遍存在“一遍式”阅读方式:学生囫囵吞枣地看一遍文章,马上浸入题海,扑腾挣扎,以求高分;教师对文章也经常粗粗一遍过,大量的精力放在如何完善答题格式,以求得分点。久而久之,学生眼里、心里只有题目,而无文本意识。缘木求鱼,何来鱼者?唤醒学生的文本意识,提升学生的阅读素养,是高中阅读教学中顺势之举。

以上的现象,引发了我的深思——

1.学生思维存在差异

教学中,虽然我们面对全班学生同样授课,但因为学生存在个体差异,总会出现这样或那样的问题思维,以至于出现不同的学习效果。

2.学生思维与文本“对话”的意识

语文课堂上能够展示自己思维的总是那些相对活跃的学生,但实际上大部分学生一直处于被动接受的地位,没有思维展示的平台,处于较低的认知和思维水平。

3.教师缺少引领“对话”的意识

语文一周课时虽多,但学习任务重,未能复习到重要的知识点,教师往往匆匆而过。即使发现孩子存在问题，也不是马上将答案告诉他。教学缺少一个教师慢慢引领、学生慢慢领悟的过程。

（二）“思维现状”分析

谢象贤云：“汉语学习的特殊之处主要不是‘知’的积累，而是‘感’的积淀。”感，让学生领略文本之美，产生深刻的体察、深远的涵泳，生成新的生命感悟。“评点”式阅读教学，是教师引导学生调动自身已有的“知识储备”和“生活经验”，主动与文本“对话”，唤醒学生的文本意识，关注文本，让学生在阅读过程中对言语形式之“异”不断有所察觉、发觉，然后进行揣摩、玩味，进而发现、发掘一些东西。通过“悟文本”，来感受、感知文本，提升感性的深度；通过“评文本”来探究文本，也是“发现”的外显成果，提升理性的高度。

鉴于综上所述，笔者觉得如果拥有一种方式，既能暴露学生阅读思维活动过程，又能让学生积极与“文本”交流，让我们及时了解学生的不同思考，因势利导进行教学，一定能取得不错的效果。

二、研究设计

（一）概念界定

“‘评点’式阅读是启发、引导学生和‘他者’对话——学生作为读者，‘他者’是文本；学生作为说者、写者，‘他者’就是听者、读者；学生作为反思的‘自我’，‘他者’就是现实的‘自我’。”评点教学法恰是以这种“对话”为基本要旨，激发学生与“他者”之间对话的欲望，在自我与外界同化、顺应的过程中，建构“平衡—失衡—再平衡”的认知图式。个体之间、小组之间对于彼此意见的反馈、再评点，使得学生在碰撞、对话的相互协商中，收获新的审美体验。

“评点”式阅读，需要教师和学生在尊重文本的基础上进行。不同的理解正表现了学生思维的活跃、思想的独立，正如美国雷尼·富勒所说：“如果我们固执地透过唯一一片滤色镜去观察智慧的彩虹，那么，许多头脑将会被误认为缺乏光彩。”让学生学会多角度思维，正是我们语文教师追求的境界。只有这样，学生才能真正实现“我的评点”，而不是专家的、教师的、任何别人的评点，这才是学生思想的真正流露。

（二）研究综述

查阅国内外有关“点评阅读”的研究，多数是从其的内容、形式、撰写、评价及对数学学习的影响等方面的研究。本课题研究，以“评点教学”为载体，通过教师引导，提升学生的阅读素养，培养学生个体的文本解读能力，有一定的研究意义。

(三)操作流程

1.课前备课

(1)教师精选和精读文章,让文本先“活”起来。并不是所有的文章都适合采用评点批注式阅读教学的方法。如在必修一像《想北平》等很多散文都很适于进行评点式阅读教学。在小说阅读教学中,《悲惨命运》《插曲》等这类文章也很适合进行评点批注式阅读。

面对这些文章,教师要首先树立文本意识,深入文本,精读文本,以自身的“知识储备”独立地分析文本,质疑、理解、思考文本,获取个人感悟。

(2)关注学生课前反馈,初“唤”学生文本意识。学生的预习除了疏通字词、了解背景、有效阅读、积极存疑、初步鉴赏、整理感悟等过程,也是学生从接触一篇文章到能够进行有效评点的必备步骤。笔者认为,教师应关注学生预习中的五大反馈,来预设文本的评点切入点,具体情况见表1。

表1　预设文本的评点切入点

重点关注		取舍标准
兴趣点	学生在预习作业中乐于关注、质疑的学习内容	主要与次要 共性与个性 重点与非重点
困惑点	学生在预习作业中呈现的各种主要疑惑	
矛盾点	学生各种质疑本身相互矛盾的问题	
集中点	最受学生质疑和关注的一个或几个问题	
独特点	个别学生预习作业中提出的创新性问题	

2.课堂关注

课堂教学时,围绕评点阅读。这样有助于为学生提供进入文本的学习路径,引领学生深入文本,让学生与文本有独立的对话,提升学生的阅读素养。

学习应是主动发现的过程。通过评点阅读,有效缩小教与学的时空差,拉近学生与文本的心理距离,使其对知识本身产生兴趣,激发学生自主探究的学习潜能,知其何用,知其谁用。

(1)由学到用,提升阅读素养。学生通过运用已有的知识和经验分析教材、理解教材,感悟作品的思想情感。这种自练,从近期看,为学生学习具体课文做了铺垫;从长远看,培养了学生发现问题、分析问题、独立撷取知识的自主学习能力。

(2)注重过程,养成习惯。授之以鱼,不如授之以渔。教给学生学习方法,才是教师的根本出发点。在集中学习之前,充分发挥学生的自主性、能动性,自由地将新旧知识有机地结合起来,为举一反三、触类旁通奠定基础。

三、研究操作

(一)操作方法

1. 三种策略

(1)"抓点带篇"法。在日常的教学中，老师上课常常很零碎和无序，学生应接不暇，对文本只能"浮光掠影"，连"进入"都谈不了，更无法"深刻"。评点式阅读，需要学生细腻、深入、真切地感知文本，多层次多角度地接触文本。它能够在日常的阅读教学中，成为一个支点去撬动文本，撬动学生的思维。

特别是在高三复习阶段，一课时往往要涵盖一两篇文章。要深入文本，树立文本意识，提高课堂效率，抓文本的重点进行评点式阅读尤为重要。评点可以从主要内容、行文思路、人物形象、主旨要义、表达技巧、写作风格等入手，抓一点而控全文，"提领而顿，百毛皆顺"。

【案例 1】笔者在执教《悲惨命运》时，就从该文的写作技巧入手，设置了一问：

请学生结合全文评论小说的虚构性。

设问之后，笔者先给学生构建了知识框架：

从虚构角度赏析本文/谈谈虚构类小说的特征。

小说的……是虚构的，//作者采用……(夸张、想象、象征)的手法揭示生活的真实，//表现了……的主题。//荒诞手法的运用，具有夸张讽刺的效果，使主题更突出。

结合提问，要求学生进入文本，一一寻找，用"○""△""～～"等批注符号不时圈画。学生除了粗读全文，了解故事大概之外，更要细读文本，寻找每一个有可能的细节。

最后师生共同总结归纳：小说从第四段开始，内容都有涉及，如：

①把握文本，仔细阅读，学生发现"夸张"主要表现在一些细节上：如第四段的"喝了十一杯茶"，第十五段"琼斯先生居然要住在主人家一个月且还要付钱"以及第十六段他生病时的表现等；"荒诞"主要指琼斯先生居然因为所谓的"礼节"丧失性命，实在令人匪夷所思。

②比较我们日常生活的经验，学生发现小说中每一次"告别失败"的原因都比较真实可信，并比较细致地写出琼斯先生走向死亡的变化过程，让读者觉得结局虽然意外，但从其情理看也有可信之处。

这堂课从小说的"表达技巧"入手，围绕"虚构"进行评点，由一个点带动全篇，师生互动，层层剥笋，如庖丁解牛，在"夸张荒诞""真实可信"之中，更是一种人性的可悲。琼斯因为"不失礼节"而不敢拒绝主人的挽留，主人出于"好客"的礼节而始终没有明确表示"不挽留"之意，双方都不愿有违礼节，直到琼斯因此丧命。抨击虚伪的"礼节"的主旨也随之浮出水面。

(2)“矛盾消除”法。除了运用“抓点带篇”评点方式来激活学生的文本意识外，我们也可以尝试从文本本身的对立冲突入手。一些文本会在前后文情节表述、人物性格、作者情感态度上呈现出对立冲突的特点，形成张力，这就可以引起学生探究问题的兴趣，引导学生文本阅读的深度。

【案例 2】如《插曲》一文中写道：“她身边的乔又一次成为震撼她那充满恐怖、崇拜、虚荣的心灵的某种东西——有点令人害怕的东西了。”学生便有疑虑，这是否与下文“整个脸蛋画得确实同蒙娜丽莎的表情一样”相矛盾？

围绕小小的困惑，学生对照前后文做了自己的评点：

生 1：不矛盾，别人替她画画时，她穿上最美的衣服，并不是爱慕虚荣，这恰恰是对画者的尊重，同时也是对自己的尊重。这就是人性的美，当然跟蒙娜丽莎一样美。

生 2：不矛盾，从第一段中，我们就发现她平时穿衣也是雅致的，她对生活是有追求的，对美也是有追求的，所以这不是虚荣，而恰恰是对美和生活的追求。

生 3：从作者的情感倾向评点，认为作者对“她”是赞美的，这个前面是没有矛盾的，她爱美，穿好的衣服，说明她是一个在逆境中保持着尊严和修养的妇人。

在矛盾处，分析，评点，释疑。在碰撞中升华学生的思维，扩展他们的维度。引导学生尝试与文本深度对话，与其他同学、教师对话，把创新和发散思维推向更高层次，产生价值。不必将学生紧紧禁锢在预设的牢笼里，无法挣脱；也不必强调标准答案，使得学生所有的努力都是指向教材、教师的答案。

(3)“拓展深入”法。读者、作者、文本之间接触时都是一个全新的再创作过程。文本的层层深入，很多时候也带来了心灵的触动。就高中语文来说，学生在与课文内容接触的过程中，会得到启迪，受到教育，有所收获。

【案例 3】在执教《季氏将伐颛臾》时，笔者就让学生评点“何为不‘仁’”。

分成三步评点：(1)“季氏将有事于颛臾”，仁吗？为什么？(2)请一生读第二段，其他同学思考：冉有曰“夫子欲之，吾二臣者皆不欲也”，仁吗？(3)两位弟子最终道出了伐颛臾的理由是什么？你怎么看这个理由？仁吗？孔子主要批评他们的什么？

让学生仔细阅读文本，关注孔子的言语，如：

①直呼其名：求！(孔子称其弟子虽常直呼其名，但往往在其名后加“也”，如“回也”“赐也”等，不然则是生气的语气。)

②反问责备：“无乃尔是过与？”“无乃……与”表示推测语气，即“恐怕……吧”。(强调：尔是过，即“过尔”；是，复指“尔”，用作代词；过，责备，用作动词。)

引导学生研习“孔子是怎样揭示这是不‘仁’的”，培养学生文本的“言语形式”的意识，使文言文的学习做到“言”和“文”的和谐统一。同时在评点弟子是否仁德时，也注意引导学生注意语气词和句式，通过增删语气词和变换句式读一读全文，体会孔子的态度。如，改“求”为“求也”，改“何以伐为”为“不该伐”，等等，体会其态度语气。相机落实文言语气词和文言句式的教学。

2. 三种形式

(1)表达式：学生通过研读文本，把自己的亲身感受和经历，通过语言或文字描述出来。

【案例4】在执教《林黛玉进贾府》时，就设置了书面点评题。

再读课文第5—6两段，以及课文第151—152页中的“活动体验”，完成下列题目：

①想一想，什么是点评。

②从第5—6两段中找出一处你感兴趣的词句，试点评王熙凤的形象。

所选文句：

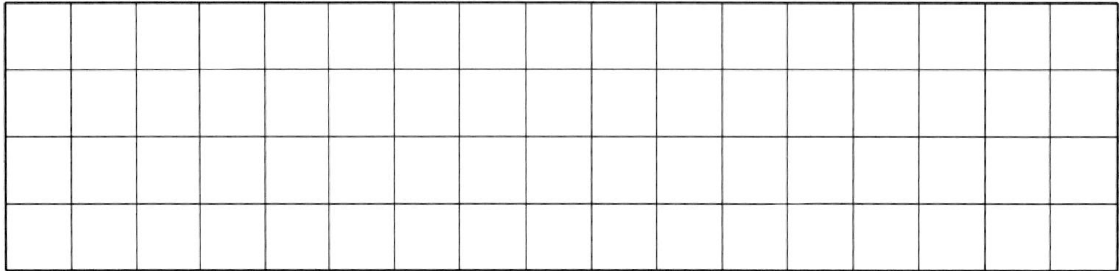

你的点评：

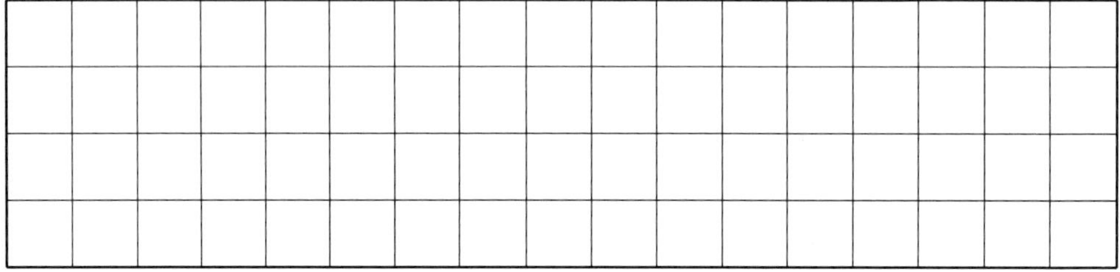

(2)探究式：学生通过对教学学习中发现的问题进行分析、思考、处理，从而获得新的认识，找到正确的思维，解决问题。

【案例5】在执教《渔夫》时，笔者设计了这样一个环节：

渔父飘然而去了，带着他的微笑与洒脱，留下屈原在江边孤独思索。

屈原的结局让很多同学都觉得非常遗憾，他难道没有更好的选择了吗？

在国破之日即是屈原直面人生之时，他可以选择　　(　　)

A. 以死殉国　捍卫尊严　　B. 隐忍苟活　修学著述

C. 隐遁江湖　豁达潇洒　　D. 另择高枝　灵活变通

学生通过对文本的研读，认为屈原“举世皆浊我独清，众人皆醉我独醒”，具有高洁的人生品格和远大的政治理想，他的政治理想是复兴楚国、统一天下，并且一直都在努力执着地追求着。他不愿随波逐流，在他的政治理想破灭，在他的祖国沦丧后，他“宁赴湘流，葬于江鱼之腹中”，也不愿“蒙世俗之尘埃”，毅然赴死，把人格、理想看得比生命更重要，主动迎接死亡，以死来体现生命的意志和尊严，表明他与楚国“同生死、共存亡”的立场之外，他还想用死来警示当时楚国的腐朽统治者。既然自己无法用语言说服他们抗争，就只能用行动来唤醒他们，至少可以发挥哪怕是一点点的作用。

学生共同参与，使得他们在课堂上认真听、大胆说、勇于探，老师在课中或课后给予他们充分的自我修正时间和机会，给予他们二次评价，让不同层次的学生都有机会获得成功的喜悦。

(3)借鉴式：学生借鉴已有的知识点帮助明确自己的点评方向和角度，直观地展示过程和结果。

【案例6】在执教《丹柯》时，让学生明确：是不是所有小说都有主题？（阅读《外国小说欣赏》第45—46页）

所有小说都有主题，但有的是以故事为目的的，像现在许多流行小说、网络小说就属于这一类，它的主题是在故事中不自觉地表现出来的，这一类小说多适于娱乐；相比较而言，以表现思想为目的的小说更值得我们关注，它们让你边娱乐边思考，丰富和充实了我们的思想，陶冶了我们的情操，升华了我们的人生境界。《丹柯》就是其中具有代表性的一篇。

引导学生调动自身已有的“知识储备”和“生活经验”，启发、引导学生和“他者”对话，唤醒学生的文本意识，钻研文本，把握文本的关键，透视文本的深层内涵。同时又要求学生在教师的指导下，跳出文本，在理解文本的基础上大胆质疑，发现矛盾，勇敢地表达独立的见解。

四、研究成效

阅读素养是阅读者为了达成个人目标、积累知识、开发个人潜力、参与社会等目的，理解、利用、反思和使用书面文章的能力。评点式阅读能有效地培养学生的阅读素养。

（一）激活学生兴趣，激发学生的探究欲望

利用评点的方式进行阅读教学，使课堂摆脱逐段解读、中规中矩的惯有模式，给课堂带来全新的氛围，促使学生以一种新奇的心态看待文本，激发他们的学习兴趣，调动他们思维的积极性。当学生的思维随着老师课堂语言的调动而运转时，当课堂的教学内容在学生的凝神思索中逐步呈现时，学生的情感也被进一步刺激，于是他们有了一种探究最终结果的渴求。在这种力量推动下，学生便主动参与进课堂，积极探究。

（二）合理聚焦文本，提升学生的思维品质

以评点为立足的阅读教学要求深入剖析文本，暗合了语文教学的宗旨，展示出语文强大的生命力。这种教学方式以尊重学生个体阅读为前提，引导学生聚焦文本，品味语言，调动学生通过对文本语言的揣摩咀嚼，形成自己的原始感悟。然后在教师的引导点拨下，获得更全面、深刻，具有说服力的感受。这不仅提升了学生的思维品质，更符合学生认知接受的规律。

（三）拓展学习思路，还原文章的完整性

教学突破点来自文本，也来自生活。这就为教学拓宽了空间，也极大地拓展了学生学习的平台。评点式阅读教学，灵活丰富，教师在使用时能充分与学生进行多种形式的对话、交流。这种互动正是语文人文性的重要体现。有效利用教学点进行阅读教学，能够成功地调控课堂中学生的节奏和气氛，激活学生思想的火花，形成人与文本间思想交流、碰撞和灵感的迸发。

五、结论与思考

（一）研究结论

1. 提升学生阅读素养

评点式教学是阅读教学的重要行进方式，是培养自学能力的重要途径。在教学过程中，聚焦文本的意义不断凸显，课堂成为师生互相融合、生生团结协作、共同表现和实现生命价值的人生历程，成为掌握知识和提升表现力、创造力与精神境界的舞台。

2. 整合学生语文的综合能力

通过评点式阅读，学生能迁移已有的知识点，自主去消化新增的知识、感受和体验，从而提升自己的阅读素养，让自己学习更有方向，更有目标。在课中和课后，学生也会从愿意表现到善于表现，不断提升自主学习的积极性；从问难质疑到问题解决，不断强化探究学习的有效性；从交流到分享，不断内化合作学习的真实性，从整体上有效提升语文素养。

（二）研究思考

1. 教师需要钻研教材，不断提高自身的专业素质

课堂教学是千变万化的，它是师生互相启发、互相初充的一种双边活动。好的设计教案不应是一成不变的，它随时会因实际的课堂效果而临时修改。这就对教师课前准备提出了更高要求。教师如果能够钻研教材，对课文有深入独到的见解，有感知力、理解力、洞察力以及正确的行动直觉，教师的课堂调控才能游刃有余。

一方面，教师要不断地丰富自己的文化积淀，更新自己的知识库存结构，发挥思维的宽广性和灵活性。只有这样，才不至于在需要调动知识时捉襟见肘。另一方面，也需要教师不断培养精确的观察能力、敏捷的思维能力和灵活的应变能力，能够在多样化的不可预测的学生话语面前，发挥思维的深刻性和批判性，才不至于在课堂中出现意外时茫然无措，在需要指导时无所作为。

2.课堂应该给予时间,尊重学生独立阅读的权利

评点式阅读要“发展学生独立阅读的能力”,“注重个性化的阅读”。独立阅读强调学生在阅读过程中要“善于发现问题、提出问题,对文本能够做出自己的判断,努力从不同的角度和层面进行阐发、评价和质疑”。

要深入品味语言,就要给予学生充分的时间独立阅读文本。因为学习语文不仅需要体验,而且需要沉思。学生诠释文本意义是需要一个过程的,如果咀嚼讨论不足,分析消解太快,学生所接受的将是老师奉送的真理,而不是学生自己获得的理解。所以课堂教学中,教师应给学生充分的时间与空间,采用多种品味方法,通过诘难、辩驳、商榷,互相启发,互相补充,充分地展开讨论思考,学生方能深入挖掘语言的深意。

3.教师应当合理引导,搭建起预设生成间的桥梁

语文课堂上进行评点式阅读,教师要避免对课堂做出太强的预设性,否则会使学生思考的空间受到束缚,思维僵化。看似有模有样的问题思考,也不过是拘着学生原地绕圈,背诵知识。这样的课堂绝不可能有新的生成。

同时,教师也应该避免太强的随意性。如果任由课堂自然生成,其结果是学生根本不了解文本,整堂课陷入芜杂、肤浅、调侃。教师不知所云,学生更是不知所以。

参考文献

[1] 王学东.语言:语文课程的本体价值[J].中学语文教学.2015(3):4-7.

[2] 汪潮.小学群文阅读教学“三议”[J].小学语文教学,2015(7-8):1-3.

[3] 姚振磊.简析参与式教学的理论依据[J].鸡西大学学报,2012(4):10.

[4] 徐美勤.构建“文本阅读”与“课外阅读”的阅读链[J].教学月刊(小学版语文),2015(6):38-39.

核心素养背景下对于《论语选读》章节的逻辑重构和拓展解析

杭州市萧山区第十高级中学　叶涵成

摘　要:在高中《论语选读》教学活动中,很多老师有诸多章节分散的困惑。我们遵照儒家发展路线重新构建主干逻辑,在每个章节重新排列顺序,既方便我们系统讲授,也方便学生快速接受。在具体语段上,我们疏通字词后,辨析孔子语段中的多元深意并赋予其时代精神,让学生在对《论语》传承中又对其有了全新的理解。由此我们更好地完成了语文核心素养中文化传承与理解这一板块的要求。

关键词:文化传承与理解;逻辑重构;时代解析;教学策略优化

《课标》指出:“语文学科的核心素养包括四个方面:语言建构与运用、思维发展与提升、审美鉴赏与创造、文化传承与理解。”《论语选读》课程可以说与“文化传承与理解”这一核心素养板块紧密相连,相辅相成。在高中《论语选读》教学活动中,我们面对了诸多教学上的困惑:例如过度在微观层面关注分散支离的章节,忽视宏观层面各个章节的逻辑建构,未能梳理出全书的主干脉络;过分重视《论语》名言和章节字词的文意疏通,忽视思想要义的拓展解析。这些所呈现的问题,使得高中《论语选读》新课教授和高三《论语》复习教学质量受到了一定的影响。我们可以按照孔子所言“吾道一以贯之”的理念,以一种“士不可以不弘毅”的气概和视野来建构《论语选读》文本逻辑,以期让教学者更加明晰讲授。在逻辑得以明晰后,我们秉承“信而好古,述而又作”原则,在教学中让学生在完整传承《论语》经典的同时,其思维得以拓展。传统经典在当下解读中焕发新的生命感悟。

一、《论语》原著以及选读教材存在的阅读困难

《论语》原文共计 20 篇 492 章,经过语文出版社节选编纂的《论语选读》是 15 篇,最终在教学实践中确定用于教学的是 10 篇。《论语》因为原著本身的特点,会让人在阅读过程中感到重重的困难,不少人阅读后便敬而远之,少数勇敢攀登者在深度阅读后依然有如入云海的感觉。

笔者将实践中遇到的难题分为以下几类:

一是字词文句本身因为年代久远而晦涩难懂,这也造成对于《论语》思想要义理

解的障碍。例如,《论语选读·高山仰止》选段中"闵子侍侧,訚訚如也;子路,行行如也;冉有、子贡,侃侃如也"。这里的"訚訚如也"解析为中和正直的样子,"行行如也"解释为刚强的样子。又如周而不比选段中,孔子曰:"益者三友,损者三友。友直、友谅、友多闻,益矣;友便辟、友善柔、友便佞,损矣。"这里的"便辟"是谄媚逢迎的意思。诸如这些词汇在古代汉语中使用频率不高,在现代汉语中更是罕见。

二是涉及文化历史常识繁多复杂。例如在《论语选读·克己复礼》中,孔子谓季氏:"八佾舞于庭,是可忍也,孰不可忍也?"其中的八佾是古代贵族在宴会时候的一种乐舞。礼制,八行称为一佾,按照礼制规定,天子用八佾、诸侯六佾、大夫四佾。

三是内容庞杂分散。一方面,论语涵盖面广体系庞杂,涉及宗教理念、教育思想、为政治国、交友处世、修身治学等诸多领域。另一方面,整体阅读缺乏清晰的主干逻辑脉络,章节之间缺乏有机的逻辑联系和层次梯度。例如,在同一篇文章中既有表示君子自身修养的"士志于道,而耻恶衣恶食者,未足议也",又有表示交友中保持适当距离的"事君数,斯辱矣;朋友数,斯疏矣"。教材《论语选读》虽然选取语段重新组成为政以德(政治观)、克己复礼(礼乐观)、沂水春风(理想观)、仁者爱人(仁爱观)、君子之风(修养观)等篇目,但总体上主干逻辑模糊,篇章间和篇章内语段支离的问题依然存在。

四是各语段思想多元且深邃。例如《论语选读·诲人不倦》中"唯上知与下愚不移"具有天才论和先验论的唯心色彩,"有教无类"又具有反映论和实践论的唯物论色彩。如何进行解读?陈亢退而喜曰:"问一得三:闻《诗》,闻礼,又闻君子之远其子也。"即表明春秋时代语言学的主要教材是《诗经》,又表明品德修身类似于今天德育的教材是《礼记》,且又表明孔子对待学生和儿子一视同仁的客观中立的教学品德、师者风范。本文仅就思想要义层面的逻辑梳理和解析拓展谈一下自己的一孔之见。

二、宏观、微观上梳理《论语选读》的脉络

儒家讲求一个君子或者一个潜在的君子的成长发展之路,是具有清晰的逻辑的,即格物致知,正心诚意,修身齐家,治平天下。在整本书梳理上,我们注意到,儒家精神关注善良本性,人不断成长并最终肩负兼济天下的使命,可谓脉络清晰。对于中学课堂我们可简化为修身齐家和治国平天下。如此心魂具备,《论语选读》篇目的重新梳理也有了可循之法。

我们遵循这个原则做了如下的逻辑重构:仁者爱人(内心本质)、君子之风(仪表行为)、克己复礼(守则规范)三篇章可为第一部分,是为修身部,强调个人修为的养成和成长;周而不比(交友)、诲人不倦(教育)、高山仰止(师生)三者可谓齐家(社会部),强调个人在群体社会熟人社会中的作用和规范;沂水春风(政治理想)、知其不可为而为之(政治责任)、为政以德(政治行为)三者可谓平治天下(国家部);最后以哲学层面的中庸之道作为结尾。如此这般,宏观上重新排列后的《论语选读》跃入大家面前,主干脉络大致也有了一个清晰的呈现。

在微观层面每个具体篇目中，这个逻辑的理顺比宏观确实更费周章。在思考为政以德的章节时，为政章第一语段 2.1 语段子曰：“为政以德，譬如北辰，居其所而众星共之。”确实给人较大启发和灵感。为政者统治者作为一个恒星，安居不动，方可稳定大局。统治者首先应当正己，成为道德上的楷模和榜样，因此应当把 2.1 语段，和 3.6 语段子曰“其身正，不令而行；其身不正，虽令不从”，以及之后的 12.19 语段和 2.20 语段“统治者不尚武力”的 14.5 语段放在为政章的开头解析。

政治只有取得合法性即取得民众的信任才有统治的合法性，才可以维系着圈的稳定，即古人所言“得民心者得天下”。故 12.7 语段“民无信不立”关于取信于民紧随“不尚武力”的 14.5 语段之后，然后是爱民 2.3 语段，1.5 语段富民足民 11.17 语段，12.9 语段教民 13.9 语段之思路。先解决物质基础经济问题，再谈精神文明教育文化素养提高。在国家内政稳定后，政治一个语段再推出和平外交的周边关系理念，即著名的 16.1 语段“季氏将伐颛臾”。

所以我在为政一章中，简略小结为正己 2.1，3.6，12.19，2.20，14.5 为第一层面，即统治者应当成为道德化身和榜样。12.7，2.3，1.5，11.17，12.9，13.9 为第二层面，从取信于民到富足文教。最后，16.1 季氏章节的文德以来的周边外交关系处理为第三层面。其他章节大致遵循由内而外、由近及远、由简后难之逻辑，大致在章节单元中也做了细分。这样不仅便于教师分析讲解，也便于高考复习时精讲提炼整合。

三、具体章节进行当下解读拓展

虽然孔子谦虚称自己是“述而不作，信而好古”，但还是对《论语》做了符合他那个时代理念的解读。《吕氏春秋》的“本味”篇中谈到黄帝的神奇相貌：“黄帝立四面。”孔门高徒子贡存在疑惑并就此问过孔子：“古者黄帝四面，信乎？”（古代黄帝有四张脸，真的吗？）孔子这样解释：“黄帝取合己者四人，使治四方。”（黄帝选拔合适的大臣，去四方赴任治理天下。）原本四面半人半神的远古君主被解释为儒家典范的圣王向四方派出使者，玄虚神话于是变身成了德治史话。我们对于《论语》经典既要忠实遵循经典原文，又要注入新时代精神。

遵循这样一个解读原则，我们在分析仁者爱人中的 7.27“子钓而不纲，弋不射宿”这一语段时做了如下教学解析：

（疏通 7.27 字词熟悉文本后，播放《舌尖上的中国第一季》查干湖冬捕视频）

师：孔子的不纲不宿是不是意味着绝不杀生？

生：不是的，孔子指对资源要取之有度。

师：对，不赶尽杀绝谓“弋”，就是带丝线的绳子的箭头，“宿”就是已经回家的鸟。虐杀已经回家的鸟，是作为自然界强者的人类肆无忌惮且无仁爱之心的表现。钓则表明体恤爱物，用大网则是攫取殆尽。后世孟子谈及仁政时，也说到了体恤万物的思想。大家能不能回顾我们高一的《论语》，有无涉及的句段？

生："数罟不入洿池，鱼鳖不可胜食也；斧斤以时入山林，材木不可胜用也。"（不要用细密的渔网捕鱼，这样鱼鳖就会多得吃不完；砍伐树木也要按照一定的时节，这样木材也会多得用不完。）

师：孔子不是素食主义者，但他主张对动物只可适当猎取，切不可虐杀。不虐杀体现了儒家的仁爱之心。孔子主张敬畏上天，有天人合一的宏大理念。他把人类看作苍穹宇宙中与其他物种平等并存的一员。他反对过度利用人类的领先优势，对自然资源进行竭泽而渔式的掠夺性开发。如同刚才的视频中的东北渔猎地区，老猎人、鱼把头口口相传的所谓"猎杀不绝，网开一面"也是同一理念的质朴表达。在当代孔子这一理念有无借鉴意义？

生：这个理念就是现在国家提出的"两山"理念——"绿水青山就是金山银山"，这也是我们在发展之后的重新定位。"两山"理念是为了利在当代，也是为了造福后世千秋。"两山"理念是对其他生灵的体恤，体现了人类作为自然界之一员的谦逊和对生命的敬畏。

在这段文本处理中，我们首先提出一个问题：人类是否可以猎杀或者说向自然界适当索取？结合我们的生产生活常识和播放的视频，学生自然而然做出肯定的答复。然后我们辨析孔子反对的是什么样的猎杀或者说资源掠夺方式，可以推导出是虐杀以及竭泽而渔。最后我们上升为时代精神——"两山"精神和环保理念，既感受古人不朽的智慧传承，又感受时代精神的光芒。13.23 子曰："君子和而不同，小人同而不和。"（孔子说："君子和谐相处又各自保持个性差异，小人看似一致却不和谐。"）我们在处理时做了如下解析：

（首先播放央视纪录片《假如国宝会说话》之曾侯乙编钟）

师：美美与共，和而不同。一首完整的乐曲必然有低沉浑厚的低音，也必然有高亢嘹亮的高音。高低音铿锵交错才可演绎金声玉振的美妙音乐。大家能否举一个在生活中存在的既和谐又保留差异的例子？

生：酸甜苦辣咸，五种味道不同，可以做成不同的菜，各有各的风味。

生：赤橙黄绿紫，生活中不同的颜色才构成多彩的世界。

师：金声玉振的编钟与调和五味的厨师共同展示的和而不同，是古人对于差异的尊重和促成和谐的智慧。君子承认个体的差异，向往多元并存的美好，力求在差异中和谐共存。我们看一段温家宝在阿盟总部访问时的演讲："文明具有多样性，就如同自然界物种具有多样性一样。当今世界，有 200 多个国家和地区，2500 多个民族，6000 多种语言。正是这些不同民族、不同肤色、不同历史文化背景的人们，共同创造了丰富多彩的世界，就如同有了七音八调的差异，才能演奏出美妙动听的音乐。不同文明之间的对话、交流、融合，汇成了人类文明奔流不息的长河。"我国社会发展程度在东部、中部、西部地区之间差异巨大。而且，我们又处于一个多元文明的星球上，儒家文明、伊斯兰文明、基督教文明和佛教文明等多元并存。追求和谐，就必须正视并尊重这些多元差异，各美其美、美人之美、美美与共，在国内四海和谐，在世界和而不同。

在《论语选读》课堂解析实践中，我们首先播放了央视热播的纪录片《假如国宝会说话》之曾侯乙编钟，音乐可以说是古人处理差异与和谐的范例。然后拓展畅谈我们生活中差异与和谐关系的案例。最后上升到多元文明互相尊重、和谐共处的时代命题。

《中庸》总纲目说："君子尊德性而道问学，致广大而尽精微，极高明而道中庸。"我们应借鉴古人的治学思路优化我们《论语》教学的策略。我们在宏观角度从大处着手，遵照儒家发展路线重新构建主干逻辑，在每个章节重新排列章节顺序，既方便我们系统讲授，也方便学生快速接受。在具体语段上，我们疏通字词后，辨析孔子语段中的多元深意并赋予其时代精神，让学生在对《论语》传承中又对其有了全新的理解。由此我们更好地完成了语文核心素养中"文化传承与理解"这一板块的要求。

参考文献

[1] 杨伯峻.论语译注[M].北京:中华书局,2009.
[2] 朱熹.四书集注[M].上海:上海古籍出版社,2006.
[3] 王蒙.天下归仁[M].北京:北京联合出版公司,2015.
[4] 语文出版社教材研究中心.论语选读[M].北京:语文出版社,2017.

循法精读　摹写生香

——关于高中现当代散文读写结合教学的探究

杭州市萧山区第十高级中学　陈筱艳

摘　要：教师应该创造性地使用教材，开发阅读教材中有效的写作资源，适时引导学生进行读写结合训练，从而使学生在阅读过程中提升写作能力，在写作训练过程中加深对教材文本的理解。本文探究在现当代散文教学中，教师尝试将阅读与写作相结合，以期有效提升学生的写作能力。

关键词：教材；散文阅读；写作

散文的语言可谓多姿多彩，有的优美凝练，有的富含哲理，有的朴素自然。只有引导学生了解文章语言所蕴含的意义和情感色彩，才能较好地领悟作家的思想感情，感知作品的艺术美。《课标》将“指导学生理解和运用语言文字，丰富学生的语言积累”作为语文教学的主要任务。散文阅读、写作训练对实现这一教学目标，有独特的优势。那么教师在课堂上如何引导学生领悟语言，进而提高他们的语言表达能力呢？

一、精读有法

当然先要教会他们“读”。诵读，作为最基础的审美体验自然必不可少，但要深入阅读，达到精读品味的要求，我认为比较品读法是行之有效的。

在散文教学中，为了让学生对作者在用词和感情色彩的细微区别方面有更深的理解，我主要从两个角度引导学生进行比较品味：第一，从遣词造句的角度品味，如动词、形容词、量词的选用，叠字叠词的选用，等等；第二，从修辞的角度品味。

主要是在原来文章的基础上，进行增补、删减、移动、替换。通过这样的方式，引导学生对文章语言和修辞进行比较和揣摩，学生会领悟到一些精彩文本在用词上无可替换的道理，慢慢养成准确运用语言的能力。下面是我的四个课堂片段。

《荷塘月色》课堂片段一——增补

师：我们在“层层的叶子中间，零星地点缀着些白花，有袅娜地开着的，有羞涩地打着朵儿的”一句中间增加10个字，变成“层层的叶子中间，零星地点缀着些白花，那白花的花瓣，洁白似玉，有袅娜地开着的，有羞涩地打着朵儿的”好不好？为什么？

生1：这样具体地描写了花瓣，也很美；但是不好，主语变了。

生2:原文的主语是“白花”,加上“那白花的花瓣,洁白似玉”这句话,主语就变成了“花瓣”。“花”是一朵花,是一个整体,而“花瓣”是一片片的,是花的一部分。我们可以说“花有袅娜地开着的,有羞涩地打着朵儿的”,但不能说“花瓣有袅娜地开着的,有羞涩地打着朵儿的”。逻辑上不太正确;再者加上这句话就啰唆了,读起来就不流畅了。

师:很好,大家从语法和语感方面分析了这句话,我们也从中感知了原文语言的精练传神。

《荷塘月色》课堂片段二——删减

师:我们把“曲曲折折的荷塘上面,弥望的是田田的叶子。叶子出水很高,像亭亭的舞女的裙”这句话删减一些词,改成“荷塘上面,弥望的是叶子,叶子出水很高,像舞女的裙”。好不好,为什么?

生:不好,“曲曲折折”写出了荷塘具有曲线美,说明荷塘不是四棱四角的。

生:“田田”两个字写出了荷叶的茂盛。

生:这样写音韵和谐,有一种音韵美,同时表现了事物本身的特点,“曲曲折折”的荷塘,“亭亭”玉立的荷花,“脉脉”的流水,“缕缕”的清香,非常传神。

师:由此可见,运用叠词进行描写与叙述在表达效果上的巨大不同。同学们要学会运用叠词进行描写。

《荷塘月色》课堂片段三——移动

师:在“没有月光的晚上,这路上阴森森的,有些怕人”这句话中,如果把“阴森森的”移到前边,改为“这阴森森的路上,有些怕人”,好不好?

生:不好。可不明白为什么。

生:“这路上阴森森的,有些怕人”突出了路上“阴森森”的这个特点,所以“有些怕人”。“这阴森森的路上,有些怕人”就不怎么让人害怕了。

师:修改后把这种让人害怕的情味削弱了,文中句子的语序更合乎情理。

《荷塘月色》课堂片段四——替换

师:“叶子出水很高,像亭亭的舞女的裙。”像歌女的裙行吗?为什么说像舞女的裙?

生:荷叶与舞女的裙的形状更相似一点,比较飘逸柔美。

生:舞女的裙有一种动感,把静态的叶子写活了。

师:很好,把叶子比作舞女的裙,既写出了叶子的形,也写出了叶子的神,有一种美感,也有一种动感。我们品味完描写荷叶的句子,再来品味描写荷花的句子。“有袅娜地开着的,有羞涩地打着朵儿的。”我们把“袅娜地开着的”换成“迎风怒放”行吗?把“羞涩地打着朵儿的”换成“含苞欲放”,好不好?

生:“袅娜地开着的”写出了荷花像一位年轻的女子,姿态优美动人。“羞涩地打着朵儿的”写出了荷花的娇羞之态。

师:“袅娜”“羞涩”这两个词把荷花拟人化了,让我们感觉荷花像一位楚楚动人的年轻女子一般美丽,而“迎风怒放”“含苞欲放”这两个词就没有这种美感了。

此时学生感受到的已经不再是干巴巴的语言，而是一幅美丽多彩的画面、一个生机勃勃的场景，甚至是一段人生的悲欢。众所周知，朱自清先生通过丰富的想象把荷塘月色写得美妙绝伦，我们品味时也要通过想象才能体会到它的美感。

例如："微风过处，送来缕缕清香，仿佛远处高楼上渺茫的歌声似的。"这句话调动了视觉、听觉、嗅觉进行描写，十分传神。如果我们展开想象的翅膀，置身于悠扬、舒缓的乐曲中，则更能体会荷香的时断时续、若有若无这一特点。

领悟语言的方法不止上述这几种，好的文章确实需要细细品味，才能进入作品的艺术境界，获得美的熏陶。在散文教学中，教师要有意识地引导学生品味语言，激发学生感受母语之美，感受人文之美，进而提升他们的鉴赏能力。

通过整体感知、诵读品味，学生对文章的思想情感和语言有了初步理解，但这并不是最终目标。吕叔湘先生说过，"语文课的主要任务是培养学生使用语文的技能"。

使用语文的技能中，学生最容易借鉴的便是精警生动的句子。对一些用词准确、描述生动或精警的句子进行仿写，既有助于学生加深对文本的理解，又可以提升学生的遣词造句能力。在教学中，教师要善于找出这样的佳句适时地让学生进行仿写。例如：朱自清先生的《荷塘月色》是经典美文，其语言艺术主要表现在两个方面：一是善于运用比喻、拟人等修辞手法；二是炼字炼句十分讲究。我根据进程，不失时机地引导学生从这两个方面进行仿写：或要求学生造一个运用双比喻的句子；或要求学生描写一个景物，其中要用到两个准确生动的动词或形容词和两个叠词。现将优秀仿句摘录如下：

(1)在阳光的照耀下，苍岩山悄悄地显露出她那奇伟秀美的"芳容"，宛如莲蕊慢慢绽放，渐渐舒展；宛如一位美丽娇羞的少女缓缓揭开她神秘的面纱；宛如一个轻盈的彩蝶在丛丛花草中翩翩飞出。(动词、形容词、叠字、比喻都用得好)

(2)春天正迈着轻盈的步伐，悄悄地向我们走来，温柔的春风轻轻吹拂着，像母亲的手在抚摸着睡熟的孩儿，沉睡的花草慢慢睁开了惺忪的睡眼，打量着这个新奇的世界。天空下起了绵绵细雨，滋润着万物，一切都是那么和谐美好。(叠字、动词用得好)

(3)小雨不停地下着，像小小的花针，又像细细的牛毛。小雨沙沙作响，似建筑工人在筛着沙子，又似春蚕在咀嚼着桑叶。(叠字、双比喻都用得好)

这些例子表明，如果在阅读教学中适当地进行仿写摹写，学生是能够创造性地运用文本例句，写出修辞手法得当和用词精准的句子的。

"语文教材无非是个例子，凭借这个例子要使学生能够举一反三，练成阅读与作文的熟练技能……"一篇篇经典散文既是学生阅读的文本，也是学生学习表达的范本。教师应引导学生揣摩作者结构文章的匠心，领悟作者表现生活的方法，并借助文本资源指导学生进行写作训练。只有这样，才能使学生写作学有榜样、学有标尺，进而提升写作能力。

二、摹写提升

吕叔湘先生说过,“使用语言是一种技能”。学生要掌握这种技能,仿写是有效的方法。仿写可以模仿课文的选材、立意、布局谋篇等,教师要根据学生的实际、课文的表达特点和单元主题等安排进行。下面是我让学生仿写的几种形式:

(1)仿精彩语段。其主要包括仿写句子和优秀段落(关于仿句,前文已经涉及,不再赘述)。文章千差万别,但构成文章的段落结构较为类型化,大概有如下四种构段方法:并列结构段、连续结构段、概括与具体结构段、总分结构段。

在阅读教学中遇到规范的段落要引导学生进行构段练习。例如,训练学生用总分方式构段:一般总起句位于句首,然后再展开分述句,分述句之间大都是并列或连贯的。

(2)仿篇章结构。这主要包括仿写文章的结构、思路、顺序等。仿写时需要注意以下两点:

第一,仿写文体形式比较规范的散文。一般来说,不论是叙事还是写景的散文,应该具有文体特征明显、无文体杂糅等特点。

第二,仿写结构上有特色的散文。被模仿散文要思路清晰,结构严谨。例如,郁达夫《故都的秋》是一篇形式比较规范的散文,思路清晰,结构严谨,笔者引导学生体悟这种结构、意境之美,随后让学生模仿课文练习写作。学生写出了《故乡的秋》《校园的秋》《春》《我爱夏天》等类似的作文。

(3)仿立意。“立意”就是作者在文章中要说明怎样的中心主旨,要抒发怎样的情感。在文章中,作者对中心主旨用一个句子表达,其他素材都在这个中心主旨的控制之下。“仿立意”分为三步:首先找出阅读文本中带有观点的句子;再综合归纳这些句子,并用一句话概括出文章的中心主旨;最后以文章的中心主旨为命题,自己寻找其他的素材来表现这一中心主旨。

(4)仿表达手法。可以对散文中常用的几种写作手法进行归纳,包括对比、反衬、铺垫、渲染、细节描写、托物言志、借景抒情等,再把教材中突出运用这种写作手法的文本进行比较阅读,让学生领悟到这种写作手法的内涵,教师再稍作点拨,最后进行作文训练,巩固这种写作手法。例如:我曾经把《囚绿记》《我的空中楼阁》放在一起进行“托物言志手法”的比较阅读。请学生根据自己的生活体验,再联系月下荷塘的描写方法,写一个托物言志的片段。优秀选文如下:

在寒意犹存的初春,榆叶梅就率先盛开了。它的叶子呈椭圆形,周围有一圈小锯齿,碧绿碧绿的,像一块块绿宝石。褐色枝条上的一个个小花苞你不让我、我不让你,全都爆开了。层层叠叠的粉色花瓣簇拥着小小的嫩黄色的娇嫩的花蕊,那么多娇艳的红硕的花朵都像参加比美似的,扬着自信的头,展露着迷人的笑靥,格外漂亮,格外热闹。微风吹来,清香飘散,钻入你的鼻孔,钻进你的心里,馋得你呀大口大口地吸气。

榆叶梅，你这春天的使者，是那么热烈，是那么灿烂，是那么奔放。美！真美！面对你一树树热烈的花朵，我只想满怀敬意地对你说："我因你而激情满怀，我要像你一样尽情展现自己生命的美丽，过好生命中的每一天！"〔高二(8)班王佳萍〕

这样的模仿练习，不管是口头作文，还是书面作文，都会在学生心中留下印象，慢慢形成能力。无论哪种仿写，教师都要注意引导学生表达真情实感，在模仿中求变化，在模仿中求创新。

阅读教材中也有许多可以用来进行读写结合教学的资源。阅读文本中许多散文都有扩展延伸的空间，教师可指导学生根据文本内容，并结合他们的生活经历，展开充分的联想、想象，进行扩写、续写等训练。这既是对原作情怀更为深刻的体悟，也是对自我情怀的一种抒发。如鲁迅的《记念刘和珍君》是一篇饱含作者火一样激情的情感之作，鲁迅先生听到学生遇难的消息，心情极为复杂沉痛，可课文中没有作具体描写，于是我让学生充分发挥想象，写出鲁迅先生当时的心理、表情、动作、语言等。学生满含激情地写出了活生生的鲁迅。

优秀选文如下：

鲁迅作为一个老师，得知自己心爱的学生突然被害的消息，他愤怒了。他剑眉竖起，眼睛圆睁，拳头紧攥："年轻的生命竟然这样结束了！"他喃喃自语着，眼前浮现了那一幅幅惨状：子弹无情地穿过学生的身体，眼露凶光的军警抡起棍棒狠狠地砸向了手无寸铁的柔弱的学生，他们一个个倒下了：尸体，随处可见；鲜血，到处都是。"始终微笑着的和蔼的女孩就这样残忍地被杀害了，就这样残忍地被杀害了""那个温和坚强有思想的先进青年就这样离开了我们"。

他猛地一转身，跨步走到书桌前，迅速拿起笔，可是很快又重重地扔下笔。那些毫无人性的家伙已经使他无话可说。愤怒，满腔的愤怒已经使他无话可说。

他又一次快步走到书桌前重新拿起笔，可是刚刚拿起，却再次无力地放下了，他的眼前再一次浮现了那个"始终微笑着的和蔼的刘和珍君……"鼻子一酸，眼睛湿润了。

当学生听完这篇选文之后，完全沉浸在了悲愤的感情之中，并与之融为一体。这样既训练了学生以人物心理、言行表现人物性格的写作技巧，又使他们的情感受到了陶冶，精神境界得到了提升。

这种以课文为基础进行的改写训练，既能有效调动学生深入研究文本的积极性，也能提高他们的写作水平。

散文中能拨动学生心弦，引发学生心灵共鸣的地方，常常是精彩之处。我们要多加引导，让学生与文本进行"高端对话"。然后进一步引申，练习写小片段或材料作文。

在学生品评课文时或理解课文内容之后，引导学生进行探究、评价，写简短的眉批或读后感之类的文章。这样既能提升学生的思想认识水平，又能培养学生的批评性阅读习惯。

例如，《我与地坛》是一篇深刻的敬畏生命之作，学生没有作者这样的悲惨遭遇，他们也很难体会这一点。如果字词句篇地分析文章，效果一定不好。我在上课时就设置了这样一个情境：首先让一个学生用厚厚的白布蒙上眼睛，从讲台这边走到那边去拿一本书，虽然只有几步远，但他东摸西摸，一不小心膝盖还碰到了讲台，书也没有拿到。接着我又让他坐在椅子上并用绳子绑住了他的双腿，然后让他去教室后面拿一本书，他来回蹭着，但就是无法移动，不到五分钟，他就着急地说：“我要走路，我要走路。”我趁机说：“想想史铁生吧，他在人生最美好的青春岁月，突然双腿瘫痪，这不啻晴天霹雳。他在失魂落魄之时来到了地坛，从此和它结下了不解之缘，在这里，作者得到了关于生命价值的重要启示，体验到了生命的真谛，从而使自己的人生观上升到了‘珍爱生活、珍爱生命’的境界。请你仔细阅读课文并查阅相关资料，然后写读后感想。”

学生开始认真地阅读，并写下了读后感想。下面是学生优秀读后感选文：

今日的地坛已经褪去了昔日的辉煌荣耀，只剩下了坍圮的墙壁、剥蚀的琉璃，但它并不衰败。四周的老柏树历经风霜雨雪却越发苍幽，荒藤野草也很茂盛，它们有的只是饱受打击后的坦荡自在。

除了这些植物，地坛中的每一种弱小的动物也活得很精彩。蚂蚁摇头晃脑捋着触须；露水轰然坠地摔成了万道金光，虽然它的生命很短暂，但它很珍惜，哪怕很快死去，也要死得灿烂辉煌；瓢虫爬得不耐烦了，累了便祈祷一会，然后忽悠一下升空了。

大自然中的万物都尽情展示着生命的活力和价值，它们在无言地启示作者：残疾了但千万不能颓废，要顽强地活着，展示出生命最大的活力。最终作者明白了死不是一件着急的事，而是一个必然会降临的节日。他面临人生最大的不幸，还能够得到解脱，还能够乐观地把死亡看作节日。那我呢，我为什么整天因为同学之间的一点小矛盾而愁眉不展，因为考试失利而唉声叹气、精神不振呢？我实在应该好好地乐观地过好生活中的每一天，展示出生命最大的活力和价值。

散文文本激发了学生的灵感，唤起了学生对自身生活的观照。这样既更好地理解了作家的情怀，又激发了自身对生活对生命的热爱之情。如果读者只是阅读作家作品，那是在仰视作家作品。阅读后并写下自己的感想，作家成了读者的知音，两个人在交流着自己特有的情怀。当读者与作者超越了时空进行交流，任何语言、文字都将在人们的心里留下一抹挥之不去的馨香。

在高中散文教学中进行精读与摹写训练，就是在散文阅读教学中构建一条与培育阅读能力并行的培育写作能力的线索，使阅读文本和阅读资源为写作服务，以实现最佳的教学效果。

参考文献

[1] 吕叔湘. 吕叔湘论语文教学[M]. 济南：山东教育出版社，1987.
[2] 钱梦龙. 我和语文导读法[M]. 北京：人民教育出版社，2005.
[3] 连佩仪.《荷塘月色》语言教学新探[J]. 太原教育学院学报，2006(A1)：134-136.

浅谈深度阅读视域下鉴赏小说结构特色的教学思考

杭州市萧山区第十高级中学　戴莎莎

摘　要：高三小说情节或结构技巧的鉴赏中存在分析单一、答题指向性不明的现状。究其原因，学生在鉴赏小说文本时未能建构起文本思维的逻辑结构，这需要对小说结构进行深度阅读，用三步走鉴赏模式，从叙述入手，串联起叙述、场景、情节、结构和情感的思维流程。

关键词：小说；结构；深度阅读；三步走；思路

随着课程改革的不断推进，语文阅读能力的培养不仅在于通过增加阅读量来获得知识技能，还要促进学生思维机制的发展与思维品质的提升，这要求学生既能抵达文本内容的逻辑结构，又能抵达文本思维的逻辑结构，这就需要学生对文本进行深度阅读，深度学习。

浅表学习是一种停留在记忆、理解、应用等低层次目标的学习行为，以机械记忆和反复操练为主，缺少深度思维加工，因此学习成果多以复制为主，难以迁移和深化。深度学习是思维不断深化的过程，向高阶思维阶段（分析、评价、创造）发展，学习者能不断地自我反思和调节，优化自我的学习方式，获得更确切的学习成果和体验，以及持续学习的可能性。

本文浅谈如何引导高三学生通过三步走模式鉴赏小说结构特色，形成关联小说话题中叙述、场景、情节、结构和情感的思维机制。

一、高三学生小说阅读和答题现状

（一）有阅读初感，鉴赏缺连贯全面

学生看任何一篇小说，都会对小说文本有一个基本的感觉、认识和看法，对小说的三要素——环境、人物和情节有一个初步的理解和结论。可是一旦按照题干信息要求对小说进行局部或整体的鉴赏时，学生很少能对题型进行精准鉴赏，分析或脱节或单一，不能连贯全面地进行解读。

(二)有答题套路,鉴赏缺指向性

学生已经积累了不少小说阅读的答题模板,这的确有助于提升学生答题的规范性,提醒学生多角度解读;但是当考点的题干以较新颖的方式表达时,很多学生一旦觉得答题套路用不上了,顿时答题的指向性就不明确了,答题仅凭感觉了。

二、小说结构特色深度阅读的教学思考

2020年的浙江卷小说《雪》第12题“作者用了哪些手法使小说结构紧凑”的反套路的设题方式让不少学生束手无策,这时教师需要适度引导,找到一个适合的生发点组织起结构特色赏析模式。

外国小说话题中将叙述、场景、情节、结构、情感各作为一个话题阐释,高三的情节类题的备考复习中常落脚于赏析情节手法,又将它分为情节叙述手法和情节结构手法。将叙述和结构置于情节的框架体系内,这显然难以建构小说阅读思维的逻辑结构。

如果说小说的叙述人称和视角是为情节服务的,是为使小说情节连贯、结构紧凑而运用的技巧的话,那么对一些淡化情节、散文化的小说而言,它使用的又是何种艺术技巧呢?这就需要我们找到一个能安放叙述、场景、情节、结构和情感的大框架的支点,这与作者为小说谋篇布局的做法异曲同工,以“结构”这个容器建构小说阅读的思维逻辑结构。

结构是小说的形式要素,是指各部分之间的内部组织构造和外在表现形态。一部小说的结构过程,就是小说家根据自己对生活的认识,按照塑造形象和表现主题的要求,运用各种艺术表现手法,把一系列生活材料、人物、事件分轻重主次合理而匀称地加以组织和安排的过程,包括小说作品情节的处理、人物的配备、环境的安排以及整体的布局等。

所以无论是叙述角度的选择,还是情节的运行,或是情感的勾连,又或是材料的组织和选择,都可以装入结构这个容器中,并在高三小说情节类题的复习中建构出小说结构技巧的鉴赏模式。

(一)第一步:故事由谁讲,明晰叙述者,建构思路

1.从叙述人称和视角切入阅读

小说一开始,就要给自己找一个叙述的身份和位置,这就是叙述角度,也可称为视角,它决定了叙述者以何种身份、何种角度来讲述故事。这也是小说结构巧妙之处,不同视角的单一运用和交织运用,能带给读者不同的阅读感受和体验。

(1)指出人称视角及本身的表达效果。学生阅读小说除了传统的三要素阅读指向外,也可以先从小说的叙述视角来读,看小说中使用的人称,如《桥边的老人》用第一人称“我”的视角来写老人,读者通过第一人称“我”的有限视角只能看到人物的外

在现状，其他都需读者去猜测和揣摩，这种叙述视角和人称给读者一种亲历的感觉，学生以此为切口，可以快速拉近与作品的距离。

(2)看叙述腔调，即叙述口吻。叙述视角可以单一，也可以在小说中综合运用，而且为了克服叙述人称各自的缺点，在一篇小说中，叙述会巧妙结合两种人称或灵活转换视角。这时我们可以提醒学生关注叙述者的腔调，看叙述者借用谁的身份、视角或口吻来叙述，不用纠结于是第一人称还是第三人称，是有限还是全知视角的判断上了。

2. 看叙述顺序

学生的阅读初体验中，对小说的叙述顺序会有一个判断理解，能看出是顺叙还是倒叙，能在叙述的主线中看出是否中断主要事件的叙述而插入一些与中心事件有关内容的叙述，这些插叙内容若去掉，不影响故事的完整性。学生也能看出叙述顺叙中的空间顺序、时间顺序或逻辑顺序。

3. 关注叙述者的显与隐

首先要了解一个概念：小说的视角是小说中故事的“叙事者”的观察角度。在具体作品中，“叙述者”既不等于作者，也不完全等于小说中的人物。“作者—叙述者—人物”三者呈现不同程度的交叉重合关系。学生不用费心去辨析清楚三者关系，只要能够关注叙述者在这篇小说中有没有走到台前评头论足。若有，就可以说插入了叙述者的议论(叙述)，流露出他对人或事的情感；若无，就可以说叙述者只是客观呈现人或事。

4. 感受叙述的快慢节奏

每篇小说都有自己的节奏感，小说叙事会在关键段落铺展，无关紧要的段落一跃而过，或者会将情景描写融于叙述，加快叙述速度，也会在叙述中穿插大量描写议论，放慢叙述速度。小说中叙述和描写就是控制小说速度的手段，它们的各自位置、篇幅促使小说张弛有度，引人入胜。教师可以让学生通过《呼兰河传》(节选)第12题“分析本文叙述上的特征”体会场景描写在小说叙述中的穿插运用，也可以回顾《炮兽》感受场景描写推动小说的叙述节奏。

5. 建构思路

在第一步鉴赏中，可以小结思路为：一看叙述者用什么视角和口吻说故事；二看叙述者按什么顺序说故事；三看叙述者有没有走到台前说故事；四看叙述者说故事的快慢速度。

(二)第二步：故事怎么叙述，依序推进，建构思路

1. 抓叙事结构方式

当学生明晰故事由谁讲，感受到小说叙述的快慢节奏，对小说的人物、事件和环

境有一个认识后，这也仅抵达了小说内容的逻辑结构，还是停留在记忆、理解、应用等低层次目标的学习行为上，这需要引导学生像小说家写作一样，去思考小说叙事的结构方式，其间可从以下方面思考：先看小说的结构要点；接着看小说的场景；再看小说是依赖情节的力量而构成，还是通过情绪的勾连来构成的；然后看它是线性结构还是生活的横断面。

(1)先抓结构要点，即小说的载体。它可以是人物的性格心理语言，事件的发展，事物、时空或者情感，如《桥边的老人》就是以人物的对话作为结构的张力，推动故事的发展。有时这个载体既是小说的结构要点，也成为小说的一条线索。

(2)接着看场景。它是人物活动的舞台，人物的性格、故事的悲欢离合在时空中发生，即使是淡化情节的小说，它也有一个个场景，而时空的改变使得一切关系得以改变，场景的切换或定格或串联，成为小说结构的一种技巧。小说场景中的空间有时可看作是一个结构要点，比如“牲畜林”是故事发生的空间，也是小说的一个结构要点。而场景中某一物象或某个特定片段的反复呈现，前后关联，也是小说结构的技巧手法，所以场景的运用也往往是小说家匠心之所在。

(3)再看情节的运行方式或情感的勾连。这一点是学生备考复习中重点强调的答题模板，这里也可以梳理出情节从整体到局部的运行技巧：设置突发事件是情节运行动力中最常见的一种。它一般有两种位置，小说开头，或者小说中间；放在开头，又发挥了悬念的作用。情节走到一定程度，危机就会爆发，然后引出了后面的情节。而在危机爆发时，小说家又会想方设法在局部的情节运行处设置摇摆、延迟等技巧，使故事一波三折，或者设置过渡、呼应、铺垫等技巧使故事紧凑圆融，前后相连。在小说的结尾，小说家也会精心构思，或产生戏剧化效果，或生发出新的情节走向，引人想象深思，常考的技巧有欧·亨利式结尾、突转、戛然而止留下空白式的结尾，等等。

读者能从小说那里读出叙述者明确向读者传达出的感情信息，从人物的言行里、小说内容材料的安排中感受到作者的情感，情感不仅是小说中的感性要素，在某一程度上说，还是小说结构的动力。它又有两种表现形式：一是载体，即结构要点；二是推动情节运行的动力。

(4)然后看生活的横断面。小说中有另一类写法：不是按小说层层推进的结构方式，而是从事件的一点切入，舍弃了事件的前后因果交代，即截取了生活的横断面作为一个切口，以特定的时间、特定的地点展现“大容量，含义丰，长时期”。

2. 建构思路

在第二步鉴赏中，可以小结思路为：一点一线，一地一物，一情一段。点即载体，小说的结构点；线即结构线索；地指小说中的场景，尤其是空间；物是场景中反复呈现的物象或镜头；情有两层意思，既是情节的运行方式，也是情感；段指若小说不是采用层层推进的线形结构，那么可以考虑是截取了线形结构某一段场景或情节作为生活的横截面。

3.学会转化

本文将小说的叙述、情节、场景、情感皆置于结构这个知识点下，建构起小说技巧的鉴赏，也有书上说结构在外国小说中是一个非常灵活的因素，若去做出概括，往往吃力不讨好，建议用体会具体文本的形式来感知小说家是如何根据具体内容来确定合适的结构的。然而在高三的复习备考中，学生还是希望能建构起从文本内容到思维的逻辑结构，这需要教师引导学生学会转化。

(1)从课内关照课外。我们在阅读小说，解答结构类或情节类或叙述类题时，需要联系我们所学的课内小说，进行知识的迁移转化。如《雪》用“书信”作为载体，使全文结构紧凑，它是小说的结构要点，省去了一些必要的叙述，这与课内小说《半张纸》颇为相似，让两年的时间浓缩为读纸的两分钟，如果学生不能进行这种联系，不能进行转化，答题自然有一定难度。再比如，时空在小说中有着举足轻重的地位，小说的构成也可以说是一个个场景的构成，学生有这个叙事结构方式的铺垫，又能联系《雷雨》的场景设置，自然能推断出《雪》里的场景主要集中在波塔波夫老人的花园和小屋，并以此辐射故事。

(2)灵活变通，据题选择。学生在高三小说的鉴赏中会遇到叙述手法、情节手法和结构技巧的不同设题方式，学生可以从小说叙述手法切入，然后结合人物、情节、场景(环境)这些要素，不要死记硬背，在丰富的阅读体验基础上，根据不同设题方式，善于捕捉文本信息，有选择性地转化知识。如叙述特征，可以考虑模式第一步的四点，从叙述视角口吻到叙述顺序到叙述者的亮相到故事的快慢，连贯地感受文本的特色，然后再鉴赏第二步。如果是情节手法，情节的安排和推进离不开叙述，自然还是要考虑小说鉴赏第一步，但在鉴赏第二步中，可以舍弃人物、场景、横断面的结构方式，重点关注情节的运行方式。

(三)第三步：故事为何叙述

我们在鉴赏小说结构特色时，也可以从小说本身想达到的效果和指向的故事内涵来反推小说的手法技巧。小说效果一般有四种：精巧，紧凑，曲折生动和含蓄深刻。为了达到这些效果，学生可以推测小说家会采用何种手法技巧，还要揣摩人物、情节、环境和主题这些故事的内涵借助何种手法技巧能更好地表达出来，并在答题中适度提及故事内涵。

三、小说结构特色鉴赏的思考

小说结构关联其他话题，以叙述切入鉴赏的模式能让学生对小说的写作技巧有个全面贯通的观照，能促进学生在具体的小说阅读中依据小说的思维逻辑结构，深刻鉴赏小说结构类或情节类或叙述类题型，而不是设题方式稍有变化就无从下手了。

同时，作为一名一线教师，也有两点思考，留待今后教学实践的改进和提升。

(1)阅读小说,"一千个读者,就有一千个哈姆雷特",高三小说结构特色的赏析中如何引导深入体会小说的结构魅力,这对教师自身的素养和能力提出了高要求:教师需要博览群书,涉猎各流派小说,又能撷取经典优秀的小说篇章,集思广益,做好丰厚的储备。

(2)小说阅读是师生的双向流动的阅读过程。这需要教师在批改学生作业,了解学情的基础上,在备课时精心设计小说结构方式的呈现过程,而非面面俱到,需要选择合适的小说文本将小说文本思维逻辑结构中每一点在具体情境中应用,同时始终立足于学生的阅读体验和感受的推进和生成。

参考文献

[1] 李海林.语文学科如何"深刻地学习"[J].中学语文教学,2019(1):8-11.

[2] 课程教材研究所,中学语文课程教材研究开发中心,北京大学中文系,等.普通高中课程标准实验教科书　语文·选修·外国小说欣赏(教师教学用书)[M].北京:人民教育出版社,2009.

碎片化写作:新课程下高一写作教学的探究与实践

杭州市萧山区第十高级中学　于丹青

摘　要:在新课程背景下,学生的读写表达能力是非常重要的语文能力。而高一新生处于初高中衔接的关键时期,如何有效地提高高一新生的语文读写能力,是每个语文教师必须思考的问题。而碎片化写作以独特的形式、读写结合的方式,容易上手,因此笔者在一年的教学中运用系统、频繁、多样的碎片化写作,起到了非常好的效果。

关键词:碎片化写作;新课程;实践

叶圣陶先生说过:"语文教材无非是个例子,凭这个例子要使学生能够举一反三,练习阅读和写作的熟练技巧。"我想,不只语文教材是个例子,语文课堂也是个例子。所以语文教学中,要准确把握课文读写结合的契机,要精妙地把课堂和课外有机地结合起来,相机进行写作训练,增加习作训练量。而碎片化写作正是这样一种能结合读写、能结合课堂和课外的有效形式。

一、碎片化写作的内涵

碎片化是指完整的东西破成诸多小块。在社会发展的转型时期,社会分工进一步细化,经济、科技、文化等领域的发展呈现出专业化、快速化的趋势,整个社会就会出现碎片化的特征,如碎片化阅读、碎片化交往、碎片化营销、碎片化媒体、碎片化信息、碎片化服务等。在现代社会中,碎片化处处存在,并充斥着人们的生活。"碎片化"成了现代人生活方式的典型特征。

碎片化写作正是在这样一个时代中应运而生的。它是写作练习的一种方式,但又不同于常规的作文训练,一般选材角度小,内容简短,贴近实际,且紧随阅读教学,能促进学生深入领悟文本,也能促使学生关注社会现象,有利于学生写作兴趣的培养和作文水平的提高。

二、碎片化写作的缘起

(一)语文基础薄弱,激发学习兴趣

去年接手新高一两个班,拿到分班成绩的时候心里有点凉,两个班的语文成绩在年级里倒数,学生语文基础非常薄弱。这样的语文基础,阅读和写作肯定是老大难。果不其然,开学摸底考就看到了问题所在。基于这样的现实,我有意识、有系统、分层次、多方位地推进碎片化写作训练,希望让基础薄弱的学生在语文写作和阅读上都能得到长足的进步。

(二)提高写作密度,消除恐惧心理

语文教学中,写作一直是一大难题:老师觉得难教,经常教了看不到效果;学生不愿写,一是觉得难,二是觉得高中学习时间紧张,写作耗时耗力。于是慢慢地,师生对写作都产生了恐惧心理。而碎片化写作具有篇幅小、形式灵活、效果好的特点,好操作,易上手。好的碎片化写作训练可以充实课文内容,释放学生的表达潜能,又可促进学生对文本情感的升华体验,提升学生的语言表达能力,是读写结合最有效的载体。

一开始给学生布置碎片化写作时,学生也会叫,又要写作文了,不太乐意。我开玩笑地说,就一两百字,对大家来说肯定是小菜一碟。结果很多同学写了几次后发现,一两百字真的很快就写到了,字数写到了还是有很多想表达的。后来再布置时,大家都不抱怨了,都能欣然接受,有些同学甚至一写字数就接近一篇完整的作文。所以,这一年通过碎片化写作,两个班的写作密度较其他班级高了很多。

(三)紧扣新课标要求,做好初高中衔接

新课标中规定,语文的核心素养主要包括语言建构与运用、思维发展与提升、审美鉴赏与创造、文化传承与理解四个方面。而这四个方面是一个整体,在语文课程中,学生的思维发展与提升、审美鉴赏与创造、文化传承与理解都是以语言建构与运用为基础,并在学生个体言语经验发展过程中得以实现的。所以学生的语言文字表达能力,很能体现学生的语文核心素养。

同时,新课标还提到,普通高中语文课程,应使全体学生在义务教育的基础上,进一步提高语文素养。也就是说,普高的语文教学应做好衔接提升工作,而高一的语文教学就至关重要了。高一的学生,刚刚从初中升入高中,语文学习上面临着很大的变化,比如文言文比重加大、语法开始强调,特别是作文的字数增多、思维能力要求提升。为了让高一的学生能够更好地适应作文的变化,笔者选择从简短的碎片化写作开始。

三、碎片化写作的实践

(一)内容选择

1.利用课文资源

叶圣陶先生说:“阅读任何文章,主要在得到启发,受到教育,获得间接经验等等,而在真正理解的同时,咱们对文章的写作技巧必须有所领会,可以作为练习写作的借鉴。”因此,利用课本中的文章是进行小练笔内容的主要选择。每备一篇课文,笔者都会想一想有没有什么可写的。

比如,《想北平》中老舍对北平的情感很浓烈也很直接,而诗歌也是表达情感很好的载体。因此,在预习时笔者先让学生以诗歌的形式来表达老舍的情感。结果交上来的作业让笔者很惊喜,有很多学生写得不错。下面是两名同学的作品,一首现代诗和一首词:

念北平

漆黑的夜里
是谁的眸光
穿越了时空
停驻在那望不见的远方
浅淡的月色
牵动了谁的思绪
模糊了谁的眼角
让思念化成风越万里茫茫

千种丝,万种念
那漂泊异乡的孤客
泪眼朦胧
唯愿心中的圣地和平安宁
那一声吆喝
那一只蜻蜓
那山,那水,那景,那人
都藏匿在我心中最柔软的角落
陪我共度这难眠之夜

想北平

什刹玉泉呓语轻,小思北平意绕血鹃音。
离人触似城南枣,觅无乡音冬无袄。
三亭四合晚梅馨,廿七迁离,陶然何时锦?
汲汲归期尚未卜,一燕纸书一片嘱。

两个学生都用上了文章里的一些意象,在言语间把老舍的情感表达得很透彻。这样的碎片化写作预习作业做好后,学生其实已经对课文有了比较深入的理解。

在上《我与地坛》时,为了让学生能更好地思考生死的问题,笔者让学生以“十五年前的一个下午,我摇着轮椅进入园中……”为开头,展开联想和想象,续写史铁生的心理活动。

上完《赤壁赋》,为了让学生更好地理解苏轼的释然和豁达,笔者让学生就“关于豁达”写一句话。不少学生都很有兴致,晚自修放学后还来和我探讨。第二天交上来的句子,很多都非常有哲理。比如,宋雨馨写道:“不系之舟,随缘自适,笑对人生。”比如，陆佳炜结合课文写道：“人生之梦，似蜉蝣之于飞仙。”比如，盛佳楠写道：“愿在暮冬吻雪之际轸念温柔，愿在春光啼曙之时收获美好，愿卿再次热烈而完整地爱上这尘世。”而马蕊以《无言》为题写了一首小诗：“是非人常辨，毁誉任人言。得失从未论，清者自适闲。”各有形式，各有心得，而且每一个学生都是认真思考过的，相信思考的过程比文字展现的形式更珍贵。

2. 感悟社会现象

中学生关注社会、了解社会既是社会发展趋势的需要，也是自身发展的需要。社会的变化会引起生活的变化，影响中学生的成长过程。因为人具有社会性，人在社会当中，整个社会是一个相互联系的整体。只有关注社会、了解社会，才能客观地看待社会，在走出校园之后才能顺利地进入社会，才能在各种岔路口明辨是非，选择正确的道路。

高中语文课程“加强实践性”的基本理念，要求我们应当适应当代社会的发展需要，为培养创新人才发挥重要作用，引导学生发现问题，培养探究意识和发现问题的敏感性。因此，语文的教学不应只停留在课本中，更应该让学生开阔视野，走向社会。

所以，碎片化写作除了利用课文，也会让学生去写一写对当前一些社会现象的思考。傍晚的新闻时间正是我们关注社会现象的一个很好的渠道。每天，我和学生一起看20分钟新闻，有时也会找《新闻1+1》给他们看，看了以后发现有价值或者有意思的新闻现象，我们会一起讨论，然后顺势给他们布置碎片化写作，一般会让他们双休日回去写，可以更深入地去了解这一社会现象后再写。因为一起思考讨论过，思维都非常活跃，所以学生都非常有兴致写。

比如，比较有意思的是一次新闻时间，听到“喝风辟谷”公司被关停，自己孤陋寡闻没听过这个词，特意查了一下，原来“辟谷”源自道家养生中的“不食五谷”，是古人常用的一种养生方式，但现在被有心之人冠以“国学文化”之名招摇撞骗，甚至害人不浅。于是就这个现象，笔者给学生布置了一个碎片化写作，查清“喝风辟谷”是什么，谈谈对这一现象的看法，写一个论述片段。这一现象并不高大上，但学生也觉得很有意思，所以查资料很卖力，但写得比较浅，高一的学生写论述文还不太行。因此，笔者又花了一节课指导论述文的构思，最后我们一起把这一片段变成了一篇完整的论述文的结构：

题目：(观点明确，有文采)

是什么——

材料段：介绍该种社会现象。(引述材料，点明语境，引出话题)

“喝风辟谷”组织兴起，“喝风辟谷”思想盛行，政府介入干预。

观点句：(单独成段)

这样的组织应该被取缔，“喝风辟谷”是对传统思想的扭曲。

阐释段：什么是“喝风辟谷”?

(1)传统意义：“辟谷”源自道家养生中的“不食五谷”，是古人常用的一种养生方式。

(2)现在曲解：在以辟谷为代表的一些传统养生的激烈主张者那里，科学概念被有意无意地歪曲，他们夸大辟谷的神奇功效，甚至把辟谷描绘为可以医治百病的灵丹。

为什么——

分析这种现象出现的原因：

(1)个人的原因。

(2)组织的策划。

(3)政府的忽视。

怎么办——

如何应对这种现象?

(1)个人：要有自己的思想，不要人云亦云，要相信科学。

(2)企业组织：要有社会担当，不谋不义之财。

(3)政府：加强监管力度，坚决取缔违法行为。

结尾段：重申观点，点题。

有人可能会觉得在这样一件事情上花这么多时间，有点浪费。但是学生在这样一个现象的写作中，明确了如何正确地看待各种社会现象，如何分析社会现象，所以笔者觉得还是挺值得的。

(二)体裁选择

在碎片化写作的体裁选择上，笔者会兼顾需要，主要以散文、诗歌、论述文为主。评论社会现象类的，主要以论述文为主，像前面说的"喝风辟谷"。

扩写描写类的，以散文为主。比如，上《蜀道难》的过程中，笔者让学生在描写蜀道环境的几句诗中，选择其中一句转化成散文化的语言。有学生改写了"飞湍瀑流争喧豗，砯崖转石万壑雷"：

抬头望见高耸的山峰，连绵不绝，距离天空不过几尺，仿佛想触摸天空，但又有什么力量在对抗，令人望而生畏。枯败的松柏倒挂着倚在绝壁上，摇摇欲坠，似乎只要一阵风，它就能轰然落入崖底。飞流湍急的瀑布从云中落下，争相摔下山底，发出轰鸣巨响，与那不能平静缓流的命运做着斗争。几处生性猛烈的水冲击着山崖，将石块瞬间击碎，大小石块滚滚而下，充满了力量，摔入水里或山底，千山万壑间顿时响起了惊雷般的响声，惊心动魄!

运用浪漫主义的手法，充满力度的笔法，很好地把李白所描写的意境表达出来了。

一些以表达情感为主的，会让学生写成诗歌。网课期间，在微信中看到有老师让学生用三行诗的形式来写网课，觉得挺有意思。网课结束重返校园后，笔者也让学生尝试着来写一写——三行诗语话网课。只是有些学生说三行诗太难表达自己的情感了，笔者放宽了要求，只要是诗的形式，长短不限，让他们有更大的发挥空间。有些改了又改，有些会因为一个字来找笔者商量，最终学生写出来的作品还是令人欣喜的。有学生表达坚定的信念:“被枷锁困住的,被痛苦折磨着的/挣扎着,等待着/只愿见到那破晓霓虹!”还有一名很有才气的女生改写了李清照《声声慢・寻寻觅觅》的一部分:“寻寻常常,平平淡淡,清清冷冷戚戚。乍寒还暖时候,却难出行。三叠两本试题,怎敌它,春来风靡! 燕过也,正朝极,却是网课当时。”

当然有时也不限文体,学生可以自由选择自己擅长的文体来写。比如,上完《虞美人・春花秋月何时了》,让学生运用恰当的表现手法,结合词中感受最深的一点,给李煜写一段话。一个女生改写了《虞美人・春花秋月何时了》:“南唐平地起风波,往事再难收。昨夜东风漫小楼,抬首故国馨香悦愁容。东山再起应有时,不过片刻迟。问君何不弃心愁? 恰似一季繁花为君留!”而一个男生则用评述性的语言写了“江山易主,国家不再,纵然物是人非,也要砥砺前行。家国已破,山河仍在,重振雄心,便是东山再起时”,相对理性地表达了对词中的一点感悟。

(三)评价反馈

学生每次完成碎片化写作后,对笔者来说还有非常重要的一环,那就是评价反馈。只有有意识地利用评价过程与结果,发现学生写作中的个性特点和具体问题,才能及时引导,提出有针对性的建议,激发学生写作的动力。

那么如何对学生的碎片化写作进行评价呢?《课标》的评价建议中提出“倡导评价主体的多元化”“选用恰当的评价方式”,所以在对学生作品的评价过程中,笔者会选择不同的评价主体和评价方式,让每一次写作的效果都能发挥到极致。

1.评价主体和方式多样

碎片化写作的评价一般以“我”为主,但是这样的评价方式太过单一。久而久之,学生就没有了一开始的兴趣,所以在适当的时候笔者会选择不同的评价主体。

①组内互评。这是比较容易操作的一种评价方式。在当堂或课后写完之后,请四人小组互相评价各自的作品,择优进行多媒体展示,并请组内成员说明推荐理由。

②交叉评价。班级里或者两个班交叉评价,并把评价意见写在对方的本子上。

③家长评价。这个操作稍微复杂一些,只进行过两次。笔者把学生的作品隐去姓名,以电子稿形式全部发到家长微信群里,请家长们投票,每个家长可以选择最喜欢的10篇。

2.反馈形式多元化

对于评价优秀的作品,笔者也会以多元化的形式反馈出来,让学生的心理得到最大程度的满足。比如PPT展示,这是最常用的一种形式,几乎每次都会用到;比如宣传栏展示,较长的小练笔会采取这种方式反馈;比如朋友圈或者家长群展示,一般简短的会采取这种形式。

多样的评价主体和评价方式,多元的反馈形式,让两个班的学生乐在其中,很有表达和表现的欲望,学生之间每次都较着劲,这次你的被展示了,下次我一定要比你写得好,这就是笔者用碎片化写作的形式想达到的效果吧。

四、小练笔的成效

记得那年中秋假期，当很多学生在家里打游戏时，我们班 QQ 群里却别有特色，几个学生自发开始中秋对联大会。有些学生不知道对联的要求，马上有热心的学生去查来了，大家一起学习，一起写对联，虽然水平都不怎么样，但这份创作的热情，我很感动！

还有一次上完郑愁予的《错误》，下课后一个男生拿着书来给我看，说是读了《错误》后有感而发也写了一着诗："烟雨江南，客过小城。/梅雨朦胧，马蹄踏来。/深闺娉婷，窗扉欲开。/奈何游子非故人！/邂逅了的江南，等不到的归人。"

这样的小创作已经成了两个班学生的兴趣，写点什么也已成了他们的习惯。对于语文学习来说，让学生有表达的欲望比做多少试卷都有效。

高中生语文能力的提升，特别是作文能力的提升，不是一朝一夕的事情，需要语文教师在日常教学和生活中做个有心人，不断寻找能让学生感兴趣又有效的写作素材，见缝插针地利用紧张的高中学习中的碎片化时间，持之以恒地让学生操练。克拉申有个语言输入原理，输出是 1，输入是 1+i，只有平常的点滴输入超过输出时，学生在创作中才能源源不断地输出，否则终将干涸！

参考文献

[1] 中华人民共和国教育部. 普通高中语文课程标准（2017 年版）[S]. 北京：人民教育出版社，2018.
[2] 顾黄处. 让作文训练鲜活起来[J]. 中学语文教学参考，2002(5)：28-29.
[3] 蔡伟. 论作文质量与作文教学质量[J]. 上海教育科研，2012(11)：77.
[4] 郑桂华. 听郑桂华老师讲课[M]. 上海：华东师范大学出版社，2007.

合理设置主话题　做学生“高级伙伴”

杭州市萧山区第十高级中学　钟　梅

摘　要：当那些纯预设性的课堂被渐渐否定的时候，如何把握语文阅读课堂预设性和灵动性的“度”已成为我们目前阅读教学中最大的困惑。笔者在近两年的时间里，进行了有关问题的阅读教学实践和反思，渐渐地，“主话题”的阅读课堂显现出它强大的优越性。以了解学生学情为科学合理设置话题的前提，以“用好、用足教材”来实现教学目标的追求，整个课堂流程设计从课文本身和学生已有的认知水平、心理体验、思维方式出发，采用适合学生认知水平的呈现方式，注重引导学生充分利用对文本的个性理解，来探究学生和教师共同提出的话题：这就是“主话题”课堂的实质所在。

关键词：主话题；主导性；阅读

一、缘起：春色远看近却无

在传统的语文阅读教学中，教师往往无视学生思维的个体差异，对他们做出划一的指导，使学生“臣服”于教参或教师揭示的文本意义和主题思想，学生丰富的感悟和认知便在同一化和标准化的释义中被磨灭殆尽。新课标的闪亮登场，无疑给了教师和学生广阔的驰骋天地，“文章由学生自己读懂，疑问由学生自己提出，问题由学生自己分析解决，知识由学生自己发现获得，规律由学生自己概括掌握”，这成为阐释新课标的理想境界。

然而，仔细而又冷静地观察我们的语文阅读课堂，结果发现，单纯追求读者解读的“学生中心主义”、课堂教学的“学生主导主义”（这里指一切由学生操作）的现象接二连三地出现了。在“把学生失去的课堂交还给学生”的绝妙好辞中，课堂从传统的“一言堂”一下子变为“大放羊”，教师从原来的“满堂灌”一下子变成“满堂听”。整个阅读课堂“虚化”了。透过现象看本质，其实这样的语文阅读课堂明显地存在着以下几个弊端。

1. 教材处理散——失去活水的涸辙之鱼

有的教师在阅读教学过程中，注意让学生提出问题，却不能及时点拨指导、归拢总结、精心筛选、概括升华，而是“从流飘荡，任意东西”，随着学生散乱的提问和思路，热烈讨论和研究；或者不分轻重主次，学生提什么就研究什么，蜻蜓点水，平均用力。一堂课下来，学生是主体是体现了，但留给学生的只有关于课本的散乱印象和茫然感受，真所谓是“雪上偶然留指爪，鸿飞哪复计东西”，没有了对文本的真正感受，没有了教师的适时引导，学生就犹如没有源头活水的涸辙之鱼，只能在自己小小的水坑中挣扎。

2. 教学目标空——难以支撑的空中楼阁

语文课文内容的丰富性带来了阅读目标、教学重点的多样性；但是目标的灵动性并不等于目标的随意性和空洞性，一堂课的教学目标必须有其定向性，明确具体情况下学生行为的性质和方向、教学的框架和流向。那些目标大而无当、虚不可及或根本没有目标的阅读，只能是教师一厢情愿建立的空中楼阁，不能使学生学到真正的东西。张友慈老师就认为，“虚远的教学目的淹没了近切的教学目标”，降低了教学的价值，只会造成教学的无序涣散，导致学生的认知障碍和偏差。

3. 教学评价虚——没有归宿的迷途羔羊

如今的阅读课堂，对学生的讽刺挖苦少了，鼓励表扬的话语增多了，这是好事。但以鼓励为主并不等于放弃评价的诊断功能，教师在课堂上对学生的评价不能一概称好，不能时时把“答案是丰富多彩的”放在嘴边搪塞学生。那些面向全体称赞个个很有创意的做法只能让学生对文本的认识流于浅层，流于自身对文本的理解，而找不到更好更深的感悟。冯友兰先生的人生境界说是唯物的还是唯心的，是积极的还是消极的？这样大是大非的原则性问题岂能是大家都对？

孙绍振先生在他的《直谏中学语文教学》一文中明确指出，教师若不能用适当的问题有序地层层深入地把学生的学习活动组织起来并引向深入，其结果“不是听任对话在同一肤浅的水平上滑行，就是眼睁睁看着课堂陷于一片混乱”。在这些繁花似锦的课堂形式背后，我们感受不到语文阅读教学春天的真正来临。

二、思考：小荷才露尖尖角

1. 强调师生平等，不能弱化教师作用

矫枉不能过正。新的教学伦理，主张新的教学思想，就是把学生从被动的学习中拯救出来，不仅不扼杀个性，还要通过阅读课堂生成独特的感悟。然而在教学实践中，我们不能试图只为传达一种“新”的教学形式，传达一种“新”的教学思想而组织我们的阅读课堂，忽视了阅读教学的最终目标是提升学生对语言文字的感悟能力。我们知道，在语文教学过程中，教师不可能穷尽所有的教学问题，但是这并不意味着学生就此便拥有了与教师同等的知识储备和认知水平。学生的情感态度、价值观和思维技能正处于发展完善时期，这就需要教师正确地引导，帮助他们不断地深化认识。

2. 合理设置话题，实施课堂宏观调控

李海林老师在《言语教学论》当中写道：“自觉学习是一种在语文知识的指导下，通过语文教师的专门设计和领导实现的理性掌握，它是一种有目的、有计划、有步骤的语言学习过程。”而设置问题和进行提问，是语文教师公认的进行阅读教学的重要手段。当阅读教学中，教师的引导和学生的自主，课堂的预设性和非预设性矛盾日益尖锐的时候，“主话题”课堂慢慢地犹如一枝清香的小荷浮现在水面上，将课堂的“提问”变为“话题”，进行阅读课堂教学“主话题”的设计研究，用一个或几个具有牵引力的开放性的“主话题”来代替教师和学生数量众多的“碎问”，以保证学生有大量的时间充分活动，充分发展智能，保证教师在阅读课堂起到应有的宏观调控作用，更恰当合理地处理好这两者的关系。

3. 合作互动引导，争做学生“高级伙伴”

当有些教师一味地强调自主，把确定教学目标的权利完全交给学生的时候，我们也不能不承认一个事实：十几岁的孩子无论是生活体验还是思想认识都还是有限的，他们往往会因某种“色彩斑斓”而迷失。所以，“主话题”课堂实施的目的之一，就是要求教师能正确地转换好自己的角色。教师应充分意识到自己是学生学习的合作伙伴，是与学生彼此平等的交流互动的对象。不仅如此，教师还必须在“主话题”课堂上承担起组织和引导学生阅读活动的职责，努力在教学过程中通过设置的话题和各种教学方式等影响学生，使得学生成为学习的行动者，让学生享有独特体验、持续发展的权利。因而从严格意义上来讲，教师又不可能与学生在学识和阅历上真正平等，教师应该在与学生互动和交流过程中起到更多的引导作用，做学生的“高级伙伴”。

三、实践：总把新桃换旧符

如果说提问的繁杂细碎，是课堂教学效率不高的重要原因之一，那么提问设计的不周或者虚无，实质上是肤浅地理解课堂教学改革的表现。与那些漫无目的、低效率的提问相比，“主话题”是新颖的、开放的，犹如新桃换旧符，给了教师和学生更为广泛的阅读和思考天地。经过近两年的实践，笔者已经体会到了这类“主话题”课堂带来的巨大优越性。

下面以《阿Q正传》第7—8章的整体阅读教学为例进行说明。一般来讲，“主话题”在课堂上的运用大致有这样的基本规律。

1. 在课文教学的感知阶段

这个阶段往往用一个“主话题”牵动对全篇课文的整体感知，从而提高学生初读课文的质量，凝聚学生的阅读注意，为学生的深层思考打下基础。

在了解了故事背景的基础上，教师做有效的铺垫之后设计安排了课堂的第一个“主话题”：说说阿Q的革命故事。

要求：学生围绕“阿 Q 对革命态度”自读课文，从课文的人物、场景、情节、结构等等方面读一读，说一说自己的阅读所得。

“阿 Q 对革命态度”是两章文字的线索，解决了这个话题也就解决了文章的整体感知。这个话题及学习要求的出现，打破了那种让学生泛读课文、标明段落、理解层次的习惯性讲读思路。它激发了学生的求知欲，把学生引入了课文，也把学生引入到专心致志、全神贯注的阅读心理境界。学生会被这个问题所吸引，从而开始对课文进行整体性感知阅读，圈点勾画，概括筛选。在教师指导下，学生可以感知到如下内容：①从前对革命的认识：“深恶而痛绝之”的。②革命的过程：改变对革命的认识，“神往”了；“参加”革命的原因，“革这伙妈妈的命，太可恶！太可恨！”；革命带来的好处，未庄人都用了惊惧的眼光对他看，赵太爷怯怯的迎着低声的叫“老 Q”。③关于革命的憧憬：抢财物、报私仇、娶老婆。④革命“梦”的破灭：革命梦与现实的反差太大，“而阿 Q 总觉得自己太失意：既然革了命，不应该只是这样的”；唯一的一次到静修庵革命行动失败了；阿 Q 也不准小 D 革命，“小 D 是什么东西呢？”；阿 Q 被革命开除了，假洋鬼子不准他革命；对革命的背叛，“不准我造反，只准你造反？妈妈的假洋鬼子，——好，你造反！造反是杀头的罪名呵，我总要告一状，看你抓进县里去杀头，——满门抄斩，——嚓！嚓！”

2. 在课文教学的品析阶段

这个阶段往往用一两个“主话题”形成课堂教学的重要活动板块，形成明晰的课堂教学思路，形成生动活泼的学生呈主体性参与的教学局面，深化对课文的认识、理解、品析、欣赏和探究。

在这个阶段，笔者设计安排了这样一个“主话题”：谈谈阿 Q 与革命。

要求：学生围绕“阿 Q 与革命”阅读课文，从课文中任选一个点进行品析，写出自己的简短发言稿，以准备参加课堂讨论。

“阿 Q 与革命”是一个视点集中、内蕴深厚的教学话题。这个话题及课堂教学要求的出现，改变了那种逐段串讲、多讲多问、处处落实、面面俱到的陈旧教法。教师此时不是着眼于自己的讲解，而是着眼于学生自己确有心得的“谈谈”，学生就能在深刻感知课文的基础上继续怀着极大的兴趣和继续保持着长久的注意，对课文的关键之处、重点之处进行理解性阅读。在教师的点拨下，在课堂上进行的讨论中，学生能够从如下侧面对课文进行理解。

第一，由“革命”引出“革命”。革命是资产阶级民主革命，也引来了阿 Q 的革命。阿 Q 是个受压迫者，有革命的潜在的要求，表现在辛亥革命高潮到来的时候，他比较快地振奋起来，高喊“造反了，造反了”。但是阿 Q 的革命脱离不了他的愚昧，他的革命纲领就是拿点东西，“我要什么就是什么”。还有，阿 Q 敌我不分，成功后，要杀赵太爷，但小 D 也要杀掉，这一切非常真实地表现了自发的农民斗争的某些特点。为拿东西、为报私仇而革命，这就是阿 Q 的革命。

第二，由“革命”引出未庄的“农民”。革命——旁人尊敬羡慕阿 Q 的原因。小说中几次描写到众人对革命的态度，从骚动到惊慌到羡慕，无不成为表现国民愚昧麻木的典型情节。

第三，由“革命”引出“官僚地主”。革命——赵太爷对阿Q态度多次转变的直接原因。赵老爷从鄙视欺压阿Q到请阿Q到府上做客到不准阿Q革命，从惧怕革命到自己“革命”；阿Q从厌恶革命到参加革命到被把总老爷当作抢犯，当作“惩一儆百”的材料枪毙示众。这一切的变化，含义该是多么深刻：怎样的末庄，怎样的现实，怎样的革命，已经一清二楚。作者在小说中叙述着阿Q的革命，贯穿了全文两章，更广泛、更深程度地从不同的方面揭示作品的思想内涵。

由这个“主话题”组织起来的课堂阅读教学，相对于以教师为主的讲析，相对于一般的谈话式、答问式的课文分析教学，相对于那些学生“主导主义”的课堂，有着突出的优点。笔者选择了一个内涵丰富的点并以此形成一个“主话题”，这个“主话题”就是一条教学线索，牵动着学生阅读和思考。从教学过程来看，学生首先带着明确的问题，怀着探求的兴趣进入课文，品评咀嚼，思考表达，接着又带着学习的兴趣和表达的欲望参加讨论，听取点拨，深化认识，学生的活动和教师的点拨相映生辉。

3.在课文教学的深化阶段

这个阶段往往用精粹的“主话题”激发思考，引发讨论，深化理解，强化创造，形成波澜，酿造课堂教学的高潮。

笔者在此时就设计安排了这样一个“主话题”：议议阿Q这个人。

要求：学生对阿Q这个人发表自己的看法。发表看法时要有课文的依据，最好能说出一点儿道理。为了让学生顺利发言，教师建议学生进行“一句话人物短评”。

议议阿Q这个人，又只需要“一句话人物短评”，这是几乎每一个学生都能做到的事情。课堂上形成了学生发表见解的高潮。他们的发言大致上可以分为三个层次。

第一个层次，是从身份、外貌上对阿Q的直接认识：他是一个上无片瓦，下无寸土，孤苦伶仃地寄住在土谷祠里，只靠给人家打短工来维持生计的人。他是一个社会地位极其低下，经济上一贫如洗的下层劳动人民形象。

第二个层次，是从习惯、性格、命运上对阿Q的进一步认识：他是一个质朴又圆滑、老实又无赖、霸道又卑怯的人。他是一个深受封建正统思想毒害的人。正是封建统治阶级的道德观念，使阿Q误解革命；屈辱的地位和悲惨的处境不能不使阿Q本能地倾向革命，却也决定了他最后要被本不属于下层人民的革命所抛弃。

第三个层次，从精神胜利法，从小说人物的典型性上对阿Q的深入认识：他是一个不敢正视现实，总是用妄自尊大、自欺欺人的方法来麻醉自己的人；他是一个麻木健忘、自轻自贱的人；他是一个畏强凌弱的人。

“议议阿Q这个人”所引起的，实际上是学生对《阿Q正传》的整体性评鉴阅读。学生发言细腻、热烈的程度，课堂上思想火花到处迸发的情景，决非肢解式的分析、答问式的串讲以及学生随意阅读的课堂所能比拟的。教学“主话题”在激发学生积极参与高层次的课中活动、形成课堂教学良好的学习气氛、凝聚学生学习活动板块、科学宏观地体现教学目标等方面表现出了足够的力量。

四、结语：明年春色更迷人

我们知道，围棋追求以最少的棋子占领最大的地盘，如果 361 个点都是空白，那又谈得上什么地盘？“主话题”阅读课堂就是想用最少的最有效的棋子给学生留下一片有意义的天空。

新课程的实施是一个渐进的过程，而我们语文教师目前最大的困难是：如何努力做到在任何一个教育教学环节的背后，都有一个教学设计的理论支撑点——“使用文本，教学生会想、会做，在想中学会，在做中学会”，不照本宣科，而能站在较高文化立意上引领学生学习语言、感受文化魅力，从而达到师生共同和谐、创造性地完成教学的课程理念。“主话题”的课堂给了我们一个科学合理的教学方向，也给了教师更多的考验和要求。

参考文献

[1] 陈玉水.基于核心素养的高中语文阅读思维能力的培养[J].黑河教育，2017(12)：19-20.
[2] 何梦非.“学行相宜”构建语文高效课堂[J].甘肃教育，2016(17)：93.
[3] 智柏明，陈忠诚.纸上得来终觉浅　绝知此事要躬行——浅谈阅读教学中学生主动性的发挥[J].文教资料，2005(36)：157-158.
[4] 李吉林.教育的灵魂：培养学生的创新精神[M].北京：人民教育出版社，2001.

核心素养引领下高中政治单元作业设计初探

——以"探究世界的本质"为例

杭州市萧山区第十高级中学　柳海燕

摘　要：单元作业设计是发展学生核心素养单元教学设计的重要组成部分。基于高中政治核心素养的单元作业设计策略有合理设置单元规划、聚焦单元作业目标、优化单元作业题目、优化作业评价体系四大环节。单元作业强调以真实情境、实际问题作为测试切入点，由"重知识、技能"向"重能力、素养"转变，强调试题的探究性和试题类型的多样性等，全方位测评学生核心素养水平。

关键词：单元作业；学科核心素养；作业优化

作业从来都不是一个"小问题"，它是课程改革中不可或缺的关键领域，与教学、评价有着千丝万缕的联系。对教师而言，"备课—上课（课堂教学）—作业（布置、批改、分析和反馈）"是日常教学必不可少的环节；对学生而言，"预习—上课（课堂学习）—作业（完成和订正）"是日常学习需要完成的基本任务。教师和学生几乎每天都要在作业上花费大量的时间和精力，作业对于教学的作用不言而喻。

近年来，随着中小学生减负进一步受到重视，作业被推上"风口浪尖"，日益受到关注。我们除了要严格控制作业数量和时间，更要重视作业设计，提高作业质量。对于学校和教师来说，该如何提高作业设计质量呢？以单元为基本单位开展作业设计，是提高作业设计质量的一条有效路径。那么，什么是单元作业设计呢？

一、单元作业设计的含义

单元教学设计一般包括单元规划、单元教材教法分析、单元教学目标制定、单元教学活动设计、单元作业设计、单元学习评价建议、单元教学资源设计等环节。可见，当以单元为单位开展教学设计时，也必然要以单元为单位进行作业设计。单元作业设计可以与单元教学目标、教学活动、学习评价等相呼应，使得作业设计更具目标性和整体性，进而促进核心素养的落实。

二、单元作业设计的思路

单元作业设计的价值和意义毋庸置疑，它也正成为学校教师设计作业的一种思路。那么,我们应该如何进行单元作业设计呢?单元作业设计的一般路径如图1所示。

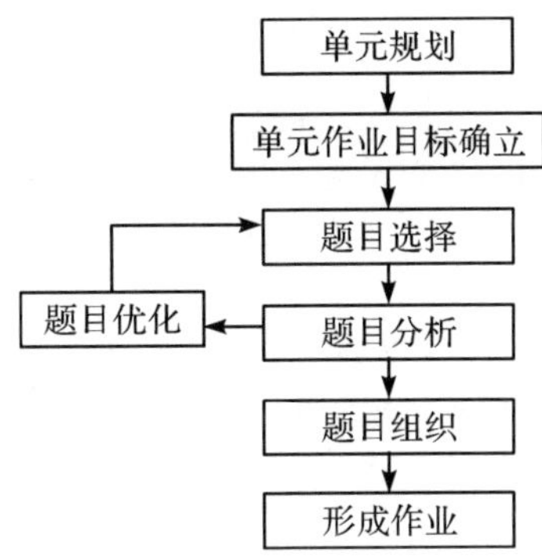

图1 单元作业的设计路径

三、单元作业设计的实施

(一)行针步线,合理设置单元规划

进行单元作业设计,首先要规划单元。单元是基于一定的目标与主题所构成的教材与经验的模块或单位,一般是指同一主题下相对独立且自成体系的内容整体。单元大体可分为教材原本设计的"自然单元"和由某一主题或能力所构成的"重组单元"。据此,规划单元通常有两种方法:一是按照教材的自然单元或自然章节来划定单元;二是将同一主题或能力的相关教学内容重组为一个单元。对教师来说,按照主题或能力进行单元规划难度较大,较为普遍的做法是依据教材的自然单元或章节进行单元规划。因此笔者在进行单元作业设计时,选择了《哲学与文化》第一单元第二课的内容——"探究世界的本质"。

(二)高瞻远瞩,聚焦单元作业目标

作业是教学与评价的桥梁,从某种程度上来说,作业目标反映了教学目标,也是核心素养养成的重要平台。因此在指定单元作业目标时,要坚持核心素养的引领作用,将作业内容与核心素养有机结合起来,同时对作业目标进行合理分解,在其引领下,设计单元学习任务单,以适应不同学生的需求。

1. 核心素养分解目标

结合课程标准对本单元教学内容的要求,规划本单元要落实的核心素养分解目标,具体情况见表1。

表1　核心素养引领下单元作业与课程标准分解表

主要内容	分解目标	核心素养
说明思维和存在的关系问题	正确理解物质和意识的辩证关系，理解意识的本质及其能动作用	科学精神
阐释世界的统一性在于它的物质性，表达无神论的立场	理解自然界和人类社会的物质统一性，意识和物质的物质统一性，全面掌握世界的物质统一性原理，坚定无神论立场	科学精神 政治认同
表明一切从实际出发、实事求是的态度	理解规律的科学内涵及其与物质运动的关系，充分理解尊重客观规律和发挥主观能动性的辩证关系，学会一切从实际出发、实事求是的科学方法论	科学精神 政治认同 公共参与

核心素养与课程标准相融合，在核心素养引领下实施教学，将核心素养具体融入课程标准的各个环节，有利于预期教学目标的实现。

2.作业设计分层目标

高中思政课将学科能力水平分为理解能力、应用能力、创新能力三层，以此为基础，笔者根据不同的学科能力水平对作业做了相应分层，通过不同的题型来呈现，以更好地落实学科素养，具体情况见表2。

表2　单元作业与学科能力水平分层表

作业目标层次	层次目标概述	主要内涵	聚焦素养	能力水平	作业类型
目标1	理解能力	单元基础知识及其内在关系	科学精神	知道与了解	选择、判断类，理解基本知识，厘清知识点间的关系
目标2	应用能力	对重难点进行问题探究	科学精神 政治认同	理解与运用	选择、主观类作业，聚焦核心概念理解
目标3	迁移创新	贯通单元前后内容，教学目标的巩固和发展，知识目标和素养目标的有机一体	整合多种素养目标	综合运用	单元内贯通的综合性作业，引导学生运用所学知识思考现实生活问题，引导学生深度学习

3.单元学习任务单

教师设置单元学习任务单，指明单元学习的整体要求，引导学生主动管理自己的学习行为，使他们学会经常性反馈，监控自己的学习，评估目前的理解水平。"探究世界的本质"主题学习的过程为：初识物质、意识及其能动作用，运动、规律等基本概念→认识物质与意识、物质与运动、规律与主观能动性的关系，以及一切从实际出发、实事求是的要求→阐释世界的统一性，坚定无神论立场；学会一切从实际出发、实事求是的科学方法论，坚定对马克思主义的信仰；等等。每个课时都设置一个需要解决的学习任务，学生通过完成这些任务来展示自己达成教学目标的程度和学习水平，不断发展对知识点从宏观到微观、从孤立到系统的认识能力，并学会用所学知识去分析问题，解决问题，具体情况见表3。

表3 “探究世界的本质”单元学习任务单

课时	学习任务
第1课时	初识物质、意识及其能动作用，运动、规律等基本概念，能掌握知识，完成基础类作业；理解认识物质与意识、物质与运动、规律与主观能动性的关系，以及一切从实际出发、实事求是的要求
第2课时	对物质、意识、规律等重难点知识、核心概念进行有针对性的突破，查漏补缺，让学生进一步加深对知识点的理解
第3课时	阐释世界的统一性，坚定无神论立场；学会一切从实际出发、实事求是的科学方法论，坚定对马克思主义的信仰。能贯通单元内各知识点，完成综合性作业，能用所学知识思考现实问题，实现深度学习

（三）有的放矢，优化单元作业题目

1.设计题目属性统计表，选择、分析题目

围绕单元作业目标，选择相应的作业题目，并结合每一个课时的教学内容，将作业题目合理分配在每一课时中。本单元作业在初始共选择了40道作业题目，并从目标对应、题目难度、题型选择几个方面对每道题进行了属性标志。然后，对题目进行质量分析、比较，最后调整、优化为30道题目，具体情况见表4。

表4 “探究世界的本质”单元作业题目属性情况

不同课时题量		不同目标题量		不同题型题量		预计完成时间
课时	题量	目标	题量	题型	题量	100分钟左右
课时1	9	目标1（基础）	9	判断	5	
课时2	15	目标2（应用）	16	选择	20	
课时3	6	目标3（创新）	5	问答题	3	
				拓展题	2	
				口头背诵记忆	每课时1次	

2.设置分层作业，进一步优化题目

为符合学生的认知规律，满足从低阶到高阶的思维方式，同时，能让不同能力的

学生在作业中体验到成功的喜悦，调动学生的学习积极性，笔者对本单元作业做了以下分层：基础性作业、发展性作业、创新性作业。

基础性作业，如：

(1)物质是具体的物质形态的总和；(2)意识能反作用于客观事物，能直接引起客观事物的变化；(3)地震预警是利用地震横波的传播速度慢于无线电波和计算机网络传播的速度，在地震横波到达之前，把监测到的地震信息通过无线电波或计算机网络提前发出，为人们逃生避险和行业紧急处置预留时间。这表明 ( )

①对自然灾害的正确认识可以减少灾害发生

②意识既能反映当前世界又可以推测未来

③根据规律发生的形式可以很好地利用规律

④要把发挥主观能动性和尊重客观规律结合起来

A. ①② B. ①③ C. ②④ D. ③④

设计意图：对物质、意识、规律等概念有准确的认识，这是每个学生都应完成的任务。

发展性作业，如：

(1)"好雨知时节，当春乃发生"，说的是难得的春季降水，这些自然界的降水、光照、大气等能被人类生产和生活所利用的自然物质和能量统称为气候资源。随着人们对气候规律认识的深化与生态文明实践的进步，气候资源的概念逐步走入大众的视野，被更多的人所了解。这有利于 ( )

①更好地开发利用和保护气候资源，造福人类

②深化我们对气候的认识，使之超越历史条件

③发挥主观能动性，改变我国气候资源分布不均的现状

④在生产生活中落实绿色发展理念，实现人与自然和谐相处

A. ①② B. ①④ C. ②③ D. ③④

(2)2020 年以来，国际形势错综复杂，不确定性因素增加。中国经济面临的压力和挑战加大，面对这一现实状况，中央出台相关政策，提出要加快形成"以国内大循环为主体，国内国际双循环相互促进"的新发展格局：国内大循环为主体，要立足于扩大内需，维护国内的产业链安全与供应链安全；国内国际双循环相互促进，需要通过积极推动新型全球化，推进"一带一路"建设，更好地利用国际国内两个市场、两种资源，实现中国经济更加强劲可持续发展。

结合材料，说明当前我国构建"以国内大循环为主体，国内国际双循环相互促进"新发展格局体现的辩证唯物论道理。

设计意图：发展性作业对学生的能力要求进一步提高，学生不仅要明白各知识点的内涵，同时要明白它们之间的有机联系，并能对知识点进行运用，实现与材料的有机结合，实现核心素养的养成。

创新性作业，具体情况见表 5。

表 5　创新性作业设计思路

课题	哲学问题	作业要求	设计意图
世界的物质性	什么是生，什么是死？	请结合你对马克思主义哲学物质概念的理解，谈谈你对生与死的看法	引导学生运用从具体到抽象的哲学思维方式，在把握物质概念的基础上解释和论证哲学中有关生与死的命题，表达无神论的立场
运动的规律性	发现变易中的不变，意义何在？	请结合课堂上老师提供的“种子的生命轮回的过程”，谈谈我们的生活是否也存在着变易中的不变	引导学生继续思考课堂教师提供的问题情境，理解和感悟规律的内涵，培养学生迁移的学科能力

设计意图：哲学发端于令人困惑的个人问题。“哲学意识可能源自失望或悲惨事件”，“哲学也起始于这样一种情况，即我们不得不做出某种决定，这种决定将会影响我们和他人以后的生活”。学生生活中或多或少会邂逅这些与哲学相关的经历，但可能很少有人会对这些经历进行反思、产生疑问或从未明确地对自己想法提出根本质疑。教师只有引导学生跳出琐碎的日常生活来思考问题和看问题，才能让哲学与他们真正相遇。写作的主要目的是帮助学生学会如何去思考、澄清和论证自己所相信的东西，然后以一种令人信服的方式把它们呈现给其他可能持不同意见的人。通过此类作业，学生应能加深对马克思主义、无神论等的理解，真正实现政治认同，同时提升公共参与的能力，有效实现核心素养的养成。

（四）锦上添花，优化作业评价体系

单元作业的评价，应当是一种全方位、全过程的评价。评价方式采用量化与质性相结合的方式，评价的目的在于了解学生增强了哪些方面的能力，薄弱点在哪里，在于让单元作业成为交流与学习的桥梁，而不是孤立地完成练习。优化单元作业评价，可从以下方面考虑：

（1）评价主体多样化，学生互评与教师评价相结合。学生参与政治作业评价，可通过自批、互批、小组批等形式，发现同学作业的闪光点，同时反思自身不足，从而更好地提升自己。此外，教师作为评价者的地位可以弱化，但不可或缺，教师的评价主要起到引领作用，比如制定评价量变、选择评价方式等。

（2）评价标准多维化，过程性评价和终结性评价相结合。单元作业评价着重评价学生在真实情境中运用学科知识分析问题、解决问题的能力，考查学生整合知识、理论联系实际的能力，反映学生核心素养发展水平，专注学生核心素养的行为表现。在具体操作方面，可采用求同和存异相结合的验证思路，形成有统一标准、无标准答案的评价，给学生充分的思维空间。

“教无定法，贵在得法”，“教者有心，学者得益”。通过基于单元教学的作业设计，学生在作业中获得知识的巩固、能力的提升、素养的养成，提升获得感和成就感，从而树立正确的世界观、人生观和价值观，真正实现立德树人的目标。

参考文献

[1] 中华人民共和国教育部.普通高中政治课程标准(2017年版,2020年修订)[S].北京:人民教育出版社,2020.
[2] 张尚达.指向学科核心素养培育的单元作业设计——以"运用矛盾分析法观察和处理问题"一课教学为例.[J].思想政治课教学,2020(8):41-43.
[3] 戴雯怡.关注学生参与社会生活的实践能力提升的作业设计——以高中政治社会实践型作业为例[J].思想政治课教学,2016(4):91-93.
[4] 刘宏福.指向深度学习的高中思想政治课单元教学设计思路[J].现代教学,2018(6):29-33.
[5] 郑琦峰.设计分层作业　提高教学实效[J].思想政治课教学,2017(5):87-89.

冲破迷雾　找回自己

——高三学生焦虑调适方法探索性研究

杭州市萧山区第十高级中学　吴作武

摘　要：高考，四分考实力，六分考心理。高三学生心理调适成功与否，将会直接影响到考试成绩乃至高考是否录取。

关键词：高三学生；焦虑；心理调节

在我国现行高考制度下，学生一旦进入高三，便万众瞩目，许多高三学生出现了不同程度的焦虑症状。

学生A：我常常瞪着眼看题目半天都没有将题目看进去，有时会想到快要毕业考试了，还有许多题目未做，根本没心思做题，我也不知道该将脑子用在什么地方。

许多学生会“心不在马”，赛马前和赛马中，不好好照顾赛马，不精心比赛，却一心想着比赛的结果以及其他的事情，可想而知比赛的结果肯定不会好。如果比赛前精心喂马，比赛中心无杂念，专心比赛，那么一定能取得好的成绩。过程如果美好，结果一定灿烂。

学生B：我很在乎考试成绩，长期处于落后的位置，内心非常难受。每天都静静地发呆，不知在想些什么，因为空虚，我连觉都睡不好，上课也没精神。我也不知道自己怎么突然间变得如此内向、忧郁，以前的开朗、单纯不知都到了哪里，我也不再是我，明明很年轻却总是显得沉重的样子。

不在乎成绩的人恐怕没有，处于落后不难过的人恐怕也没有。成绩落后并不可怕，可怕的是因长期的落后使自己失去了进取的斗志，连自己也适应了落后的状态。只要你想好起来并为之努力，每天只要多做那么一点点，长期坚持，你想不好都很困难！一个想做事并认真做事的人，是没有多少时间去发呆的，一个忙碌的人是没有时间空虚的。所以高三学生应以良好的心态和科学的方法进行心理调适。

一、摒弃杂念，减轻心累

高三学生作为一个特殊的群体，是学校各项工作关注的重点。因为巨大的学习压力、考试压力，高三学生往往成为高中生中的高危人群。经过调查，我们发现高三学生存在如下问题：在学习动力方面，缺乏合理的学习计划，把上大学作为学习的唯一目标;在人际沟通方面,很少主动与人交往,不能很好地与父母坦诚交流,不知如何与异性相处;在自我意识方面,不善于自我表现,有自卑倾向,不能控制自己的情绪;在生活调适方面,觉得生活灰暗,迷恋网络中的虚拟社会;在应对方式方面,不能采取直接行动解决困难,不习惯制订一个行为计划,有情感冲突不会向人倾诉,早恋;等等。这些问题既困扰着学生、家庭,也同样困扰着学校的教师。

高三阶段的同学普遍反映,一进入高三就“想得多”,远没有高一、高二时单纯。许多同学感到累,并非全是学业负担造成的,而往往是想得过多造成的。如,无端的猜想,不必要的担忧,情感的困扰,学习成绩的升降,等等,诸多“烦心事”萦绕在心头,缠得自己心里像一团乱麻,逐渐结成一个个的心结,把自己困在其中难以自拔。有时候,有的同学出于良好的道德和愿望,为自己背上了种种精神“债务”——良心债、道德债、期望债、成就债等等。这些繁杂而又纠缠不清的东西,使得他们常常产生愧疚感、挫败感、自卑感,无形中添加了心理的负担,造成较大的心理压力,严重影响了学习,影响了身心的健康发展。因此,必须剔除烦心事这些“杂草”,甩掉无端的精神包袱,还心灵一片宁静和纯净,给精神一分轻松和活力。其实,仔细推究一下,这些心理的负重全是“人为”为自己添加的,从意义的角度来探讨的话,它们都是遮蔽双眼的浮云,束缚手脚的羁绊。只有摒弃和清理,只有甩开和回避,才能让年轻的心灵在自由的蓝天飞翔。

二、放开定位,直面现实

有个年轻人在城市工作,父母生活在偏僻的山村。一天,年轻人接到电报,上面写着:父病危,速回。他看了电报以后,马上买票向家中赶去。当他到达距离山村两千米的镇上时,已经是晚上,无车回村了。

那天晚上,阴云密布,暗无星月。为了能和父亲见最后一面,他决定还是赶夜路回家。他深一脚浅一脚走在崎岖的山路上,忽然,脚下一滑,整个人迅速向下滚落,他拼命用双手乱抓。

下落中,他终于抓住了一丛灌木,吊在半空中,大喊“救命”。不知过了多长时间,终于听到一个老人的声音,他急忙叫道:“大爷,救我。”

老人问他:“你相信我能救你吗?”

“我相信您!”他像抓住最后一根救命稻草。

“如果你相信我,那就把手松开吧。”

……

老人走了,他继续吊在那里。最后,他终于撑不住,滚落下来。摔到地上的时候,他并没有感到特别疼痛,摸摸自己还好好的,他放松了下来。但他也不敢再走夜路了,万一再摔下去怎么办?

天渐渐亮了,他抬头看看那丛“救命”的灌木,原来它离地面只两米多高。当他吊在那里的时候,脚也不过离地两尺而已。

故事对我们有什么启示？现在有些高三学生的心态和这个年轻人吊在半空时的心态是何等相似，他们感觉自己的心悬在半空之中，上不去，下不来，天天如惊弓之鸟。

与其吊在半空深受折磨，不如干脆放手，将自己置于“死地”。因为有时，置于死地，才能“后生”。笔者这里讲的置于死地，是指对高考的期望值不要太高，不要老想着一定要考什么学校。

有些高三学生会产生考试焦虑，是因为他们在考试时总是抱着很大的期望，期望与现实的距离越大，焦虑的症状也就越明显，考试的时候也就越难发挥出自己的真实水平。如果每次考试，考生都能抱着“必死”的信念，有一种“我不入地狱谁入地狱”的气魄，紧张、焦虑定被吓得魂飞魄散，此时反而能超常发挥。

如果说整个高中阶段是一条河流，那么，高一、高二则是一条条潺潺的小溪，到高三就汇聚成了奔腾湍急的大河。有的同学认为，进入高三，就是进入了另一个时代，而且常常冠以黑色二字。其实，黑色并非高三的颜色，而是心理的颜色。如果把高中阶段的学习生活放到人生的整个过程中来看，它不过是很平常、很自然、很合乎情理的一个有机组成部分，只不过是整个流程中的一段，而高三仅是这一段的一部分。之所以感到紧张、压抑、神秘与可怕，全是因为这一部分是具有决定意义的。从心理感觉的角度来讲，如果把这一部分先入为主的心理颜色除掉，将其平移到学习生活的任一环节，使其临界状态消失或淡化，那么，由此而造成的压力就会得到减缓，从而就会使我们能够清醒而理智地认识和对待高三生活。换个角度来说，生命的过程总是有松有紧、有缓有急的。学习也是这样，高三阶段有些紧张气氛也是必然的、正常的，是不容回避的。承认这种合理性，就等于为自己提供了较为宽松的心理空间。既然如此，那么，与其惶恐不安倒不如坦然面对，与其胡乱猜测，反不如知难而上。

三、心态积极，坦然处之

从前，有两位品学兼优的秀才一同进京赶考，路上碰到一支出殡的队伍。其中一个秀才心里一惊，想：坏了！我今天真不走运，考试的路上碰到棺材，预示着考试不会顺利。后来，他一路走一路在想棺材的事，一直到考场都无法集中精力，结果文思枯竭，名落孙山。

另外一个秀才一开始也是心里一惊，但转念一想：棺材、棺材，这不是升“官”发“财”吗？他觉得这是一个好兆头，预示着他会马到成功。后来他果然在考场上文思泉涌，金榜题名。

故事说明了什么？它说明，同样的境遇出现不同的结果，心态的力量不容忽视。无论是在学习还是生活中，若能够经常保持一种积极的心态，成功迟早会降临到你身边。任何人，一生的成长道路都不会是一条笔直的康庄大道，当我们在前进的道路上遇到艰难险阻时，只要以一种积极的心态去勇敢面对它，胜利的曙光一定会照亮你前进的道路。

对于进入高三的学生来说,所谓"有备",就是既要有行动和方法的准备,又要有精神和心理的准备。行动和方法的准备是比较容易的,只要我们尊重现实,遵循规律,细心观察,科学对待,就能够相对较为充分地解决问题。而精神和心理的准备则需要一种理性的判断和科学的分析。具体来说,就是要在尊重客观现实的基础上,清楚地认识自己各方面的状况,比如,我现在想做什么,我能做到什么,我有哪些优势,我存在哪些弱点,等等。这些,包括与此类似的问题作为一种清醒的自我认识就是必要的精神和心理准备。有了这样的准备,就能让自己进入一种比较理想的心理状态。而"坦然处之"则能够训练并显示一种面对紧张复杂状况做到雷打不动、风雨不惊的心理定力。要充分认识到,该来的一定会来,稳住阵脚才能应对可能出现的一切问题,摆出"兵来将挡,水来土掩"的架势,就能坦然迎接即将到来的各种挑战。

四、科学训练,心理疏导

寻找并设计适合学生情绪需求的拓展项目是研究工作的第一项任务。为此,我们围绕强化心理疏导目标,参考了社会培训机构的基础材料,结合学校的硬件设施情况,从实用性、有效性入手,设计出一套科学的训练项目。

(1)设计多种训练项目。在研究中,我们结合社会培训机构的素质拓展训练项目(见表1),从中选取励志、缓压、增效三种类型的活动。结合学校的实际情况,充分考虑安全因素、场地因素、时间因素、教练因素以及学生体能因素,改进、设计了22项校园活动。我们在该系统中的所有活动都是要求学生亲身参与的,融趣味性、思考性于一体。活动设施简单,活动时间可控性强,活动场地要求低,活动规模可大可小,既不用大量耗费学校的经费,也不会牵制教师的精力。

表1 体验式项目汇总

项目 \ 性质	自我挑战	高效沟通	团结协作	感恩奉献	创新发展	竞争合作	管理艺术
空中单杠	√						
高空断桥	√						
团队桥	√		√	√			
天梯		√		√			
信任背摔			√	√			
信任之旅		√	√	√			
七巧板			√		√	√	√
盲屋		√	√				√
鳄鱼潭		√	√		√	√	√

续　表

性质 项目	自我挑战	高效沟通	团结协作	感恩奉献	创新发展	竞争合作	管理艺术
盲人方阵		√	√				√
盲人摸号		√					
求生墙			√	√			

(2)组建特色训练模块。素质拓展训练项目具有较强的针对性,进行有效的组合不仅能强化活动效果,而且便于开展各种规模的活动。比如,在实践的基础上,我们设立了三种模块:励志项目——信任桥、绳网、感恩的心、高台演讲、有轨电车、罐头鞋、盲人方阵;缓压项目——协力前进、信任之旅、坐地起立、偷天陷阱、人椅、雷阵、四足蜈蚣、水果蹲;增效项目——驿站传书、不倒森林、相依为命、卧式传递、卓越圈、电网。每一个模块的项目在选择上既可以单独实施,也可以集中操作;在时间安排上,既可以是一整天,也可以是一节课;在人员组成上,既可以把年段作为一个单位,也可以把班级作为一个单位,甚至可以把单独的人作为一个单位。如此一来,保证了活动的系统性、灵活性和针对性。

(3)强化心理引导目标。活动效果的体现在于心理调适。我们认为心理调适的最好方法是引导学生自我感悟。为此,我们把活动时间分成三部分:第一部分是预热时间,第二部分是活动时间,第三部分是活动的体会分享时间。三者的比例是2∶3∶5,保证学生有足够的时间对活动过程进行感悟,并在感悟中深化认识,得到成长。为了保证活动的效果,我们在每一个活动项目中都设计了活动目的,指导教练引导活动的感悟方向,如"驿站传书"项目中,我们设计了七个感悟内容:①沟通的方式和必要性;②突破思维定式充分利用规则;③学习的重要性及经验传递的重要性;④信息共享及反馈的重要性;⑤提升同学们各方面的信息传递和接收时候的反馈能力;⑥体验双向沟通和深度沟通;⑦提升对沟通方法的认识。

五、心理调适,促进成长

活动课程化能科学延续活动的生命力,能增强教师的教学水平,能有效规范学生的活动行为。结合新课程改革,结合选修课建设,将是本课题的最大助力。

(1)建立课程体系。在不断实践的基础上,我们编定了《××中学高三年段励志、缓压、增效体验式活动模块系统》教材,将其纳入综合实践课程体系中社会实践模块下的生存体验项目,占2个学分。对课程内容、范围、时间、衔接、评价进行了规定。如,从内容上分成三部分——励志、缓压、增效,每项活动包括三部分——团队破冰与组队、活动项目落实、活动感悟分享。从范围上划分为年段全体参与、班级全体参与、特殊人群参与三部分。在课程时间上,每项活动从整队集合到活动结束,控制在40分钟时间内。在课程选择上由各班班主任负责调控,各班班主任依据班级的实际情况进行选择，如班级学习氛围十分紧张，需要适度放松时，可选择缓压类活动；班级氛围不够紧张，需要鼓励加油时，可选择励志类活动项目；班级学习处于瓶颈期时，可选择增效类活动项目。在课程衔接上安排如下：班主任选择→教练团队反馈→互相确定→活动实施→班主任对活动效果进行反馈。在活动反馈上，以学生的自我评价为主，注重体验效果的评价。

(2)完善保障机制。活动保障是我们研究的另外一个重点，包括硬件保障、时间保障、经费保障、人员保障等。在硬件上，我们充分利用现有的体育设施，在保障安全的前提下，对其功能进行适当改变，如爬杆场地挂上绳网就变成了绳网场地，计时台拉上写满口号的横幅就变成高台演讲场地，等等。在时间上，充分利用班团课、活动课和部分自修课。在经费上，以硬件投入为主，在保证安全的前提下，自制部分器材。总计投入约 12000 元。在人员上，充分发挥心理老师和体育老师的作用。活动以一正一副进行配置，如在拓展活动中以体育老师为正、心理老师为副，在体验感悟中以心理老师为正、体育老师为副。

(3)促进师生成长。在学校的强势推进下，目前共有 10 位教师成为该项目的教练。其中 8 位是体育教师，我们利用节假日组织体育教师参加了社会培训机构开设的“拓展训练师”的培训辅导，并获得初步资格。外聘专职培训师来校做兼职辅导。组织了 2 位教师参加“职业核心能力素养”培训课程，并获得认证。同时加强心理教师同体育教师的协调交流，以心理教师的心理调适要求开展教学。如，根据心理咨询室的资料数据统计，2019 届高三学生来心理咨询室进行辅导的是 27 人次，远远低于高二年段 99 人次；对比 2018 届高三 68 人次，2019 届高三有明显下降。从学校违纪情况来看，2019 届高三违纪受处分为 4 起(早恋 1 起，打架 1 起，私自外出上网 2 起)，远远低于高二年段 11 起(打架 4 起，外出上网 3 起，作弊 2 起，师生冲突 2 起)；对比 2018 届高三 9 起(破坏公物 2 起，打架 3 起，早恋 4 起)有明显下降。从高三年段高考成绩看，2019 届完成率为 109.6%，2018 届完成率为 103.4%，提高了 6.2 个百分点。从班主任对班级的管理情况看，2019 届高三年段班主任晚间查寝到位率为 27%，2018 届晚间查寝到位率为 65%，2019 届班主任工作比 2018 届轻松。所以，从心理咨询情况、违纪情况、高考任务完成情况、班主任管理情况来看，施行素质拓展训练要远远好于不施行素质拓展训练。

六、内心感悟，促进活动

经过一年时间的实施，我们对开展的工作进行了总结反思，并把反思上升到经验，进一步完善我们的“××中学高三年段励志、缓压、增效体验式活动模块系统”课程，以更好地指导我们的实践工作。

(1)体验式的拓展训练策略能有效调适高三学生的心理状况。心理问题最好的解决办法是由内而外，我们的拓展训练体系，正是侧重于学生的内心感悟。素质拓展训练很好地实践了“以活动促发展”的理念，让学生在活动后进行反思，把“活动体验”上升到“生活经验”,进而掌握有效的自我调适的方法。比如:断桥这个项目就是旨在培养高三学生心理抗干扰的能力。如果高三学生有一颗平常心,把高空项目的干扰因素排除在脑海之外,就会轻而易举地完成这个项目。因此,拓展训练注重对心理素质的训练,是对传统教育的一个重要补充。

(2)体验式的拓展训练项目有助于高三学生励志、减压、增效。建立该体系可有效避免以往素质拓展活动中的无序性。特别是推出了菜单化、课程化的训练模块后,能更好地结合学生的实际需求,有计划、有步骤地推出具体的活动。把活动纳入新课程改革的选修课体系中,进一步保障了活动开展的“合法性”。“参加的是一次训练,影响的是你的一生。”如,2020 年 4 月 22 日、23 日、30 日,萧山十中高三学生在北干山基地进行了以考前减压登山励志为主题的拓展训练活动。

(3)体验式的拓展训练内容的不断延伸符合学生的心理需求。“以活动促发展”理念的最大问题是学生对活动项目的“审美疲劳”。因此,必须不断地对活动项目进行延伸改进,不断推出符合学生需求的项目,让学生带着新奇感进入活动预设的情境中,从而更好地体现活动的效果。目前,我们认为,在素质拓展项目中应尽量多地融入心理学游戏或带有心理因素的活动项目,这样能使活动更具针对性。

如,“老师,我们今天的对手是谁?”

“老师,今天的游戏项目是什么?”

“我们今天大冒险惩罚中有几张免死金牌?”

不会吧?这听着好像是学生在约老师玩现在流行的“真心话和大冒险游戏”?

恭喜您,答对了!

这段时间以来,“大冒险”这个游戏成了我们班周末放学前的保留节目。每到周末,我们班的学生总会按捺不住地找我打听一下游戏环节。

在玩拓展游戏过程中,学生于潜移默化中接受集体主义教育。拓展训练通过开展系列团队活动项目,使每个学生全身心地投入,更加融洽地与别人合作,甘做人梯,为别人创造一切便利的条件,共同体验成功的快乐,使广大学生在不知不觉中经受了团队精神的洗礼,使受训学生深刻认识到:一个人再有本领也需要别人的帮助,在一个团结协作、互助友爱的集体中,个人的力量才有可能得到更充分的发挥,团结的力量可以战胜一切困难。

陪学生玩拓展游戏的过程中,我也收获了不少快乐和感动,更收获了学生的纯真可爱。现在的我管理班级轻松了不少,也许其他班主任也可以尝试一下。

七、张弛有度,心中有数

著名心理学家王极盛教授曾对 280 名考生进行了考前心态抽样调查。调查表明,考生对高考信心不足的占 77.1%,怕考不好使父母失望的占 90.4%,怕考不好影响自己前途的占 77.1%,而总觉得考试准备不足的占 86.4%,担心心态差考不好的占 63.6%。

由于不少考生对高考及其后果过于担忧和对高考信心不足，目前不少考生生理状态与心理状态不佳。上述有关考生的问题，女生多于男生。

考生心态不佳，必然影响其考试时的智力发挥，最终影响到他们考试的结果。该调查表明，考生在高考前一模或二模考试思维不流畅的已经占到了78.6%，其中轻度占43.9%，中度占23.6%，偏重占8.2%，严重占2.9%。

愈是临近高考，心态调节越重要，越关键。调节好心态是高考成功的一半。高考信心是建立在高考实力的基础之上的，高考临近，考生特别要注意把基础打牢，把课本的最基础知识掌握好，把运用知识解决问题的能力强化好，把自己考试的技巧和策略总结好，做到心中有数，既有实力也有策略，还有技巧。

意识和心理状态能够支配行动，同样，行动也能影响意识和心理状态。比如，高三阶段的特点是任务重，问题多，节奏快，处理不当就会造成心理"堵车"的状况。如果把学习生活进行程序化处理，将繁杂的生活"均匀"分割，创造缓急有致的节奏感，不仅可以提高学习的效率，而且也是心理调节的有效手段。当生活进入一种科学规划的有序状态时，心理的紧张状况就会得到有效的缓解，就像湍急的瀑布逐渐演变成潺潺的小溪，心理也会以软着陆的方式平缓地适应高三阶段的生活。在具体操作上，就是要把学习任务目标化，学习过程程序化，学习手段简约化，学习时间阶段化。这种操作方式能使自己"心中有数"，因而学习活动就能按部就班，心理状态上也就"气定神闲"。

总之，心理学研究表明，一个人的动机水平和作业绩效成倒"U"形关系，动机水平过强和过弱都不利于个人能力的发挥。高三，是段特殊的岁月，也是对生命和心理的考验和锻炼的时节。愿每一个高三同学都能清醒地面对现实，认识自我，把握自我，为自己创造一个美好的前程。愿每一个高三同学都能积极奋发，勇而有为，拥有一个健康的心理，创造一片色彩绚丽的精神天空。

参考文献

[1] 李镇西.走进心灵——民主教育手记[M].成都：四川少年儿童出版社，2019.
[2] 张万祥.给年轻班主任的建议[M].上海：华东师范大学出版社，2020.
[3] 钟志农.心理辅导活动课操作实务[M].宁波：宁波出版社，2020.

实践影响深度　活动决定方向

——探析综合实践活动主题确定课

杭州市萧山区第十高级中学　吴作武

摘　要:综合实践活动课堂教学大致分为主题确定课、行动指导课和汇报交流课等几种类型,主题确定课是综合实践活动的第一步,也是非常关键的一步。高中综合实践活动的主题确定课是指在学生了解了综合实践活动课程的性质、内容和实施方法后,给学生营造问题氛围,指导学生根据自身生活情境、生活经历和生活经验发现自己感兴趣的问题,然后通过讨论、交流确定研究主题。

关键词:综合实践;活动主题;课堂

综合实践活动实施的基本形式是主题活动。综合实践活动实施一般包括确立活动主题、制订活动方案、活动具体实施、总结交流评价等基本环节。主题确定课对于培养学生的问题意识,提高学生发现问题、提出问题的能力有着重要意义。那么应该如何来设计、开展综合实践活动主题确定课的教学呢?

一、提出问题

爱因斯坦曾说过:"提出(发现)一个问题往往比解决一个问题更为重要,因为解决一个问题也许只是一个数学上或实验上的技巧问题。而提出新的问题、新的可能性,从新的角度看旧问题,却需要创造性的想象力,而且标志着科学的真正进步。"而我们的教育只能培养出会"解题"的人,而培养不出会"质疑即提出问题"的人。这是因为问题都在教师那里,长此以往,学生就没问题了。学习就成了教师提供问题、学生只要解题的过程。

主题的选择和确定在综合实践活动中是非常重要的一个环节。俗话说"好的开始是成功的一半"。主题确定课是一个主题活动的起始阶段,主题是否有意义、是否真正为学生所喜爱,决定了学生的投入程度,决定了活动能否顺利实施。如果主题选得好,学生的参与热情就会空前高涨,后续活动开展起来就顺利,活动将会收到事半功倍的效果;如果主题选得不好,活动的效果就会受到影响,而且还有可能使学生对这门课程失去兴趣。

（一）培养学生养成问题的意识

要引导学生提出问题，需要教师精心创设一定的问题情境，营造一种问题环境和土壤，才能激起学生的问题欲和探究欲。这种问题情境，可以是真实的生活情境，如带领学生到实地去参观、感受和体验，从中发现问题、提出问题；可以是创设的虚拟情境，如给学生放映一段音像资料、提供一个新闻报道、表演一个现实事例等。如在“饮食与健康”这一活动的主题确定课的情境创设中，我在与学生进行了课前交流后，通过大屏幕出示了一幅“德克士”的店面图，一下子激发了学生的兴趣，因为在我们这个市区，“德克士”是唯一的“洋快餐”店，多数学生为能到此就餐而欣喜不已。笔者抓住学生的兴奋劲，适时抛出了一系列问题，如“你喜欢这个地方吗？”“在这里你都吃过哪些食品？”学生一一回答后，我话题一转：“那么，在我们享受美味的时候，有没有想过：如果经常吃这些洋快餐会对我们身体有什么影响吗？”除了个别学生表示了解一点危害外，大多数学生表示没有想过。当我播放了一段关于专家谈“洋快餐的危害”的视频后，学生都为“如果经常吃洋快餐会给身体造成巨大的危害”这一结论而震惊不已，甚至有学生说“我再也不吃洋快餐了”，从而很顺利地引出了“饮食与健康”这一活动主题，为下一步的活动打好了基础。

也正如美国著名学者布鲁巴克所说：“最精湛的教学艺术，遵循的最高准则就是让学生自己提问题。”

（二）帮助学生确定活动主题

1. 提出问题

在这个环节中，学生结合生活实际，自由提出问题，但学生提出的问题大多处于“原始状态”，问题多、杂、乱，不成系统，有些问题过于简单，有些问题过于深奥或不具备研究的条件。如在确立了“饮食与健康”这一活动主题后，问“围绕这个主题，你们有哪些问题呢？”学生们纷纷提出自己的疑问，但内容广而杂。这时，教师一定要创设一个民主平等、宽松和谐的氛围，要学会倾听，要保护学生的自尊心、积极性，要不断地肯定学生，给予学生充分的鼓励，给学生提出问题的勇气，为下个环节组内提出更多更有价值的问题奠基。

2. 归纳整理

学生提出的问题五花八门，有的难、有的易、有的大、有的小，涉及各个方面、各个层次，教师要引导学生对提出的问题进行分析整理。这个环节主要进行小组讨论，要求以小组为单位，根据大家刚才的发言，结合生活实际进行归纳整理，提出适合研究的问题，最后全班共同整理出主课题下的子课题。

如笔者在“饮食与健康”活动进行到这一环节时，根据小组的交流进行板书，将每个小组的不同问题罗列在黑板上，然后进一步启发学生“为了将这些问题变为具有研究价值的小主题应该怎么办？”学生很自然地会想到要把同类的进行合并，并进一步归纳出粮食的研究、水果的研究、蔬菜的研究和鱼肉蛋奶的研究四个小主题。这一环节是主题确定课的核心，在师生交流碰撞的基础上，学生学会了将生活问题转化为研究课题的方法。

二、确定主题

综合实践活动主题确定课的教学，可分为两个阶段和六个主要环节。

（一）提出问题阶段

综合实践活动是面向学生生活领域的课程，其课程内容来源于学生的生活，来源于学生在生活中发现的问题，学生从生活中自主地提出问题，并由问题上升到活动主题。这一阶段的主要教学环节如下。

1. 创设情境

通过创设问题情境，创造出学生活动所需要的氛围，最大限度地激发学生的问题意识，调动学生探索真知的欲望。如，在“走进民工”主题活动的主题确定课的情境创设中，有位教师给学生播放了2008年春晚《农民工之歌》的MV，那别样的旋律，朴实无华又气韵饱满的歌词，全方位扫描了农民工的生活、工作，蕴藏着农民工创业的历程和心路的历程，唱出了农民工的心声和理想，浸透了农民工的精神，很有感染力。那发自内心的声音，那一往无前的气势，使学生听得入了神。成功地利用《农民工之歌》这样快慰人心的作品激起了学生对农民工的内心情感，也打开了同学们发现问题、提出问题的思路。

2. 引出问题

让学生置身于创设的问题情境里，从中发现并提出自己感兴趣的问题。在这个环节中，教师要创设一个民主平等、宽松和谐的学习氛围，要学会倾听，要保护学生的自尊心、积极性，要不断地肯定学生，给予学生充分的鼓励，给学生提出问题的勇气；教师要注意进行必要的引导，可以采用发散思维、头脑风暴等方法，尽量让学生提出一些有价值、有一定深度的问题。

（二）确定主题阶段

教师要引导学生进行讨论，对提出的问题进行分析、筛选、归纳、论证，并转化为活动主题。这一阶段的主要教学环节如下。

1. 归纳整理

教师要引导学生对提出的问题进行分析整理。对这些问题进行分析的过程，也是引导学生再次思考提出问题的过程。对提出的问题进行梳理，把内涵大体相同或互相包含的问题归类，进而在同一个主题下归纳整理成几个小组活动主题。如在

“走进民工”主题活动的主题确定课中，可以把有关农民工日常生活开支、饮食、住、行等问题归纳为民工生活状况；把有关农民工一天工作几小时、做些什么工作、拿不拿得到加班补贴等问题归纳为民工的工作现状；把有关农民工子女留守与跟随、在城里入学、学习成绩、心理健康、经济条件等问题归纳为农民工子女情况；把有关企业是否存在克扣、拖欠农民工报酬，是否对农民工进行培训，是否关心农民工，有没有给农民工买保险等问题归纳为企业是如何对待农民工的。

2. 讨论形成

引导学生对这几个小组活动主题逐个进行价值判断和可行性分析。如，我对活动主题中的问题感兴趣吗？我的知识和能力能胜任活动主题中的课题吗？这个课题有没有实用价值？这个课题别人做过没有，如果别人做过，那么我们再做时有没有创新？我们能否从校内或者校外找到能指导我们研究这个课题的老师？哪些同学能够成为我的研究伙伴，这些同学在哪些方面与我的兴趣爱好相同，他们有哪些长处能弥补我的不足？……探讨哪些问题具有研究价值，哪些问题没有研究意义，哪些问题我们有能力有条件研究，哪些问题缺乏研究条件。通过讨论最终确定可供选择的切实可行的小组活动主题。

3. 主题表述

确定了小组活动主题后，要给这个主题活动取个名字，即活动主题确定以后，主题该如何表述呢？主题表述的主要依据是学生归纳整理后的问题，看这些问题围绕着什么。它要求高度概括活动的内容，能传递这一主题活动的主要信息。主题表述可以直接采用以活动涉及的对象为主题的名称，如“我与民工子女比童年”“和零花钱做好朋友”等。也可以以主要活动、主要问题、在活动中的主要体验、主要空间为主题名称，如“农民工文化生活调查”“农民工生病了怎么办”“我是家乡小导游”“走进农民工家庭”等。无论采用哪种主题表述的方式，一个好的主题名称的表述应该是简洁、清晰、完整、准确、概括性强的。主题名称的表述应该有一些综合性，便于学生在这一主题下开展各种类型的活动。

4. 落实主题

主题确定课的最后环节就是让学生根据自身兴趣、爱好，自主选择活动主题，志趣相投的同学组成活动小组。在这一环节中教师要把选择权交给学生，让学生根据自己的兴趣爱好自主选择活动主题，使每一个学生都能发挥其特长，最大限度地激发其积极性；否则，主题千千万，兑现一点点。

如在“饮食与健康”活动中，笔者是这样设计的：“在大家的共同努力下我们提炼了这几个子课题，”教师一边说一边标序号，“桌上的序号牌对应着相应的子课题，请选择一个你最感兴趣的课题，按照这些课题的序号重新坐好，组成新的研究小组，并推出小组长，看哪个小组做得又快又静！”学生很快自由选择感兴趣的课题并迅速坐好。

“教学有法，但无定法，贵在得法。”综合实践活动主题确定课同样没有固定的教学模式，只要把握好这种课型的教学目的和任务、教学环节、教学策略，根据不同的校情和学情灵活应用，在实践中不断创新，就能取得很好的教学效果，达到预期的课程目标要求。

三、操作策略

（一）规划与生成相结合

“零散的知识形不成智慧。”“综合实践活动课程只有像学科课程那样具有连续性、整体性，在教育上才是有意义的。”因此，综合实践活动的课程内容即活动主题，学校必须进行整体的规划，使活动主题从“无序”走向“有序”，形成较完整的综合实践活动课程内容体系。

学校在安排综合实践活动课程内容时，应该按探索自然、亲近社会和发展自我这三个维度，相对均衡地选择符合学校特点的主题，并由教师和学生在某一个主题之下，确定并开展若干个相关活动。

1.“大主题”的内涵

由上述认识，我们把学校整体规划的综合实践活动课程内容中预设的主题称为“大主题”，即课程内容框架“维度—主题—活动”中的“主题”。“大主题”的内涵实质是活动的范围。在学校整体规划预设的主题下，主题确定课中生成的、确定的各学生小组活动主题称为“小主题”，即课程内容框架“维度—主题—活动”中的“活动”。“小主题”才是学生围绕着它具体展开实践活动的主题。

2.“大主题”的依据

“大主题”选择的依据是学校自身的文化特点、传统优势以及社区环境资源、学生的成长需求。“大主题”的选择，既要考虑当地的资源和学生的兴趣，也要尽可能全面涉及综合实践活动课程的四大领域，考虑自我、自然、社会等活动领域间的平衡和综合。同时还应考虑在学生发展的某个阶段进行某种主题活动的“适切性”，了解同类主题活动在不同年段出现究竟有何区别，它们在目标上是否达到了纲要目标的要求，活动的组织是否根据学生年龄的增长而不断地递进深化，等等。

3.“大主题”的分解

“大主题”规划，“小主题”生成。这种方式能较好地体现学生的自主性与教师的指导性。“大主题”相同可以保证学生具有共同的活动基础，便于学生间相互交流，便于教师的指导。在“大主题”下，再由之分解出若干下一级活动的主题，即“小主题”。以“小主题”确保学生自主选择和生成自己活动主题的空间。学生可在大主题下开展自己感兴趣的主题活动，并在共同感兴趣的基础上进行分组活动。这就需要我们在设置活动主题时考虑整体与个体的问题，考虑大是非与小要求的关系。比如设置主题时，我们既要联系学生的年龄特征和好奇心，设置“不合群怎么办?”“早恋与友谊”“高中学业规划”等切合目前生活的小主题，也要设置人生理想、国家民族、男人女人等贯穿他们一生的大主题。

(二)课内与课外相结合

在主题确定课的课堂教学中，经常会出现学生提不出问题的冷场现象。要让学生有“问题”可说，最好的办法就是在主题确定课之前，教师要引导学生通过各种渠道比较全面地去了解与主题相关的背景资料。如有位教师在上“走进民工”这个主题活动主题确定课前，就布置学生进行了一次实践活动，让学生到民工中去，观察身边民工的生活和工作，与民工进行交流。随后，教师在主题确定课上让学生汇报自己的发现，学生在实践情境中发现了许多问题，在课内就有许许多多、方方面面的问题要说了。如农民工子女在城里就读情况，农民工有没有购买养老保险，农民工工资收入如何，农民工工作之余的主要休闲方式是什么，农民工生病时一般如何处理，企业是否存在克扣、拖欠农民工报酬的情况，农民工与单位是否签订了劳动合同或协议了，农民工拿不拿得到加班补贴，有没有给农民工购买养老保险、医疗保险、失业保险、工伤保险，农民工为城市建设、发展做出了哪些贡献，政府、社区、学校是如何关心民工子女的，农民工是否在学习，农民工对城市生活感觉如何，农民工外出务工经商的主要目的是什么，农民工一般居住在什么地方，城市人对农民工有哪些看法，农民工能否得到工伤补偿，农民工能不能带薪休假，农民工有没有享受住房补贴和住房公积金，农民女职工能否享受带薪休产假制度，企业对农民工进行了哪些培训，萧山区的农民工主要是从哪里来的等问题。主题确定课需要将课内延伸到课外，课前去“实践活动”一下，引导学生在课外深入生活去思考，认真观察自然、社会和人类，拓展问题来源，激发学生的思维，打开提出问题的思路，从平时的观察、调查等实践中发现问题，寻找有价值的研究问题。

(三)引导与指导相结合

在主题确定课的课堂教学中，教师应根据活动的目标来创设情境，引导学生沿着活动目标方向来提出问题，开展活动。教师不能为了“情境”而创设情境，教师必须明确主题活动的内在价值和活动目标，才能创设好情境，激发起学生活动的兴趣和欲望。如，“做好驾驭零花钱的小主人”主题活动的价值在于：随着我国人民经济状况的好转，学生口袋中的零花钱越来越多，如果零花钱处置不当，会带来许多不良行为习惯，如打电子游戏、上网吧甚至赌博等，会使一些学生从小养成追求享受、铺张浪费的不良品质。因此，“做好驾驭零花钱的小主人”主题活动的一个重要目标就是使学生通过活动认识到零花钱使用不当造成的危害，感受父母工作的辛苦，从而增强合理使用零花钱的意识，进而养成勤俭节约、关心贫困人群等良好生活习惯和道德品质。“做好驾驭零花钱的小主人”主题确定课的情境创设，教师要用一些零花钱使用不当造成危害的典型案例，劳动人民、父母辛苦工作的事例，还有许许多多贫困人群的生活现状，让学生意识到这个主题活动的价值意义，激发起学生参与活动的兴趣和欲望，引导学生从这些角度去思考、提出问题，确定主题，开展活动。

在主题确定课的课堂教学中，教师的引导语非常重要，好的引导语能给学生的思路一个很好的导向作用。教师课前一定要预先设计好一些引导语。如，在“走进民工”主题活动的主题确定课教学中的一些引导语：“你最想了解民工哪一方面的问题？”“围绕民工，我们可以开展哪些活动？哪些研究？”

在主题确定课的课堂教学中，教师应对学生进行必要的如何提出问题的方法指导。常见的提出问题的方法有发散思维法、头脑风暴法等，如在“走进民工”主题活动的主题确定课教学中，让学生以“民工”为中心，从与民工相关的各个因素、各个方面、各个角度发散开去，去思考、去提出问题；还可以适时地让学生进行小组讨论，利用集体的智慧，让大家的思维相互碰撞，相互补充，引起思维“共振”，激发每个人脑海中的灵感，提出一些有价值、有一定深度的问题。

主题确定课上，教师肩负主导角色，应该把自己定位于学生活动的指导者、组织者、激励者。指导的角度：一是激发学生探究欲望；二是点拨学生思维方式；三是引导学生筛选切实可行的课题。教师在教学中遵循的原则：启发而不代谋，引导而不指令，点拨而不强加，解惑而不灌输。

总之，综合实践活动主题确定课没有固定的教学模式，只要把握好这种课型的教学任务、教学环节、教学策略，根据不同的班情和学情灵活应用，在实践中不断创新，就能取得很好的教学效果。无论是开发资源还是选择主题，都要切忌，不可追求功利，不可目标过大，不可背离综合实践活动课程的本质，要记住学生是主体，一切都是为了学生的发展。只有这样，才能选择好主题，开展好活动，才能让综合实践活动课程真正成为新一轮课改的亮点：落地核心素养，实现课程变革！

参考文献

[1] 郭元祥. 综合实践活动课程中内容与形式的关系：综合实践活动课程实施中的十大关系之四[J]. 福建教育，2019(3)：15-17.

[2] 张华. 研究性学习的理想与现实[M]. 杭州：浙江教育出版社，2020.

政治试题在教学中的创新使用

杭州市萧山区第十高级中学　曾春林

摘　要：高中政治教学几乎每天都要和试题打交道，在教学中，如何巧用题目进行试卷讲评，如何利用题目设置情境材料开展新课或复习课教学，是一线教师每天都要思考和面对的问题。笔者结合自己教学的实践，从挖掘试题背景、对试题进行再创造、创新试题使用、优化组合试题、教师对试题进行点拨、一题多用等角度进行探索，以求把试题讲解变得更有趣、更生动，达到激活政治课堂的目的。

关键词：政治试题；情境；材料

思想政治作为浙江省学考选考的重要科目之一，学生势必会接触很多试题。在实际教学中，如何用好考试题目，对高中学生和教师来说，都是十分重要的。

在高中政治教学中，一类重要的课型就是试卷讲评课。各级各类的教学活动优质课或评比课，在课题的选择中，选题者几乎都不会选择试卷讲评课。除了这类课型要以学生考试的实际情况为前提外，还有一个重要原因就是这类课型很难上得出彩。

在现实教学中，高中政治课几乎每天都要和试题打交道。学生的作业要讲评，学生的试卷要分析。就是在新课教学中，学生的知识也要靠题目进行巩固，能力要靠题目来体现。作为评价高中学生重要指标之一的学考和选考，也全部都是以题目的方式来展现的。

在教学中，很多老师由于种种原因，对试题疏于讲评、使用，或者即使要讲，也是简单分析并靠现代多媒体手段呈现答案；学生也由于时间的局限，只是把相应正确答案进行订正，根本没有深刻理解相应知识，从而导致学生知识得不到巩固，能力得不到增强，素养得不到提升。

笔者结合自己教学实际，认为试题可以灵活使用。具体来讲，我们可以从以下几个方面进行探索和尝试。

一、挖掘试题背景　拓宽学生视野

大家都知道，政治试题从来不回避社会热点问题，通常会以当前的事实热点作为背景材料来考查学生各方面的素养，这就给我们在使用这些试题时提出了挑战，同时也给教师在试卷讲评时提供了空间。

如，2020年7月浙江选考试题经济生活主观题以“地摊经济”为背景材料，考查相关经济原理。在讲评这道试题时，如果不深入挖掘试题的背景，学生不知道什么是地摊经济，很难对题目做出全面正确的分析。在讲评该题前，我收集了一些地摊经济的背景材料，它是指通过摆地摊获得收入来源而形成的一种经济形式。地摊经济是城市的一种边缘经济，一直是影响市容环境的关键因素，但地摊经济有其独特优势，在金融危机背景下能一定程度上缓解就业压力。2020年5月28日，十三届全国人大三次会议闭幕后，时任国务院总理李克强在回答记者提问时提到“我们西部有个城市，按照当地的规范，设置了3.6万个流动商贩的摊位，结果一夜之间有10万人就业”。

通过这样的挖掘和讲解，学生对地摊经济有了初步的了解，再结合教材内容分析作答，就会比较轻松。

二、对试题再创造　提升学生思维

所谓对试题进行再创造，就是我们平常在做的“变式训练”。我认为，这是借鉴了理科如数学、物理、化学科目试题讲解的特点，将理科思维文科化，通过对一道典型题目的变式，训练学生的审题能力、分析问题能力和解决问题能力，从而达到“以万变应不变”的思维境界。

具体来讲，我们在进行“变式训练”时，可以从以下几个方面去尝试。

1.新瓶装老酒

老师在给学生讲解试题时，学生如果认真听，一般来说，听懂应该问题不大，但听懂不等于会做，如果教师就此省略了让学生继续思考和运用的过程，那么学生很容易陷入“上课一听就懂，下课一做就错”的怪圈。所以，就必须通过设置“变式训练”，让学生学以致用。这样，学生的动手能力得到提升，真正掌握了学习的“主动权”。我们在进行“变式训练”时，可以是题目情境材料不变，题目设问发生变化。

比如，题目要求是从“生产、劳动和经营”角度进行分析，我们可以从“收入和分配”“发展社会主义市场经济”角度进行设问。

2.旧瓶装新酒

为了锻炼学生的发散思维能力，让学生知道“路的旁边还是路”，我们在进行“变式训练”时，也可以是母题设问不发生变化，对题目的情境材料进行更换，让学生能用这一知识点分析不同的情境材料，达到锻炼学生思维能力的目的。

比如，题目是“地摊经济”的情境材料，从经济生活角度进行设问，我们还是以这个情境材料为背景，从政治生活、生活与哲学等角度进行设问。

3.新瓶装新酒

继续设计新颖别致的情景进行启发提问，有利于多角度、多层次地突出主题，强化效果，进而开掘学生思维深度。

三、创新试题使用　激发学生兴趣

试题讲解多数时候是单一的、枯燥的，如果个别学生对相关知识掌握得足够好，听起来就会觉得索然无味，如果个别学生对相关知识完全没有掌握，听起来又会很辛苦。无论是哪种情况，学生都会比较容易疲倦。如何在试题讲解时激发学生的兴趣，笔者认为，可以从以下几个方面进行尝试。

1.视频放起来

在一些题目设置中，特别是文化生活、法律的一些题目中，会以一些音乐、影视作品和法律的修改为背景材料。在进行这类题目讲解时，不能保证所有学生对这些音乐、影视作品都有所耳闻。这时，教师如果将相关音乐、影视作品中的最经典的部分让学生进行欣赏，除了可以缓和课堂紧张氛围、激发学生兴趣外，还可以让学生了解相关题目背景。

如，2020年(湖丽衢二模)第34题：

2013年5月，金老伯将唯一住房登记至儿子金大东与儿媳赵某名下，自己则实际居住。近日，金大东与赵某协议离婚，约定女儿金小花随赵某生活，并计划将该住房赠与金小花，使金老伯的居住权益可能受到侵害。情急之下，金老伯将儿子金大东与赵某诉至法院，要求其返还该住房。关于本案，下列说法中正确的是　（　　）

①金小花依法享有该住房的所有权

②金老伯的诉讼请求不会得到法院的支持

③可以依法登记的方式保障金老伯的居住权

④金老伯获得居住权后有权处分该住房

A. ①②　　B. ①④　　C. ②③　　D. ③④

在给学生讲解这道题目时，学生对居住权完全不了解。这时，通过一个视频材料，既增加了学生的兴趣，又让学生了解了相关背景，再来做这道题时，就变得非常容易了。

2.思路活起来

在进行试题讲解时，可以充分展现学生个性的一面，这样他们的思路就会活起来，学生的创新意识就会被点燃，学生的激情一旦被点燃，课堂就不会再死气沉沉，题目就能被讲活。

如有题目考到不同民族的风俗习惯，材料中列举了两个民族。笔者提出问题“你还知道其他哪些民族的风俗习惯?”学生纷纷发言，学生的发散思维得到培养，学生激情马上被点燃。

3.动手做起来

某些试题，有比较强的操作性，学生在课堂上就可以做一做，这样不但让学生在紧张的试题讲解中得到放松，还能通过学生的动手动脑，让题目的情境得到具体展现。

如有题目材料涉及不同国家竖大拇指的不同含义。为了让同学更深入了解这个情境材料，笔者让班级同学都伸出右手，竖起大拇指，学生的兴趣一下被激发出来了。

四、优化组合试题　创新教学情境

考试题目除了直接在试卷讲评中讲评外，还可以以题目的情境材料作为新课或者复习课上课的素材，因为考试题目设置的情境材料通常是单一的，如果把几个相关知识点的考试题目情境材料进行优化组合，然后通过老师适当的加工处理，作为教学的素材，既能起到创设情境的作用，又能顺理成章地讲解考试题目。

如，2017 年 4 月浙江选考题目在考查合同的订立时，此处以 10 周岁的小明用手机约出租车到外婆家为情境材料。2018 年 11 月此处以初中生打赌谁输就离开学校为情境材料。2020 年 7 月此处以 14 岁的白飞雪在商场购买了一串价格为 3000 元的“天然黄水晶”项链，商场邀请白飞雪担任该水晶项链的品牌形象大使，后来发现项链是假的为情境材料。2021 年 1 月此处以 14 周岁的小明用爷爷给的钱买笔记本电脑，进而要求退款为情境材料。笔者在合同的订立的教学中，将这几个情境材料进行优化组合，变成一个关于小明的故事，并以此为教学的素材，收到了很好的效果。

优化组合后的素材：那年，小明 6 岁，妈妈让他自己坐地铁去上学，在地铁站，小明买了一瓶饮料，到了学校，老师奖励他一支铅笔。10 岁那年，他用手机约了一台出租车去外婆家，花了 10 元钱。14 岁那年，他和同学打赌，谁输了谁就离开学校，结果，小明输了。同年春节，他用爷爷给的压岁钱买了一台 5000 元的笔记本电脑，妈妈要他去退掉，商场却不给退，后来终于退了。妈妈却要把退回的钱拿去做美容。表姐小雪把自己的笔记本电脑送给他，妈妈说太贵重，要他还给小雪。17 岁那年，不再上学的小明用自己第一个月的工资买了一部 3000 元的手机。

小雪 15 岁那年，商场邀请小雪担任水晶项链的品牌形象大使，拍摄广告宣传画，报酬为 10 万元。小雪欣然同意。回家后，小雪父母找到一家珠宝鉴定中心鉴定项链材质，鉴定书写明该项链的材质是玻璃。父母可以基于合同要求商场支付报酬吗？

五、对试题点拨指导　培养理性精神

在教学中对试卷的讲评，教师不能仅仅停留在对答案的层面上，特别是通过一些现代技术手段来统计学生错误率很高的一些题目，教师更加要注重这些题目的点拨指导。通过教师的点拨指导，学生有时能够豁然开朗，达到培养学生理性思维的目的。教师通常要在以下地方进行点拨。

1.点在新旧知识联结之处

一道题的考查范围通常不是单一的知识点，可能涉及已经学过的旧的知识，也有可能涉及即将要学习或者刚刚才学习的新知识。面对这样的题目，学生对新知识的掌握还没有达到熟练应用的程度，这时候，教师要在学生新旧知识的联结之处进行点拨，便于学生及时巩固旧知识，掌握和运用新知识。

2.点在新知关键之处

知识内容的关键之处是学生最不能理解和掌握的地方，通常也是教学的重点和难点。面对这些新知识的关键之处，作为教师，在进行试卷讲评时要适时加以点拨。通过教师对这些题目的点拨，突破教学的重难点，从而达到学习新知识的目的。

3.点在学生疑惑之处

学生囿于知识的局限，在解答一些教师看起来非常简单的题目时，有时产生疑虑，思维会"打岔"，这时就要求教师进行点拨引导。教师的点拨不是直接告诉学生答案，而是设计合适的坡度，架设过渡的桥梁，让学生通过桥梁，自行寻找思维的突破口，从而达到排除疑难、解决困惑的目的。

六、试题一题多用　落实单元教学

在大单元教学模式下，要求学生对教材进行宏观把握，构建大单元框架体系，达到熟练运用知识的目的。教师在大单元模式下的试卷讲评，应当更加注意知识的跨度，这样的试卷讲评才能不断提升学生的能力。

如，在讲评2018年4月浙江选考第37题时，有老师将材料分成三部分。事前——合同的订立和效力，对应讲评材料第一部分：11月9日，小李看中一网店3000元的A款手机，要求店主给予8折优惠，店主同意，但要求小李两日内下单付款。事中——合同的履行，对应材料第二部分：11月10日，小李发现该店举行"11月11日购买B款手机降价1000元"的促销活动。小李与店主联系，要求A款手机也降价1000元。店主回复：好的，先支付3000元，优惠款三天内返还。小李当即下单并支付了3000元。事后——违约责任及承担方式，对应材料第三部分：三天后，小李收到手机但未收到返还款，与店主交涉要求返还优惠款，店主只同意按8折优惠返还600元，小李表示拒绝。这样，通过一道题目的仔细分析，将法律教材专题三合同部分打破教材章节限制，根据事件的发展进行系统讲解，让学生能够有合同知识的整体意识。

以上试卷题目讲评应用只是笔者在实际教学中的一些粗浅尝试。教学活动是一个具有生命活力的生态系统，是一个不断发展的系统。结合新时代下的政治教学实践，我们在考试题目的讲评和运用中，除了知识的讲解外，还要关注：

（1）考试题目与核心素养之间的关系。核心素养的培育应当渗透在教学环节的时时处处、方方面面，如何在试卷讲评和应用中，潜移默化地提升学生的核心素养，这是我们要关注的问题。

（2）考试题目与活动型学科课程的关系。活动型学科课程是当前政治教学主流趋势，如何在题目的讲评和应用中进行学生活动，让学生在活动中系统掌握知识，这是我们要努力的方向。

（3）考试题目与议题教学的关系。如何将试题的讲解和应用与议题教学有机结合，让学生在议题教学中潜移默化地掌握题目知识，这也是我们的目标。

参考文献

[1] 中华人民共和国教育部.普通高中政治课程标准(2017 年版，2020 年修订)[S].北京：人民教育出版社，2020.

[2] 顾鑫盈.从预设式教学到动态生成式教学[J].天津教育，2017(2)：8-10.

[3] 王恒富，周步兵.基于高考评价体系的学科关键能力的检测及其启示[J].中学政治教学参考，2020(25)：60-62.

议题式教学中教师作用发挥的策略及实施

杭州市萧山区第十高级中学　曾春林

摘　要:议题式教学中,毫无疑问,学生是教学的主体,教师的一切教学行为应当围绕学生展开。但教师在议题式教学中的作用也十分重要,教师是议题式教学的主导者,应当扮演议题式教学的导演。如何当好导演?教师在议题前应当设计好议题,体现议题的兴趣性;在议题教学中,为了议题教学的顺利展开,教师要注重引导语的使用和学生议题讨论方向的把握,引导学生议题讨论顺利进行,体现议题教学的连贯性和方向性;在议题教学后,教师还要注重引导学生进行实践。通过以上策略,真正发挥教师在议题教学中的主导作用,当好议题教学的总导演。

关键词:主导作用;议题式教学;高中政治

随着新课程标准的颁布和实施,眼下高中的政治课堂,大家都在有意无意地贯彻新课程理念,其中,议题式教学尤其受到大家的推崇。从校内的课堂教学评比,到区县级的优质课展示,抑或是更高层次的名优教师示范课,几乎无课堂不议题。听课多了,发现有的老师在议题式教学中把议题式教学等同于问题式教学,围绕教学内容设置几个简单的问题,并将设计的问题冠以议题之名,还议题一、议题二……这些议题答案都在教材内容中,学生根本没有"议"的必要。有的老师在议题式教学中努力让学生"议"起来,但无奈学生知识储备或者其他一些因素,课堂冷冷清清,老师只能不断引导,不断提示,学生变成配合老师进行"演出"。有的议题式教学,学生对老师设计的议题确实"议"得热闹非凡,课堂气氛十分活跃,老师也常常自鸣得意,但仔细静下心来发现,老师设计的议题要么深度不够,要么和教学内容、教学目标相去甚远……

透过现象看本质,凡此种种议题式教学的课堂都存在一个共性的问题,就是教师在议题式教学中的主导作用没有得到很好的发挥,导致课堂的议题要么太死,要么太虚,要么太偏。

《普通高中思想政治课程标准(2017 年版)》倡导的议题式教学为核心素养的培育提供了有效路径,在议题式教学中,重视教师主导作用的发挥,对于教学目标的达成十分重要。

议题式教学的主体当然是学生,但老师在议题式教学中所起的作用也十分重要。老师如何在议题式教学中发挥主导作用,笔者觉得应当从以下几个方面去努力。

一、议题设计当好“知心人”——体现兴趣性

议题式教学和问题式教学很大的不同点在于：问题式教学的问题大都是课堂生成的，而议题式教学的问题可以是提前预设的，也可以是课堂生成的。这就给老师在议题选择的过程中留下了更多的时间和空间。教师选择议题应当关注学生的生活体验，关注学生的兴趣所在，关注最近的国内外大事，关注学校和学生身上即将发生或者已经发生的“大事”，学生对熟悉的情境、感兴趣的情境议题才会去“议”，也才有得“议”。这就要求教师在进行议题设计时要当好学生的“知心人”。学生在关注什么，甚至包括学生在学习其他学科时在学习什么，学生的关注点和兴趣点和我们政治具体教学能否建立有机联系，能否用这些关注点和兴趣点来推进我们的议题教学。如果可以，应当如何具体引用这些关注点和兴趣点，从而开展议题教学，这些都是我们在议题设计时要考虑的问题。

例如，在学习《经济生活・新时代的劳动者》“劳动和就业”这一目知识时，我关注到学生正在进行 7 选 3 的报名。面对 7 选 3，学生比较迷茫，这也是近段时间学生的兴趣点。根据这一实际情况，我布置学生课前通过查阅资料、访谈等方式，去了解浙江高考选考的要求、选考科目和专业之间的关系，目前我国大学毕业生的就业情况，等等。在课堂教学中，我围绕 7 选 3 和报考专业、专业和职业、职业和就业等展开议题。由于这个议题是学生关注的兴趣点，和学生自身有密切的关系，在进行议题式教学中，学生始终保持极高的热情，围绕议题展开充分的讨论，课堂气氛十分活跃。

在教师进行议题式教学设计时，当好学生的“知心人”，关注学生的兴趣点固然十分重要，但在教学中也要注意，不要为了学生的兴趣而不顾核心素养目标的达成，而应当找到学生兴趣和核心素养目标的最佳结合点。

二、议题推进当好“主持人”——体现连贯性

议题式教学中，学生不能没有任何铺垫地去议。在这一过程中，教师的主导作用的发挥就显得十分重要。教师在议题式教学中，特别是在学生讨论前要通过导语对学生进行引导。教师的导语相当于节目主持的开场白和串联，教师在此时此刻扮演着主持人的角色。试想一下，中央电视台的《对话》节目如果没有主持人，只有 40 多个嘉宾在现场，这会是一个成功的访谈对话节目吗？

不管是人教版的老教材或者是部编版的新教材，教材编写者都十分重视导语的使用。如人教版政治必修教材每个单元都有单元导语，每一课也有相应的导语设计。部编版新教材也注重导语的使用，在每一课的课题之下都有导语的使用。

教师在进行议题式教学中，在进行议题铺垫中，可以仿照教材的单元导语，也可以是议题情境的大致介绍，让学生对接下来要讨论的议题有情感的铺垫、思想的准

备，这样的议题教学才不会显得突兀。在一个子议题转到下一个子议题时，教师的主导作用的发挥也十分重要。老师可以对上一个议题进行总结，然后进行新的议题的铺垫，从而转入下一个议题；也可以找到前后子议题之间的联系，从前一个议题顺理成章地转入下一个子议题。不管采用哪种方式，教师在议题式教学中都要当好"主持人"的角色，通过语言的引导，让议题式教学能够顺利进行。

如在"科学消费"这一议题的推进中，笔者设计了消费微变化、消费微调查、消费微比较、消费微倡议等相互联系的议题教学的环节，由于议题环环相扣，教师在推进议题时，适当使用引导语，担当"主持人"，学生在课堂上充分进行议题活动，收到了良好的效果。其具体情况见表1。

表1 "科学消费"议题

课堂组成	教学环节	活动内容	设计意图
学习新课	议题探究一：消费微变化	1.以小组为单位，合作完成学习成果栏的表格(3分钟) 2.展示合作学习的表格和那些能够印证消费变化的"证据"	通过学生课前收集物品、图片等的展示，印证消费的变化，感受经济的发展、国家的日益强大，增强自豪感
	议题探究二：消费微调查	1.展示学生课前问卷调查结果，共同探究调查结果反映出的中学生消费的积极取向或者存在的问题 2.学生积极探究	通过展示学生问卷调查的结果，引导学生正视中学生存在的消费方面的问题，坚持科学消费
	议题探究三：消费微比较	1.展示学生和家长消费对比表格 2.以小组为单位，比较中学生和家长消费项目。看看有什么差异，以及这些差异反映了消费方面的哪些现象，合作完成学习成果的表格 3.小组推荐代表进行阐述	通过"比一比"，学生体会到科学消费对家庭、对社会很重要；同时，应当感恩父母，在生活中科学消费，回报父母
	议题探究四：消费微倡议	1.每个同学思考、发现、填写微倡议 2.小组交流微倡议 3.以小组为单位向全班同学发出微倡议，把微倡议贴于展板上	通过学生的积极思考、撰写的微倡议等仪式性的活动引导学生科学消费、绿色消费、勤俭节约。同时，将本课主题进行升华，让学生观察生活，体验践行

三、议题讨论当好"掌舵人"——体现方向性

议题式教学中学生会进行大量的讨论，教师在这个时候看似无事可做，其实不然。在学生进行议题讨论时，教师主导作用的发挥也尤为重要，教师要关注学生讨论的全过程，不能放任学生。如果那样，学生的讨论可能偏离正确的方向，也可能得不出有效的结论，无论是哪种结果的出现，都有违我们进行议题教学的初衷。

“导议”就是教师要引导学生进行讨论，在学生的讨论偏离方向时，要及时予以纠正；在学生讨论无法继续进行的时候，教师要注意点拨，通过老师点拨，讨论得以继续进行。笔者认为，教师在议题式教学中的导议一般在以下情况中得以体现。

1. 导在“商议”处

议题式教学中，学生针对教师设计的中心议题或子议题进行讨论，在讨论中，碰到一些具体的问题，势必会出现不同的意见，这时，小组同学之间的商议就会出现。教师的主导作用在此时要体现出来。

同样在学习经济生活《新时代的劳动者》“劳动和就业”这一目知识时，针对具体7选3科目的选择，一个小组同学由于平时关系比较好，经过小组同学的商量，大家决定最后都选择物化生组合，原因是大家不想下学期分开。针对这一问题，我及时进行引导，告诉学生学科的选择要考虑自己的实际情况，要根据自己的兴趣爱好选择学科，以后也要根据自己的兴趣爱好选择职业，既解决了学生的实际问题，也成功引导学生学习教材“自主择业观”这一知识点，收到了很好的效果。

2. 导在“争议”处

讨论并不是一团和气的，在议题式教学中，同学之间的争论在所难免。如果在此时教师不及时介入，发挥主导作用，课堂就会失去“主心骨”，偏离教学的方向，就更谈不上教学目标的达成了。

如，在学生讨论政府要不要帮助我们解决就业问题时，有小组同学提出，我们现在实行社会主义市场经济，要充分发挥市场在资源配置中的决定性作用，政府没有责任帮助我们就业；也有学生提出，政府是为人民服务的，当然要帮助我们解决就业问题。学生之间展开了激烈的争论。这个时候，教师及时介入，引导学生的争论，让学生通过争论得出正确的结论显得十分重要。

3. 导在“决议”处

学生通过讨论，一定会得出结论，在学生得出结论前，教师及时引导学生得出正确的“决议”，以保证教材知识的落实和核心素养的落地，引导学生树立正确的世界观、人生观和价值观。

如，在“价值的创造与实现”的教学中，教师创设议题：你毕业后如何去赚钱，从而实现自我和社会价值？学生对这一问题比较感兴趣，学生自然会“议”得十分充分，“议”得热烈，这个时候，学生得出的“决议”可能会偏离正确的价值取向，教师在此时要及时引导。引导学生实现人生价值要考虑到社会的需要，要对社会做出有益的贡献。

四、议题结束当好“追梦人”——体现实践性

思想政治课核心素养包括政治认同、科学精神、法治意识、公共参与等几个方

面，政治课的目标也不能仅停留在学生对知识的掌握上。通过课堂的议题教学，学生将课堂讨论的一些结论内化于心的过程，应当就是在培养学生的政治认同素养，外化于行的过程应当就是在培养学生的公共参与素养，这些都是我们政治教师追求的目标。

学生通过议题式教学得出结论，课堂教学的结束并不是终点。在很多议题式教学中，教师结合学生的生活实际设计的议题具有很强的操作性，学生通过课堂将知识内化于心，还要通过课后的实践外化于行。只有转化为学生的具体行动，思想政治课的目标才得以落实。

如，在学习《经济生活·新时代的劳动者》“劳动和就业”这一目知识时，学生关于就业择业观的讨论对于7选3的指导十分有指导意义，这对于引导学生在具体科目的选择时十分有帮助。在同学课后进行7选3时，教师要时刻关注学生的选课情况，引导学生结合自己的实际情况、学校往届学生的选课情况、未来几年就业情况等做出适合自己的最佳选择。

当然，并不是所有议题都有实践操作性，教师应当分析具体情况，有的议题可以外化于行，有的议题应当注重内化于心。

教师主导作用的发挥体现在议题式教学的时时处处。作为议题式教学的组织者，在发挥教师主导作用时还要处理好以下关系：

(1)主题与主导的关系。不管是在议题教学前选择议题时，还是在议题实施过程中，教师对议题推进的引导，教师的主导作用都要为课程核心素养的目标来服务，切忌为了追求议题的效果，为了迎合学生的感受而不顾课堂的主题。核心素养目标是议题教学的主线，教师在议题教学中都应当静静围绕这根主线，这样才能保证政治课立德树人最终目标的达成。

(2)主体与主导的关系。在教师主导作用的发挥中，教师始终要牢记学生是课堂教学的主体，也是议题教学的主体。切忌教师主导作用的过度发挥，从而让教师变成议题教学的主体，这就背离了议题式教学的初衷。

如果把议题式教学比作一部电影，教师就犹如这部电影的导演，学生既是演员也是观众，只有演员和观众得到思想的启示、精神的升华，这样的电影才是一部成功的电影。

参考文献

[1] 中华人民共和国教育部.普通高中政治课程标准(2017年版)[S].北京：人民教育出版社，2020.

[2] 张帅，杨小斌.议题式教学初探[J].思想政治课教学，2017(9)：28-31.

[3] 李宏亮.何谓议题？议题何为？——思想政治课教学的视角[J].中学政治教学参考(上旬)，2019(8)：36-39.

[4] 王恩奇.议题式教学的设计策略[J].中学政治教学参考，2020(25)：14-16.

以“始终坚持以人民为中心”为例谈政治议题教学的策略研究

杭州市萧山区第十高级中学　曾春林

摘　要：新课程改革已经进行一段时间了。在高中政治教学中，当今最流行的议题教学正在浙江的高中政治课堂中不断上演，但一线教师在议题教学中，存在“有其形，无其神”的现象。怎样根据教材内容和教学核心素养的目标要求实施议题教学，本文以人教版高中政治必修二“始终坚持以人民为中心”一框的教学为例，力图从议题教学适宜性的教学策略、议题教学适用性的教学策略、议题教学适意性的教学策略等方面进行粗浅的探讨，希望能够给正在进行议题教学的一线政治教师起到抛砖引玉的作用，大家共同将议题教学和高中政治教学有机结合起来。

关键词：适宜；适用；适意；策略

一、研究缘起

政治新课程改革亟待改变原有以教师讲授为主的课堂教学模式，尝试构建以学生讨论研究为主的教学方式，以促进政治教育教学的发展。作为高中政治的一线教师，笔者经常深入课堂开展教育教学研究，发现目前的政治议题教学中存在“有其形，无其神”的现象，很多教师在政治教学中都或多或少地在开展议题教学，能够根据教学的内容设置主议题和几个分议题，学生也能根据老师提供的议题进行充分的讨论，课堂氛围看起来十分活跃，但如果认真对照要达成的教学目标，有的议题教学连最基础的知识目标都没有完成，以至于其他学科的老师听了这样的课后提出“学生在这节课到底学到了什么”的疑问。在议题教学中，课堂主要存在以下问题：没有创设适宜的议题教学情境；没有充分发挥议题教学的作用；没有深入挖掘议题教学的用意。本文从以上三个方面分别提出应对策略。

二、实践操作

如何才能实现有效的议题教学？操作层面上我们根据学生的特点、教材的特色、学校的实际及考试的要求等方面，从基于议题教学适宜性的教学策略研究、基于议题教学适用性的教学策略研究、基于议题教学适意性的教学策略研究三个方面进行探讨。

(一)基于议题教学适宜性的教学策略研究

1.结合实际,灵活使用教材

教材是教学的主要依据,我们在教学过程中不能脱离教材。不管哪个版本的教材上都有很多教学素材。这些教学素材编写者在编写的时候是放眼全国的,具有很强的普适性,如果我们直接把这些教学素材拿来进行议题教学,有的教学素材就会让学生产生距离感,这样的教学就没有很强的针对性。

如,在“始终坚持以人民为中心”一框中,第一个目标题是“共产党员的先锋模范作用”,这一目标题选用了革命战争年代以及社会主义建设和改革的实践中,涌现出的优秀共产党员的例子,特别选用了黄大年、沈浩和郑培民的例子,并以此探究和共享“从黄大年、沈浩和郑培民的事迹看,共产党人应该怎样当好时代先锋?”的议题,这个议题本身很好,但如果直接使用这些优秀共产党员的例子来展开这个议题的教学,学生就会感觉这些人离自己很远,产生了距离,学生在课堂上就没有了“议”的积极性,教学目标就很难达成。在教学实践中,我们可以选用一些学生身边的优秀共产党员来开展这一议题的教学,比如学校班级老师中优秀的共产党员教师,或者学生熟悉的电视电影中的典型人物,有教师选择了中国民航英雄机长、优秀共产党员刘传健的典型事件来开展这一议题教学,学生对素材感兴趣,就会有议论讨论的积极性,这对达成议题教学的目标就会非常有利。

灵活使用教材进行议题教学,要对每节课教材的知识点进行合理的布局、分配,要弄清楚这节课的知识在整个单元中的地位,其实每节课、每个单元的目标和整册书的目标就是一个面,而每堂课就是无数个点,只有点面结合,才能达到实用和高效的备课。另外还要吃透文本中的“十个着眼点”,即内容的重难点,知识的生成点,培养的技能点,情趣的激发点,思维的发散点,合作的讨论点,学生的质疑点,资源的开发点,渗透的育人点,知识的引申点,要根据学生的实际情况调整、增添或删减教材的内容。以教科书为依据,既不摆脱教材进行议题的展开,海阔天空,又不照本宣科,拘泥于原文,使学生觉得索然无味;而要恰到好处地运用教材。同时广泛阅读有关教学参考资料,整理和运用资料,勤查工具书,多做资料卡,以丰富自己的知识仓库,建立一个与教材相关的“知识圈”。

2.掌握学情,立足以学定教

了解学情,才能以学定教。以学定教是有效进行议题教学的立足点。在具体教学中,很多老师在进行议题教学的设计时,没有充分考虑学生的实际情况,一个议题设计今年用、明年用,年年用,高一学生用,高考复习的时候还在用,学生对这样的议题完全没有兴趣,如果在这样的课堂上学生还在议,那就是“配合教师”,这样的课堂是教师的课堂,而不是学生的课堂。教师在议题教学时要充分考虑学生的实际情况，在"议题"上努力寻求自己的特色，充分利用多种教学手段，改进教学方法，了解每个学生的"最近发展区"，尊重学生的主体地位，以学生为中心，以学定教。

如，有教师在执教"始终坚持以人民为中心"一框的教学中，了解到学生语文课上刚好在学习如何写颁奖词，便让学生在观看共产党员刘传健的视频后，让学生为英雄机长写颁奖词。学生的兴趣马上就上来了，接下来我就看到学生以小组为单位，大家充分讨论，"议"得很透彻，写得很认真，展示得很积极……课堂氛围马上就营造出来了。这位教师从学生学习的实际出发，以学定"议"，收到了良好的效果。

此外，教师还要"十知道"，知道学生的学习需要、学习环境、学习能力、学习态度、学习方式、学习习惯、思维特点、生活经验、个性差异、认知规律。只有了解学生情况，教学才有针对性、有效性。

3. 帮助引导，师生教学互动

在议题教学中，教师应当牢固树立"学生是课堂的主人，教师只能发挥主导作用"的意识。老师对学生的议题教学应主要表现为引导与帮助。

所谓引导，应是含而不露，引而不发；所谓帮助，就是服务。教师通过引导与帮助，让学生与创设的情境对话、与学生对话；通过引导与帮助，让学生有话讲，有事干；通过引导与帮助，让学生围绕议题充分讨论，但教师应当注意不能把结论直接告诉学生；通过引导与帮助，让学生得出教材结论，让学生充分体会到"学"和"议"的快乐，从而真正学到知识，达成教学目标。

如，在执教"始终坚持以人民为中心"一框的教学中，教师用了英雄机长的视频材料，并由此布置了以小组为单位，为英雄机长写颁奖词的任务。如果仅仅这样，学生可能会觉得无从下手。所以，我觉得教师在学生讨论之前，除了要进行情感的铺垫，还要在这个时候对学生进行适当的引导，比如可以引导学生从为党和人民的角度进行总结，可以从自身坚强的意志力的角度进行总结，可以从生死关头的沉着冷静的角度进行总结，可以从挽救生命财产的角度进行总结……通过这样的引导与帮助，学生才会有议论的角度，学生再结合自己平时的知识积累，教学目标就非常容易达成了。

（二）基于议题教学适用性的教学策略研究

1. 激发兴趣，探求"有用"的议题

"有用"是一个相对宽泛的概念，在学生的眼中，有用就是对现在有用。比如，今天我们让学生背诵了一段话，明天的考试中就考到了这段话，学生就会觉得这个是有用的。或者学生觉得对自己以后的终身发展有帮助。其实站在教师角度，在考虑议题教学的时候，除了要考虑学生的需求，还要综合考虑议题的适用性，比如对教学目标达成的作用，对课堂中心议题的作用，对核心素养培养的作用。对有用的要求，大部分学生在这方面是模糊的，但作为老师，对自己在议题教学时的要求应当是十

分清楚的。

(1)开展知识竞赛,提高学生兴趣。如在“始终坚持以人民为中心”一框的议题教学中,围绕党的基础知识,有的教师将班级学生分成4个团,分别是前进团、力量团、榜样团和先锋团,让4个团开展知识竞赛,并准备了“中国共产党党章”等小奖品,在竞赛和奖品的激励下,学生课堂议论的氛围十分热烈,议题教学的目标也就容易达成了。

(2)进行分组讨论,培养学生合作。分组讨论,现在的教师和学生一定不会陌生。但议题教学的分组讨论,一定要明确任务,分工合作,这样的分组讨论,学生才会围绕议题去展开,也才会发挥议题教学的作用。

如,在“始终坚持以人民为中心”一框的议题教学中,围绕中国共产党提出的中国梦,教师进行了分组活动,让学生分组体会几位优秀共产党员的家书,教师没有布置完任务就完事,而是进行了非常细致的分工,具体情况如图1所示。

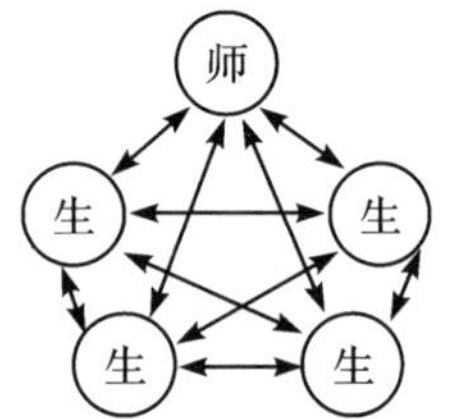

图1　合作探究流程图

2. 以生为本,转变议题教学的方式

“以学生发展为本”是新课程改革的基本理念,改变学习方式是新课程改革的重要任务之一,也是实现有效教学的重要任务之一。要改变学习方式,首先要改变教学方式。在议题教学中,以生为本,不能仅仅停留在口头上,而要深入到老师的骨子里面。从议题的设计、选择到议题的操作实施,再到议题的反思等方面都要始终坚持学生的主体地位。

(1)通过议题,学生应学会思考。学生课堂上的思考和议题本身的质量有很大关系。如果议题没有思维容量,学生很快就能完成。久而久之,学生在课堂上就不会喜欢思考。

如在“始终坚持以人民为中心”一框的议题教学中,在讨论过程中可以帮助学生对问题有一个更进一步的认识。学生在参与讨论的过程中获得了知识,学会了思考;同时也极大地激发了学生表现自我、展示才干和锻炼胆识的热忱。学生通过自己的讨论分析寻找出正确的结论,在学习中增加了成就感。

(2)通过议题,课堂更充满激情。只有生命才能唤醒生命,只有激情才能燃起激情。教师从头到尾,热情洋溢地讲解是充满激情的课堂,但这样的课堂效果非常不好,经常会出现教师讲得激动、学生听得感动、结果没啥用的尴尬局面。实践证明,一定要让学生亲自动手去做,去体会,去感受,这样的课堂,学生才会真正有收获。所以,当下议题教学受到了大家的青睐。通过议题教学,学生之间进行交流,学生和教师之间进行交流，课堂才能收到好的效果。

(三)基于议题教学适意性的教学策略研究

1.尊重学生，共建和谐课堂

他们，是一个让“父母操心、老师闹心、社会担心”的群体，是传统教育的“失败者”。在新课程理念下，我们开展议题教学，就是希望改变这一现状。通过议题教学，建设和谐课堂，和谐课堂包括学生与学生之间的和谐，学生与教师之间的和谐，学生与教材文本之间的和谐。在师生关系上的和谐，教师的教学行为主要应表现为尊重与赞赏。所谓尊重，就是在议题教学的过程中，要与学生进行平等的交流，要像朋友一样对话，要多与学生进行商量和切磋，对学生要多进行倾听和沟通，这样的课堂，才是富有人情味的课堂。所谓赞赏，就是指进行议题教学的过程中，要关注学生的一举一动，学生取得了哪怕一点点进步，教师都要能够观察得到，能对学生进行激励性的评价、发展性的评价。

在“始终坚持以人民为中心”一框的议题教学中，老师在进行第三篇章“红色事业篇”的教学时，让学生通过小记者采访的形式，围绕“中国共产党的领导提升我们幸福感”的议题，谈具体的事例。通过讨论，大家踊跃发言，有学生谈到义务教育阶段学费的减免，有学生谈到生态环境的转变，对这些事例教师都进行了充分的肯定。这个时候，一个小组的代表谈到学校党员老师在学生放学时的交通执勤让我们过马路更安全，班级其他个别同学都流露出不屑的表情，而回答问题的同学也向老师投来期盼的眼神，希望得到老师的肯定性回答。老师也在这个时候，对这个同学进行了充分的肯定，表扬这名同学和这个小组的同学善于观察和发现……

2.分层递进，缩小个体差异

学生之间是有个体差异的，这些差异形成的原因多种多样，这些差异表现为基础性差异、分析性差异、描述性差异等方面。在进行议题教学的过程中，如果不关注学生的这些差异，给所有的同学都布置同样的议题，就会呈现出有的同学“吃不饱”，有的同学“吃不了”的差异化的结果，这显然不是我们要追求的结果。

如，在“始终坚持以人民为中心”的教学中，针对党的指导思想，老师在第二篇章“红色精神篇”中，设计了一个“连连看”的任务，如图2所示。这个任务对高中学生来说相对比较简单，在选择学生回答的时候，就可以选择班级里学习能力相对较弱的学生，他们也能够比较轻松地答对这个问题。当他们回答正确的时候，老师就应适时给予鼓励，这样能够起到很好的作用，让学习能力较弱的学生也能够体会到成功的快乐。

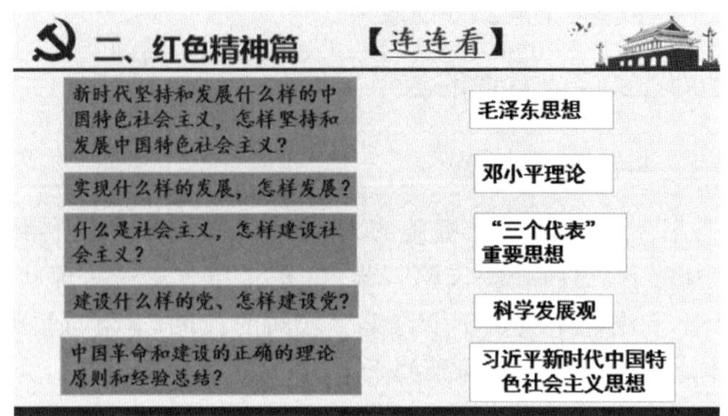

图2 连连看任务

学生个体差异体现在多方面，所以教师不但要将班级学生分层，而且还要将学生的作业分层、考核分层，在班级中开展“分层教学”，这样能够提高学生的学习积极性，形成“平等、和谐和相对宽松”的课堂氛围，让每一个学生“有事可做、有功可成、有悦可享”。

3.潜移默化，体现核心素养

在进行议题教学的过程中，教师在设计教学议题的时候，要时刻牢记核心素养的目标。要时刻提醒自己，议题教学的真正用意是实现教育教学的目标。在上课的过程中，教师也要根据课堂的实际情况，潜移默化、润物无声地将核心素养目标的达成融入议题教学的过程中。在课堂结束进行教学反思的时候，教师也应当对照核心素养的目标并结合议题教学反思自己是不是完成了这些目标。

如在“始终坚持以人民为中心”一框的议题教学中，通过观看英雄视频、探讨模范机长的典型案例，教师设计了核心素养的目标：(1)学习中国优秀共产党员的伟大事迹以及中国共产党带领人民创建新中国的光辉历程，激发学生对党领导的强烈政治认同感。(2)通过自主学习、合作探究，理性认识党的指导思想，培养学生的科学精神。(3)通过辨析活动、小组合作，学生参与课堂的能力得以提升，学习党的基本理论，培育公共参与的素养。

三、体会与反思

议题教学中议题的设计、选择、实施和反思是一门学问，在具体操作过程中，不管教师准备得多么充分，准备得多么认真，都要根据课堂教学的核心素养目标和课堂教学的实际情况随时进行调整，这样学生才有可能取得“应有的预期的进步和发展”；否则，议题教学就是无效或者是低效的。要得到这样的预期结果，议题教学的适宜、适用和适意就变得十分重要。当然教师作为课堂的主导者，要不断学习。只有不断学习，才能不断进步，才能有效达成“三高”教学：时空上的高效率，花最少的时间取得最大的教学效果；成果上的高效益，教学结果能使学生有最大的收获；师生关系上的高和谐，通过教学在教师和学生之间的心理、思维、情感等方面产生共鸣。

参考文献

[1] 孙杰.略论思想政治课教学中“国家意识”的养成[J].教学与管理，2013(2)：57-60.
[2] 钟海青.走向高效能的教学[M].桂林：广西师范大学出版社，2004.
[3] 谢同心.《中国特色社会主义》教学中的政治认同培育[J].思想政治课教学，2020(8)：38-41.

让“美育”渗透高中政治课堂

——以《生活与哲学》“价值与价值观”教学为例

杭州市萧山区第十高级中学　詹艳琴

摘　要：在培育全面发展的人才过程中，美育是不可缺少的重要环节，思想政治教育始终将健全和发展中学生人格作为教学的主要目的。若要将高中生培养成德智体美劳全面发展的人，必须要在高中思想政治教学过程中渗透美育。在高中思想政治课堂中，教师应有意识地把美育渗透其中，充分挖掘高中政治课中的美育教育资源，丰富高中思想政治教学的内容，让学生在课堂中体会到“美”的真谛，切实做到内化于心、外化于行，从而实现以美育人的宗旨与目标。

关键词：高中政治；美育渗透；美好教育

党的十八届三中全会上，习近平总书记明确提出：“改进美育教学，提高学生审美和人文素养。”在文艺工作座谈会上，习近平总书记也明确强调：“通过教育去引导，使社会主义核心价值观内化为人们的精神追求、外化为人们的自觉行动。”因此，美育作为党的思想政治教育的重要组成部分，是在培育社会主义接班人的过程中必须要落实的重要任务。高中思想政治是培育社会主义接班人的重要阵地，更是一门蕴含着美的学科。在思想政治课堂中渗透正确的美育思想，提高思想政治教育的适用性与有效性，是思想政治教育需要面临的问题，也是高中思想政治在相关教学实践中必须落实的举措。那么在高中政治课堂教学中如何渗透美育呢？本文借助高中思想政治教材必修四《生活与哲学》的教学探讨，营造美育教学环境，通过问题情境的创设让学生接受美的文化熏陶，使“美育”渗透课堂的每一环节。

一、模拟生活情境，创设内涵之美

任何学科都拥有一个灵魂的归宿，在灵魂的深处蕴藏着知识的内涵美。学生若是深入政治学科的灵魂深处，便可感知到政治学科中所独有的美。基于此，高中政治教师应当在充分了解和把握教材知识的前提下，设计出适合当下学生学情与需要的教学过程，将政治学科灵魂深处的美感完全展示在学生面前，激发学生的政治学习兴趣。值得注意的是，教师在实际课堂教学时，需要将教材知识与日常生活实际相结合，促使学生能够从生活情境出发，真正感受政治之美。在《生活与哲学》“价值与价值观”这节课的教学中，为凸显政治学科深藏的内涵之美，做出了以下尝试，即模拟现实生活情境，让学生体会。

在政治教学中，要凸显美育理念，就要做到与生活贴近、与社会接轨，坚持理论与实践的统一。知识来源于生活，通过具体的实例来展现课堂知识点比任何平铺的陈述都更加具有说服力，胜于一切空洞且直白的说教。因此，通过生活中热点现象，去帮助学生更好地理解和领悟理论就显得尤为重要。本节课以热播国产电影《战狼2》作为讲述的主线，引导学生学习和探究“价值与价值观”的相关问题，贴近学生生活实际，引导学生思考，激发学生的学习兴趣，感受生活之美。在价值观影响人们改造世界的活动，影响人们的行为选择即“做事情”这一部分内容中，模拟了现实生活情境：展示电影《战狼2》创作背景视频材料，我国几次大规模撤侨的报道。让学生在课堂上充当小记者，进行相关撤侨新闻的“播报”。引导学生探究：中国为什么要撤侨？凭什么可以撤侨？这体现着我国国家层面什么样的价值观？归纳引导总结出以下结论：原因在于我国以人民为中心；成功撤侨的原因在于中国综合实力的提升；体现我国倡导富强、民主的社会主义核心价值观。

在这一情境设置中通过对可触、可感、可思、可悟的真实素材，调动学生思考和分析问题的积极性，有助于学生更深刻地理解价值观影响改造世界的活动，使高中思政课堂富有内容呈现之美。高中思政课堂教学若要呈现“美”，在教学内容的选择上就要贴近生活实际。一节富有美感的高中思政课，应该是由充满生活气息的内容勾勒而成的，既不是简单的学科内容陈述，也不是单纯的填鸭式灌输。思政课的课堂教学要注重向学生输出教学内容，但绝不仅仅是简单的知识传递，要善于将教材中的知识同生活中的实际案例相结合，丰富课堂的内容呈现，从而打造一堂“美”的政治课。在课堂内容的呈现中，教师要注重发掘思想政治这一学科相关教学内容中所蕴含的美学基因，在课堂教学中展现“美育”的理念。

二、抓住有效设问，磨炼过程之美

高中哲学教学的目标在于通过培养科学精神，使学生能够运用马克思主义哲学的观点和方法观察事物、分析问题、解决矛盾，对于社会中出现的问题能够做出理性的解释、判断。一节美的思政课堂，应如行云流水般顺畅，悄无声息地在每一处都能给予学生以美的享受，让学生能够沉浸其中，忘记时间。高中思想政治教材中的哲学部分知识思辨性强，学生往往对其难以理解。紧扣高中教材内容进行活动与问题的设计，在设计问题时要化难为易，由浅入深，帮助学生在思维层层递进，犹如抽丝剥茧般，慢慢接触问题的核心与本质，让学生体验探寻之美。在“实现人生价值”教学中引用了爱因斯坦的一句话：“一个人的价值，应该看他在贡献什么，而不应该看他取得什么。”在《生活与哲学》的课堂教学过程中，问题的设置要难易结合，既要避免出现没有任何思维空间的设问，也要避免学生难以回答甚至是教师本人都难以回答的高难度问题。在备课过程中，教师要精心地设计问题，让学生通过思维的连接去揭示深藏于现象背后的本质与规律。任何一节思政课堂都离不开精巧的问题设置，都需要相关问题的串联，不断磨炼课堂过程，学生恰好能接住教师抛出的问题"球"，实现学生回答与教师提问之间的有效衔接。

三、注重情感培养，实现收获之美

教育的根本任务是实现立德树人，这也是教育的宗旨和归宿。思想政治课尤为注重通过设置适当的情境、采取一定的方法触动学生的心灵，使学生产生强烈的情感共鸣，从而实现世界观、人生观、价值观的正确塑造。高中思想政治课教学的过程应该注重学生思维能力的提升，尤其哲学内容的教学，更应该培养学生透过现象看本质的能力。为了形成这样的效果，教师要运用恰当的教学方法实现以美育人，在引导学生感悟概念的同时，深化对相关内容的理解，最终实现收获之美。教师在进行"价值与价值观"的课堂教学时，可以结合教材内容设置相应的审美主题活动。本课程的主要教学目的是促进学生形成正确的价值取向，树立社会主义核心价值观。基于此，教师可以安排学生以"社会主义核心价值观"为主题设计手抄报，并引导学生自行分组安排任务。这样的实践活动，不仅可以促使学生深刻体会社会主义核心价值观的内容，还可以强化学生的动手实践能力，让学生体验收获之美。

在朱光潜的《谈美感教育》一文中写道："世间事物有真善美三种不同的价值，人类心理有知情意三种不同的活动……教育的功用就在顺应人类求知、想好、爱美的天性，使一个人在这方面得到最大限度的发展，以达到完美的生活。"高中思想政治课中的哲学是一门给人智慧、使人明理的学科，帮助人们更好地应对生活和实践中的问题。我们要通过"美"的表现手法，使"美育"渗透高中思政课堂各个教学环节和学生的思维，激发学生的想象与活力，向学生倡导追求美、寻找美，从而实现以美育人的目的。法国罗丹曾说过，"生活中并不缺少美，只是缺少发现美的眼睛"。高中思想政治课的课堂应当加强美育，打造美的课堂，使教育直抵学生心灵，实现学生个性化的成长，实现成长的收获。

"美育"渗透，需要教师通过真实存在的实例美感化学生，使学生从心理的情感深处能够自觉主动地接受正能量的美，从而形成良好的审美素养，进而能够去创造美。美育就是要鼓励学生去勇于探寻世界的本质与奥秘。美好教育既是时代的呼唤，也体现教育改革发展的趋势。所谓美好，意为"好的，人们所喜爱或向往的"。在美育理念的贯彻过程中致力于美好教育的实现。美育可以帮助学生提升自身的思维能力，观察以及分辨能力，从而真正实现教育的美好。在高中的思政课堂教学中，我们也要贯彻"美育"理念，让"美育"渗透到课堂教学的方方面面。

参考文献

[1] 闫军基.浅析美育在高中政治教学中的体现[J].学周刊，2019(29)：99.
[2] 龚思夷.美学在高中政治教学中的运用研究[D].长沙：湖南师范大学，2019.
[3] 肖高.思想政治教育中要渗透美育[J].金卡工程(经济与法)，2009(5)：262.
[4] 唐琼.高中思想政治课堂教学有效性的研究[D].重庆：重庆师范大学，2012.

因课制宜　与课相融

——浅谈学习任务单在高中政治教学中的应用

杭州市萧山区第十高级中学　王　慧

摘　要：学习任务单由教师设计，突出学生的主体性，调动其内在的学习动机。学习任务要重基础、有梯度，问题设计力求生活化、趣味化，要有灵活性和可操作性，以免流于形式。预习任务单，助学为乐，“预”罢不能，巧设填空，让学习变得更有效，巧用提问，将预习变得“有我”。学习导学单，教“导”有方，因课而异，情景式教学、活动式教学，常态课、复习课，不能搞“一刀切”。因人而异，使学生能有“想一想，豁然开朗”“跳一跳，摘到桃子”的体验，让学生在学习中有所收获，体验到完成任务后的喜悦和成就感。

关键词：学习任务单；设计；实施

党的十九大后，教育部对《普通高中政治课程标准（2017年版）》进行了修订，强调教育要反映时代要求，关注学生学习需求，着重培养学生核心素养。强调改进教学方式和学习方式，凸显学科课程的实践性和参与性。正如德国教育家克拉夫基所说：“教学不能像一份已准备好的菜那样向学生呈现和展示知识……应让学生自己去发现、去理解、去学习。”传统的“填鸭式”教学要求学生死记硬背，台上滔滔不绝，台下无动于衷，教师难过，学生痛苦。学习离不开思考，而推动思考又离不开一些具体的任务。学习任务单以学定教，设计学习目标，在学生既有条件和目标之间建立支架，达到最近发展区。课前给学生创设预习任务，课中给学生引导任务，突出学生的主体性，调动其内在的学习动机，使学生能有“想一想，豁然开朗”“跳一跳，摘到桃子”的体验，让学生在学习中能有所收获，并能体验到完成任务后的愉悦感和成就感，进而使课堂灵动起来。因此，学习任务单的使用就显得十分必要，是教师指导学习的工具，也是学生有效学习的阶梯。

一、高中政治学习任务单的设计和实施

（一）助学为乐，“预”罢不能

古人曰：“凡事预则立，不预则废。”预习是学习全过程中的第一个环节，是培养

学生学习能力的重要途径，充分的预习可以提高课堂效率。教师讲课要备课，学生上课也要预习。精心设计预习任务单，可以有效引导学生预习，起到事半功倍的效果。

1. 巧设填空，让预习变得更有效

传统的预习一般是让学生翻翻教材，读读看看，强调用圈圈画画的方法做标记，标注存在疑问的地方，但不少同学往往走马观花，最后这种方法往往流于形式。有效的方法是可以尝试预习任务单形式，为学生有效预习提供一个看得见可操作的载体，使预习目标变得明确，也让老师对学生预习情况有所掌握。任务单最常见的一种就是"填空"，突出重点，使学生能够尽快熟悉知识框架要点，进而使预习更有针对性和可操作性。长此以往，也能培养学生自主学习新文本的方法和步骤，进而养成良好的学习习惯。以"把握思维的奥秘"为例的"填空"预习，如图1所示。

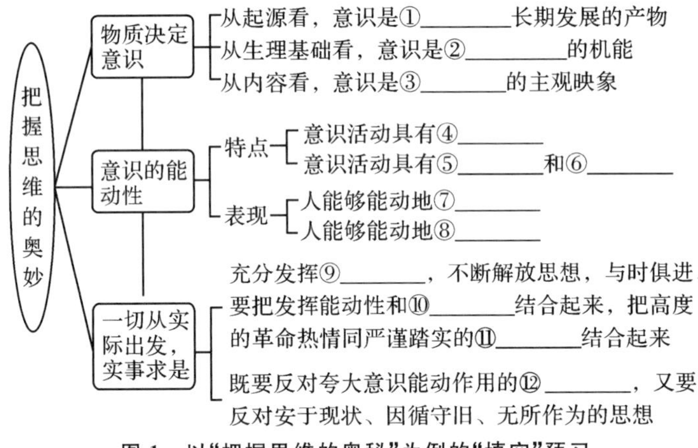

图1　以"把握思维的奥秘"为例的"填空"预习

预习任务单也可以通过表格的形式，进行比较，清晰直观，学生自主预习梳理，印象深刻，具体情况见表1。

表1　"民主选举方式"预习任务单

选举方式		含义	优点	局限性	适用范围
从选民角度					
从候选人角度					

如表1中，根据教材内容填空或通过表格进行学习，促使学生更关注教材，能基本弄清教材的框架结构，还能举一反三，抓重点，防止“眉毛胡子一把抓”，进而提高学习效率。当然，这需要教师在设计预习任务单时能简明扼要，高屋建瓴。

2.巧用提问，将预习变得“有我”

预习任务单中的“填空”抑或是知识的归纳梳理比较，某种程度上仍是被老师“牵着鼻子走”，很多时候学生的“自我”意识缺乏，长此以往，学生容易陷于被动。因此在设计预习任务单的时候可以增强学生的主动性。例如，高一学生受自身知识和生活阅历的限制，对“财政及其作用”有些陌生。于是乎，笔者要求学生利用课外时间了解杭州地铁的相关知识，并提出相关问题：

“国家财政”预习任务单
1.地铁对你和家人的生活是否有影响？是否是受益者？ 2.你知道地铁一号线到五号线的造价分别是多少吗？建设周期多长？

从学生司空见惯甚至要经常乘坐的地铁入手，通过这种直观生动的材料导入，拉近了教材与生活之间的距离，进而引起学生的兴趣和求知欲，使学生自觉主动地参与到学习中来。

(二)教“导”有方，学有所得

“学习任务单”的设计需要简单明了，方便使用，并且能呈现思维过程和知识的生成，让学生自然而然地得出结论、收获新知，或对已学知识掌握得更加牢固。在课堂教学中使用“学习任务单”要根据不同的课型设计，因课而异，不能搞“一刀切”，也不能千篇一律。以下，笔者通过几个教学实例说明学习任务单的应用。

1.在情境式教学课堂的应用

《学记》“道而弗牵，强而弗抑，开而弗达”记述了情境教学这一形式，强调要引导启发，绝不能把结果直接告诉学生。从教学实践看，教师可以通过创设情境，设计相关问题，学习新知，提升能力，升华态度。在进行必修二第八课“走近国际社会”教学时，展示习近平总书记出席“一带一路”论坛，会见部分国家的国家元首和政府首脑以及联合国秘书长、红十字国际组织的图片，并展示探究材料和问题。

探究一：

2019年4月27日，第二届“一带一路”国际高峰论坛在北京举行。共40位国家元首、首脑和联合国等国际组织负责人出席圆桌峰会，另有100多个国家的正式代表出席。围绕“共建‘一带一路’、开创美好未来”的主题，就推进互联互通、绿色可持续发展等议题深入交换意见，达成广泛共识。

习近平同志指出，要将“一带一路”建成和平之路。各国应该尊重彼此主权、尊严、领土完整，尊重彼此发展道路和社会制度，尊重彼此核心利益和重大关切。“一带一路”倡议以来，全球100多个国家和国际组织积极参与，展现了无与伦比的吸引力。联合国大会将“一带一路”圆桌峰会论坛成果文件散发。

问题任务单：

(1)参加“一带一路”论坛的国家间有什么相同点？有什么区别？

(2)不同国家参加“一带一路”的初衷和根本目的是什么？

(3)中国为什么主张将“一带一路”建成和平之路？

(4)联合国是个什么样的国际组织？台湾是政治意义上的地区吗？能加入联合国吗？

(5)国际组织在国际社会中发挥怎样的作用？

(6)学生分组活动：各国看“一带一路”。游戏规则如下：分3个小组，每个小组派一个同学抽签，确定小组代表的国家，为美国、印度、埃及。领取牌子和国家名片资料，小组讨论决定国家是否加入“一带一路”，并说明理由。

第(1)问，引导学生了解国家的类型，如按性质分、按经济发展程度划分等。第(2)问引导学生思考国家对外政策的出发点和落脚点，考虑深层次的原因，为下面一框题国家利益的学习起个抛砖引玉的作用。第(3)问分析国家的构成要素，特别注意主权是一个国家的生命和灵魂，要尊重主权和领土完整。主权国家享有独立权、平等权、自卫权和管辖权等基本权利的同时，应履行义务，如不侵犯他国、不干涉他国内政、以和平方式来解决国际争端等，进而把“一带一路”建成“和平之路”。第(4)问主要涉及国际组织的类型，联合国是典型的世界性、政府间的国际组织。台湾之所以不能加入联合国，是因为联合国是政府间的，成员必须是主权国家。台湾是中华人民共和国的重要组成部分，但不是主权国家。这一问题有一定难度，教师要及时引导，进一步明确认识，有利于培养政治认同素养。第(5)问主要通过联合国等典型组织，引导学生归纳总结国际组织的一般作用，注意提醒学生辩证地、一分为二地分析其作用。第(6)问选取3个国家，或存在共同利益积极合作，或存在利益冲突不合作，或从不合作到合作。以小组为单位，通过角色扮演，为3个国家代言。从各自的国家利益出发决定是否与中国签署协议，激发学生的热情，切身体会到国家利益的决定性作用，同时更进一步理解和认同中国给予互利共赢的“一带一路”战略。

2.在常态复习课上的应用

学习任务单是以达成学习目标的一种支架，与常态复习课可以融为一体，达成学习任务，实现学习目标，培养思维能力。选修三“国家与国际组织”，不少学生反映比较复杂，搞不清楚。而杭州高级中学的鲁新民老师的常态复习课“一国一风格，一物一世界——英法美的国家机构及其运行”，以取类比象的手法设计了学习任务单，笔者印象深刻，觉得设计精巧，非常值得借鉴，在此与大家共享学习。学习任务单，见表2和表3。

表 2 【板块一】自主性成果(5 分钟)

比较项目	具体方面	英国	法国	美国
国家元首 政府首脑 议会国会	是何称谓			
	如何产生			
	对谁负责			
	有无实力			
	有何权力			
	受何制约			
	何种政体			

表 3 【板块二】情境性探究(30 分钟)

	信息材料	英国脱欧	黑马胜出	禁穆令
情境导入 情境分析 情境回归	问题设计	大权在握的首相提出的议案为何还需议会和女王批准	法国大选混战体现了该国整体的何种特点	帝王般的总统颁布的行政命令遭国会、反对党、法院等多方抵制的原因
	知识落点	议会制的特征	半总统制的特征	总统制的特征

学习任务单的介入,跳出复习课的传统定式,用教材而不是教教材,通过表格比较,清晰明了。这体现了教师教学眼界的高度以及在日常教育教学中的教学智慧,它离不开教师较高的综合素养,值得我们学习。

3.在活动型课堂的应用

活动型政治课离不开各种形式的教学活动,而活动的顺利完成关键在于教师布置适当的任务。任务单就成为重要抓手,是培养学生核心素养的具体方式。

如学生在学习必修三《文化生活》,恰好又赶上《我在故宫修文物》《国家宝藏》等电视节目的热播,学生对中国传统文化的热情更为高涨,普遍又对美食小吃感兴趣。为此,可以设计"品味杭州 感悟文化"的活动课。任务目标就是培养学生的参与意识,切实感受当地文化;增强学生对优秀传统文化的认同感,感受文化自信,领略优秀传统文化之美。可以根据学生的不同特点,设计不同的具体任务,"私人订制"必做和选做相结合,学生选择自己最感兴趣的,能更好地发挥其积极性。

任务一:游览西湖(选做)

"上有天堂,下有苏杭",欣赏西湖美丽的风光,并完成以下任务:

(1)在西湖边朗诵你喜欢的关于西湖的诗歌,并上传吟诵诗歌的视频。

(2)搜集关于西湖的典故、文艺作品等,感受中华文化的源远流长和博大精深。

(3)结合《印象西湖》等演出,谈谈对文化创新的理解。

(4)为美丽的西湖赋诗一首或画个速写。

任务二:舌尖上的"杭州"

请在品尝杭城美食后，完成以下任务：

(1)品尝后，评选出你心中的美食“TOP 10”，可以推荐给外来的游客。

(2)一个地方的美食文化往往与该地方的地理、经济等方面的状况有关，选择你喜欢的一种美食，解读其与杭州的关系。

(3)尝试编写一篇杭城美食攻略或绘制一幅美食地图。

任务三：博物馆奇妙夜

可以参观浙江省博物馆或西湖博物馆等，在参观过程中，完成以下任务：

(1)寻找“镇馆之宝”，搜集其资料，或其他国宝级文物，选择自己最喜欢的，分享其背后的故事。

(2)杭州博物馆较多，如中国丝绸博物馆、茶叶博物馆等等。说说博物馆对于继承和传播历史和文化的重要意义。

(3)600岁的故宫“耍酷卖萌”成功走红，在流量营销时代，博物馆究竟该如何应对呢？

任务四：DIY旅游明信片(必选)

任务五：活动感悟300—800字(必选)

……

“一方水土　一方文化”，学生通过游览参观，切实感受到杭州文化乃至整个中华文化的魅力所在。

二、学习任务单设计使用应注意的问题

1.学习任务的设计要重基础、有梯度

我们经常说“基础不牢，地动山摇”，任务设计首先要注重两个“基础”——知识基础和学生基础，着眼于学生现有的知识水平和学习需要。其次，落实“因材施教”的理念，考虑学生之间的差异性，有梯度分层设计，使能力强的学生“吃得好”，稍弱的学生“吃得饱”。学习目标也要由易到难逐步深入，体现学习目标的层次性。最后，进行小组合作时，可尝试将不同层次的学生分成一组，有利于互帮互助，仁者见仁智者见智，碰撞出智慧的火花，也有利于解决学生在完成学习任务单时所遇到的问题，同时培养学生的合作能力和团结意识。

2.学习任务中问题设计要生活化、有趣味性

中学生处于青少年阶段，注意力不容易集中，又有对政治学科比较枯燥的偏见，更不容易吸引其注意力。因此，教师在设计学习任务时要“接地气”，符合学生的认知心理，将学习任务与学生的生活相连，让学生在解决实际问题中有收获的满足感和成就感的体验，激起学习兴趣。对于比较抽象难懂的理论，在设计任务时可以多花些心思去构思更具生活化和趣味性的情境活动。如同事在给高一美术班上“新时代的劳动者”时，给学生布置课前任务——为20年后的“我”画一幅漫画，要求体现

20 年后自己的职业特点；并在课堂开始时让学生猜一猜 20 年后的“我”在从事何种职业，猜一猜“我”是谁。学生积极参与，热情活跃。

3. 学习任务的设计要有灵活性、可操作性

设计的学习任务量、难易程度要适当、合理，切忌“高大空”，宜“小而美”，具有可操作性，是学生努力跳一跳、蹦一蹦就能摘到果实的，就能完成的。反之，学习任务设置得太难太多太大，挫伤学生的积极性，往往适得其反，学习效果大打折扣。对于学生完成起来困难较大的任务，教师要及时地跟踪指导，可以介绍或提供相关的资料供学生查阅，也可以将大任务分解成小任务，这样从对一个一个小任务攻关开始，不至于无从下手，也有利于攻克难点。

学习任务单使学生学习方式发生一些转变，有利于其养成良好的学习习惯，促进学习能力的提升，根据不同的课型设计不同的任务单，在课堂上发挥不同的教学功能。因此，如何更好地提高教师素养，发挥其主导作用，发挥学习任务单的更多功能，需要我们做更多的思考。

参考文献

[1] 安东梅. 学习任务单的设计与操作[J]. 学周刊，2017(7)：66-67.
[2] 王建业，陈国治. “品历中国文化活动任务单”教学设计[J]. 思想政治课教学，2018(2)：73-78.
[3] 伍荷秀. 高中思想政治课主题情境教学的实践与思考——以“走近国际社会”一课为例[J]. 广西教育，2017(38)：105-106.
[4] 庄璐璐. 高中政治课翻转课堂教学模式中学习任务单的设计与应用策略[J]. 文理导航(上旬)，2018(4)：78-79.

循序渐进　化繁为简

——高中生英语词汇学习的困难分析及对策

杭州市萧山区第十高级中学　来　燕

摘　要:本文通过课堂实践、多次调查反馈及师生课后反思,深入了解高中学生的英语词汇学习现状和困难。在新教材词汇扩展的背景下,分析学生词汇学习和教师词汇教学的现状,探讨其成因,探索在词汇教学中应该如何运用多种教学手段,在教学中融入联想、趣味、归纳、重复等多种记忆法和学习策略,注意中西方的文化差异,提高学生对词汇学习的兴趣,以期提高学生记忆单词的效率。

关键词:词汇;认知;成因;对策;学习

一、缘起

词汇学习是第二语言习得的基础。《普通高中英语课程标准(2017 年版)》中关于词汇的要求是很明确的。语言知识目标中的八级要求是:学会使用 3300 个左右的单词和 400—500 个习惯用语或固定搭配。九级要求更高:学会使用 4500 个左右的单词和一定数量的习惯用语或固定搭配,能根据交际话题、场合和人际关系等相关因素选择较为适当的词语进行交流或表达。

虽然在小学和初中阶段已经学过几年英语,但就词汇的量而言,要达到课标的要求,许多高中学生还是有很大的困难。词汇量的大小直接影响听、说、读、写、译各项能力的发展。考试中因没有掌握一定量的词汇,不能正确理解文章,从而造成失分的情况也屡见不鲜。而在教学过程中,学生普遍感到困难的也是记忆单词。

"英语词汇教学中存在的一个较为严重的问题是单词的遗忘率高,这不仅给学生运用词汇和继续学习英语造成很大的障碍,而且在很大程度上会影响学生学习的积极性和信心。所以说,词汇的学习与记忆是学好英语的关键因素之一。"(摘自《外语教育学》)因此,在完成教学任务的同时,为避免或缓解两极分化现象,首先必须要引导学生过好词汇关。克服词汇学习中的困难,掌握学习词汇的规律,并且将语言材料放到有意义的交际场合中使用,从而使英语学习不只停留于知识的表面理解和运用,以真正达到学习语言的交际目的。

二、实践

就教师而言，学生词汇量的缺乏，导致在语法教学和语篇教学时，学生无法跟上教师的节奏。这使教师不得不延缓教学进度，在单位时间中，不仅不能完成教学目标，而且学生掌握得也不扎实。因此，只有分析学生词汇学习困难的成因，发展学生的学习策略，帮助学生最高效率地牢牢记住所学的词汇，教师才能从根本上发展学生的语言习得能力和综合应用能力，进一步有效提高教学质量。

(一)高中生英语词汇学习的现状调查分析

调查问卷共发放 210 份，回收有效问卷 210 份。调查对象：高中平行班学生。

1. 就学生对词汇认识进行调查

对学生词汇认识的调查，结果见表 1。

表 1　学生对词汇认识的调查结果

问题	选项	比例
1. 你是否认为词汇是学好英语的关键	是	92.16%
	否	7.84%
2. 在学习英语的过程中，词汇记忆是否是你学习英语的难点	是	69.61%
	否	30.39%
3. 在考试中，因词汇不理解而导致丢分是否是主要原因	是	72.55%
	否	27.45%
4. 对于学过的单词，你是否会定期复习	是	13.73%
	否	86.27%
5. 你平均每星期花在词汇上的时间占英语学习总时间的多少	75%	10.78%
	50%	28.43%
	25%	38.24%
	其他	22.55%
6. 你感觉自己在词汇学习时收获很大吗	是	46.08%
	否	53.92%

从以上数据可以看出，高中学生对英语词汇学习非常重视，而且词汇的缺乏也是学生在考试中丢分的重要因素之一。学生在英语词汇学习上投入的时间并不少，但有 53.92%的学生认为自己在词汇学习的过程中没有比较大的收获。这就反映了学生在词汇的学习中没有有效的方法，没有系统的词汇学习策略。

2. 就学生的词汇学习策略进行调查

对学生的词汇学习策略的调查，结果见表 2。

表 2 对学生的词汇学习策略调查结果

题目	选项	比例
1. 我根据发音规则记单词，拼写时一边念一边写	是	57.84%
	否(原因)	42.16%
2. 我用字典来帮助我记忆单词	是	13.73%
	否	86.27%
3. 我用英文释义来记忆理解单词	是	42.16%
	否	57.84%
4. 记忆单词时，我注意发现规律，把词根、词类等有相同特点的词放在一起记忆	是	45.10%
	否	54.90%
5. 记忆单词时，我有意识地思考这个词在什么场合、什么时候会用到	是	27.45%
	否	72.55%
6. 记忆单词时，我也记忆它的搭配	是	54.90%
	否	45.10%
7. 我按照事物的分类把表示同类事物的单词放在一起记忆	是	22.55%
	否	77.45%
8. 我把新单词放在词组和句子里，连词组和句子一起记忆	是	20.59%
	否	79.41%
9. 我常常通过前后句子或上下文等语境来猜测生词的意思	是	61.76%
	否	38.24%
10. 我通过大量阅读英语读物来扩大词汇量	是	17.65%
	否	82.35%
11. 我尝试过多种记忆单词的方法，通过对比，现在找到了比较好的单词记忆方法	是	33.33%
	否	66.67%
12. 我规定自己每天或每星期要背出多少单词	是	23.53%
	否	76.47%
13. 我经常有意识地复习和使用单词，加深记忆	是	28.43%
	否	71.57%
14. 我每过一段时间要检查一下自己记单词的方法，要是效果不好，就考虑用别的方法	是	24.51%
	否	75.49%

以上 14 题的调查目的在于：了解在学习词汇的过程中，学生能否自觉应用词汇的学习策略，应用的程度如何。其中第 1 题调查的是学生词汇学习的机械记忆，第 2—10 题调查学生词汇学习的认知策略，第 11—14 题调查学生词汇学习的元认知策略。

学习材料本身缺乏意义联系，或者学习者不了解材料的意义，不理解其间的内在联系，单靠反复背诵来记忆，这叫机械记忆。从第1题可以看出，有42.16%的学生在记忆词汇时没有应用音标。这些学生不会使用音标主要有两个因素：一个是有一部分学生基础薄弱，认识的音标很少，甚至没有学过音标；另一个则是会音标，但是不注意读音规则，不会自觉应用音标和单词拼写之间的联系。如果英语词汇只靠死记硬背，即使花再多的时间，收获也不大。音标掌握得好可以有效提高词汇学习的效率。这也启示我们教师，在高中的英语教学过程中，适当穿插音标教学，帮助学生有效记忆单词。

学习策略指学习者为达到学习目标所采用的各种措施，一般分为两类：认知策略和元认知策略。认知策略指学习者对所输入的语言知识进行处理并发展该语言知识的过程（邓鹏鸣，2004）。词汇学习认知策略能够帮助学习者增强独立处理生词的能力，如结合上下文猜测词义，通过联想记忆单词，通过词缀和词根记忆单词，通过派生词记忆单词，通过掌握固定搭配来储备语言材料，等等。虽然这些词汇学习认知策略都是学生所熟知的，但从数据来看，有一半多的学生实际运用效果却不佳。原因之一是学生未能十分清楚地认识到掌握这些学习策略对提高自己独立学习词汇的能力和扩展词汇学习空间的重要性；原因之二是对这些学习策略的领悟程度不够，教师或学生本人没有将学习策略得以充分练习，不能使其很好地运用到词汇学习当中。

元认知策略指学习者用来监控、调节或自主指导学习行为的策略（邓鹏鸣，2004），是培养学习者自主性的关键（张彦君，2004）。学生不仅仅只是词汇学习中的执行者，还应学会做置身事外的观察者和监督者。学生应该定期在一段时间的词汇学习后思考自己的学习过程，分析学习中的得与失，如：这一阶段的词汇学习过程中哪一些词汇学习策略运用得比较好，对词汇的提高有明显的帮助；哪些词汇达到了预期的学习目标，没有达到目标的怎样弥补；等等。时常在词汇学习进程中进行自省，能增强自己对词汇学习的责任感，调动自己的自主性。根据调查数据，70%左右的高中学生在词汇学习中只是被动学习，没有找到适合自己的学习策略，更没有发挥在词汇学习中的自我主导作用。

3. 对教师词汇教学和教材词汇进行调查

对教师词汇教学和教材词汇的调查，结果见表3。

表3　对教师词汇教学和教材词汇的调查结果

问题	选项	比例
1. 你在词汇教学中，学生是否觉得枯燥乏味	是	78.23%
	否	21.77%
2. 你是否经常告诉学生该如何记忆单词	是	73.55%
	否	26.45%
3. 你的学生是否喜欢你现在的词汇教学方式	是	45.63%
	否	54.37%

续 表

4. 你的学生对课堂内教授的词汇能记住多少	基本能记住	23.47%
	记住一半	38.56%
	只能记住很少	37.97%
5. 对于现行教材的词汇量，你的学生的反映是	太多，记不过来	46.33%
	还好，基本能行	37.58%
	有点少，还可以增加	16.09%

以上5题的调查目的在于：了解教师的词汇教学是否适合学生的要求，词汇教学的效果如何，教材中的词汇量是否满足学生的要求。通过调查发现，现行的词汇教学模式不能很好地吸引学生，因此学生学习词汇的效率并不高，一堂课下来有近37.97%的学生只能记住很少。笔者认为，教师在课堂词汇教学中，应运用多种方法，吸引学生，激发学生的兴趣，有效地帮助学生提高英语水平。

(二)高中生英语词汇学习存在的困难和成因分析

1. 教材的因素

高一旧教材中，词汇量是400个左右，而现行的新教材中，高一的词汇量是500个左右。教材词汇量的增加，意味着要求学生在单位时间内要掌握更多的单词。这就考验了学生的记忆力和词汇学习策略的应用，这也是造成学生词汇学习困难的原因之一。

2. 教师在词汇教学中存在的问题

对于教材的不断更新，教师自身要不断学习，需要不断适应教材对词汇的要求，不断研究大纲对词汇的要求。在教学中，运用科学的辅导方式，充分调动和发挥学生的主观能动性和主体作用，使学生的英语词汇学习取得突破性的进展。

3. 学生自身的原因

初中词汇量有限，学生未能形成良好的词汇学习策略。在高中时，学生一下子不能适应教材的词汇量，又缺乏必要的学习方法。久而久之，跟不上教师的节奏，学生对英语失去了学习的兴趣，导致恶性循环。

(三)解决高中生英语词汇学习困难的对策

理论来自实践，根据调查的数据和分析，了解了学生词汇学习的困难，以及在教学教材中存在的弊端，教师有必要在教学过程中进行调整，有效利用教材，逐步激发学生的兴趣，加强策略指导，扩大学生的词汇量。

1. 教师应在词汇教学中激发学生学习的兴趣

(案例 1)道具准备:药瓶,纸杯,水

教学过程:teacher (T),students (S)

When coming into the classroom,teacher coughs seriously.

T:Good...(cough)...morn...(cough)!

S:Ms Li, what's wrong with you? Have you got a cold?

T:Yes, I've caught a cold. I *coughed* a great deal last night. And the doctor gives me some medicine. (Take out the bottle) Could you help me to read the *instructions* on it?

S:It reads two...err. (I don't know the English of 药片.) After meal and three times a day. And have a good rest.

T:Well, what's 药片 used for?

S:It can cure the disease.

T:That's right. When people are ill, they usually eat *pill*s. (Write this sentence on the blackboard.)

T:Oh, it is time to have pills. Could you fill this cup with some water, please?

(S pours the water to the cup.)

T:Thank you. You are so kind. Oh, be careful, don't *spill* the water over.

以上案例中,教师通过简单的小道具、生动的表演,吸引学生的注意力,引发了学生的好奇心,打破以往的教学模式。通过一个简单有趣的情境,师生互动,激发学生表达的需要,教师再把相关的生词引入,满足学生的需要。教师再进一步将生词拆解(people+ill=pill)和延伸(pill→spill),形象生动,使学生印象深刻。教学新的组合形式,单词新的解释方式,让学生对词汇有了新的体验,激发学生进一步学习词汇的热情。

兴趣是以需要为基础的,凡符合需要的事物都可能引起人的兴趣。学生的兴趣正是以学生对知识的需要而产生的,它既是过去学习的产物,也是促进今后学习的手段。激发了学生学习词汇的兴趣,不仅对于打好词汇基础有帮助;更重要的是,对于学生英语综合能力的发展有很大的促进作用。

因此,教师在词汇教学过程中,要改变以往陈旧的教学模式,主要从以下两方面入手。一方面,词汇教学、练习、测试及评价方式要丰富多彩。教师在备课中要仔细考虑所传授知识的科学性,运用多种灵活的教学方法和手段,如直接教学、联想教学、对比教学等,注意词汇教学的艺术性,讲清重点词汇,分析难点词汇,使词汇课上得有声有色,激发学生的学习兴趣,提高学生学习英语的积极性。另一方面,词汇学习与教学语言相结合。学习词汇的目的在于运用,使人与人之间的交流更加顺畅。生动形象的教学语言与词汇的结合,对词汇教学效果有直接的影响,更能激发学生学习的兴趣,加深对词汇的理解和记忆。

2. 教师应有意识地对学生进行记忆力训练

学英语若记不了大量的单词,学好英语是不可能的。因此,记忆在英语学习中占有重要地位,记忆方法的好坏直接关系到英语学习的成败。

联想记忆法,案例2如图1所示。

(案例2)

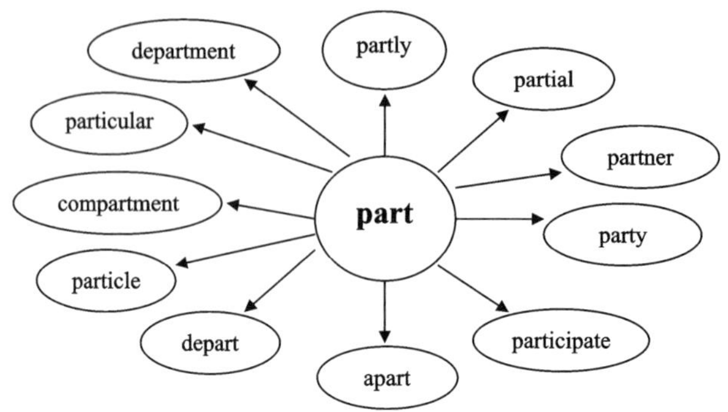

图1 联想记忆法案例2

(案例3)

当一个人开车在路上时,可以联想路上的所见所闻:

car, bicycle, truck, bus, traffic, rush hour, highway, sidewalk, road, passenger, shop, hotel...

记忆的基本规律,就是把新的信息和已知的事物进行联想,通过想象,联系得越新奇、生动、有趣,就越能记住知识。学习英语要善于联想,充分发挥联想的作用,不仅能帮助学生有效地记忆单词,还有助于培养和提高学生的发散性思维和自学能力。

趣味记忆法:

(案例4)

开场白结束,家族一号成员代表window上场。

最小的宝宝:in　　在……里面

in的家长是:win　　赢,胜利

win的家长是:wind　　风

wind的家长是:window　　窗,窗口

这样你只要记住window,就可以同时记住其他三个单词了。

(案例5)

瑟瑟秋风是September(九月)　　国庆节灯笼October(十月)

没有树叶在November(十一月)　　一年到底是December(十二月)

兴趣与记忆的关系是非常密切的。对学习材料和要记的东西本身的直接兴趣,有助于增强记忆效果。词汇本身意义就很丰富,只要把学习过程搞得活跃、有趣、新奇,就能调动学生对记忆单词的兴趣,并促进学生形成自觉学习英语词汇的习惯。

归纳记忆法:

我们可以从交通、节日、饮食等方面进行归类,也可以按时间、决心、态度等主题进行汇总,然后根据记忆原则记忆。

例如，按文学形式分类，我们可以归纳许多词：biography（传记），essay（杂文），reportage（报告文学），memoirs（回忆录），travels（游记），prose（散文），fiction（小说总称），等等。

词汇不是单一的个体，而是在意义上有着很多联系，找出它们词形、词意的关系，对它们进行归纳分类，可以帮助学生记忆大量的单词。

重复记忆法：

很多学生对单词都是“学得快，忘得快”，词汇的记忆不能依靠“瞬间记忆”，克服遗忘的最好最有效的办法就是重复。重复并不是简单意义上的机械重复，毫无意义的死记硬背绝不会使我们对新信息的记忆一天天变得容易起来，而是通过各种重复技巧，达到“永久记忆”。

3. 教师应加强词汇教学中学习策略的指导

语义策略：

（案例 6）

（1）上下义关系，如图 2 所示。

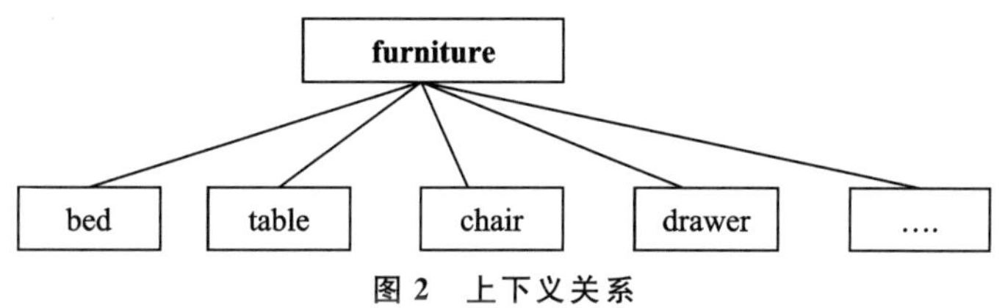

图 2　上下义关系

（2）同义关系，如图 3 所示。

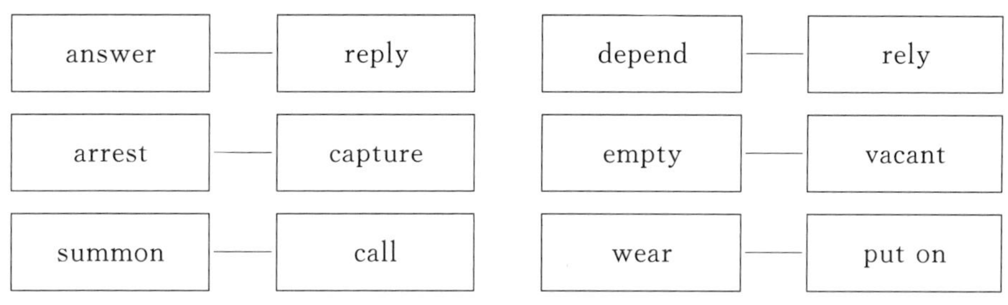

图 3　同义关系

（3）反义关系，如图 4 所示。

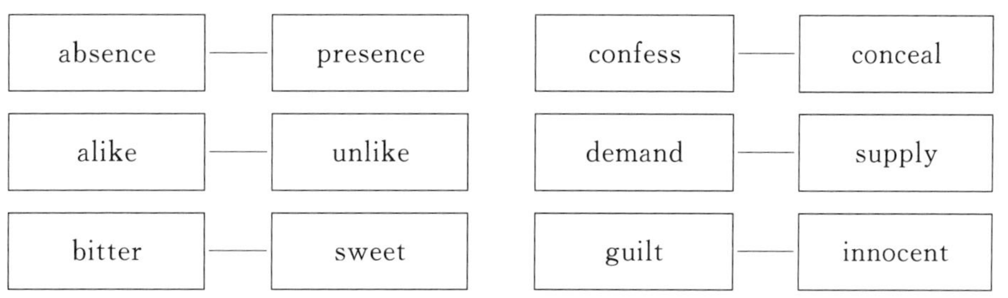

图 4　反义关系

根据词的语义，对词进行整理可使学生更清楚相关词汇的语义关系，有助于对这些词的理解和记忆。

构词法策略：

(案例7)

(1)表示否定意义的前缀主要有 in-，il-，im-，ir-，un-，dis-，non-。如：incorrect, independence, illegal, impossible, irregular, unhappy, unable, discourage, disobey, non-stop，non-violent。

(2)表示错误意义的前缀的主要有 mis-。如：mistake，mislead，misunderstand。

(3)表示相反意思的前缀主要有 un-，anti-。如：undo，unfold，unload，uncover the Anti-Japanese War, anti-body。

(4)表示名词后缀的主要有-an，-ant，-ee，-eer，-er，-ese，-or，-ist。如：musician, servant, merchant, employee, examinee, engineer, volunteer, teacher, villager, Chinese。

(5)表示形容词后缀的主要有-able，-ible，-al，-ish，-ive，-ly，-ful，-ous，-en，less。如：comfortable，horrible，natural，foolish，selfish，active，impressive。

(6)表示动词后缀的主要有-ize，ise，-en，-fy。如：organize，modernize，globalize，weaken，widen，purify，simplify。

英语中构词法主要有转换、合成和词缀三种方式。了解这些知识，特别是词缀知识，对英语词汇的习得大有裨益。

语境策略：

(案例8)

(1)文章直接给出定义。如：

Do you know what a "*territory*" is? A territory is an area that an animal, usually the male, claims(声称)as its own. Only he and his family are welcome there. No other families of the same species(物种)are welcome. Your yard and house are your territory where only your family and friends are welcome.

(2)根据下文进行逻辑推理。如：

School *uniforms* are becoming more and more popular across the U. S. A. That's no surprise, because they offer many benefits. They immediately end the powerful social sorting and labeling (标记)that come from clothing. If all students are dressed in the same way, they will not pay too much attention to their clothing, and some of them will not be laughed at for wearing the "wrong" clothes.

词汇的真正意义只有在具体的语境中才能体现。阅读是在语境中习得词汇的一个重要环节。从某种意义上说，阅读的过程是了解英语语言文化的过程，也是学习者扩大词汇量的过程，还是根据上下文理解词汇、掌握词汇的过程。在阅读过程中碰到生词时，我们可以根据生词所处的句子或段落从上下文来推断该词的含义。

4. 教师应在词汇教学中加强渗透中西方文化差异

(案例 9)

在阅读理解中常常会出现一些词,往往使学生难以理解,甚至引起误解,具体情况见表 4。

表 4 教师在词汇教学中加强渗透中西方文化差异

英文中的表达	中国学生的误解	真实含义
black coffee	黑咖啡	浓咖啡
black tea	浓茶	红茶
talk horse	和马谈话	吹牛
Halfway house	中途休息站	康复医院
cry for the moon	对着月亮哭	无法企及的愿望,痴人说梦
cover oneself with the moon	感受甜美月色	流浪汉露宿街头
in the black	穿着黑衣服	欠债
Indian summer	印度的夏天	秋老虎
Don't be chicken	别成为小鸡	别害怕
What a lucky dog	真是条幸运的狗	它真幸运
You are really a green thumb	你有绿拇指	你真是个种花巧匠

“语言词汇是最明显的承载文化信息、反映人类社会生活的工具。”英汉词汇的文化内涵极为丰富,但在许多方面存在着不对应现象。每一个民族都有它自己的生活习惯、思维方式、语言心理、行为规范、价值观念和文化传统。因此,在学习英语时,绝不能忽略文化因素。词汇是文化最直接的体现,了解词汇的文化内涵,有助于学生更加精确地掌握好英语。

三、结语

本文通过研究,就高中学生词汇学习困难做了初步的探讨,并结合教学实践对学生进行指导的实践活动进行了论述。在实践中,我们克服了学生英语基础差异大、设备有限、教学任务紧张等困难,得到了学校、教研室、高级教师和学生的支持,同样也在此次研究过程中,经过师生的反思,得到了以下宝贵的经验。

(1)学习需要热情。教师在备课及授课时应充分考虑学生兴趣这一非智力因素对学生动力的影响,尽可能地使训练及活动形式丰富多变。教学活动的设计应对学生有一定的挑战性,既不可过易,也不可过难。过易,活动对学生没有吸引力,使学生很快产生厌倦感;过难,则学生会认为自己能力不济,丧失自信。每个学生都有获得成功的愿望,教师应为学生创造成功的条件。在开展任务型和项目型等教学活动之前，教师应做好充分的前期准备，使活动顺利进行，而不致因学生对活动的不理解挫伤其学习积极性。

(2)影响识记的主要原因是遗忘。克服遗忘的最好办法是经常重现，及时复习。重现率越高，识记印象越深。在教学中，教师授课既要结合现实，生动有趣，也要尽可能地重现学生在以前所学过的单词和词组，当然也可以采用学生没有学过的单词与词组来扩大他们的词汇量。教师如能善于利用记忆规律进行教学，采取切实可行的措施，对提高学生的英语水平必将起到促进作用。

(3)学习策略是学生学会自学的核心。传统的教学以听讲、记忆、模仿为特征，长期地过于强调死记硬背，机械训练，其结果导致学生学了英语词汇之后出现发音不准、记忆不明、勉强记住等问题。授之以鱼，不如授之以渔。在英语词汇教学中应讲究策略，引导学生探索学习英语词汇的规律，逐步实现由教师口对口一个词一个词地教，转变成学生独立自主地学习英语词汇，自觉地扩大自己的英语词汇量。这样，学生的词汇能力就一定能够不断提升，为将来的英语学习打下基础。

在此次的课题研究中，还存在着很多不足之处。由于时间短、任务重、课时有限，在课堂具体操作时还存在一定问题。笔者期望通过本文抛砖引玉，引发大家对词汇习得做更多和更深入的研究，从而丰富高中英语词汇教学的手段和方法。

参考文献

[1] 胡文仲. 跨文化交际学概论[M]. 北京：外语教学与语言研究出版社，1999.
[2] 陆国强. 现代英语词汇学[M]. 上海：上海外语教育出版社，2002.
[3] 吴道存. 怎样教好英语[M]. 北京：人民教育出版社，2002.
[4] 唐力行. 英语教学方法与技巧[M]. 上海：上海外语教育出版社，1983.
[5] 舒白梅，陈佑林. 外语教学法[M]. 北京：高等教育出版社，1999.

高中英语听说教学中培养学生文化意识核心素养的实践策略

杭州市萧山区第十高级中学　李春波

摘　要：本文依托新课程标准中英语学科核心素养对学生文化意识培养的要求，把素养级别一级作为课题实践总目标，使学生能够在明确的情境中根据直接提示找出文化信息；有兴趣和意愿了解并比较具有文化多样性的活动和事物；感知中外文化的差异，初步形成跨文化意识；通过中外文化对比，加深对中国文化的理解；坚定文化自信；了解中外优秀文化，形成正确的价值观；感知所学内容的语言美和意蕴美；能够用所学的语言简单介绍中外文化现象。在这样的目标下，在听说课教学环节中积极探索和培养学生的文化意识。

关键词：英语听说课；文化意识；培养

一、课题缘起

1. 文化意识构建的内在要求

语言具有工具性和文化性两种属性，这两种属性是相辅相成、不可分割的。我们知道，西方国家在社会制度、生活方式、宗教信仰、价值观念等方面都与中国有着巨大的差异。这些差异则通过语言表现出来。中国学生在学习英语时往往从本民族的角度来看待英语国家的文化。这种文化上的干扰必然导致学生对所学内容的不理解或误解。在教学中对比两种文化的差异，是帮助学生排除文化障碍、正确理解外国文化、构建文化意识的重要途径。

2. 英语听说课是培养文化意识很好的载体

如何在英语学科教学中对学生进行文化意识这一核心素养的培养，已经成为我国英语教育者面临的一个新课题。目前关于文化意识核心素养的研究多以阅读教学为主，对于如何在听说教学中培养学生文化意识核心素养的研究较少。听力语料具有口语化和情境化、话题贴近生活、真实交际性等特点。在英语学习过程中，学生要学习大量的英语语篇（包括口语语篇和书面语篇）；在学习这些语篇的过程中，学生要接触大量的英语国家社会现象和文化背景。因此，听力教学具有与阅读教学同等重要的培养学生核心素养的价值，特别是在培养学生通过口语交际传播中国文化方面具有特别的优势。

3. 学生终身发展的需要

核心素养实际上是关于“培养什么人，如何培养人”的问题。《普通高中英语课程标准(2017年版)》将英语学科的“核心素养”阐释为包括“语言能力、文化意识、思维品质和学习能力”在内的相互关联的四大要素。程晓堂教授把其中的“文化意识”解释为“对中外文化的理解和对优秀文化的认同，是学生在全球化背景下表现出来的知识素质、人文修养和行为取向”。学生的学科核心素养主要是通过学科的教学来实现的。英语学科课程目标不仅仅是让学生掌握一种交流的工具，而且通过课程的学习达到提升学生文化品质的目标；内容的设置，不仅考虑到促进学生的文化理解和思维能力的发展，还将知识技能渗透到学习的主题、情境、语篇和语用中去。基于学科核心素养的教学方式也产生了一系列的变革，改变了单一途径和碎片化的知识传授，注重课程的整合和关联，实现学生语言、文化、思维的深度融合。因此文化意识素养的培养目标可以概括为：获得文化知识；理解文化内涵；提升人文修养；培养跨文化能力；使学生形成终身受益的正确价值观和良好品格。

二、课题实践

基于实践探索，笔者认为，在英语听说教学中提升中学生文化意识素养的基本思路及操作方法如下。

1. 增强文化意识的敏感度，分析与提炼听力语篇的文化培养价值

语篇是语言知识和文化知识的载体。深入研读语篇，对教师把握话题主题和挖掘语篇文化价值具有重要意义，是落实核心素养目标、创设学习活动的重要前提。语言教学中的语篇有多种呈现形式，既包括口头的、书面的，也包括声音的和视频的。听说教学中的语篇多以声音和视频形式呈现，可以附有对应的书面文本。在听说教学中培养学生文化意识时，教师应增强文化意识敏感度，从深入剖析听力语篇的文化意识培养价值入手，在关注语言知识的同时，挖掘教学素材中的文化知识，将文化意识培养与知识的学习相结合；通过分析语篇的主题和内容、语篇的深层含义、语篇结构和修辞手段等，挖掘语篇所承载的文化和价值观等具有深刻内涵的内容，帮助学生丰富生活经历，体验不同情感，树立正确的人生观和价值观，提升文化意识。

教学实例：例如 Module1 P14 上的 Listening 中主要话题是英语中的 Dialect。这段听力材料提供的是美国南部休斯敦德克萨斯市的方言口音。其中“y'all”“ain't”“whole'nother”“'bout”“thinkin'”“shoulda”“feelin'”“outta”“sure' nough”等等与平时所学英语格格不入的方言，能够让学生领略到英语的多样性这个特点。与汉语一样，方言也是英语必不可少的一部分。事实上，地道的外语及其方言在学生

们离开校园、走上社会甚至出国后，在使用英语作为交际语言时是不可或缺的。

再如，Module1 P39 上的 Speaking 部分，主要以 Life of Nelson Mandela 作为文本，讲述这个著名黑人总统曼德拉为黑人争取平等权利的奋斗史。通过这段教学，学生了解黑人遭遇的种族歧视以及他们为此抗争的精神，以此展开的 Speaking 环节，让学生都来谈谈个人对种族歧视的看法和对曼德拉的评价，以此帮助学生树立正确的世界观和价值观。

又如，Module2 P44 上的 Listening 部分，听力文本为介绍北京著名的紫禁城 Forbidden City，文本描述了紫禁城的一些基本情况，比如名字的由来，包括多少间房舍，以及为什么有那么多的房舍，意义又是什么，如此震撼的皇家宫殿是中华民族几千年历史所特有的文化。学生在 Listening 这个环节用英语学习这些本国文化的同时，或多或少具备了用英语描述一些中国传统文化的能力，也就具备了往后有一定的能力向外国友人宣扬我们中华民族博大精深的文化，符合让中国传统文化“走出去”的理念。

国内英语教学机构英孚，它的青少儿英语市场部副总裁杨晓琛也介绍了自己心目中英语学习的三个层次：第一，掌握基本语言能力——听、说、读、写、看、语法、词汇。英语学习不应该以考试为目标，而是真正让孩子学会听、说、读、写、看、语法、词汇七大基础；第二，语言学习不仅是简单地学习听说读写，还要了解语言背后的文化；第三，要能够去传播，每个人都要做中国文化的传播使者。在他看来，英孚的英语教育目标不仅包括教会学生语言、学习西方文化，更包括让学生具有传播中华文化的能力。英孚通过语言俱乐部组织学生开展各种实践活动，实现这些培养目标。

此外，Module3 P6，P37，P41，P45，P55，Module4 P23，P31，Module5 P15，P53 和 Module6 P7，P41，P53 上的听说教材中都有可以提炼的文化知识和以此可以设计的培养学生文化意识的契机。

2.增强学情分析的准确性，深入客观地了解学生的文化素养基础

好的教学设计应该以全面、深入的学情分析为基础，才能真正促进学生的发展。有些教师在进行学情分析时存在表面化、主观性等问题。教师可以通过访谈、问卷、测试、学生作品等形式，充分、客观地了解学生的已有知识和需求，避免对学情的主观臆断；在对学生的已有知识及可能存在的问题等进行充分了解的基础上，制订恰当的教学目标，设计合适的教学活动，最大限度地促进学生文化意识的发展。比如课前可以布置预学作业，一方面可以对学情进行摸底，方便备课；另一方面，也可以让学生提前对课题所讲文化知识有所认知。

教学实例：Module3 P6 上的 Listening and speaking 环节是关于加勒比地区特立尼达和多巴哥的狂欢节活动的。加勒比狂欢节是一年一度中美洲著名的文化节日。加勒比地区的民众穿上节日的盛装，载歌载舞，热闹非凡。狂野奔放，丰臀肥乳，华丽的服装，重金属音乐的冲击，浓浓地渲染着特立尼达岛。听力里面有几道题目是关于狂欢节活动的细节的，如果对狂欢节这一活动提前有所了解自然是事半功倍的。教师布置作业的时候可以要求学生上网查阅关于狂欢节的知识，回答几个问

题，诸如活动举行的季节、形式，着装等细节，还可以问学生这样的节日是否有兴趣参与。

3. 具有目标多元化意识，制订恰当的文化知识学习目标

教师要有教学目标多元化意识。制定教学目标时，不仅要关注语言知识和技能目标，还需要从文化知识获取、文化内涵理解、文化差异比较和优秀文化传播等维度设计文化品格素养发展目标。恰当的文化品格素养目标，要以教材语篇的文化价值分析和准确的学情分析为依据。

修订前的《普通高中英语课程标准》中对语言技能之听的八级目标阐释为：①能识别不同语气所表达的不同情感；②能听懂有关熟悉话题的讨论和谈话并记住要点；③能抓住一般语段中的观点；④能基本听懂广播或电视英语新闻的主题或大意；⑤能听懂委婉的建议或劝告等。说的目标为：①能在交流中使用恰当的语调、语气和节奏表达个人的意图和情感等；②能根据学习任务进行商讨和制订计划；③能报告任务和项目完成的过程和结果；④能经过准备就一般话题做 3 分钟演讲；⑤能在日常人际交往中有效地使用语言进行表达，例如发表意见，进行判断、责备或投诉等；⑥能做一般的生活翻译，例如带外宾购物或游览等。高中英语教学中普遍存在着听说课教学目标着眼于对听、说、读、写的语言知识和语言技能的培养，而容易忽视对学生文化知识和文化意识的培养。因此让英语听说课教学目标多元化，设计能加强学生文化意识的教学目标是一大关键。

教学实例：Module3 P55 Talking 是《百万英镑》这部莎士比亚戏剧的角色扮演，本单元通过学习这部戏剧，讽刺了在旧时资本主义社会里，人们拜金的丑恶嘴脸，在金钱面前，人们阿谀奉承，点头哈腰。因此，此处除了听和说方面让学生能达成一定目标外，在文化意识培养方面可以增加如下几个目标。

①Students will be able to get a direct knowledge of the money worship from western culture.

②Students will be able to develop the correct attitude to this social phenomenon.

③Students will be able to act out the money worship culture vividly.

4. 创造性使用教材，基于文化意识目标对教材内容进行恰当整合

有效的教学需要教师依据学生情况和教学目标，创造性地使用教材。李宝荣、李慧芳(2011)指出，教师要有对教学内容进行价值分析的意识，即有意识地分析教材内容可以用来实现哪些目标，并根据学生实际水平及发展需求对这些内容进行取舍与整合。教师可以基于文化素养培养目标以及学生实际学习需求，对教材内容通过改编、删减等方式进行恰当的整合，对教材进行创造性使用，促进文化品格素养培养目标的落实。例如，教材内容中属于背景知识、词汇认知的，可以放在预学单中让学生课前自主学习；活动的选择与使用要紧密结合本节课教学目标，与目标关联不大的活动可以省去；活动形式不恰当，不利于目标知识内化和运用的，可以进行改编；等等。

例如人教版 Module1 P14，Module2 P44，Module3 P6，P37，P41，P45，P55，Module4 P23，P31，Module5 P15，P53 和 Module6 P7，P41，P53 等听说课环节都可以成为培养学生文化意识的契机。有些文本材料比较浅显，直接就能体现中外文化知识和文化内涵，可以直观地让学生获取文化意识和培养文化意识。但是也有一些教材文本不是那么明显，比如 Module3 P58 的 listening task，此处教师在设计习题的时候可以提问：What difference you think this will make to the way people treat Henry? 通过这一设问，引起学生的联想和思考，同时可以进一步引起话题，为下一环节的 Speaking 做好铺垫。Speaking 部分可以通过人们对 Henry 前后明显的不同态度，展开讨论，揭露旧时资本主义社会拜金主义的丑陋行径。

5. 结合实际教学需要，补充恰当的文化教学资源

除了整合教材外，教师还需要根据学习需要，补充恰当的教材以外的学习资源。学生发现英语课并不只是学习单词和语法，还能了解中国和世界文化，学习兴趣因而会得到极大的激发。文秋芳(2016)写道："习近平总书记曾说过，要让 14 亿人的每一分子都成为传播中华美德、中华文化的主体……要增强对外话语的创造力、感召力、公信力，讲好中国故事。要完成运用英语这一最具传播力的国际语言让世界了解中国立场、听到中国主张的任务，我国的英语教学就一定要加强中国文化的输入与学习。"因此，外语教学中的文化教学，不仅要教英语国家文化，同时也要学习如何用英语表达和传播我国的优秀传统文化。目前，关于外国文化的英语听说资源较多，关于中国文化的相对少些，教师可以根据实际教学需要，通过多媒体等手段补充恰当的中国文化学习资源，以帮助学生比较文化异同，培养尊重和包容文化多样性的意识。

中国传统文化源远流长，中国传统文化的价值观已经成为中华民族最基本的文化基因，在高考英语全国试卷第三部分语言知识运用的第二节也多次考查到了中国传统文化。我们有理由相信，随着英语学科核心素养的发布，在未来几年，高考试题中将更多地出现中国传统文化的元素，包括浙江高考试题的应用文写作中，关于让中国传统文化"走出去"这一环节将会越来越多。因此在平时的 Speaking 教学中，我们可以多增加一些对中国传统文化的教学和学习如何用英语准确流畅地向外国人描述中国传统文化。

教学实例：

节日方面：春节(关键词 the spring festival, spring festival couplets, the spring festival gala, set off firecrackers, lunar new year, lucky money)，元宵节(关键词 the lantern festival, family reunion, admire the full moon, sweet dumplings made of glutinous rice flour)，以及清明节、端午节、七夕、中秋节、重阳节。饮食方面：茶、火锅、饺子、筷子。生活方面：瓷器、丝绸、中医、京剧、汉字等。这些都可以作为日常教学的话题展开。

6. 设置恰当的情境，促进文化知识的学习与应用

语言学习的目标是使学生能够使用所学语言进行思维和真实交际。真实情境

的设计能够让学生产生了解文化内涵和表达所获得文化知识的意愿与需求。为了使文化知识的学习和运用更加自然和水到渠成，教师应注重学习情境的设置。恰当的情境有助于学生准确感知文化知识的使用，学习如何得体且恰当地与他人沟通和交流，传播优秀文化。

教学实例：Module3 “Festivals around the world”中可以通过改编教材创设情境，让学生集中地了解到世界各地的节日及其背后所蕴含的文化。该单元第一篇课文将学生带到了学习世界节日的文化意义的新阶段。课文对节日的介绍主要是按照节日的意义分类的，首先讲述的是“Festivals of the Dead”，即纪念亡者的节日。其中重点描述了 Halloween，经过初中阶段的学习，学生对万圣节已有一些基本的了解，于是在读课文之前，笔者向学生展示了一张雕刻成鬼脸的金南瓜图片，并提问：“What do you think about when you see the pumpkin?”学生围绕金南瓜展开了头脑风暴，曾经学过的关于万圣节的语言及文化知识都被再次激活。于是，笔者又呈现了在万圣节时的街头景象，有画着吸血鬼般浓妆的人们，挂在居民窗外的骷髅架，等等。浓郁的异域文化气息强烈地冲击着学生们，极大地激发了他们想要进行更多探索的兴趣，对了解万圣节背后的信息也产生了更强的动机。笔者随即便安排了与课堂目标密切相关的谈话任务。在激活的背景知识和激发的兴趣的双重影响下，学生对于用英语交流万圣节的话题很感兴趣，课堂氛围融洽。

以往，学生只是关注节日的习俗、欢度节日的表象、庆祝活动，比如万圣节装扮成幽灵，孩子们可以玩“trick or treat”等游戏；端午节人们吃粽子，有赛龙舟等庆祝活动。而这次，学生则是跟随高中课本，在课堂中去探寻节日背后的文化意义，初步了解主要英语国家重要文化现象的渊源，以及英语国家文化在日常生活和人们价值观中的体现，并且去对比了解中西方文化的异同，既抱一种尊重包容的态度去理解异国文化，也能坚守保护我们祖国的传统文化。

7. 了解文化意识内涵，设计有层次的文化意识素养培养的学习活动

程晓堂、赵思奇(2016)提出，文化意识核心素养不仅仅指了解一些文化现象和情感态度与价值观，还包括评价和解释语篇反映的文化，形成自己的文化立场与态度、文化认同感和文化鉴别能力。从这个角度来看，文化意识的内涵超越了以往所说的跨文化意识和跨文化交际力。由此可见，学生文化意识的塑造和文化能力的发展不是一蹴而就的，而是一个循序渐进、内化于心、外化于行的过程。

8. 开展有趣的以听说为载体的课外文化活动，全面提高学生的文化意识素养

教师可以将课堂教学与课外学习有机结合，通过设计恰当的拓展性作业或开展有趣的课外文化活动来提高学生的文化素养。例如，可以让学生在课后查阅相关文化资料，了解更多文化知识，并通过表演、演讲等形式对所学的文化知识进行表达，落实跨文化沟通和传播优秀文化能力的培养目标；还可以在相应的中外节日举办庆祝活动，让学生体验不同国家的文化习俗。

三、反思、收获

通过这一系列的探索实践，笔者还是能充分感受到学生对于感知和接受文化现象和文化内涵的意愿是很强烈的，也乐于在听说课中积极探求和讨论中西方的文化现象和文化内涵，也学会了不少如何用英语表达中西方文化的方式和词汇语句。因此，对于在英语听说课中培养文化意识的初步实践还是颇见成效的。

参考文献

[1] 陈琳.颂“学生发展核心素养体系”[J].英语学习(下半月),2016(1):5-6.

[2] 程晓堂,赵思奇.英语学科核心素养的实质内涵[J].课程·教材·教法,2017(5):79-86.

[3] 李宝荣,李慧芳.在中学英语教学中合理使用教材的建议[J].中小学外语教学(中学篇),2012(3):8-13.

单元整体视角下高中英语定语从句教学的初探

杭州市萧山区第十高级中学　杜泽红

摘　要：语法是语言学习的基础，是语言使用的依据。因此，语法教学的重要性毋庸置疑。本文探讨了在单元整体教学理念下，如何进行高中英语语法教学。以人教版高中英语必修一第四单元的限制性定语从句为例，摸索围绕单元主题和内容的从感知语法、操练语法到运用语法的课堂模式。

关键词：单元整体教学；单元主题；单元语境；语法教学

一、研究缘起

《普通高中英语课程标准(2017 年版)》指出，英语课程的具体目标是培养和发展学生的语言能力、文化意识、思维品质、学习能力等学科核心素养。英语课程内容是发展学生英语学科核心素养的基础，包含六个要素，语言知识是六大要素之一，而语法知识则是语言知识中重要的组成部分。因此，语法教学是培养学生核心素养的重要一环，不容轻视。

《普通高中英语课程标准(2017 年版)》提倡的英语教学语法观，是以语言运用为导向的"形式—意义—使用"三维动态语法观。同时《普通高中英语课程标准(2017 年版)》还提出，高中阶段的语法知识的学习"应在更加丰富的语境中通过各种英语学习和实践活动进一步巩固和恰当运用语法知识，学会在语境中理解和运用新的语法知识，进一步发展英语语法意识"。

然而，在实际语法教学中，虽然"语言离不开语法"是很多一线教师的共识，但是教师在认识和实际教之间还存在一定差距。教师在开展语法教学时往往注重讲解语法知识本身的结构和规则，忽略了学生的主动感知和探究；在检测学生对语法知识是否掌握仅仅通过选择、填空等题型进行，忽略了综合语言运用能力的训练；脱离主题语境下语法知识的获取、梳理与运用等现象非常普遍。这种聚焦于语法知识结构本身的语法教学，不仅导致了语法知识碎片化，不利于整合学习，更是导致了学生对语法学习不重视，语法学习效率低下。

二、理论基础

(一)单元整体教学

单元整体教学是指以培养学科核心素养为指向,在单元主题统领下,在核心任务驱动下,把一组原本离散的教学内容有机组合在一起的相对完整的学习单位。它是最小课程实施单位,课时是其中的一个不具备独立性的实施阶段。单元整体教学有三大基本原则:

整体性——一方面是指教师整体把握教学的内容,挖掘每个单元的教学内容、教学目标,以单元目标为统领安排教学内容;另一方面是指教学的整体性,强调语篇意识,也就是说词汇、语法的教学应放在篇章结构下。

关联性——教师在整体把握单元教学内容和任务时,应特别关注课时与课时之间的联系,尽可能将阅读、语法、写作等相结合,进行适时渗透。

丰富性——《普通高中英语课程标准(2017 年版)》提出了指向学科核心素养的英语学习活动观,教师应该设计丰富的教学活动,让学生在真实的语境中学习和运用英语。

(二)语法教学

英语语法是针对英语语言进行研究后,系统地总结归纳出来的一系列语言规则。语法知识包括词法知识和句法知识:词法关注词的形态变化,句法关注句子结构。在语言使用中,语法知识是“形式—意义—使用”的统一,与语音、词汇、语篇和语用知识紧密相连,直接影响语言理解和表达的准确性和得体性。可见,语法知识直接影响着学生对英语的使用,因此在实际教学中,语法教学是不可或缺的重要内容。

单元整体教学理念下,教师在进行语法教学时,应重视在单元主题语境下多课时、多方式呈现语法,在语境中指导学生观察目标语法的表达形式、基本意义和语用功能;整合教材内容设计丰富多样的练习操练语法,根据学情安排活动,让学生在单元学习中反复感知、操练和运用目标语法,提升学生英语语法意识和能力。

三、单元整体视角下定语从句教学的实践与反思

基于前期的理论学习和摸索,笔者以《普通高中教科书 英语(人教版)》必修一第四单元 Natural Disasters 中的语法项目 Restrictive relative clauses(1)(that, which, who, whom, whose)为例,截取几个课例片段尝试在单元整体教学理念下的语法教学。

(一)分析教学内容

《普通高中教科书 英语(人教版)》必修一第四单元 Natural Disasters 属于“人与自

然”主题语境下的“灾害防范”，主题语境内容为“自然灾害与防范，安全常识与自我保护”。该单元共有 7 个课时，定语从句主要分布在阅读、语法和自我检测板块。

语法板块的教学内容是 that，which，who，whom，whose 引导的限制性定语从句。其中 that，which，who，whom 引导的限制性定语从句是学生在初中时就掌握的内容，whose 引导的定语从句属于新学内容。该课的教学重点在引导学生理解定语从句对丰富句子内容和描述事物特征、补充信息的功能；引导学生运用定语从句补充信息，丰富自己的语言表达。具体情况见表 1。

表 1　单元课时、课型、语篇与定语从句数目分析

课时	课型	语篇内容	语篇类型	定语从句数目
第一课时	听说	播报自然灾害	新闻报道	1
第二课时	阅读	描述自然灾害	报告文学	6
第三课时	语法	描述自然灾害的图片	/	13
第四课时	听说	为灾害做准备	采访	1
第五课时	读写	海啸后的新闻	新闻报道	1
第六课时	自我检测	汶川地震后的现状	记叙文	9
第七课时	视频观看	介绍海啸发生的原因 以及对人类造成的巨大伤害	/	3

(二)细化教学目标

教学目标是教学的出发点和归宿，合理的教学目标是有效的语法教学的起点。单元整体学习是一个循序渐进、不断深入的过程，围绕单元主题组织课时教学应该系统地规划进阶式教学目标。单元整体目标下，每一个课时目标应该从不同侧重点递进式进行主题探究。作为单元整体教学下的语法教学，其教学目标应以语言的综合发展为出发点，与前后课时相互联结，相互渗透。B1U4 单元目标为：(1)阅读关于唐山大地震的纪实性文学，用自己的语言描述自然灾害；(2)听自然灾害的新闻播报；(3)听对话讨论如何做好应对灾害准备；(4)写一篇新闻摘要；(5)写一个关于自然灾害的报告。

基于单元目标，本节语法课的教学目标为：

(1)进一步学习定语从句的结构，了解关系代词的用法。

(2)学习 whose 引导的定语从句以及体验领会不同关系代词在不同语境下的使用。

(3)运用定语从句描述关于自然灾害和灾后重建的图片，理解灾后重建的困难，了解社会各界对于灾后重建做出的贡献，并培养学生关心时事、关心他人、互相帮助的精神。

(三)剖析教学实践

1. 基于单元语篇内容感知语法

(1)多课时复现目标语法。感知语法是语法教学的第一步，在单元整体教学理念下，感知语法不仅仅是语法课的步骤，更应该渗透在听说课和阅读课中。这种渗透可以从书面和口头两种形式进行，笔者在设计本单元的听说课和阅读课时，有意识地呈现目标语法，采用释义、加粗或斜体等书面呈现方式，引导学生理解目标语法，关注目标语法的形式。此外，教师在授课时的课堂用语可有意识地采用定语从句表达，并通过强调、重复等口头方式，输入目标语法，吸引学生感知目标语法。

例如，在 B1U4 Listening and Speaking 板块，第二则新闻报道中出现了 whose 引导的定语从句，笔者在呈现听力原文时，采用斜体变色等方式，在帮助学生理解句意的基础上，吸引学生关注目标语法的形式（如图 1 所示）。同时，课上笔者不讲解语法规则，只是帮助学生理解该句：They are also bringing food and water to those people. Their homes were lost in the disaster.

NEWS REPORT2
Good evening. Today is 27 March. More news about the floods in central China. The government is helping more than 12,000 people in Hunan and Jiangxi get away from the rising water. Homes and land have been destroyed, but no one has been killed. Rescue workers and soldiers are working day and night to make sure that people are safe. *They are also bringing food and water to those whose homes were lost in the disaster.*

图 1　听说课中目标语法的呈现

（2）多形式呈现目标语法。语法课堂呈现的目标语法可以是语篇、图画、动作、视频等多种方式，但不管是哪种方式，都应该紧紧围绕单元主题语境。B1U4 单元主题语境为“灾害防范”，语法板块的主题是“描述自然灾害的图片”，而阅读语篇中包含了六个定语从句，这为语法学习提供了载体。笔者在呈现目标语法时，通过提问和复习阅读语篇中的重要信息，呈现阅读语篇中含有定语从句的句子。学生在具体语篇中感知定语从句的意义和形式，降低理解难度。

【课例片段 1】

呈现语法，注重感知。

语法课中目标语法的呈现见表 2。

表 2　语法课中目标语法的呈现

Review and answer the questions. 1. Before the earthquake, what happened to the well walls? 2. During the earthquake, how many people were involved? 3. After the earthquake, who came to rescue the people under the ruins? 4. Are they simple sentences? 5. Can you translate them into Chinese?	Relative Clauses 1. There were cracks *that* appeared in the well walls. 2. Two thirds of the people *who* lived there were dead or injured. The number of people *who* were killed or badly injured in the quake was more than 400000. 3. The army sent 150000 soldiers to Tangshan to dig out those *who* were trapped and to bury the dead. Workers built shelters for survivors *whose* homes had been destroyed.

笔者通过复习阅读语篇的重要信息导入，通过提问提取了阅读语篇中含有定语从句的复合句，并让学生翻译这些句子。学生已在初中阶段初步掌握定语从句，因

此组织学生小组讨论，自主、合作探究找出例句中的关系代词，讨论其用法，归纳定语从句关系代词的使用规律，并尝试用思维导图或表格形式呈现。

2.整合单元教材内容，操练语法

(1)整合单元教材内容，创设真实连续情境。在单元整体教学下教授语法，最大的特点就是以单元主题语境为主线，以语篇为依托，可最大限度地激发学生学习兴趣，并真正落实让学生用语言做事情。教师在进行语法教学时，基于单元的主题语境，创设一个真实且连续的语境贯穿整个课堂是非常有必要的。如果学生能在相对完整且真实的语境里接触语言、体验语言，那么他们就能更好地理解语言和运用语言。

笔者对教材中含有定语从句的练习进行了整理(见表3)，发现可以将语法板块的单句填空、口头表达和自我检测板块的语篇填空置于同一真实语境下进行。汶川地震的基本信息—汶川地震后的灾后重建—现在的汶川，体现单元主题意义，即人类在重大灾难面前不屈不挠、相互援助、坚定信念、重建家园等意志品质。

表3　单元教材中含有语法练习的题型、内容分析

板块	所在页码	题型	内容
语法	52	单句填空	描写受灾的句子
语法	52	口头表达	描述自然灾害的图片
自我检测	56	语篇填空	汶川地震及现状
练习册	90	单句填空	与自然灾害相关单句
练习册	90	合并句子	与自然灾害相关单句
练习册	91	语篇填空	关于台风尼伯特
练习册	91	扩充语篇	介绍龙卷风

【课例片段2】

创设情境，贯穿课堂。

T:Some students seem to think that Tangshan earthquake is far away from us, however, I do think all of you know the earthquake that/which happened on 12 May, 2008 in China?

S:Yes, Wenchuan Earthquake.

T:Yeah, let's watch a video to have a better idea of the earthquake, which was the biggest ever in the history of China? After you watch it, please fill in the blanks with relative pronouns and think which relative pronouns in the passage can be omitted? And Why?

> The people who/that live in Wenchuan county will never forget the day 12 May, 2008. The 8.0-magnitude earthquake which/that killed over 80,000 people and left many more injured turned many towns and counties into ruins. There were many people whose homes were destroyed. The next day, people put up shelters in the open air using anything that they could find. The rescue work that/which followed was carried out by people from all over the country, and even abroad.

笔者在进行语篇改编时,关系代词的使用涉及了人和物的区别,充当主语、定语和宾语的区别,还涉及了宾语可以省略的题目。在理解语篇的基础上,引导学生找出定语从句中的先行词,分析选择关系代词的原因,并探讨哪一个定语从句中的关系代词可以省略及为什么。这实现了对定语从句的先行词及关系代词正确使用的自主学习过程。

(2)充分利用教材内容,多种形式操练语法。语法结构自身并没有意义,只有在一定语境中才能表达语用意义,实现表意功能。因此,语法操练的形式应尽量避免单一、孤立的选择、填空等题型,而应在具体语境下设计丰富多样的形式,书面的如语篇填空、选句填空、句子翻译等,口头的如采访、报道、对话等,让学生在具体语境中操练语法。

本套教材十分重视语法教学,所提供的语法项目都与单元主题语境相关,依据三维动态观设计相应练习,因此要充分利用教材所提供的练习。在 B1U4 单元语法板块的看图说话要求用定语从句描述图片,图片所呈现的情景和课堂创设情境连贯,从语篇层面帮助学生操练语法。鉴于笔者所任教学生的英语基础较差,笔者把相互提问改成了同桌讨论。

【课例片段 3】

同桌讨论,操练语法,具体见表 3。

表 3 同桌讨论,操练语法

Pair work	
Here are some pictures taken during Wenchuan Earthquake. Answer questions with restrictive relative clauses. 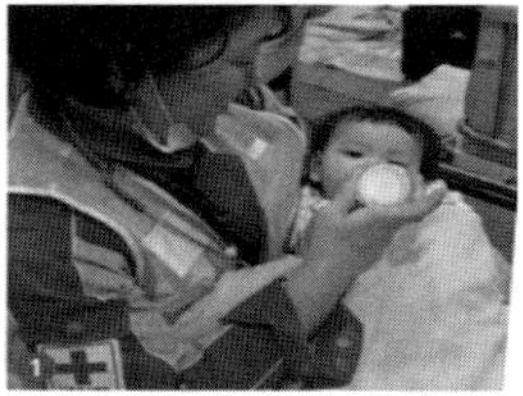	Questions: Where is the city that …? Who is the woman that … Who is the baby that … Where is the woman who/that is the baby's mother? Who is giving the milk that/which …?

利用教材提供的图片进行定语从句的操练,不仅引导学生理解定语从句对丰富句子内容、描写事物特征、补充信息的功能,同时也向学生展现了灾后人们做出的贡

献,引导学生理解灾后重建的重重困难,培养学生互帮互助的社会意识和爱国情怀。

3. 围绕单元核心任务,运用语法

(1)提供不同语境,准确运用语法。语法的准确使用离不开具体情境,情境的创设要依托单元主题语境和内容,保持单元教学的整体性和关联性。教师创设情境时应同时兼顾学生实际情况和单元主题语境,为学生提供真实的语境,让学生体会在不同语境下如何准确运用语法。笔者设计了以灾后的汶川现状为内容的语篇填空,对汶川地震幸存者的采访两个语境,让学生体会在不同语境下定语从句的使用。

【课例片段4】

具体语境,操练语法,见表4。

表4　具体语境,操练语法

Now, more than 10 years on, the people ________ are living a new life. Many live in new towns ________, in local communities ________. The people will never forget those ________. Out of gratitude, many young adults ________ have chosen to study medicine or join the army in a wish to help more people. Wenchuan, the county ________ and then completely rebuilt, has become a symbol of the Chinese spirit of never giving up.	A. who suffered the earthquake B. who rescued them and helped them rebuild their home C. which/that are earthquake-safe D. which/that have been beautifully rebuilt by the government. E. who were students during the earthquake F. which was completely destroyed

(2)围绕核心任务,逐级提升能力。单元整体教学理念下,各板块的任务应服务于单元核心任务。目标语法的运用应尽可能多地融入课时作业中,给学生提供在不同的语境中使用目标语法的机会。语法作业可以是听、说、读、写等各种形式,在学生内化语法知识后,能较好地对目标语法进行运用,培养学生英语语法意识。

笔者设计本单元相关板块的课后练习时,紧紧围绕单元的核心任务,从易到难逐级提升学生的语法能力(如图2所示)。语法板块的课后作业为运用定语从句描述课本第52页的第二、三两张图片。定语从句在图片描述中具有重要作用,因为图片中涉及多个人和物,学生需要运用定语从句来加以修饰或限定,学生作业见表5。读写板块的课后作业则是依据阅读文本"地球的不眠之夜"写一篇概要,要求尽可能多地使用定语从句。学生对阅读文本已经相当熟悉,这也降低了该任务的难度。项目活动是"做一个关于自然灾害的报告",要求学生从自然灾害的成因、后果以及救援措施三方面进行陈述。从语言运用上,要求学生有意识地使用定语从句进行描述。这对笔者所任教学生有难度,因此笔者并未布置。

课后作业从语法板块的描述图片、读写板块的写概要到项目活动的做关于自然灾害的报告,都为学生提供了创造性使用语言的场合。三个板块的任务难度逐级递升,从单句到语篇,最后以报告形式呈现。教师可以设计符合学情的任务,让学生能在不同语境、不同语篇下运用定语从句,提高学生使用定语从句的得体性。

语法板块
看图写句子（尽可能多地使用定语从句）

读写板块
写概要（尽可能多地使用定语从句）

项目活动
写一个关于自然灾害的报告（尽可能多地使用定语从句）

图 2　语法相关课时任务

表 5　学生作业

Homework: Try to describe pictures with restrictive relative clauses	Homework: write a summary based on the reading passage, using restrictive relative clauses as many as possible
	THE NIGHT THE EARTH DIDN'T SLEEP Strange things were happening in the countryside of northeastern Hebei. For several days, the water in the village wells rose and fell, rose and fell. There were deep cracks that appeared in the well walls. At least one well had some smelly gas coming out of it. Chickens and even pigs were too nervous to eat, and dogs refused to go inside buildings. Mice ran out of the fields looking for places to hide, and fish jumped out of the water. At about 3:00 a.m. on 28 July 1976, bright lights were seen in the sky outside the city of Tangshan and loud noises were heard. But the city's one million people were asleep as usual that night. At 3:42 a.m., everything began to shake. It seemed as if the world were coming to an end! Eleven kilometres directly below the city, one of the most deadly earthquakes of the 20th century had begun, a quake that even caused damage more than 150 kilometres away in Beijing. Nearly one third of the whole nation felt it! A huge crack, eight kilometres long and 30 metres wide, cut across houses, roads, and waterways. Hard hills of rock became rivers of dirt. In less than one minute, a large city lay in **ruins**. Two thirds of the people who lived there were dead or injured. Thousands of children were left without parents. The number of people who were killed or badly injured in the quake was more than 400,000. Everywhere survivors looked, there was nothing but ruins. Nearly everything in the city was destroyed. About 75 **percent** of the city's factories and buildings, 90 percent of its homes, and all of its hospitals were gone. **Bricks** covered the ground like red autumn leaves, but no wind could blow them away. Most bridges had fallen or were not safe to cross. The railway tracks were now useless pieces of **metal**. Tens of thousands of cows, hundreds of thousands of pigs, and millions of chickens were dead. Sand now filled the wells instead of water. People were in **shock**—and then, later that afternoon, another big quake shook Tangshan again. Even more buildings fell down. Water, food, and **electricity** were hard to get. People began to wonder how long the disaster would last. But hope was not lost. Soon after the quakes, the army sent 150,000 soldiers to Tangshan to dig out those who were **trapped** and to **bury** the dead. More than 10,000 doctors and nurses came to provide medical care. Workers built shelters for survivors whose homes had been destroyed. Hundreds of thousands of people were helped. Water and food were brought into the city by train, truck, and plane. Slowly, the city began to **breathe** again. Tangshan began to revive itself and get up on its feet again. With strong support from the government and the tireless **efforts** of the city's people, a new Tangshan was built upon the earthquake ruins. The new city has become a home to more than seven million people, with great improvements in transportation, industry, and environment. Tangshan city has proved to China and the rest of the world that in times of disaster, people must unify and show the **wisdom** to stay positive and rebuild for a brighter future.
Picture 2 The city is Wenchuan County that/which was hit by the 8 magnitude earthquake yesterday The soldiers are putting up shelters for people whose homes are destroyed by the earthquake Picture 3 After the earthquake, Wenchuan County was in ruins. A soldier is guided by a rescue dog who is searching for people, who may be still alive under the ruins. 学生语法板块作业	Summary Several days before July 28, 1976, many strange things happened in Tangshan. But people who live there didn't think much of that. At 3:42 am, the earth began to shake which destroyed all the city. Later that afternoon, another big earthquake shook the city again. Very soon the army sent soldiers to dig out those who were trapped and to bury the dead. Many people including nurses and doctors, came to rescue, too. Slowly, the city began to breathe again. 学生读写板块作业

四、结语

语法教学不是孤立的语法知识的教学，而是在一定语境中学习和运用语法知识，把握其基本体系和语用意义的教学。基于单元整体教学理念的语法教学，为当前枯燥乏味的语法教学提供了新思路，但同时也对教师提出了更高的要求。教师需仔细研读教材，整体把握单元内容，依据单元教学主题，细化语法教学目标；基于单元主题语境，创设真实连续语境，贯穿语法课堂；基于单元核心任务，设计丰富分层活动，综合发展学生语言运用能力。笔者在学习单元整体教学理念后，在教学定语从句语法时进行了初步的摸索，花了大量的时间和精力，但尝试尚不成熟，理论有待进一步加强，只当作引玉之砖，在日后教学中笔者将不断加强理论学习，继续摸索整体教学理念下的语法教学。

参考文献

[1] 中华人民共和国教育部. 普通高中英语课程标准(2017 年版)[S]. 北京：人民教育出版社，2018.
[2] 程晓堂. 关于英语语法教学问题的思考[J]. 课程·教材·教法，2013(4)：62-70.
[3] 高瑶琴. 优化高中英语语法教学的策略研究[J]. 中小学外语教学(中学篇)，2019(12)：40-41.
[4] 利鹤. 例谈优化高中英语语法教学的策略[J]. 中学课程辅导(教师通讯)，2020(20)：82-83.
[5] 梁晓芹. 单元视角下的高中英语语法教学[J]. 中小学英语教学与研究，2021(4)：22-26.

指向文化意识培养的听说教学策略探究

杭州市萧山区第十高级中学　杜泽红

摘　要：本文介绍文化意识的内涵和英语听说教学的重要性，以及如何在英语听说教学中培养学生文化意识的策略。作者结合人教版普通高中英语必修三第一单元的听说课例，论述了每一环节的具体实施方法和评析，以期能更好地培养学生的文化意识。

关键词：文化意识；听说教学；高中英语

一、听说教学的现实诉求与可行性分析

1. 文化育人·文化意识——新课改对培育学生核心素养的要求

语言是文化的重要载体，也是文化的一部分。学习英语不仅要掌握听、说、读、写等基本技能，更要了解语言所反映的文化。《普通高中英语课程标准(2017 年版)》明确指出，英语课程旨在发展学生的语言能力、文化意识、思维品质和学习能力等英语学科核心素养，落实立德树人根本任务。

文化意识是指对中外文化的理解和对优秀文化的认同，是学生在全球化背景下表现出的跨文化认知、态度和行为取向。文化意识体现英语学科核心素养的价值取向。文化意识的培育有助于学生增强国家认同和家国情怀，坚定文化自信，树立人类命运共同体意识，学会做人做事，成长为有文明素养和社会责任感的人。

2. 专家引领·教材支持——学生文化素养培养的现实土壤

首先，对于在英语听说教学中培育文化意识的重要性，李慧芳指出听力教学具有与阅读教学同等重要的培养学生核心素养的价值，特别是在培养学生通过口语交际传播中国文化方面，具有特别的优势。

其次，新教材中听说板块增加了，所占篇幅变大了，突出了英语听说的重要性。新教材在单元主题选择上，切合学生的知识结构和认知水平，紧密联系生活，能激发学生学习英语文化的兴趣。听力材料内容丰富且真实，有很多适合培养学生文化意识的听说内容。

最后，笔者还发现关于文化意识培养的研究主要以阅读教学为主，对于在听说

教学中培养学生文化意识的研究较少。因此,在使用新教材时,教师如何在英语听说教学中培养学生的文化意识显得尤为重要。

二、理论支撑:厘清在听说教学中培养学生文化意识的基本策略

基于实践探索,笔者认为可以从教师、教材、课堂和课外四方面着手,在听说教学中培养学生的文化意识。

1.更新教育理念,加强文化意识敏感度

(1)重视听说教学。语言技能包括听、说、读、写技能,以及这四种技能的综合运用。其中听说是读写的基础,因此教师应充分认识到听说教学的重要性和必要性,摒弃单纯的听力应试训练,精心设计教学中的每一节听说课。

(2)增加文化储备。要给学生一杯水,自己要有一桶水,更要成为长流水。因此要想有效培养学生的文化意识,教师首先要成为一个文化学习者,以培养学生文化意识的要求反观自己,多阅读英语报纸杂志和文学作品,关注时事热点。除了大家所熟知的BBC,TED等,笔者常用网站Open Culture和友邻优课的软件来增加自身文化知识储备,拓宽自己的国际视野,寻找培养学生文化意识的切入点。

2.整合教材内容,挖掘文本的文化价值

(1)大单元整合。大单元是根据知识内在的逻辑关系和学生的认知习惯,基于发展学生的核心素养而确定的新的学习单位。教师在研读听说内容时,可以打破教材单元的限制,基于学生实际水平进行删减、改编、补充等,创造性地使用教材。

(2)多角度解读文本。在处理听说语篇时,除了关注语言知识,教师更要深入挖掘文化知识,将文化知识和语言知识学习相结合。通过分析语篇的主题、内容、意义等,挖掘语篇所承载的文化内涵和价值取向,帮助学生坚定文化自信,形成正确的价值观和道德情感,成为有文明素养和社会责任感的人。

3.创设主题语境,开展多层次学习活动

(1)情境贯穿课堂。主题语境不仅规约着语言知识和文化知识的学习范围,还为语言学习提供意义语境,并有机渗透情感、态度和价值观。在听说课教学设计时,教师应围绕主题语境,创设与主题意义密切相关且真实的语境,贯穿整个教学设计。

(2)活动循序渐进。设计多层次的学习活动,如感知、理解、内化、运用等,层层推进,由浅入深,从输入到输出,帮助学生在各种活动中学习和内化语言知识和文化知识,实现将文化知识内化成具有正确价值取向的认知、行为和品格。

4.丰富课外活动,拓展学生的文化视野

(1)开展以听说为载体的课外活动。例如,让学生在课后查阅相关文化资料,并以演讲、表演、报告、辩论等形式输出相关文化知识,落实培养学生文化意识的目标。

（2）营造校园文化氛围。教师可以开设校本课程或者选修课程，进行文化专题教学。在校园内可举行英语诗歌朗诵比赛、知识竞赛、戏剧演出、配音大赛等活动，在中外传统节日时，组织丰富多样的活动让学生感受和体验有关的文化知识，引导学生正确对待不同文化。

三、具体实践：探索培育文化意识的听说课新模式

下面，笔者将结合一节高中英语听说课的课例，进一步分析以上策略在听说教学中的具体运用。

本节课的授课内容为人教版普通高中英语必修第三册 Unit 1 Festivals and Celebrations 中的 Listening and Speaking 板块。本单元的主题是“节日与庆典”，该板块的活动主题是“谈论节日活动”，主要是从贴近学生日常生活的角度来切入节日主题。本课是本单元的第一课时，听力的语篇内容是发生在三个国家不同节日场景下的简短对话，对话中人们正在参与或将要亲历不同的庆祝活动。另外，对话文本中也渗透了本单元的目标语言结构——动词-ing 形式作定语和表语的用法。笔者通过研读发现，本节课的话题和听力材料非常适合培养学生的文化素养。基于课程标准和教材以及学情分析，笔者制定了以下教学目标。

在本节课结束时，学生能够：

（1）通过观察课本图片，观看视频资源，听三个不同对话，获取节日的基本信息；

（2）判断对话双方的关系和场景并描述节日活动；

（3）通过比较不同国家的节日，感知文化差异；

（4）探究庆祝节日的目的，正确对待各国文化，坚定文化自信。

【教学过程】

Step 1　创设主题语境，激活文化背景知识

（1）通过呈现描写节日的古诗的英文版，让学生阅读感悟并说出节日的名称，引入今天的话题：节日与庆典。

（2）创设活动情境：学校为提高学生文化素养，将举行中外文化交流论坛，主题为介绍一个中外节日。通过这一情境，引出下一步学习任务：关于成人节、狂欢节和元宵节的活动。

（3）呈现三个节日的照片，首先让学生谈论对这三个节日的了解，接着呈现目标词块，让学生借助目标词块分别谈论成人节、狂欢节和元宵节的活动。

【设计意图】通过呈现学生熟知的古诗英文版，自然引出话题，激活学生关于节日的背景知识。并且，设置贴近学生生活的情境，吸引学生兴趣，激发学生表达的欲望。

【评析】兴趣是最好的老师。那么兴趣从何而来？创设真实有效的情境是一种有效的手段。一个真实有效的活动情境可以激发学生的学习热情，引导学生自主学习，更能培养学生的思维品质。笔者设计的活动情境，将成为整节课的主线，贯穿整

个课堂，为整个语言学习和文化学习提供了意义。让学生在真实意义的情境下感受新知，体验学习，自主探究，解决问题。

Step 2 **梳理语篇信息，感知文化知识**

（1）学生听第一遍录音，结合图片判断节日名称、推断人物关系，完成课本练习。

（2）关于如何推断人物关系，教师在听之前进行策略指导，尤其要关注人们谈论的方式和对话中的一些特殊问题。

（3）学生听第二遍录音，完成课本练习3，并概述三个对话情境。

（4）学生听第三遍录音，完成填空，并找出每个节日的欢庆活动。

Conversation 1

Interviewer：Miss, congratulations on becoming an adult! You look ________ in your kimono. The ________ colors are terrific!

Girl：Really? That's kind of you to say so. Thank you.

Interviewer：You're welcome. Did it take you much time to ________ today?

Girl：Yes, actually, I spent hours doing my hair and make-up, and getting ________. But it was worth it, because I wanted to look my best at the Coming-of-Age ceremony.

Interviewer：OH, you look great! Now that the ceremony is over, are you going to celebrate the day with your ________ or ________?

Girl：Yes. I'm going to meet my family soon, and we're having a party tonight.

Interviewer：So what does "being an adult" mean to you?

Girl：Well, I think it means being self-supporting and ________ for your actions and decisions, and...[Fade out.]

Conversation 2

Li Mei：I'm ready for Carnival, Carla. Shall we go and join the parade now?

Carla：You must be ________, Li Mei! That dress is too ________. Do you realize that it's 35℃ out there? Also, we're going to march along the streets for hours and dance until midnight. You need to change.

Li Mei：OK. What should I wear?

Carla：Wear something ________. I also think you need to wear more comfortable shoes. It'll be too ________ to walk or dance for a long time in those shoes.

Li Mei：Hmm... You're right. Can you wait for me? I'll change right away.

Carla：Sure. [After a few seconds.]

Li Mei：Carla, how do I look now?

Carla：Fantastic! Now let's go and enjoy this festival! It's going to be so exciting!

Conversation 3

Guide：Now，everyone，when we turn this next corner，you'll all have a real treat for the eyes.

Man 1：Wow！These lanterns are ________！

Woman：Excuse me，Miss Lin. Can you tell me what's written on the pieces of paper? Are they wishes?

Guide：Not exactly. They're ________ for people to guess. If you guess correctly，you can get a gift.

Woman：Oh，what a nice idea！

Man 2：What else can Chinese people do during this festival?

Guide：Oh，they can do many things. They can watch the dragon and lion dances，and also eat yuanxiao with their family. Yuanxiao is a kind of sweet dumplings. The Chinese word "yuanxiao" means "________".

【设计意图】用三个层级的听力活动，训练学生获取信息的能力，从话题、人物关系、主题情境到细节信息，层层推进。完成关于不同节日的文化知识的输入。

【评析】语言能力是英语学科核心素养中的"核心"（程晓堂，2016），文化意识的培养建立在语言上。因此，教师在设计教学活动时，需把文化意识的培养和语言知识的学习相结合，由浅入深地设计学习活动，帮助学生感知、理解、内化和运用文化知识。这一环节中，笔者采用了教材中的两个练习，分别训练学生对话题、人物关系和主题情境的信息获取。基于学生的实际情况，笔者降低了难度，把记录欢庆活动改编成了填空，在完成填空后找出不同节日的活动。笔者在设计填空内容时，除了训练学生获取信息的能力，还兼顾了动词-ing 形式作定语和表语，让学生在真实情境中体会语言，为后续的语法学习做铺垫。

Step 3　补充文化知识，初步感知文化差异

教师提供日本成人节、里约狂欢节的视频和中国元宵节的文字材料，请学生观看和阅读，并结合听力语篇完成表 1 内容。

表 1　不同节日的比较

	Coming-of-Age Day	Rio Carnival	Chinese Latern Festival
Where			
When			
How			
Why			

注：考虑到视频资源和主题的契合性，教师找了相关视频进行配音。

【设计意图】通过视频、文字资源补充关于三个节日的文化知识，帮助学生全方位了解三个节日举行的起源、时间、地点和庆祝方式，完善文化知识体系，并为下一步比较文化做好铺垫。

【评析】本节课的听力语篇是关于三个不同节日的活动，分别发生在街头采访、日常交际、导游讲解，但是听力文本所提供的文化知识并不全面，例如节日的起源、时间根本没有提及，除了学生了解的元宵节，学生对日本的成人节和里约的狂欢节并不了解，因此笔者提供了相关的视频资源，进行了补充。对于中国的元宵节，学生知其然而不知其所以然，因此笔者提供了阅读文本来扩充学生的文化知识储备，加强学生对中国文化的理解，增强学生对本国文化的自信。

Step 4　**分析文化差异，理解文化内涵**

教师设计了批判性思维问题，引导学生思考并回答。文化异同比较如图1所示。

(1)Does China have similar festivals as Coming-of-Age Day and Carnivals?

(2)What are the differences between Japan's Coming-of-Age Day and China's?

(3)Why do people celebrate the festivals?

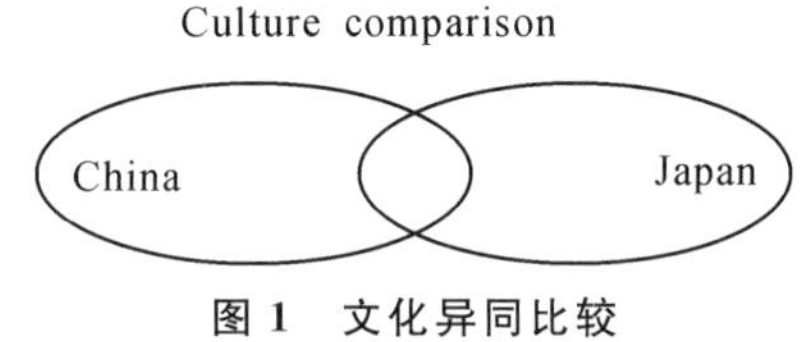

图1　文化异同比较

【设计意图】制作以上图片，帮助学生更直观地认识中日两国成人节文化之间的异同。探究人们庆祝节日的原因，理解节日所承载的人类对美好生活的共同追求。

【评析】进行文化异同的分析，可以加深学生对文化异同的理解，提高对文化差异的敏感度和理解文化差异的灵活性，促进学生跨文化沟通能力的有效发展。探究人们庆祝节日的缘由，归纳节日所蕴含的一个国家和民族的文化品质，帮助学生理解节日的文化内涵。

Step 5　**内化文化知识，坚定文化自信**

活动情境：应邀参加论坛的李华、小明和王刚决定分别谈论成人节、狂欢节和元宵节，请大家以四人小组为单位，基于所学知识帮助他们完成任务——分别从节日的起源、举行时间、地点、庆祝活动和目的等，进行口头报告。

话题词汇：

occasion　时刻，场合	take place　发生
ceremony　典礼，仪式	dress up　盛装，打扮
tradition　传统，风俗	date back to　追溯到
typical　典型的，特有的	get together　聚集
add to　增添	in memory of　为了纪念
come into being　形式，产生	make it a rule to do sth.　做某事成为规定
culture shock　文化冲击	

Example：____________________ feastival, traditionally takes place in/on

It can date back to ____________________________________

In order to ______________________________

During this festival, people often ______________________

【设计意图】为学生搭建输出框架,降低难度,帮助学生内化和运用本节课所学知识,使学生能在真实情境中内化文化知识,并在小组讨论中培养学生的团队合作意识和沟通能力。

【评析】活动情境不仅是在课堂开始时的导入,更应该是整节课的主线,推动课堂的发展,使得课堂真实且完整。在输入一定的文化知识后,教师应根据学生的实际情况,设计恰当的输出活动。通过感知、理解、内化和运用等有层次、有逻辑的学习活动,循序渐进地帮助学生内化语言知识和文化知识。

Step 6 迁移与创新,培养跨文化交际和传播优秀文化的能力

活动情境:论坛上出现两种不同的声音,大部分学生都认为里约狂欢节和日本成人节更有趣、更有吸引力,仅有小部分同学喜欢中国元宵节。对于此现象,你们怎么看?请在课后查阅相关资料,就这一现象发表观点。

【设计意图】设计课后作业,引导学生用所学知识表达自己的观点,帮助学生将所学知识运用到课外真实场景中,培养其跨文化交际和传播优秀文化的能力。

【评析】现在国内洋节氛围浓厚,如圣诞节、感恩节、情人节等,而中国的传统节日却被冷落。传统节日并不仅仅是文化节日,更是我们国家和民族的精神和文化品质的体现。教师在设计课外活动时,可以和具体国情相结合,合理开展各类课外活动,弘扬我国优秀的传统文化,增强国家认同和家国情怀,引导学生成长为有文明素养和社会责任感的人。

四、总结

文化学习不仅需要语言和文化知识的积累,还需要深入理解其精神内涵,并将优秀文化进一步内化为个人的意识和品质。这是一个内化于心、外化于行的过程,并非靠一节课就能达成,但是教师掌握一定的培养策略能更好地培养学生的文化意识。文化意识的培养不能独立于其他三个核心素养,四者应该相辅相成。因此,教师在培养学生文化意识时,不能脱离语言能力、思维品质和学习能力的培养,还需要不断摸索探讨,反思交流,让核心素养真正落地。

参考文献

[1] 教育部.普通高中英语课程标准(2017年版)[S].北京:人民教育出版社,2018.

[2] 程晓堂,赵思奇.英语学科核心素养的实质内涵[J].课程·教材·教法,2016(5):83-86.

[3] 李慧芳,卿源渊.英语听说教学中培养中学生文化品格核心素养的实践策略[J].中小学英语教学与研究,2017(12):42-47.

制度的反思、交融、创新

——“辽宋夏金元的制度”教学设计

杭州市萧山区第十高级中学　朱　喆

摘　要：面对新课程改革背景下高中历史教学的机遇和挑战，教师需要有机、高效地整合课堂教学内容。制度作为人类文明发展的关键线索，可作为整合单元内容的教学主线。辽宋夏金元是中国古代重要的社会转型时期，制度的反思、交融、创新是这一时期各个政权进行国家治理的重要特征。确立“制度的反思、交融、创新”为课堂教学的立意和主线，使用史料阅读、阶梯式提问、史地结合等教学方法，有利于增强相应内容课堂教学的有效性，涵养历史学科核心素养。

关键词：高中历史教学；辽宋夏金元；制度

随着新一轮课程改革的展开，高中历史课堂教学面临诸多机遇和挑战。从矛盾的角度审视，当下高中历史课堂教学存在课程内容多和教学时间有限的矛盾、落实基础知识和培育核心素养的矛盾、发挥教师主导作用和尊重学生主体地位的矛盾。这些矛盾既是一线教学的挑战，也是改革教学的机遇。学界提出的大概念、大单元等新颖的教学方式，日益成为一线教师抓住机遇、应对挑战、深化课改的理论支持。这些理论的共同点是，从更宏观的视角审视教科书，找到一节课、一个单元乃至整本书的立意和主线，以此提纲挈领、执简御繁，实现立意深刻、线索清晰、落实素养的历史教学。

制度是规范人与组织的行为规则，制度创新是推动社会发展和进步的动力。以制度为线索整合单元知识可以覆盖大多数教学重点和难点，提升教学内容的结构性、科学性。辽宋夏金元是中国古代重要的社会转型时期。作为封建王朝的辽、宋、西夏、金、元各自制定、实施了一系列制度，如辽的南北面官制、宋的二府三司制、元的行省制。这些制度带有明显的承袭反思、借鉴交融、守正创新特征，是我们了解辽宋夏金元时期历史的重要窗口。以“制度的反思、交融、创新”为线索能够有效统摄《中外历史纲要（上）》第 9 课、第 10 课的教材内容，整合主干知识，提升教学效率，具体内容如图 1 所示。

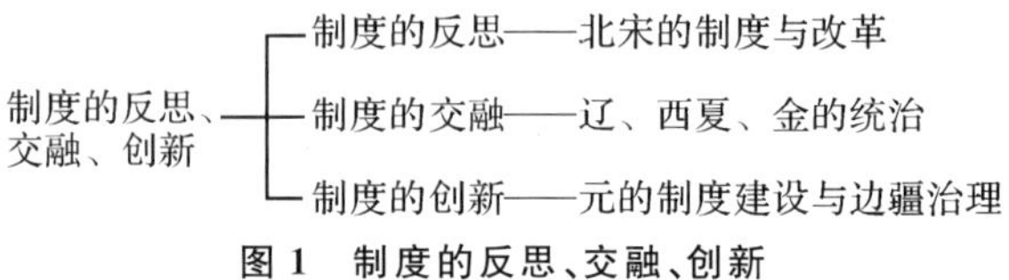

图 1　制度的反思、交融、创新

一、纲举目张——教材结构的梳理

统一多民族封建国家的建立、发展是《中外历史纲要(上)》中国古代史部分的主题。中国的统一多民族封建国家建立于秦,巩固于汉,发展于隋唐,奠定于明清。其中,秦汉、隋唐、元明清是大一统时期,春秋战国、三国两晋南北朝、五代十国辽宋夏金是大分裂、大交融时期。在分裂时期中,民族深度交融,新制度出现萌芽,政治中心以外的地区得到开发,新的统一因素得以孕育。每次大分裂后的大一统都会刷新统一的规模、程度。辽宋夏金的分裂和元朝的统一就是反映上述规律的典型史实。

教科书第 9 课讲两宋的政治和军事,第 10 课讲辽、西夏、金、元的统治。从课时安排的逻辑而言,教科书先介绍中原汉族王朝——宋朝,再讲述辽、西夏、金、元四个北方少数民族王朝。宋朝由于其政治制度及其影响的特殊性,在五个政权中着墨最多。元朝因其再造大一统、创新地方行政制度、治理边疆等突出成就,在四个少数民族王朝中篇幅占比最大。从历史时序来看,政权的建立顺序依次是辽、宋、西夏、金、元,前四个政权多元发展,元朝回归一体格局。

第 9 课和第 10 课介绍了若干重要的政治制度。宋初反思和纠正唐末五代藩镇割据、武人跋扈的弊政,实施了大力加强中央集权的制度安排。宋初的中央官制一般称二府三司制,地方行政制度为路州县制。宋初制度特点是通过细致的权力分割和制约,防备一切可能威胁君主专制和中央集权的因素。辽朝的南、北面官是少数民族王朝因俗而治的典范。用不同的制度设计分别治理契丹人和汉人,既保留契丹民族特色又顺应燕云汉地治理需要,这是辽王朝得以享国 209 年的重要原因。西夏制度基本仿照北宋,但另有一套少数民族称谓。这一安排既能保证封建王朝的有效统治,又能照顾党项族的习俗和心理。金的猛安谋克制带有强烈的女真民族色彩。猛安谋克既是社会组织单位,又是军队的编制单位。元代行省制是中国地方行政制度的重大变革,它脱胎于金行尚书省和蒙古汗国的断事官制[15],开中国古代省制的开端。以行省制为核心的元代地方制度有效控制了元帝国广大的疆域,是中国古代一项成功的地方制度创新。

宋朝的制度,起源于对唐末五代十国种种弊政的反思,是反思后的创新。辽、西夏的制度,既保留本民族特色,又学习汉族王朝的惯用治理模式,是制度交融的产物。元朝建立在空前的军事征服之上,元廷结合被征服政权的诸多制度因素,大胆创新出了行省制。制度的反思、交融、创新是辽宋夏金元时期历史演进的主要特点,可以作为整合《中外历史纲要(上)》第 9 课和第 10 课的教学主旨。

二、循序展开——教学过程的设计

环节 1:制度的反思——北宋的制度与改革

材料一 武夫战卒以功起行阵,列为侯王者,皆除节度使。由是方镇相望于内地，大者连州十余，小者犹兼三四。故兵骄则逐帅，帅强则叛上。

——欧阳修《新唐书·兵制》[1]

问题：

1. 判断材料描述的是哪一时期？

2. 依据材料回答：该时期出现了哪些挑战中央集权的因素？

3. 如果你是北宋皇帝，你会如何解决前代弊政、巩固统治？

宋初制度是对唐末五代的反思和纠正。因此，本课以唐末五代十国的两则材料切入。材料反映中晚唐愈演愈烈的藩镇割据、武人跋扈，体现了藩镇割据从唐朝的内部问题发展为彻底的分裂局面。第 1 问属于复习之前所学，考查学生基本的时空观念。第 2 问引导学生归纳唐末五代的弊政，为讲授宋初的防弊之政做铺垫。第 3 问创设情境，促使学生主动思考藩镇割据、武人跋扈的制度解决方案。

材料一 （赵普：）方镇太重，君弱臣强而已。今所以治之，亦无他奇巧，惟稍夺其权、制其钱谷、收其精兵。则天下自安矣。

——李焘《续资治通鉴长编·卷二》[2]

材料二

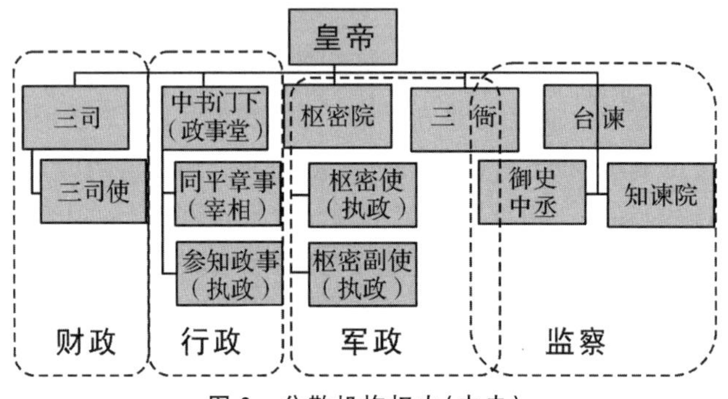

图 2 分散机构权力（中央）

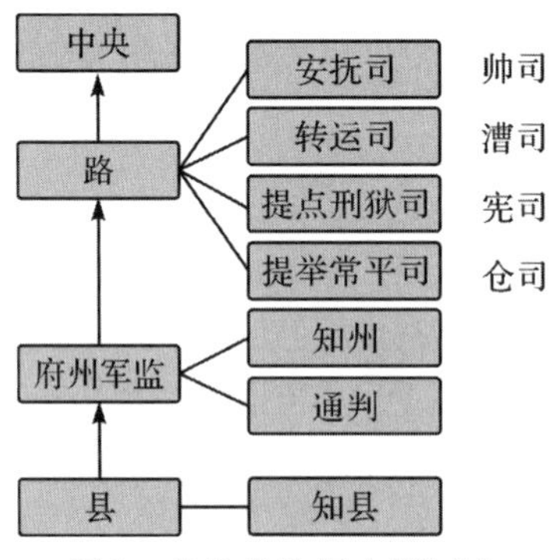

图 3 分散机构权力（地方）

材料三 艺祖（宋太祖）有约，藏于太庙，誓不诛大臣（士大夫），言有违者不祥。相袭未尝辄易。

——徐梦莘《三朝北盟会编》[3]

问题：

1. 阅读上述三则材料，结合书本第 49—50 页的叙述，回答：宋初的君主采取了哪些加强中央集权的措施？

2. 结合教科书的行文逻辑，宋初加强中央集权的措施可以归为哪三类？

3. 思考：宋初采取的这些措施是否会带来新的问题？

第 1 问属于阅读和归纳类的提问。需要给予学生足够的时间阅读教科书和材料，或提前布置相关的预习作业。部分学生可能会散乱、跳跃地呈现宋初加强中央集权的各种措施，缺乏归类的意识，因此设计第 2 问来引导学生归类。学生确定加强对地方的控制、分散机构权力、崇文抑武三个方面后可以继续进行二级分类。如将加强对地方的控制再细分为政治上"稍夺其权"、经济上"制其钱谷"、军事上"收其精兵"。第 3 问用意是在教学宋朝边防压力和财政危机之前，引导学生根据宋初制度直接推测北宋可能产生的问题，让部分历史思维能力强的学生有表现的机会。预习的效果也可通过这一设问检测。

宋初统治者出于对唐末五代历史的反思，进行了精密的制度设计。但是对各种风险的过度预防造成了制度僵化、机构重叠、权责不明，导致北宋中期的"三冗两积"局面，即教科书中描述的边防压力与财政危机。士大夫中的有识之士看到了这些弊端，发起了变法运动。

材料一 这次新政实质上是要求进一步限制贵族和高官享受的各种特殊利益，这些利益原来是中唐以前的门阀士族的专利，如世袭大土地和爵位、封户、免除赋役等。

——朱瑞熙《新兴的官僚地主阶级的首次全面改革尝试——北宋范仲淹"庆历新政"》[12]

材料二 北宋熙宁二年(1069)，在宋神宗赵顼的支持下，王安石变法正式开始。由于实行新法的目的是要富国强兵，于是一切步骤均围绕这个目标展开。

——陈晓珊《历史地理视角下的王安石变法》[17]

材料三 萧汝士，吉水人，知长汀县。时方行青苗、助役法，与提举官议不合，以致仕告，遂移宁化，竟以疾求解职而去。

——《舆地纪胜》[4]

问题：

1. 阅读材料一并结合书本第 51—52 页，回答：范仲淹庆历新政的宗旨是什么？你认为庆历新政最后会成功吗？新政实施最大的阻力来自哪里？

2. 阅读书本第 52 页第 2 段，完成表 1。

表 1　王安石变法的内容

富国	
强兵	

3. 阅读材料三和教科书第 52 页学思之窗，思考：为什么变法后萧汝士会辞官？王安石变法存在哪些问题？

第1问指向庆历新政，学生可以对照材料和书本掌握庆历新政的宗旨和结局。第2问旨在引导学生概括王安石变法的内容。由于教科书并未出现青苗法、市易法、保甲法等名词，所以要求学生按照教科书语言简单概括即可，但要区分富国和强兵。第3问借助萧汝士辞官这一小切口，引导学生探究王安石变法失败的原因。

庆历新政和王安石变法是对北宋初年制度的反思和创新。虽然改革最终失败了，但在一定程度上壮大了北宋的国力，反映了制度创新对历史发展的推动作用。

环节2:制度的交融——辽、西夏、金的统治

材料一 平土人脆弱，来兵皆胡羌。猎野围城邑，所向悉破亡。斩截无孑遗，尸骸相撑拒。

马边悬男头，马后载妇女。长驱西入关，迥路险且阻。不顾邈冥冥，肝胆为烂腐。所略有万计，不得令屯聚。

——蔡文姬《悲愤诗》[11]

材料二 尊儒崇经、礼孝为先的伦理思想，法为治要、民命尤重的法制思想以及亲疏并举、任人唯贤的人才思想构成了孝文帝治国思想的主要内容……使拓跋魏在政治管理、生活方式、思想观念等诸方面融化在汉族文明之中。

——李世龙、刘惟《北魏孝文帝治国思想述论》[14]

小组讨论:

1.匈奴和鲜卑面对中原汉民，分别选择了怎样的对待方式?

2.如果你是进入中原的北方少数民族领袖，你会如何对待汉人?

在辽、西夏、金之前，已经有北方少数民族进入过中原。面对陌生的土地和居民，汉朝的匈奴和南北朝时期的鲜卑做出了完全不同的选择。匈奴依赖军事手段，屠戮和掠夺汉地，最终被汉朝击败。拓跋鲜卑选择全面汉化，大大促进了民族交融和社会发展，但鲜卑民族也消失在了历史的长河中。本环节的设计具有微探究的意图，教师通过史料展示、文史结合、角色代入创造情境，激发学生对北方少数民族对待汉地方式的兴趣。学生讨论可能会在匈奴和鲜卑的方式间进行选择，但部分思维敏锐的学生也会探索第三种方案。教师需要在讨论中下场参与，给予学生适当的引导和暗示。

材料一 契丹……官分南北，以国制治契丹，以汉制待汉人……北面治宫帐、部族、属国之政，南面治汉人州县、租赋、军马之事。因俗而治，得其宜矣。

——《辽史·百官志一》[5]

材料二

表2 官名出处

官名	人名	出处	官名	人名	出处
丁令	野利旺荣	《宋史》卷三一一	星茂	威名吉鼐	《长编》卷三三一
宁凌	叶勒纲浪凌	《长编》卷一三八	昂星		《西夏书事》卷二一

续 表

官名	人名	出处	官名	人名	出处
宁令		《梦溪笔谈》卷二十五	吕则	陈聿精	《宋史》卷四八六
谟宁令	野利仁荣	《西夏书事》卷十六	吕则依	网裕玛	《长编》卷三八九
谟凌		《长编》卷一三八	谟箇	咩迷乞遇	《宋史》卷四八六

——汤开建《〈西夏蕃官名号表〉补正》[9]

材料三 行兵则称猛安,谋克,以多寡以为号。猛安者,千夫长也;谋克者,百夫长也。

——《金史卷44志第25·兵志》[6]

问题:

1. 结合书本,指出材料一、材料二、材料三分别反映的朝代和制度。

2. 这些制度的共同特点是什么?你可以在材料中找到依据吗?

三则材料依次描写辽代的南、北面官制,西夏的一套官职两种官称,金的猛安谋克制。这些制度各有特点。辽的南、北面官制"以国制治契丹,以汉制待汉人",这种因俗而治的做法可以有效兼顾契丹传统生活地域和中原汉地的统治。西夏的一套官制两种官称,体现了西夏为建立封建政权必须学习汉族制度,同时又需要通过"蕃称"来满足本民族的特殊心理。金的猛安谋克制保留了女真兵农合一的传统,避免了女真族过快失去尚武特征。学生经过预习或教科书阅读,能够较快辨识出这三个制度,回答第1问。第2问需要学生有较丰富的历史知识储备和历史思维能力,从教科书文本和史料概括出辽、西夏、金制度的共性。教师可以提供线索、恰当追问、设置阶梯,引导学生的思维指向"既保留本民族特色,又学习汉族优秀制度"。

辽、西夏、金开创了少数民族治理汉地的第三条道路,避免了"胡虏无百年之运"[7]的迅速败亡。教科书的学习聚焦精练地概括了辽、西夏、金的成就,这些成就无疑与三朝接受和推动胡汉制度交融有关。

环节3:制度的创新——元的制度建设与边疆治理

材料一 中书省模仿唐宋旧制。行省则按照燕京、别失八里和阿姆河三"断事官"模式建立。元代行省权力较重,军国大事无所不辖。行省职能上主要为中央收权,兼替地方分留部分权力,行省所握权力大而不专。行省区划以中央军事控制为目的,人为地造成犬牙交错和以北制南。……行省制下几乎没有大的反叛。

——摘编自李治安《元史十八讲》[8]

材料二 宣政院是一个常设的中央管理机构,是元朝在中央设置的掌管全国佛教事务以及西藏地区军民之政的特殊机构。由于执掌的特殊性,从用人、奏事等方面而言,它成为与中书省、枢密院、御史台并列的四大军政系统之一。宣政院的设立,标志着西藏地区被正式纳入元朝的管辖,自此成为中国不可分割的一部分。

——何建庭、李惟芳《利益关系视野下的元朝宣政院制度研究》[13]

问题:

1. 指出:元朝最重要的地方行政制度是什么?该制度地理上呈现什么特点?

2.阅读材料一，思考：实行行省制的元朝会重蹈唐末五代藩镇割据的覆辙吗？为什么？

3.阅读材料二，指出宣政院的管辖地区和所在地点。阅读书本，回答：元朝还有哪些治理边疆的机构？元代的边疆治理对我们今天有着怎样的现实意义？

蒙古汗国崛起于漠北，依靠强大的军事实力迅速征服了中亚、西亚、东欧、东亚的广大地区。1271年，蒙古汗国的主体部分成为中国王朝——元。元的统一结束了五代以来370多年的分裂局面，缔造了规模空前的大一统局面。材料一指向元代行省制。元代行省制所处的时空背景和行省本身的犬牙交错、以北制南等的空间特点，学生仅靠阅读历史地图较难归纳。材料一能接续学生在思维上的疑惑，引导学生思考行省制若干制度安排的政治用意。历史是连续的，第2问引导学生比较唐末五代十国的节度使制和元代行省制，示意学生探究元代进行制度设计时所做的反思、改进、创新。成功的边疆治理是元朝对中国历史的重要贡献。第3问先带领学生突破宣政院辖区和地点不同这一易混点，再指导学生阅读书本，落实澎湖巡检司、北庭都元帅府、宣慰司等知识点。中国古代的边疆治理是涵养家国情怀素养的重要落脚点。第3问希望学生所思考的现实意义指向台湾、西藏、新疆自古以来就是我国的神圣领土，历代所设立的管理机构就是铁证。

元代还有四等人制、回回的形成等知识。教师在讲授中既要承认元朝存在民族压迫或歧视，更要强调民族交融、国家统一是历史的主流。四等人制不是元朝的官方制度，且区分的标准是被征服地域的顺序。四等人制的概念源自后世学者的概括。

三、反思总结——教学的心得与启示

上述课例以“制度的反思、交融、创新”为主线和立意，重新整合了《中外历史纲要(上)》第9课和第10课的内容。在设计教学过程时，为了环节的清晰，笔者将北宋的制度与改革描述为制度的反思，将辽、西夏、金的统治描述为制度的交融，将元的制度建设和边疆治理定型为制度的创新。学生学习本课时容易将制度的反思、交融、创新看作是完全独立的三个领域。但就历史本身而言，辽、宋、西夏、金、元都融合了对制度的反思、交融、创新，反映了制度演进的连续性。例如，元代行省制既包含对唐末五代藩镇割据的反思，也体现了对北宋过度分散机构权力的纠正；既有对蒙古汗国断事官制度的沿袭，也在很大程度上借鉴了魏晋至金的行台制度。因此制度的反思、交融、创新不是相互对立的，而是密切联系、高度融合的。

本课以史料阅读和问题链作为基本的教学方法。史料以文献为主，综合了文言文史料和现代史家的白话文论述，有利于锻炼学生阅读多种史料的能力。问题链呈现明显的阶梯性，一般以简单的指认、辨识型问题开始，通过追问层层深入，逐步从低阶思维过渡到高阶思维，最终在对问题的思考和解答中训练学生的历史思维能力，涵养历史学科素养。史料阅读配合问题链是新课程改革背景下一种值得探索的教学模式。

课例设计的授课时间是一课时。由于选择了制度作为切口和主线,南宋的偏安、少数民族早期的生活方式等内容被淡化,需要教师在复习和作业讲评时适当补充。

参考文献

[1] 欧阳修,宋祁撰. 新唐书[M]. 北京:中华书局,1975.

[2] 李焘. 续资治通鉴长编[M]. 北京:中华书局,1980.

[3] 徐梦莘. 三朝北盟会编(全 2 册)[M]. 上海:上海古籍出版社,2019.

[4] 王象之. 舆地纪胜[M]. 扬州:江苏广陵古籍刻印社,1991.

[5] 脱脱. 辽史[M]. 北京:中华书局,1978.

[6] 脱脱. 金史(第 4 册)[M]. 北京:中华书局,1975.

[7] 赵彦龙,于薇,李国玲. 中国古代经典文书档案导读[M]. 银川:宁夏人民出版社,2018.

[8] 李治安. 元史十八讲[M]. 北京:中华书局,2014.

[9] 汤开建.《西夏蕃官名号表》补正[J]. 四川大学学报(哲学社会科学版),1983(2):99-101.

[10] 袁庆明. 制度含义刍议[J]. 南京社会科学,2000(11):6-10.

[11] 李岚清. 中国古代四大才女诗词选集[M]. 北京:国家图书馆出版社,2013.

[12] 朱瑞熙. 新兴的官僚地主阶级的首次全面改革尝试——北宋范仲淹"庆历新政"[J]. 浙江学刊,2014(1):76-79.

[13] 何建庭,李惟芳. 利益关系视野下的元朝宣政院制度研究[J]. 牡丹江大学学报,2015,24(7):139-141.

[14] 李世龙,刘惟. 北魏孝文帝治国思想述论[J]. 黑龙江民族丛刊,2019(6):83-89.

[15] 舒健. 元代行省制:中国央地关系的转捩点[J]. 文化纵横,2019(1):92-99.

[16] 陈新民,韩文杰. 历史学科大概念的界定与教学课例[J]. 历史教学,2021(5):3-8.

[17] 陈晓珊. 历史地理视角下的王安石变法[D]. 北京:北京大学,2011.

见证文化交融，领悟文化包容：新课程背景下历史主题式教学探究

——以“古代的商路、贸易与文化交流”为例

杭州市萧山区第十高级中学　田　钰

摘　要：新课程改革背景下，历史学科核心素养的培养是高中历史教学的关键。本文从涵养学生“家国情怀”素养出发，以“古代的商路、贸易与文化交流”一课为例，将“见证文化交融，领悟文化包容”作为主题串联整堂课，运用多种教学方法，在课程标准、教学主题与目标、教学过程等方面深化培养学生的文化包容意识，这也是对新形势下历史教学改革与创新的初步探究。

关键词：家国情怀；文化包容意识；主题式教学；丝绸之路

在高中历史新课程改革的推动下，课堂教学中涵养学生的学科核心素养显得尤为重要。其中，五大核心素养之一的“家国情怀”素养是学生学习和探究历史应有的人文追求，体现了对祖国山河的诚挚热爱和对中华民族文化的高度认同。教师在培养学生“家国情怀”素养过程中的关键是引导学生去真切地体会中华文化的魅力，感悟中华文化博大精深、海纳百川的特点，引导学生要尊重文化的多样性，支持不同文化之间借鉴、融合与革新。

如何在历史课堂中有效地培育学生的“家国情怀”素养，继而树立“文化包容意识”呢？笔者认为可以采用主题式教学法，“高中历史主题式教学是在历史主题引领下，基于历史与现实的关联性充分利用各种教学资源，培养学生的历史思维与学科能力，将教师‘教’与学生‘学’进行高度融合的教学方法”[1]。笔者设计了“古代的商路、贸易与文化交流”这一课，以“见证文化交融，领悟文化包容”为主题贯穿整个教学过程，在涵养“家国情怀”素养基础上进一步培养学生的文化包容意识。

一、依标据本，立足学情

何为“文化包容意识”？有历史学者指出，“文化包容性是本土文化对不同外来文化的吸纳和借鉴的过程，实质上应当是一个国家或民族文化基本精神的体现”[2]。笔者认为，“文化包容意识”就是尊重、理解、接纳不同文化的特点，倡导不同国家民族文化平等交流、互相学习、取长补短、兼容并包的观念。

《普通高中历史课程标准(2017 年版，2020 年修订)》中“家国情怀”素养含义的表述是“具有对家乡、民族、国家的认同感，理解并认同社会主义核心价值观和中华优秀传统文化，具有对祖国和人民的深情大爱，能够理解和尊重世界各国优秀文化传统”[3]。以上内容，恰好点明了学生应具备文化包容意识，树立正确的文化观念。

本节课选自统编教材高中历史选择性必修三《文化交流与传播》的专题四第九课“古代的商路、贸易与文化交流”。古代丝绸之路是一条商业贸易之路，更是一条文化交流的纽带。在丝绸之路的发展历程中，汉唐阶段是极为鼎盛的时期。大汉帝国和大唐王朝，是我国政权稳固、经济发达、文化繁荣的时期，同时也是中西方之间密切往来之际。当时的中国已然成为东亚的经济文化交流中心。

本节课的授课对象是高二学生，在高一必修教材《中外历史纲要》的学习中已经初步了解了有关丝绸之路的历史知识，但比较零碎、分散，不够系统全面。此外，高中阶段是学生世界观、人生观、价值观形成的重要时期，教师通过讲解丝绸之路的文化交融达到对学生文化包容意识的培养，这符合课程标准中的要求，有利于学生形成正确的历史价值观和文化观。

二、萃旨聚神，主题引领

笔者将“见证文化交融，领悟文化包容”确立为本节课的主题。教学内容以“古代的商路、贸易与文化交流”为中心。本节课通过列举汉唐时期丝绸之路上中西方文化交流的代表性事例，比如西域的良马、珍奇的香料、美味的蔬果等传到中国，北方游牧民族的服饰、音乐舞蹈文化与汉族文化相融，儒家文化吸收外来佛教文化的思想精髓等，让学生在本课的学习中感受到汉唐时期不同文化之间交流是如此的丰富多彩。之后，通过比较西域地区和中原地区的物质文化，游牧民族与汉民族之间的服饰、乐舞文化，佛教文化和儒家文化等中外文化之间的区别和联系，让学生理解中华文化与外来文化之间的差异性和互补性。接下来，教师选取“会昌毁佛”这一事件，组织学生开展合作探究活动，通过史料分析得出文化冲突的严重后果。学生在感悟文化交融的成果与文化冲突的恶果之中，认识到文化包容的重要性，逐渐树立起文化包容意识。

本节课，笔者制定的教学目标如下：

史料实证方面：(1)知晓汉唐时期丝绸之路上中外贸易交流的表现；(2)了解汉唐时期北方游牧文化、印度佛教文化流入中国的史实；(3)通过教材文本和相关材料，阐述不同文化之间的差异性和互补性。

家国情怀方面：(1)领会汉唐时期丝绸之路上多元文化共同发展的盛况；(2)通过小组合作探究，认识到文化包容的重要性。

三、构建维度，延伸过程

“见证文化交融，领悟文化包容”是本节课的主题。本节课的教学过程始终围绕这个主题展开，笔者将其分为四个部分：导入、展开、提升、小结。笔者采用多种教学方式，比如讲述法、情境创设法、合作探究法等，促进师生之间的有效互动，让学生在学习过程中感受汉唐时期丝绸之路上中外文化交流的丰富性，比较中外文化之间的差异性和互补性，领悟文化包容的重要性。

1. 感受文化交流的丰富性

教学过程的导入部分，笔者选用《新丝绸之路》纪录片中的一个片段，展现今天的丝绸之路沿途变换的风光和它亘古不变的文化魅力，借此重温古代丝绸之路经历的光辉岁月，并追忆其在促进东西方经济文化交流方面的伟大作用。笔者选取丝绸之路相关的视频导入新课，其目的是给学生创设“真实的丝绸之路”情境，营造一种身临其境的感觉。因为许多学生没有亲自到过丝绸之路，对丝绸之路的认识，多是停留于课本的描绘以及自己的想象里，而播放纪录片能够让学生较为直观地看到丝绸之路的真实风貌，更能触动学生的内心情感，引发学生对当今丝绸之路的惊叹与对古代丝绸之路的向往之情。这为后面讲述汉唐丝绸之路见证中外文化交融的经过，培养学生文化包容意识的教学做好铺垫。

教学过程的展开部分，教师组织学生进行一个简短的情景剧表演。假设一方是来自西域的商人，一方是中原本土的百姓，在当时的国际大都市长安进行贸易往来。然后由学生介绍从西域传入的物产，模拟当时买卖的场景。这需要在上课前，由一些学生事先查找和整理相关材料，初步了解丝绸之路上商贸往来的情形。比如，从西域引进的马匹，有来自大宛的“汗血宝马”，有“西极马”之称的乌孙马，等等。教师在一旁适时地加以补充说明，讲述当时汉朝统治者对西域良马的渴求心态，西域马匹的引入有利于中原养马业的发展，对汉朝军事实力提高有着重要的作用。另外，在商品交易中，大批的香料也是经由丝绸之路从西域传来的。例如，在唐代香料深受统治阶层和普通民众的喜欢，用途十分广泛。唐代妇女将香料加入化妆洗发物中，成为当时的潮流。此外，还有萨珊波斯的玻璃器皿和地毯等也传到中国，受到贵族和富贵人家的青睐。如今十分常见的蔬果也是从西域传入的，例如胡萝卜、葡萄、安石榴等，这些蔬果后来在中原地区得到广泛种植和栽培。学生通过自己查阅资料，模拟中外商人的贸易场景，在介绍西域物产的过程中锻炼了自主学习能力，也体会了文化交流的丰富性。教师在展示各种西域乐器时，诸如五弦琵琶、阮咸、腰鼓、凤首箜篌等，可以一边呈现该乐器的图像，一边播放该乐器演奏的旋律。这样学生能够更真切地聆听和感受西域音乐的美妙，懂得文化交流的意义。

不仅如此，在整节课的教学设计中，笔者选取了许多关于汉唐时期丝绸之路文化交流的历史图片和史料素材。譬如，西汉鎏金马图、唐鎏金银香熏图、萨珊乳突玻璃碗图、唐戴帷帽女子骑马雕塑图等一系列反映中外文化交流的图片。又譬如，引用唐朝《通典》卷一百四十二记载的“自宣武以后，始爱胡声。洎于迁都，屈茨琵琶、五弦、荃摸、胡笠、胡鼓、铜钹、打沙罗、胡舞铿锵镗错云云”等史料，说明西域音乐融入中原地区的表现。这些图片生动再现了当时的历史风貌，而各种史料则能较为真实地揭示出文化交流的内容。教师指导学生观察历史图片、分析史料的过程，也是本节课文化交融的情境创设的部分，是为了让学生在耳濡目染中感受到中外文化交流的丰富性。

2.比较不同文化的差异性和互补性

比较中外不同文化之间的差异性和互补性是本课教学的重点。针对此，本节课的教学展开部分，主要围绕西域诸国之“奇珍异宝”、游牧民族文化之“引领潮流”、佛教文化之“入乡随俗”三个角度展开。

(1)西域诸国之“奇珍异宝”。西汉时期张骞开辟丝绸之路后，西域地区与中原地区之间的商贸往来络绎不绝，西域诸国沿着丝绸之路为中国输送了许多“奇珍异宝”。教师需要引导学生去思考：中国的统治阶层和普通民众接纳和喜爱这些西域物产反映了什么？教师在讲解时需要指出，因为西域的文化与中华文化有着显著的差异，这种差异在物质文化方面表现突出。例如，西域的蔬果个大味美、品种多样，西域的马匹俊美强壮、善于作战，西域的手工制品风格独特、造型奇异，等等，这些物产的输入正好满足了中原地区人们多样化的物质文化追求。西域文化和中原文化的差异性，正好促进了双方之间的互补。

(2)游牧民族文化之“引领潮流”。依托丝绸之路，游牧民族的文化风格席卷中原地区，尤其是在强盛开放的唐朝，上至统治阶层，下至普通百姓，服饰文化、乐舞艺术等都受到了“胡风”的影响。教师指导学生在了解唐代仕女着胡服、弹奏胡乐、模仿胡舞的同时，还要向学生讲述游牧民族文化的特点是热情奔放、自由洒脱。对比而言，中华文化则显得含蓄婉约、克制内敛。游牧文化的融入，为中华文化增添了一抹迥然不同的色彩，这样的艺术风格是新奇的又是实用的。从游牧民族和汉族文化的差异性中，中原地区的人们发现彼此间可以相互融合、补充，创造出新的文化风格。

(3)佛教文化之“入乡随俗”。佛教文化传播到中国之后，与中国本土文化相融合，逐渐呈现“中国化”的特点。其中，佛教文化与儒家文化的交融表现最为显著。教师指导学生学习佛教在中国发展演变的过程时，可以采用比较法，比较佛教文化与儒家文化的差异性以及互补性，引导学生从比较中发现佛教文化中融入了儒家的“忠孝观”，儒家文化中也融入了佛教的哲学思想。佛教文化吸收儒家思想后在中国的传播不断扩大，派生出许多分支。儒家文化汲取佛教思想后，在宋明时期创生出程朱理学、陆王心学这样的新儒学。

3.领悟文化包容的重要性

让学生领悟文化包容的重要性是本课的教学难点，笔者把这放在教学过程的加深提升和小结部分。

教学过程的提升部分，笔者针对本课的难点予以探究，即“分析文化包容的重要性”。这一部分既是本节课的难点，也是教学过程中的提高与巩固环节。在教师的指导下，学生已感受了汉唐时期丝绸之路上中外文化交流的丰富性，进一步比较了中外文化之间的差异性和互补性。在这基础上，教师应组织学生开展一些探究活动。首先，教师提供一段关于“会昌毁佛”的史料，让学生了解唐武宗灭佛的经过和影响。并且让学生思考如下问题:(1)唐武宗毁佛的原因是什么?(2)这次灭佛运动的后果是什么?(3)你从“会昌毁佛”这一历史事件中有哪些感悟?让学生以四人小组为单位进行讨论分析,而这时教师则充当一个组织、引导者的角色,只需适时地加以点拨。然后由各个小组表达自己分析后的观点,教师逐一进行反馈和点评。教师需要引导学生在“会昌毁佛”中意识到文化之间也存在着冲突,文化冲突往往会带来十分严重的后果,阻碍了社会的进步与和谐,而文化包容才能促进社会全方位的发展,由此让学生认识到文化包容的重要性。

教学过程的小结部分,教师对本节课的内容做了一个简明扼要的回顾,强调汉唐时期丝绸之路的文化交流推动了文化的繁荣与发展,在文化交融中诞生出新的成果,引导学生感悟到文化包容的重要性。然后,将古代丝绸之路与现在中国正在推进建设的“一带一路”,也就是新时代的丝绸之路联系起来,相互呼应。学生在教师的讲述中,明白如今的“一带一路”依然延续着古代丝绸之路的精神,继续发挥着中外文化交流纽带的作用,彰显着中华文化海纳百川、博采众长的文化包容性。由此点明本节课的主旨,涵养学生的“家国情怀”素养,达到培养学生文化包容意识的目的。最后教师布置学生完成一项开放性的作业,让他们写一篇感悟文化包容的历史小随笔,让学生去畅谈文化交流的史实,以及对文化包容的理解。

四、鉴往开来,深化立意

从古代丝绸之路到今天的“一带一路”,跨越了千年的经济文化纽带依然发挥着重要的作用,焕发着迷人的光彩。如今,越来越多的国家加入到“一带一路”的建设中来,在相互合作中各国之间文化交流逐渐增多,文化传播的形式也日益多样化,加深了彼此间的了解和友谊。正是文化包容推动了各国文化在交流中的彼此尊重、互相学习、共同发展。

高中历史课程改革在不断地推进与深化,教师在课堂教学中应积极地探寻有效的教学策略和方式,更好地培养学生历史核心素养。笔者以“古代的商路、贸易与文化交流”一课为例,围绕“见证文化交融,领悟文化包容”的主题,着眼于“家国情怀”素养,展开了培养学生文化包容意识的主题式教学探索。本课的教学立意是期望学生通过学习丝绸之路的文化交融,能真切体会到文化包容的意义,坚定地树立文化包容意识。在日常生活学习中,从文化习俗到音乐、舞蹈、戏剧等方面,学生能够积极地传承和发展中华优秀传统文化,接纳和汲取外来文化的精粹,以文化包容的心态悦纳不同文化的特色与魅力,从而真正具备“家国情怀”的历史核心素养。

参考文献

[1] 余祯银.新课改背景下高中历史“主题式”教学优化策略研究[J].科教导刊,2020(16):136.
[2] 田传信.论文化包容性与存在[J].文教资料,2007(9):84.
[3] 中华人民共和国教育部.普通高中历史课程标准(2017年版)[M].北京:人民教育出版社,2020.

高中历史统编教材单元整体教学策略初探

——以“明清中国版图的奠定与面临的挑战”为例

杭州市萧山区第十高级中学　韩　虹

摘　要:2017 年,教育部颁布了《普通高中历史课程标准》,2020 年进行了修订。新教材在内容上做了很大的变动,单元整体教学观念成为高中历史教学中重要的教学方式。该教学方式能使学生在纷繁复杂的历史事件中形成整体认知,更为全面地认识阶段特征。本文以《中外历史纲要(上)》第四单元为例,探究如何进行单元整体教学。

关键词:单元整体教学;高中历史教材;教学设计

一、历史单元整体教学的意义

统编历史新教材于 2019 年相继投入使用,浙江省作为教学改革急先锋于 2020 年投入新教材教学实践中。新教材的理念与过去相比有了重大改变,过去教材将历史内容分为必修和选修模块。必修模块从社会政治领域、社会经济生活领域以及社会思想文化领域进行论述,而新教材《中外历史纲要(上、下)》以“通史”为主体,以时间为主旨将相关事件一一呈现,这有利于学生从时间的角度把握历史事件,但不利于学生形成整体认知。王德民先生在所著的《中学历史教学设计》中提出:“历史教学立意的设计要从各个主题中贯通考虑,体现出单元教学设计的整体性、联系性特点。”所以教学时需要教师进行钻研,优化整合单元教学,重组教材内容,确定单元主旨,这样可以避免对教学内容的肢解,避免单课教学时的盲目性与片面性。

二、历史单元整体教学的设计实施

历史单元整体教学设计需要从整体的角度出发,围绕一个单元教学主题,利用各种教学手段,将一个单元的内容进行优化重组,让学习者经历一个系统完整的学习,并能够通过适当的评价方式,检测学生学习活动的方案。其具体方案如下:

1. 确定单元教学主题

首先对单元教学主题进行构建。将《中外历史纲要(上)》第四单元的主题内容确定下来，笔者根据学生核心素养的培养方向，将主题定为“明至清中叶的盛世与危机”。

2. 优化单元教学目标，分解落实课时目标

普通高中教育改革系统确立了“核心素养”的教育理念，它是学科育人价值的集中体现，是学生通过学科学习而逐步形成的正确的价值观、必备品格和关键能力。所以，在确定单元教学目标时，要时刻将历史核心素养渗透进去。在考虑学生学情考情的基础上，分析本单元教学的重难点，同时单元整体教学下的每个课时都要确立优化好课时目标和每节课的重难点。

3. 整合单元教学内容，分析教学任务

浙江省普通高中学科教学指导意见是教师进行备课和教学的依据。在进行单元整体教学设计时要充分研读教学指导意见的单元分析，根据要求对所要编写的内容进行补充、删减，增添一些学生感兴趣的图片、史料等。在充分研读的基础之上，笔者将统编版第四单元内容进行整合，将主题定为“明至清中叶的盛世与危机”，然后将这一主题进行细化概念：(1)明清时期版图的奠定及意义；(2)当时中国社会都有哪些领域的变化？(3)盛世中蕴含的危机有哪些？这三块内容有相互之间的逻辑性，笔者用康熙时编纂的《皇舆全览图》进行串联，正是高度的君主专制集权、经济的发展和西学东渐、科技的进步等一系列合力，促成了这一巨大的科技成果。

4. 设计单元教学活动，安排教学过程和策略

在设定教学规划时，教师要始终以单元为前提，设定单元的名称、课时以及在何种情境下进行教学活动，以目标设计为基石，进行教学方案的设计，引导学生可以自主化学习历史知识。

(1)以“点”带“面”。历史新教材的内容容量比较大，学生的学习时间紧张，压力重。从内容上来看，往往一个单元会涉及多个历史的发展时期，还有一些课程知识内容比较多，在课文中大都以高度概括的语句出现，可以独立构成知识点，缺少内容的概述，同时会给人以抽象之感。如果学生不能透彻深入地了解的话，会造成对知识点的一知半解或有误解性的认识。比如教材第四单元讲到明清思想领域的变化时，陆王心学、李贽与明末清初三大思想家只用了两个自然段高度概括他们的思想，学生难以理解他们思想之间的关联以及与时代背景相关的内容。所以，教师在备课时要注重单元知识的连续性，需要用一个点来讲清楚，教师通过对“良知”这一概念不同阶段的解读，将三块内容很好地联系在一起，并进行内容的适当扩充。

(2)创设单元情境。在安排单元整体教学时，最重要的一点是教师要联系生活进行情境的创设。比如，在讲到抗日战争时，教师可以讲述发生在身边的抗日故事，让学生可以深入情境更好地体会抗日战争的精神；在讲到康乾盛世时，用德国总理默克尔赠送习近平总书记德国人绘制的《中国地图》，引导学生思考当时中国盛世所取得的科技成就。

教师也可以通过设置问题的方式创设情境。例如，在讲唐朝的文化交流时，教师设置了三个问题链：①在长安城你能看到哪些异域面孔的人？②他们从哪里来？怎么来的？③他们不辞辛苦踏上了这条路，获得了什么？又传播了什么？用三个连续性的问题，引导学生从“人—路—圈”来思考学习。又如，在进行第四单元教学时，首先抛出一系列问题：明清时期国家的版图疆域如何奠定？奠定的意义是什么？明清时期盛世的表现如何？危机表现在哪些方面？通过问题链的设置引发学生思考和探索。

(3)构建单元“脚手架”。若头脑中没有对于一个知识体系的基本框架，学生学到的将是“碎片化”的知识和割裂开的历史事件。所以教师要在教学的过程中做适当的补充和知识体系框架的建构。例如，在讲明清思想领域的变化时，要补充适当的史料使学生更深入地了解其思想；在讲解明清时期疆域的奠定时，要适当地利用地图、表格、史料等资料，使学生有清晰的时空观念并能很好地梳理知识点。并利用结构化的板书呈现教学要点和知识体系，起到“脚手架”的作用。

5.制定单元教学评价

单元教学评价是教学设计中的重要一环，是对单元教学效果的检测。主要围绕学生学习效果这一中心展开，检测学生是否将所学的历史与技能运用于解决具体问题。具体要制定符合学业质量要求的评价目标，综合运用课堂提问、纸笔测验、历史知识讨论等评价方式，及时对评价结果做出反馈以便于调整单元教学。

三、高中历史单元整体教学设计案例

1.解读课标，确定主题

本课以康熙《皇舆全览图》为线索，主题是“明至清中叶的盛世与危机”。前两个课时讲盛世的表现，但盛世中蕴藏着危机；第三课时是从对外关系与内部危机角度看此时面临的挑战。

2.整合教材

本单元分为三课，即第13课“从明朝建立到清军入关”、第14课“清朝前中期的鼎盛与危机”、第15课“明至清中叶的经济与文化”。总体来说，第13课和第14课讲政治、军事、对外关系，第15课讲经济和文化。这一时期统一多民族国家版图的奠定体现在第13课和第14课；这一时期中国社会的变化和面临的危机分散于三课之中。新教材按照时间顺序将相关史实一一呈现，所涉及的历史人物和相关事件颇多，不利于学生形成整体认知。因此，笔者尝试将统编历史新教材《中外历史纲要(上)》第四单元从整体视角出发进行单元整合设计，共分为三个课时：(1)明清统一多民族国家版图的奠定及意义；(2)明清时期政治、经济、思想领域的新变化；(3)明清时期面临的挑战。

3. 确定教学目标

在充分研读课标后，确定单元教学目标，详见表1。

表1 单元教学目标

教学目标	教学重难点	核心素养
通过地图、时间轴等资料，理解统一的多民族国家的建立与版图奠定之间的关系；简述明清经略边疆的具体措施，理解统一多民族国家版图奠定的重要意义	明清经略边疆的具体措施；明清版图奠定的重要意义	时空观念、家国情怀
通过图片、史料等了解明清时期政治制度、经济领域和思想文化领域的重大变化，并理解它们之间的辩证关系	明清君主专制强化的表现；经济领域随时代潮流的重大发展及局限；思想文化的新变化	唯物史观、史料实证、历史解释
通过地图和史料，了解明朝海防的新问题；结合相关史实，理解明清的对外政策；通过时间轴对比中西发展的差异，理解中国社会出现的危机	明清盛世中蕴藏危机的表现以及分析其原因	时空观念、史料实证、历史解释、家国情怀

4. 设计教学活动

统编版高中历史教材第四单元“明清中国版图的奠定与面临的挑战”，这一单元的主题为：从《皇舆全览图》看明至清中叶的盛世与危机。

第一课时　盛世之域—明至清中叶中国版图的奠定及意义

本课时用提问、讲述和图片导入，吸引学生的注意力。问题的设置，引导学生从一个时空背景下思考中国的疆域问题。

课程结构：

一、明、清统一王朝的建立与交替

学生通过时间轴的填写，明确明清王朝的建立与交替，知道政治的统一是对疆域实施有效管理的前提，落实学生的唯物史观与时空观念等核心素养。

二、明朝的内陆边疆

具体情况见表2。

表2 明朝的内陆边疆

方位	主要问题	采取的措施
西北	蒙古族	重修长城、订立和议 册封首领、恢复贸易
西南	藏族	册封僧俗、设立机构 任用上层人士
东北	女真族	设奴儿干都司、封授部落首领

教师通过展示明朝形势图有效地落实学生的时空观念；通过表格的设置清晰明确，可以引导学生准确提取教材内容并进行概括，从而培养学生认识历史的能力。

三、清朝疆域的奠定

教师通过让学生观察地图、阅读史料和提问的方式，指出清朝前中期如何统一全国与经略边疆，有何作用。

(1)治理台湾。

(2)反击沙俄。

(3)管辖西北。

(4)治理西藏。

此模块是本节课的重点内容，需要根据不同的方式落实学生的掌握情况：在梳理具体措施时，主要用了史料实证、图片结合的方式，简明并突出重点；在分析特点时，给学生充分的思考时间，利用史料及具体措施进行分析概括，培养学生历史解释能力；奠定疆域的因素落实了学生的唯物史观和历史解释能力，培养学生多角度思考问题的能力。

四、明清疆域奠定的意义

教师通过呈现史料，突出明清王朝继承了历代中原王朝的疆域和边疆各民族活动区域，完成国家统一并进行直接有效的管理，奠定了现代中国的版图，促进了多民族交融，保证了华夏文明的延续，为多元一体格局及中华民族的形成奠定基础。落实了家国情怀，使学生有深刻的中华民族认同感。

第二课时　盛世之变——明清时期政治、经济、思想的重要变化

本课时由四个模块构成：皇权膨胀的政局；繁荣经济的隐忧；转型思想的潜流；中西科技的初融。

这四个模块分别对应了明清时期政治、经济、思想和科技领域的重要变化。在讲述时注重它们之间的辩证关系，注重启发学生在相对的时空背景下观察历史的变化潮流。清楚此时经济、文化领域出现的变化是与世界变化同步的，而经济、文化的变化必然对原有的格局和秩序形成挑战。但政治领域的变化却是君主专制的进一步强化，其目的是巩固原有的格局。所以其间的矛盾，就是社会危机产生的重要原因。下一课时，即重点讲述此时中国社会面临的危机与挑战。

第三课时　盛世之危——明至清中叶中国社会面临的挑战

本课时主要通过论述《皇舆全览图》在中西方的不同命运，探究背后造成中西方历史发展差距的原因，以此论述明清盛世中隐藏的危机。

教师通过制作时间轴，将明朝中后期、清朝鼎盛时期和清朝鸦片战争前期作为时间节点，将中西方重大历史事件呈现在时间轴上，使学生从政治、经济、思想文化、科学技术等方面横向对比中西方发展历史。

最后归纳为以下几个方面：新经济因素在明清时期发展缓慢；明清保守的对外

政策(闭关锁国);社会内部危机;新思想被扼杀;中国与西方差异逐渐出现。

通过对比,可以看出当时中国与西方国家的重大差距,树立解放思想,开拓进取的意识,树立家国情怀,并为下一阶段中国近代史的开端埋下伏笔。

【结尾升华】习近平总书记在中科院第十七次院士大会上说:“《皇舆全览图》在当时并没有改变百姓对于国家地理极度匮乏的认知。而跨越几百年的沧桑,中国人逐渐认识到,科学技术必须同社会发展相结合,学得再多,束之高阁,只是一种猎奇,只是一种雅兴,甚至当作奇技淫巧,那就不可能对现实社会产生作用。”如今,中国以一系列创新成就实现了历史性的飞跃,嫦娥“揽月”、北斗组网、“天问”奔火……中国,正逐步走在世界前列!

四、高中历史单元整体教学设计反思

1. 教学内容的反思

教学内容的反思,要从内容的设置、整合等是否合理来进行反思。统编历史新教材第四单元作为一个整体,对其内容进行系统和结构化的整合,将其作为一个整体来编排有利于学生系统掌握知识,但有时整合后割裂了时间的连续性,这又需要教师能够适时地调整,同时在进行整合时要运用其他一些教学资源来作为教材内容的补充。

2. 教学目标的反思

学生学习后的掌握程度是教学的最终目的。培养和落实学科核心素养是历史教学的目的。

因此,在单元整体教学中,目标的设计必须明确需要培养的核心素养。笔者在设置本单元教学目标时,注意核心素养的培养。

3. 教学活动的反思

教学活动的设置是进行单元整体教学中最重要的环节。在本次单元教学设计中,笔者围绕单元核心问题进行设置,一一分解,呈现相应的教学活动。在备课过程中意识到自己的理论功底还有待提高,今后要多多读书和学习,了解单元整体教学的理念,灵活处理各个教学环节。在内容上能够提出更多自己独到的见解,积极吸取他人教学的经验,借之所长,补己之短。

参考文献

[1] 王德民. 中学历史教学设计[M]. 芜湖:安徽师范大学出版社,2018.
[2] 何成刚. 历史教学设计[M]. 上海:华东师范大学出版社,2009.
[3] 姚锦祥. 基于历史专题的单元教学设计[J]. 中学历史教学参考,2006(10):12-15.
[4] 韩俊元. 基于核心素养的单元整体教学实践及思考[J]. 中学数学教学参考,2020(17):13-16.

浅析微课在高中历史教学中的应用

杭州市萧山区第十高级中学　韩　虹

摘　要：微课是教师课堂教学的辅助手段，它是教育信息技术在教学中运用的产物，适合不同层次的学生进行极具个性化的深入学习。本文论述了微课在高中历史教学中的具体应用原则和存在的误区。

关键词：微课；高中历史；应用原则

教育，应该是让每一个学习者具有产生创造力的能力。在信息时代如此发达的今天，这种创造力就更能成为我们每个人不可或缺的一种生存本领；但是现在的教育着实让每一个教育者担忧：教学模式僵化，“拒绝任何差异化的内容和标新立异的想法，学生思维上的不同和天赋上的差距也被无情地忽略掉了”。信息时代的发展如此之快，如果不重新审视我们的教育制度，不更新我们的教育理念，不寻找有效的教育方法，那么时代注定要把我们抛弃。

对教学方法的探究是新一代教育者的责任，用哪一种教学方式更能有效地提升学生的学习效率应该是研究者研究的重点。目前，国外兴起了“翻转课堂”“电子书包”“可汗学院”等新的课堂形式，我国的教育者也开始关注这种可以随时随地再现学习模式的课型。所以近年来“慕课”“微课”等资源大量涌现。“微课”短小精悍、便于下载，可以随时随地不受时间、空间限制地观看，并且其内容上也可以激发学生学习的兴趣，更加易于被中小学学生接受，所以“微课”可以使课堂更加高效。目前国内“微课”与中小学学科整合方面的研究热情也是普遍高涨。

一、微课的概念

“微课”提出的最初理念是“人们以非正式学习或正式学习方式对主题集中、短小精悍且与实践紧密结合的专业知识进行学习，进而提高专业知识学习成效，促进知识的内化”。近几年，我国对“微课”的研究比较普遍，但就“微课”概念并未形成统一的准确定义。

焦建利认为：“微课程是以阐释某一知识点为目标，以短小精悍的视频为表现形式，以学习或教学应用为目的的教学视频。”黎加厚教授认为：“微课程是指时间在10分钟以内，有明确的教学目标，内容短小，集中说明一个问题的课程。”这些概念各有针对性和不同,但都高屋建瓴地指出了“微课”的基本特征,虽然具体内容有所差别,但核心和理念是基本一致的。

本文笔者采用胡铁生先生对“微课”概念的界定:“微课程是以微教学视频为主要载体,教师针对某个学科知识点(如重点、难点、疑点、考点等)或教学环节(如学习活动、主题、实验、任务等)而精心设计和开发的一种可视化的、支持多种学习方式的在线视频网络课程。”

二、高中历史微课的应用原则

目前,中学历史教学中微课运用还处于初始阶段,正在不断地探索完善之中。借鉴其他学科运用微课教学的经验,笔者依据相关理论就高中历史教学中微课运用的原则,提出自己初步的设想。

1. 课前预设的合理化

微课本身是一种“无中生有”的教学,虽然没有学生的直接参与,但是微课教学与常态课程教学流程是一样的,需要教师提前备课,进行课前的预设。笔者认为教师在制作历史微课前,要精心选择微课的题材,因为历史知识纷繁复杂,要根据学生学习的程度、知识的难易程度等选择历史材料,精心准备才能成为高效课堂;在选材的过程中,既要有问题的提出,也要有课堂活动的安排,还要有学生合作解决问题等过程。在历史微课的制作与运用过程中,要把以学生为中心的原则贯穿始终,所选择的史实和材料要符合中学生认知水平,要考虑到学生在学习过程中需要思考和解决的问题,要预设在课堂上学生已经完成的状态下设计衔接语言。并且教师需要根据自己的教学经验和逻辑推理,以学生的视角预先考虑到学生会产生的疑问和困惑,在历史微课中给学生交代清楚,并为下一节历史微课做好铺垫准备。

2. 导入与结语的精练化

微课结构具有相对完整性,但微课教学切忌与传统课堂雷同,尤其是在导入与结语方面。因为时间有限,微课的导入要迅速,将时间留给主题使用。正是因为微课的导入时间更微小,所以要求更高。只有设计精巧、呈现方式多元、引人入胜的微课导入,才能让学习者带着悬疑和兴趣来学习历史微课。

以人教版高中历史教材必修一专题六第3课“罗马人的法律”为例,在传统课堂上,有一种导入的“文字叙述”是这样的:“关于古罗马起源的传说有这样一个故事:特洛伊城在火光和叫喊中陷落了,全城遭到大屠杀,幸免于死的人全都沦为奴隶。混乱之中只有特洛伊国王的驸马阿伊尼阿斯逃出来,他的后人建立了一个王国。后来有一个公主,但公主的叔父在篡夺了王位后,为了防止公主结婚生子威胁自己的王位,便任命未婚的公主为巫女。这是主管祭神的职位,像修女一样不得结婚,美丽的公主和战神玛尔斯一见钟情,生了双胞胎,起名罗莫路和勒莫。叔父闻知此事大怒,将公主投入大牢,又把那对双胞胎放在篮子里抛入台伯河,指望那篮子飘入大海将那对双胞胎淹死。再说那兄弟俩的篮子被河口附近茂密的灌木丛钩住而停了下来，两人的哭声引来了一只过路的母狼。意大利的狼都带点慈悲心，不但没吃掉双胞胎兄弟，反而用自己的奶去喂养他们。后来一个放羊人经过，发现了兄弟俩，将他们抱了回去抚养成人。这两人便是罗马的建造者。”上述的导入的确有助于激发学生对历史的兴趣，在传统 40—45 分钟的历史课堂当中，这样的导语无可厚非，再正常不过了。但对同样主题的历史微课来说，这就显得过于繁冗、浪费时间了，因为微课的目标应该是构建介绍性的历史知识架构，所以导入可以开门见山地说：“古代一位诗人说：光荣属于希腊，伟大属于罗马。如果说希腊的光荣体现在其城邦民主制度的话，那么古代罗马的伟大又体现在何处?”与此同时配以罗马城的历史遗迹的图片，短短十几秒钟，快速又高效的导入就完成了。

导入的要求是开门见山。一节微课的结语也应在简洁的基础上起到承前启后的作用，因为微课本身聚焦的知识点少，总结不必洋洋洒洒，将传统课堂上的过渡语稍加改造，完全可以成为一节微课的结语。以人教版高中历史教材必修一专题二第 2 课“抗日战争”的“抗日战争的伟大胜利”框题为例，在这一课中，选择“抗日战争胜利的原因和意义”为题来制作历史微课，重点分析日本侵略者投降的过程、抗日战争胜利的意义以及中国的抗日战争为什么能够胜利，过程无须赘述、厘清思路使同学们掌握即可。对于结语，可这样设计——主题为“是谁打败了日本?”谜语趣闻：1945 年抗战胜利后，沉浸在抗战胜利喜庆氛围中的重庆，某大报副刊刊出一则谜语，谜面是日本投降，谜底是打一中国古代名人。结果出现两个针锋相对的谜底：屈原或苏武。周恩来则认为是“共工氏”(传说中的水神)。后来，有人又拟了一个新谜底：华佗。(1)你能解释“屈原”和“苏武”准确含义吗?(2)你认为该怎样解释“共工氏”和“华佗”这一谜底?(3)你赞同哪一个谜底?请简要说明理由。(4)如果以上谜底你都不赞同，请试拟定一个新谜底。

以中国古代名人姓名为字谜，就是对微课内容的提纲挈领，可以让学生感到历史知识的新鲜，完全是点睛之笔。以追问的方式不仅可以拓宽学生的视野，更可以深化他们对抗战胜利的认识，认识到抗日战争胜利带来的影响，增强学生的民族自豪感。

3. 微课线索的清晰化

历史微课所体现的线索当然是清晰的，在一条线索上讲深、讲透，才能突出内容重点，将可有可无的举例、证明等旁枝侧叶剪掉，才能显露内容主干。

例如，人教版必修二专题五第 3 课“‘蒸汽’的力量”第一小节“大工业的狂飙时代”实际上涉及的内容很多，其中关于工业革命的内容涉及方方面面，有棉纺织业、冶金业、采矿业、交通运输业等行业的革命，不便于学生掌握。微课的特点要求必须具有清晰的线索，这个最为关键的线索就是蒸汽机的改良与运用，一切行业的革命都依托于瓦特蒸汽机，学生把握住这个关键点就是持有了理解第一次工业革命的钥匙。

再如，人教版必修一专题五第 2 课“外交关系的突破”中“中美关系的解冻”是这一节课的主线，只要抓住这条主线，一切问题都将迎刃而解。所以在这一节微课当中，除将中美关系缓和的原因和过程讲清楚之外，教师还有必要通过一个时间轴来厘清时间顺序，使学生认识到，中国重返联合国也好，中日邦交正常化也好，其直接原因都是中美关系的解冻。

4. 微课立足的能力化

历史学的本质，是对历史的认识，即在一定的历史观的指导下对人类历史的阐释。普通高中历史课程的育人功能，重在引导学生从多角度对历史进行认识，拓展历史视野、发展历史思维，使学生在探究历史的过程中形成自己对历史的正确认识。微课虽然是一种新的信息化教学形式，但依然应该遵循学科规律。

微课“新思想的萌发”“维新思想与维新变法”“民主共和思想”“新文化运动”“马克思主义在中国的传播”等构成了“近代化的探索”的特殊微课，由不同的分散的微课程最终汇聚成一点，构成了近代化的探索这一线索。这一探索潮流认识可以总结为：近代先进的中国人开始向西方学习，经历了从学器物到学制度再到学思想文化，领域不断拓展，内容不断深化，层层推进、步步深入的过程。这样，从具体的史实中提炼了近代历史的发展规律，培养了学生的历史思维，增强了学生的历史意识，也深化了学生的史学核心素养。

再如，在整合孙中山这个人物的时候，可以由“筹备革命”“建立民国”“捍卫民主共和”“顺应时代潮流的转变”等内容构成，以时间作为线索对孙中山一生的大事记做清晰的梳理，提高学生对于历史事件的理解，强化学生时空观念的培养，深化了学生的核心素养能力。

三、高中历史微课的误区

1. 个性与共性的认识偏差

目前，碎片化、微视频、短小精悍、个性化学习、聚焦知识点几乎成了微课的“标签”。人们对微课基本特征的认识不断丰富，但也存在诸多认知偏差。历史学科微课符合微课的总体特征，也有自身的特点。历史学科在学习中要注重建构整体知识框架，碎片化、个性化学习容易造成知识结构的割裂，所以高中历史微课的应用一定要建立在整体知识架构的前提下，不能过分追求个性化和碎片化。

2. 设计与创作的误区

当前部分历史微课设计的理念还比较陈旧，注重的是信息技术方面的制作，而对于微课在选题、学情分析、教学内容分析、教法学法设计、学习情境设计、学习任务设计、学习资源设计、教学过程及活动设计、教学评价设计等核心环节却重视不足。这样导致的后果是华而不实，花费了很大的力气，但效果甚微，即有微课之“形”而无微课之“神”。

微课结构不科学,有些微课过分追求课的形式完整,甚至连与知识点关系不大的小细节也保留下来。有些微课结构不完整,有缺失,注重的仍然是常规的知识,忽视导入、小结、练习、扩展和迁移等环节。有些微课站在教师“教”的立场,而不是以学生学习为出发点。历史微课资源适用于一些难于理解、需要梳理、有待点拨的历史教学内容,诸如史学理论、历史概念、专题复习、解题指导等。在上课的过程中程序也过于僵化,为了完成任务而做,缺乏问题情境的设计、学习任务设计和教学活动设计。还有些微课只关注个别知识点微课制作,忽视微课资源包和单元、模块、专题微课程系统性开发,缺乏系统规划,势必导致微课质量良莠不齐。

3. 应用的误区

教师在制作微课程的时候,要摆正自己的心态,要明确开发微课的目的:是出于切实的教学需求,而不是为比赛而比赛、为开发而开发、为建设而建设。对于为什么要设计、开发设计了微课程之后应该如何应用,在哪些地方可以应用,以及用哪些方法应用,都没有明确清晰的认识。所以无论是对于教师个人还是学校层面都要重视对微课堂的组织培训,使教师对于微课的研究有具体深入的认识,在微课程教学法、翻转课堂教学法、信息技术与课内整合等相关理论研究的基础之上,能够运用、实践和完善发展。

微课是一种新生事物,如何进行微课资源与具体学科相结合并最大限度地发挥其功效是应用的重中之重。在中小学开展微课教学具有很大的应用价值和发展潜力,值得在学生、学校和社会中大力推广。只有在不断实践中才能更好地完善,促进教学方式多样化,也能使得学生通过自主学习感受到历史学科的魅力所在。

参考文献

[1] 萨尔曼·可汗.翻转课堂的可汗学院[M].杭州:浙江人民出版社,2014.

[2] 胡铁生.微课程的属性认识与开发建议[J].中小学信息技术教育,2014(10):13-15.

[3] 焦建利,王萍.慕课:互联网+教育时代的学习革命[M].北京:机械工业出版社,2015.

访良渚之地　探文明之光

——核心素养视域下地方研学课程的实践研究

杭州市萧山区第十高级中学　聂子怡

摘　要：地方课程是基础教育课程体系中的有机组成部分，是落实立德树人根本任务的重要领域。文章旨在将原本枯燥的历史教学模式转变为基于地方史资源的研学实践，从而构建出核心素养视域下基于丰富地方史资源的历史课程，在活跃学生的思维、增加学生学习兴趣的同时，推动地区课程改革的深化，为中学历史教学的创新提供借鉴和经验。

关键词：核心素养；地方课程；历史教学；研学旅行

2014年，教育部发布了《关于全面深化课程改革　落实立德树人根本任务的意见》。该意见要求把“各地要做好地方课程和学校课程管理和分类指导”作为落实立德树人根本任务的重要措施。核心素养中的“家国情怀”素养更是立德树人根本任务的集中体现，一线的教师在实际历史教学中会发现学生由于年龄等因素的影响，其认知方式偏向于直观和形象，容易对自己身边的人与事物等产生特殊的情感和学习兴趣，因此在这个基础上融入地方史的历史课程氛围也会更加活跃。例如，历史教材中出现的属于家乡的遗址遗迹，博物馆展出的历史物品，家乡人民口头传诵的著名历史人物、传说，等等。教师将这些丰富的地方史资源与教材内容有机整合，让学生通过研学旅行的方式进行实地考察参观，近距离地感知历史，激发学习兴趣，从而改进历史教学方式，深化地方课程改革。

一、审视——地方研学课程的价值所在

苏联最著名的教育实践家苏霍姆林斯基曾说过，“要让学生更加理性地去热爱国家，承担相应的社会责任，首先要对自己的家庭有着深厚的情感”[1]。核心素养是学科知识学习的目标导向，外显于学生最终形成的正确价值观、优秀品格和关键能力。中学历史地方研学课程是结合历史学科的内容，以“立德树人”的育人目标为导向，以历史课程标准为基础，充分考虑历史课程的目标、主题、内容、资源等多方面的因素设计历史主题的研学实践活动，开拓历史教学的“第二课堂”。学生通过体验与实践，进行研究性学习获取历史知识，从而培养其自主探究与合作的关键能力，潜移

默化地提升学生的历史学科核心素养。

1.情境的在地化:拓展学生的学习空间

在特定历史发生的时间与空间的联系下对事物进行观察,在观察的基础上进一步分析从而引发思考的这种方式就是“时空观念”。培养学生的时空观念是历史学科的核心素养之一,也是历史学科“本质的体现”。[2]

任何一段历史的发生必定离不开当时所处的时代背景。在历史课程学习的过程中经常要分析一些重大的历史事件或者历史人物,此时就要从历史时代的政治背景、经济发展、社会变化以及文化等方面进行考虑。在核心素养的教育背景下,将历史学习与研学实践课程联系起来延伸了学生的学习空间,将学生代入历史遗址遗迹等真实的学习情境中去感悟历史,置于具体的时空氛围中去思考历史,将历史知识的背景还给学生,他们可以更真实地去感受过去事物的历史感和厚重感。学生在亲身经历了知识的生成过程后,进一步促进知识的内化,回归历史教育的本质,赋予历史学科强大的生命力。

2.活动的探究性:促进学生的认知发展

古人云:“读万卷书,不如行万里路。”学生走出教室,亲自去实践,积极参与到研学实践中的每个过程,通过考察、实验、调查一步步走向历史的真相。

在历史主题的研学实践课程中,学生会观察到各种各样的史料,包括文献史料、考古史料以及口述史料。中国近现代时期的著名学者王国维强调“二重证据法”,即取地下之物与书上所记载的历史做对比,来分辨历史的真假,可以说,“历史学就是史料学”[3]。随着新版课程标准中将“史料实证”作为学生在学习历史课过程中必须要形成的五大核心素养之一,史料已经成为历史教师在备课的过程中必须搜集的用来证明教科书中历史观点的重要证据。

例如,杭州的良渚博物院展出的新石器时代晚期人们使用的工具、房屋建筑的还原以及玉器等,充分显示了新石器时代晚期以玉为主要代表的良渚文明在中华文明发展史上的重要地位与深远影响,对于历史教育有着非常大的史料价值。通过设计一系列的研学实践活动,教师与学生在提出问题和解决问题的过程中展开“历史第二课堂”的教与学,通过亲自实践转化和提升自己的知识、能力与素养,使研学旅行的综合育人价值最大化。

3.过程的体验性:提升学生的情怀价值

研学实践是学生亲身经历真实的学习过程,与普通旅游有很大的不同,学生需要在这个过程中动脑思考、动手操作,调动身体知情意行多方面的能力来协助自己完成研学任务,并不断做出反思与实践。

家国情怀作为历史学科五大核心素养之一,是中华民族传统文化的重要组成部分和历史学科追求的核心价值目标。一个人最熟悉的也莫过于“生于斯,长于斯”的家乡,家乡的历史资源是距离学生最近的历史学习资源,每个人都对自己的家乡有着强烈的归属感。以浙江地区为例，在浙江地域范围内的一部分遗址经过妥善的维护，现在基本可以供游客参观，例如良渚文化遗址，上林湖越窑遗址，大窑龙泉窑遗址，临安城太庙遗址，安吉龙山古城遗址，杭州六和塔、岳飞墓，宁波保国寺、天一阁，绍兴古纤道、大禹陵，衢州南宗孔氏家庙，湖州飞英塔，等等。在以中学历史课程内容为主的研学实践活动课程中，以地方历史文化资源为主要研学基地，加深学生对家乡历史的认知，深化对家乡的情感。

因此，以家乡历史资源为依托的研学实践活动课程，有助于培养学生对于社会主义核心价值观的认同，热爱中华优秀传统文化，塑造学生健全的品格。

4.评价的多维度：内化学生的核心素养

评价的多维度指的是在活动的实施过程中以及活动结束后从多方面多角度进行综合性的评价。结合综合实践活动课程中表现性评价的要求，以及目前研学实践课程在我国的发展状况，可以通过以下角度评价学生在研学实践过程中的表现，如图1所示。

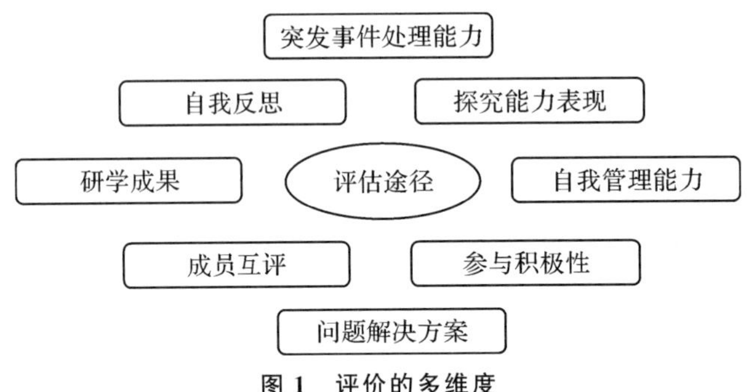

图1　评价的多维度

研学实践课程，不仅要关注学生在研学过程中所表现出来的合作能力、探究精神等状况，还要注重学生的研学实践的成果。在研学实践课程的后期主要是对学生的研学成果进行评价，研学成果是检验学生学科知识、综合能力与核心素养形成的外显化评价载体，研学成果可以包含多种形式，主要有以下几大类，具体情况见表1。

表1　研学成果类型

书面类	表现类	媒体类
海报	演讲	视频
文章	辩论	电子相册
小论文	座谈会	
调研报告	角色扮演	
项目建议	作品展览	
研学总结		

二、行动——地方研学课程的实践探索

核心素养视域下地方研学课程的实施步骤主要包括：精选研学地址并设置研学主题，精心设计研学活动过程，精准掌控研学实践开展，精彩展示研学实践活动成果并评价。

1. 准备阶段：精选研学地址　设置研学主题

首先，开展基于中学历史课程内容的研学实践活动，最重要的一步就是选择恰当的研学地址。历史教师要根据课标中关于历史学科核心素养的要求，并在反复研读历史教科书相应内容的基础上选择恰当的研学地址。诸如各地的博物馆资源、爱国主义教育基地，重大历史事件和重要历史人物的纪念馆，等等。

其次，在进行研学旅行之前一定要设置与课程内容相关的研究主题，这是规范学生学习方向的基础性准备工作。教师要根据相应的课程内容以及课程目标，设置真实的、有价值的、可研究的中心主题。除此之外，教师也要考虑到学生的兴趣爱好和已经具备的知识经验。

在“中华文明的起源与早期国家”一课的教学中，杭州地区的学校可以选择于2019年7月6日被正式列入世界遗产名录的良渚古城遗址以及良渚博物院作为研学基地。良渚古城遗址是中华民族早期文明的重要代表，通过考古发现其存在于中国新石器时代晚期，是一个以稻作农业为支撑，具有社会分化的早期国家形态，印证了中华民族五千年的历史文明。在学习本课内容时，将学生带入良渚博物院，目睹良渚先民劳作场景，良渚人的生产、生活方式，观看五千年前良渚古国的灿烂与辉煌，有利于学生切身感受人类的起源与古文明的发展。在充分考虑本课的教学目标与学生已有认知的情况下，从家国情怀素养的角度设计以“访良渚之地，探文明之光”为主题的研学实践活动，明确学生此次研学实践的方向性，激发学生对于历史探究的兴趣。

2. 开展阶段：创新实践模式　明确小组分工

核心素养视域下地方研学课程突破了传统课程的束缚，更加看重学生的自主学习和切身体验。在开展具体的研学活动时，根据教学的目标和任务，围绕中心主题制定切实有效的活动方案，让学生自主探究。最为典型的就是小组合作的探究模式：根据组间同质、组内异质以及双向选择的原则，将学生分为5人一组，并进行组内分工，如组长（组织、协调组内事物并进行成果汇报）、材料整理员（搜集并整理研学过程中重要的文本资料）、摄影师（活动跟拍记录）等。教师通过历史研学实践活动的设计和人员分工，提升学生的活动策划能力。

在开展以“访良渚之地，探文明之光”为主题的研学实践活动时，可以确定如下的研学任务单，见表2。

表 2　良渚博物院历史研学单

依次参观三个展厅　时间:40 分钟
1.选择一件手工制作品(陶器、玉器)进行探究,归纳出这个时期手工制作的特点。 2.在瑶山祭坛,所有的墓葬都在祭坛南部,这是什么原因? 3.展厅中的文物都来自哪里?提出你的疑虑。 4.这些展出的文物对你现在的生活还有影响吗?请举例。 5.良渚古文明时期出现的部落和国家都有哪些?了解具体的分布位置。 6.所展出文物上面的文字和图案设计是否表达了某个主题或者故事?请对你感兴趣的文物进行详细解读。 7.根据参观良渚时期文明的社会状况和农耕发展等来谈一谈你对这个时期的古文明的感受与看法。

根据研学任务单,以 5 人一小组为单位参观良渚博物院。小组内部再进行分工,以发放的研学单为线索,探究问题,写出感悟和研学记录,并在研学过程中摄影留念。具体的研学过程如下:

参观前

师:同学们,我们刚学习过“中华文明的起源与早期国家”这一课,大家还记得我们学习了哪些内容吗?

生(略)

【设计意图】温故知新,帮助学生巩固旧知识,对中华文明的起源有深入的了解。

师:我们都知道,就在不久前杭州良渚文明遗址被列入世界文化遗产名录,这是见证中华文明五千年历史发展成就的有力代表。今天老师带领大家来到良渚博物院一起探寻中华文明之光。现在每个同学手中都有老师刚发给大家的“良渚博物院研学单”,现在给大家四十分钟的时间以小组为单位,根据研学单上面的参观要求以及需要探讨的问题进行参观。四十分钟后在这个地方集合,每个小组都要汇报自己的研学成果并探讨交流。

参观中

学生以“良渚博物院历史研学单”为线索,有针对性地参观良渚博物院,小组讨论合作完成学习单。教师随行指导,引导学生思考。

关于良渚博物院所展出文物上面的文字和图案设计了以下的师生互动片段。

师:通过刚才的参观,大家应该会发现展品中玉器占大多数,我们看到这些精美绝伦的玉器上面有着巧夺天工的雕刻,可见玉器是良渚王国倾力打造的礼器,这代表了什么呢?

生:代表了良渚王国的尊严和荣耀,在一定程度上是这个国家的象征。

师:是的,良渚的尚玉风气对中华民族产生了深远的影响,人们对玉器的喜爱也因此流传下来,现在很多人仍然把玉器尚为珍宝。经过对良渚博物院陈列的玉器和陶器的参观,大家应该看到了很多的刻画符号与图案起源,这些符号对于研究中国文字的起源具有极其重要的学术价值。哪个同学能讲一讲自己观察到的符号与图案呢?有什么寓意呢?

生:我刚才看到了一件名为琮的玉器,上面有神人、神兽和神鸟的图案。我认为这象征的是早期文明的一种权力。

师:是的,玉琮是比较重要的玉器,上面的神人头戴大羽冠代表“天”,下面的神兽图案结合了早期龙和猪等动物的特点,也可能是多种动物抽象而成的,其中的圆形大眼象征着太阳,这个整体很可能就是太阳神。而旁边的鸟纹是一种辅助装饰,是对这一神灵的渲染和张扬,飞翔的鸟儿更加暗示了神人兽面这一神灵具有无处不在、无所不及的巨大能量。[4]

生:为什么古人类喜欢在使用的器具上面刻这么多的图案呢?

师:那老师问大家一个问题,这些玉器都是哪里出土的?

生:墓葬。

师:墓葬里一般是有身份有地位的人,玉器在那时候也算是比较珍贵的物品,只有有身份地位的人才用得起。所以,这些有身份的人在玉器上面刻的图案象征的是一种权力、一种地位,平民百姓是不可以用这种玉器的。

【设计意图】锻炼学生的探究能力与合作意识,鼓励学生积极思考勇于提出自己的疑惑。透过石器时代的物品体会古中国的文明之光,增强学生的时空感知,培养学生提炼历史信息与解释历史的技能,从而感受到中国古文明的辉煌与古人类的智慧,深化家国情怀素养。

3.评价阶段:交换学习成果　有效总结反思

评价是研学实践活动中必不可少的一个环节,不但可以让学生对研学内容进行总结升华,发现历史可以传承与创新的部分,而且还能反映出活动过程中所出现的问题。因此,在研学实践课程后期教师应该创新多维的评价方式引导学生的自我反思与表达,提升内化学生的核心素养,即对研学探究活动的过程、方法、结果以及意义方面进行个人总结,写出自己的感受。感受可以包括自己对研学活动课程学习模式的想法与意见、对同伴在合作学习过程中的表现,以及自己在研学过程中收获的知识与能力。在总结与交流的过程中,应注意实事求是,要引导学生通过总结与交流,深化体验,培养能力,发散思维,提升综合素养。

以“访良渚之地,探文明之光”为主题的研学实践活动结束后,教师要引导学生互相交流学习,并展示优秀成果,再进行逐一点评。良渚博物院研学旅行以《中外历史纲要》“中国史”部分教材相应的内容为依托,通过对博物院三个展厅的参观学习,更深层次地理解古文明,使历史知识变得生动有趣,学生寓学于乐。研学实践活动作为第二课堂教学,可能会出现很多不可控因素,需要历史教师以及带队教师随机应变,做好积极引导,提高学生探索与思考的积极性,避免要求学生回答问题的精准性。教师要更加看重学生的学习过程,在过程中观察学生的学习能力以及五大核心素养的落实,最后对学生做出全面的评价。为此,在研学活动结束后可以发放“良渚博物院历史研学评价量表”(见表3)。

表 3　良渚博物院历史研学评价量表

评价指标	评价内容	权重	评价方式			备注
纪律问题	能够按时集合、参观	10	自评	互评	师评	
	服从管理，不大声喧哗	10				
学习能力	能够发现问题并提问，主动学习	10				
	能够根据自己已经掌握的知识，对新事物提取新的信息	10				
	能够顺利完成学习单上的任务	10				
	能够表达自己的想法	10				
	能够解决自己遇到的问题	10				
团队合作	能够与组内成员交流看法	10				
	自己所在小组很有秩序	10				
	尊重他人的看法，学会聆听	10				

这份评价量表主要从学生的纪律问题、学习能力与团队合作意识三个角度出发进行自评、互评以及师评，主要将学生在学习过程中的表现列入考核范围。此外，还可以使用问卷调查的方式调查学生对于研学实践这种学习模式的感受，提出自己的意见，进一步优化研学实践课程方案。

三、思考——地方研学课程的延伸展望

研学旅行课程具有鲜明的综合性与实践性，有利于学生知识的学习与能力的培养。通过此次以“访良渚之地，探文明之光”为主题的历史研学实践活动，我们发现在研学的活动过程中，学生能够分工合作、表达交流、展示学习成果，并在每个环节中注重实践的探究，通过阅读文献，进一步提高其对历史史实的认知。因此，核心素养视域下的地方研学课程有利于学生在主动探索中认识历史的本质，在解决问题的过程中发散思维，在小组的分工中提升协作能力，在总结反思中增强创新意识，通过不断地优化与完善形成负责任的态度与不断探索的精神。但是在新课标的背景下，课堂教学与课外的探究应该是两条相辅相成的教学路径，因此还需要继续将研学实践课程进一步体系化与生活化。

历史是过去发生的事情，地方史资源更是对历史最好的阐释。将地方史资源与历史研学实践课程相结合，有助于拉近学生与历史的距离，进而推动历史教学核心素养的落地。随着研学旅行在培养学生核心素养中发挥着越来越重要的作用，各个学校定期去组织研学旅行课程是必然的趋势，最终实现“教室课堂”与“社会课堂”的有效结合。

参考文献

[1] 苏霍姆林斯基. 培养学生的爱国主义精神[M]. 尹曙初，刘尚勋，译. 长沙：湖南教育出版社，1984.

[2] 庞玲. 高中历史时空观念素养水平 1—4 解读与教学建议[J]. 天津师范大学学报（基础教育版），2019(3)：20-25.

[3] 旷新年. 由史料热谈治史方法[J]. 文艺争鸣，2019(3)：43-51.

[4] 赵晔. 良渚文明的圣地[M]. 杭州：杭州出版社，2013.

高三班主任化解师生矛盾的案例研究

——有关问题学生的个案研究

杭州市萧山区第十高级中学　田　钰

摘　要：新时代教育工作的根本任务是"立德树人"。家庭教育在培育孩子道德品行方面起着至关重要的作用。班主任是学校和家庭沟通的重要纽带，是帮助家长更好地培养孩子的领路人。本文通过一个问题学生的案例，叙述作为班主任如何化解家长和孩子之间的矛盾，增进彼此之间的感情。从立德树人的角度出发，我在教育观念、教育方式和家庭氛围这些方面总结了一些关于家庭教育的思考与感悟，希望能够为家长提供一些帮助。

关键词：立德树人；家庭教育；问题学生

苏联著名教育学家苏霍姆林斯基说过一句名言："没有爱，就没有教育。"教育工作面向的是一群有思想、有个性的孩子。我们的教育是要兼具爱与奉献的，以真心换得真心，以无私的爱来唤醒孩子们的心灵，让教育充满智慧和力量。

"新时代教育工作的根本任务是围绕立德树人目标，培养德智体美劳全面发展的社会主义建设者和接班人。"[1]为了落实"立德树人"的根本任务，家庭、学校和社会需要协力合作，共同努力。家庭是影响孩子成长最关键的因素，父母是孩子的第一任老师，好的家庭教育将有利于孩子一生的发展。而班主任是学校和家庭沟通的重要纽带，是帮助家长更全面地了解孩子，引导家长用爱和真心在道德品质、文化修养、行为习惯等方面悉心培养孩子成长的领路人。

我在担任班主任期间，遇到过这样一个孩子，他在一定程度上可以说是一个问题学生。但是在一次偶然的事件中，我改变了对他的看法，并且通过我与他爸爸的交谈，解开了他们父子之间一直存在的心结，增进了父子之间的感情，同时也帮助他走出了内心的困境。

一、案例介绍

我们班是美术特长班，班里有个男生，名叫陈小豪（化名），是个内向敏感又脾气暴躁的问题学生。平常在班里做作业动作很慢，上课注意力分散，书写也非常潦草。一下课就喜欢趴在座位上睡觉，有时甚至在上课的时候也在打瞌睡。任课老师多次和我反映他上课状态不佳，作业不认真。为此，我曾多次找他谈话，希望他能够重视学习，端正态度，认真听讲，及时完成作业。然而，他总是一副敷衍了事的态度，口头上答应了，但是行动上毫无改进。

事情发生在上学期期末考试阶段的一个晚自习。下课期间他擅自回到了寝室，对宿管叔叔撒谎说课本忘在宿舍了，要去拿课本进行期末考试复习。结果他一去不返，在寝室拿出偷藏的手机玩了起来。他想着玩一会再回去，肯定不会被发现，就抱着这样的侥幸心理，到时编个理由就说去请教其他老师了，班主任就不会追究，于是他更加肆无忌惮。他没想到的是，上课后我在班里一眼就看见他不在，随后我赶紧询问了周边的同学是否知道他的去向，一个同学说陈小豪好像往寝室方向去了。于是，我和年级部的戴老师一起到寝室找他，我们来了一个突然袭击，一把推开寝室的门，结果他正在里面兴致勃勃地玩手机。他一下子就蒙了，马上求饶说："我错了，我再也不敢这样了。"年级部的戴老师严肃地批评了他，告诉他这是严重的违纪行为，必须通知家长，让他好好反省，把手机上交年级部，接着我们把他带回了教室。

之后，他在教室里写了一会作业，默默地走到我身边说想要和我私下谈一谈。我和他走到教室外面的走廊那里，我告诉他，他犯了很大的错误，要深刻反省，父母那边也要知晓的。他说："老师，能不能不告诉他们，我一定改，他们肯定要骂死我的。尤其是我爸以前还用皮带打我。"我说："我会和你父母好好沟通的，让他们用合理的方式教育你，不会打骂你的。"他不说话，表情愤怒，双手握紧拳头，说"你们要是去找家长我就不活了"，一头往墙上撞去。这时我赶紧上前制止，年级部副主任华老师刚好路过，连忙过来帮助我阻止他的过激行为，我飞快跑上楼去找年级部主任沈老师反映情况。经过各位老师的安抚和教育，陈小豪终于平静下来不再撞墙，然后和我说出了他的心里话。

二、案例分析

这个男生平日里比较内向，不太喜欢与人沟通，常常把烦心事闷在心里。上学期期末那段时间，他还频频和班里的同学闹矛盾。比如，他和班里男生打篮球期间，心里不痛快就抓伤了另一个同学。某天晚自习，一个女生不小心撞翻了他的水杯，他就把女生的书扔到了地上。事后，我找他谈话，他跟我说感觉班里同学都在针对他，看不起他，家里爸妈也总是打压他，说他什么都比不上自己的姐姐。经过一番了解，我知道他原来还有一个大他八岁的姐姐，他姐姐从小很优秀，考入了重点高中，之后又上了很好的大学。父母一直让他以姐姐为榜样，要求他向姐姐看齐。他时常觉得在家没有存在感，父母都不喜欢他，非常偏爱姐姐。学校里他学习成绩不佳，父母说他就是因为玩心重，天天不务正业，不聪明还不用功。在家里，他说："爸爸妈妈老是喜欢到我房间里看我在干吗，一点私人空间都没有，我就把房门锁起来，他们就会使劲敲门说我是不是又在玩手机，真的不想在家里待下去了。"我问他："那你作业真的做好了吗？做好了可以和父母说适当玩一会手机，但是不可以沉迷游戏。"他低头不说话。过了一会他说：“我爸生气了会打我，我妈喜欢摔东西，他们一点都不讲道理。”

他告诉我，这一次私藏手机带到学校来玩，其实他以前也想过，只是一直没实践。他以为只是回去偷偷地玩一会，可以做到神不知鬼不觉，没想到“螳螂捕蝉，黄雀在后”，被老师抓了个正着。我告诉他：“首先，你要成为一个勇于正视自己、敢于承担责任的孩子。你私藏手机被发现，你和同学发生矛盾，伤害同学都是错误的行为，你要承认自己的错误，知错能改是非常可贵的品质。其次，你要看到自己的闪光点。你的头脑很灵活，你的美术专业基础很不错，你并不是一无是处，而是潜力无限，你还没有完全发挥出来，没有真正地把全部精力集中起来用到学习上。最后，你要和父母坐下来好好聊一聊。爸爸妈妈的出发点肯定是希望你越来越好，更加优秀出色，也许有时的做法让你不满，你不能选择逃避或者顶撞的方式，这样只会让彼此之间的关系更加恶化，你要心平气和地与父母沟通，慢慢地把自己的想法告诉他们，我想你的爸爸妈妈也不是不明事理的人，这样他们才能真正地知道你内心的感受。”他听完我的话后，若有所思地点点头。

三、案例处理

年级部主任沈老师让我打电话联系了陈小豪爸爸，我把事情的大致经过告诉了他，并且请他来学校一趟。他爸爸来了之后，我和他说了陈小豪内心对爸爸妈妈的想法，他感觉爸爸妈妈对他的要求太严格了，自己太差劲了，很有挫败感。在姐姐优秀的光芒下，自己仿佛非常渺小和微不足道，爸爸妈妈都更喜欢姐姐，总是表扬姐姐，动不动就批评和打骂自己。

陈小豪爸爸沉默了一会儿，说道：“确实平日里有时会念叨他，主要他自己太不自觉了，有时候半夜三更还在打游戏，白天饭也不吃在床上睡懒觉，作业也不写，我们感到很着急，很为他的前途担忧，想让他向姐姐学习，但是他也不听，满不在乎的样子。我和他妈妈感到又生气又无奈，控制不住的时候就会打他几下，事后也很后悔，伤害了孩子。但我们其实都很爱他，经常给他买名牌衣服和鞋子，物质上的要求一般都会满足。”

我告诉他爸爸：“陈小豪其实是个内向自卑又有些暴躁的孩子，他的内向自卑来源于从小到大一直被灌输不够优秀不够好，没有得到父母的充分认可。和姐姐相比，他觉得自己很失败。他的暴躁来源于你们和他的交流方式，是居高临下的责骂，是武力解决他的不听话，而不是平等耐心地与他沟通。你们很爱他，物质上尽可能满足他，但是精神层面却还不够。好的家庭教育体现在父母和孩子的有效沟通与心灵陪伴。以后的日子里我想你们也许可以换一种方式，多鼓励他，多和他聊聊天，看到他的长处优点。其实他美术功底很好，画画成绩很出色，在班里名列前茅。你们要让他觉得自己也能让爸爸妈妈感到自豪和开心，他的自我价值能够被肯定。做错事批评是需要的，但是不要打孩子，暴力的方式只能暂时让他畏惧，而不能让他真正认识到自己的错误,还会在他心里留下很深的伤口,疏远了与父母之间的关系,非常不利于家庭的和睦发展。"

交谈过后,陈小豪爸爸赞同了我的说法,表示以后会改进自己的沟通方式。他和我说:"田老师,我们做父母的平时工作忙,对孩子的教育和关爱也不是很到位。教育观念也比较落伍,就想着让孩子吃饱穿暖,提供好物质条件就可以了。孩子在青春期比较叛逆,我们家长也缺少和他的沟通,总以为他闹闹脾气就好了,也没想那么多。以后在家里,我们要多和他谈谈心,陈小豪这个孩子本性不坏,有时候也会帮我们干点活,会体谅我们的不容易。姐姐也很爱他,姐弟俩关系其实蛮好的,我们不应老是夸姐姐贬弟弟,应该让姐姐多辅导一下他。"

随后,陈小豪爸爸和陈小豪说:"小豪,爸爸为之前打你向你道歉,爸爸以后再也不打你了。但是你这次犯了错误,希望你能真正认识到自己的错误,以后要改过自新,端正态度。家里,我和你妈妈再也不拿你和姐姐做比较了,你们有各自的优点和长处。你在爸爸妈妈心里和姐姐是一样重要的,都是我们的好宝贝。还有,爸爸希望你在家里能够自律起来,不能松懈懒散不听我们的劝导,我们都希望你能长大成才,有一个美好的未来。"陈小豪抹掉眼泪,拼命地点了点头。

陈小豪对爸爸说:"爸爸,从小到大,我都比较怕你,因为你很严厉。我从来没有和你说过我的心里话。今天,我终于能鼓起勇气说了。其实,我心里知道你和妈妈工作很辛苦,也明白姐姐的优秀和自己的差劲。看着自己和姐姐的差距越来越大,就产生了自暴自弃的想法。今天听了田老师和爸爸的话,我知道自己也是有优点的,也可以变得很优秀,但是前提是努力上进,认真读书。从前的我确实很不懂事,但是从今天开始,我醒悟了。我会用行动证明自己的,请爸爸相信我。"陈小豪爸爸欣慰地抱了抱孩子,脸上露出了微笑。

这件事就这样圆满结束了,父子俩也解开了长久以来的心结。陈小豪心里一直想告诉爸爸的话,爸爸也知道了。爸爸的想法和承诺,陈小豪也听到了。同时陈小豪也向我表示:"田老师,我以前玩心太重,没有好好学习,以后不能再这样下去,我的理想大学是中国美术学院,我一定会发奋图强,努力实现自己的目标。"我拍拍他的肩膀,说道:"田老师相信你,你要加油哦!"

四、案例感悟

什么是立德树人?"立德树人包括'育德'和'育人'两个方面,是立育人之德和树有德之人的有机统一。"[2]从这个案例中,我体会到家庭教育对一个孩子的身心发展起着至关重要的作用。在"立德树人"的理念引领下,我对家庭教育有了一些思考和感悟。

在教育观念上,父母要做到"育人先育德,成才先成人"。有些家长认为:"家庭教育就是对孩子进行课外的学习指导和才艺教育。只是单方面地停留在成绩管理和分数提升上。"[3]实际上,德育比智育更为重要。家长不能只看到孩子文化成绩不够优秀，就否定他的一切，而要用发展的眼光全面地评价孩子。特别要注重培养孩子形成良好的品行，教育孩子牢记“人为本，德为先，能为上，行为善”。

在教育方式上，父母应当抛弃过去的“打是亲，骂是爱”的陈旧观念，高中阶段的孩子正处于青春叛逆期，是个人意识迅速发展的时期，他们渴望独立，同时又非常敏感，特别在意别人对自己的看法，内心迫切希望得到父母、老师、同学的理解和肯定。因此，面对这个阶段的孩子，父母不能简单粗暴地以打骂的方式让他们听话，这样会加剧他们的逆反心理，破坏亲子关系。父母应该耐心地聆听孩子的想法，从他们的立场去分析问题，引导他们真正认识到自己的错误。

在家庭氛围上，父母应该营造一个温馨民主的生活环境。孩子的身上会带着父母的烙印，体现着一个家庭的家风。有些家庭，父母关系恶劣，经常歇斯底里，破口大骂；抑或是，一些父母好高骛远，喜欢攀比，总是拿自己的孩子与别人家优秀的孩子做比较，让孩子觉得自卑无能、一无是处。在这样家庭长大的孩子是很难拥有健全人格的。所以，父母要纠正自己的不当行为，家庭成员间要互相尊重、和谐共处。父母在家也不能搞“一言堂”，应该学会认真听取孩子的想法和意见。在父母以身作则、言传身教下，孩子才会健康快乐地成长，树立起正确的人生观、世界观和价值观，成为一个品行兼优的社会栋梁。

通过这件事情，我这个新手班主任成长了很多。我想起曾经看过的一部教育电影《地球上的星星》，电影中的尼克老师用爱感化了问题儿童伊桑，在他的眼里所有的孩子都如星星般闪亮，有自己的光芒。我想陈小豪也是一样的，他虽然表面看起来是个不爱学习、不爱交流、性格敏感的问题学生，但他只是太自卑了，他也有自己的优点，他渴望被肯定和鼓励。我们老师和家长要多表扬像他一样的孩子，让他们看到自己的闪光点，唤醒他们的心灵，让他们觉得温暖。因为每个孩子都可以像星星一样绽放属于自己的独一无二的光彩。

参考文献

[1] 习近平. 决胜全面建成小康社会，夺取新时代中国特色社会主义伟大胜利——在中国共产党第十九次全国代表大会上的报告[M]. 北京：人民出版社，2017.

[2] 余清臣. 面向立德树人的当代中国家庭教育：挑战与治理[J]. 西北师大学报(社会科学版)，2021(8)：111-115.

[3] 李道松，徐彪. 发挥家庭教育功能，助推立德树人[J]. 唯实，2019(3)：78-80.

以“百家争鸣”教学为例谈家国情怀素养培养

杭州市萧山区第十高级中学　严颉燕

摘　要：本文拟通过对人教版高中历史必修三专题“百家争鸣”一课的教学为例，从历史上思想家阐述乱世治国之道的主张出发，浅析“家国情怀”素养落实的方法与途径。

关键词：乱世治国之道；百家争鸣；家国情怀；素养培养

首都师范大学教授徐蓝在《关于修订高中历史课标的几个问题》中，对于“家国情怀”素养的阐释是：“通过历史学习，学生能够从历史的角度认识中国的国情，具有家国情怀，形成对祖国的认同感；能够认识中华民族多元一体的历史发展趋势，形成对中华民族的认同感，具有民族自信心和自豪感；了解并认同中华优秀传统文化，认识中华文明的历史价值和现实意义；认同社会主义核心价值观，树立道路自信、理论自信、制度自信和文化自信；了解世界历史发展的多样性，理解和尊重世界各国、各民族的文化传统，形成广阔的国际视野；能够确立积极进取的人生态度，塑造健全的人格，树立正确的世界观、人生观和价值观。”在对此理解的基础上，我认为家国情怀是历史教学的终极目标，是每一节历史课情感的升华，是通过历史教学对学生身心素养的提升。要实现这一目标，需要我们长期的历史学习的积淀，需要把历史和时政相结合，让师生在历史学习中得到家国情怀的持久熏陶。本文拟通过对人教版高中历史必修三专题“百家争鸣”一课的教学为例，从历史上思想家阐述乱世治国之道的主张出发，浅析“家国情怀”素养落实的方法与途径。

一、“百家争鸣”内涵中富有“家国情怀”的素养内容

“百家争鸣”是我国历史上第一座文化高峰，奠定了中国传统思想文化的基础，在中国思想文化史上绽放着夺目的光彩。春秋战国时期，礼崩乐坏，诸侯争霸，持续战乱，民不聊生，士阶层作为人数最多、地位最低的贵族阶层，有文化有本事有智谋，使上层贵族纷纷拉拢他们辅佐自己保地盘争利益。作为贵族的一员，这些士往往有着强烈的社会责任感和历史使命感，他们努力思考着社会到底应该怎么走，当政者应该怎么治国理政，如何才能谋得天下太平等问题。由于士阶层不同的人生观、自然观、教育观，在尔虞我诈、刀光剑影的大动荡社会，体现最核心的就是政治观，也就

是治国理政的观点。所以本课设计以治国理政之道为主线，阐述不同阶层的士提出不同的治国理政之道。借助于易中天教授《先秦诸子百家争鸣》以儒家为线索，围绕儒家介绍先秦三次乱世该如何救国大辩论，以及阐述儒家、墨家、道家、法家主张不同的治理方法，当时流行王道、帝道、天道、霸道的说法等，笔者尝试从国家大视野来看诸子思想，以突出国家意识和“天下兴亡，匹夫有责”的思想。在本课教学中，从当时诸子倡导的个人处世到上层治国、如何让世道变安稳的治国理政之道，到现在我党和我国崇尚文化自信的提倡社会责任感，都与今天历史教学中熏陶和激发学生家国情怀素养的内涵，树立自我修养观、民族认同感、国家自豪感和历史使命感等，有着千丝万缕的关联。

1.“百家争鸣”蕴含了浓厚的个人修养理念

个人修养主要指通过自我教育自我塑造提升文化修养和道德修养。诸子作为不同士人的代表，都有良好的个人修养，这是由他们的阶层决定的。作为最低一级的贵族，他们一般都能接受良好的教育；在社会地位可上可下的处境中，他们的学习积极性很高；在礼崩乐坏社会动荡的年代里，他们必须练就本事来一展身手。所以个人修养对于士而言既是权利又是义务。儒家是最推崇个人修养的，从孔子的“敏而好学”“发愤忘食”，到荀子《劝学》，深刻体现了儒家对个人学识的重视；从孔子“己所不欲，勿施于人”，到孟子“富贵不能淫，贫贱不能移，威武不能屈”，再到荀子“君子养心莫善于诚”，深刻彰显了儒家对于个人道德的推崇。当然墨子“士虽有学，而行为本焉”，老子“知足不辱，知止不殆”，庄子“不精不诚，不能动人”，都是对个人修养的教育引导。

2.“百家争鸣”充满了强烈的社会责任意识

社会责任是对国家、民族、社会发展的关切和担当。士人作为贵族有义务有使命“治国”“平天下”，那些优秀的士人更是有着强烈的社会使命感。孔子周游列国，就算“似丧家之犬”，依然信念坚定；孟子游说诸侯，建议统治者“施仁政于民”；荀子提出“隆礼尊贤而王，重法爱民而霸”；墨子主张“非攻”，听说楚国要攻打宋国，日夜兼程十天十夜，过招公输般，劝阻楚王伐宋；老庄虽然作为隐士，鄙弃荣华富贵、权势名利，但对天下太平也有自己的想法和期许，主张“为无为”，天下治；韩非“蒙死亡而进其说”，最终在秦国被下狱毒害……这就是诸子希望国家大治、天下太平的竭力思考和实践。

3.“百家争鸣”留下了珍贵的思想文化遗产

“百家争鸣”作为中国思想文化史上最绚丽灿烂、星光闪耀的时代，诸子相互辩论、吸收、创新，在中国乃至世界思想史上奏出了华彩乐章。孔子仁爱、素质教育；孟子仁义、君轻民贵；荀子自强、科学发展；墨子平等、和平反战；老子宽容、虚怀若谷；庄子自由、淡泊名利；韩非公正、与时俱进……这些思想在当今社会，对于我们启迪人生智慧、凝聚国家民心、应对时代变革、融入国际社会都起到积极作用，具有超越时间空间的永恒价值，是中华民族智慧的结晶。

二、“百家争鸣”教学设计的素养渗透和指导价值

家国情怀就是三维目标的情感态度与价值观范畴，很多教师在平常教学过程中往往淡化处理，只抓课本知识、考试要求，以应试为目标，觉得家国情怀不是靠这一课就能落实的，提升到这一步显得有些假大空，卷面上又反馈不出来，况且课堂时间有限，所以在落实知识后不太注重课堂的情感升华。但是我们必须认识到，正因为家国情怀不是靠一课两课能落实的，所以需要每一节历史课都有自然的情感升华，把家国情怀自然地渗透在课堂的一些环节中，渗透在一些知识点的讲解中，渗透在一些问题的探究中，渗透在课堂的总结中。当然这就需要教师更加充分地思考研究，对知识点有更深的理解，才能把历史情感无声地在课堂教学中传达，做到不矫揉造作，润物细无声，但又触碰学生的心灵，实现对学生家国情怀的熏陶。

1. 以新课标素养培养要求为基准拟定本课教学目标

根据中华人民共和国教育部制定的《普通高中历史课程标准（2017 年版）》，历史课程要培养和提高学生五大历史学科核心素养：唯物史观、时空观念、史料实证、历史解释和家国情怀。所以本课教学设计的目标紧紧围绕五大核心素养，以落实核心素养为最终归宿。

本课是中国古代文化史，存在大量一手资料即文言文资料，需要学生培养一定的古文阅读能力，来理解各位思想家的思想。一定时期文化是一定时期政治经济的产物。所以在分析文化现象时需要综合当时的政治和经济情况，联系必修一和必修二的已学知识，这就需要学生有知识迁移整合能力。综合上述情况，以下为笔者确定的教学目标。

唯物史观：认识一定时期的文化是一定政治经济的产物；从政治、经济、文化等角度理解百家争鸣背景。

时空观念：定位思想家所处时代，了解春秋战国时代的大变革。

史料实证：研读一手史料，理解各家的治国理政思想主张。

历史解释：阅读课本，理解思想家的主张，学会自己解释相关观点。

家国情怀：体会士阶层对社会发展的关注和思考；感悟中国百家争鸣时期思想文化的璀璨光辉；认可中国传统文化的博大精深，树立文化自信。

重点：学生解读文言史料，结合教材，概括诸子的治国理政思想和其他思想主张。

难点：学生回顾必修一和必修二内容，解读图片史料，分析百家争鸣背景。

2. 以乱世治国之道的对策突出“家国情怀”素养的渗透与培养

春秋战国时期，经过几代人的经营，周王室的实力、诸侯的实力、卿大夫的实力都出现了变化。西周分封时的政治平衡已经被打破，有的诸侯、卿大夫实力增强，开始兼

并，甚至有了僭越之心，开始了杀戮频繁的时代。在社会大剧变时期，诸子百家本着强烈的历史使命感纷纷思考国家的出路、历史的走向，提出自己的治国理政之道。

面对礼崩乐坏，儒家认为是社会没有了爱，所以没有了秩序；墨家认为是因为有等级，才会恃强凌弱；道家认为是欲念太多，干预太多；法家认为是最高统治者不够集权强势。针对自己诊断的病症，开出了不同的药方。儒家主张以仁立德，礼治天下；墨家主张贤人治国，兼爱天下；道家主张清静无为，垂拱而治；法家主张君主集权，刑法治国。诸子奔走游说，希望统治者接受自己的治国理政之道，希望天下可以归于太平，救民于水火。诸子关注思考乱世，可以引导学生关心思考现实社会问题；诸子提出治国理念，可以引导学生树立公民意识，建言献策；诸子奔走游说鞠躬尽瘁，可以引导学生对国家、民族肩负应有的责任和使命……

3.以百家争鸣实践的意义诠释“家国情怀”培养的价值

本课开头，习近平总书记讲到“中国优秀传统文化可以为治国理政提供有益启示”，引导学生认识百家争鸣对现在依然有重要作用，为现在社会提供智慧，引起学生对中华传统文化的认同感和自豪感。课堂全面展示诸子的政治思想经典言论，学生可以充分感受到诸子深厚的个人修养和热切的民族责任意识，引导学生认识到国家的和平和发展关系到每个人的生活，现阶段作为学生要好好学习，积极关心时事政治，步入社会争取在自己的岗位上做出自己该有的贡献，助力中国发展、民族复兴。结尾反思诸子思想，提取思想精粹，深化学生对于当今社会需求的认识。

当今社会需要良好的个人修养，我们可以从孔子“己所不欲，勿施于人”，孟子道德四规范中汲取智慧，加强社会道德建设；当今社会需要深化改革，我们可以从荀子人道有为，韩非适时变法中汲取智慧，科学发展与时俱进；当今社会需要和平的周边环境，我们可以从墨子兼爱非攻中汲取智慧，构建人类命运共同体……百家争鸣的教学意义就在于此，学会自我关怀、国家关怀、世界关怀，这就是全面的“家国情怀”。

三、“百家争鸣”教学中“家国情怀”素养培养的方法与途径

“百家争鸣”一课可分为四个教学环节：“平语”入道，士人论治道，论道之溯源，论道之今鉴。教师通过适时、适势、适当的引导，在突出学生主体地位的同时，安排学生集体朗读、圈画标注、整理归纳、表格制作、纠错补充、小组探究等学习环节，以提升学生的时空定位、逻辑推理、教材研读、史料分析、集体合作等素养能力，最终通过核心素养浓郁的课堂教学，升华学生对传统文化和对当今社会的认同感、责任感和使命感。

（一）“平语”入道：引用习近平名言导入中国传统文化源头

教师通过课件辅助展现习近平关于传统文化论述和文化自信的名言，引导出传统文化的源头百家争鸣时期，继而展现本课结构框架和考试标准。学生齐声朗读名言，初步体会传统文化的意义，初步构建本课知识结构，了解本课考试标准。

中华优秀传统文化是我们最深厚的文化软实力，也是中国特色社会主义植根的文化沃土。

中国优秀传统文化，可以为治国理政提供有益启示，也可以为道德建设提供有益启发。

——习近平

(二)士人论治道：全面展示“百家争鸣”的主要主张

这一环节有五部分内容：儒士论王道——以仁立德，礼治天下；侠士论帝道——贤人治国，兼爱天下；隐士论天道——清静无为，垂拱而治；谋士论霸道——君主集权，刑法治国；世纪大辩论——竞争辩论，学习吸收。前四部分以一个模式进行教学，教师课间呈现有关诸子政治观点的文言文，引导学生抓重点词理解文言文，切记逐字翻译；学生自主阅读课本、圈画关键词句，落实诸子政治思想及其他方面思想。最后一部分，教师介绍春秋战国时期三次大辩论，指出辩论中核心差别；然后展示表格，陆续请几名学生在黑板上填写、纠正、补充。学生根据已学知识分类，深化理解，强化记忆。

1. 儒士论王道——以仁立德，礼治天下

史料：

为政以德，譬如北辰，居其所而众星共之。

——《论语·为政篇》

不以仁政，不能平治天下。

——《孟子·离娄上》

明礼义以化之，起法正以治之，重刑罚以禁之，使天下皆出于治，合于善也。

——《荀子·性恶》

问题：

(1)阅读材料概括三位儒学大师的政治观点。

(2)阅读教材整理三位大师的思想主张(人际规范、政治理念、自然哲学、文化教育)。

(3)分别用一句话概述三位大师对儒学的历史贡献。

2. 侠士论帝道——贤人治国，兼爱天下

史料：

若使天下兼相爱，国与国不相攻，家与家不相乱，盗贼无有，君臣父子皆能孝慈，若此，则天下治。

——《墨子·兼爱上》

虽天亦不辨贫富、贵贱、远迩、亲疏，贤者举而尚之，不肖者抑而废之。

——《墨子·尚贤中》

天子之所是，皆是之；天子之所非，皆非之。去若不善言，学天子之善言；去若不善行，学天子之善行。

——《墨子·尚同下》

问题：

(1)材料反映了墨子哪些思想？

(2)联系教材概括墨家精神。

(3)根据材料，结合所学知识判断墨子是哪个阶层的代表。

教学片段

教师：墨子是第一个对孔子思想进行批判的人。孔子推崇西周礼乐制，墨子推崇大禹刻苦俭朴的精神，反对尊卑等级的礼制，反对铺张浪费、毫无意义的乐舞。墨家组成一个学术团体，纪律严明，其实很像一个军事组织，墨子是最高领袖“巨子”。这个团体过着刻苦俭朴的生活，自食其力，行侠仗义，只要“巨子”一声令下，弟子就会赴汤蹈火、万死不辞。这个特别的团体主张统治者怎样的治国之道呢？

学生1：兼爱、非攻、尚贤、尚同。

教师：兼爱和儒家的仁爱有什么区别？

学生2：儒家仁爱有等级名分的差别，墨家的兼爱是没差别的。

教师：很好。所谓“兼相爱，交相利”就是说爱是相互的，利是相互的，你爱别人，别人也会爱你，你帮助别人，别人也会帮助你。尚同这一段我们来看一下。天子说对的，大家就必须认为是对的；天子说错，大家就必须认为是错的。去掉不好的话，学习天子的好话；去掉不好的行为，学习天子的好行为。也就是墨子觉得天子一定是最圣明的，一切思想、观念和意见必须统一于圣明的天子。这个尚同观点有什么色彩？

学生集体：专制色彩。

教师：我们后面要学到韩非是明确主张君主专制的，法家受到墨家尚同思想影响并进一步发展了，我们刚才也提到儒家和墨家都讲爱，也就是我们说的百家争鸣。他们的思想在相互争辩竞争的同时，还在相互学习吸收渗透，思想得以进一步发展繁荣。所以百家争鸣的概念是什么？在哪里？

学生3：第7页知识链接，百家争鸣，指不同文化风格、不同学术主张的派别相互竞争，同时相互学习、相互吸收的形式。

教师：准确！再回到墨家，那么到底哪一阶层崇尚刻苦俭朴，相互爱，相互利，没有战争，不要讲等级阶层，要节约不浪费？

学生集体：社会下层，老百姓。

教师：所以墨子自己是士阶层的下层，粗茶淡饭，就算成名了，也坚持过苦日子，坚持行侠仗义，救人之难，哪里有进攻的，他就去哪里帮助防御，所以他是小生产者和劳苦大众的代言人。

3.隐士论天道——清静无为，垂拱而治

材料：

我无为，而民自化；我好静，而民自正；我无事，而民自富；我无欲，而民自朴。

——《道德经》

古之畜天下者，无欲而天下足，无为而万物化，渊静而百姓定。

——《庄子·外篇》

问题：

根据材料结合教材概括老庄的政治思想、哲学思想、人生追求。

4.谋士论霸道——君主集权，刑法治国

材料：

事在四方，要在中央；圣人执要，四方来效。

——《韩非子·扬权第八》

法不阿贵，绳不挠曲。法之所加，智者弗能辞，勇者弗敢争，刑过不避大臣，赏善不遗匹夫。

——《韩非子·有度》

问题：

根据材料结合教材概括韩非思想。

5.世纪大辩论——竞争辩论，学习吸收

这部分是对于第二部分知识点的系统强化，教师介绍三次大辩论，学生理解四家核心思想区别，进一步认识当时儒墨展开仁爱和兼爱论战，儒道针对有为和无为较量，儒法围绕德治礼治和刑治法治争锋。最终表格汇总，对这一部分知识进行整合，深化理解，强化记忆。该表格中时代定位很详细，增强时空观念素养，思想贡献按伦理道德思想、治国理政思想、自然哲学思想、文化教育四方面整理，以增强概念性理解，知识归类。直观的表格，折射出了前秦诸子为天下太平积极思考、建言献策的社会责任感，潜移默化中熏陶学生的家国情怀素养，具体情况见表1。

表1　三次大辩论

学派	人物	时代	地位	伦理道德思想	治国理政思想	自然哲学思想	文化教育贡献
儒	孔子	春秋晚期	儒家创始人	仁礼	德治	对鬼神敬而远之	私学　有教无类　六艺 整理六经
	孟子	战国中期	继承孔子学说	仁义礼智	仁政 民贵君轻		
	荀子	战国末期	丰富早期儒学	学习最高目标是把握礼	礼法并用	天行有常 制天命而用之	
墨	墨子	战国初期	墨家创始人	兼相爱交相利　功利	兼爱非攻 尚贤尚同	非命	
道	老子	春秋晚期	古代道家代表		无为而治 小国寡民	道是根本 朴素辩证法思想　无为	
	庄子	战国中期	古代道家代表		无为而治	天道　齐物 无为　逍遥	

续　表

学派	人物	时代	地位	伦理道德思想	治国理政思想	自然哲学思想	文化教育贡献
法	韩非	战国末期	法家集大成		君主集权 厉行赏罚 奖励耕战 变法		

(三)论道之溯源:综合分析“百家争鸣”出现的社会因素

这一部分的教学中,教师提供四张图片材料,分别指向诸侯争霸的政治局面、生产力飞跃的经济发展、学术下移的文化氛围。学生小组探究出现百家争鸣的时代大背景,探究成果在练习本上笔记,以便展现集体智慧成果。

这个问题角度较多,需要对已学知识和新学知识进行整合,小组探究利用集体智慧,激发思维,更有效率。百家争鸣的背景考试标准没有要求,但是分封制和宗法制,秦统一,铁犁牛耕在必修一、必修二中都是学考要求的内容,私学发展学术下移本课的孔子教育贡献中也已呈现,所以通过图片联系所学,强化对于时代背景的理解,提高史料实证和历史解释素养。从政治、文化、经济和阶级角度分析时代,增强唯物史观素养。最后点出礼崩乐坏天下大乱下,士阶层纷纷忧时局寻治道济天下,体现了深深的社会责任感和家国情怀。

教学片段

教师:先秦的思想天空如此璀璨夺目,到底是怎样的时代使得思想家如此殚精竭虑,到底是怎么样的时代促使思想家有如此丰富的思考,提出这么多治国理政之道,还有伦理道德思想、自然哲学思想、文化教育思想等等。同学们花三分钟时间,根据图片内容,联系先秦政治和经济情况,四人小组探究时代背景。

学生1:政治上,春秋战国时期,诸侯争霸,到处战争;文化上,孔子创立私学,受教育人数增多;经济上,铁犁牛耕,生产力大发展。

教师:这个小组讨论方向很准确。别的小组有补充吗?

学生2:政治上,西周分封制宗法制走向崩溃,诸侯争霸,常年战乱;文化上,私学兴起,民间受教育机会增加;经济上,春秋战国时期出现铁犁牛耕,农业生产力大发展,私田大量开垦,井田制走向崩溃。

教师:嗯,提到了西周的政治制度、经济制度的濒临崩溃,更完善了。在私学兴起以前谁有享受教育权?

学生集体:贵族。

教师:对,学在官府,孔子创立私学,有教无类,使得平民也有受教育的机会,这就是学在官府发展成学在民间,所以引起学术下移。那除了政治、经济、文化角度,有没有增加的,回想刚才我们说了这些思想家是什么阶层的?

学生集体:士阶层。

教师:完整表述,这个时代士阶层怎么样?

学生3:阶级上,春秋战国时期,士阶层得到诸侯等上层贵族的重用,纷纷出谋划策。

教师:很不错,简单表述,士阶层活跃受到重用。所以综上所述,在礼崩乐坏、天下大乱的社会,士阶层感时局,济天下,纷纷思考并提出代表自己的治国理政之道,希望各国国君可以采纳自己的理念治国,希望人民接受自己的理念处世,最终使得天下太平,这就是士阶层心怀天下的社会责任感。

(四)论道之今鉴:归纳总结诸子百家思想对今天素养培育的作用

这部分是引领整节课高度的环节,需要精炼地展现课堂主旨。首先,学生回顾诸子思想并思考,就至今都特别有意义的诸子百家思想内容各抒己见,把百家争鸣与当今社会现实相结合,引导学生充分认识历史的现实意义。然后,课件呈现以德治国、素质教育、全民教育、和平反战、平等博爱、刻苦俭朴等这些关键词,其中凸显治国理政思想的关键词,以强化本课主题。学生可以认识到诸子在两千多年前提到的一些思想,在两千多年后的今天仍是非常有意义的。对于人民,当政者需要减税增收,法治公正;对于时代,当政者需要推进改革,与时俱进;对于世界,当政者需要维护和平,反对战争。最后,学生齐声朗读习近平总书记的话。

只有坚持从历史走向未来,从延续民族文化血脉中开拓前进,我们才能做好今天的事。

——习近平

这段话非常精确地提炼了本课主旨,要用历史指导现实,要用历史启迪未来,这就是一个民族、一个国家的继往开来。学生学会从传统文化中汲取思想精华,树立文化自信,弘扬中华精神,升华家国情怀素养。

四、关于“家国情怀”素养培养的教学成效与课后思考

对于历史核心素养,中国社会科学院教授吴伟阐释:“是通过日常教化和自我积累而获得的历史知识、能力、意识以及情感价值观的有机构成与综合反映。”所以历史素养的培养,需要每一节历史课的积累,以量变促成质变,并在每一节课中都有侧重突出的核心素养,本课突出家国情怀素养。对于本课教学,笔者有自己的创新亮点,也有历史教学的困惑之处。

1.家国情怀素养突出主题化

本课抓住这个时代的一个热点——到底如何治国才能安天下,才能让乱世变治世?以治国理政之道为主线贯穿全课,框架清晰。诸子政治思想一手史料呈现,突出了本课关于治国理政之道的主线,是培养史料实证素养的实践,同时可以加深对于诸子政治观点的理解,也是提高历史解释素养的实践。诸子别的思想都通过表格得以呈现,强化历史识记。图片史料分析百家争鸣时代背景,加强唯物史观思维,全

面多角度分析时代背景。最后，学生谈诸子思想值得当代借鉴的思想精华，深化学生对于诸子思想的认识，同时感受先人的智慧，产生民族自豪感，感受诸子对社会国家命运的关切，树立社会责任感。

2.阅读整合教材知识趣味化

无论是对历史教材的整合，还是教学过程的实施，都需要教师丰富的知识储备，正如习近平总书记说的，教师“不仅要有胜任教学的专业知识，还要有广博的通用知识和宽阔的胸怀视野”。在施教过程中产生了困惑，政治理念等观念思想太枯燥，是否可以讲一些东施效颦、守株待兔等之类的成语故事和历史趣事，增强趣味性，但是课堂时间有限，会影响教学内容的完成。但是只要广泛阅读，有更深更广的知识眼界，在教学过程中不机械地生搬硬套，就可以收放自如、行云流水、信手拈来地讲些相关的历史故事，不但不会耽误教学进度，还能潜移默化地渗透史学素养。

3.古文史料取舍运用精炼化

中国古代史的教学往往会涉及很多古文史料，历史教学遵循论从史出，文言史料的课堂运用必不可少，正如本节课有大量的先秦典籍史料，但对于学生来说这种文言史料是非常难懂枯燥的。文言史料的枯燥性和课堂的趣味性如何协调，是历史中国古代史教学的一大困惑，需要教师不断思考和学习。

无论如何，核心素养的培养是历史教学的责任，教学古代中国文化思想，更是渗透“家国情怀”的有效途径，我们必须克服自身不足，加强理论修养，提升课堂教学中素养立意的实效。

参考文献

[1] 易中天.先秦诸子百家争鸣[M].上海：上海文艺出版社，2009.
[2] 易中天.先秦诸子[M].上海：上海文艺出版社，2018.

以“近代中国思想解放的潮流”学考复习为例谈历史教学家国情怀培养

杭州市萧山区第十高级中学　严颉燕

摘　要：近代中国学习西方是一个渐进的过程，反映了一代又一代中国人的爱国情怀，在这一部分内容的教学中可以挖掘很多爱国事迹。本文以有识之士在变局中“忠君”“抑君”“叛君”的认识进化来行爱国之事，潜移默化地提升学生的家国情怀核心素养，达到历史教学立德树人之根本目的。

关键词：家国情怀；变局；君国视角；时政平语

首都师范大学教授徐蓝对“家国情怀”素养的培养阐释为：“通过历史学习，学生能够从历史的角度认识中国的国情，具有家国情怀，形成对祖国的认同感；能够认识中华民族多元一体的历史发展趋势，形成对中华民族的认同感，具有民族自信心和自豪感；了解并认同中华优秀传统文化，认识中华文明的历史价值和现实意义；认同社会主义核心价值观，树立道路自信、理论自信、制度自信和文化自信……树立正确的世界观、人生观和价值观。”①笔者通过历史教学的实践，认为在教学中通过有机结合历史知识与时事政治，可以拓展历史教学的问题视角，发挥历史教学家国情怀的持久魅力。本文拟以人教版高中历史必修三专题三“近代中国思想解放的潮流”学考复习教学为例，根据有识之士对近代中国遭到外国资本主义入侵后的时代变局认知，以及其对“君”“国”思考视角的变化历程，探讨落实“家国情怀”素养的方法与途径。

一、“君”“国”视角变化彰显“家国情怀”内涵的沉淀

鸦片战争后列强不断入侵和民族危机日益严重，一代又一代有识之士不断冲破束缚、探索新知，前赴后继地掀起学习西方、寻求变革、救亡图存的思想解放潮流。他们通过不断地反思、否定和继承，对西方和自身认识的不断深化，成为近代中国社会进化向前的主要内涵。对“君”“国”的思考，既有高度的一致性，又有迥然的差异

---

① 徐蓝. 关于修订高中历史课标的几个问题[R]. 百度文库，2016 年 9 月. https://wenku.baidu.com/view/3a6f7b2e773231126edb6f1aff00bed5b9f37396.html.

性。但他们为了挽救民族危亡,向西方学习,寻求中国合理变革的“爱国”本心,对国家、民族、社会的使命感和责任感却是变局中不变的情怀。

1.“师夷长技”显示了反抗侵略的态度

列强觊觎和鸦片肆虐,使得一些士大夫开始从几千年的华夷观念中探出头来“睁眼看世界”。林则徐在广州禁烟期间购置西方炮舰、翻译西方刊物、收集西方信息,魏源著述《海国图志》。第二次鸦片战争后洋务运动,虽然自强求富目的没有达到,但切实推动了中国近代化,为后续的发展铺设了一条自强反侮的新路。他们提出和实践的“师夷长技”即为忠君爱国、自强求富,维护国家主权的旗帜。

2.“变者天下之公理”预示着大变局中“君”“国”视角的质变

甲午战争后,康有为领导上书要清廷变法、拒和、迁都,这是知识分子救国思想的新觉醒。无论是康有为的变法主张,抑或是谭嗣同“冲决网罗”同封建决裂的号召,还是严复“物竞天择,适者生存”社会改革主张,乃至戊戌六君子的鲜血祭奠,都反映了维新派学习西方变法维新的新主张:“抑君”爱国,变法图强,抵御外辱。

3.“以天下为己任”折射出大“家国”的革命意志

八国联军的炮口下,慈禧太后的狂奔和“量中华之物力,结与国之欢心”的卑耻,《辛丑条约》严禁中国人民反帝的奴性,导致大批爱国知识分子在20世纪初掀起了暴力推翻清王朝的洪流,当年的维新派领袖梁启超也有了“中国实舍革命外无别法”的想法。在孙中山、黄兴等资产阶级革命派的领导下,最终推翻了封建帝制,知识分子的革新视角从变法变为革命,推崇美法,通过“叛君”实现爱国。

4.“国民根本之进步”主张预示着“君”“国”视角的裂变

面对北洋军阀的倒行逆施,激进知识分子掀起了新文化运动,以民主和科学两面大旗来改造中国的“国民性”。中国的政治君主被推翻了,但是维护封建伦理道德等级秩序的思想君主依旧凌驾于中国人生活之上。要想改造中国的国民,就要对思想伦理进行革命,要对思想伦理进行革命就必须推翻这个传统思想界的圣神君主——孔子。于是,激进的知识分子喊出“打倒孔家店”口号,奋力抨击吃人的儒教,主张人性的解放,于是再一次叛“君”以爱国。

二、“君”“国”视角内涵培育“家国情怀”的教学环节

(一)课前:明“君”“国”之视角落实具体知识

学考前的专题复习涉及内容广,课堂容量大,需要科学整合教材。“近代中国思想解放的潮流”专题,内容涉及从19世纪40年代到20世纪80年代整整八十年的历史,这一时期的思想文化与这一时期的政治、经济内容密切相关。为了避免课堂内容过多导致学生消化不良情况的出现,教师引导学生在课前了解课标要求,强化

基础知识的识记，掌握专题复习基本方法：拉出简洁的专题线索，着眼专题主题不同阶段的发展状态，依据历史学习需从时代背景、发展过程和意义影响认识的思维路径，从考试标准出发细抓知识点；最后在考点的落实和提升中，适当穿插一些学考真题，培养学生运用知识的能力。

（二）课中：展“变局”之时空演绎近代救国之路

在近代中国思想解放潮流中，中国传统文化与西方现代文化在激荡中碰撞，在碰撞中渗透，在渗透中内化，经过一代又一代人的探索，最终接受了社会主义思潮，找到了适合我们的道路。这节课的教学设计可以进行如下处理。

1. 材料导入、问题引领，宏观把握专题内容

中国近代是一个动态的、新陈代谢迅速的社会……中国近代社会的新陈代谢在很大程度上是由于接踵而来的外力冲击，又通过独特的社会机制由外来变为内在，推动民族冲突和阶级对抗，表现为一个又一个变革的浪头，迂回曲折地推陈出新。

——陈旭麓《近代中国的新陈代谢》

设置问题：

①“外力冲击”是指什么？

②“由外来变为内在”说明面对“外力冲击”近代中国有什么反应？

③这种反应的目的是什么？

④简述近代中国思想认识上的新陈代谢。

通过四个问题，拉出专题线索，学生认识到近代中国因为西方资本主义的侵略，有识之士通过学习西方来寻求变革救亡图存。向西方学习主要经历三阶段：地主阶级的抵抗派和洋务派学习西方的器物技术，资产阶级的维新派和革命派学习西方的政治制度，激进的知识分子学习西方的思想文化。

2. 构建主线、推演思维，铺开专题知识网面

在主题线索之上，逐渐铺开历史背景、概况和影响知识面是高中历史核心素养的重要体现。

地主阶级洋务派学习西方器物技术，本课不做要求，但是必修二专题二关于民族工业兴起部分有关于洋务运动的知识链接，所以我们本课简单掌握洋务派的主张。资产阶级维新派学习西方政治制度，需要分析维新思想产生的背景、思想内容和影响。资产阶级革命派学习西方政治制度，本课不做要求，但是必修一专题三“辛亥革命”和必修三第四专题“三民主义”都涉及相关内容，我们本课简单掌握革命派的政治纲领。激进的知识分子学习西方的思想文化即新文化运动，分析新文化运动的背景、前期学习民主科学的概况、后期传播马克思主义的概况以及新文化运动的影响。

3. 结合“变局”、根据考纲，解释“君”“国”态度变化

拉线、铺面之后，就是详细落实知识网面中的每一个学考知识点，引导学生复习

从宏观把握专题内容到微观把握详细考点。例如，通过变局中有识之士对“君”“国”态度变化的教学拓展：

在外国资本主义的不断入侵下，为了挽救民族危亡，有识之士反思传统，学习西方。

当列强用武力不断打开中国国门时，地主阶级无论是抵抗派主张“师夷长技”，还是洋务派实践“师夷长技”，都是为了匡扶社稷忠君爱国。甲午战争后瓜分中国狂潮出现，在亡国危机面前，资产阶级维新派尝试建立君主立宪政体，抑君爱国。《辛丑条约》的签订，清末新政的糟乱和欺骗，引起了资产阶级革命派的暴力革命。封建军阀的丑恶打破了美好民国憧憬，引起激进知识分子思想界的“革命”，“君”“国”视角从打倒政治上的君主到打倒思想上的君主，叛君爱国理念深入到了文化心理层面。

于是，专题复习的视角，可以从奇局下的忠君爱国、危局下的抑君爱国、残局下的叛君爱国三部分展开。

理解“时局”概念。近代中国思想解放潮流的出现，是因为外国资本主义的入侵，伴随着侵略的不断加剧，国内局势随之变化，有识之士的眼界思想也随之变化。首先要学生认识局势的阶段性和各阶段的概况。陈旭麓先生针对张之洞主张的新政——“欲救中国残局，惟有变法一策”，有一段论述：

“残局”一词集中地体现了20世纪初年清王朝所面临的困境和危机，反映了八国联军之役后中国社会矛盾的空前激化，它比前此业已出现的“奇局”“危局”包含了更严峻的内容。

——陈旭麓《近代中国社会的新陈代谢》

这段话说明20世纪初清王朝面临的局势被称为“残局”，之前是“奇局”“危局”，从“奇局”到“危局”再到“残局”，这是一个不断升级、日益严峻的过程。

设置问题：

请根据材料结合必修一专题二第一课侵华战争简表及其相关内容，阐述“奇局”“危局”“残局”分别是什么历史时期，简要说明当时中国社会情况。

根据侵华战争简表，学生对“奇局”和“残局”可以明确定位，“奇局”是鸦片战争后，《南京条约》签订，中国开始沦为半殖民地半封建社会，开始出现民族危机。“残局”是八国联军侵华战争后，《辛丑条约》签订，中国完全沦为半殖民地半封建社会，民族危机空前严重。对于“危局”到底是第二次鸦片战争后，半殖民地半封建化程度加深，还是中日甲午战争后，半殖民地半封建化程度大大加深，学生难以有定论。

从鸦片战争到中法战争期间，和我们正面较量的是西方列强，这一阶段列强主要以商品输出为主。当时忧国忧民主张自强御辱的有识之士主要以地主阶级为主，强调学习西方的器物技术。

甲午战争的对手是自古一直以华为师的日本，战争的失败证明地主阶级三十年的自强运动付之东流。《马关条约》允许日本在中国通商口岸开设工厂之后，帝国主义大肆对中国进行资本输出，侵略全面加剧。面对东亚局势的剧变，面对三十年洋务学习的挫败，中国何去何从？其实随着当年洋务运动的开展和民族资本主义的兴起，就出现了早期维新思想，对学习西方有了突破性的认识。甲午战败，中华民族开始觉醒，较之于先前个别人物的警悟，现在开始了群体性的觉悟，这种群体性的觉悟以一千二百多名举人的“公车上书”为起点。维新派开始登上中国政治舞台，他们主张不但要学习西方的器物技术，还要学习西方的政治制度，效法日本完全西化，建立君主立宪制政体。

可见，与第二次鸦片战争相比，甲午战争有更强的阶段性特征，危局就是中日甲午战争后。

分析“奇局”情怀。我们根据教材内容历史结论，把“奇局”定位为鸦片战争后开始沦为半殖民地半封建社会的中国。中世纪我们农耕文明发达，制度建设优越，文化辐射广阔，习惯了“他人之师”的地位，养成了“天朝上国”的心态。鸦片战争，面对陌生敌人的战舰炮弹溃不成军，被迫签订不平等条约委曲求全，周边环境、国际地位骤变……一切都让时人感到惊奇。

但是必须申明的是，“奇局”是李鸿章在 1874 年强调洋务运动时说的一段话，“时艰如此其棘，断非空谈所能有济，我朝处数千年未有之奇局，自应建数千年未有之奇业，若事事必拘守成法，恐日即于危弱而终，无以自强”①。其实第一次鸦片战争对于清王朝而言，敌我对比太过强烈，是一个痛苦得让人想尽快抹灭的记忆，于是条约初定，太平景象再现时，士大夫又沉浸于岁月静好，做起天朝旧梦。不可否认，有极个别的士大夫看到了敌人的先进之处，但是就算是“睁眼看世界第一人”的林则徐有知夷师夷的觉悟，但因传统心态，不敢公开呐喊倡导改革。而十多年后英法联军攻入北京，洗劫焚烧皇家园林，这一场四年之久的战争终于震动了朝廷中枢，在和西方列强直接接触交锋中，奕訢、文祥、曾国藩、左宗棠、李鸿章等地主阶级中的开明者走上“师夷长技以自强”的艰难道路。也就是在此时，有了李鸿章“奇局”“奇业”的主张。

这一部分复习要强调各种第一的定性阐述，在洋务派中强调知识链接冯桂芬的中体西用。知识链接是学生会忽视的知识点，但考到的概率在逐年上升。强调知识点后，学考真题检测学生掌握情况。

从地主阶级学习西方过渡到资产阶级学习西方，引用蒋廷黻一段话，引导学生认识到近代化不单需要器物技术，还需要政治制度和进步思想的国民，所以向西方学习必须不断往前走。

近代化的国防不单需要近代化的交通、教育、经济，并且需要近代化的政治和国民，半新半旧是不中用的……曾国藩主任虽然向近代化方面走了好多步，但是他们不彻底，仍不能救国救民族。

——蒋廷黻《中国近代史》

① 李鸿章. 李文忠公全集[G]. 吴汝纶，编录. 古籍网，http://www.bookinlife.net/book-246238.html.

探究“危局”对策。1895年郑观应在《盛世危言》中说，“今中日战后，时势变迁，大局愈危，中西之利弊昭然若揭”①。中日一战证明明治维新是成功的，洋务运动是失败的，明治维新是高度西化的，洋务运动是低度西化的，说明我们单学习西方的技术是远远不够的，还有更广泛深层的内容需要我们虚心学习。

利用表格强化知识(见表1)。

表1　知识强化表

人物	思想主张	著作	共同点
康有为	打着孔子旗号宣传变法(托古改制)	《孔子改制考》	变法君主立宪发展资本主义经济
梁启超	宣传民权学说，系统阐述变法	《变法通政》	
谭嗣同	激进派，同封建束缚彻底决裂	《仁学》	
严复	用进化论思想宣传变法	翻译《天演论》	

诠释“残局”思潮。维新变法的失败，说明资产阶级改良道路在中国走不通，先进的中国人还要继续寻找救国之路。八国联军侵华，《辛丑条约》签订，面对这幅残局，革命派在武装起义中越挫越勇，广泛传播暴力革命思想、民主共和思想，要推翻专制政权。

该部分内容涉及必修一“辛亥革命”和必修三“三民主义”，作为复习课我们必须简单回顾相关知识点。

辛亥革命推翻专制皇权，但没有彻底推翻封建主义和帝国主义的统治。民国初年，中国政局暗流汹涌，兵匪肆虐，民不聊生。当中国人彷徨之时，激进的知识分子从根源上反思辛亥革命的不成功——国民思想社会伦理没有革新，即我们必须学习西方的思想文化。

从革命派暴力革命过渡到激进的知识分子掀起新文化运动，引用材料：

当革命派效法孟德斯鸠、卢梭、华盛顿的理想被军阀统治的丑恶现实撕成碎片之后，向西方寻求真理的人们开始由器物到制度层面契入文化心理层面……在器物和制度之后，是西方近代文化同中国传统文化的整体对立。

——陈旭麓《近代中国社会的新陈代谢》

设置问题：

“军阀统治的丑恶现实”指什么(政治和文化角度)？

中国传统文化主流是儒家文化，两千多年的历史中，儒学和专制皇权相结合，孔子是中国传统思想界的君主。当时袁世凯企图复辟帝制推行尊孔复古，所以要以西方文化取代传统文化，必须先推翻孔子的权威。

新文化运动复习时，特别强调《青年杂志》到《新青年》，上海到北京的变迁，引导学生认识新文化运动前期和后期分界，前期宣传民主科学，后期宣传马克思主义。

① 郑观应.郑观应集(上册)[M].上海：上海人民出版社，1982：238.

(三)课尾:以“时局”现状升中华民族复兴情感

课堂最后部分进行本课的总结深化,重新回到课堂第一个材料。

设置问题:

结合必修一必修二必修三,谈谈旧民主主义革命阶段中国社会全面新陈代谢的表现。

这个问题要求综合三本教材,概述旧民主主义阶段中国社会的新陈代谢表现,其实就是近代化的表现。首先,学生要定位旧民主主义阶段的概念,即从鸦片战争开始到五四运动爆发的时间段;其次,学生要定位角度,教材从三维度解读历史,所以基本的政治、经济、思想三个维度要会提炼,在必修二专题四还有社会风俗这个层面,所以再加这个角度,即政治、经济、思想、风俗;最后,从各个角度具体概括阐述。

近代向西方学习,是因为社会的沉沦。为求民族复兴,有识之士不断探寻,一代又一代人前赴后继,赴汤蹈火,正如习近平总书记在中国改革开放四十周年大会上所说:“实现中华民族伟大复兴,是一场接力跑,我们要一棒接着一棒跑下去,每一代人都要为下一代人跑出一个好成绩。”

学生集体朗读这段话,升华情感,感悟到这些近代中国人饱含爱国热情,担起民族责任,挽救民族危亡,以期民族复兴。所以作为中华儿女,我们每一代都要跑好我们手中这一棒!

三、“君”“国”视角思维开启“家国情怀”的培养新路

历史素养的培养,是一个渐变累积的过程,以量变促成质变。本节复习课突出的是家国情怀素养的培养,在变局中“君”“国”视角教学实践中探索家国情怀素养培养的新路,提升核心素养的落实实效。

1. 主题线索贯穿凸显家国情怀

本课抓住“近代中国学习西方,新陈代谢”这一主题,以变局中“君”“国”思考为主线贯穿全课。通过复习近代时局的变化和思想的演进,培养历史时空素养的同时,认识到随着西方列强的入侵,中国局势越来越严峻,一代又一代的有识之士本着强烈的爱国热情和使命意识,前赴后继,努力挣脱传统的束缚,突破社会的阻力,不断深入向西方寻找救国之法。学生逐渐感受到他们超时代的勇气和魄力,产生强烈的民族责任感和时代使命感,深刻认识到中华民族伟大复兴需要每一代人的努力。

2. 情境史料选择蕴含家国情怀

本课引用的历史情境史料都来自蒋廷黻《中国近代史》和陈旭麓《近代中国社会的新陈代谢》,前者是中国近代史的开山之作,后者是中国近代史领域最好的导论性著作。《中国近代史》的鸦片战争和洋务运动篇内容翔实、见解独到,《近代中国社会

的新陈代谢》全书思辨深邃，两位作者都本着找出中国近代史的教训，为中国的新发展提供借鉴智慧的目的成书，所以两本著作本身都充满着热切的民族责任感和时代使命感，而本课引用的相关内容，更是作者理性客观又饱含爱国热情的分析定论，引领课堂，紧贴教材，在各个教学单元中都渗透着家国情怀的因素。

3. 时政平语引用展现家国情怀

现在我们都在用"学习强国"，这个平台给我们提供了全面的主旋律的时政信息和习近平总书记的语录名言，这对于历史老师来说是实用性很强的教学素材。历史学习需要具有价值关怀，感染人心的主旋律时事、催人奋进的金句特别能够升华课堂主旨，激发学生对国家强盛民族自强的使命感。这一堂课的前几天刚刚召开了庆祝改革开放四十周年大会，这次大会是新时代中国意义重大的会议，回顾了改革开放四十年历程。这次大会习近平总书记的金句中，最后的总结名言也正是笔者设计这一节课展现的主旨思想：在齐读中感悟民族自强，在齐读中升华家国情怀。

综上所述，核心素养的培养是历史教学的责任，复习中国文化思想，更是渗透"家国情怀"的有效途径。我们必须克服自身不足，加强理论修养，提升课堂教学中素养立意的实效。

参考文献

[1] 陈旭麓. 近代中国社会的新陈代谢[M]. 北京：生活・读书・新知三联书店，2017.
[2] 蒋廷黻. 中国近代史[M]. 武汉：武汉出版社，2012.

围绕历史单元核心知识进行项目化学习研究

——以“秦统一多民族国家的建立”教学为例

杭州市萧山区第十高级中学　严颉燕

摘　要：在新形势下，历史教学要抓住单元主题线索，通过单元主题线索确定单元核心知识，围绕单元核心知识进行课堂教学，科学取舍新教材内容，这已成为新教材教学的新共识新探索。

关键词：项目化学习；核心知识；历史

2020年，浙江开始使用统编新教材。新教材以通史形式进行历史叙述，凸显历史时空，语言简练内容丰富。但是学校教学普遍安排高一历史一周三课时，对于新教材的完整落实来说捉襟见肘，所以在大时空统领下抓住单元主题线索，通过单元主题线索确定单元核心知识，围绕单元核心知识进行课堂教学，科学取舍新教材内容，这已成为新教材教学的新共识新探索。笔者以“秦统一多民族国家的建立”一课教学为例，探讨大时空统领下的历史单元核心知识教学。

一、单元核心知识确立教学目标

所谓单元核心知识，是指能将单元内的单个知识科学整合为一个互相紧密关联并且体现历史动态演进特征的认知结构，既可以是具有特定单元时代特征的宏观专题知识，也可以是体现某一历史模块发展趋势的专项知识。“秦统一多民族国家的建立”是《中外历史纲要（上）》第一单元“从中华文明起源到秦汉统一多民族封建国家的建立和巩固”中的第三课，这一单元的主题是多元一体中华文明的起源形成发展到统一多民族封建国家建立巩固。围绕单元主题，可以提炼单元核心知识：多元一体中华文明的起源，即主张要代表性遗址概况；多元一体中华文明的形成发展，即夏商周统治概况；奴隶社会向封建社会过渡时期经济、政治、文化的大变动；秦统一多民族封建国家的建立；两汉统一多民族封建国家的巩固。这些核心知识就是在大时空统领下，体现中国早期历史动态演进过程的认知结构。

随着单元核心知识的提炼，再全面看“秦统一多民族国家的建立”，这一课教材分为三部分内容——秦的统一、秦的暴政、秦末农民起义和秦的速亡，可以整合为秦统一原因、秦统一措施、秦统一覆灭、楚汉战争。而本课的单元核心知识是秦统一多民族封建国家的建立，也就是要落实秦统一原因、过程、措施、意义、暴政，所以最后一部分楚汉战争可以淡化，学生通过学案自学即可。

依据单元核心知识，确立教学目标：唯物史观，理解经济基础决定上层建筑，认识统一是中国历史发展的大势；时空观念，通过地图认识秦统一六国的时间顺序；史料实证，通过文字、图片史料理解秦统一的原因，巩固统一的各方措施；历史解释，从秦的角度阐述为何秦以后统一是中国历史的主流；家国情怀，领略秦始皇的雄才伟略，感悟中华文明的核心内涵是大一统。

二、围绕教学目标构建教学体系

针对教学目标，展开教学设计，这一课逻辑很清晰，但照本宣科难免乏味。笔者认为历史课在大时空观念下教学，还需要有清晰的主题线索、精选的史料运用、科学的活动设计，如图 1 所示。

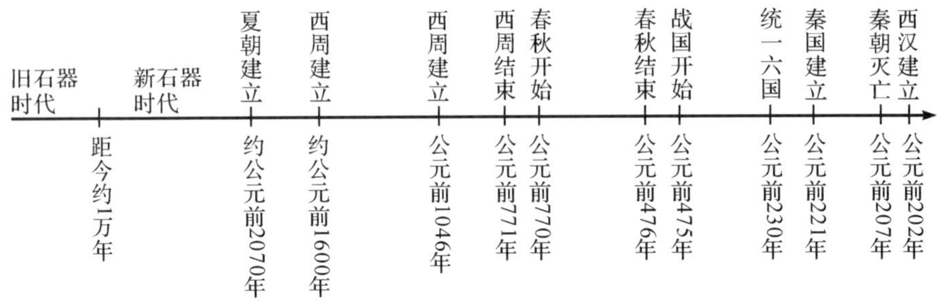

图 1　清晰的主题线索

1. 寻找线索

本课教学笔者认为大一统是核心词，通过课堂教学向学生渗透大一统思想，秦王嬴政顺应历史发展潮流，利用法家思想打江山，开疆拓土制度创设，开创中华民族大一统局面，为后世大一统奠定了坚实基础，但是他在统治思想上没有与时俱进，依然采用法家思想守江山，沦为暴政导致覆灭。用什么主题线索可以清晰地表达我的这个教学立意呢？小篆“朕”字解读可以完美呈现我的教学立意。“朕”在先秦是很普通的一个字，是“我”的意思，任何人都可以用朕自称，只是比较书面，所以不常用。秦始皇统一六国后，“朕”成为只有皇帝才能用的自称。根据著名史学家吕思勉考证，先秦时期的“朕”拆开来并不是“月”和“关”，而是“舟”和“灷(zhuan)”的组成，也就是从甲骨文到金文再到篆书，“朕”一直是“舟”和“灷”，直到汉代隶书才变成楷书“朕”。舟，船也；灷，火种也。在古代船是十分重要的交通工具，象征着地位和财富，火种是生活中必不可少的东西。在原始社会，只有部落首领才能够拥有火种，象征着权力和身份。由此看来，“舟”和“灷”都象征着崇高地位，也是至高无上的统治者。

笔者根据“舟”和“灷”构成的小篆“朕”，引出三种内涵，贯穿本课教学：摆渡引火之意，喻义秦始皇统一六国，结束割据战乱，把百姓渡到和平彼岸；地位象征之意，喻义秦始皇各方面举措创立统一多民族封建国家，确立至高无上地位；若舟太重水太深火太热，喻义暴政，人民水深火热，秦朝速亡。

2.精选史料

严谨的史料选择对于历史课而言至关重要。论从史出，史论结合是历史学习的基本方法，核心素养中史料实证要求学生会辨析史料，运用可信史料努力重现历史真实，历史解释要求学生可以以史料为依据，对历史事物进行理性分析，客观评判。

浙江高考的历史材料题答案一般分为三种：一种是概括材料题，考查史料解读语言提炼能力；一种是根据所学题，考查教材知识的输出能力；一种是根据材料结合所学题，往往材料反映的信息和教材信息完全吻合，所以史料完全可以用教材的语言概括。对于前两种能力，一个是语文阅读能力，一个是知识完全识记能力，学生不太会出差错，只有会和不会。第三种题型，很多同学明明有相关内容的知识储备，但往往因为对史料理解不到位而不能将自己的大脑储备输出，不是用教材语言精确概括，而是自己概括，就会出现不准确、不全面的情况，导致得不到该有的分数。笔者认为，这一问题的改善，可以在课堂史料选择和运用中得以强化。

对于本节课，笔者主要寻找收集了地图史料、文字史料、一般图片史料。在认识秦统一六国和扩大疆土的部分，必须用当时地图定位战国七雄、岭南、西南夷、河套地区的地理位置；在探讨秦可以统一六国的原因时，教材从民心、经济、地理、政治、思想几方面进行简要阐述，所以笔者努力寻找这些方面的史料，促使学生在教师引导下通过史料解读，可以用教材上的语言进行概括总结。比如，这个出自《荀子强国篇》的史料——“其固塞险，形势便，山林川谷美，天材之利多，是形胜也……及都邑官府，其百吏肃然，莫不恭俭敦敬忠信而不楛（恶），古之吏也”。首先要学生明确荀子在世于秦统一前，所以反映的是荀子当时秦的优越条件。“其固塞险，形势便”可以用教材“地理位置优越”概括；“山林川谷美，天材之利多”体现自然资源丰富，再经过教师介绍补充，可以用教材“物质基础雄厚”概括；“百吏肃然，莫不恭俭敦敬忠信而不楛（恶）”可以用“励精图治、吏治清明”概括。总之，课堂教学史料的挑选运用，要可以锻炼学生用教材语言概括的能力。

3.科学设计

课堂教学是在教师的引导下，学生体验探索收获的活动过程，是落实核心素养的核心环节。科学的教学活动设计，调动激发学生的动能是关键。徐蓝教授说，“历史学科核心素养是学生在历史学习过程中逐渐形成的具有历史学科特征的思维品质和关键能力”。为了相关品质和能力的养成，规范科学的历史课堂活动设计要到位，可以有教材阅读、情境体验、故事讲述、合作探究、书写整理等方式，以提升课堂时效性。

笔者在该课教学中主要开展情境体验、故事讲述、学习探究。情境体验贯穿课堂始终，从教师对“朕”字三个内涵的介绍，到各种史料的历史重现，再到《大秦帝国》热评的启示，通过语言、文字、图片创设丰富的历史情境，增强课堂体验性趣味性。

故事讲述一般设计在大家熟悉的历史且地位重要的课堂环节，对于秦统一六国，考虑到这个历史初中也有详细的讲述，相关的文学影视作品较多，学生会比较熟悉，教师再自己描述显得重复，不如把机会给学生，请学生分享一个秦统一六国的故事，既提升学生主体性，又增强课堂趣味性。学习探究可以分为自主和多人合作，主要视主题难易而定。在探究秦可以统一的原因时，因为材料和教材内容可以紧密联系，所以设计自主探究；在用表格落实秦巩固统一的措施和影响时，影响部分教材提炼，应从各措施角度阐述并进行联系扩展，有一定难度，所以需要同桌两人合作；探讨从秦的角度阐述大一统是中国历史主流的原因，是对本课的全面综合强化，是本课难点，需要小组探究集思广益。

三、依据教学体系渗透历史智慧

学习历史不单单是学生背出书本内容，也不仅仅是学生会多角度分析历史问题，而是要学生从历史中获得启示智慧以照亮现实，养成正确的历史观、人生观、价值观、世界观。《普通高中历史课程标准(2017 年版)》要求，“学习和探究历史应具有价值关怀，要充满人文情怀并关注现实问题，以服务于国家富强、民族自强和人类社会的进步为使命”。笔者在设计“秦统一多民族国家的建立”这一课时，想着要让学生通过这一课的学习得到怎样的认识，秦始皇最大的历史贡献是什么，秦始皇最大的遗憾是什么。秦始皇最大的历史贡献是顺应时势统一六国拓展疆域全面创制，为后世统一多民族国家的发展奠定坚实基础。秦始皇最大的遗憾是在统治思想上没有掌握法家思想的精髓——事异则备变，导致暴政速亡。

1. 坚定统一信念

统一是这一课的主旨，是单元核心知识，也是《中外历史纲要(上)》的主题。所以这一课的学习自始至终贯穿了统一思想。秦始皇统一六国，是诸侯征伐割据战乱的历史终结者，救民于水火，给百姓带来和平。秦始皇把南方百越和西南夷地区纳入中原统一政权版图，为后世统一多民族中央集权国家奠定疆域基础。秦始皇在疆域上统一后，还在推行统一的制度、统一的法律、统一的货币、统一的尺度、统一的车轨、统一的文字，大大促进了全国各地各族的交往交流交融，使中华民族在这过程中成为一个密不可分的政治经济文化共同体，所以后世中国都以统一为主流。教师在讲授秦巩固统一措施的影响中，可以简单对比欧洲一直分裂，最接近统一的是公元 8 世纪后期 9 世纪前期的查理曼大帝的法兰克王国，但由于缺乏系统的制度建设，各地经济文化联系不紧密，其死后帝国一分为三，如今的欧盟都无法统一货币。而秦始皇全方面统一，为中国后世大一统打下了坚实基础。

历史启示现实的两岸关系问题，学生必须认识到两岸人民的共同福祉、最大福祉都是统一，统一是中华民族自秦朝以来的爱国主义优良传统，统一是实现中华民族伟大复兴的重要标志。

2. 敢于破旧立新

秦始皇乃千古一帝，关键在于以前无古人的勇气和魄力破旧立新。破旧立新之一乃敢于打破历史惯性结束几百年的诸侯割据，缔造统一的新帝国；破旧立新之二乃废除自商代以来的分封制，全面推行郡县制，确定中央集权；破旧立新之三乃突破传统中原统治政权版图，把广大南方地区纳入统治版图。除此之外，创立皇帝制、三公九卿制，全面推行《秦律》，全面通行秦货币、秦度量衡、秦车轨、秦文字，等等，建立起一个真正大一统的帝国。在课堂接近结尾，安排学生齐读南开大学孙立群的话——“百代行秦制，中国两千年历史，一定程度上得益于秦制。从秦以后，汉承秦制，唐承隋制，隋其实也是秦的翻版，没有长时间的四分五裂、漫长的战争，我们才能文明生生不息”。要学生进一步领悟秦朝虽然短暂，但秦朝破旧立新的制度成就了大一统帝国，秦的制度为后世所沿用，统一多民族中央集权国家得以发展巩固，影响极其深远。

当代中国改革开放正是破旧立新的伟大决策，这是秦留给我们的智慧和勇气，现在我们要继续全面深化改革，继续完善和发展中国特色社会主义制度。

3. 追求与时俱进

本课第一个探究是秦可以统一的原因，在分析客观原因后，教师进一步指出，无论是从经济、政治，还是民族民心来说，统一已经是时代的大趋势，是历史发展的大潮流，秦王嬴政与时俱进顺势统一，成为摆渡引火之人。在探讨秦如何巩固统一前，教师指出：面对一个统一的新帝国，如何进行统治，是各地悉照旧制，还是面对新形势，创造、推行新制度？此问可以反映秦始皇与时俱进，全面创制。在分析秦速亡的原因是暴政时，笔者进一步向学生指出，在统治思想上，秦始皇忘了法家思想的精髓——事异则备变，正如贾谊《过秦论》分析的：“夫兼并者高诈力，安定者贵顺权，此言取与守不同术也。”也就是说，兼并战争要重视诡诈和实力；安定国家，要重视顺时权变，行儒家之王道，仁义治天下才能长治久安。秦用法家守天下，继续严刑厉法，继续大肆征发，变成暴政，这成为秦亡的主要原因。

所以全面的与时俱进对何时何事何人来说都非常重要。能够根据时与势的不同而全面灵活调整，做到因势而谋、应势而动、顺势而为，这也是中国特色社会主义展现出强大生命力的关键。

新教材教学任重道远，需砥砺前行。以时间轴和历史地图为依托，抓住单元核心知识精确重难点，巧妙构思课堂教学，努力构建有新意、有活力、有层次、有思想的历史时效课堂，这是笔者对新教材教学的不懈思考。

参考文献

[1] 孙立群. 孙立群讲秦始皇[M]. 北京：中华书局，2007.

课堂中利用真实情境的问题设计浅探

——以“地形对交通线路分布的影响”为例

杭州市萧山区第十高级中学　孙立娜

摘　要：为了更好地应用教材中已有情境，实现精准教学与有效教学，尝试将教材中已有真实情境或以真实情境背景区域为核心再创设新的情境，根据这些情境，教师设计问题服务于课堂教学。结合“地形对交通线路分布的影响”教学实践活动来体验问题设计，提升地理学科的核心素养。

关键词：真实情境；问题设计；核心素养

《普通高中地理课程标准（2017 年版）》写道：“创设情境应考虑到实际情况，各类‘情境’中，包括联系学生日常生活的情境，地理与生产联系的情境以及地理学术情境。”为了能够真正地培养学生的核心素养，就需要我们在平时教学的过程中注重真实情境的创设与应用，把问题情境化、生活化。湘教版教材中每一章节为解决问题会设计不同的活动情境，但都是相对较分散的，且各情境之间孤立缺少联系，往往为了说明不同问题会有不同的情境。

基于教材已有真实情境的问题设计，依据教材原有的情境和教学所需来设计问题，具有实践层面的研究价值，达到课堂中有效培养学生地理核心素养的要求。对于教材已有的情境使用，学生并不会感到陌生，但需要教师对其进行整合设计。学生围绕现实世界的真实问题进行探究活动，整合所学知识，运用所学地理原理和规律解决问题，展示自己的思想，表达自己对现实世界的认知、关注、理解，发展地理思维，提升地理核心素养。

一、已有真实情境的取向处理

1. 选取情境，解决基本问题

笔者在完成公开课“地形对交通线路分布的影响”一课时，从课本知识的角度来看是相对简单的，但是就高考及能力的要求又是比较高的。书本中有两个案例活动，笔者选取其中一个案例进行分析——以“四川省地形对交通线路分布影响”为例，因为课本中已给出四川省地形和交通线路分布图，以及对四川地形的相关描述文字，学生可以通过自行阅读和看图，概括出四川省整体的地形分布特征，并且通过观察四川省交通分布图，总结出四川省的交通线路分布特征，分析地形和交通线路二者之间的关系。因为是新课展示，既不脱离书本，又培养了学生的区域认知能力和综合思维。

2. 设置情境，拓展发散思维

在教材已有的真实情境区域的背景下，教师可自行设置跟已有区域相关联的情境，在"地形对交通线路分布的影响"中授课教师设计了如下现实情境为学习载体：

材料一：成昆铁路一段选线设计图，最初设计的方案有两个："关村坝方案"与"沿河方案"。建在隧道中的关村坝车站，外面紧邻滚滚大渡河，可以说是车站中的奇迹。隧道的施工中采用了轻型机具，分部开挖的"小型机械化"施工，修建速度达到了"百米成洞"(平均每月单口成洞 100 米)的水平。

材料二：成昆铁路大渡河峡谷段铁路的隧道、桥梁、车站，全部修建在峭壁中段，穿过隧道，横跨大桥时，列车又好似凭虚御空，上负蓝天，云霞缥缈，下瞰深谷，岚气重重，云雾霭霭，不愧为铁道奇观，至今很少为世人所知。

针对四川这一区域交通线路的变化情况，笔者设置成昆铁路这一真实情境，从线路设计方案的选取中拓展学生的思维，使学生有足够的想象力。材料中给出"关村坝方案"和"沿河方案"并且给出具体的线路图，契合真实情境，让学生"动"起来。这里的"动"是指隐性的动，即思维的拓展度，有一种横向与纵向的思考。材料二中设置成昆铁路线两侧及线路所经路段的真实情境，又附有隧道和桥梁的真实景观图，一定程度上让学生的视觉得到了冲击，更能深入了解成昆铁路线的真实状况，方便学生对于知识点的分析与题目的解答。

本次笔者尝试利用教材已有案例作为区域背景，设置新的情境资料，以满足课堂教学任务，实行"一境到底"的模式，使学生在情境中解决问题，扩大了教学的开放性，利于教师鼓励学生独立思考和相互探究。

3. 掌握情境，引发沉浸体验

从教材中已有情境(四川省地形图与交通线路分布状况)，到教师设置的情境(成昆铁路线)层层递进，学生循序渐进地了解情境、掌握情境，通过不断思考，逐渐深入情境，并且会把自身置于情境中，从学习知识的学习者，渐渐地转变成"关村坝方案"和"沿河方案"的决策者与设计者，从被学习的学生转变成课堂中主动思考的主宰者，将"知识力"转化为"素养力"。

二、已有真实情境的问题设计

1. 结合考情，设计多元化问题

新选考学考分离形势下，分值略有调整，题型也有所变化，大题部分出现了填空题、选择题、简答题以及开放性试题等，笔者在设计此情境的问题时，充分考虑到这一考情，因此也设计了多元化的问题，如下：

(1)结合四川省地形和交通线路分布图，说出四川省西部地区的主要交通运输方式是________，其形态是________，并且分析该交通线采用这种形式的原因。

(2)照片为隧道入口的施工过程中所拍，图中拱形建筑的作用是 ( )

A. 起到美观的作用

B. 防止落石及雨水对公路冲击

C. 起到遮阳的作用

D. 减弱噪音对周边环境的影响

(3)材料一中的“沿河方案”与“关村坝方案”你赞成哪种方案？写出你的理由。

(4)材料二中成昆铁路大渡河峡谷段采用架桥方式的主要作用是什么？

填空题侧重于基础知识，简单扼要地复习一下交通的运输方式，学生在思考过程中通过材料和图示能够准确地判断出铁路和公路这两种交通运输方式，但同时脑海当中肯定会想到学过的五种交通运输方式(公路、铁路、航空、水运、管道运输)。之后的简答题则紧扣本节课主题：地形对交通线路的影响。这样在一题中就形成了一个简单的问题链，问题设计由浅入深，有梯度性。选择题锻炼学生的判断性思维，根据题干和选项能够准确判断出正确选项。根据已有情境中的材料和图片，也能激发学生深度思考，拉近学习内容与已有知识和经验的距离，为学生提供知识的生长点。开放性试题的设计能让学生体验“设计者和决策者”角色，从多个维度思考问题，探究问题，引发共鸣。总之，多元化试题的设计相较常规教学而言，可以帮助不同层次的学生进行学习，也能够帮助学生适应考试的题型。

2. 结合学情，设计适宜问题

交通线路在生活中无处不在，关系着人们的日常出行，但是每一条线路的设计与建成是我们很少接触到的，因此，在已有情境下所设计的问题要适宜，不同学校不同年段的要求有所不同，学生的层次也不尽相同。笔者认为设计适宜问题是提高课堂教学效率的有效方法和途径。问题设计的过程中有多种多样的形式，在教学的过程中应该让学生充分发挥其主体的地位，允许学生发表与教师、教材不同的意见和看法，教师给予理解、鼓励和指导。这样的教学过程不仅能够发挥教师和学生这两类主体的积极性，同时在师生之间、生生之间开放式探究的过程中使思维不断碰撞出“火花”，从而生成新的教学资源，使课堂教学内容变得更加丰富充实。

学生要善于思考，教师应当启发学生思考，设置一些“困难”来帮助学生思考问题，让学生自己发现问题所在，掌握自己的缺点，并且对症下药来解决问题，以引起学生的思维活动。为此，教师在教学中应该鼓励学生多问，多多提问，让学生认识到能提出问题就是参与创造，由此产生愉快的情绪体验，养成良好的质疑习惯。在日常教学中，教师还应向学生介绍提问方法，帮助学生达到“会问”“善问”的境界。因此，设计适宜的问题可以在无形中提高学生的地理学科的核心素养。

3. 结合实情，设计延伸问题

根据已有的情境，教师可以预先设计出跟本节课相关内容的延伸问题，也可根据课堂教学任务的多少及学生接受能力的强弱，自行决定是否对延伸问题进行讲解。本节课教学中，笔者设计了最后一个小题作为延伸问题，即材料二中成昆铁路大渡河峡谷段采用架桥方式的主要作用，则延伸出在交通线路建设中架桥的作用问题。架桥的方式有路上架桥、河流中架桥、农田中架桥等多种方式，而各种架桥方式的作用则不尽相同，无论是从问题的本身还是从问题延伸出来的相应问题而言，都是对学生的变通性、深刻性、拓展性思维的一种训练。在课堂教学中对于问题抛出与问法，教师也需要一定的技巧，同样问题问法不同时，则达到的预期效果也不同。延伸问题也是对学生拓展思维的一种提升，举一反三，触类旁通。

三、已有真实情境下核心素养的提升

1.区域认知的提升

教材中往往是一节点内容会配备多个真实情境，对于每个区域的基本的自然地理概况都会有所介绍，通过这些真实情境的信息解读提升学生的地理区域认知能力，并且本节课中笔者选用的是四川这一区域，并配有“四川省地形和交通线路分布图”。地图是地理学中的“第二语言”，地图中包含着大量的地理要素，确定区域位置和区域特征，图中和图例中的信息都不能被忽略，笔者设置情境中以成昆铁路这一线路为例，那么对于沪昆铁路线所经过的区域，以及台湾铁路线所在区域的特征等信息的拓展，都需要学生进行认真分析才能够获取。区域认知能力的提升功在日常。

2.综合思维和地理实践力的提升

现行条件下，学生不可能大范围地走出去，但是我们可以让学生通过扮演角色设计来践行地理实践力，课堂中分小组进行探究讨论、分别进行阐述，各小组讨论氛围高涨，都积极投身于设计中，使学生自身有种真实性、贴切性、成就感，提升自身的思维品质和行动能力。同时，教师在教学过程中应当从全面系统的角度来引导学生辩证和动态地分析和认识地理环境及地理问题，本节课设置的两组材料四个问题都是在建设线路中会思考的一系列问题，线路铺设的地形，碰到山开凿隧道，线路的远近、客流量，峡谷中架桥等问题的解决，能不断提升学生的综合思维。

3.人地协调观的提升

人地协调观指人们对人类和地理环境之间关系秉持的正确的价值观。人地关系是地理学研究的核心主题，而在处理人地关系问题时，坚持人地协调、尊重自然规律是地理学要培养学生应具备的基本的价值观念。在建设铁路线路时应该注重生态环境的保护，让学生明白人类在某些活动上和环境的关系是对立的，矛盾是绝对的，和谐和协调是人地关系得以维系的主力，要想共生必须从课堂中渗透人地和谐的思想观念。

目前，由于课务量紧张，教师精力有限，所以不能保证每堂课都进行精心的情境创设，但是我们要保证根据教材已有的真实情境来自己设计问题，这对于提高课堂质量还是有一定帮助的，或许某些问题不够成熟，但是对于中学生地理核心素养的提高有一定的帮助，值得我们认真思考，深入探索。

参考文献

[1] 中华人民共和国教育部. 普通高中地理课程标准(2017年版)[S]. 北京：人民教育出版社，2018.
[2] 胡善生. 试谈高中地理课堂中“真”问题的教学策略[J]. 地理教学，2020(18)：46-47.

地理学科核心素养视域下的团队社会实践实施策略

杭州市萧山区第十高级中学　李　航

摘　要：地理社会实践，作为学科育人和达成学科素养的重要途径，长期以来面临项目繁杂、操作无序、评价空洞等难点。如何在地理学科核心素养视域下寻求适切的实施策略是当务之急。本文结合学校实际，从团队社会实践的前期准备、实施过程、评价交流三方面进行研究，力求找到行之有效的实施策略。

关键词：地理学科；社会实践；实施策略

学科核心素养是学科育人价值的集中体现，是学生通过学科学习而逐步形成的正确价值观念、必备品格和关键能力。地理学科核心素养主要包括人地协调观、综合思维、区域认识和地理实践力，它们是相互联系的有机整体。地理实践力是指人们在考察、实践和调查等地理实践活动中所具备的意志品质和行动能力。考察、实践、调查等是地理学重要的研究方法，也是地理课程必要的学习方式。"地理实践力"素养有助于提升人们的行动意识和行动能力，更好地在真实情境中观察和感悟地理环境及其与人类活动的关系，增加社会责任感。

现代社会要求国民能够在科学认识人口、资源、环境、社会相互协调发展的基础上，树立可持续发展观念，形成文明的生活与生产方式。因此，以地理课堂传授的知识与技能为基础，让广大学生广泛参与地理学科社会实践活动，尤其是未成年人或刚成年人的团队社会实践，就成为地理学科育人和达成地理学科素养的重要途径。

然而在具体的地理学科社会实践过程中，长期以来存在着学生团队搭建不当、实践项目选择繁杂、操作无序、评价空洞等难点。笔者结合学校实际，对团队社会实践的前期准备、操作过程、评价交流等三方面进行探究，力求找到相对适切的实施策略，为地理学科社会实践活动实施提供思路。

一、前期准备

前期准备工作包括团队搭建、项目选择、制定规划等方面，具体有以下核心策略：

1. 团队搭建

基于普通高中学校同一班级生源地域分布差异较大的具体实际，为在后期探究实践活动中更具效率、更加方便，团队组合既要考虑学生的个人组团意愿，也要充分考虑生源地的趋同性。例如，可以将一个班级里同一个村、同一个乡镇的学生集中，然后按照学生个人意愿，以3—5人为一团队自愿组合。由于地域相对趋同，团队成员对于实践地域环境相对都比较熟悉，也有利于地理学科核心素养中"区域认知"素养的达成。同时每个实践团队需要配备相关的指导教师(至少1名)，方便在后续实践实施过程中给予指导和沟通。

2. 项目选择

实践项目的确定由学生团队成员协商，自行确定。但指导教师应对学生团队进行一定的指导，须充分考虑学生团队所处的地域实际情况，因地制宜，可操作性强，切忌好高骛远。例如，萧山十中居住地在杭州市萧山区新塘街道(世界羽绒之都)的学生团队经教师指导，协商确定的申报课题是"新塘羽绒企业发展困境及出路"；居住地在杭州市萧山区所前镇(水果之乡)的学生团队申报课题是"萧山区所前镇水果种植业发展趋势及对区域产业结构升级的影响"；等等。

优秀的项目选定可以增强学生热爱祖国、热爱家乡的情感；提升学生关心家乡的基本地理情况，关注区域环境与发展的现状与趋势的意识；增强对资源、环境的保护意识和法制意识，增强对自然地理环境与社会的态度和责任感，逐步形成可持续发展观念。

3. 制订规划

要想高质量、高效率地开展地理学科社会实践，必须强化实践规划设计，避免形式主义。学生团队在确定好项目后，须根据课题的探究方向和当地实际，结合团队人员的具体情况，共同制定好项目的实践计划方案，包括团队成员分工、资料设备准备、安全注意事项、实施步骤、时间节点等环节，以书面形式向指导教师进行申报，经指导教师指导完善后定稿。科学的规划能够让学生思维更缜密、预设性更强，对协作与分工理解更透彻。

二、实施过程

"地理实践力"素养有助于提升人们的行动意识和行动能力，更好地在真实情境中观察和感悟地理环境及其与人类活动的关系，增加社会责任感。

各个学生实践团队在具体的实施过程中，可能涉及多个情景、多个环节，总体有以下核心策略：

1. 科学操作

针对项目，团队必须保持科学的人地协调观，采取地理学科综合思维，充分运用已学相关知识与技能，合理调取多媒体相关信息，因地制宜，科学操作，避免无效实践、错误探究甚至安全隐患发生。如遇到特殊情况，经团队协商达成一致后，报告指导老师，经同意后，可以适当调整之前预设的规划方案。

2. 合理沟通

团队学生之间要保持沟通顺畅，遇到争议不要盲目行动，避免英雄主义和经验主义。重要的探索环节过程能够与指导教师进行及时的汇报和交流，教师可以根据学生的操作实际，以及该过程中所遇到的各种问题进行及时的管理和指导，给予力所能及的帮助，保证整个探究过程可监控、可管理、可指导。

3. 过程记录

对于实践过程记录，团队要能够安排专人进行记录，要求完整、科学、实事求是，并合理保存各类实物、数据、图文、视频、材料等，充分弘扬科学精神和人文精神。

4. 成果形成

对于实践成果的形成，倡导学生能够以多种形式、多个角度进行表达，比如视频、图像、表格、文字、实物等。同时可以采用让学生接触各种不同观点、对问题展开辩论、鼓励学生在学习过程中大胆提出自己的看法等方法，逐步培养学生的批判性思维和创新思维，不必拘泥于某些固定的形式或者传统的固有结论。例如，为学生提供对某个地区发展问题的不同观点；为某些有争议的地理问题保留开放式结果，不给出唯一答案。在探究成果的形成过程中，通过形式的多样性和视角的多维性，逐步发展学生的批判性思维和创新思维；培养学生能够运用辩证主义、唯物主义的观念，对相关地理问题和地理现象进行开放式的阐释。

三、评价交流

相对而言，相当一部分学校和老师对于学生付出大量心血和时间完成的实践成果不重视，往往只是简单上交了事，没有评价，或者只是以“完成”“合格”“良好”“优秀”等形式简单评价便草草收场，对于实践成果的推广和利用可能就更加罕见了。我们认为科学合理的评价不仅仅是对实践成果的尊重与推广，更是对学生个体的尊重，以及对学生培养地理学科学习热情和科学精神的尊重，具体有以下建议：

1. 多元实践评价

要注重评价形式的多样化和针对性，重视反映学生探究过程性评价，地理教师要从实际出发，选择和运用恰当的评价方式，以增强评价的针对性，发挥各种评价方式的优势，克服其局限性，重视学生的自评和互评。评价结果可采用评语和等级评价相结合等方式，力争提升学生探索地理问题的积极性和科学性。

2. 成果交流展示

将班级里各个团队的实践成果进行整理，运用多种形式进行交流展示，教师指导学生表达、交流探究成果，尤其关注学生能否条理清晰、完整地表达探究过程与结论，能否将论据与论点联系起来，得出基本合理的解释，能否用语言文字、地图、表格等多种方式表达学习成果。比如，开展交流研讨会、成果展览会、成果推介会等，让学生团队之间能够进行相互的交流与学习，取长补短，提高学生的探究水平。

做成果交流，学生可以相互学习，收获探索之后的成就感，增强探索欲，极大地拓展学生的品德视野，健全学生人格魅力，从而增强地理学习的动机和兴趣，为学生的个人可持续发展提供动力。

四、结语

如何将高中地理的社会实践活动落实、落地、落细，需要我们站在更高的高度、更广的视域来看待，需要所有学校和地理学科教师的高度重视，需要我们遵循教育规律和人才成长规律，需要我们能够逐步形成一套相对稳定的、可操作性强的实践策略，更需要全体地理教师和学生的积极参与、科学实施。从实践中来，到实践中去，实践、认识、再实践、再认识，这种形式循环往复以至无穷，这是人类认识的总的发展规律，也是地理学科核心素养视域下的具象写照。

参考文献

[1] 中华人民共和国教育部. 普通高中地理课程标准(2017 年版)[S]. 北京：人民教育出版社，2018.

[2] 钟启泉. 基于核心素养的课程发展：挑战与课题[J]. 全球教育展望，2016(1)：3-25.

“互联网＋”背景下地理智慧课堂教学设计研究

杭州市萧山区第十高级中学　林雪映

摘　要：随着大数据、云计算、人工智能等新型信息技术不断融入教育领域，“互联网＋教育”这种新型教学模式应运而生，推动了传统课堂教学的变革和发展，并在此基础上衍生出电子书包、微课、翻转课堂等教学形式。现代信息技术和课堂教学深度融合后，就进入了信息化课堂发展的新阶段——智慧课堂。它将课内外教与学无缝链接，创造出个性化、智能化、数字化的学习环境，促进了学生智慧能力的培养。本文是基于智慧课堂模式下对地理智慧课堂模式的探索。

关键词：“互联网＋”；高中地理；智慧课堂

一、研究背景

1.“互联网＋”背景下的教育变革

《国家中长期教育改革与发展规划纲要（2010—2020 年）》中强调“信息技术对教育发展具有革命性影响，必须予以高度重视”，并将“教育信息化建设”列为十个重大项目之一，明确了教育信息化在教育改革与发展浪潮中的战略地位。[1]《教育信息化十年发展规化纲要（2011—2020 年）》提出了“教育信息化的发展要以教育理念创新为先导，以优质教育资源和信息化学习环境建设为基础，以学习方式和教育模式创新为核心”，并对教育信息化的发展进行了总体部署。[2]2019 年 2 月教育部公布了当年工作要点，明确提出要推进信息技术与教育教学的深度融合。随着教育改革的推进，中国的教育信息化必将迈入一个新的阶段。

近几年来，“互联网＋”作为一个新兴词汇，不断与生活中各个行业进行深度融合，“互联网＋”时代的到来，给教育行业带来了重大的机遇。“互联网＋教育”的概念是 2015 年李克强在两会期间政府工作报告中首次提出的，其后大数据、云计算、人工智能等新型信息技术便势不可挡地渗透到教育领域，“互联网＋”和教育的结合，逐步发展出一种全新的课堂教学方式，即智慧课堂。智慧课堂的出现，改变了原有的课堂教学方式，信息技术与课堂教学融合，构建个性化、智能化、数字化的课堂教学环境，促进了学生智慧能力的培养。[3]

2. 新课标下核心素养的提出改变了传统课堂

《普通高中地理课程标准(2017 年版)》提出了学科核心素养的概念,是指学生在高中阶段的地理学习中逐步形成的正确价值观念、必备品格和关键能力。地理学科核心素养主要包括人地协调观、综合思维、区域认知和地理实践力,它们是相互联系的有机整体。在传统的课堂教学中,核心素养难以被教师进行传授和评测。而智慧课堂正是课程改革和核心素养培养的体现,是重视学生在课堂中的主体地位,培养学生全面的、智慧发展的课堂,是教师、学生、技术三者智慧融合共生的课堂。[4]在智慧课堂教学中,教师往往以问题探究的形式导入教学内容,重视培养学生的自学能力和小组合作探究能力。智慧课堂创新了教学方式,提高了学生学习积极性和学习效率,更加有利于培养学生的核心素养。

二、地理智慧课堂教学模式探讨

1. 构建地理智慧课堂必要性分析

新课标要求。2013 年教育部在原有的普通高中课程方案和课程标准实验稿的基础上,启动了普通高中课程修订工作。2018 年,教育部正式公布和发表了《普通高中地理课程标准(2017 年版)》,对地理课程性质与基本理念、学科核心素养、课程目标等六个方面进行规范,并创造性地提出了地理核心素养的概念。高中阶段地理课程核心素养培养主要包括四个方面:培养学生人地协调观、综合思维、区域认知、地理实践能力。在实施建议部分,明确提出"信息技术的发展和应用是地理教学改革的助推器,能够促进教师教学方式和学生学习方式的变革,帮助学生享受更优质的地理教学服务"[4]。提出要借助大数据、人工智能、"互联网+"等信息技术,促进地理学习的拓展和深入。基于大数据学习分析技术的智慧课堂融合了多种教学方式,通过探究性学习和即时反馈互动学习,为学生自主化和个性化的学习提供技术支撑,有助于培养学生的地理核心素养。

2. 地理智慧课堂教学的优势分析

(1)提高学生学习兴趣。地理学科是一门比较特殊的学科,同时兼属文理两科的特性,对学生的综合思维能力要求比较高。在传统的课堂授课中,教师一般以直接传授法讲解为主,往往是教师一讲到底,师生之间缺乏互动与交流,再加上资源方面的限制,讲解时也都是采用一些静止的图片(含地图)、地球仪等材料,导致课堂气氛沉闷,学生缺乏学习的兴趣,学习起来也比较困难。[5]而基于"互联网+"背景下的地理智慧课堂,教师不仅可以借助信息化的媒体,丰富教学资源,提高课堂的趣味性,同时也增强师生、生生之间的互动与交流,提高了学生学习的积极性。例如,讲到天体运动章节时,教师可以借助微动画动态模拟地球的自转和公转,将本来无法观测的画面以动态的方式清晰直观地展现出来,满足了学生探索宇宙的好奇心,提高了地理课堂学习的兴趣。

(2)突出了教学重难点。交互式的教学是提高学生学习效果的关键,借助信息化技术可以促使教学过程更加动态化、模拟化。湘教版的地理教材知识点较为分散,学生在课前预习时往往找不到课程的重难点,对于知识点往往是一带而过的,大大降低了预习的效果。采用地理智慧课堂教学,课前可以通过微课进行授课,在微课中不仅可以直观地呈现课本知识,使学生把握重难点,也可通过简练精辟的语言讲解,使教学过程更加形象生动。例如,在学习"洋流运动"时,需要明确洋流的重难点是洋流的性质以及对其环境产生的影响,而这些知识点在课本中是一带而过的,但在微课讲解中可以直观地投视全球洋流的流动方向,指出洋流就是全球范围内海水朝一定的方向、一定的速度进行流动;明确由于洋流的性质不同,暖流增温增湿,寒流降温减湿,在此基础上形成不同的地理环境。另外,在课前预习过程中,教师根据学生的预习反馈,可以有针对性地调整教学设计,针对学生预习疑问,课中进行针对性讲解。

(3)培养学生探究能力。培养学生的综合思维能力,是地理学科核心素养的要求之一,也是开展地理教学的出发点。传统课堂教学中,教师注重培养学生的应试能力,更多教授如何答题、如何考试,将学业成绩作为评价学生的唯一标准,而忽视对学生综合思维能力的培养。在地理智慧课堂教学中,借助互联网信息平台,教师注重培养学生的自主学习能力和创造性的思维。在教学过程中,以学生课前的疑问引出教学内容,采用探究式学习和师生互动的方式开始授课。如,在学习常见天气系统冷暖锋知识时,可以以身边日常的天气变化作为出发点,引出什么季节会出现什么天气系统,主要带来什么天气变化等问题。例如,古诗句"黄梅时节家家雨",主要讲述的是江淮地区6月出现的梅雨,经过探索,原因是冷暖气团势均力敌在江淮一带相遇,带来持续性降水。将生活中遇到的情况,运用地理学科知识加以解释,学习对生活有用的地理,培养学生的探究能力。

3.高中地理智慧课堂设计原则

成功的课堂教学背后离不开精彩的教学设计。教学设计是"教师根据各种教学理论,在分析学生现有认知水平、教学内容、学习环境的基础上,制订切实可行的教学设计方案,包括整节课的教学目标、学情分析、教学过程、板书设计等。地理智慧课堂设计必须遵循以下三个原则:

(1)互补性。智慧课堂与地理学科的结合是地理学科教学过程的一次伟大创新,虽然智慧课堂教学存在很多优势,但并不意味着就能取代纸质教材和教师的讲解。同时教师也必须意识到并不是每一章节的知识点都适合采用智慧课堂授课,例如自然资源与人类活动这一节,教学目标是让学生简单了解自然资源的概念、分类、属性,以及不同历史阶段人类能源生产结构和消费结构变化。这些知识在教材中都有涉及且容易理解,所以在上课的过程中教师只需要通过直接讲授法帮助学生梳理一下课本的知识就可以,而不用过于拓展知识点。智慧课堂和传统课堂各有优势,因此采用何种方式授课,必须从地理学科教学目标和教学内容出发进行选择,要充分发挥两种课堂的优点,优势互补,提高课堂效果。

(2)可行性。可行性原则指的是能不能开展地理智慧课堂授课,既要考虑到教师的教学经验、信息化水平、认知水平、性格特点等主观条件,又要考虑到教学设施、教学软件、教学环境等客观条件。智慧课堂是信息化技术与课堂教学相结合的新时代上课方式,对于不同年龄段的教师,他们的适应程度是不一样的;同时智慧课堂涉及一些网络平台的操作问题,对教师信息化操作水平要求比较高。再加上国内绝大部分城市和学校缺乏开展智慧课堂的环境。因此在制订教学计划时必须充分考虑以上的因素,制订切实可行的方案。

(3)科学性。科学性的原则包括两个方面:一是地理智慧课堂教学内容的科学性;二是地理智慧课堂教学设计的科学性。在准备地理智慧课堂相关教学资料时,所涉及的内容必须以课程目标和课本知识为出发点,要保证涉及的微视频解说、图片、文字材料的科学性,同时相关试题的布置要符合学生已有的认知水平,不能过于滞后或超出学生认知能力。良好的智慧课堂设计,是课前—课中—课后全方位智能化的互动环节。首先要明确地理智慧课堂教学的目标,明确本节课的重难点知识;其次,合理安排课前预习、课中互动、课后复习环节,从而在有限的时间内提高课堂效率。

4.高中地理智慧课堂教学模式设计

随着时代的发展,"互联网+"信息技术和教育的融合也在不断地加深。李黎(2017)认为,智慧课堂的教学设计是由教师和学生共同组成的,包括课前、课中、课后三个环节。[6]智慧课堂的教学模式是促进学生智慧发展与创新的模式,故本研究在"互联网+"的背景下,进行地理智慧课堂教学模式设计。

地理智慧课堂教学模式主要分为课前、课中、课后三个阶段,每个阶段都有详细的教学步骤,如图1所示。

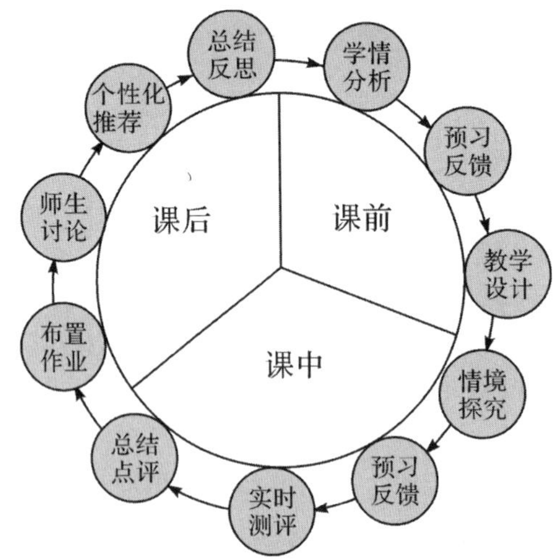

图1　地理智慧课堂教学模式

(1)课前教学模式设计。教师在授课之前,必须对学生进行学情分析,根据对不同学生的预测,优化教学进行以学定教。教师可以收集学生的历史成绩和作业,掌握班级学生的基本情况,并在此基础上确定教学的目标和内容。课前阶段,教师在智慧课堂后台在线发布学习任务,以微视频、语音、图片、文档、试题等形式上传相关课程的预习资料。学生借助电脑、平板等移动端在线进行预习,并按要求完成预习试题。在这个过程中,教师可以实时监督学生的预习情况,学生如果产生疑问,可在线上与教师展开讨论。如果学生未按照进度进行预习,教师也可以实时收集反馈的信息。在此基础上,教师可实时收集学生的作业情况、疑难问题等信息,精准分析学情,进行教学设计。

(2)课中教学模式设计。课中阶段,注重培养学生的探究实践能力。新课改指出,教师是学生学习和发展的促进者与助推者,学生是课堂的主体。智慧课堂教学过程中强调学生的主体地位,注重师生之间的互动与交流,充分调动学生学习的主动性,提升其学习的能力。在课堂教学中,教师根据课前预习反馈、课前讨论情况等数据,创设情境问题导入教学,学生以小组为单位进行讨论,每个小组成员都有具体的任务。在这个过程中,教师指导学生进行思考,师生之间进行互动交流。教师重点讲解预习反馈中的问题,学生认真听讲,并及时做好笔记。教师在授课的过程中可以实时发布课中试题,并及时对学生答题情况进行分析,针对疑难问题进行深入讲解,对知识点进行总结提升并实时调整教学方式和进度。

(3)课后教学模式设计。课后阶段,教师在教学平台及时发布课后作业,及时提醒学生按要求完成作业,在学生完成提交的基础上,实时分析作业数据,检验课堂的教学效果。在对总体答题情况、个体学生成绩分析的基础上,有针对性地对个别学生展开辅导。同时根据每个学生的课前预习、课中学习、课后答题情况,个性化推送课后辅导资料,进行因材施教。学生及时进行课后复习,查漏补缺,提升成绩。针对学生学习中产生的疑问,可以鼓励学生积极在平台上向老师和同学进行提问,师生、生生之间进行在线沟通交流。在此基础上,教师对整体教学过程进行总结反思,并改进教学方案。

参考文献

[1] 中华人民共和国中央人民政府.国家中长期教育改革与发展规划纲要(2010—2020年)[R]. http://www.gov.cn/jrzg/2010-07/29/content_1667143.htm.

[2] 中华人民共和国教育部.教育信息化十年发展规化纲要(2011—2020年)[R]. http://www.edu.cn/html/info/10plan/ghfb.shtml#fb03.

[3] 唐烨伟,庞敬文,钟绍春,等.信息技术环境下智慧课堂构建方法及案例研究[J].中国电化教育,2014(11):23-29.

[4] 中华人民共和国教育部.普通高中地理课程标准(2017年版)[M].北京:人民教育出版社,2018.

[5] 丁培林.基于新媒体的中学地理网络教学模式研究[J].中学地理教学参考,2017(14):41-42.

[6] 李黎.高中生物智慧课堂的教学设计与应用[D].重庆:重庆师范大学,2017.

基于真实情境的地理课堂教学研究

杭州市萧山区第十高级中学　林雪映

摘　要:真实的教学情境是指根据教学需要所创设的以实际生活为基础的,激发学生学习兴趣的教学情境,既可以来自现实生活,也可以是实际生活的简化情境。在教学中构建真实的教学情境对培养学生的地理核心素养有促进作用。

关键词:真实情境;地理学科素养;课堂教学

近年来,培养学生地理学科核心素养是教育界的热门话题,早在2003年颁布的《普通高中地理课程标准(实验)》中就提出要"培养现代公民必备的地理素养"这一目标;在此基础上,2018年正式颁布《普通高中地理课程标准(2017年版)》,其中提出地理核心素养这一概念,并对其进行了科学的阐述。基本要求是培养学生在地理学科学习中具备的、能够适应终身发展和社会发展需要的必备品格和关键能力。[1]课堂是培养学生地理核心素养的主战场,因此在日常的教学过程中,教师在设计和实施课堂教学时必须以地理核心素养为主导,精选培养和提升学生地理核心素养的课程知识,创新培养学生地理核心素养的学习方法。地理是与日常生活密切相关的学科,基于此可以结合日常自然、社会、生活等真实情境开展多种实践活动,提高学生运用所学知识解决实际问题的能力。在此基础上,离不开创设真实情境的前提,这是地理核心素养的培养在地理课堂教学中的体现,紧随地理课堂教学改革的方向。

一、真实地理教学情境培养的必要性

随着新一轮高考改革,各省区在编制高考试题时都会考虑到新课标的要求,基于此命制的选考题材大多以人们日常生产、生活的真实情境为背景,考查考生综合知识的运用能力。对于我们一线教师而言,则更需要意识到真实性的情境教学的重要性。[2]目前的高考制度改革中,已经不仅仅单纯考查知识点,而是转向对能力和素养的考查。而选考试题中的真实性场景就是对学生核心素养的考查。鉴于此,一线教师在日常的教学中,要注重学科知识与真实情境的结合,在日常生活中进行培养和渗透。

二、真实地理教学情境的内涵

1.情境与教学情境

情境是指在一定时间内各种情况相对的或结合的境况。[3]在社会心理学中,情境指影响事物发生或对人类活动行为产生影响的外部环境条件。[4]具体到教学中,即教学情境,是指教师在教学过程中创设的,并作用于学生能够激发学生积极学习情感反应的环境氛围和教学活动。[5]

2.情境的真实性

根据相关文章,将情境的真实性定义为:教师创设的情境尽可能地接近于真实的社会和生活环境。在这个过程中,学生通过观察、探索和问题解决,形成科学、正确的思维方式和解决问题的能力。[6]本文探讨的真实情境是以日常生活为背景,激发学生学习兴趣,培养核心素养的过程。真实的教学情境既可能来自现实生活,也可能是实际生活的简化。实际上现实的生活情境烦琐复杂,并不能直接用于课堂教学,然而现实要求我们必须应用真实的案例来创设情境,因此需要我们人为对情境再次加工处理,同时坚持情境的真实性。实际生活中受限于课堂时间和空间,可以借助于现代信息技术模拟真实场景,构建学习环境,提高学生的学习效率,促进地理核心素养的养成。

三、真实情境教学对培养学生核心素养的作用

1.促进人地协调观的养成

新课程改革强调“学习对终身有用的地理知识和技能”,在日常课程教学中,我们不仅要根据选考标准传授地理的基础知识与基本技能,更要在过程中与日常生活知识相联系,将我们生活中所遇到的实际经历引入课堂,让学生运用课堂中所掌握的知识和技能去实际解决问题,做到学以致用、用有所长。在这个过程中形成正确的地理思维和处理问题的方法。地理知识不仅对现今的实际生活有价值,而且对其终身有用。因此教师开展教学设计时,首先要找到课程内容与真实情境的结合点,可以借助考察、调查和模拟实验等实践活动,引导学生关注身边的实际,提高学生解决问题的能力和实践力。在必修一“水循环”一节中,讲授人类活动对水循环有什么影响时,讲到修建柏油马路联系下渗环节,修建水库联系地表径流,乱砍乱伐影响蒸发,与生活实际相联系,增加学生的认同感。同时人类施加的恶果也会对自身造成影响,如洪涝、干旱、水资源减少、水环境恶化问题日益严重,使人类生活日益遭受影响。使学生树立正确的价值观,认识到人类社会的发展离不开自然界的正常运行,因此在发展的过程中,坚持遵循自然界的发展规律,尊重和保护大自然,处理好人类

的发展和自然界的协调关系。

2.促进综合思维的养成

综合思维是指人们用综合的观点去认识地理环境的思维方式和能力。自然地理环境各要素组成一个整体，要素之间相互联系、相互作用。在此基础上，我们在讲解地理环境时，必须有意识地教导学生要用综合的思维来看待问题。真实性情境创设有利于学生全面地分析问题。例如，讲到必修二"工业区位因素"，可以鼓励学生进行实地考察。学校附近的新塘街道曾经是非常著名的羽绒之都，分析其兴起的因素、衰落的原因以及进一步发展的措施，从而理解工业区位因素的变化。联系真实的情境，学生能够打开思维，考虑问题时更加全面具体。学习地球的运动时，可以鼓励学生联系日常现象，思考昼夜交替、四季更替、昼夜长短的变化，地方时区时的原因。培养学生综合思维的能力，能够利用所学知识，解释自然现象的联系和变化。

3.促进区域认知的养成

区域认知是指人们运用空间区域的观点去认识地理环境的能力，地理学科的特殊性体现在区域性、整体性和空间性。区域认知按照一定的标准，将地球表层空间划分成不同的尺度和类型。教师在上课过程中应重点培养学生的分析能力，制定统一标准，鼓励学生对不同的区域加以剖析，找出不同区域之间的异同，明确自然地理环境的整体性和差异性，形成因地制宜的发展观。

在日常教学中运用真实的情境可以增加区域地理内容的可视性。区域地理中美国自然地理要素、美国的工农业都是我们需要重点关注的内容。而在讲授这节课时，可以通过旅游视频和相关照片的形式创设情境，学生通过已有的知识去总结美国自然环境的特点，在情境中感受区域差异，提升区域认知能力。随着时代的日新月异，教师可以借助新的信息技术辅助设备来创设真实情境，提升学生的区域认知能力。例如，Google Earth 可以全实景展示全球各区域的全貌，最大限度保留场景的真实性，使人身临其境，树立立体空间感觉，感受不同区域的特殊性，增强区域认知。其次可以结合立体地图，让学生直观地总结区域地形的特点，形成更强的视觉冲击。

4.促进地理实践力的养成

地理实践力是指人们在开展地理实践活动时，所应具备的意志品质和行动能力。地理实践力的培养并不是一蹴而就的，也不是单靠课堂传授的理论知识就能具备的，它是在一系列的考察、实验、调查的基础上所习得的。地理实践力强调将所学的知识运用到实际的生活中，不断加深学生对知识的理解，也锻炼了实践操作能力。这就要求教师在日常教学的过程中，注重将地理知识与生活实际相联系，使学生能够在真实情境中观察感悟地理环境和人类活动的关系，从而激发学生学习地理的兴趣，增强社会责任感。

新的课程标准中已经指出，培养学生的实践力是让学生能够在地理环境中真实地感受到大自然，领会到大自然的真正魅力，从而增加学生的求知欲，促使学生更加热爱地理，学习地理。作为一名一线的地理教师，一方面我们可以采用课堂中的教具，模拟实验、图片、视频，让学生现场感受。例如在讲解热力环流的一节时，教师可以采用模拟实验（蚊香和冰块），模拟气流的运动，使学生清楚意识到在地表热的情况下，气流会上升，地表冷的情况下，气流下沉，提高学生的知识接受度。另一方面，在学校现实情况允许的条件下开展研学旅行，带领学生真正走进大自然，考察当地具有特色的地形地貌、植被土壤、岩石构造等内容。

四、结语

真实的地理教学情境来源于原本的生活，与学生的日常生活密切相关，通过课程学习可以激发学生的学习兴趣，从而培养学生必备的地理核心素养。因此，在日常的高中地理教学中，使用真实性情境是非常有必要的。引导学生在情境中发现问题、分析问题、解决问题，从而提升学生解决实际问题的能力，培养学生的人地协调观、综合思维、区域认知和地理实践力，促进高中学生全面科学地发展。

参考文献

[1] 朱丽明.基于地理学科核心素养培养的中学地理教学设计——以"等高线地形图的应用"为例[J].地理教学，2018(4)：37-39.
[2] 衡海红.真实性情境教学在中学物理教学中的应用初探[D].南京：南京师范大学，2014.
[3] 肖岭.高中政治教学中的情境创设[J].学周刊，2014(17)：137.
[4] 石先云.高中地理情境教学研究与实践[D].济南：山东师范大学，2005.
[5] 武彩.新课改下中学地理教学情境创设的研究[D].济南：山东师范大学，2006.
[6] 周丽洁.中学生在真实情境下问题解决的思维策略研究[D].桂林：广西师范大学，2009.

高三地理课堂“时空线索＋任务链”教学探析

杭州市萧山区第十高级中学　王利平

摘　要：“时空线索＋任务链”教学，是依托地理情境事件，确定课堂主题，以事件的发展顺序（时间、历史）为线索设计学生探究任务链（问题链），从而提升学生区域认知、综合思维、获取提炼信息等多方面能力。在高三地理复习课堂中有需要也有效果。

关键词：时空线索；任务链；情境

从事高三地理教学多年，每一届开展复习时，总有困惑：复习课怎么上，是逐条讲解考点，还是逐个讲解题目，抑或是讲解知识与分析试题相结合？但都逃不过老问题：太过面面俱到，进度来不及；以炒冷饭为主，学生提升和改变小，思维活动缺乏；讲过做过若干遍的同类试题，依然不会、不懂。寻求一个“精准、高效、促思维”的复习教学方式迫在眉睫。

一、双新教育背景下的启示

2021年9月，浙江省推出新课标新教材高中学科教师全员培训，“例谈必修课程单元学习活动的设计和优化”中的一个课堂教学，给了笔者些许启发。笔者对整个教学思路做了整理和记录。

课题：“探究南京八卦洲农业发展”

【导入】南京八卦洲位置图＋20世纪90年代八卦洲农民农忙场景（水田画面）

【教师】当地从事什么样的农业生产活动？——水稻种植业。

材料一：水稻生长习性好暖：播种期10—12℃，齐穗期候均温高于20—22℃，最适宜气温28—32℃。喜湿：单、双季稻降水量在750至1500毫米以上。

材料二：八卦洲地处亚热带，热量充足、雨量充沛、水源丰富；洲内地势低平、土壤肥沃。南京气候统计图（图略）。

探究活动一：

问1：影响八卦洲发展水稻种植业的主要区位因素是什么？

问2：20世纪90年代之前八卦洲水稻种植业常常薄收，影响的自然因素是什么？有何解决措施？

【活动】小组讨论、回答、点评，再讨论、再探究。

【过渡】到21世纪初的时候，八卦洲又有了新的美誉——“中国芦蒿之乡”。正所谓：“蒌蒿满地芦芽短，正是河豚欲上时。”

材料三：2001年3月26日，南京长江二桥正式通车。南京1990年常住人口516.8万，2005年常住人口689.8万。南京城市化水平由1990年的51.5%上升到2005年的76.2%。

探究活动二：

问3：哪些因素的变化导致当地大规模种植芦蒿？

材料四：芦蒿本是一种时令蔬菜，一般三四月大量上市，五六月逐渐下市，一年中再鲜有机会品此美味。与此同时，“八卦洲”牌芦蒿声名在外，但是外地品种芦蒿也开始大规模种植，并进入南京周边市场。

探究活动三：

问4：为了满足市场长期对芦蒿的需求，同时为了应对同业竞争，当地农民应该怎么做？

【视频】近几年来，八卦洲积极转型发展现代农业，按照统一规划建设、统一土地流转、统一招商引资、统一运营管理的建设理念，打造规划面积4.5万亩的江苏省现代农业产业园。目前，与江苏省农科院、江苏省中国科学院植物研究所等高校研究院建立战略合作关系。

探究活动四：

问5：分析哪些区位因素的变化影响当地农门选择发展现代集约农业。

这一课堂设计体现了以下特点：

(1)一个空间——区域背景：南京八卦洲，这也是探究的主体对象。

(2)一个主题(或者概念)：农业区位因素及其变化，整合了农业地域类型。

(3)一则复杂的真实情境：水稻种植业—芦蒿种植业—城郊农业—现代化农业。

(4)一条时间线：20世纪90年代及其以前—21世纪初—近几年来的发展变化。

(5)一串任务链：五则材料(文字、图片、表格、视频等)，配合5个探究问题。问题由浅入深，层层拔高。

简言之，“空间时间、真实地理事件、探究性任务”完美地结合，教师不再是“仅仅基于知识点展开教学”，而是围绕“学科观念、核心素养、思维能力”设置任务串，教学有梯度、有深度、有力度。

笔者在高三地理教学课堂开展了尝试。下面以“从整体性角度析灾害——以塞罕坝变迁为例”做探析。

二、“时空线索＋任务串”复习教学的设计与实践

高三地理复习教学中，在建立时空线索、问题任务的导向之下，学生开展课堂探究活动，应该是可以“突破常规、实现实效”的。下面以“从整体性角度析灾害——以

塞罕坝变迁为例"这节课的尝试来理出这类课型的设计流程。

(一)挖掘地理"事件"

塞罕坝这一空间区域及事件的感知,来自"学习强国":2021 年 8 月 23—24 日,习近平在河北承德考察时强调,贯彻新发展理念,弘扬塞罕坝精神。一则央视短片介绍:塞罕坝林场六十年前的黄沙漫天,到如今的百万亩人工林海、望海楼守护塞罕坝生态安全、京津生态屏障等信息扑面而来。

带着地理教师的视角,搜索纪录片《大漠绿色梦》第一、二集,提炼了"生态脆弱区的可持续发展""自然灾害的类型与防治"等知识,萌生了围绕"变迁"设计教学的想法。

其实,《普通高中地理课程标准(2017 年版,2021 年修订)》也明确指出了课堂教学资源准备的新思路:

(1)关注新的成果。教学内容在更新,教师应重视以学科大概念为核心,以主题为引领,使课程内容情境化,素材的选取也要努力呈现经济、政治、文化、科技、社会、生态等发展的新成果。

(2)关注典型区域。教学目标有了新的要求,要努力使学生能够形成从空间—区域视角认识地理事物和现象的意识,能运用区域综合分析、区域比较、区域关联等方法认识区域。

(3)关注民生事件。教学方法要创新,就要创设多种熟悉的、促进情感的教学情境,诸如资源短缺、环境恶化和治理的真实情境事件,树立"绿水青山就是金山银山"的理念。

笔者在这两年多时间里,做了个别课题的素材搜集、整理,详见表 1。

表 1　课题的素材搜集、整理

课题	情境内容	素材来源	时间线索	问题链"关键词"
区域经济联系—东西合作脱贫攻坚	西海固人民移民闽宁镇	电视剧《山海情》	移民前的西海固 移民过程的困难 移民后的再建设	"苦瘠甲天下" "慢慢风沙路" "特色奔小康"
整体性原理与自然灾害	人工林场"塞罕坝"	"学习强国"新闻 纪录片《大漠绿色梦》	340 年前木兰围场 清末到新中国成立初毁林 20 世纪 60 年代至今的造林	"物种多样条件" "灾害多发原因" "人工育林措施"
地形对交通线路分布的影响	徽杭古道到杭黄高铁	"学习强国"新闻 央视新闻 央视纪录片:《悬崖之上》	唐代,浙皖通道 2019 年,杭黄高铁 2021 年,杭绍城际	"为什么修" "在哪里修" "能不能修"
农业类型及区位的发展变化	浙江绍兴农业发展变化	新闻热点 民生关注	改革开放前 20 世纪 80 年代以来 近几年来	"水稻种植业" "养猪业" "猪棚改菇棚"

续 表

课题	情境内容	素材来源	时间线索	问题链"关键词"
气候变化对农业生产的影响	四川荔枝	央视纪录片 微信地理公众号	唐代 当代	"四川合江荔枝" "广东荔枝"

这些素材涉及生态、经济、民生等，兼具地理性、探究性，且不去说实施是否完美，其区域性、趣味性、探究性、时空线俱有体现。

(二)整合教学主题

复习课，与新课相比，更需要整合教材知识，建立知识框架。笔者认为：情境与主题互相印证。可以定出主题寻找情境，也可以从情境事件牵出主题概念，这样更利于整合思维的拓展。以下内容与"塞罕坝的过去与现在"的内容比较贴合，详见表 2。

表 2　塞罕坝的过去与现在

教材相关	必修一 3.2 自然地理环境的整体性	必修一 4.4 自然灾害对人类的危害	必修二 4.1 人类面临的主要环境问题	必修二 4.2 协调人地关系的主要途径	必修三 2.1 荒漠化的危害与治理
塞罕坝	林的"毁"与"建"	干旱、冻害、沙尘暴森林火灾等	森林减少、生物多样性受损等	自然资源的可持续利用(如森林)	土地沙化

结合当时高三一轮复习进度，以及整体性思维在解决地理实际问题中的重要性。选择了必修一 3.2 和 4.1，整合成"看塞罕坝'变迁'——从整体性角度析灾害"，无论是曾经物种丰富的"木兰围场"，或是毁林后荒芜的黄沙地带给京津的风沙，或是造林时遭遇的灾害及应对的措施，都可以应用整体性原理分析。

在这个过程中，课堂教学内容的选择、整合、设计、编写等环节都应服务于地理学科核心素养的培养。我们可以创新内容编排方式，使复习内容与生产和生活实际密切联系，并且将学生"放"到情境中，增强他们分析问题和解决问题的能力。

(三)线索串联问题

核心素养应通过学生在应对复杂现实情境时的外在表现加以推断。在各类"情境"中，包括联系学生日常生活的情境、地理与生产联系的情境以及地理学术情境。为了评价学生的核心素养，要高度重视复杂、开放性真实问题情境的创设，即把具体任务尽可能放在真实、复杂性的现实情境之中。下面以该课的实践过程来说明"时空线索"串联"任务链"的实效性。

【课堂段落一】教师播放视频：塞罕坝地理位置的介绍。

学生观看、记录视频有效信息。

教师展示:央视时政封面"塞罕坝的'奇迹与未来'"导入课题。

教师引入第一个时间:340 年前,哨鹿飞弓弩,红松舞鹤鸥。

展示材料一:塞罕坝位于河北省最北端围场县,主要是高原台地,平均海拔 1500 米至 2067 米。1681 年,清朝在此建立"木兰围场",不得滥入,作为皇家狩猎场所。围场多鹿、狍等动物,鹤、野鸡、斑鸠等飞禽。

展示问题 1:从地理位置的角度,分析历史上木兰围场动物种类丰富、数量繁多的自然原因。(4 分)

学生分析情境材料、区域图示,思考并书写。

教师浏览巡视,发现许多学生找不到切入口。个别学生思路正确。叫了第一个同学:能够看到 400 毫米等降水量线,说出了东部季风区与西北干旱半干旱区之间。第二个同学虽受到第一个的启示,仍感觉缺乏方向感。

教师叫第三个同学审题干关键词:地理位置角度应该从哪些方面入手?

学生七嘴八舌,比较热烈,在引导之下,教师板书"纬度位置、海陆位置、相对位置等"。重新分析、思考、书写后,通过暖温带到中温带、华北平原到内蒙古高原、半湿润到半干旱等关键词基本就可以想到了:

地处华北、东北、西北交界处;

从半湿润的温带季风向半干旱的温带大陆性气候过渡;

森林和草场均有广泛分布;

地处平原向高原过渡区,地貌类型多样;

地理位置上的过渡性,使其有多样的栖息环境,适合多种生物生存。

教师展示参考答案并引导学生从中总结出所体现的自然地理要素,板书如图 1 所示。

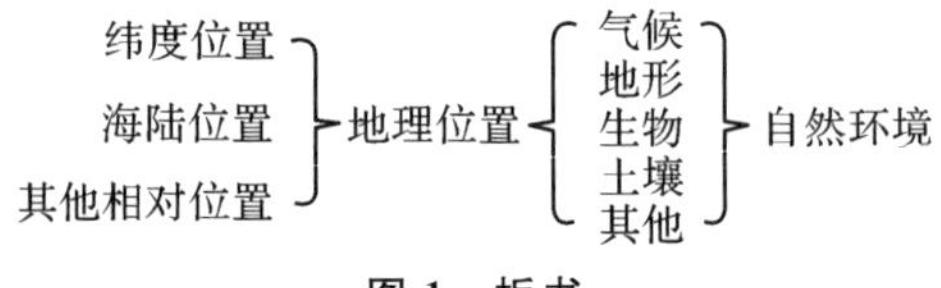

图 1　板书

【知识梳理 1】自然地理环境的整体性(略)

【课堂段落二】教师播放视频:新中国成立初期,林场成立前。

教师引入第二个时间片段:新中国成立初期,黄沙遮天日,飞鸟无栖树。

展示材料 1:1863 年开始,清政府开围放垦,1933 年日寇侵略,加上山火频发。到新中国成立初期,原始森林已不复存在。塞罕坝地区气温、降水图,如图 2 所示。

展示问题 1:结合材料(见表 3),说明近百年来山火频发的原因。(4 分)

问题 2:原始森林被破坏后,从生态的角度讲,可能造成当地________和________等气象灾害多发。同时对京津地区产生不利影响。

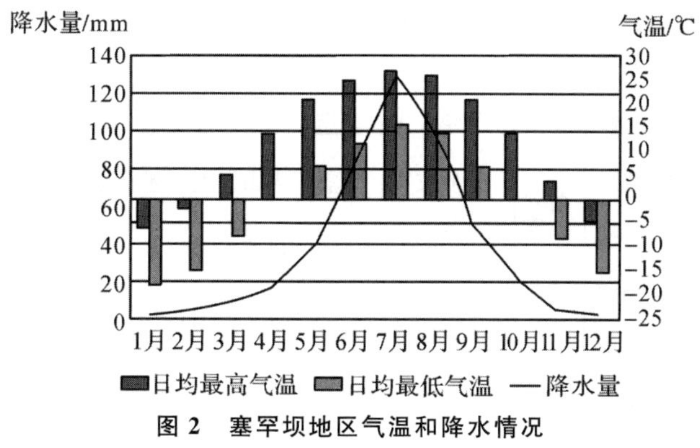

图 2 塞罕坝地区气温和降水情况

表 3 塞罕坝地区森林的自然条件

时间	林地面积/万亩	森林覆盖率/%	年均大风日数/天	年均降水量/毫米	无霜期/天
1962 年	24	12	83	不足 410	52
2016 年底	112	80	53	460	64

学生小组讨论,形成结论,书写。

教师请代表发表意见。在这两问的回答中,学生基本上能说个八九不离十。

教师点出学生的知识漏洞,如灾害问题和生态问题的差别,如可以整体性原理的五要素建立思路,也可以"风沙"二字展开,顾名思义。

【知识梳理 2】建立灾害分类与整体性五要素的框架,如图 3 所示。

【课堂段落三】教师播放视频:八万米高空视角看塞罕坝的奇迹。

教师引入第三个时间点:21 世纪来,荒原成绿林,沙退鸟兽栖。

展示材料 2:1962 年,国家成立塞罕坝机械林场。林场建立之初,塞罕坝造林的成活率不到 10%。后采取高创育苗、高光育苗等技术措施,提高了树苗存活率。现在,真正成了"水的源头、云的故乡、花的世界、摄影家的天堂、创业者的战场"。

问题 3:造林存活率低,可能跟哪些等有关。

问题 4:说明与平床育苗相比,塞罕坝采取高创育苗的优点。(5 分)

学生独立观察材料,合作讨论,书写表达。

投影个别学生答案。

笔者认为,这两个追问,既引出了塞罕坝地区造林过程中遇到的各种自然灾害或困境,也能梳理出灾害治理的三个类型的措施。

【课堂小结】三个段落完成后,建立了整体性五要素角度分析灾害的类型、成因以及可以采取的针对性措施。

【拓展迁移】材料三:观看视频,并回答问题 5:思考提高塞罕坝经济效益可采取的措施。

【知识梳理2】灾害与整体性各要素

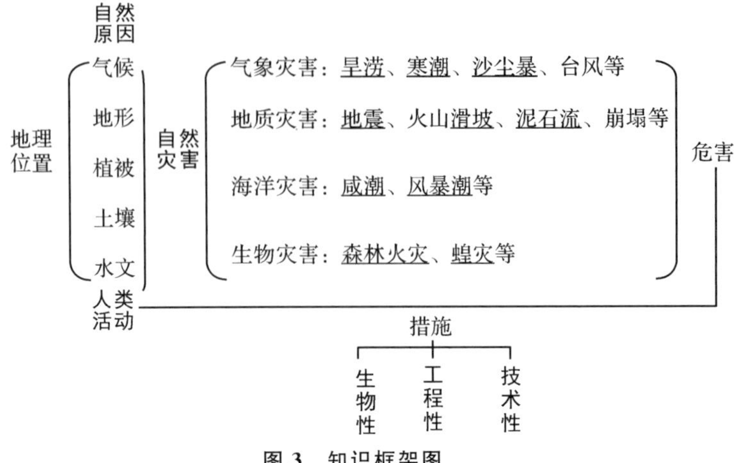

图 3　知识框架图

这是一个相对开放的问题，但是以区域为空间研究对象，以历史为线索，三个阶段的塞罕坝发生的事件串成了一个完成的地理"故事"，也建立了一条分析地理问题的思维线——从整体性角度去因地因时制宜，这个问题也就水到渠成了。

三、反思、琢磨、提升

尝试过程中，笔者深刻感受到，地理课堂，需要区域背景作为对象，需要真实情境作为支撑，需要一条清晰的线索，需要围绕主题设计精准的任务链。这样的课堂，不仅仅介意结论是什么，而且瞄准了核心素养的提升，关注的是学生在什么情境下运用什么知识能做什么事，也就是关键能力。课堂整体流程如图 4 所示。

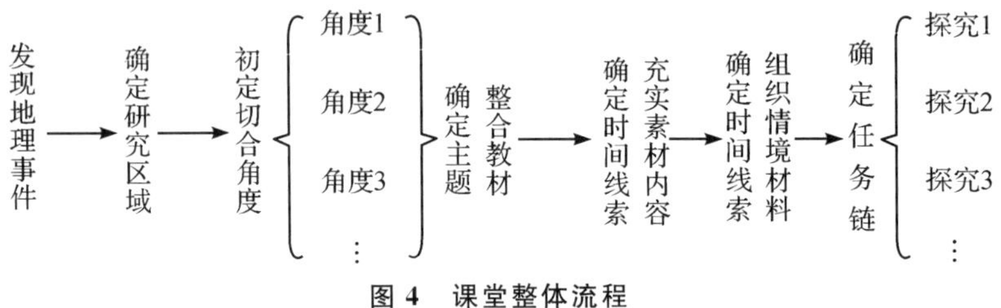

图 4　课堂整体流程

那么，这样的课堂与常规课堂比较，特色和优势在哪里？

主题的选择：凸显课标要求、学习特点、学科特色。

内容的组织：始终围绕主题、优化重构、主线清晰。

问题的提出：尽量富有挑战、多维开放、层层递进。

研究的线索：时间脉络清晰、深度学习、问题解决。

情境的提供：能够指向任务、丰富多样、服务学习。

成果的评价：坚持关注过程、多样呈现、多元评价。

反思自己的几次试水，"从干沙滩到金沙滩——以闽宁镇为例谈脱贫"，故事线索清晰，时间线索清楚，但问题解决过程中，面对学生的学习障碍，笔者“词穷”，结论是给出而非得出。“从整体性角度析灾害——以塞罕坝变迁为例”，主题、区域、历史线索明晰，问题设计却缺乏对学情的针对性，第1问过度拔高，对后续学生开展探究造成了困难。“交通运输建设与区域发展——从徽杭古道到杭黄高铁”，对于高三第一轮复习而言，知识整合度不够，偏于浅显，有炒冷饭嫌疑。

教师在教学实践的过程中，需要有“底蕴”，才能有“底气”。要有一颗热爱学科的心、一双发现地理的眼睛；能持续不断地反复钻研新、老课标和教材；需紧跟年轻人和专家的脚步。比如学习作图、视频处理、新软件，要紧跟教育发展的趋势——核心素养、大单元、概念统领、真实情境等方面加强理论提升，会琢磨真题、模拟题，多尝试原创试题，才能积累素材、设计“地理故事”，提升教学实践能力。

参考文献

[1] 中华人民共和国教育部. 普通高中地理课程标准(2017年版)[S]. 北京：人民教育出版社，2020.

以“情境—问题链”教学提升学生综合思维能力浅探

杭州市萧山区第十高级中学　王利平

摘　要：在高中地理课堂教学过程中，经常有材料有案例却仅作点缀，有设问或有多问却常常流于表面、思维含量低下。本文意在结合课堂实例，对教学情境的搜集、引用、实践与设计有质量的问题链的有机整合的做法做了初探，意在围绕核心素养理念，通过此方式培养学生的综合思维能力。

关键字：情境创设；问题链；综合思维

一、问题的缘起

1. 一堂观摩课的触动

2018 年 11 月，笔者参加了“高中地理选考学考背景下的高效课堂教学”活动，四堂同课异构的课，其中最打动笔者的是湖州某中学沈老师的“锋面与天气”高一新授课。

课堂片段过程创设的种种情境自然贴切又引人思考。

【古诗情境】导入：陆游的诗《秋雨》：“暮秋木叶已微丹，小雨萧萧又作寒。”

【视频情境】中央电视台 11 月 2 日 20 点天气预报的视频。

【问题链】

(1)同学们看到了什么？（北方 0℃，南方 25℃）

(2)如果北方的一团空气移到南方，与其下地面比较，会有哪些物理属性？（引出冷暖气团概念及对比）

(3)11 月 3 日北京的天气情况如何？（学生播报在单一暖气团控制下的天气）

(4)11 月 4 日北京的气温为什么会下降？（配合动画，学生播报在冷锋过境时的天气）

(5)冷、暖气团相遇会怎样？（学生互动、猜测结果）

【实验情境】录像播放蓝色的冷水和红色的热水运动相遇后的情景。

【问题链继续】

(6)观察到什么现象？（冷暖水交界面引出锋面的概念）

(7)4日北京的风力为什么增大?(学生播报冷锋过境后的天气)

(8)请同学模仿天气预报播报一下5日北京的天气。

【学生分组讨论、互动评价、小结冷锋】(略)

【图片情境】诸暨9月底某段时间的天气数据及桂花图片,桂花开花条件介绍(联系乡土地理和生活情境),学生思考桂花早开的原因。

笔者所感:这一过程是对冷锋过境前、中、后的一个生活情境下的尝试运用。

【过渡情境】《春雨》的古诗,诵陆游《临安春雨初霁》:小楼一夜听春雨,深巷明朝卖杏花。(引出暖锋及天气)

问题链:……

课尾小结:诵读赵师秀的诗《约客》:“黄梅时节家家雨,青草池塘处处蛙。”(引出课后任务)

贯穿整堂课的是“诗情画意”的古诗文情境、声像齐备的视频情境、亲身经历的生活情境,衔接整堂课的是由浅入深环环相扣的问题;从而,带动整堂课学生积极参与、思考、回答、互动,进行思维的碰撞。

恰如某中学熊老师专家讲座“真情境、养观念、深探究、促思维”中提到的,在课程标准的框架下,在符合学生认知水平的前提下,“音像、图片、故事、热点”等贴近学生实际生活的真实情境,能很好地提升学生综合思维的核心素养。

2.来自选考真题的思考

前面谈及的是学生的学,那么学生的考同样体现了“情境与问题链”。最近几年浙江省地理选考真题,总体重视基础、突出主干。同时,关注现实热点和前沿信息,如2018年4月卷的流星雨、城市化、新能源;2019年4月卷的电商与农产品销售、全球变暖与黄浦江段防汛墙变化等材料都源自现实生产和生活,考查学生观察现实的能力。考题设问形式新颖,尤其2018年4月加试第29题,从黄河三角洲成因到盐碱化成因到治理盐碱化再到第四小问的农业发展的问题链,可以说知识点涉及广,多层次多角度考查学生分析地理事象的形成发展和地理问题的解决。这些都体现了对地理核心素养的考查,更是凸显了对综合思维的要求。

选择题的题组形式,加试题的层层递进式设问,同样是研究情境—发现问题—分析问题—解决问题—问题反思的一个过程。

3.来自教育改革的需求

这些变革,源自教育改革的需要。2018年1月,教育部修订了《普通高中学科课程标准(2017年版)》,明确地提出了学科核心素养。

地理学科的核心素养为:人地协调观、综合思维、区域认知和地理实践力。其中,综合思维是地理学基本的思维方法,指人们具备的全面、系统、动态地认识地理事物和现象的思维品质与能力。学生能够从多个维度对地理事物和现象进行分析,认识各要素之间相互作用、相互影响、相互制约的关系,并在一定程度上解释其发生、发展和演化的过程,从而较全面地观察、分析和认识不同地方或区域的地理环境特点，并且能够辩证地看待现实生活中的地理问题。

而在笔者看来，综合思维其实就是“观察事象—问题发现—问题分析—问题解决—问题感悟”的过程。地理事物或现象其实就是情境素材。两者兼顾相辅，便能很好地提升地理综合思维。

这样看来，问题思维其实就是综合思维培养，我们需要找寻一种有实效的教学思路。

二、尝试与实践

问题链与情境的相互融合，是比较复杂、综合性较强的教学方式。在课堂教学的实施中，它与教学内容、目标要匹配，需要师生参与准备，需要师生、生生互动的支撑，有预设有生成，在有效提升课堂教学实效和学生素养的同时，需要教师有扎实的素养，前期能开展大量的研究准备，后期又有较强的课堂调控能力。笔者尝试结合课例对某些想法做一些介绍。

1.分模块分层分区域进行情境元素搜集的指导

萧山十中学生有音乐、美术、普通三种类型，以及多种地理组合，本区有东片、南片不同的自然和人文背景，为分层开展教学及比较提供了条件。教师事先应摸清学生来源地和基础素养，并通过典型案例做好策略指导。

以 2017 届毕业的 302 美术班为例，某学生所开展的部分调查见表 1。

表 1　某学生所开展的部分调查

302 美术班/地区	东片	南片	市区	省外
人数	21	9	18	2(1 湖北、1 江西)
地形	沙地冲积平原	低山丘陵多	平原	丘陵山地
河流、水系	钱塘江	浦阳江、永兴河等	南门江、湘湖等	/
土壤	冲积土、水稻土	红壤	/	红壤
农作物	水稻、冬小麦、油菜、萝卜等	茶叶、果树（如杨梅等）	/	茶叶、脐橙、水稻等
交通线	东西向和南北向为主，密集	弯曲、不规则	密集成网	山区曲折不规则 平原密集成网
聚落	棋盘格式、团聚状、规模大	零星分散	多层、高层住宅小区	分散零星

基于学校学生素养一般，所列表格资料简单或者也未必科学，但我们可以将材料充实后，运用于多个教学内容。如必修一“地形对聚落及交通线路分布的影响”、必修二“农业区位因素”“农业地域类型”“城市区位因素”、必修三“区域农业可持续

发展”、区域地理中“中国的农业”等。

我们可以发现，情境素材可以来自网络、新闻、书刊资料，可以来自学生实地考察、体验，也可以来自教师钻研分析……

2. 挑选整合适合开展“情境—问题链”式教学的最佳内容

据此设计教学目标和学案，布置课前、课后任务。如指导一位年轻教师的高二地理公开课“中国的农业——种植业”，结合教材、课标要求与当地乡土实际，设置了以下先学任务。

【先学任务】

(1)利用周末到田野实地寻找、收集水稻、小麦、棉花、油菜等农作物或种子，询问长辈或查阅资料，了解这几种作物的播种、收获期并推测其生活习性和生长条件，并鼓励学生尝试一种农事活动(如除草、翻土或收割等)。

大部分学生虽然生长在农村，但缺乏常识，甚至不认识一些常见的作物。此活动使学生通过地理观测及调查，初步学会运用多种手段收集地理信息，对信息进行整理、分析，并把信息运用于地理学习。满足学生探索自然、认识社会生活环境的学习需要。农活的尝试意在让学生体会劳动的艰辛，从而树立尊重农民、重视农业生产的观念。

这就是真实的“体验式情境”。

(2)脱离教材，结合上述农作物的生长习性和本地自然条件，比较和推测每种农作物可能在我国的分布情况。

上述先学任务以一种体验式、实践式的方式布置。一方面切合地理课程的地域性、实践性的特点；另一方面，分析某区域发展农业的区位条件是本节课的重点及难点，此活动通过让学生比较不同农作物的习性及分布情况，进而概括出每种农作物分布的区位条件。这一真实的体验过程使学生“想学”“能学”“会学”“乐学”，能很好地激发学生探究地理问题的兴趣和动机，帮助学生形成主动探究地理问题的意识和能力，并为课堂上构建分析农业区位因素一般模式做好铺垫。

这就是在培养学生的综合思维能力。

在现实的课堂教学过程中，尤其是面对地理这样一门具有生活性、实践性、地域性的学科，越来越多的教师认识到，教科书只是教师和学生从事教学活动的参考，更多的素材来自生活实际。教师对通过网络、报纸、书籍、杂志、电视、实地考察等搜集到的资料进行分类整理，懂得如何选择、如何运用尤为重要。

记得某位专家说过，在新的高考改革形势下，在核心素养的理念下，地理课堂的一般流程应该是：确定情境、选定区域；引出地理问题；提出解决疑难的假设；对假设进行推断；提出新的疑难；对疑难的再思考和整理。这样的线索之下，突出信息的获得与应用，突出类比类推，突出综合思维的培养。

3. 在课堂实践中摸索和形成“情境—问题链”教学的最优模式

探索每一环节如何提升学生的地理综合思维。目前设想了如下初步思路，如图

1 所示。

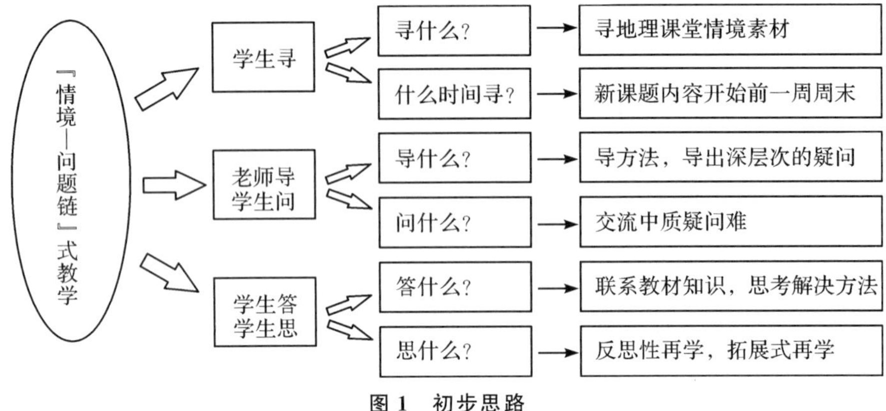

图 1　初步思路

以高一必修一“热力环流的原理”这一课为例。

课堂片段一：

引入新课之后，教师提出第一个问题：受热不均的两地空气会发生怎样的运动？又是为什么呢？请同学们观察实验(一)后回答。

第一步，用一个烧杯在表面平整光滑的桌上倒扣住两根蜡烛(一长一短)，点燃之前，提出小问题一：如果同时点燃这两根蜡烛，哪根先熄灭？

课堂情境：当时，课堂马上沸腾起来，学生踊跃发言。多数说短的先灭，个别说长的先灭，各持己见。

第二步，叫一名学生上前观察，其余原位观察，教师点燃两根蜡烛并以烧杯扣在桌面上，一分钟之内，长蜡烛先灭，过一会后，短蜡烛熄灭。

在学生惊讶之时，教师提出小问题二：为什么长蜡烛先熄灭？

课堂情境：学生自然而然地开始了讨论(教师注意控制时间，要收放自如)。此时，便有学生自告奋勇回答，其中就包括了较为合理的答案：因为长蜡烛周围氧气充足。而教师只需稍加引导便可得出结论：受热后空气上升导致长蜡烛芯附近氧气充足。

在此基础上，可进一步引导学生寻找生活中受热不均存在的空气运动。(如热气球上升、冷空调扇页应朝上、烟柱上升……)

课堂片段二：

实验二(该实验课堂操作受条件所限，采用播放教师课前实验的录像)实验过程如下。

①将一盆热水和一盆冰块放在一个长方形玻璃缸的两端。

②用平整的塑料薄膜把玻璃缸开口处盖严实。

③在塑料薄膜的冰块上方开一小洞。

④将一束香点燃放入小洞。

教师设置的小问题三：请一到两个同学预测香可能的路径。

播放时，请学生观察香在玻璃缸内飘动的情况，并描述整个过程。

课堂情境：实验点燃前，学生马上踊跃起来，七嘴八舌猜测可能出现的情况并尝试解释原因；实验开始后，学生无一例外地紧盯屏幕，仔细观察，唯恐错过一个细节；实验结束后，意犹未尽的同时马上去推理形成的过程。

教师设置的小问题四：请学生尝试描述并绘制热力环流的基本过程。

个人认为本课例亮点在于：

(1)实验情境的创设科学有趣。科学在于本节的物理知识贴合密切，且呈现简单的选择当堂演示实验，不可控的选择录像实验。

(2)问题的设置由易到难，循序渐进，符合学生认知规律，让学生在“动”的环境中感悟方法，获得思维的碰撞。

(3)能最大限度地激发学生探索地理问题的动机，将课堂知识和实际生活相联系。

如果我们用“solo”分类来评价学生综合思维能力，那么当学生判断长蜡烛先灭时，属于前结构层次：基本上无法理解问题和解决问题，或者受情境中的无关内容误导。当有学生经观察、讨论和提示后回答“长蜡烛周围氧气充足”时，属于单点结构层次，学生通过单一要点，找到解决问题的线索。当学生猜测香可能飘动的方向时，属于多点结构层次，学生能联系到多个孤立知识点。当学生推理整个热力环流过程时，学生已经将知识整合成统一的整体，真正理解了这一问题。

那么，当课堂进一步给出“城市风”有关情境时，学生的活学活用，则属于拓展层次，能运用到新情境分析问题、深化问题。

这样的实践过程，是“用足材料，步步为营”，最终“由浅入深，步步为赢”，更是学生综合思维能力的升华。

三、“情境—问题链”的实践意义

有人认为，地理课堂中创设情境是教师的事情，仅仅是投出的一组图片、播放的一段视频、讲述的一个事件，让课堂活跃一下气氛而已。实则不然，地理课堂情境的创设完全可以由师生共同参与：如人文地理讲农业时，学生可以周末走入家乡农田、辨认记录各种作物、拍摄图片、采集作物样本；自然地理讲天气气候时，学生可以观察记录一周天气变化、衣着变化、体感等。来自不同空间的地理元素、具体事物都是创设课堂情境的道具，是真实存在的“地理”。

带入地理课堂的情境是如此的复杂多样。如何透过现象揭开本质？如何一针见血质疑问难？如何理论联系实际应用知识？在这个过程中，问题被一个个提出并得以解决。这是更高层次的学习体验。

相对于传统的“简单问答式”课堂，在“情境—问题链”式教学过程中，可以带来学生综合思维的提升。

1.学生的参与度高，学习地理的积极性高

他不再是个旁观者或看客，他是一个课堂的主人，一个材料的准备者，一个问题的

提出者,一个问题的解决者。多种角色体验,让学生兴趣度、思维兴奋度大大提升。

2.学生的创新能力、思辨能力得到了提升

从准备情境、分析情境到提出问题、解决问题的过程,在复杂的事象中理出线索,需要开放性的思维,多角度地探究,辨析、创新、运用等方面能力全面提升。

3.学生的合作交往、沟通协商方式得到改善

材料的筛选、观点的碰撞、结论的表述除了个人的见解外,少不了团队的合作及交流,语言表述和组织能力也一并激发了出来。

这样的教学实践,让学生个体在面对纷繁复杂的现实生活情境时,能够分析情境、发现问题、解决问题并交流结论,真正发挥了学生的主体意识与学习潜力,恰恰符合核心素养中的综合思维培养。

总之,笔者的探索,意在让地理课堂凸显地理特色,还学生空间、给学生时间、让学生实践,关注学生独立解决问题、综合分析问题的能力,给课堂以实效。

参考文献

[1] 孙俊三.教育学原理[M].长沙:中南大学出版社,2001.
[2] 中华人民共和国教育部.普通高中地理课程标准(2017 年版)[S].北京:人民教育出版社,2018.
[3] 李宗录.新课程背景下高中地理课堂教学的设计策略[J],中学地理教学参考,2010(10):24-27.
[4] 李兰平.“问题链导学”教学模式的研究探索[D].兰州:兰州大学,2012.

以情境化试题提升学生区域认知能力的教学实践浅析

杭州市萧山区第十高级中学　王利平

摘　要:新一轮课改之下,地理学科中考查思维能力、体现四大素养成为关键。情境化试题在高三复习中的尝试,可以引导学生发挥学习者自主建构知识框架,聚焦知识的迁移和运用,提高课堂教学实践性和实效性。

关键词:情境化;区域认知;教学实践

一、问题的背景

(一)新的焦点与动向

区域认知能力,是四大核心素养之一,是指人们运用空间的观点认识地理环境的思维方式和能力。这一素养有助于学生从区域的角度,分析和认识地理环境及它与人类活动的关系。

2021 年 1 月浙江选考试题第 28 题的材料和问题设计,给了高三复习教学一个很清晰的导向。(题目节选,日本局部图略)

材料一:日本农业发达,但该国粮食价格缺乏竞争力,随着国内农产品市场逐步放开,粮食自给率从 1960 年的 79%下降到 2018 年的 37%。(亚洲部分地区图略)

材料二:图中甲地某农业企业开发出一种新型温室大棚,通过调节地下管道中的水温,控制大棚内温度,种植原产于热带的杧果,可使其在冬季上市。

(1)简述图示区域的地形特征。(3 分)

(2)说明该企业可在冬季种植杧果的自然优势,并简述利用新型温室大棚生产的社会经济意义。(5 分)

(3)分析日本粮食竞争力较弱的主要原因。(4 分)

该题突出体现了以下特点:一则真实而复杂的情境(文字、图示);三个阶梯式的问题,从宏观到微观、浅表到深入,从单一到复杂,从固定到变化。简单地讲,这是一个任务型的阅读,而任务解决的过程中有了新的产出、新的方案。

笔者认为,着眼各种尺度的区域,调动系统地理的规律、原理、知识,认识一地的自然地理环境特点,分析和解决现实生活中的地理问题便成为贯穿高三地理复习课的主要思路。

如何有效组织地理课堂教学？课程基本理念也指出，教师需要科学设计地理教学过程，引导学生通过自主、合作、探究等学习方式，开展丰富多彩的地理实践活动。而“主题性、情境化、问题链（试题链）”的展开，对学生提升区域认知能力意义重大。

道理，不言而喻。而现实，事与愿违。

（二）高三地理复习课堂中的困境

区域为背景的考查，学生不仅要掌握地理事物的空间分布、空间结构、空间演变和空间运动的规律，还要从文、图、表中提炼有效信息。现实中，地理启蒙主要在初中阶段，也接触了典型区域的分析，但学生往往是“知其然，而不知其所以然”。基础性原理理解不扎实、与生活生产有关的接触面狭窄，造成区域认知能力和综合解决问题的能力低下。

而高中阶段，知识体系复杂化了，课改也从“知识立意走向能力立意，进而素养立意”，但“照本宣科”和“单向输入”依然是主流。教师还是习惯将老素材、老方法用于新时代、新背景。高三复习课堂中，教师的任务是梳理主干知识点，再次强调教材中的应用实例，呈现并完成最新选考真题或模拟试题，学生的任务主要是回答、读背、笔记。如果说第一轮复习是“炒冷饭”“冷菜热一下”，那么第二轮则是“蛋炒饭”并“简单拼盘”。碎片化的知识重复、呆板的结论给出，缺乏思维的锻炼，不能体现学生的课堂主体地位，学生的体验感差，教学实效大打折扣，学生的综合思维和区域认知能力原地踏步，地理知识迁移能力差。

基于以上问题，笔者认为，在高三的复习教学中，应以某一概念为统领（如农业区位），选择恰当的复杂的真实的新情境，把学科知识按照教学的实际需要重新规划整合，综合设计一系列任务（试题）来引导学生分析和探究相关问题，进而认识和理解相关的知识。

同时，配合“solo”分类理论，运用于任务的设计、驱动和评价，则具有引领、推进作用。

二、基于“solo”分类理论的区域地理认知素养

中国知网检索“区域认知”，其中有47条涉及高中地理教学中区域认知能力提升的策略研究。华中师范大学许雅婧的《基于尺度思想培养区域认知素养的地理教材活动栏目的编写》一文，提出运用尺度思想培养学生区域认知素养，强调地理教材的活动栏目编写应注重区域意识培养、情境设置和问题设置三方面。笔者以为，许老师所提及的情境设置和问题设置，在本课题中相当于情境化试题设计，在此中渗透区域意识培养。

我们以“欧洲西部”的学习为例，区域认知要求见表1。

表 1 "欧洲西部"的区域认知要求

水平	区域认知
1	能够根据地形图，说出欧洲西部的位置；描述具体地形区的分布；描述欧洲西部的地形特征
2	分析欧洲西部海岸线曲折破碎的原因；分析欧洲西部温带海洋性气候典型的原因；北海渔场形成的条件
3	分析荷兰围海造陆的条件及在此过程中可能带来的问题
4	德国鲁尔区的发展优势、存在问题及解决的措施

如果我们用"solo"分类来评价学生区域认知能力，那么建立的对应关系如下：我们可以把未学习学生的基础状态理解为前结构层次，这时候学生基本上无法理解和解决问题，提供的答案逻辑混乱。

学习过程中的分层评价见表 2。

表 2 学习过程中的分层评价

水平	"solo"分类思维水平层次
1	区域空间定位、区域分布描述、区域特征小结——单点结构层次
2	能够从区域的视角认识给定简单地理事象；能够解释区域地理事物的成因——多点结构层次
3	能够结合给定的复杂地理事象，对区域资源、区域自然环境演变、区域安全，运用综合分析能力，做出解释——关联结构层次
4	能够对现实中的区域地理问题进行分析——抽象拓展层次 能够较全面地评价某一区域决策的得失，提出较为可行的改进建议

从上述思考可以发现，教师若能根据"solo"理论思维结构层次特点，借助一定尺度的区域背景，辅以各种类型的教学情境，设计不同形式的地理问题和地理实践活动，推动区域地理课堂教学及高三复习教学的设计和评价，就能保持对区域认知培养的关注。围绕学生分析地理事象，解决地理问题的有关能力的提升，与本课题的思想相一致，即可谓"用足材料，步步为营"。

三、情境化试题创设在课堂实践中的应用——"区域开发与治理——以柴达木盆地为例"(实验班级：本校 307)

(一)依据"solo"分类理论精准制定教学目标

研读课标、考试说明，根据"solo"理论分类评价法，对应学生区域认知能力层次的差异，制定以下教学目标(见表 3)。

表3 依据“solo”分类理论精准制定教学目标

思维水平	课堂教学目标
单点结构层次	描述柴达木盆地的地理位置；说出柴达木盆地自然要素、人文要素的特征
多点结构层次	分析柴达木盆地的环境特征、环境问题及其形成的原因
关联结构层次	综合评价柴达木盆地资源的开发条件和发展的方向；分析环境问题产生的危害
抽象拓展结构层次	列举拓展案例，归纳解决区域环境问题、区域资源开发、区域经济发展的主要策略；培养学生养成因地制宜、人地协调、可持续发展的观念

（二）依据“solo”分类理论开展的课堂教学实录、解读

【导入】祁连大环线行程图呈现，柴达木盆地的雅丹景观图片和柴达木盆地的位置图（图略）。

【呈现问题1】根据图文资料，描述柴达木盆地的地理位置。（4分）

【学生1回答】90°E—100°E，35°N—40°N之间；位于祁连山、阿尔金山、昆仑山之间。

【教师追问】地理位置的描述角度怎样？柴达木盆地的可能成因是什么？

【自由回答】深居内陆……断裂陷落……还有海陆位置……

【小结答案】纬度位置：90°E—100°E，35°N—40°N（1分）。海陆位置：深居内陆（1分）。

相对位置：被祁连山、阿尔金山、昆仑山围绕（1分）的陷落盆地。（1分）

【设计意图】单点结构思维水平，看图说话的层次，重在考查基础知识。分值的设置，能让学生更深刻地体会实战的感觉，也会注意答题的角度、思维方式。

【投影】中国年降水量分布图；青藏高原局部地区等高线分布图；中国年太阳辐射分布图。

【呈现问题2】说出该地区的地形特征（3分）；分析并描述该区域的气候特征（4分）。

【学生2回答】四周高，中部低，盆地为主；海拔在2500米以上。——单点结构层次。

【学生3回答】我觉得还可以补充四周起伏大。

【学案投影1】气候干旱，降水少，气温低，太阳辐射强。

【学案投影2】海拔高，气温低，昼夜温差大；深居内陆，山地阻挡，水汽难以到达，降水在200毫米以下，气候干旱；大气透明度高，太阳辐射强烈。

【学案投影3】海拔高，周围有山，多大风天气。……

【投影标准答案】略……学生反应是突然意识到了自己的疏忽、遗漏等。

【设计意图和反思】引领学生提取图文信息，掌握区域中重要地理要素的空间分

布，总结出分布特征或规律。这个过程中，单点结构向多点结构过渡，对学生的综合思维能力和区域分析能力的要求在提高。会出现审题不全，比如只有特征，没有分析，或遗漏信息，比如大风天气等。

【呈现情境】游客在柴达木盆地旅游过程中遭遇沙尘暴的视频。

【呈现情境】

材料一 2016年5月1日，柴达木盆地南缘出现了一次强沙尘暴，最强沙尘暴出现在都兰气象站。

材料二

表4 5月1日各站大风沙尘实况统计

站名	沙尘天气	最小能见度/米	沙尘暴影响时间	过程极大风速/(M/S)
小灶火	扬沙			23.3
格尔木	强沙尘暴	400	13:28—14:04	22.6
诺木洪	强沙尘暴	287	15:35—16:15	17.8
都兰	强沙尘暴	227	16:39—18:31	23.5

【呈现问题3】结合材料一、二和前述材料信息，从气象角度分析此次强沙尘暴的形成条件。

【学生活动】思考、分析，书写到学案上。

【学生投影4】……

【学生投影5】……

【设计意图】多点结构层次，整个过程是自主探究—呈现学生成果—生生纠偏评价—师生共同完善—教师总结思路，引导学生从整体性角度入手，多视角分析各自然地理要素之间的关系，分析地理现象的原因和条件。这个过程中，学生基础及思维能力的差别逐渐凸显。

【呈现情境】宁夏中卫沙坡头的草方格沙障景观和格尔木至昆仑山口段铁路的石方格景观图。

【呈现问题4】草方格沙障是用麦草、芦苇等材料，在流动沙区上扎成方格状，嵌入沙土中，形成"挡风墙"。简述格尔木至昆仑山口段铁路没有采用"草方格"而采用"石方格"防沙的主要依据。

【学生活动】思考探究—书写描述—投影展示—生生评价—教师小结。

【设计意图】关联结构水平层次。帮助学生分析区域发展过程中存在的问题，分析区域自然地理要素对人类活动的影响，比较区域之间的差异，提出解决区域可持续发展的措施，梳理科学的人生观、价值观、资源观、环境观。

【呈现情境】柴达木盆地的盐沼、石油小镇、风光电站、魔鬼城景观图片。

【呈现问题5】在西部大开发背景下，在精准扶贫的政策下，探究柴达木盆地实现可持续发展的措施和应注意的问题。

……

【设计意图】抽象拓展结构思维水平层次。引导学生能围绕可持续发展的内涵，结合丰富的图片资料，结合对柴达木盆地自然地理环境优势与问题的分析，对实现和谐人地关系，实现经济、社会、生态可持续提出可行性措施。

……

本课题是一堂典型的以“solo”分类理论层次作依据，结合区域认知水平不同层次，配合图片、文字、视频等各种情境，设计分层次的试题式问题，开展自主—合作探究，体现学生主体，贯穿师生、生生互动的高三专题复习课。个人认为，近些年，随着高考、选考的改革，区域作为新情境和新问题的载体，加大了对区域认知素养的考核，要求学生能顺着时间脉络分析空间的发展变化，从横向视角比较区域之间的联系与差别，整体性和差异性思维贯穿始终，这离不开学生扎实的课堂知识和灵活的迁移运用能力。而基于“solo”分类理论设计目标、选择情境、展开设问追问，极大地优化了课堂教学，学生学习的动力也得到增强。

四、实践的感悟

高三地理复习教学，传统的方式是以一板一眼、枯燥乏味的讲授为主。笔者发现，讲得再透彻、背得再熟悉的知识，当变成一道综合性略大的试题时，学生依然茫然无措、无从下手，因为他不知道要把 A 知识、B 知识运用到哪道题目中，或者说，他不清楚题目的考核角度和方向。

而问题串，由浅入深，由易到难，形成教学的坡度和梯度。不再注重具体大的结论，而是瞄准了核心素养的提升，关注的是学生在什么情境下运用什么知识能做什么事，也就是关键能力，同时也是建立品格和价值观的过程。

(一)看得见的实效

从课堂而言，以往一般教师备课，基于知识点作为基础组织教学，而以核心素养落实作为目标来组织教学，出发点不能仅限于知识点或者技能点，而要从学科观念任务项目入手进行教学，主要有三个方面的调整。

(1)知识由零散走向了关联。过去是完整的内容分解为要素来学习，不是没有情境，而是情境不成线索；后者是以问题链或任务串来组织教学，目标、情境、知识点、活动、评价等成为一个相对独立或完整的学习单位，可以给学生完整的学习体验。

(2)设计由浅表走向深入，是基于问题的整体解决，落脚点是新知识、新方案、新产品的产出，产出式的学习本身就是深度学习。而前面的设计则侧重记忆式的浅表学习。

(3)素材由教材走向生活，学生面对的不再是教材中固有的情境材料，学习的不再是教材中呆板的结论，而是在复杂的生活情境中灵活生成知识并运用知识，其目标直接指向核心素养。

就学生层面而言：

(1)学生的课堂动力大大提高。举个例子，高三地理课堂复习交通运输的专题时，某教师选择“武汉”为切入口，围绕武汉“春运”“古今的水运”“现代高铁的发展”三个情境片段，设计的试题从“春节回家的交通方式和线路的选择”，到“从自然和社会经济角度分析黄黄高铁路桥占比高的原因”，再到“评价高铁发展对武汉产业的影响”，古往今来，知识与现实、新闻现象与学科结合，极大地调动了学生思维中的必修知识，一定程度上提高活跃度、兴奋度，课堂实效和地理兴趣也能提升。

(2)学生的思维角度发生了改变。他不再是简单地听讲、记录、回答，而是站在问题解决者的角度，思考特定区域所涉知识，将区域与地理原理规律、所学案例进行衔接。双新教育培训中，谭林老师的“南京八卦洲农业区位的发展”一课，在教学中，任务性表现突出，从八卦洲发展水稻种植业到水稻种植业的衰落、芦蒿种植业的兴起到芦蒿产业面临的困境再到八卦洲现代农业体系的建立，其中都在围绕着相关内容创设任务型的问题，引导学生探究其内在的原因，培养了学生运用区域的观点、调动系统的知识、认识地理环境的思维方式。

(3)学生在合作与碰撞中获得生成。在讨论中，争议、疑问等的产生，其实也是新知的生成。如，八卦洲现代农业的“立体式气雾栽培”，学生的思维发散、脑洞大开：能提炼出提高土地资源利用效率、增加产量产值、延伸发展“农业＋”的观点。这在传统的基于知识点展开的教学中是见不到的。

高三复习中以区域情境为载体，考点和知识渗透到问题(试题)，而后上升到拓展应用，是一个层层递进、步步上升的过程，学生真正成了学习的主人，尝到主动学习的甜头，课堂画出优美的上升弧线。

值得注意的是，情境和知识的整合是设计的起点。

(二)站得住的情境

在这个过程中，立意、情境、设问三步骤的实施把握起来颇有难度。立意应该是指考查的目的、考查的内容、考查的知识点；情境的选择和设置既要围绕考核的方向，又要给设问提供线索、给解答提供接口。因此，试题情境的选择至关重要，需要把握以下原则。

1. 真实可靠

所有的设问都是围绕某一个知识点在情境的基础上展开的。地理学科具有生活性、区域性和实践性。如东南丘陵的可持续发展专题可选择“学习强国”中的“脱贫典型”江西某地从“飞起矿山”到“生态福地”；黄土高原有“陕西特色产业的高质量发展”……身边的、热门的、真实的情境，越具有科学性，也越能考验学生解决实际问题的能力。

2. 匹配精准

“solo”分类理论的详细含义是，可观察的学习成果结构必须是能与教材、课标、考试说明相匹配的情境材料。因此,材料来自实际,却需要一定的加工和处理,涉及新名词、新概念,需要适当地下定义。说到底,情境化试题或设问运用于课堂,实际上要求学生"现学现用""边学边用"。过于陌生、过于偏僻、过于复杂的情境,必须考量其是否与课堂内容和目标相匹配。

3. 多样呈现

课堂教学中,单一形式的情境枯燥乏味,考查也不够全面。呈现可以是视频、音频、图像、文字甚至演示。将这些信息与某区域的知识进行整合,丰富了课堂内容,拓宽了思维角度,也为问题的设计打下了基础。

4. 收放可控

试题情境的选择,除了体现比较丰富的地理学科区域素养外,还应兼顾启发性。若存在阅读和理解障碍,或答案一目了然,则与认知能力培养的目标相左。某一段文字、某一项前沿信息、某一个生活实践,应该具备教育性,也具备评价性。

在区域角度的高三复习课堂中,基于"solo"分类理论开展情境化、主题化、问题试题化贯穿的课堂过程,让学生面对多样的风景,"调整焦距,变换视角",自觉自主地探究地理现象、地理问题,解决实际问题,进而思维和认知能力的提升不再是一句空话。

参考文献

[1] 王云生,俞如旺. 高考理科试题命制:立意、情境、设问与应答设计[J]. 福建基础教育研究,2014(8):71-74.

[2] 中华人民共和国教育部. 普通高中地理课程标准(2017 年版)[S]. 北京:人民教育出版社,2018.

[3] 李宗录. 新课程背景下高中地理课堂教学的设计策略[J]. 中学地理教学参考,2010(10):24-27.

[4] 张开. 情境化试题设计在高考语文中的使用[J]. 语文建设(上旬),2018(8):4-9.

[5] 陈进前. 关于试题情境的研究[J]. 化学教学,2017(1):78-82.

基于信息化平台的BOPPPS教学实践探索与研究

——以“化学反应与电能”为例

杭州市萧山区第十高级中学　张哲君

摘　要：BOPPPS教学模式响应信息技术时代的要求，融合高中化学新课标新课改背景下教育理念，在信息化智能教学平台开展BOPPPS教学模式的基础上，以高中化学课程为例，将BOPPPS模式应用于高中化学课堂教学，并搭建在平台上，取得了良好的教学效果，完成了课堂之外的知识传递，实现了课堂之内的知识内化，对探索高中教育新模式具有重要指导及实践意义。

关键词：教学模式；新课标；信息化；教学实践

一、BOPPPS教学模式与信息化平台

新课标借鉴国内外课程的研究成果，并设置了多样化的课程组织形式。BOPPPS教学模式源于加拿大的教师技能培训，是一种以教学目标为导向、以学生为中心的教学模式。它由导言（Bridge-in）、学习目标（Objective/Outcome）、前测（Pre-assessment）、参与式学习（Participatory Learning）、后测（Post-assessment）和总结（Summary）六个教学环节构成。BOPPPS名称是由这六个教学环节的英文单词首字母构成。信息化平台可以有效吸引学生学习的注意力，以微蕴博，以一持万。信息化平台支持下的BOPPPS教学模式将课上时间与课下学习进行融合，彻底颠覆了传统宣讲式和填鸭式灌输式的教学模式，具体情况如图1所示。

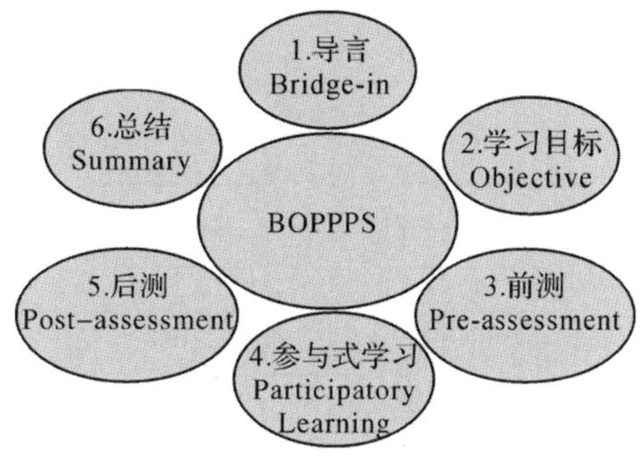

图1　国外BOPPPS教学路线

作为全国“基于教学改革、融合信息技术的新型教育学模式”试验区和浙江省“互联网+义务教育”试验区，萧山十中充分利用已有的智学网、之江汇教育空间等在线资源，在科大讯飞等各个平台的服务和支持下，积极开展线上线下教学活动。信息化平台能够通过数据对教学进行准确定位，打破以往低效教学瓶颈，朝着人本化教学、差异化教学的方向发展，能够依靠现代化的教学技术，促进学生成绩的提高与教师的专业化发展。

二、BOPPPS 教学模式模型构建

“化学反应与电能”选自人教版高中化学必修二第六章“化学反应与能量”中的第一节“化学反应与能量变化”，是电化学中的重要内容，在无机化学教学中占有重要地位。本节课的核心内容是通过实验探究原电池原理和原电池的构成条件，学习过程中需引导学生探究原电池原理和氧化还原反应之间的关系，了解原电池正负极发生的电极反应。本节重点知识理论性强，微观分析多，较为抽象，知识内涵丰富，信息量大，需要学生从已有的学科知识和生活经验中引出并分析新知识，以降低学生对新知识的陌生感，减缓认知坡度。传统的课堂基本以教师讲授课、教师课堂演示实验、结合多媒体 PPT 课件、学生统一作业进行，学生接受填鸭式的教育往往消化不良，缺乏自主学习能力和实验探究能力，作业笼统单一导致学生的反馈不佳，尤其导致选修化学的学生到了高二仍要将高一知识点重新上一遍，大大降低了学习效率，具体情况如图 2 和图 3 所示。

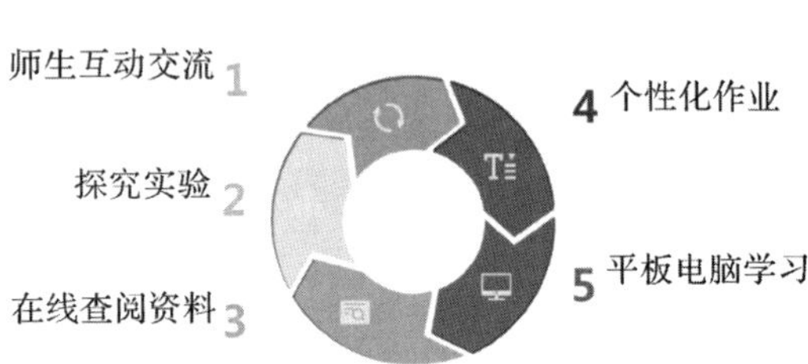

图 2 课堂时间轴表

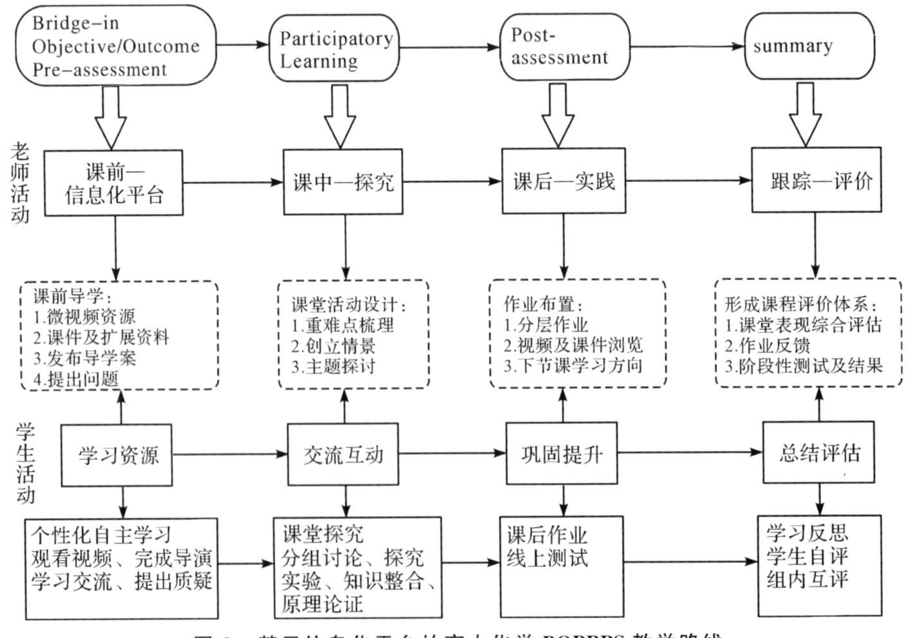

图 3 基于信息化平台的高中化学 BOPPPS 教学路线

(一)课前:导言、学习目标、前测

1.导言

“预则立,不预则废。”学生自主预习,以信息化平台为立足点,培养自主学习能力。教师准备微视频资源《电池的发展历史》,如伏打电池的发展、干电池的改进、燃料电池的应用等扩展资料,并将导学材料上传至智学网,支持创设形式多样的动态情境,优化现实情境,直观生动呈现问题情境和任务情境。

2.学习目标和前测

学生学习任务由观看微视频、学习导学课件、完成导学材料组成,同时上传提出的质疑,以便教师及时收集学生学情。学生的预习导学情况在平台上形成报告,即教师在课前能掌握学生的基本学情,对于预习人数、预习内容进行精准把控。比如,“电能在现代社会中运用相当广泛,电能有什么优点?”正确率 96%,“火力发电的能量转化过程是怎样的?”正确率 85%,“电流是怎样形成的?电流方向又是怎样规定的?”正确率 78%,等等。教师根据平台上本班级的导出数据,并对比同区域学校班级相同教学内容实际情况,掌握基本数据之后,教师及时调整教学设计,更容易把握教学重点以及学生的薄弱环节,更有针对性地开展实际课堂教学,不仅减少了课堂上无效提问的时间,更消除了学生对于学科陌生知识的顾虑,使教与学的双方能更快更精准地融入课堂,具体情况如图 4 所示。

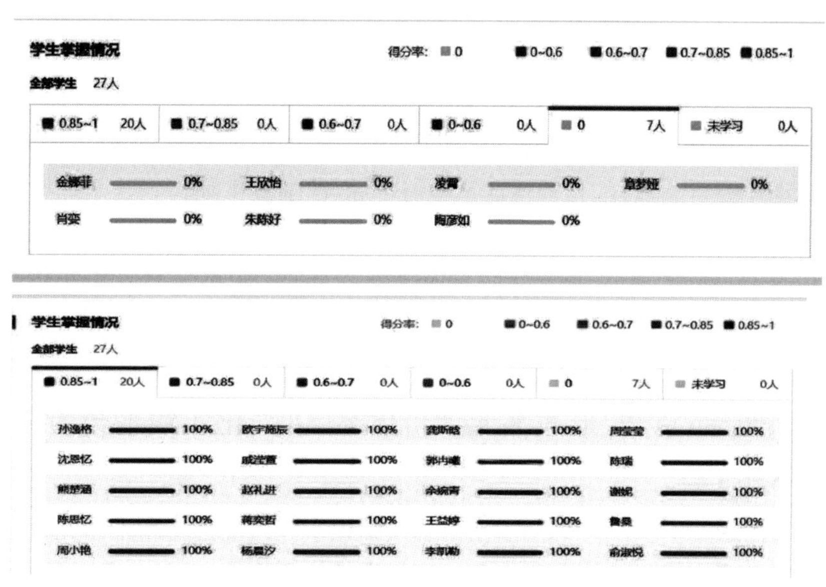

图 4 学生各部分知识点掌握情况

(二)课中:参与式学习让课堂更生动

课堂教学参与式学习由创立情境、知识巩固、实验探讨三大部分组成,实验探究，教师引导，学生分组讨论、实验探究。实践表明，学生主动参与式学习效果要远远好于被动式学习。参与式学习还可以培养学生的语言表达能力、动手实践能力、沟通能力及合作能力等素养。同时，将课堂通过平台进行全程录播，以便薄弱学生课后回放重温。

【实验一】

将锌片、铜片插入稀硫酸中，观察现象。

【实验二】

锌片和铜片用导线连接后插入稀硫酸中，观察现象。

【实验探究】（学生分组实验并讨论）

注意观察指针是否偏转，若偏转，方向如何？正负极分别是什么？若不偏转，可能的原因是什么？

【教师引导】通过电流计指针偏转情况判断以上装置哪些构成了原电池，并结合所给装置图分析组成原电池的条件和原理。

【学生实验，分析、讨论、总结】

实验一、二、三和参照实验——结论1：活泼性不同的两个电极。

实验四和参照实验——结论2：电极需插进电解质溶液中。

实验五和参照实验——结论3：必须形成闭合回路。

在课堂中引导学生通过实验探究活动学习化学，进行实验设计和实验操作，分析和解决与化学有关的实际问题，并且利用信息技术与化学实验深度融合，记录分析，充分体验实验的独特价值。

（三）课后：后测

在参与式学习之后，通过回答问题、小测验、做习题、操作演示、汇报等方式检验学生这节课掌握得怎么样，是否达成了学习目标，教学效果如何。这个环节叫后测。布置书面作业及开放性作业回家，如自制简易水果电池，并上传视频。该实验为开放性创造实验，对学生的实验设计能力提出更高要求。将科学探究延伸到课外，进一步激发学生求知欲望，调动学生探索研究的积极性，变实验知识为实践能力，升华创造意识。后测和前测相对应、加深些程度效果更好。

（四）跟踪：总结，形成多元评价体系，以强化实践平台为拓展，检验教学效果

对“化学反应与电能”一课中学生的各项知识掌握情况进行精准多元评价，及时把每个学生该课时的综合评价情况通过网络发送给学生端，让学生及时接收到精准的反馈。学生通过平台能记录学习化学学科的历程，高效形成自己的个性化错题本，取代传统低效的手抄错题，通过数据进行错题巩固、错题分析、错题订正、变式练习，从而夯实基础、巩固提升、拓展训练，学习效率大大提高。

阶段性练习数据进行平台上传处理反馈，建立学校同区域数据库，教师在后台

可以掌控所有学生的错题，精准把控学生的易错点失分点，更高效地精准施教。教师通过分析教学数据，动态把握个体和群体的学习情况，提高指导的针对性、及时性和有效性。与此同时，通过平台能够丰富评价形式和内容，方便搜集结果性、过程性、特征性学习证据，建立属于学生个体的学习档案，提高评价和反馈的及时性和动态性，具体情况见表 1—表 4。

表 1　学习评价表(化学反应与电能)

序号	内容	完全能	一般	不能	问题备注	自评	老师评
1	了解电池发展史						
2	能举出化学能转化为电能的实例						
3	能辨识简单原电池正负极上发生的化学反应类型						
4	能书写简单原电池正负极反应						
5	能设计简单的原电池						
6	能判断形成原电池的形成条件						
课堂反思总结：							

表 2　近半年高一年级(102)班化学薄弱知识点

2021-10-17—2022-04-15　得分率 0%—60%的知识点								
知识点名称	班级掌握率	年级掌握率	区域掌握率	班级未掌握人数	本班考频	年级考频	区域考频	高考考频
元素金属性强弱的比较及应用	18.48%	30.02%	61.70%	42	1	1	24	1
原子结构示意图、离子结构示意图	18.48%	30.02%	71.89%	42	1	1	27	5
与物质的量浓度相关的计算	28.26%	20.43%	51.01%	43	2	2	43	2
元素非金属性强弱的比较及应用	29.89%	36.35%	60.48%	36	2	2	79	4
微粒半径大小的变化规律	29.89%	36.35%	57.66%	36	2	2	65	6
离子方程式的书写	30.55%	40.50%	57.03%	44	4	4	68	21

表3 近半年高一年级(104)班化学薄弱知识点

2021-10-13—2022-04-11 得分率0%—60%的知识点								
知识点名称	班级掌握率	年级掌握率	区域掌握率	班级未掌握人数	本班考频	年级考频	区域考频	高考考频
化学实验方案的设计与评价	3.70%	43.9%	57.99%	26	1	1	32	21
常见物质(离子)的检验	3.70%	43.9%	67.18%	26	1	1	14	11
与物质的量浓度相关的计算	14.20%	20.43%	51.68%	26	2	2	42	2
常见的合金	14.81%	25.26%	63.61%	23	1	1	4	0
原子结构示意图、离子结构示意图	19.26%	30.02%	71.72%	25	1	1	26	5
元素金属性强弱的比较及应用	19.26%	30.02%	61.70%	25	1	1	24	1
元素周期表结构	22.47%	43.05%	61.26%	26	3	3	45	5

表4 教学班报告——2021学年第二学期高一阶段知识点得分情况

序号	知识点	对应题号	知识点权重	年级得分率/%	高一年级(102)班		高一年级(104)班	
					均分	得分率/%	均分	得分率/%
1	物质结构与性质—元素周期表、元素周期律—化学键和分子间作用力—化学键类型的判断	21	0.01	59.33	1.83	60.87	1.97	65.52
2	认识化学科学—化学用语—物质的名称、俗称、化学式	26	0.02	56.42	3.11	51.81	2.9	48.28
3	化学反应原理—化学能与电能—原电池—原电池正负极的判断	18	0.01	50.17	0.91	30.43	1.55	51.72
4	化学反应原理—化学能与热能—化学反应中能量变化—常见的放热反应和吸热反应	14,17	0.02	69.47	3.33	66.52	3.45	68.97
5	物质结构与性质—元素周期表、元素周期律—元素周期律—微粒半径大小的变化规律	12	0.01	57.83	0.74	36.96	0.83	41.38
6	认识化学科学—化学用语—电子式	5,27	0.05	52.64	6	50	5.55	46.26

续 表

序号	知识点	对应题号	知识点权重	年级得分率/%	高一年级(102)班		高一年级(104)班	
					均分	得分率/%	均分	得分率/%
7	物质结构与性质—元素周期表、元素周期律—化学键和分子间作用力—共价键	21	0.01	59.33	1.83	60.87	1.97	65.52
8	化学反应原理—溶液中的离子平衡—弱电解质的电离—弱电解质电离方程式	13	0.01	41	1.04	52.17	0.21	10.34
9	常见无机物及其应用—金属及其化合物—碱金属及其化合物—钠及其化合物—碳酸钠	22	0.01	45.17	1.24	41.3	1.34	44.83
10	认识化学科学—离子反应—离子方程式—离子方程式的书写	24,26,27	0.08	49.72	8.93	47.03	7.9	41.56
11	认识化学科学—离子反应—电解质—电解质与非电解质	4	0.01	89.17	1.87	93.48	1.59	79.31
12	化学实验—化学实验基础—化学实验基本操作—药品的保存与取用	8	0.01	92.17	1.91	95.65	1.93	96.55
13	认识化学科学—化学用语—同素异形体	5	0.01	61.50	1.35	67.39	1.17	58.62
14	认识化学科学—氧化还原反应—氧化还原反应综合分析—氧化还原反应有关计算	19	0.01	66.67	1.76	58.7	1.76	58.62
15	物质结构与性质—元素周期表元素周期律—元素周期律—元素非金属性强弱的比较及应用	12	0.01	57.83	0.74	36.96	0.83	41.38
16	物质结构与性质—元素周期表元素周期律—化学键和分子间作用力—离子化合物	21	0.01	59.33	1.83	60.87	1.97	65.52
17	常见无机物及其应用—非金属及其化合物—氮及其化合物—氢气—氧的固定	11	0.01	77.17	1.65	82.61	1.52	75.86

续 表

序号	知识点	对应题号	知识点权重	年级得分率/%	高一年级(102)班		高一年级(104)班	
					均分	得分率/%	均分	得分率/%
18	常见无机物及其应用—非金属及其化合物—氮及其化合物—铵盐—铵根离子的检验	25	0.01	49	1.37	45.65	0.62	20.69
19	常见无机物及其应用—非金属及其化合物—硫及其化合物—硫的氧化物—二氧化硫的化学性质	6,25,26,3	0.07	40.72	6.22	38.86	4.21	26.29
20	认识化学科学—氧化还原反应—氧化还原反应基本概念—氧化还原反应的本质及相关概念	6,19	0.02	75.87	3.54	70.87	3.55	71.03
21	认识化学科学—化学用语—化学方程式的书写和正误判断	3,27,28,2	0.13	45.32	13.91	43.48	10.31	32.22
22	化学反应原理—化学能与热能—化学反应中能量变化—化学反应能量变化的本质原因	17	0.01	62.33	1.76	58.7	1.86	62.07
23	常见无机物及其应用—非金属及其化合物—硅及其化合物—二氧化硅—二氧化硅的物理性质与应用	10	0.01	36.67	0.83	41.30	0.55	27.59
24	常见无机物及其应用—非金属及其化合物—硫及其化合物—硫酸—浓硫酸的强氧化性	16,23	0.02	36.25	2.15	35.87	1.24	20.69
25	认识化学科学—离子反应—电解质—强电解质的电离及电离方程式	13	0.01	41	1.04	52.17	0.21	10.34
26	常见无机物及其应用—金属及其化合物—碱金属及其化合物—钠及其化合物—碳酸氢钠	22	0.01	45.17	1.24	41.3	1.34	44.83
27	常见无机物及其应用—全属及其化合物—铁及其化合物—铁盐与亚铁盐—Fe^{2+}的检验	25	0.01	49	1.37	45.65	0.62	20.69

续　表

序号	知识点	对应题号	知识点权重	年级得分率/%	高一年级(102)班		高一年级(104)班	
					均分	得分率/%	均分	得分率/%
28	常见无机物及其应用—非金属及其化合物—氮及其化合物—氨—氨的实验室制备	28	0.04	50.20	4.67	46.74	4.07	40.69
29	化学反应原理—化学能与热能—化学反应中能量变化—能量变化图像分析	17	0.01	62.33	1.76	58.70	1.86	62.07
30	常见无机物及其应用—非金属及其化合物—硅及其化合物—硅酸与硅酸盐—陶瓷玻璃水泥	9	0.01	56	0.96	47.83	0.69	34.48

三、小结

信息技术的出现，能够启发学生将情境转化为操作的任务或者可思考的问题，能够支持教师直观、动态说明教学活动的要求，能辅助教师开展 BOPPPS 教学模式进行必要的分析和指导，提高有效性。信息时代下的 BOPPPS 教学模式，能使个性化学习成为可能，促进教师专项基于数据的课堂教学，有助于改变课堂方式，激发学生兴趣，使学校层面管理教学更加精准、科学，在一定程度上能减轻师生教与学的负担。

参考文献

[1] 王蓓. 基于 BOPPPS 模式的工程图学教学设计探究[J]. 教育教学论坛，2019(20)：195-196.

[2] RUOLIANG LAI. Application of BOPPPS Module in Practical Writing of college Chinese[C]. IBM，2015.

[3] 罗宇，付绍静，李暾. 从 BOPPPS 教学模型看课堂教学改革[J]. 计算机教育，2015(6)：16-18.

[4] 石锦惠. 基于信息技术的高中化学精准教学实践——以"化学反应中的热量变化"教学为例[J]. 福建基础教育研究，2020(1)：121-122.

先行学习:高中化学课堂中知识和能力的唤醒

——以“催化原理探究”为例

杭州市萧山区第十高级中学　韩小萍

摘　要:先行学习具有“导学”功能,引导学生有方向有方法地自己先去尝试学会,去探究发现,实现知识建构,获得成功体验。先行学习的过程是学生把知识资源转化为知识资本的过程,其中学生进行再创造,提升化学学习力,落实素养。

关键词:先行学习;学习力;催化原理

一、问题的提出

实践教学中,很多时候用答题来评价学生的学习获得,发现很多学生在对题中所给信息的解读和真实情境的分析上束手无策,进而心存畏惧,这是素养未落实的直观表现。反思当前注重师生互动、生生互动的课堂中,存在一些现象。

1.课堂教学中的替代现象

教师在课堂上过分关注教学内容的完成,关注自己的预设方案、学生的配合度,而忽视学生的认知发展,课堂中教师替代学生提问与思考,部分同学替代所有同学的思考与回答,学生主动学习与探究没有启动或涉及不深。

2.课堂教学中的点状思维、零散学习

某些设置的问题不具备连贯性,缺乏核心任务的上下衔接,“为问而问”,教师不注重教学内容的整合,学生就没法进行整合学习。长此以往,学生掌握的知识和技能零散,学习思维也只是点状辐射,若碰到综合性强的任务就没法解决。

当前的教学方式已有了“以生为本”的意识和行动,但还缺乏行之有效的方法策略。区新教学设计专题培训中,徐和平老师倡导的核心素养导向新教学设计给我们提供了新的思路,先行学习“教师导学、学生自学”→交互学习“小组合学、展示评析、即时练习”→评测学习“巩固拓展”,从素养目标、教学目的开始,到后续的教学设计、教学评价,在各环节上注重学生学习力的培养。其中,先行学习作为课堂中素养落实的重要组成部分,引导学生在原有知识能力的基础上主动发现、主动探索和主动建构新知。

笔者希望通过对化学核心素养和高中化学必修课程的研读,对不同板块的化学知识,设计不同形式的先学内容,组织学生先行学习,实现知识建构,获得成功的体验,为教师后教打好基础。

二、架构基于先学后教的先行学习设计

教育的目标是让学生在获得知识的过程中学会自己思考,自己创造。先行学习既不是简单的预习,也不是让学生先看书或先做一套练习,更不是机械的"练习前移",而是需要教师基于"教学生学"的理念,设计适当的先学内容,"先学后教",引导学生自己先去尝试学会或探究发现,总之是自己先思考。

(一)先行学习的课堂教学模式

学习素材可来自教材,可来源于生活实践,可截取先进的化学技术。在学生的知识构成和认知水平的基础上,教师设计一定的任务链,促使学生将原有知识运用于新问题解决、新知识学习中,进行知识同化,同时转变学习方式,进行具有探究创新意识的学习。模式为"先学任务开启→先学内容剖析→新知学习衔接"。

(二)先行学习的教学结构研究

先行学习不同于以往的备教,仅仅在新课开展之前增加一个用来铺垫体验或用来熟悉内容的学习环节,它要发挥"导学"功能,可以是让学生在一定的先学内容下自学教材,利用原有知识学习熟悉新知识,也可以是一定的先学任务下先行独立探究,利用原有知识构建新知识。先行学习的主要目的是让学生"试着自己学会"并获得"我行我能"的成功体验,为下一阶段的学习提供知识保障和积极情绪。基于此,笔者尝试设计两种先行学习的结构。

1. 新知识的先学,设计学习单

学生可以安排学习单上的要求,通过阅读新内容,结合原有知识,应用化学学科的思维方法,完成先学任务。这个过程也是"元知识"的应用过程。

2. 新问题的解决,设置真实情境

教师提供相关真实情境,设计新问题,让学生尝试解决,在解决过程中找到自己的不足之处,形成获取新知的期待。这个过程也是"活知识"的应用过程。

(三)先行学习的教学准备研究

1. 分析学生已有的认知水平

寻找先行学习设计的原点。了解学生已有的认知结构和知识原型、学习兴趣和态度。学生在初中接受了化学的启蒙,了解了具体形象的化学知识,学习了化学学

科独特的语言表达，具有一定的科学思维和实践能力，但对于高中化学学习来说，理性抽象思维还欠缺。

2.分析学生的认知特点和高中化学知识特点

高中生的观察力较持久和精确，有意记忆和理解记忆占主导地位，有意想象迅速发展，抽象逻辑思维和辩证思维初具雏形，已具备自己探究学会新知的能力。

高中化学既有形象具体分散的基础知识，也有抽象难理解的理论知识，不同类型知识的先行学习的取材和结构也各有不同。

3.设计实效的先学内容，使先学后教有效开展

先学内容其实就是结合学生的认知水平和特点，激活新知识学习所需要的生长点，引领学生自己学会或自行探究。

（四）先行学习的教学管理研究

教师要坚定执行“学生先行，教师引领，主客分明，莫要越行”，积极引导学生独立完成先学内容，评价完成效度，评析学生的出彩点和不足之处，指导学生寻找问题所在，辅导学生多角度考虑并解决问题。

三、实践先行学习的课堂教学策略

下面以“催化原理探究”为例，进行先行学习的实践课堂教学策略分析。

1.教材分析

化学原理部分。化学反应速率的影响因素是一个比较抽象的概念，很多学生在后续的平衡影响因素的学习中会把这两者混淆，催化剂的影响更是其中的一个难点。通过对具体形象的元素化合物知识的回顾、E-t图的表达绘制、学科间的融合等先行学习材料的思考分析，催化剂对速率的影响机理就容易理解和应用了。

2.素养目标

证据推理与模型认知之“建立认知模型，并能应用模型解释化学现象，揭示现象的本质和规律”；科学探究与创新意识之“勤于实践，善于合作，敢于质疑，勇于创新”。

3.教学目标

（1）进行实验观察，科学解释现象。

（2）建立催化剂催化原理的反应历程模型，抓住反应前后催化剂不变这一特点解决实际问题。

（3）小组合作，知识融入情境，分析新问题。

（4）结合生物学科知识，分析新情境中的化学问题，达到学科互助与融合。

4.教学过程

【开启先学任务1】先学任务单1置于课前

1.回顾化学反应中应用催化剂的实例,指出催化剂在反应中的作用。

2.学生实验:乙醇的催化氧化。观察实验过程中铜丝颜色变化,扇闻乙醇气味的变化,符号表征反应历程,明确反应中各物质的作用。

设计意图:回顾催化剂在化学反应中的具体实例,观察、分析催化剂在反应中的表现,引导学生思考、讨论、合作,挖掘并发展自身认知结构,做好接受新知的准备,是学生"元知识"的应用。

【剖析先学内容1】

学生展示:先行学习结果,互动评价。

结论:催化剂是一类能改变速率但自身组成和质量在反应前后不改变的物质。在乙醇的催化氧化中,Cu起了催化剂的作用,使乙醇与氧气反应选择了生成乙醛这个方向,并且加快了反应速率。实验证明,催化剂通过参与反应改变了反应历程,从而改变了反应速率。

【新知学习衔接1】

在250℃和常压下电化学合成氨:以H_2O和N_2为原料,熔融NaOH-KOH为电解质,纳米Fe_2O_3作催化剂。电解过程中阴极区发生的变化可视为按两步进行。对比乙醇催化氧化分步历程,结合Fe_2O_3的催化剂属性,书写电极反应式:____________________和$2Fe+3H_2O+N_2=Fe_2O_3+2NH_3$。

设计意图:以书本知识为原型,创设模型,解决新情境中的相似问题。在此类问题解答中练就学生的观察力和分析力,做好新知学习的能力储备。

【开启先学任务2】先学任务单2置于课中

1.从化学反应本质角度绘制放热反应的E-t图。

2.资料阅读:化学反应瞬时速率的常数k随温度变化的关系,在多数情况下可由阿伦尼乌斯公式来描述:$k=Ae^{-Ea/(RT)}$。式中:k为反应的速率系(常)数;Ea和A分别称为活化能和指前因子,是化学动力学中极重要的两个参数;R为摩尔气体常数;T为热力学温度。结合催化剂的催化原理,试从活化能角度分析催化剂引起化学反应速率变化的原因。

设计意图:学生从化学反应本质角度分析化学反应速率的影响,从微观视角分析反应速率快慢的原因。应用已有知识去解读信息材料,分析深层次原因。

【剖析先学内容2】

反应活化能越大,同样温度下,活化分子数目越少,有效碰撞越少,化学反应的速率就越慢。

【新知学习】

1.E-t图解释正催化剂在反应过程中对反应的活化能,反应热的影响。

催化剂改变反应历程,正催化剂降低反应的活化能,使活化分子百分数增加,单位时间内的有效碰撞增加,加快化学反应速率;同时由于反应物和产物不变,反应的热效应不变。

2.情境分析。

十氢萘是具有高储氢密度的氢能载体，经历“十氢萘($C_{10}H_{18}$)→四氢萘($C_{10}H_{12}$)→萘($C_{10}H_8$)”的脱氢过程释放氢气。已知：

$$C_{10}H_{18}(l) \rightleftharpoons C_{10}H_{12}(l) + 3H_2(g)\ \triangle H_1$$

$$C_{10}H_{12} \rightleftharpoons C_{10}H_8(l) + 2H_2(g)\ \triangle H_2(\triangle H_1 > \triangle H_2 > 0)$$

$C_{10}H_{18} \to C_{10}H_{12}$的活化能为$Ea_1$，$C_{10}H_{12} \to C_{10}H_8$的活化能为$Ea_2$，608K，恒容密闭反应器中，高压液态十氢萘(1.00mol)催化脱氢，测得$C_{10}H_{12}$和$C_{10}H_8$的产率X_1和X_2(以物质的量分数计)随时间变化关系，图略。

3.刻意练习。

分析“$C_{10}H_{18} \to C_{10}H_{12} \to C_{10}H_8$”在催化脱氢过程中，物质变化过程中伴随的能量变化，绘制十氢萘催化脱氢过程中的“能量～反应过程”示意图。

4.展示评析。

小组板演示意图，其他小组同学评价；互动评析后，归纳绘图注意点。老师再评价出彩点和不足点，重点在于关联问题和已发现点，使思维过程完整。

设计意图：具体情境中的刻意练习能提升思维难度。在原有模型认知基础上，结合具体情境进行科学解释，绘图，让学生一步一步获得，体验成就感。

【开启先学任务3】先学任务单**3**用于学科的借鉴和融合

百度百科“人体内酶的工作原理”。酶是一类生物催化剂，支配着生物的新陈代谢、营养和能量转换等许多过程，与生命过程关系密切的反应大多是酶催化反应。酶的催化机理和一般化学催化剂基本相同，也是先和反应物(酶的底物)结合成络合物，通过降低反应的活化能来提高化学反应的速度。酶的催化特异性表现在温和、高效和专一上。人体内化学反应绝大多数都由专一的酶催化，一种酶能从成千上万种反应物中找出自己作用的底物。思考人体内酶都有很强的专一性，也就是我们所说的选择性，寻找化学中类似的反应，回顾哈伯寻找合成氨催化剂时所做的努力。

设计意图：借助生物学中酶催化的专一性来理解化学反应中选择性问题，理解催化剂在选择性这一方面所发挥的作用。学科知识融合，找到思维激发点。

【开启新情境】

科学的研究总是多角度进行的，乙醇的传统制备方法有乙烯水化法等。但近年来化学家又研究开发出了用H_2和CH_3COOH为原料合成乙醇(反应Ⅰ)，同时会发生副反应Ⅱ。

Ⅰ. $CH_3COOH(g) + 2H_2(g) \rightleftharpoons CH_3CH_2OH(g) + H_2O(g)\ \triangle H_1$

Ⅱ. $CH_3COOH(g) + H_2(g) \rightleftharpoons CO(g) + CH_4(g) + H_2O(g)\ \triangle H_2 > 0$

(乙醇选择性：转化的乙酸中生成乙醇的百分比)

某实验室控CH_3COOH和H_2初始投料比为1∶1.5，一定压强下，经过相同反应时间测得实验数据。

1.思考什么是乙醇的选择性。计算573K时甲、乙两种催化剂作用下分别生成乙醇的量。

2.673K时反应Ⅰ在甲催化剂作用下已达平衡状态，此时容器体积为1.0L，若CH_3COOH初始投料量为2.0 mol，计算该温度下反应Ⅰ的平衡常数。

关注学科之间的相通点，用其他学科的已知知识来分析化学学科问题，学科思维互相借鉴，降低思维难度。同时我们也要注意具体情境的差异性，区别对待，这是学生"活知识"的应用。

【课后研究实践】

1.查阅资料：汽车尾气的三元催化，分析反应原理和催化器的保养。

2.查阅资料：车用SCR系统（选择性催化还原技术处理柴油车尾气排放），分析催化剂的选择性和高效性。

3.了解具体催化剂种类，从物质类别和元素周期表分析催化剂的寻找方向。

【教学反思】

Cu在乙醇催化氧化中的表现分析存在一定遗憾。

乙醇催化氧化反应后的铜丝是红色的，大部分同学认为红色物质是铜单质，个别同学提出Cu_2O的猜测，这个课堂生成的质疑可作为拓展内容继续探究。

科学探究实践：查阅资料（Cu_2O的性质），设计实验验证是Cu_2O还是Cu，通过实验现象和参照《高中化学实验疑难问题探究》，催化氧化乙醇后的铜表面事实是存在Cu_2O，"Cu有没有变回Cu"现有高中化学手段难以鉴定出来，这让我们对铜在乙醇的催化氧化中扮演的角色难以鉴定，不能不说存在一个知识遗憾。科学探究并不是一定要有一个很明确的结论，重要的是去活动，去探究。同学们在科学探究实践活动中再一次提升了能力。

四、教学感悟

实效的先行学习如同化学反应合适的催化剂，能激起学生原有知识的回顾和原有技能的应用，降低新学内容的难度，学生用好学科"元知识"和"活知识"，提高化学学习力和发展化学核心素养，并在智力和心理上得以成长，在互动交流中更好地展现。

引领素养培育的教师挖掘好这份催化剂，应用好这份催化剂，立足学生学习的"生长点"设计好贴近学生的"最近发展区"的任务，必将能搭建好新旧知识桥梁和能力桥梁，引领学生先行，实现高中化学课堂新的精彩。

参考文献

[1] 卜玉华.课型研究：架起理论与实践之间的桥梁[J].人民教育，2016(Z1)：51-55.

[2] 刘国成.化学学科核心素养导向的教学设计——以"氧化还原反应"为例[J].科学咨询，2020(44)：180.

思维导图在高中化学教学中的应用分析

杭州市萧山区第十高级中学　沈　锋

摘　要：本文通过分析思维导图在高中化学教学中的应用，通过概述思维导图内涵，了解其在高中化学教学中的应用优点，总结高中化学传统教学模式的缺点，并探究高中化学教学过程当中思维导图的具体应用方式，为下一阶段化学教学创新优化以及教学效能的整体提升起到一定的促进作用。

关键词：思维导图；高中化学；教学应用

随着信息技术的不断发展，思维导图作为互联网领域一种重要的教学途径，其目的是通过梳理知识点结构并直接展现在学生面前，从而降低整体的学习难度，提升学习的质量和效率。相较于传统教学模式中的单方面的知识讲解，可以进一步激发学生对化学学习的兴趣，因此教师要注重思维导图在高中化学教学当中的应用。通过分析思维导图的应用特点和应用优势，将思维导图运用到化学教学过程当中，以此保障教学任务顺利完成的同时，整体教学质量达到新课改背景下高中义务教育的标准和要求。

一、思维导图的内涵概述及其在高中化学中的教学优势

（一）思维导图的概念分析

思维导图的实质就是对思维进行引导并构造出相应的关键点，在教学过程中通过对知识点结构的描述、梳理，不仅可以深化学生的学科知识认知，同时在一定程度上也可以对学生思维起到引导作用。此外，思维导图还能帮助教师在实际教学中建立自己的思考系统，扩展自己的思考能力。由于其能够将人的抽象思想具象化的作用，而且在实际运用中也非常容易，因此被广泛地运用于教育领域，成为教师教学辅助的重要工具。

（二）高中化学教学运用思维导图的优势

高中化学与其他学科相比，整体难度较高，且大部分化学公式、现象的知识都是远离日常的，所以很多学生都觉得高中化学抽象，很难掌握，给学生的化学学习带来

了很大的困难。尤其在高中化学知识系统里，各个单元的知识都是紧密相连的，但是从总体上来考虑，这些知识的分布很广，不能形成一个清晰的知识结构，给学生学习带来了难度。

但是，在高中化学课上，教师运用思维导图可以让学生在各个知识点之间构建起一个完整的知识结构，让每个学生都能通过思维导图的绘制以及展示，更好地了解到每一个知识点所处位置以及彼此之间的联系，通过将两个不同的知识系统串联起来，形成一个完整的框架，进一步提升化学教学的效能，具体情况如图 1 所示。

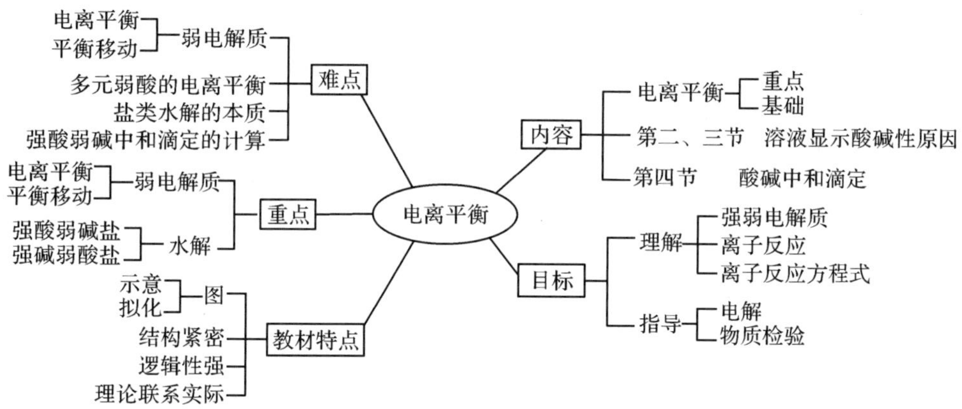

图 1 思维导图框架

二、传统高中化学教学问题总结

在当前高中化学教学过程当中存在许多问题，导致整体教学质量不高，通过对这些问题进行有效分析并总结，从而为下一阶段思维导图在高中化学教学中的具体应用起到参考作用。

（一）教师化学教学思维落后、模式陈旧

在应试教育思维的影响下，大多数教师在实际教学过程当中并未注重化学领域的教学创新应用，而是关注学生如何在最短的时间内完成相应的化学知识点的学习以及作业的完成，所使用的教学理念仍旧为灌输式教育——采用教材照本宣科式的讲解方式，让学生跟随教师的脚步对知识点进行分析和理解。这种教育模式虽然整体上能够提升教学的效率，加快教学速度，但部分学生整体理解能力较差，无法通过简单的语言知识灌输达到整个知识点结构的有效构建和完善，降低了学生的学习质量和学习效能。

而此情况出现的主要原因是教师缺乏教学方法的创新以及优化意识，在实际教育过程当中过于关注理论知识的讲解而忽视了学生学习兴趣的培养，致使学生本身对于难度较高的化学知识产生厌恶心理，从而降低了学习效率。

(二)教师缺乏对思维导图应用的认知和理解

很多教师在长时间的教学过程当中已经养成了一套固定化的教学思路和教学模式,多数化学教师整体年龄偏大,教育经验丰富,但是对于新的技术知识吸收能力较差,特别是在信息技术领域,其思维导图使用水平较低,很难在实际教学中结合自己所教的知识构建完善的化学结构图,甚至在结构图的绘制过程当中缺了一部分知识要点。在这种情况下,不注重教学知识点的完善和引导,甚至会造成学生对整个化学知识框架产生错误的理解,忽略掉其中重要的关键要点,进而降低整体的化学素质和化学水平。

而这一情况产生的主要原因是针对思维导图软件的应用,学校并未出台相应的软件使用规范和参考标准,教师只能按照自身的理解进行尝试性实践应用,而对于一些细节化的环节,很难做到有效把控,致使思维导图绘制的化学知识结构图存在一定的问题,无法实现所有知识的有效链接,甚至会让学生产生误解。

(三)缺少思维导图高中化学教学应用参考体系

思维导图作为一种集合信息技术优势所开发的绘图软件,在实际教学过程当中,整体的应用效率较高,能够大幅度提升化学教学的质量和效能;但是思维导图软件本身使用难度较高,对于一些技术水平较低的教师而言,整体的应用水平会直接关乎其在高中化学教学过程当中知识点绘制的有效性。

而教师本身缺乏对思维导图的练习和应用,就会导致在使用过程当中频繁出现许多突发性的问题,进而影响整个化学课堂教学工作的正常进行,甚至会在课堂上表现为教学行为中断,教师花费大量的时间和资源来整理或说明化学知识点,以此避免学生产生错误的认知和理解,降低了教学的效率。

而这种情况产生的原因,正是缺乏思维导图高中化学教学参考体系的建设与完善,导致教师在利用思维导图进行知识点结构图绘制时,因各种突发情况的产生,包括软件崩溃、进程终止软件、使用不当等问题,很难做到及时有效的解决,从而中断整个教学进程,将大量的时间资源花费在软件问题的解决上,这种事倍功半的教学效果很难达到提高化学教学有效性的目的。

三、思维导图在高中化学教学中的具体应用

(一)思维导图在课前教学中的应用

在高中化学课教学中,搞好课前预习是非常必要的。首先,充分的预习有助于学生对简单的知识进行学习,为课堂学习打下坚实的根基。预习还可以让他们在学习过程中找到问题,从而纠正错误,激发学生对问题的主动和深刻的反思。

在预习阶段,思维导图是一种很好的知识点梳理方式,它可以提高学生知识的

内化速度，也有助于建立某种知识的架构。所以，在高中的化学课前，可以通过利用思维导图简单梳理知识点结构并思考引导来辅助学习。例如，在 pH 计算、判断的教学中，可以让学生在预习的过程中以思维导图的方式绘制自己的理解；确保学生在制作思维导图时，能够通过自主性思考途径，主动地将所学的内容综合起来，使自己的知识更加完整。

通过对几个同学思维导图的分析，可以看出，在绘制时，多数学生的思想是以 pH 值为中心的，其他的知识就像是一棵树一样与核心相连，组成了一张完整的知识网。可以想象，借由这种结构，可以让学生知晓知识结构上的缺失，找到认识的焦点，把握住学习的关键，从而提高教学的效果。

(二)思维导图在课中教学环节的应用

在传统的化学教育中，化学的知识构成较为繁复，知识点众多，需要在课堂上做好大量的笔记。同时，有些教师在教学中没有将知识要点进行统一，使得个别知识节点之间的连接不到位，给学生做笔记带来很多麻烦。

而通过思维导图来记录可以将这个问题有效解决。其不仅可以扩展学生学习思路，而且还可以将所有的知识点都连接在一起。确保学生在学习思路完善的基础上，利用思维导图构建知识框架，进行笔记的记录，引导学生通过关键词与知识点框架建设完善的方式提升学习的质量和效率，从而减少学习和记忆的负担。

教师可以在教学过程中展示思维导图结构和内容，通过教学步骤一步步增加思维导图内容，让学生了解不同知识点之间的关系，从而深化化学知识内容结构，提升学习的质量和效能。

(三)思维导图在课后总结环节的应用

在高中的化学课上，教师经常会碰到这种尴尬的情况——学生对教师教学的知识内容、知识结构能够做到熟练地记忆、背诵，结果发现学生很难将所学习的理论知识应用到实际生活当中，整体解题效率、质量较差。

究其根源，是教师没有将自己的知识进行系统的总结，导致知识体系的建立不完善，且这些知识都是混乱的，没有一个明确的概念，更别说让学生熟练使用。

因此，在高中化学教育领域，知识结构图的绘制是提高中学化学课程教学质量的重要基础。通过构建系统知识框架并开展知识传授工作，不仅有助于建立学生意识领域完整的化学知识体系，而且也能降低学生学习难度，防止混乱。为实现这一目标，需要结合教学总结进行思维导图的绘制，进一步实现化学知识库体系的有效建设和完善。所以，在高中化学教学课程完成之后，教师可以指导学生画出相应的思维导图，实现学生对知识结构的复习、知识的深化以及要点的理解。同时，在该环节过程中，学生可以利用老师的总结纠正笔记中的失误，促进其化学知识形成一个完整的、科学的知识库。

四、结语

综上，运用思维导图进行中学化学教学，可以使学生清晰地认识到自己的化学知识结构掌握情况，通过建立一个完整的知识库，提高了学习效果。所以，不管是预习、笔记还是小结，教师都要主动引导他们把自己的思维引到正确的方向上，通过绘制并展示思维导图，强化知识的内化作用，消除知识的死角，同时也可以让他们形成一种很好的分析和思考的方法，这对于他们以后的学习和生活都会有很大的帮助。

参考文献

[1] 李雪.思维导图在高中化学教学中的应用效果分析[J].东西南北(教育)，2019(11)：106.
[2] 李永彩.思维导图在高中化学教学中的应用研究[J].学苑教育，2023(1)：52-53.
[3] 张玲.思维导图在高中化学教学中的应用探析[J].新课程研究(中旬)，2021(3)：119-120.

下册

向“美”而行

萧山十中教育教学的实践探索

韩立明 主编

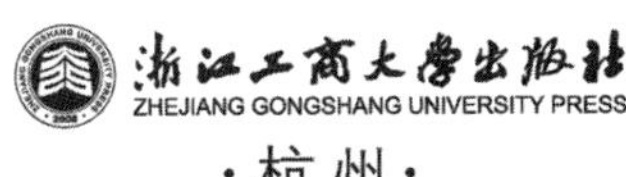
·杭州·

目　录

☆ ☆ ☆

拓展美术教育空间　提升摄影课程品质

——高中美术摄影研学课程开发设计实践研究

杭州市萧山区第十高级中学　张志强

摘　要:本课题的研究在立德树人根本任务统领下,基于普通高中美术教育范畴,参照美术学科核心素养,立足校本美术拓展课程开发,整合摄影实践课程资源,依托摄影社团活动课程,通过诸如走进名校、名胜、古镇,走近摄影名家,组织交流采风,开展社会实践,进行影像调查,设立红色研学基地等活动,引导高中生开展主动性学习、探究性学习、合作式学习、体验式学习等,实现美术摄影学习方式的多样化、生活化、选择化,激发学生跨学科的学习兴趣,增加学生参与社会的经验,提高学生综合实践能力,进而有效提升学生核心素养,最终实现以美育人、立德树人的根本任务。

关键词:高中美术;学科核心素养;摄影研学课程

一、研究缘起

(一)导向:普高课改指引方向,目标聚焦核心素养

普通高中的任务是促进学生全面而有个性的发展,为学生适应社会生活、高等教育和职业发展做准备,为学生的终身发展奠定基础。普通高中的培养目标是进一步提升学生综合素质,着力发展核心素养,使学生具有理想信念和社会责任感,具有科学文化素养和终身学习能力,具有自主发展能力和沟通合作能力。新一轮普通高中课改在课程结构优化、课程类别调整、课程功能定位、各类课程比例及课程有效实施等方面都进行了诸多调整和改进,而一个重要的导向就是强调了学科核心素养,引导教学更加关注育人目的,更加注重培养学生核心素养,更加强调提高学生综合运用知识解决实际问题的能力。这也为我们普高课改的相关研究指引了方向:聚焦发展核心素养。

(二)趋势:研学旅行方兴未艾,课程开发正当其时

"读万卷书,行万里路。""过去,书本是孩子的世界;现在,世界是孩子的书本。"

近年来在国内兴起的研学旅行，与陶行知先生所倡导的“生活即教育，社会即学校”的教育理念相契合，也是全面落实教育“立德树人”根本任务，培养学生发展核心素养的有效载体。自2016年11月教育部等11部门印发《关于推进中小学生研学旅行的意见》(以下简称《意见》)以来，各地纷纷出台相关研学旅行实施意见，研学旅行这种教育形式经过四五年的试点和推广，已经纳入了全国许多中小学的教育教学计划。充分利用自身优势资源，深入挖掘本土资源并加以利用，开发具有自身特点的研学旅行路线及研学课程，许多学科教师近年来也都立足于本学科进行研学旅行课程开发与实践尝试并取得了一些实践成效。可以说，当今的中小学生不是在研学旅行就是在研学旅行的路上。

2018年《浙江省教育厅等10部门关于推进中小学生研学旅行的实施意见》(浙教基〔2018〕67号)、2019年《关于推进中小学生研学旅行的实施意见》(杭教德体卫艺〔2019〕4号)、2019年《关于推进萧山区中小学生研学旅行工作的实施意见》(萧教学〔2019〕79号)等相继出台，为本省、本市、本区推进研学旅行提供了政策依据和行动指导，也为相关研学课程开发、研学线路设计及研学基地建设等提供了有力支持。可以说，在普高课改研究中进行研学课程开发设计正当其时。

(三)发展:丰富特色发展内涵，促进师生共同成长

1.学校特色发展层面:特长办学面临竞争，艺术特色亟待创新

作为一所以艺术为特色的省特色示范高中和市艺术特色学校，以美术、音乐、舞蹈、文学和摄影等为代表的特色项目，在学校艺术特色创建与发展过程中成了重要支撑，艺术特长的办学品牌也为学校近十余年来的稳步发展奠定了基础。然而近年来区域内部分普高纷纷效仿，相继走上美术、音乐、传媒等艺术特长特色办学之路，学校特长发展空间受到一定挤压，如不尽快寻求特色发展创新，学校艺术特色办学品牌将会逐渐褪色甚至消失。

近十年来，摄影特色教育逐步成了学校艺术特色教育的一个亮点。基于高中美术学科的摄影课程也在实践中不断发展，从美术模块摄影教学，到摄影选修课程、摄影社团课程，再到摄影研学课程，逐步形成了一个摄影课程群。而随着核心素养教育理念的推广，摄影研学课程越来越凸显出其综合性、实践性以及艺术教育、技术教育、人文教育、生态教育、社会教育、国情教育、爱国主义教育、优秀传统文化教育等多层面价值。摄影教育是不可多得的研学课程优质载体。为进一步提升摄影课程品质，拓展学校美育空间，以美术、摄影、科技、人文、生态、社会实践“跨界融合”为抓手，突破传统课堂的诸多限制，进行摄影研学课程开发设计，探寻高中美术摄影研学课程培养学生发展核心素养的新路径，探索美育改革区域创新实践的新样本，这也是立足于本校发展实际、丰富特色发展内涵、突破发展瓶颈和直面竞争压力的积极而有益的尝试。

2.师生共同成长层面:课程实践促进共同成长，课题研究提升综合素养

美术教师良好的专业素养是开展教学的基本保证。教师的专业发展不仅要在

教研上有科研成果，还要在专业研究上具备较高的水准。具备一定的学术素养和人文素养是当前在核心素养背景下对高中美术教师提出的新要求。新课改要求我们把立德树人作为首要任务，美术学科的核心素养目标是通过以美育人，引导学生以自主、合作、探究的方式参与美术学习，学会在现实生活情境中发现、提出、分析问题，综合运用美术学科及跨学科知识与技能解决问题，增强社会责任感，从而形成高中生必备的美术学科核心素养。因此，如何实现与学生学习同步、与时代同步，让学习融入师生的共同生活，促进师生共同成长，也是立足于教育现代化、面向未来人才培养的需要。

以探究性学习为特征的研学课程是新课程的一大特色，通过让学生在研学实践中亲身经历探究的过程，激发潜在兴趣，转变学习方式，学会思考探究，寻求合作交流，培养创新能力，高效解决问题。师生在研学实践过程中，共同参与，共同面对，共同探究，共同成长。摄影研学课程实践这一课题的研究与实施过程对于提升教师的学术与人文素养，如构建理论体系能力、技能实践能力、教育教学能力、教研能力、信息化能力、终身学习能力、文化研究能力、经典解读能力等，都有着普通教研课题无法替代的作用。研学课程实践课题研究会给教师增加很大的压力，但这种压力也会成为促进教师谋求专业发展、提升职业生命力的内驱力。

二、研究设计

（一）概念界定

1. 高中美术

此摄影研学课程课题研究是在高中美术学科范围内进行的，包括所有开设美术课程或开展学校摄影教育的普通高中学段学校，但不局限于普通高中。本课题研究是以笔者所在的学校作为样本，取得的研究成果适用于所有类似的高中学段学校。

2. 学科核心素养

学科核心素养是学科育人价值观的集中体现，是学生通过学科学习而逐步形成的正确价值观念、必备品格和关键能力。本课题的学科核心素养特指美术学科核心素养，主要包括图像识读、美术表现、审美判断、创意实践和文化理解。

摄影尚未成为一个独立学科，是美术学科的一个重要组成部分，本课题研究基于《普通高中美术课程标准》，以美术学科核心素养作为摄影研学课程开发设计实践的理论依据和理念指导，并坚持结合摄影教育所特有的跨学科、综合性、实践性等特点对美术学科核心素养教育进行适度延伸和拓展，以期得到更多成果。

3. 摄影研学课程

广义的研学旅行就是指“以研究性、探究性学习为目的的专项旅行”（朱立新，

2014);教育部等11部门2016年出台的《意见》对研学旅行的释义为:"中小学生研学旅行是由教育部门和学校有计划地组织安排,通过集体旅行、集中食宿方式开展的研究性学习和旅行体验相结合的校外教育活动。"

摄影研学,主要指以摄影为主题进行的研究性学习设计,特别是指在学校开展摄影教育课程所组织的以摄影为主题的研学活动,从属于学校摄影教育课程的课堂教学之外的摄影实践活动范畴。从某种程度上说,摄影研学是活动层面上的学校摄影教育。

摄影研学课程,是从摄影研学出发设计的研究性学习课程,是实现学校摄影教育目标的研学活动设计。根据实际,本课题对摄影研学课程的定义为:学校常规美术课堂教学之外的拓展性课程、研究性学习课程,可归于学校校本课程和美术拓展课程序列,通常以社团课程形式组织开展。它是基于学校大艺术特色课程顶层设计与地域文化结合、高中生年龄特点及跨学科融合的摄影实践课程,有计划地组织安排,是以走出课堂、走出校园、集体旅行等方式开展的课程体验与研究性学习结合的校内外摄影实践活动,是课内与课外教学、校内教育与校外教育衔接的创新形式,是学校教育教学的重要组成内容,是实现综合实践育人、以美育人的创新路径。

4.整合设计

跨学科课程是由一些有着内在联系的不同学科合并或融合而成的新课程,也称"交叉学科课程"。本课题研究中的整合设计,有两层含义:一是把美术学科与摄影教育在美术学科范畴内进行融合,一体开发设计出跨种类研学课程;二是将碎片化的摄影课程与其他学科相联系,进行整合,设计成跨学科研学课程。二者之间有不同程度的交叉或重叠,体现出跨学科研学课程的开放性和生成性。

(二)操作特征

针对上述定义,高中美术摄影研学课程开发设计实践研究应体现以下特征:

1.摄影研学课程的计划性

摄影研学是一种有计划有组织的教育教学实践。摄影研学课程的开发设计是研学实践活动开展的前提。研学课程的开发设计必须系统化和有计划性,要周密地制订研学计划,精心地设计研学内容、研学路线、研学活动实施方案等,才能确保研学项目顺利实施。

2.摄影研学课程的研究性

研学是一种研究性的学习活动。研学课程设计中要有学生在活动中探究发现的环节,让学生有机会进行自主、合作、探究,让学生在研学中的自我发现、初步认知、形成概念等学习环节与探究能力、科学精神等的培养密切结合,同时要体现教师的组织和引导作用。

3. 摄影研学课程的综合性

综合性是课程改革的重要方向之一，有助于弥补知识碎片化与学科割裂造成的缺陷，让教育回归整体。摄影的综合性特质也要求摄影研学课程设计应凸显课程的综合性价值，让学生从生活实际出发，通过综合性的活动内容，以观察、探究、记录、体验等活动方式，获得丰富的实践经验，提高对自我、自然和社会的综合认知。

4. 摄影研学课程的体验性

研学课程大多是参与性强的体验活动。体验是学生学习与成长的重要方式。丰富而又深层次的实际体验，可以让学生收获在传统课堂上无法获得的教育价值。摄影研学课的开发设计，要让学生通过观察、聆听、拍摄、调查、互动等不同的体验方式，亲近自然，对接社会，从而了解自然规律，适应社会生活。如在“走近摄影名家系列”研学课程体验活动设计中，组织学生聆听名家讲座、参观名家工作室、触摸老旧摄影器材、体验胶片暗房，让学生了解摄影历史，感受艺术家风采，进而开阔学生视野，启迪学生的艺术人生。

(三)探索历程

本课题研究经历了以下几个探索历程：

1. 课题立项前的早期积累阶段(2020 年 4 月前)

近十年的摄影教育探索，积累碎片化的科研成果十余项，为本课题研究奠定了一定基础；2020 年初搜集研究参考资料，挖掘校本和地域文化资源，2020 年 3 月初步拟定研究方案，做初步活动设计，咨询专家，修改确定方案，并组建了 6—8 人的跨学科课题研究团队。

2. 课题立项后的实施阶段(2020 年 5 月—2021 年 5 月)

经历了调整方案与设计、新冠疫情影响活动无法开展、中期课题组座谈交流、操作方式反思、见缝插针实践等阶段，不断改进实施中出现的问题与不足，专家诊断把脉，充实案例，整理过往研究资料等。

3. 课题研究结题送审阶段(2021 年 5—6 月)

对新旧案例、研究资料等进行梳理、整合、提炼，对课题研究的设计、实施过程及研究成效等进行总结，最终形成研究成果报告，送审参评。

三、课程的设计

为了确保课题研究能有序开展和有效实施，我们对研学课程开发进行了具体的设计。

(一)课程设计的理念

摄影研学课程依照“立德树人”的教育根本任务，结合学校“让校园成为绽放师生生命精彩的舞台”的办学理念和学校大艺术特色课程的顶层设计，确定了以下课程设计理念。

1. 立足美术学科核心素养，促进学生全面发展

以培养美术学科核心素养为目的统整研学课程的内容、活动设计、组织形式、评价方法等，力求通过研学课程的设计与实施，帮助学生在现实生活中通过图像识读获得相应知识和有益信息，联系生活进行美术表现，形成良好的审美判断能力，提高创新意识和创造能力，认识丰富的文化现象，坚定文化自信，主动适应丰富而复杂的现代生活，更好地全面发展。

2. 注重课程的基础性和选择性，满足学生个性需求

摄影研学课程要精选能充分发挥摄影独特育人功能的基础知识和基本技能，进行课程构建与活动设计，还要调动各种资源，使研学课程内容多样化，营造自主选择的学习环境，增强研学课程与其他学科、学生生活或职业生涯的关联性，满足学生对研学课程的自主选择与个性需求。

3. 倡导自主与合作探究式学习，重视解决实际问题

摄影研学课程的开发设计应注重鼓励学生从生活实际和自我成长的需求出发，合理选择研学主题并主动参与研学实践。研学课程实施过程中，要创设问题情境，引导学生应对活动中出现的新变化，师生共同合作、探究，寻求解决实际问题的策略，获取知识和技能，形成意见和见解，使课程实践活动深化，让研学成果升华。

(二)课程设计的原则

摄影研学课程开发设计要体现以下原则：

(1)课程的教育性原则，要注重系统性、知识性、科学性和趣味性；

(2)开放性原则，要充分利用校内校外、网上线下各类资源，实现目标多元、内容广泛、时空广域、展示多样、评价灵活的目的；

(3)实践性原则，要突出学生主体，以实践活动为主，注重实际体验和创新能力培养；

(4)整合性原则，要结合实际对课程资源、课程内容、操作方法等进行整合开发，保证时效，实现高效；

(5)生活化原则，要着眼学生生活实际，突出生活化教育，做到知行合一；

(6)安全性原则，要坚持安全第一，明确安全责任，落实安全措施，确保学生安全。

(三)课程设计的内容

根据本校软硬件环境条件和学生实际需求，依托摄影社团活动课程，并结合地域文化，我们的摄影研学课程设计了“校本拓展系列研学课程”“走近名家系列研学课程”“交流采风系列研学课程”“社会实践系列研学课程”“红色印记系列研学课程”等五大系列项目。

高中美术摄影研学课程开发设计的具体内容有：

课程项目1：校本拓展系列研学课程。“校本拓展系列研学课程”主要依托近年来校内开展的摄影碎片化课程，包括美术摄影模块课程、摄影选修课程和社团活动课程等，加以整理、归纳、提炼，从中开发出适合校内常规课堂之外进行的摄影研学课程。其主要包括：(1)报道摄影专题研训课程(每年8—9月开设，针对新社员，以新生军训、开学典礼、校运动会、艺术节文艺会演等学校大型活动的新闻报道拍摄培训为目的)；(2)摄影展赛专题系列研学课程(每年10月—次年6月适时开设)；(3)短视频摄制专题研学课程(社团宣传片每年7月进行)；(4)摄制类高考专题研学课程(每年7—12月分阶段开设)。此类课程有别于美术摄影模块课程、选修课程和常态社团课程，是针对部分学生的提高课程、专业化课程。

课程项目2：走近名家系列研学课程。“走近名家系列研学课程”主要组织学生走访名家工作室、聆听名家讲座、观摩名家作品展、开展名家进校园活动等，让学生近距离接近名家、名作，感受摄影名人的个性魅力、艺术创造和名作的温度。该课程主要开发设计的活动有：(1)名家指导——傅拥军摄影讲座(2015年5月区青少年摄影教育联盟组织，瓜沥一中承办)；(2)走进新锐摄影名家范顺赞摄影工作室(2016年7月滨江区)；(3)名家进校园——上海师大林路摄影讲座(2017年1月本校承办首届省中小学摄影教育研讨会)；(4)走进高帆摄影艺术馆观摩研学活动(2021年2月萧山湘湖金融小镇步行街高帆摄影艺术馆)等。

课程项目3：交流采风系列研学课程。“交流采风系列研学课程”主要指在不同的季节组织学生走进自然山水、寻访名胜古迹、了解名校文化、开展互动交流，让学生亲近大自然、认识传统文化、培养爱乡情感、促进相互了解、提高专业技能等课程实践活动。该项课程主要设计实施的活动内容包括：(1)亲子摄影——绍兴新昌研学摄影采风活动(2014年10月)；(2)萧山一桐乡两地多校联合摄影采风交流活动(2015年6月)；(3)名校古镇之旅——走进百年名校建德严州中学研学采风活动(2021年5月)；(4)水墨湘湖跨湖问史——湘湖研学采风(2018年7月)等。

课程项目4：社会实践系列研学课程。素养来自实践，情境学习是在真实或类似真实的社会情境中，学生参与真实或仿真的任务活动，与已有知识经验相联系，从而对参与者产生积极有效影响的学习方式。“社会实践系列研学课程”主要是与学生社会实践活动课程相结合，跟学校团委的寒暑假社会实践活动安排进行对接、融合，开发设计的以影像实践活动为主要内容的课程。主要设计或实施的研学课程活动有：(1)“幸福万岁”——萧山区百岁寿星谱修编采拍活动(2017年6—9月)；(2)走进老年社区摄影社会实践活动(2015 年 2 月);(3)“吾爱吾老”——走进养老机构关爱老人摄影实践活动(2021 年 2 月);(4)“迎亚运”——萧山城市雕塑现状影像调查(2021 年 7 月)。

课程项目 5:红色印记系列研学课程。“红色印记系列研学课程”主要以参观本土红色文化景点、抗战遗迹、历史名人故居等,聆听革命故事,体会家国情怀,传承红色精神为内容。该项目课程开发设计的主要活动有:(1)追寻红色印记——萧山衙前农民运动协会旧址红色研学之旅(2021 年 6 月);(2)河上镇红色文化景点研学采风活动(2021 年 6 月);(3)楼塔镇红色摄影研学基地挂牌活动(2021 年 8 月);(4)杭州小白菜文化园廉洁文化研学之旅(2021 年 9 月)。

(四)课程设计的活动

为了有效完成研学课程目标,我们结合高中生的年龄层次、知识储备和认知特点,系统规划研学课程项目,制订相应的研学活动计划方案,并设置多方位、多角度的有针对性的研学目标任务。

1. 统筹规划,分段实施

基于学生的年级段和不同阶段基础储备情况,根据可持续发展的要求,在设计研学课程内容时需做好统筹规划,有序安排各阶段的课程活动内容,做好学年之间的内容衔接,构建科学、有序的系列主题活动。研学课程活动的层次应是循序渐进的,并保持研学内容的连续性。确保每届学生都有机会参与到各系列项目的研学活动,让学生高中三年的研学课程相对保持完整。

在设置研学课程活动时,需以促进学生综合素养的发展为导向,结合高中生的年龄与个性特点,考虑学生自我与自然、社会的关系,强调人文、艺术、科技等多学科的融合。如五大研学课程项目中,就整合了人文、艺术、科技等多个领域的内容,设置了参观、寻访、讲座、影像调查、观摩展览、活动记录、采风创作、参与社会实践等许多具体活动,整合了德育教育、欣赏体悟、参观体验、动手实践、研学总结等诸多的学习方式和真实体验。

表 1 萧山十中 2014—2021 年开展摄影研学课程一览表

项目	研学课程主题	实施时间	活动对象	主要协调部门
校本拓展系列研学	报道摄影专题研训课程(新闻摄影)	每年 8—9 月	摄影社新社员	微视界摄影社
	摄影展赛专题系列研学课程	每年 10 月—次年 6 月	摄影社全体学生	微视界摄影社
	短视频摄制专题研学(社团宣传片)	每年 7 月	摄影社全体学生	微视界摄影社
	摄制类高考专题研学课程	每年 7—12 月	摄影社部分学生	微视界摄影社

续　表

项目	研学课程主题	实施时间	活动对象	主要协调部门
走近名家系列研学	名家指导——傅拥军摄影讲座	2015 年 5 月	摄影、传媒、美术学生	校团委、摄影社
	走进新锐摄影名家范顺赞工作室	2016 年 7 月	摄影社学生	校团委、摄影社
	名家进校园——上海师范大学林路摄影讲座	2017 年 1 月	摄影社部分学生	校办、摄影社
	走进高帆摄影艺术馆观摩研学活动	2021 年 2 月	摄影社部分学生	微视界、摄影社
交流采风系列研学	亲子摄影——绍兴新昌研学摄影采风活动	2014 年 10 月	摄影社学生	校团委、摄影社
	萧山一桐乡两地多校联合摄影采风交流	2015 年 6 月	摄影社学生	校团委、摄影社
	名校古镇之旅——走进百年名校建德严州中学研学采风	2021 年 5 月	文学社与摄影社学生	教科室两社团
	水墨湘湖跨湖问史——湘湖研学采风	2018 年 7 月	摄影社美术生	教务处、教科室
社会实践系列研学	“幸福万岁”——萧山区百岁寿星谱修编采拍活动	2017 年 6—9 月	摄影社学生	校团委、摄影社
	走进老年社区摄影社会实践活动	2015 年 2 月	摄影社学生	校团委、摄影社
	走进养老机构关爱老人摄影实践	2021 年 2 月	摄影社学生	校团委、摄影社
	“迎亚运”——萧山城市雕塑现状影像调查	2021 年 7 月	摄影社学生	校团委、摄影社
红色印记系列研学	萧山衙前农民运动协会旧址红色研学	2021 年 6 月	摄影社学生	校团委、摄影社
	河上镇红色文化景点研学采风活动	2021 年 6 月	摄影社学生	校团委、摄影社
	楼塔镇红色摄影研学基地挂牌活动	2021 年 8 月	摄影社学生	校办、校团委
	杭州小白菜文化园廉洁文化研学之旅	2021 年 9 月	摄影社学生	校团委、摄影社

（注：部分研学课程实践活动被迫取消或延迟）

2. 完善方案，细化流程

指向明确的研学目标、思路清晰的活动设计，是每个具体研学活动方案应有的重要指标。活动的内容与目标指向相匹配，活动方案能够反馈与考量研学主题是否达成既定目标。如下面的案例 1 中，所设置的研学目标、三维目标具体明确，指向清楚，利于实施，容易操作，方便评测。

研学课程方案中设计较为丰富的活动项目，促使学生主动经历和实践，强调“体认”“体悟”和“体验”。研学课程方案设计的活动要有层次感，既方便学生参与，也便于教师指导。如下面的案例1中，依次设置了徒步毅行、观赏秋景、品读家训、参观乡愁馆、溪滩野炊、烹饪比赛等实践体验性活动，内容丰富且活动环环相扣，体现了一定的逻辑性、科学性。

案例1

国庆亲子摄影——绍兴新昌研学摄影采风活动

——×××中微视界摄影社员新昌研学采风活动方案（节选）

一、研学目标

1.通过户外实践活动，锻炼学生的身体素质和毅力品质。

2.通过用相机记录研学活动过程、拍摄花絮照、采风创作摄影作品等活动，表现新昌山区自然景观、农村生活场景，记录农民工及其子女的工作生活环境、劳动者形象。

3.通过自主拍摄、经验交流、接受指导等实践活动，体验创作，学会选择，培养学生的合作意识以及人际交往和沟通能力。

4.通过观赏沿途风景和柿子采摘表演等活动，激发学生保护自然、尊重劳动者的情感，同时唤起人文关怀，并了解乡愁文化，激发热爱家乡的思想情感。

二、研学地点

新昌县梅渚镇砖窑厂、大市聚镇柿子林。

三、活动安排及任务要求

国庆假期2日（亲子自驾游）

10月2日：

13:00　萧山东高速入口集中出发（欣赏一路风景）

15:30　随家长入住酒店（当地摄影专家分享创作体会）

16:00　梅渚镇砖窑厂（采风创作、交流探讨）

17:00　晚餐（当地摄影专家经验交流分享）

18:00　夜景拍摄（夕阳和山村夜色）

20:00　返回酒店（看片整理，交流心得）

10月3日：

7:00　酒店早饭（明确任务，熟悉计划）

7:30　出发前往水库拍摄创作（采风创作、交流探讨）

9:00　大市聚镇柿子林拍摄创作（风光、人文、花絮）

11:00　中餐（师生交流心得）

12:00　酒店午休

13:30　出发到村口进行人文摄影创作（抓拍、纪实、花絮等）

15:00　结束返程（欣赏一路风景）

（新昌亲子研学采风活动是一次成功的研学旅行活动，因为事先有专人组织，制订了完善的活动方案，也明确了课程活动目标，有清晰的活动流程等，保证了采风活动顺利有序推进。）

3. 明确任务，有效研学

考虑到学生既有的生活情境和现有的知识经验，我们在设置研学课程活动项目时，努力创设并引导学生把实际生活作为学习场所，不断扩展活动时空和活动内容，注重让学生特长得到发展。如下面的案例2中设置了让学生用影像记录研学之旅过程的任务，学生可以根据自己的兴趣倾向、社会阅历以及自己的理解进行花絮抓拍、报道摄影或者即兴创作，为后续摄影创作奠定基础，研学任务具有开放性和分层要求。

考虑到学生自身发展需要，我们在设置活动时，还注重调动学生的积极性，重视让每一位学生都能参与其中，强调引导学生根据活动主题，结合自身的实际情况，自主选择角度和活动内容，并让学生自己确定目标和任务，从而提升自我规划和自主管理能力。如下面的案例2中设置了“通过本次研学活动，你一定会有所收获，请在研学活动结束后，结合自己真实感受写一段200—300字的感言”的研学任务，该研学任务具有较强的自主性与选择性。

案例2

(2021)建德梅城严州中学摄影研学之旅课程方案设计(节选)

一、研学主题：“寻千年严州古城　访梅城百年名校”

二、研学目标：用影像记录研学之旅，用心感受百年名校和千年古城魅力。

三、研学对象：高一、高二年级微视界摄影社成员及其他摄影爱好者学生。

四、课程体验：1. 社团课程交流研讨；2. 观摩校园、校史馆、课程开发基地；3. 梅城古镇摄影采风创作；4. 研学过程记录拍摄(交流和参观活动及花絮等)。

五、行程安排：5月30日(周日)一天。

1. 上午8:00校门口集中上车出发去严州中学(梅城校区)。

2. 10:00—12:00研讨交流，观摩严州中学校园、校史馆、课程开发基地。

3. 12:00中餐(严州中学)。

4. 中餐后前往严州中学梅城校区所在地严州古镇文化景点采风拍摄。

5. 17:00前返回学校。

六、效果评估：1. 参与研学采风的社员每人提交2—3件满意的创作性摄影作品(含短视频作品)；2. 研学活动过程较好的记录性照片或花絮照片若干(用于学校层面和社团活动的微信推送等宣传报道)；3. 通过本次研学活动，你一定会有所见、有所闻、有所感，请在研学活动结束后，结合自己真实感受写一段200—300字的感言提交，作为考核内容之一。

七、价格分析：交通费、保险费由学校负责，如有门票等费用学生自理。

八、安全保障：向区教育局、区交警队报批(教科室)；旅行社统一参保。

九、其他互动：题赠严州中学书法作品，花雨文学社负责；两校及两大社团学生之间互动交流。

(本次研学活动是与学校的文学社团又一次联合进行的研学采风活动，筹划细致，准备工作和组织到位，活动内容丰富多彩，有文化高度和多层次深度，取得令参与师生满意的研学效果，值得延续推广)

四、课程的实施

在完成研学课程内容设计和活动方案的基础上，我们还根据实际情况进行了一系列的研学活动的实践操作。

(一)课程操作流程

研学课程项目的操作一般分为课程设计、课程实践、课程评价三个阶段，以学生活动为主体，以教师活动为引导，每项活动流程中分别设置相应的操作内容。

1. 课程设计

(1)确定课程主题：项目开发小组通过走访、调研、挖掘、评估、研讨等形式，确定研学旅行的主题；(2)组织课程架构：组建研学旅行活动各个职能小组，明确工作职责；(3)确立课程目标：围绕主题设定三维目标；(4)设计课程内容：针对研学目标，结合地域文化，设计研学旅行的内容；(5)设置研学活动：根据学校实际、学生年龄特点、地域文化资源设置研学活动，并出台研学活动方案或手册，确保活动行之有方。

2. 课程实践

(1)学生任务：学生在教师的组织指导下，通过探究发现、合作交流、动手实践、亲身体验等多样化的活动方式进行研学，并做好研学记录，确保研学活动有效；(2)教师职责：负责活动指导、安全管理和资源运筹等工作，确保研学活动有序。

3. 课程评价

(1)评价成果：学生认真完成研学作业，师生合作做好对研学成果的评价与展示，分享研学成果；(2)评价表现：师生共同对研学过程中学生的表现做出评价，促进反思提高；(3)评价项目：研学课程结束后，让学生对该研学项目的满意度等进行评价，以期对后续的研学设计加以改进。

(二)课程活动方式

高中美术摄影研学课程是一种多元的课程、动态的课程、生成的课程。围绕"校本拓展系列""走近名家系列""交流采风系列""社会实践系列""红色印记系列"五个系列研学课程项目，主要通过探究发现、合作交流、动手实践、亲身体验等活动方式进行研学设计。下面结合具体案例加以说明。

1. 探究发现——知其所以然

"探究发现"是学生在教师的引导下，通过探究与学习，从中发现事物发展的规律、变化的成因以及内部联系的活动方式。

"走近名家系列"主要安排学生走进名家工作室、名家展览、名家讲座、名家纪念馆等，可以是"走出去"，也可以是"请进来"，比如请名家进校园指导学习。我们以

"探究发现"作为主要活动方式，通过引导学生探究鉴赏名家经典作品，探寻照片背后的秘密，发现作品中人文之美、摄影家艺术创新精神，让学生了解摄影的历史和审美的时代变化，激发热爱摄影的情感。

在"走近名家系列"研学课程项目中，"探究发现"等活动方式不仅让学生深入探究了摄影名家的创作思路、艺术成就，还丰富了他们的摄影知识，而且培养了他们乐于探究、善于发现的好习惯。不但知其然，还知其所以然，这也许就是该项目课程最大的收获了。

2. 合作交流——知道如何做

研学课程实践是一种集体活动，活动的开展离不开合作交流，包括学生之间、师生之间交流合作等，通过合作交流才能获得有价值的研学成果。

"社会实践系列"的研学课程由校团委统一安排，在专业教师指导下，学生利用自己的爱好和特长在寒暑假期间以社会实践活动方式走向社会、走进社区，参与公益服务性质的研学实践活动，属于学校综合社会实践活动课程的一种专业化和特色化形式。通过走进养老机构、老年社区、特殊学校、民工子弟学校、G20 杭州峰会等，为老人义务拍摄肖像、为社区居民家庭拍摄合影、与民工子弟结对帮扶、为峰会亚运会志愿者记录影像等等，课程实践活动以合作交流为主要开展方式，通过活动让学生知道集体活动中分工合作的必要性，了解与人沟通交流的重要性，感受师生共同合作所产生的价值感，体会崇尚传统美德的社会意义等。

在"社会实践系列"研学课程项目中，运用"合作交流"的活动方式，通过师生之间、生生之间、学生与社会之间的交流，培养了学生与人交往的能力，锻炼了学生融入社会的生存能力，也让中华传统美德得以更好地传承。这也是此类项目摄影研学课程成果的附加值。

3. 动手实践——实践出真知

动手实践是指在学中做、在做中学。针对摄影研学课程项目来讲，就是在研学过程中不断地进行拍摄实践，研学活动的全过程都是拍摄实践的对象，出发前的集中培训学习、研学过程的互动花絮、研学目的地的采风创作、研学成果的展示评价等，每一个环节都是动手进行摄影实践的良机。只有实践才能出真知，只有积累才能出作品。

"交流采风系列"研学课程是指学生在教师的引领下，到名校、名胜、古镇、古村、研学基地、结对单位等地进行交流参观、学习观摩、采风创作等实践活动，如绍兴新昌摄影亲子研学采风、桐乡乌镇四校联合交流采风活动、走进百年名校・千年古城严州中学研学采风活动、水墨湘湖・跨湖问史湘湖研学采风活动等，研学课程设计以"动手实践"为主要活动方式，通过让学生动手实践拍摄创作，使得学生亲近自然、发现本土自然风光与人文之美、产生展现欲望，培养学生爱生活、爱自然、爱家乡的思想感情。

水墨湘湖·跨湖问史——湘湖摄影研学采风活动

湘湖是西湖的姊妹湖，也是萧山的母亲湖。湘湖八千年跨湖桥文化是浙江文化的源头之一。越王勾践、西施典故、唐代诗人贺知章故里、杨时兴修水利等湘湖文化奠定了湘湖的文化地位，面积与西湖相当的湘湖水域风景如画，是国家级旅游度假区和4A景区，如今世界旅游联盟总部组已落户湘湖。选定“湘湖摄影研学采风”的地点为城山怀古和荷花庄一带，主题设为“水墨湘湖·跨湖问史”。学生走进湘湖，欣赏湖光潋滟，感受水墨画意，领略家乡美景；置身采莲桥上，穿梭亭桥回廊，拍荷花，穿汉服，观野鸭；记录花絮，抓拍游人，静心创作。

在“交流采风系列”研学课程项目设计中，以“动手实践”为主要的活动方式，通过参观观摩、交流研讨、拍摄实践、成果展示等活动方式，培养了学生的观察分析问题能力、实际动手操作能力和学习能力，开阔了学生视野，启发了学习思路，培育了学生热爱生活、热爱自然的情感。

4. 亲身体验——激发爱国情

亲身体验是指让学生亲自参与各项活动，尤其是对听、说、读、写、阅、触、思等方式的体验、体悟和体认，是户外研学课程要达到的重要目标之一。

“红色之旅系列”研学课程是学生在老师的带领下参观红色文化景点、抗战纪念馆、廉洁文化园等，如探寻红色印记——衙前农民运动协会旧址研学活动，河上、楼塔红色文化景点（萧山抗战纪念馆、楼曼文古居等）研学采风活动，余杭小白菜文化园廉洁文化研学之旅等，研学课程以“亲身体验”为主要活动方式，用影像记录红色印记，用心感触历史，传承红色基因，激发爱国之情。

在“红色之旅系列”研学课程项目中，通过“聆听”“观看”“宣誓”“参阅”“触摸”等“亲身体验”的活动方式，让学生体会了和平的珍贵，传承了红色基因，激发了爱国情怀、强国之心。此类研学课程项目的重要意义就在于德育为先，也是立德树人育人观在研学课程中的很好体现。

（三）课程实施策略

高中美术摄影研学课程开发设计项目的实施策略主要有指导策略、支持策略和评价策略。

1. 指导要有方

研学旅行项目的实施，要处理好学生实践与教师指导的关系。教师不能越俎代庖、代为实践，只应充当旅行的组织者、研学的指导者、成效的促进者，教师的指导在三个阶段各有侧重。

（1）设计阶段，要设之有方。教师要充分利用学生已有的经验，为学生创设选择主题和思考问题的机会，鼓励和引导学生提出有价值的问题。教师要鼓励学生参与活动方案的制订，落实活动的路径设计、方式遴选，对项目实施中可利用的资源以及活动的可行性进行评估，以增强项目实施的趣味性、计划性、自主性和实效性。

（2）实践阶段，要导之有法。教师立足学生的生活实际，为学生创设动手实践和亲身体验的机会。教师引导学生参与活动，并指导学生在考察、实验、探究、制作等活动中发现和解决问题，重点做好对学生的启迪、激励和点拨，同时要指导学生做好活动记录与相关材料的收集。

（3）评价阶段，要评之有理。教师要指导学生分类收集、整理、遴选典型的活动记录、材料和选择最佳的结果呈现方式（如照片、视频、文字、设计作品等），引导学生反思活动，提升个体经验，促进知识建构。教师对学生在研学旅行过程中的表现做出评价，对学生的研学成果进行评价，指导学生对研学项目进行评价，最后整理、汇总并形成学生研学课程档案。

2. 支持要有序

（1）健全组织管理机制，确保组织有力。首先，组织机构健全。学校成立研学课程领导小组，全面负责研学课程指导工作。由学校教科室牵头的活动策划小组，负责做好研学资源分析、研学项目设计、研学内容设置和研学任务编制。由政教处牵头的活动管理小组，负责落实活动的安全工作、食宿管理等。由教务处牵头的活动指导小组，负责落实研学活动的指导、研学任务的布置、研学活动的评价等。由总务处牵头的活动保障小组，负责落实研学活动的物资、食宿、车辆、设施等。各小组各司其职，相互配合，是研学活动组织的有力保障。

其次，规章制度完备。为规范落实研学课程实践活动，需制订研学旅行活动方案和安全应急预案，此外还需完善研学指导教师培训制度、研学指导教师考核制度、学生研学课程评价制度、研学课程安全制度、研学课程家长安全告知书等，以制度规范研学课程项目实施。

最后，行前培训到位。在研学课程开始之前，一般都需要对管理人员和指导教师进行培训，通过教师会议的形式解读研学方案。召开参与研学活动的学生培训会，让学生明确自己的分组、活动的安排、注意事项、安全应急办法以及具体研学任务。只有落实师生培训，明确各项要求，才能确保研学课程活动有效开展。

（2）建立安全防范体系，确保万无一失。常言道：安全工作要“万无一失”。研学课程多是校外教育活动，环境生疏，不可控的因素较多，保障学生的安全尤为重要。学校除了完善安全制度、做好研学活动前的师生安全培训外，还要与家长签订安全责任书，以及购买师生意外险等，切实做好安全防范工作。

（3）运筹研学活动资源，做到保障到位。学校根据研学课程的实际需要，在学校内网开辟研学旅行专栏，以便教师和学生搜集、上传、共享研学资源，积极建立与外校或教研部门的学习资源、师资共享机制。学校为研学课程提供配套硬件资源，宣传栏设立研学旅行宣传专区，或以展板展示研学成果，并积极争取校外专业场馆的支持，充分发挥各类教学设施在研学课程实施过程中的作用，将研学成果宣传推广开去，获得效益最大化。

3. 评价要有料

评价是研学课程活动的重要内容，也是确保研学课程活动顺利进行、有序开展和取得实效的重要手段，它包括评价学生研学成果、评价学生研学表现和评价学校研学项目三部分。

(1)评价学生研学成果，充分展示研学成果。研学活动结束后，学生分类搜集、整理、遴选典型的活动记录、材料以及其他有关资料，选择最佳的方式呈现结果，如优秀摄影创作、设计作品、照片、调查报告、作文、记录表等。教师通过类似于学科课程的成绩评定或等级认定的方式对研学成果进行评价。

此外，将代表性的研学成果进行展示，展示的形式多种多样，如在微信公众号分期推送，举办研学课程优秀摄影作品展，印发研学活动成果汇编，优秀作品刊登在校刊上，电子显示屏播放、宣传报道，等等。学校通过系列展示，让学生广泛分享研学成果、享受研学之乐，扩大研学成果效应。

(2)评价学生研学表现，促进学生自我完善。研学课程结束后，我们让学生对自己在研学课程活动中展现出的“自我管理”“实践活动”“合作精神”多方面做出客观评价，促进自我反思，改进自我管理，提高研学课程的实效。除了学生自我评价外，教师也将对学生的“纪律意识”“学习态度”和“团队意识”等方面进行评价，并对活动成效进行反馈。

(3)评价学校研学项目，改进后续研学设计。为了充分了解研学课程达到的效果，及时了解研学课程设计、实施中存在的问题，以便改进后续的研学课程，我们对研学课程活动满意度和需求进行问卷调查，详见表2。

表2　萧山十中研学课程满意度和需求调查表

1. 你对本次研学课程的内容设置　（　）
A. 非常满意　B. 比较满意　C. 一般　D. 不满意
2. 你对本次研学课程的组织与管理　（　）
A. 非常满意　B. 比较满意　C. 一般　D. 不满意
3. 你对本次研学课程的导师讲解　（　）
A. 非常满意　B. 比较满意　C. 一般　D. 不满意
4. 在本次研学中，研究了一些自己想探究的问题　（　）
A. 非常符合　B. 比较符合　C. 一般　D. 不符合
5. 本次研学课程中你有许多新的体验　（　）
A. 非常同意　B. 比较同意　C. 一般　D. 不同意
6. 本次研学中你和其他同学的交流很多　（　）
A. 非常符合　B. 比较符合　C. 一般　D. 不符合
7. 你能将本次研学中学到的知识应用到自己的学习生活中　（　）
A. 非常符合　B. 比较符合　C. 一般　D. 不符合
8. 今后你最想参加的研学课程主题是　（　）
A. 人文类主题，参观人文景观
B. 博物馆类主题，参观了解一个或多个博物馆
C. 自然类主题，亲近大自然
D. 利技类主题，深入了解、体验科技成就
9. 在这次研学中，你有哪些收获？请列举两点。
10. 为了在今后的研学课程中有更多的收获，请你给学校提几点合理的建议。

我们通过评价学生研学成果、学生研学表现和学校研学项目，促进了研学课程的有序开展；通过全程评价、多维评价，推进了研学课程活动的有效实施。

五、课题研究成效

经过近六七年的初步摄影实践课程经验积累，特别是近一年来的积极投入探索研究，高中美术摄影研学课程开发设计实践研究课题也取得了阶段性成效。课题立项以来，由于受到新冠疫情的影响，研学课程的实践活动特别是赴外地研学活动，包括到研学基地的活动，都大受影响，多数未能成行被迫取消或延期。如果本次阶段性结题之后能继续开展第二个阶段的研究探索，相信会有更加丰富的成果和成效。本阶段的课题数据多为近年经验总结，加上校内研学课程活动补充，以及近期见缝插针实施的几次研学旅行活动作为支撑。从效果上看，学生的摄影学习兴趣被激发，摄影学习的方式有所转变，摄影实践活动能力与艺术综合素养得以提升。从学校层面看，初步形成了高中美术摄影研学课程的基本操作样式，摄影研学系列课程的开展对于学校的艺术特色发展与提升起到了促进作用。

（一）提升了学生的核心素养

“纸上得来终觉浅，绝知此事须躬行。”研学旅行激发了学生的学习兴趣，改进了学生的学习方式，提升了他们的实践能力，提高了他们的学习品德。

1.激发了学生的学习兴趣

通过开展研学课程，学生了解了家乡的自然风貌、古村古迹、乡风民俗、乡贤名人和人文历史，增进了对家乡地域文化的了解，激发了学习的兴趣。从学生的研后感言的字里行间，我们不难看出，研学课程活动得到了学生的认可，学生获得了体验，收获了快乐与知识。另外，“学生综合实践活动满意度”调查也显示学生对综合实践活动的满意度很高。

2.改进了学生的学习方式

研学课程注重学习与生活的联系，活动的有效开展，不仅开阔了学生的视野，增长了学生的见识，而且促进了各门学科知识之间的有机融合。探究发现、合作交流、动手实践、亲身体验等活动，有效促进了学生学习方式的转型，初步形成了自主、合作、探究的学习方式，逐步实现从被动接受式学习转向自主探究的个性化学习，从单一课堂内学习转向多维立体化研学，能从不同的角度思考并解决问题，从而使学生的学习更富有生命力。

3.提升了学生的实践能力

研学课程的设计与实践，促进了知识学习与社会实践的紧密联系。研学课程注重学生的亲身经历，学生在活动中，通过参观、探究、体悟，寻访、交流、记录，观赏、实践、分享，聆听、参阅、体验等方式感受自然社会生活，在实践中发现并解决问题，增强了实践创新意识，提高了实践创新能力。近两三年摄影社团学生连续两届2人次获得省艺术节摄影比赛高中组一等奖；摄影社骨干成员1人（已考入大学摄影专业）摄影作品入选2020年浙江省摄影艺术大展艺术类，备受关注，接受省摄协官网专访；近年来共有4位社员考入上海大学电影学院、浙江传媒学院、南京传媒学院等高校的摄影专业。

4.提高了学生的学习品德

学生通过参加研学课程活动，亲历社会实践，与同伴、教师交流认识，分享感悟与体验，形成了积极主动、好学上进的劳动观念和态度。通过研学课程活动，教师引导学生观察周边的生活环境，增强为他人服务的意识，提升自觉行动能力，逐步形成了对自我、学校、家庭、社会负责任的态度和品德。

（二）促进了教师的专业成长

研学课程项目的设计与实践，更新了教师的教育理念，提升了综合实践的课程开发能力，一定程度上促进了教师的专业成长。

1.转变了教师的教育观念

研学课程项目的设计与实践，一定程度上改变了教师的角色定位，教师不仅是知识的传授者，也是活动的组织者、学习的指导者和成效的促进者。教学方式发生了转变，由单纯讲授式变成开放交流式。教学内容更开放，教学组织更灵活，形成了和谐、平等的育人氛围。

2.提升了教师的教学能力

摄影研学课程项目是我校美术类拓展课程实施的重要内容。教师根据学生的不同特点、差异需求，再结合学校的实际和自己的教学专长，充分挖掘校本资源和本地资源，开发设计研学课程项目并参与实践。在此过程中，教师不仅提升了课程开发能力，同时积累了丰富的教育教学指导经验。课题负责人的摄影研学课程开发的相关研究论文获得市学科论文三等奖，为大市美术教师研训活动开设摄影课程建设专题讲座，并被列入区教育系统高层次人才、市高层次人才，被评为区名师，等等。课题组另一位青年教师的相关课程研究课题2020年被省级立项。

3.提高了教师的科研水平

本课题的研究，带动了教师参与研学课程项目的设计和实践。相关教师科研意识加强，教育科研能力得到较大提高，教师的专业得以成长。

（三）推进了学校的特色发展

研学课程丰富了学校的课程资源，形成了基于美术拓展课程的摄影研学课程新样式，彰显了学校的艺术特色，进一步提升了学校艺术课程品质。

1. 丰富了学校的课程资源

学校在原有拓展性课程的基础上，结合地域文化、学校实情和学生成长需求等，充分挖掘研学课程资源，设计了基于美术拓展课程的摄影研学课程系列项目，包括“校本拓展系列研学课程”“走近名家系列研学课程”“交流采风系列研学课程”“社会实践系列研学课程”“红色印记系列研学课程”等五大系列，并通过探究发现、合作交流、实践操作、亲身体验等活动开展实践。

本项目的实施极大地丰富了学校的课程资源和课程内容，丰富了艺术特色内涵。

2. 形成了独特的课程样式

经过数年的实践积累与近年的探索研究，初步建立了适合艺术特色普通高中开展研学课程的资源库，形成了一个个易于操作、内容丰富和行之有效的研学课程项目，即形成了独具特色的基于美术拓展课程的摄影研学课程项目新样式。我们将开发与运用相结合，进一步推动课程的设计与实施。

3. 彰显了学校的艺术特色

学校坚持“让校园成为绽放师生生命精彩的舞台”的办学理念，在研学课程项目实施过程中，着力于挖掘本校、本地艺术教育和自然文化资源，着力于优化学生的学习方式，着眼于提升学生的核心素养，彰显了自己的特色与内涵，不仅获得了家长与社会的好评，还赢得了较高的社会美誉度，也有效地提升了学校的整体办学水平和教育质量。

六、课题研究结论

本课题的研究有效提升了学生“健康生活、学会学习、责任担当、人文底蕴、科学精神、实践创新”等方面的核心素养，凸显了我校的艺术办学特色，进而扩大了学校的影响力，促进了学校的可持续发展。通过研学课程项目的设计与实践，教师能引导学生去关注地方的发展、了解社会的变化、传承地域的文化、助力乡村的振兴。另外，该研学课程项目，能因地制宜，就地取材，充分利用地方自然文化资源，活动开展成本低，活动成效显著，尤其值得本地区同类学校推广。

“高中美术研究摄影研学课程设计与实践”课题虽然取得了一定的阶段性成效，但研学课程与其他课程的深度融合有待进一步加强，研学课程的评价机制也有待进一步完善，我们将在下阶段的研学课题实践中继续加以研究，以期有更多收获。

参考文献

[1] 中华人民共和国教育部. 普通高中美术课程标准(2017 年版)[S]. 北京：人民教育出版社，2017.

[2] 奚传绩，尹少淳. 普通高中美术课程标准(2017 年版)解读[M]. 北京：高等教育出版社，2018.

[3] 王先佳.中小学生研学旅行与课程化环境建设[J].综合实践活动研究,2017(10):16-20.
[4] 殷世东,程静.中小学研学旅行课程化的价值意蕴与实践路径[J].课程·教材·教法,2018,38(4):116-120,115.

有音、有韵、有情、有思

——以京歌《梨花颂》品学为例

杭州市萧山区第十高级中学　华海燕

摘　要：笔者结合高中《歌唱》必修模块在培育核心素养方面的教育功能和教学要求，以京歌《梨花颂》品学探究为实例，对歌唱教学深度学习开展进行了探究与实践。课例紧紧围绕“有音”“有韵”“有情”“有思”四个维度对歌曲的音色、韵味、情感、传承进行了符合学生认知梯度的品鉴和学唱。对高中《歌唱》教学深度学习进行了切实可行的实践探究，为高中歌唱必修模块深度学习提供一定的实践参考。

关键词：歌唱；深度学习；京歌；梨花颂

歌唱是以人声为媒介表现音乐、抒发情感的艺术形式，也是培养学生艺术表现素养的重要途径。2020年新实施的高中音乐新教材中《歌唱》模块作为高中音乐必修模块之一，旨在提升学生的艺术实践能力与艺术表现素养，通过鉴赏和演唱不同体裁、题材、形式的优秀声乐作品，以激发学生的歌唱兴趣，让学生学习歌唱的方法、积累歌唱的经验；同时，通过歌唱不同风格、不同题材的经典声乐作品，提高学生审美感知能力和文化理解能力。通读《歌唱》必修模块教材，整册由上、下两篇构成，共计十个单元，主要以人文主题为线索展开，其间每个单元涉及的声乐鉴赏、实践、拓展曲目涉及面广且风格各具特色。如何能够在高中歌唱教学中体现学生的主体性，使歌唱教学不仅仅局限于“歌唱”层面，学生能够用自己的视角深入作品并进行多维理解与客观表达，真正落实核心素养视角下“歌唱”的深度学习，这成了促进笔者在歌唱教学开展中深入实践的内驱力。

深度学习，是指在教师引领下，学生围绕着具有挑战性的学习主题，全身心积极参与、体验成功、获得发展的有意义的学习过程。在这个过程中，强调学生主动参与、积极构建，强调“发展”在活动中的逐步形成。同时，更注重学生掌握学科的核心知识，理解学习的过程，把握学科的本质及思想方法，形成积极的内在学习动机、高阶的社会性情感、积极的态度、正确的价值观，成为既具独立性、批判性、创造性又有合作精神且基础扎实的优秀学习者。

笔者以歌唱教材第十单元《曲风戏韵》中京歌《梨花颂》品学探究为例，从以下三个视角、四个维度对歌唱深度学习进行了实践探究。

一、场景导课，激趣“润无声”

美国心理学家奥苏伯尔曾指出，影响学生学习新知的唯一重要的因素，是学习者已经知道了什么（即“前概念”），要探明这一点，并据此进行教学。虽然高中学生经过小学、初中阶段的学习积累了一定京剧常识，但是能够主动参与、近距离进行京剧唱腔的学习，对于学生而言在心理融合和技能训练上仍有一定距离。于是如何有效打通学生对于京剧的已知“前概念”、拉近学生的学习心理距离、激发学生内在的学习意向，对于京歌《梨花颂》品学有效开展尤为重要。本课以《曲风戏韵专栏》“入场券”的形式作为课前导学，同时通过课间音乐、背景视频以及桌椅分组摆放等方式营造氛围，通过组织学生凭票入场并以票友的身份参与专栏活动等形式进行场景导课，从实际教学的效果看，学生对于歌曲的学习充满期待。

二、四维联动，品学《梨花颂》

（一）有“音”——探寻歌中的音色

歌唱是一种听觉艺术，作为京歌中的经典之作《梨花颂》的演唱音色具有京剧戏曲的独特性。故而，在学唱之前可以通过不同形式的聆听，激发学生对于其音色的发声方法产生兴趣，并采用鉴中学、学中寻的方式学习歌唱的音色与唱腔特色。

1.聆听·初识音色

教师以现场演唱《梨花颂》直观导课，组织学生有效聆听，将歌曲的相关常识，比如京歌概念、交响京剧《大唐贵妃》、梅派等话题自然融入。同时，通过歌曲的直观聆听，增进票友品戏的场景感。紧接着名家演唱音频的完整聆听，更是激发学生在聆听中对歌曲音色唱腔的“探寻”意识。通过两种形式的歌曲聆听，学生对于歌曲中的那份京剧的“假嗓”发音特色已然是明确清晰的，学生关于音色特点的回答中用的最多的词汇是“尖”“亮”“穿透力”等等。对于歌曲演唱中的咬字归韵特点也能尝试用自己的言语进行归纳。

2.实践·体验音色

（1）假嗓发音——“喊嗓子”。教师根据聆听后学生的回答词汇，建议学生尝试用自己的声音把答案告诉大家。最初学生会有些拘谨，但是教师可以适时地模仿假嗓音色以做示范，学生得到直观感受后，再来尝试假嗓发音就会自然到位很多，而学生集体寻找“假嗓”发音的音色就几乎是张口即来。学生在此环节用实践体验突破了“前概念”中只听不唱的模式，此时教师可以依据京剧“喊嗓子”的方式，将歌唱的发声练习与假嗓发音融合，可以根据学生的实际练习情况，逐步从单个的“依”字，到“依”“啊”转变，然后自然将歌曲《梨花颂》第一乐句前半句的旋律用“依”和“啊”转换，并且尝试用上下行练声模式进行，以达到开嗓和旋律熟悉并进的学习效果。

(2)咬字归韵——“念一句韵白”。对于歌曲演唱中的咬字归韵的理解，绝大部分学生最初是能意会但不会言表，有一部分细致聆听的学生能够听出歌词中“入”的念法与普通话不同，念类似于“日”的音。其实这正是京剧咬字中很有特色的一种咬字方式——上口字，对于上口字的概念教师不宜做过细的解释。上口字，即是指京剧中按照传统念法念的字。某些跟普通话略有区别的字，学生可以尝试念一念，体验上口字的韵味，提示学生在接下去的歌曲学唱中留意是否还有上口字?

关于咬字归韵的体验，主要结合戏曲中的口耳相传的学习方式，教师通过“梨”“花”“开”三个字的示范念读，学生发掘三个字的咬字归韵的不同。“梨”字头“l”饱满有力，收音到“i”要立而饱满；花(h－u－a)，则字头快速带过，字腹饱满略长，气息直击硬腭紧贴鼻腔，归音至“a”集中至眉心向前；“开”字不能强调字头“k”，字的读音类似于“咔－依”。随后在学生分组练习念诵“梨－花－开”后，教师可以提出更高的要求，用韵白念歌词“梨花开，春带雨；梨花落，春入泥”，这一练习之初建议教师示范，学生集体模仿，随后可以请个别小组学生集体展示。学生的参与与表现整体是比较积极且充满兴趣的，此时对于下一阶段的学唱品韵已经是万事俱备，只等开唱了。

(二)有“韵”——品味曲中的韵味

在歌曲的演唱中，能够精准把握歌曲特有的韵味，是声乐表演中必须具备的一种能力。虽然韵味是一种内在的成分，但是它一定是通过外在的细节和方式蕴含在歌曲中的。

1.伴奏音乐——辨京韵

学生通过歌曲第一部分唱词的学唱，对于歌曲中的京剧韵味有所体验和感受，但是至于为什么京味这么浓郁，仍不够清晰。此时可以通过再次聆听，一者是对已学唱歌曲部分的听觉巩固，二者是带着“寻找”音乐中的京韵的思考，则更加体现听觉的深层体验。学生对于“京胡”的回答，存在一定的犹豫，答案中亦有“二胡”的声音，当听到京胡和二胡两小片段音频后，学生豁然开朗——京胡！而对于“板鼓”这一最具京韵的乐器，几乎每个班的学生都能捕捉到“类似鼓点”的存在一直贯穿于音乐之中，但是心中一直疑惑，当教师出示板鼓时，绝大部分学生的答案依然是有疑问，鼓的声音不应该是“咚、咚、咚”吗？击打声一出，学生好奇、犹豫的心都落定了：对，就是这个味！板鼓，是京剧打击乐器中的必备乐器，是乐队的指挥。于是教师击鼓，学生演唱，京味更浓了，学生唱得亦有模有样了。

2.歌曲旋律——寻京韵

如果说伴奏的京韵可以通过聆听基本能得出答案，但是探寻旋律中的京韵，则更是考验学生音乐聆听的专注性和描述的准确性。这一环节，采用教师范唱式对比聆听。选择了装饰音集中的乐句“春入泥”两个版本的范唱，请学生选择哪个更具京味，同时出示乐谱，找到乐谱中的京韵小妙招了吗？此时，答案脱口而出：装饰音！学生集体用歌声来体会和表达歌中的装饰音，并且再次结合乐谱寻找歌中的京韵。学生能将所学知识应用到演唱技能的掌握中，正是学生音乐常识“前概念”与京韵探寻“深度学习”的有效冲突点。而在寻找曲中京韵的同时，学生将歌曲中的难点乐句又进一步细化，分解学习。

3.票友练习——探京韵

在探寻了歌曲中的京韵后，创设“票友练习区”环节。以6人小组为单位实践练习、自主探讨：如何将歌曲唱得更有味？在设此环节时担心具有一定的不可测性，怕脱离开老师的歌声引领学生会出现唱不准，或不敢张嘴演唱等现象。但是，在犹豫再三后，还是给学生完全独立探究的平台和空间，因为我们用再多的方式教学生，最终都是为了不教。只有当我们真正给学生自主学习的机会，才能产生最真实的情感碰撞，直击学生内心，从而展现出更有效的教学衍生。而实际的教学效果的确也给了我一份期待的惊喜。孩子们虽然唱得并不完美，但是看着他们一个个专注的眼神和略带羞涩但自信的演唱，我的内心是幸福的。在杭州借班上课后，第一时间给上课班级的班主任电话：“今天的课堂上，孩子们虽然有些拘谨，回答也并不是很出彩，但是他们很专注、很投入，都尝试用自己的方式去感受音乐，这是学习音乐中最需要肯定的状态，一定代我表扬孩子们！”

(三)有“情”——体会歌中的情感

一般而言，“情”亦指情感，包括喜、怒、忧、思、悲、哀、乐等精神活动及心理体验。情感是演唱声乐歌曲的基础，在音乐领域，歌曲是最强烈、富有表现力的，并且歌曲也是最能表达人们的思想和情感的，因此动情的歌唱可以引起听众的共鸣。而动情歌唱最重要的源泉是演唱者对于歌曲自身所蕴含的情感的充分理解与深度思考。

歌曲《梨花颂》，不仅词有情，曲背后关于杨玉环与唐玄宗之间的短暂而凄美的爱情故事更是有着千年的文学、艺术的记载背景。尤其是交响京剧《大唐贵妃》梅派风格的融合改编，剧中的故事线条和人物描绘更是细腻唯美、感人肺腑。大概剧情，可由学生结合历史与导学案信息给予大致讲解与阐述，教师对马嵬坡杨玉环临死前与高力士的对白：“(高)娘娘，您还有什么要吩咐奴婢的吗？”“(杨)我为大唐而死，为真情而亡，死而无怨，亡而无憾……”进行声情并茂的韵白念诵，紧接着直接唱出歌曲第二乐句“此生只为一人去，道他君王情也痴，情也痴”。此时，学生跟唱时那种情感的线条是清晰感人的，而心动了，歌中的情自然就感人了，歌唱“技巧”的训练则是水到渠成。

(四)有“思”——感悟乐中的情怀

1.推荐“经典”，激发共鸣

通过歌曲的学唱、曲中京韵的探寻和品鉴，学生对于京歌《梨花颂》的韵与美已有初步的认知，此时予以“经典”的鉴赏，能有深度品鉴和心灵深处的触动。而梅派第二代传人梅葆玖大师版本的《梨花颂》，无论是京韵之浓、真情之切，还是珍贵之度，都是其他版本不能相提并论的。教师以“最打动老师的版本推荐给你”一语导入梅葆玖版《梨花颂》的视频欣赏，而课堂实践中学生的欣赏专注度和赏后感受交流都是那么的真诚和真实。可见经典的力量是不可估量的，虽然没有华丽的舞台，画面也并不是很清晰，但是歌声和演绎的的确确走进了孩子们的内心深处。当课后做学生小组询问听后感时，学生回答最多的是“被感动了”。问：为什么？答：我能感受大师演唱中的深情和投入，我觉得他是在和自己对话、对梅派告白……

2. 追忆“传人”，感悟情怀

在核心素养的大背景下，高中学生在歌唱中如果仅仅停留在学会歌曲的演唱，那么一定缺了审美观和人文情怀的培养与引领。深度学习下的歌唱教学，更应该注重歌唱背后的思考视角在教学中的融合。在京歌《梨花颂》教学中，课内拓展环节加入了梅派第三代传人胡文阁“谈师傅梅葆玖与《梨花颂》的情缘”视频片段，笔者经历了“放？”“删？”“放！”的徘徊。将这一完全“访谈式”的视频放在学生学唱热情高涨且课堂氛围适宜的结束处，似乎有些冒险。因为这有违于常态的歌唱教学课堂的设计思路，但是我以深度学习教学思路来思考，在临近上课的前一天还是决定采纳应用。而事实上在课堂教学中，学生对于这一环节的安排满心欢喜亦很有收益。

课后，询问部分学生：“对于这一板块的加入有何建议？”一学生如此说：“我觉得在访谈视频的学习中，我们对于京剧师徒间的口耳相传方式有了更加清晰的了解，对于大师那份对于艺术的细腻探究很惊叹，尤其是梅葆玖大师的‘如果只是好听，那就不够高级了’真正促动了自己以往对于京剧戏曲的肤浅理解，有一种想进一步再去细致学唱歌曲的期待。”

三、深度延伸，再唱《梨花颂》

如果说在课堂之初学唱歌曲，学生只是出于京歌《梨花颂》好听、对其浓郁京韵的初体验，那么经过经典感悟和访谈聆听带有思考性的学习后，学生对于京歌《梨花颂》的理解和审美层次已然更深了一层。在CCTV《回声嘹亮》经典推荐胡文阁现场演唱版本的演唱中，师生再一次唱响《梨花颂》，歌声中多了一分真情与感动，更多了一份对于完整学唱歌曲的内心期待。

歌唱模块作为高中新教材的必修模块之一，在教学中时刻要有预设、有梯度地将“审美感知”“艺术表现”和“文化理解”等学科核心素养有机、有效地融入教学的每一个细节中，即文中所称歌唱教学的“深度学习”。在京歌《梨花颂》品学课例中尝试通过学生深层体验、合作探究等方式对歌曲品学，有意想不到的惊喜，亦有预设之中的出彩，更有值得点赞的高度有效参与，但是也有值得思考和需要调整的不足之处。谨以此文作为高中《歌唱》必修模块深度学习探究的起点，感谢探究过程中予以笔者指导的诸位师长，亦期待在不断的实践中真正促进歌唱教学的审美衍生和音乐核心素养的花开满园。

参考文献

[1] 杜宏斌,单森权. 新版课程标准解析与教学指导:高中音乐[M]. 北京:北京师范大学出版社,2018.
[2] 孔祥勇. 声乐唱法与舞台实践探究[M]. 北京:中国戏剧出版社,2020.

有备而战，胸有成竹

——给音乐高考生专业考前规划的几点建议

杭州市萧山区第十高级中学　华海燕

摘　要：笔者根据自己20余年带教音乐高考生的实践经验，结合近年来音乐高考的新动向，从音乐专业高考"考前规划"的时间节点、规划涵盖内容、规划策略的细化落实以及规划盲区的提前预设等四个方面给音乐高考生专业考前规划的制定和实施提出了翔实有效的建议。

关键词：音乐考生；考前规划；建议

随着全国艺术教育的发展，在音乐核心素养的大教育背景下，越来越多的孩子选择艺术类高考，音乐类考生虽然没有美术类考生发展迅猛，但也是在逐年增加，且近年来参加音乐类高考学生的综合素养和技能水平较以往明显提高，高考竞争也愈加激烈。要想在激烈的竞争中立于不败之地，在考试中保持自己的最佳状态，那么就必须有一个科学合理、可行高效的考前规划。同时，在多方配合下行之有效地将规划落到实处，真正做到"有备而战，胸有成竹"。笔者结合多年带教音乐类考生的实践经验和体会，就如何做好专业考前规划给音乐类考生几点建议。

一、"规划时间"早界定

考前规划制定的时间以及整个规划时长跨度的设定，在高中音乐学习的三年中可以从时值跨度的长短划分为三年整体规划、年度规划及考前规划，本文主要就音乐专业高考考前规划展开阐述。

1. 时间节点有讲究

本文中的"音乐专业高考"主要指浙江省音乐专业统考，以及各音乐院校单独组织的专业招生考试，简称校考。考前规划的具体时间跨度一般建议在6至8个月，把这个时间作为高考备考的时间节点，主要缘于两点：首先，近两年来浙江省的音乐统考时间根据选考时间在不断调整。如：2018年音乐专业统考时间为1月14日—19日，2019年的省统考时间已经确定于12月15日开考；各音乐学院的校考时间一般都集中在1月中下旬至3月。根据省统考时间、校考时间往前推算正好在高二结束后的暑假左右，此时若能科学合理地做好专业规划，对于假期最大限度挖掘专业空间的黄金时间是必备条件。其次，经过高一、高二两年相对系统的专业学习，学生在声乐、器乐、视唱练耳三门学科上都会有很大的提高，也积累了专业高考的基本素养，但是此时绝大部分孩子在高考方向（校考、省统考）的选择、专业提优补差侧重点的确定、文化专业学习时间的分配等方面仍处于半空白或徘徊的状态，此时若能够结合考生自身专业报考志向，客观分析专业技能水平，进行有目标、有方向的专业学习，对于专业技能的快速提升一定是事半功倍的。这段时间对于高考是至关重要的。

2.阶段重点各不同

如果把6—8月这个时间跨度作为专业考前规划的一个整体，我们还可以根据高考主项声乐、器乐、视唱练耳、乐理等学科特点细化为不同阶段的侧重点，把它分为规划的初期、中期和后期。

（1）初期重点：一般在规划初期，首先必须根据考生基本综合考量确定侧重方向（省统考或校考为主），只有方向明确了，行动才可能更有针对性，更有效。在规划初期钢琴高考作品必须初步确定，此时初步确定高考作品有两个优点：一是考生可以通过一段时间的摸谱练习，有时间分析作品是否能够扬长避短，评估作品的难易程度是否适合自己当前的弹奏水平，如果存在问题还有可能在中期做适当的调整；二是早做准备，能够有更加多的时间去细致处理作品和熟练练习，确保高考时作品弹奏的完整性和稳定性。

（2）中期重点：首先，要阶段性评估钢琴高考作品的完成度和适合度，并能够在指导老师的指导下及时对作品进行调整和跟进。其次，声乐作品基本确定范围，可以根据自己的演唱情况选出1—3首声乐作品，进行逐句地细抠和处理，用来备选高考声乐作品。在这个阶段对于有意向校考的考生小三门的学习必须跟进，尤其是针对性的校考题库练习要开始模拟练卷，否则短时间内知识的掌握就不够牢固，容易在考试中因为小三门没有过关而被卡在校考门外。这样的情况几乎每年都会出现，比如，笔者2022年带教的一位考生陈某，在2022年我校所有音乐考生中一直是公认的浙江音乐学院（以下简称浙音）“一号种子选手”，每次声乐、器乐、视唱练耳模拟考试都很稳定，在省统考中也发挥出色，专业综合分82分，全省排名第36名，可是在浙音校考中就因为小三门零点几分的差距无缘浙音，令人惋惜。

（3）后期重点：规划后期，也就是临考阶段。此时的重点是：第一，积极参与学校组织的多角度的模拟专业高考，增强考场自信心和提高高考作品考试完成度；第二，将身体调整到最佳状态，避免因保暖、饮食、过度练习等多方面因素影响身体；第三，客观评估自己现阶段的专业水平，不做过高期待和过低评价，调整心态积极迎考。

二、“规划内容”广涵盖

1.确定高考“侧重点”选择方向

（1）校考为主，统考为辅。选择以校考为主，兼顾省统考的考生，一般专业能力上相对会比较全面，也具有一定的专业基础和实力，但是在高二阶段的专业水平跟校考专业要求之间还会存在比较大的差距，所以做好校考考前规划尤为重要。一方面，考生的考学目标要明确，意愿要够坚定；另一方面，家长也必须在各方面做好学生的坚强后盾。由于每一所校考院校的考试流程、考试曲库、小三门题型、范围等都有所不同，所以绝大部分参加校考的考生在备考中后期，建议去相应的院校进行考前专业短期集训或请专业导师进行考前指导，并且仔细研读相关院校校考的招生简章，做到备考有的放矢。用我们常年带教音乐高考生一线教师的话说：该出手时就出手！如果在冲刺阶段仍只是在校内进行常态专业学习，那么面对要求高、竞争大的校考获得成功的机会极小。

在备考校考的同时，如果是选择报考院校的音乐学或者音乐教育专业方向，其实在作品的准备和练习方面两者是相通的，并不矛盾，更不冲突。只是这部分考生在强化专业练习的同时需要注重文化学科的复习与提高，因为近年来报考各大音乐学院的超级“学霸”和专业“高手”越来越多，只有文化和专业“强强联手”才能圆考生的“校考梦”。如果只是一味重视校考专业的强化，忽视文化学科，则后果也可能是令人难以接受的。比如：今年带教的 2019 届一名音乐考生傅某，参加西安音乐学院（以下简称西音）校考，其校考专业成绩在班级参加西音校考的 5 名同学中名列第一，可是，最后因为高考文化学科的分数实在太低，只能遗憾地与西音失之交臂。

(2)统考为主，校考为辅。近两年来承认浙江省音乐统考成绩的院校越来越多，几乎涵盖了绝大部分面向浙江招收音乐专业考生的外省综合性大学。2019 年艺术类第一批中承认浙江省统考成绩专业汇总大学中就包括了厦门大学、上海大学、东北大学、华东师范大学、湖南师范大学等。

综合招生政策的变化，如果考生没有特别强烈的音乐院校意向，专业、文化均又属于中等或一般——其实这部分考生应该占每一届考生总人数的大部分，均建议主攻省统考。在备考规划之初就给自己确定基本的专业侧重方向，能够给接下来的学习减少很多困惑和烦恼。当然，如果在备考的中期经过自己的刻苦练习和学习，加上专业“开窍式”提升，亦可以适当选择一所专业考试曲目数和省统考要求基本一致的音乐学院参加校考，给自己的高考多一个选择的机会。

比如，2017 届毕业生邓某，属于零基础考入我校音乐班，本身声乐条件和音准都不错，但是高一、高二时学习不够用心，所以声乐成绩一直只处于中等，钢琴则更是班级薄弱学生之一，专业高考堪忧。可是，邓某进入高三阶段两个月的专注学习后，突飞猛进，尤其是声乐，在第一次模拟考试中取得了班级第三名，于是学生和家长沟通，于 11 月份选考结束后把高考方向调整为校考声乐表演专业。经过中后期的一系列的教学调整，邓某参加湖南师范大学校考，专业成绩全省第 15 名，顺利考入湖南师范大学，远远超过他参加省统考可能被录取的大学层次。

(3)明确目标，强攻统考。选择只参加省统考的学生，一般是专业自我评价属于中等或后三分之一水准，距离校考的专业要求距离甚远，于是主动选择“放弃”。对于这类考生，能理性分析早做选择，其实就是最合适的选择，因为在专业省统考结束后就可以全力以赴主攻文化学科，可以有更多的时间去备战文化高考，大部分考生最终也能有满意的高考成绩。比如：我校 2018 届考生潘某，高中两年来专业成绩一直处于班级中等水平，尤其是视唱练耳和声乐相对比较弱。但是孩子非常刻苦，家长也很理性，在高二结束时明确放弃校考，只参加省统考。省统考结束后，他就全力以赴进行文化课学习，最后高考文化课成绩 511 分，综合成绩 529 分，被宁波大学录取。

2.做好专业“阶梯式”学习计划

(1)作品选择不盲从。在音乐专业考试中，高考的作品选择能否扬长避短，选择的作品是否适度提升考生演奏、演唱技巧水平，很大程度上决定了高考分数高低。但是如果考生一味地将作品难度提高，甚至远远超过了本身所能驾驭的最大能力，则会适得其反，使得考生在考试之前就一直处于紧张担心的精神状态。另外，固然备考期间因为练习时间长，作品的确熟练了，但是手指因为超负荷导致音乐流动感差、发声肌肉群体过度参与、声音僵等技能上的硬伤，也无法获得满意的考分。如：2016 届一位考生李某某，从小学习声乐，声音条件不错，高三阶段声乐演唱水平也属于班级中等偏上，她的短板是音准和乐感偏弱。如果此时给她选择一首节奏稳定、旋律朗朗上口的歌曲或许能够发挥她音色、技能上的优势并取得不错的成绩，但是她高考作品选择了一首女高音花腔作品《牧笛》，这是一首以哈萨克族音乐节拍特点为主的歌曲，其间经常会出现核心音调的不断变化和发展，需要演唱者有较强的音乐表现力和音准稳定性。而这两者恰恰是她的短板，所以在高考中本来是声乐强项的她声乐省统考只得了 63 分。这就硬生生地把本来有可能上本科的她，降档录取在浙江教育学院(专科)。

(2)分类目标有步骤。在考前规划中根据自我设定的目标，有计划地去落实分类目标是考生必须坚持的学习步骤。比如，选择了以“主攻校考，统考为辅”方向的考生，确定校考院校为西音：首先，要全面了解西音前一年的招生简章，重点了解本人有意向考学的招考专业、有无曲目要求、视唱练耳乐理(简称小三门)的题型和考试范围，根据自己潜在技能水平准备相应难度的作品。其次，不能放松小三门的练习和文化学科的有机融合。在此基础上，还要及时关注当年西音招生简章情况，根据不同的变动及时调整自己的学习重点，做到知己知彼，有备而战。

比如：2019 届考生魏同学，制定规划时确定目标为“冲浙音、保西音”，在备考期间她一步一个脚印踏踏实实学习专业，尽量在不冲突文化课的情况下去浙音补习专业课，视唱练耳课程则基本跟学校安排的教学进程学习，与此同时，在考前一个月还有意识地准备西音考试加试项目“舞蹈”。考前更是不骄不躁、静心备考。功夫不负有心人，她顺利拿到西音和浙音校考合格证，通过文化学科的最后冲刺，如愿考入浙音音乐教育专业。

三、“规划策略”细落实

本文的“规划策略”是指在专业高考规划期间我们用怎样的方式去学。绝大部分知识的学习总是离不开课堂这个主体，那么音乐专业学习亦是如此，老师的引领和手把手的指导对于学生而言是必不可少的。只不过音乐专业学习有其特殊性，知识掌握一般与实践练习结合性较高，所以课后练习的有效性和时长保证同样重要。

1.课堂学习多角度

(1)课内课外互补式。在规划阶段学生专业课程学习的方式因人而异，采用课内外互补式学习方法相对比较高效。学生以学校内的专业学习作为基础课程，即每周常态课学习，一般指声乐(一对一)、钢琴(一对一)、视唱练耳(小组课)；而校外的学习则是指额外加上大学或艺术院校专业教师的专业课程。这样两者有机结合，虽然某些时候可能会存在教学上的侧重差异，但是对于已经具备一定专业辨别能力的准高三或高三考生而言必然是1+1>2。每一届这样的例子举不胜举，比如2017届考生周灵丹，2018届考生冯子龙，2019届考生朱佳怡、朱梦楠，等等，她们基本采用这种模式进行备考规划，效果还是比较显著的。

(2)短期集训强化式。这类方式比较适合专业相对新生的专业或者偏向于表演类校考的考生。比如近年来各大音乐院校新开设的音乐工程专业，也有称“艺术与科技”专业、录音工程专业等等。这些由于涉及专业面相对比较广，一般学校音乐教师对专业也比较陌生，更别说给予学生指导，所以，学生在这样的单项考试内容的准备上建议参加相应的短期强化训练。其他如有意向报考外省校考的，也建议参加该院校组织或者其校内相关教师的专业集中强化授课。

2.课后练习重实效

(1)静心专研，打动自己。能够静心专研地进行课后练习，是考生在考前规划阶段快速提升专业技能强有力的保障。静心练习，既是一种学习心态，也是一种练习方式。面对声乐、器乐、视唱练耳、乐理这几门专业课，如何做到有效？其实考生最需要的是内心的“静”，尤其是在考前规划这个阶段，心要静，行要恒！这样既有了练习的良好心境，更有了学习的持久行动。2017届毕业生来烨炜同学以专业第69名考入音乐班，声乐、钢琴均属于零基础，如果说声乐零基础，那么通过两年认真学习加自身天赋赶上有基础的孩子或许不难，但是钢琴要通过短短的两年时间赶上有童子功基础的孩子是相当不易的，可是他做到了，省统考钢琴77分、声乐83分、视唱练耳90分，全省综合排名第27名。细看他的高考钢琴作品难度不高，可是每次听他的练琴都是静心投入，似乎用琴声在与自己交流。

(2)理性统筹，专文兼顾。高三对于音乐考生而言是与时间赛跑的一年，谁能够在有限的时间里对专业练习进行理性的统筹，协调好专业与文化的互补关系，谁就一定能够收获成功，反之则留有遗憾。

首先，练习时间理性分配。钢琴、声乐、视唱练耳(乐理)都要有相应的练习时间，而不能顾此失彼。按往届高三带教经验，规划初期要基本保障琴房练习时间每天4小时，时间分配一般建议2+1+1；具体时间分配根据考试情况适当微调练习时间，但是一刀切式的练习法一定要避免。中期属于强化提升阶段，可适当延长到每天5小时，后期则可以适当减少时间。但是也有一些考生一味追求长时间练琴，甚至请长假回家练琴，这样都是不可取的。一方面，过长时间的练习并不代表高效，手部肌肉容易出状况；另一方面，全天候练琴模式牺牲了文化学科学习的时间，无形中给最终的高考减分了。

其次，文化学科要兼顾。虽然大多数专业院校录取原则是文过专排，但是对于大部分考生来说面对的还是省统考为主要高考方向，所以我们对于文化课一定不能掉以轻心。我们音乐艺考同样不能将鸡蛋放在同一个篮子里，花费一小部分时间复习文化课基础知识，不仅不会影响到专业课学习，而且还会令升学多一份保障。

仔细分析我校2019届所有音乐考生的专业情况，其中5位考生在规划阶段中期因为练琴需要请假两周以上，在家练琴的学生省统考专业得分都处于班级后三分之一，尤其是钢琴得分有2名学生是班级最低分。而能够合理安排练习时间统筹专业练习的学生，整体都比较理想。

四、“规划盲区”早预设

由于“考前规划”制定的时间跨度比较长，而音乐学习又本身存在很大的主观因素和个体差异，故而在制定规划的整个阶段中需要根据实际情况进行及时的调整和补充。

1.声乐作品正谱有备份

由于声乐演唱的发挥与考生考试当时的身体状态、歌唱状态紧密相连，而当身体状态不佳时歌曲升半个音、降半音都会严重影响歌曲演唱的变现力和完成度，所以在规划后期，声乐作品正谱准备原调和降半音的乐谱各一份以备用。

2.考前专家指导促信心

在专业高考前，如果有大学专家，尤其是担任过省统考或校考评委的老师来校指导的机会，则一定要待其来之前做好相关准备。如：穿准备考试时的服装，开好嗓，准备好钢琴和声乐作品的乐谱等。如果在讲座展示中有机会一定要争取上台进行展示，以获得最直接的导师考前指导和模拟高考的实践体验。

关于怎样有效制定音乐高考生专业考前规划，以促进考生以最佳状态展示专业所学，笔者一直在思考，也曾多次搜索网络相关话题，着实涉及内容甚少。本文属笔者教学实践感受之谈，当作抛砖引玉，期待同行专家共同研讨，以促进音乐艺术教学的深度提升。

参考文献

[1] 金铁霖，金铁霖.声乐教学艺术[M].北京：人民音乐出版社，2017.
[2] 周海宏.音乐何需“懂”面对审美困惑的思辨历程[M].北京：中央音乐学院出版社，2021.
[3] 李美群.声乐演唱技巧与表演实践微探[M].北京：中国纺织出版社，2018.

舒伯特中期奏鸣曲末乐章“尾声”相关性分析

杭州市萧山区第十高级中学　池舒夏

摘　要:舒伯特在奏鸣曲创作的中期(1823—1826 年)写作了 5 首具有演奏价值的奏鸣曲,篇幅较长,每一首都有着优美的旋律和丰富的织体。其中期的创作在初期创作基础上加入更深的音乐矛盾冲突。末乐章“尾声”的音乐材料主要源于三处:一是所在奏鸣曲第一乐章或末乐章的主题乐段;二是所在奏鸣曲末乐章的附属部分;三是源于舒伯特早期奏鸣曲的部分乐思。

关键词:舒伯特;奏鸣曲;末乐章;尾声

在演奏一首乐曲之前,研读乐谱是我们首要的任务。在聆听并演奏了舒伯特中期奏鸣曲之后,本人发现舒伯特所写作的“尾声”既有英雄主义的热情,也有浪漫主义的柔情。舒伯特的作品往往会充满着“歌唱性”,他的中期奏鸣曲中,这一特性已经慢慢地成熟起来了,逐渐形成了一种独特的个人特征。他在“尾声”部分经常会用到已经出现过的材料。有时会用到末乐章中的主题元素,形成首尾呼应;有时更加强调了其他附属部分,例如连接部,使得乐曲结束于一种踌躇、忧伤的心境。

一、纯粹源自末乐章主题

1.《a 小调奏鸣曲》(D. 784 或 op. 143)

1823 年,舒伯特的身体状况较差,他创作了《a 小调奏鸣曲》D. 784,作品 143,他打算将这首充满特色的奏鸣曲送给德国音乐家门德尔松。乐曲中有着突兀的停顿和模仿交响乐队音响的效果,小调的色彩、半音化的旋律线条,无不展现着作曲家的内心感受。全曲共写作有三个乐章,调式调性分布为 a—F—a,整首奏鸣曲中,舒伯特在每一个乐章里都设置了“尾声”。末乐章共有 269 个小节,调式调性回归到 a 小调,回旋性的三部曲式结构,速度为 Allegro vivace,极活泼的快板。末乐章呈示部由 ABAB 四个乐段组成,A 乐段和 B 乐段的音乐材料是完全不同的,A 乐段动力更强,舒伯特将 A 乐段也用在了这一乐章的末尾,B 乐段通过模进的手法增强了其旋律感,完全不一样的节奏型让两个乐段对比非常明显。展开部为 C 乐段,这一乐段延伸了 A 乐段的写作,又融入了一点 B 乐段的节奏元素,两个声部交替出现。再现部同样由 AB 两个乐段构成。从乐曲的整体上来说,在音乐材料的运用上,三个乐章的主题元素占比呈递增的趋势。第一乐章完全不用主题材料;第二乐章在末尾三小节用了一点主题材料;第三乐章则是将主题材料延伸到了占比为 58.8%,使得主题音乐材料占据了"尾声"的半壁江山。可以说这首奏鸣曲的末乐章中,舒伯特对具有三连音律动的主题部分更为满意。

末乐章"尾声"的结构见表 1。

表 1 《a 小调奏鸣曲》D. 784 末乐章"尾声"

乐句	a	连接	b	主持续
小节数	253—256	257—259	260—263	264—269
调式调性	a 旋律—G	F—a	a 和声、a 旋律	a

"尾声"部分与再现部的 B 乐段连接在一起,所用的材料来自 A 乐段,但和第二乐章一样都将顺序颠倒了一下,首先出现的旋律 a 是 A 乐段 38—41 小节的变化再现,a 乐句的旋律走向与第一乐章 a 乐句相似,它借鉴了第一乐章主题乐思,音符的密集程度提高,不仅增加了演奏的技术难度,而且在情绪上也更为激动。具体如图 1 所示。

图 1 《a 小调奏鸣曲》D. 784 末乐章第 38—41 小节

b 乐句再现了末乐章中 A 乐段的第 1—2 小节,并用八度的奏法呈现主题,且将其用至结束。具体如图 2 所示。

图 2 《a 小调奏鸣曲》D. 784 末乐章第 1—2 小节

舒伯特重复 A 乐段的开头,在 b 乐句中再次出现三拍子律动和"鱼咬尾式"的三连音旋律,在两个声部中进行和声小调和旋律小调的交替变换,让音乐具有强烈的流动性,像两条河流不断地交错纵横,直至流入大海。具体如图 3 所示。

图 3 《a 小调奏鸣曲》D. 784 末乐章“尾声”b 乐句

从主持续乐句开始，八度三连音的旋律移至第二声部，不再有旋律小调的影子，在乐曲的末尾只剩下了 a 和声小调主属和弦的三次和声进行，倒数两小节以主和弦重复四次结束。和声小调和旋律小调本身在音的排列方面就非常接近，旋律小调升六级，在色彩上更接近于大调，但是整体依然统一在小调中。“尾声”经过旋律小调单独进入，到和声和旋律交替发展，直至和声结尾，是两种不同性格的音乐形象在做斗争，一个形象完全阴郁，而另一个形象相对阳光，经过反复挣扎最终还是阴郁的那一个走到了结束，这像极了舒伯特本人与自己的出身和疾病做反复的斗争，可是没想到接近阳光的那一面在本质上也还是属于小调。

“尾声”的音区从大字一组的 A 至小字四组的 E，横跨近六个八度。虽然“尾声”部分的音乐材料来自 A 乐段，但是在演奏力度选择上，舒伯特不再满足于弱力度的慢慢进入，从第一个音开始，这 17 个小节的演奏就一直以很强的力度进行发展，而且一发不可收拾。其中有四处突强，这是一个强收尾的末乐章“尾声”。

二、末乐章与前期奏鸣曲

这里所指的“前期”包括同一首奏鸣曲中的前面几个乐章，以及舒伯特早期创作的奏鸣曲。

1.《a 小调奏鸣曲》(D. 845 或 op. 42)

《a 小调奏鸣曲》D. 845，作品 42，作于 1825 年。全曲由四个乐章构成，第一乐章和末乐章的“尾声”前后呼应，音乐材料相互关联。第一乐章奏鸣曲式，a 小调，音乐一开始就从 C 音急转直下，给人一种大调的错觉和“叹息”的音乐印象；第二乐章是一个变奏曲，主题比较抒情，整个乐章中有一种内在驱动力；第三乐章是一首有着三声中部的谐谑曲，用了切分音来加强激动的情绪；第四乐章是一首回旋曲。整首奏鸣曲给人一种宿命的感觉。

《a 小调奏鸣曲》D. 845 中，四个乐章都有设置“尾声”的部分，其总体“尾声”的篇幅更是五首奏鸣曲的“尾声”之最，可见舒伯特对这首奏鸣曲的喜爱和满意程度之深。末乐章是回旋变奏曲式，有人说是受到了莫扎特的影响，有大小调交替，有两种情绪的变化。我们可以经常听到一个熟悉的旋律在不断出现，其中，又用了一点第一乐章的音乐素材。

末乐章的“尾声”共持续了 48 个小节，2/4 拍，速度标注和 D. 784 相同，为 Allegro vivace 活泼的快板。其结构见表 2。

表 2 《a 小调奏鸣曲》D. 845 末乐章“尾声”

乐句	a	a1	a2	连接	主持续
小节数	502—509	510—515	516—524	525—527	528—549
调式调性	d	F	a	a	a

整个“尾声”部分根据其声部变化可以分为五个乐句，第一乐句从 502 小节到 509 小节，其音乐材料来源于末乐章的变奏主题，这一主题的和声织体中有一组迂回下行至第二乐句的音乐材料，这一组材料从主题中的伴奏织体发展而来，在“尾声”中逐渐占据主导地位，在第二和第三乐句中扮演重要的角色，主导着整个音乐和情感的走向。其在不同的声部进行发展以后经过第 525—527 这 3 个小节连接至第四乐句，从而一泻而下。这 3 个小节的材料完全来自《a 小调奏鸣曲》D. 845 第一乐章的“尾声”中的第 297—231 小节，是将这四个小节的旋律音进行了缩减而得到的。具体如图 4 所示。

图 4 《a 小调奏鸣曲》D. 845 第一乐章第 297—231 小节

既是对两个乐章“尾声”的前几个乐句的总结，又是推向最终结束的旋钮。两个乐章的“尾声”无论是微观的结构设置还是宏观的矛盾展现，都非常相似，体现了舒伯特不同于古典主义时期其他作曲家的音乐构思。整首乐句既有结构的规则感，又有音乐组织旋律的自由，充满着戏剧性的碰撞。

再往前探索，我们可以发现这一音乐元素其实来自舒伯特早期的奏鸣曲创作《C 大调奏鸣曲》D. 279 的第一乐章以及它的“尾声”。这一乐章大量地用到了类似 a 小调奏鸣曲 D. 845 第一乐章和末乐章“尾声”的音乐素材，在结束部的高低声部中反复循环展开。因此，该部分的“尾声”不仅是对《a 小调奏鸣曲》D. 845 的再现，还同时再现了早期的创作思维。

2.《A 大调奏鸣曲》(D. 664 或 op. 120)

《A 大调奏鸣曲》D. 664，作品 120，是舒伯特跟好友在奥地利游历时有感而发，写给当地旅店老板的女儿的作品。关于奏鸣曲的写作时间仍存在着疑问。有人认为是作于 1825 年，也就是在本文所列舒伯特中期的时间段之内；也有人认为它写作于 1819 年，因为它的风格更接近那个时期，且与“鳟鱼”五重奏 D667 一同在 1929 年出版。而由于这首奏鸣曲非常具有代表性，是舒伯特奏鸣曲创作中期唯一一首将末乐章用奏鸣曲式来写作的曲子，因此本文主要参考《西方钢琴艺术史》一书，将D. 664放在舒伯特中期奏鸣曲创作之内。

其思路和乐曲第一乐章的“尾声”写作十分相似，都是对呈示部的主题进行相似度极高的模仿再现。“尾声”的结构见表 3。

表 3 《A 大调奏鸣曲》D. 664 末乐章“尾声”

乐句	连接	a	a1	a2
小节数	204—205	206—209	210—211	212—216
调式调性	A	A	A	A

从整体上来说，第一乐章的“尾声”由于和声织体的不同，与主部主题有一个微妙的和声差异，使得乐章的前后形成一定的音响差异，力度为 pp，渐行渐远，给人一种意犹未尽的感觉。而末乐章的“尾声”一改第一乐章“尾声”的情绪，让快乐的歌唱性音乐结束整首奏鸣曲。在乐曲第二乐章中，舒伯特常让小调旋律作为主导，甚至快要结束时都在使用小调，末乐章“尾声”中 A 大调的写作是对三个乐章的主要调性布局的总结。

末乐章的“尾声”的音乐元素同样来源于它的主部主题，但是作曲家进行了延伸，从 a1 乐句（第 209 小节）开始不断重复乐句中的 6/8 拍附点节奏，在“尾声”部分总共有 10 处用了附点节奏型，呈现一种不断前进的动力。这样的附点节奏也是对第一乐章的主部主题和“尾声”部分的节奏再现。随着音乐不断向最后一小节发展，附点节奏型的密集程度不断增加，在最后两个小节用强有力的和弦进行结尾。在结束音之前，主要的旋律进行就已经结束了，最后的两音形成了类似伴奏一样的音乐结构，在听觉感官上亦是如此。

该“尾声”的 a 乐句来源于末乐章的主题乐句，其乐思来源于舒伯特早期的奏鸣曲《㊣A 大调奏鸣曲》D. 557 的末乐章主题乐句，其弱起小节之后出现的第一个音为㊣B，与《A 大调奏鸣曲》D. 664 末乐章“尾声”a 乐句的弱起部分第一个音仅半音之差。音乐的走向也如同早期的这首奏鸣曲一般，旋律由高处级进下行，在主和弦上进行三次重复停留，并伴有伴奏织体在主和弦上的变化。

末乐章的“尾声”回归到 A 大调上，形成调式调性的统一。整个部分总共由四个小部分构成，从一个小连接进入，通过左手的主持续音巩固了调性，四个部分的调式调性非常统一，但是为了有所变化，舒伯特在 a2 乐句中添加了一个短暂的同主音调小调的减七和弦，又迅速回归到了 A 大调上，忧郁的情绪突然出现又迅速消失。这样的写作手法还出现在了第一乐章的副部左手演奏主旋律处和第二乐章的再现部，只不过末乐章“尾声”中仅是一个离调的手法，并没有直接转到小调上进行发展。具体如图 5 所示。

图 5 《A 大调奏鸣曲》D. 664 末乐章“尾声”a2 乐句

这一部分的“尾声”伴奏织体旋律感较强，演奏时要特别注意声部之间的区分，主要突出上方的旋律声部。从 a 乐句开始，虽然分为三个乐句，但是从其整体的织体结构中可以看出它是一个主持续段落。“尾声”与末乐章主部主题的和声织体极其类似，伴奏中的主持续音在两处都一直存在，在低声部起到平衡整体音色的作用，并且着重凸显“尾声”明亮的大调色彩。相比较来讲，末乐章的“尾声”更具有代表性，首先是它的篇幅较长，其次就是持续音的写作，是三个乐章最终的调式调性的诠释。“尾声”中所用的音乐元素大部分来源于该乐章最核心的部分，是整个乐章的回顾与浓缩。《A 大调奏鸣曲》D. 664 末乐章的“尾声”与主部主题的旋律相似，精神上很容易出现倦怠感，可能会弹得与主部主题没有区别，过于平淡乏味。在“尾声”音区变化的同时，要利用指腹和指尖的交替配合形成作曲家想达到的力度变化。表现弱的力度时，可以尽可能地多用指腹来触键，下键速度可以慢一些；表现强的力度时，可以尽可能地运用到指尖，下键速度快。

三、末乐章与后期奏鸣曲

这里的“后期”奏鸣曲指的并不是舒伯特晚期奏鸣曲，而是包括晚期的三首奏鸣曲在内的之后创作的奏鸣曲。舒伯特写作的末乐章“尾声”不仅重视附属部分的音乐材料运用，他的“尾声”更是为其之后的奏鸣曲旋律写作提供了灵感。

1.《D 大调奏鸣曲》(D. 850 或 op. 53)

《D 大调奏鸣曲》作品 53 创作于 1825 年的 8 月。末乐章是一个回旋曲式结构，在 4/4 拍，D 大调上展开，经过调式调性的发展，最终回归到 D 大调上。主题 A 部分在情绪上是非常活泼明朗的，节奏多变，添加了第一乐章的三连音结构，听觉上有些许前面乐章走走停停的味道。

“尾声”部分分为三个乐句，共有 10 个小节，其结构见表 4。

表 4 《D 大调奏鸣曲》D. 850 末乐章“尾声”

乐句	a	主持续	b(主题再现)
小节数	202—205	206—209	210—211
调式调性	D	D	D

“尾声”部分的伴奏织体和末乐章 A 乐段一样，在“尾声”中将织体变成大量的连断音，其音乐材料是 A 乐段的继续变化发展。具体如图 6 所示。

图 6 《D 大调奏鸣曲》D. 850 末乐章 A 乐段 a 乐句

第一乐句 a 拉长了末乐章的变化 A 部分的终止，与变化 A 部分连接在一起，力度由变化 A 部分的 pp 进行到了 ppp，且越来越弱，由此奠定了整体“尾声”部分的音响基调，其后半句在前半句的高八度上发展，具有田园风格。第二乐句的音乐材料来源于 a 乐句，再次拉长整个“尾声”部分，不断重复分解的主和弦，是一个主持续音的连续进行。最后一个乐句 b 一改前面快速连续的跑动，重新归于平静。《D 大调奏鸣曲》D. 850，作品 53 号，在本章第一节中有过详细描述。值得注意的是，这一“尾声”的最后一个乐句与舒伯特在其后写作的《G 大调奏鸣曲》D. 894 第一乐章开头乐思有着密切的联系。在新的乐曲中，主题乐句的音乐细胞组织结构为 B—A—B 音。具体如图 7 所示。

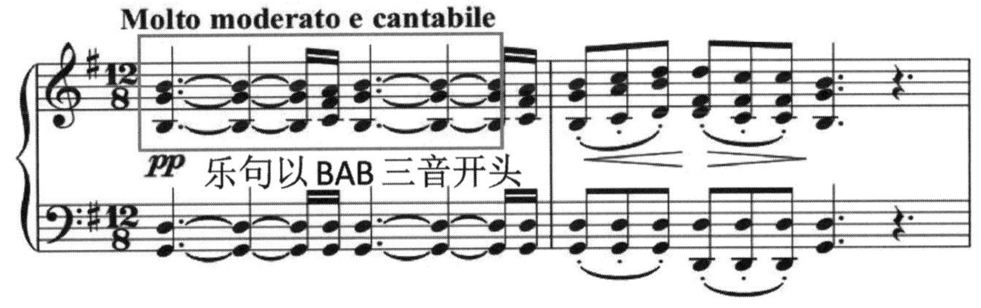

图 7 《G 大调奏鸣曲》D. 894 第一乐章第 1—2 小节

其乐思开头三个音完全借鉴和模仿了《D 大调奏鸣曲》D. 850 末乐章“尾声”b 乐句的乐思，即 A—B—A 音的开头三个旋律音进行，将开头的三音以倒影并延长时值的方式进行模仿再现。同时，晚期《㊣B 大调奏鸣曲》D. 960 的第一乐章开头音乐动机也借用了《D 大调奏鸣曲》D. 850 末乐章“尾声”的这一旋律细胞组织运动。因此，可以说《D 大调奏鸣曲》D. 850 的“尾声”，既再现了该乐曲的第一乐章，又将中期的其他奏鸣曲和晚期奏鸣曲连接在了一起，具有承前启后的意义。

从乐曲整体来说，这首奏鸣曲的节奏是比较有特色的，第四乐章的“尾声”大部分是连续的音乐进行，抛开了前面乐章喜欢用的三连音，转用四个十六分音符的连续节奏型，在带有终止意味的同时又不乏音乐的流动性，最后对乐章主题动机的小回顾让人不禁又回忆起了前面已经结束了的三个乐章。也许舒伯特设置这一点的动机不仅是对第四乐章的回想，还是对整首《D大调奏鸣曲》D. 850的回想。

2.《G大调奏鸣曲》(D. 894或op. 78)

《G大调奏鸣曲》D. 894，作品78，创作于1826年，也称《幻想奏鸣曲》，末乐章篇幅较长，是一首回旋曲，2/2拍，“尾声”部分共有45个小节，其结构见表5。

表5 《G大调奏鸣曲》D. 894末乐章“尾声”

乐句	a1	连接1	a2	b	b1	主持续	连接2	a
小节数	367—369	370—374	375—382	383—386	387—390	391—403	404—407	409—411
调式调性	B	B-G	G	G	G	G	G	G

在“尾声”前，有一句主题再现乐句a乐句，完整重复乐章主题句，中间加入了同音反复的奏法，该乐句给舒伯特晚期《A大调奏鸣曲》D. 959第三乐章的主题乐段提供了写作思路，两者虽然旋律不同，但是同音反复部分在乐句中的位置一致，音响上给人的感觉是相似的。a1乐句是“尾声”所连接的a乐句的变化再现，舒伯特在这里选择不进行旋律变化再现，而是将a乐句的G大调转到了㊣B大调上，通过连接1发展大调，经过第374小节的旋律性转调重新回到主调G大调上。舒伯特的转调方式不像古典主义时期其他钢琴家所使用的和弦转调，他经常使用类似的旋律性的转调，不自觉地将人们的听觉带入另一个世界。具体如图8所示。

图8 《G大调奏鸣曲》D. 894末乐章“尾声”第366—374小节

a2乐句的音乐元素来自a乐句的主要音乐组织细胞，是a乐句的浓缩。之后b乐句的旋律音来到低声部，也就是b1乐句，又在低八度重复旋律，整体演奏音区回落，演奏时要控制逐渐下沉的音量。

主持续部分由两句话组成，经历了 b1 乐句的音区下沉之后，舒伯特通过上方声部的琶音上行来到“尾声”部分的最高点，即小字 4 组 C，所在位置为“尾声”的第 30 小节。笔者通过计算发现，最高点的位置正好是“尾声”部分的黄金分割点，与整个“尾声”的比例为 0.68，虽然是“尾声”的最高点，乐谱所注明的力度依然是弱的力度。主持续乐句中，乐谱标注 m.s.，意为左手演奏，充当着旋律声部的作用。

“尾声”最终乐句 a 和《D 大调奏鸣曲》D.850 的写作相似，都短暂地再现了乐章的主要乐思，像是在一段舞蹈结束之后的一个惊艳的回头。它以主和弦的同音反复手法，结束在 G 大调上，且用倒数第二小节动感的四个八分音符连接最后一小节的全音符，让音乐有一种戛然而止的感觉。

这首作品为我们展现的是田园生活般的景致、悠闲自在的风格。其旋律进行优美自然，缓缓地诉说作曲家愉快的情绪。前半部分的力度对比较为明显，从第 380 小节开始，就不再有很强的力度出现了，也就是说舒伯特用了整整 32 个小节来重新营造一种朦胧的色彩。这一乐章大部分的音乐是较为欢快的，到了最后的四个小节重新归于平静。这首奏鸣曲出版时，虽然是分成四首小曲出版的，但是四首曲子的和声色彩基调包括调式调性是如此的统一。第一和第四乐章“尾声”的力度都不强，第一乐章的旋律感更足一些。乐曲经过第二和第三乐章的情绪矛盾之后，在第四乐章的“尾声”中体现了出来，虽然该乐章的力度和第一乐章相同，但是没有了“吟唱”的感觉，而是用极弱的音量回忆前面乐章所展现的活泼场景，是对整首奏鸣曲的一个回顾与总结。该乐章的“尾声”以其庞大的段落结构和多变的节奏织体，预示了舒伯特奏鸣曲的晚期创作。

四、总结

经过以上五节对舒伯特中期奏鸣曲末乐章“尾声”部分的研究，我们可以将中期奏鸣曲末乐章“尾声”部分概括为以下几个特征：无大规模转调，通过离调改变和声色彩；首尾呼应，承上启下；大量使用主持续音巩固调性，明确“尾声”的结构意义；旋律感强，充分发展乐思；音乐形象鲜明；乐谱中极少标注音乐术语和踏板记号，力度记号相对较多。在音乐材料的选择上，中期末乐章的“尾声”首先跟随各自所在的奏鸣曲进行变化发展，而所在的奏鸣曲同时也受到了舒伯特早期奏鸣曲创作的影响，部分乐句的乐思来源可以追溯到早期创作时期。中期末乐章的“尾声”以其较为庞大的织体、具有歌唱性的旋律、较早期来说更为复杂的演奏方式、“尾声”中存在的田园风光印象和具有民族性的旋律，拉开了舒伯特风格成熟时期的三首奏鸣曲的创作序幕。

参考文献

[1] 颜咏.舒伯特钢琴奏鸣曲写作中“展开的普遍化存在”[J].音乐艺术(上海音乐学院学报)，2014(4):126-134.

[2] 魏莲.舒伯特钢琴奏鸣曲略览[J].人民音乐，2007(2):41-43.

[3] 盖克拉乌克里斯,陈廷宝.舒伯特的钢琴奏鸣曲[J].音乐艺术,1983(3):59-68.
[4] 邹彦.论古典奏鸣曲式的形成[D].上海:上海音乐学院,2006.
[5] 郑琳.舒伯特《G大调奏鸣曲》(D894)之版本研究[D].上海:上海音乐学院,2007.

基于萧山十中音乐高考生声乐教学的实践与思考

杭州市萧山区第十高级中学　劳婕妤

摘　要：随着经济社会的发展，艺术教育的逐步普及势不可挡，其中尤以音乐教育中的声乐教育最为突出。本文采用定量的研究方式获取声乐高考生学习声乐的目的的数据以及遇到的阻碍因素，并结合多年的教学经验，在收集的数据基础上对数据进行定性分析。帮助声乐高考生建立起符合自己个性的发声体系，再通过海量艺术实践，使学生在声乐学习上不断取得突破。

关键词：声乐教学；高考生；艺术实践

近几年来，随着经济社会的发展，艺术教育的普及与提高，当前教育早已不再局限于科学文化知识的学习，人们对艺术的认可与追求也在不断提高，音乐高考掀起了一股热潮。浙江省音乐类高考专业满分为100分，计算公式：专业总分＝视唱听音成绩×30％＋声乐成绩×35％＋器乐成绩×35％。显而易见，声乐在考试中占有极其重要的地位。同时，也意味着如何在短暂的两年半的时间内，辅导学生掌握科学正确的歌唱方法，建立适合自己声音特点的声音体系，达到高考的要求，是我们声乐教师训练的重点与难点。接下来，笔者将根据多年来针对教授声乐高考生的相关教学实践经验，谈一谈相关的思考与看法。

一、激发歌唱的内驱力

萧山十中的大部分音乐生在进入艺术班之前，没有经过系统规范的音乐学习和专业训练。甚至还有一些学生和家长发现文化课难以考入理想的大学，本着学艺术门槛低、轻松又愉悦的认知，采用临时抱佛脚的“突击”方式参加艺术招生考试。为了更好地了解学生的现状，笔者对萧山十中高一音乐班的学生做了问卷调查，见表1。

表1　高一音乐班学生的问卷调查

学习声乐的目的	个人喜好	考学需求	文化课成绩差	家长意愿
	58.6％	38.9％	23％	16.5％

续 表

无乐器辅助，独立识谱能力	不错	基本可以	困难	不能
	5%	44.7%	43.5%	6.8%
学习声乐最大的障碍	音准	节奏	气息	心理胆怯
	52.6%	42.3%	78.6%	69.8%
对歌唱呼吸的认识	了解一些	不太了解	没想过	
	23%	75.4%	1.6%	
歌唱呼吸的类型有哪些	不清楚	胸式呼吸	腹式呼吸	胸腹式联合呼吸
	51%	27.8%	13.9%	7.3%

我们从数据中可以看到：大多数学生对声乐的认识少，什么是科学的歌唱气息，如何运用气息去演唱，对学生来说是有一定难度的。个别同学会表现出不好意思演唱或放不开的情况，不敢大胆模仿教师演唱。“怕”，在笔者看来是学生遇到的第一只拦路虎，那么我们声乐老师的首要任务就是稳定学生心理，鼓励学生大胆演唱，树立声乐学习的信心（钟怡，2013）。笔者认为，只有让学生大胆迈出自信的第一步，才能进行有效的声乐教学。

二、建立正确的声音概念和发声体系

1. 正确的歌唱姿势

“姿势是呼吸的源泉，呼吸是发声的源泉”，正确的姿势对良好声乐发声有很大的帮助（王静，2008）。这不仅关系到喉头的位置、腔体的共鸣、气息的运用，而且也体现出学生在演唱时的精神面貌和心理素质。因此开始训练时，笔者要求学生：双脚与肩同宽，眼睛平视前方，身体直立自然放松，双手自然下垂放在身体两侧，如图1所示。

图1　正确的歌唱姿势

2. 正确的歌唱呼吸

一般通过生活化的语言去引导学生训练歌唱的呼吸，比如请学生对着镜子用

"闻花香""半打哈欠""叹气"的方式，提起上颚，吸开后咽壁，形成一个竖圆的空间，化抽象为具体。大量的实践证明，把声乐的呼吸技巧形象化、生活化，能够较快地让学生掌握并乐于学(陈永红 & 洪仁国，2011)。

三、形成科学的发声体系

1. 了解歌唱的"乐器"

人的身体就是歌唱的"乐器"，想让它发出美妙的音乐就必须先充分了解这个独特的"乐器"。人的发声器官是由声带、鼻咽喉腔、胸腔、头腔组成的。

2. 明确发声的原理

声带通过气息产生振动，与胸腔、鼻咽喉腔及头腔产生共鸣，就能发出洪亮而美妙的声音。同时配合老师准确的示范，引导学生听辨正确与错误的声音，高度敏锐的耳朵也是有效规范歌唱的必要条件之一。在练习的过程中还要提醒学生注意，人的声音犹如指纹一样，各不相同，不要刻意地"造声音"，不可追求声音音量的大小，必须关注气息的畅通无阻。

四、"三同"教学法的运用

声乐教学的一大难点就是因材施教。我们人的身体就是歌唱的乐器，个体具有差异性。所以，在学生声乐专业课学习的安排上，我们从性别差异、不同程度及不同曲目方面考虑学生分组问题，最大限度优化课堂，采用"三同"教学法。

1. 同性别授课

男女生声带上的生理结构不同，导致男女声在音色、音质上有了根本的对照：一般来说，男生的声带长而宽，声音低沉、粗犷、浑厚；女生的声带短而狭，声音尖细、明亮、柔和。如果不分性别同时授课，会导致高音区男声上不去、低音区女声下不来的情况，所以同性别授课能够有效地提高课堂效率，更有针对性地展开训练。

2. 同程度授课

在了解学生的基础上，因材施教，稳扎稳打，循序渐进。根据学生的差异性，在声乐授课的过程中分程度、分层次制定出系统的有针对性的训练方案。同时也便于同程度的学生进行交流，讨论解决技术问题，共同提高。

对于程度相对较低的同学，首先把中声区的基础打牢固，逐步向高、低声区发展，拓宽音域。这一阶段主要通过单一母音 a，u，o 发展为 ma，mi，nu，mao 等等，结合以下行为主的旋律进行训练(插入谱例)。选择《花非花》《嘎达梅林》这些短小精悍且以开口音为主的作品进行完整的演唱，如图 2 所示。

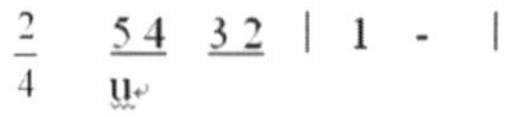

$\frac{2}{4}$ 54 32 | 1 - |
u

（a） 谱例 1

$\frac{2}{4}$ 5 3 4 2 | 1 — |
mi ma mu

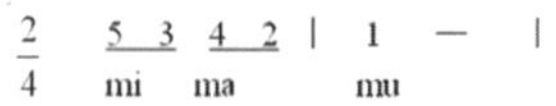

（b） 谱例 2

图 2 谱例 1 和谱例 2

对于发声声区相对统一的同学，注重加强气息控制及音乐表现力的训练，学生驾驭歌曲的能力将会大大提升（王宁，2020）。这一阶段的训练主要通过一条旋律中多变的咬字及旋律上的大跳进为主。选择《生死相依我苦恋着你》《黑龙江岸边洁白的玫瑰花》等歌曲进行演唱，如图 3 所示。

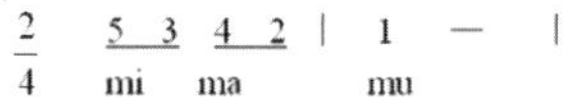

$\frac{2}{4}$ 5 3 4 2 | 1 — |
mi ma mu

（c） 谱例 3

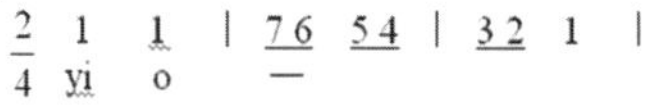

$\frac{2}{4}$ 1 1 | 76 54 | 32 1 |
yi o —

（d） 谱例 4

图 3 谱例 3 和谱例 4

对于各个声区连接轻松自如、气息支撑较好的同学，根据他们的声音特点，扬长避短地选择演唱曲目。要求学生在上课前，自己进行预习，除了音准节奏等演唱基本学习外，更要了解作品所要表达的深层内容和情绪，随堂提问。

这里以十二生肖组曲之《老鼠嫁女》为例：

了解歌曲是传统地方民歌和现代音乐技巧相结合的创作，巧妙地运用拟人的手法来表现嫁女时的热闹（宋诗，2019）。唱到乐曲的第二乐段“我又不知新郎是哪个，为何一定要我嫁给他”要蕴含湖南地方语言特点，表现出老鼠女儿的心理变化，也能够体现语气娇羞的变化。

第一段描绘的是嫁女的氛围感，6/8 拍的节奏，采用跳音的演唱方式，要求演唱时用饱满的情绪去营造出喜气洋洋、热闹欢腾的景象。第二段节拍上发生了变化，从 8 拍转变为 4 拍，速度也从快转变为突慢，把女儿要出嫁前舍不得离开爸妈的心理在速度上表现了出来（孙寒利，2018）。在演唱中，要准确把握歌曲的速度变化，这样才能表现出生动活泼、幽默诙谐的故事情节及性格鲜明的人物形象。

3. 同曲目授课

声乐学习的过程中练习演唱，还需要聆听。笔者采用同一曲目的同学一起授课，把歌曲的意境、表现手法、创作背景一起讲述给学生，提高课堂效率，要求学生互相聆听演唱，从他人身上学习优点，找出自己的不足，以便取长补短，达到互帮互助的效果，同时减轻学生单独面对老师的心理负担（胡俊贤，2014）。两人一起学习《黑龙江岸边洁白的玫瑰花》，相互交流，如图 4 所示。

图4　两人一起学习《黑龙江岸边洁白的玫瑰花》

实践证明，声乐小组课能够有效解决共性问题，对个性问题逐个辨析、个别纠正。小组课的优越性体现在听、看、思、做四个方面。听：学习声乐的必要环节，不仅要听老师的示范，还要听同学的演唱，体会自己在演唱中的不足。看：就是观摩他人的歌唱状态、演唱的特点和对作品的处理，更好地了解歌曲的表达形式，借鉴同学的优点来减少自己的缺点。思：反思是学习声乐的关键所在，反思的过程会把短时掌握的内容转变为运用自如的技巧。做：通过反复的实践演唱，内化技巧，提高自己。

五、"团队式"教学

正值青春期的学生们，声带还处在一个变化发展的状态，我们不能简单粗暴地把他们归为某一种唱法。古人云："师者，所以传道受业解惑也。"这就要求声乐教学团队打破个人固有的美声唱法、民族唱法的"标签"，刚好我校的团队是老中青教师组成，长于各自不同的唱法。我校团队老师能够发挥各自所长，在青年教师与有经验教师之间实现"传帮带"的作用，在不同的唱法上相互借鉴探讨。例如：擅长民族唱法的声乐老师，要对美声唱法的基本作品进行语言和风格的提升培训，能够基本把握外国作品的风格及韵味需要(张霞，2019)。基于这样观念上的解放，才能促使学生准确把握不同风格、不同体裁的作品韵味，培养"唱什么像什么"的演唱技能，使学生实现对不同风格声乐作品的演唱实践。

六、钢琴艺术指导进课堂

钢琴伴奏对声乐演唱有艺术指导作用，与声乐演唱相互配合，在情感气氛的烘托中突出音乐主题，让情感更加丰富、情绪更加自然、音乐节奏与旋律更加流畅(侯丽娜，2021)。同时，目前音乐高考声乐类考试要求学生使用正谱演唱。对于部分学生来说，突然失去主旋律的伴奏，感到不知所措，无法正常发挥演唱。

所以，我们专门开设钢琴艺术指导进课堂的实践课程，促使学生在声乐演唱前必须仔细研读正谱，聆听正谱伴奏，在演唱过程中也能更好地体会钢琴伴奏通过和声、音型、力度、速度等增强声乐作品的艺术感染力(韦蔚，2021)。不仅培养了学生声乐演唱时良好的听觉，还会促进学生逐渐积淀音乐理论、曲式分析等相关课程的知识，从而更好地促进声乐的学习。

七、给予艺术实践机会，提升艺术表现力

声乐是一门表演艺术，要求理论与实践相结合，我加强歌唱表演教学，从声音到外表形象到台风，每个眼神、每个动作手势，细化到每个细节的处理(胡庆生 & 李佳音，2013)。利用录像设备，把学生的学习情况、舞台表演情况录制下来，使学生及时发现自己存在的问题并寻找矫正问题的解决方法。为学生搭建平台，定期进行声乐观摩，并组织学生多参加各类舞台表演及专业比赛，培养良好的心理素质，积累丰富的演唱经验，最大限度地去提升学生们的艺术表现力。

八、小结

综上所述，本文主要从学习声乐的目的，无乐器辅助的独立识谱能力，学习声乐最大的障碍，对歌唱呼吸的认识和歌唱呼吸的类型有哪些等问题对高一声乐班的学生进行了定量数据收集。基于收集数据得出的定性结论可知，大部分同学学习声乐是因为个人喜好，这是一个好现象，因为兴趣是最好的老师。另外，较大的学习障碍是识谱能力弱、气息不足、胆怯心理严重等问题。为此，笔者根据“三同”教学法理念，提出了解决不同学生声乐学习中遇到的具体问题的方法，并展示部分我校老师授课的方法，以期能为声乐教育的其他同行带来些许启示。

高中声乐的教学作为学生声乐学习的启蒙阶段，需要我们声乐教师在实际教学过程中不断进行探索并思考总结经验，注重学生的宏观审美教育和演唱的二度创作，运用创新多元的教学形式，逐步建立形成一套符合学生实际情况的高中声乐高考生的教学体系(李殿彬，2010)。完善高中声乐教学的革新和声乐人才的培养模式，与高等院校的声乐教学顺利衔接，为高等艺术院校输送优秀的声乐人才。

参考文献

[1] 陈永红，洪仁国. 我看音乐高考生的声乐教学[J]. 科教文汇(中旬刊)，2011(20)：2.
[2] 侯丽娜. 钢琴伴奏在声乐表演教学中的艺术指导性探讨[J]. 戏剧之家，2021(15)：124-125.
[3] 胡俊贤. 解析“声乐教学法”课程中案例教学的应用[J]. 音乐时空，2014(24)：147.
[4] 胡庆生，李佳音. 中小学音乐课中声乐教学法的应用初探[J]. 音乐生活，2013(9)：79-81.
[5] 李殿彬. 艺术高中声乐教学的创新探究[D]. 长春：东北师范大学，2010.
[6] 宋诗. 浅析创作民歌《老鼠嫁女》的演唱与表现[J]. 戏剧之家，2019(13)：70-71.
[7] 孙寒利. 浅谈民歌《老鼠嫁女》的艺术特征[J]. 北方音乐，2018(9)：33-33.
[8] 王静. 人类情感的声乐波谱——男中音歌唱艺术的训练与提高[D]. 石家庄：河北师范大学，2008.
[9] 王宁. 中小学音乐课中声乐教学法的运用探究[J]. 戏剧之家，2020(3)：159.
[10] 韦蔚. 探析钢琴艺术指导在声乐教学中的作用[J]. 时代报告(奔流)，2021(6)：114-115.
[11] 张霞. “教无定法”：音乐教育专业声乐教学法探析[J]. 武汉音乐学院学报，2019(4)：140-145.
[12] 钟怡. 案例教学在“声乐教学法”课程中的应用[J]. 音乐大观，2013(15)：161-162.

有序·有法·有根·有魂

——“舞蹈即兴表演”有效教学的实践与思考

杭州市萧山区第十高级中学　陈　霞

摘　要:在舞蹈特长生参加专业加试或舞蹈专业院校考试过程中,即兴考试是其中的重要项目之一。对于很多考生来说,即兴表演环节最具挑战性,因为它事先无法准备,需要出色的临场发挥。要想在即兴舞蹈中脱颖而出,考生需要了解和熟练掌握一些应对技巧。然而在教学中,教师往往会忽视即兴表演知识的传授,导致学生对其特征认识不够透彻;同时因为教学目标和内容缺乏一定标准,以致教学无法有效开展。到底如何才能摆脱教学的这种尴尬现状?笔者经过实践和反思,从步骤有序、教学有法、探究有根、体验有魂四个维度进行了课堂教学内容的确定和实施,以期达到即兴表演教学效果的最大化。

关键词:即兴表演;教学;有效

一、缘起:欲渡黄河冰塞川

初涉舞蹈的即兴表演,不禁被其独特的魅力所吸引。舞者不用任何准备,可以随心所欲地融合音乐,表达情感,不用为记忆大量的动作而苦恼。然而真正开始教学,笔者才发现实际操作并没有想象的那样简单。即兴舞蹈主要是考查考生的节奏感和用肢体语言表达特定音乐情感的能力,以及对不同民族风格的音乐和舞蹈的基本素质与常识的掌握,是综合艺术感悟能力的体现。考生在舞蹈过程中要能够准确地表现音乐的内涵以及对该音乐的理解。然而笔者在教学的过程中发现,大部分学生都缺乏音乐素养,也没有经过专业性的舞蹈训练,有的甚至连最基础的压腿训练也成了“老大难”;同时教学上也少有先例可以借鉴,有效性难以真正地落实。

1.没有适合的教材:老虎吃天——无从下口

关于教材,虽然专业院校都有舞蹈即兴这方面的课程,但大部分学校都把这块内容融合在舞蹈创编中。该即兴不同于舞蹈创作中的即兴,换句话说这项考试并非测试学生的创作能力,而是集中考查学生的综合艺术感悟能力、对音乐的理解能力及肢体语言的表达能力。更何况那只是一些专业院校,对于我们这样的普通高中来说并不合适。教师在实际教学中,采用什么教学内容及如何呈现都无从下手。有时候选择一些教学内容只是因为这是专业院校所要求的，自认为与教学有益，就移植到课堂教学中。重难点的选取把握、内容的逻辑编排等都被忽视。即使学过之后，学生依然会问题一大堆。

2. 教学目标不明确：丈二和尚——摸不着头脑

关于教学目标，虽然《义务教育艺术课程标准》谈到了“舞蹈即兴表演模块”，也谈到了一些教学思路和教学方法，可是没有对专项内容提出相应、具体的教学目标和要求，而是把舞蹈和其他姊妹艺术（包括音乐、文学、绘画、诗歌）融合在一起，通过不同艺术语言之间的转换与拼接进行感受与体验，意在激发艺术即兴创造能力，促进学生身心健康与人格和谐。而即兴舞蹈对音乐的理解及肢体语言的反应能力这些要求并未得到具体体现。

二、思考：小楫轻舟须慎驶

面对即兴舞蹈教学的迷茫大海，笔者这只“小楫轻舟”，还是决定扬帆起航，谨慎前行，寻求一条登上“新大陆”的航线。

（一）善其事先利器——教师知识体验的积累

1. 概念的厘定

“舞蹈即兴表演”，顾名思义，即——即刻（此时）、即席（此地），兴——兴致，舞——舞蹈，意即随时随地有兴致地舞蹈。“即兴”是在人“无意识”过程中，瞬间对“客观事物”有所感触而发生兴致，从而进入表现状态。这种表演需要建立在舞者对音乐节奏、情绪和风格的理解基础上，必须具备相适应的舞蹈语汇、音乐知识和表演技巧；在音乐中听到什么，就表现什么，不放过音乐一丝细微变化，快速为它找到吻合、密切的舞蹈设计和表现手段；创造力被视为即兴表演技巧的重要元素。

2. 音乐知识的提升

音乐作为舞蹈不可分割的姐妹艺术，从根本上说互不相离。但作为舞蹈专业的教师来说，对音乐理论知识比较缺乏，提升音乐素养迫在眉睫。

当然，音乐知识的范围很广，不可能全部掌握，这就要求教师进行恰当梳理：一方面，选择性地学习和掌握一些关于音乐的知识，如和声、复调、曲式、作曲法、配器法等；另一方面，也要加强了解音乐背景方面的知识，包括中外音乐史、艺术概论、音乐学等专业知识，以及音乐作品产生的历史时代、风格流派，作曲家的生活经历、创作个性、创作意图等，从而丰富自己的音乐素养。

(二)远航需要地图——学生学习能力的了解

1. 学生已有的音乐知识

学生,是我们教学活动的主体,也是教学目的的最终指向,因此对于学生能力的了解,是一切教学设计的起始点。但从学生对音乐知识技能掌握的情况调查中可知,他们对常用音乐术语相当了解的只有7.7%,比较了解的有20.7%,了解少量的多达41.2%,一个都不知道的竟然也占到30.4%。学生音乐知识面偏窄和音乐技能水平偏低等情况成为教师需要积极面对和改进的地方。但从整体来看,学生音乐学习的心理状态较好,技能技巧也有所涉及,并且表现出较强的音乐学习欲望。

2. 学生掌握的舞蹈基本技能

当今舞蹈人才的选拔,对肢体的协调性、柔韧性和对音乐的理解能力都有很高的要求。但在教学过程中发现,大部分的学生没有经过专业、系统的训练,对于各类舞蹈的学习也只停留在排练舞蹈作品上。肢体动作不协调,情感和肢体动作不能融为一体。所以指导学生的课后练习,教师可以选择与课程内容相关性比较大的、难度适中的典型动作来作为学生的课外练习。总之,对学生学习能力的了解,是课堂教学有效的前提和基础。

三、实践:何妨吟啸且徐行

面对教学实践中遇到的种种困惑,笔者近年来不断探索、实践、再思考,希望能寻求一些更有效的教学策略和方法,与学生共同成长。笔者首先尝试从教学目标入手,将教学内容进行有效整合,并统筹安排,以实现教学步骤的“有序”;继而借鉴基本法则和舞蹈的特点,探索适合的教学手段,以实现教学的“有法”;然后寻求选编舞蹈作品的渊源,使学生的学习“有根”;最终引领学生在随乐起舞中“有魂”。

(一)统筹安排,步骤“有序”

1. 教学目标有序

制订教学目标是教学的前提,是具体实施教学的重要环节。教学的成败,起决定作用的首先是教学目标的确定是否全面、准确、具体、切合实际。制订教学目标的过程中,还必须考虑到“隐”“显”兼顾、“近期”和“远期”结合,这样制订出的教学目标才具有科学性、全面性、准确性和针对性。

(1)总体目标。关于舞蹈即兴表演的教学目标,大致可以概括为四点:一是提高音乐修养;二是形成良好的学习心态;三是学习艺术舞蹈的基本类型,提高表演能力;四是学习舞蹈即兴表演的基本方法并进行尝试。

(2)阶段性目标。阶段性目标见表1。

表1 阶段性目标

学期	课时	教学目标
高一(上)	60	开发学生身体的韵律及模仿能力,对学生的柔软度进行基本性的训练
高一(下)	60	提高学生的柔软度及模仿能力,基本了解汉族和藏族两种舞蹈的音乐特点及动律、体态、风格特征
高二(上)	60	进一步提高学生的柔软度,基本了解汉族和蒙古族两种舞蹈的音乐特点及动律、体态、风格特征
高二(下)	60	柔韧性的巩固和提高,掌握汉族和维吾尔族两种舞蹈的音乐特点及舞蹈的动律、体态、风格特征
高三(上)	60	掌握现代舞蹈的音乐特点及舞蹈的动律、体态、风格特征,基本了解即兴创作的特征及规律
高三(下)	24	讲究音乐、情感、舞蹈的相互融合,通过舞蹈作品熟练即兴舞蹈

2.课堂实施有序

舞蹈即兴表演课堂教学有效性的达成,不仅需要有明确的教学目标,还要安排好合理的教学内容,统筹“有序”地安排好“课前—课堂—课后”一系列教学内容。

(1)课前积累。舞蹈即兴是与音乐紧密结合在一起的。在开始进入舞蹈即兴表演课程之前,首先对各时期、各地区音乐进行区分,构建基本的音乐“欣赏观”,并以正确的“欣赏观”对各类音乐作品进行有效的“欣赏”。另外,根据艺术舞蹈的分类,也需要学生在课前对舞蹈的类型有一个基础性的认识。通过“欣赏基础”的构建,教师可推荐一些优秀作品供学生提前学习,见表2和表3。

表2 一些优秀的音乐作品

推荐音乐作品	作品	时期	作品	时期
	《万福,玛利亚》	文艺复兴时期	《海上——从黎明到中午》	印象主义时期
	《马太受难曲》	巴洛克时期	《五首管弦乐曲》	现代主义时期
	《费加罗的婚礼》	古典主义时期	《铁路练习曲》	电子音乐时期
	《天鹅湖》	浪漫主义时期	—	—

表3 一些优秀的舞蹈作品

推荐舞蹈作品	作品	类型	作品	类型
	《踏歌》	古典舞	《飞鬃马》	蒙古族
	《春天的摇篮》	胶州	《喜雪》	东北秧歌
	《璇璇璇》	新疆	《孔雀飞来》	傣族舞
	《唐古拉风》	西藏	《云上的日子》	新创作舞蹈

(2)课堂循序。教学时不仅要把握“舞蹈”“音乐要素”和“情感”的关系,还要根据学生特点循序设计教学内容。训练的关键有两点,即认识理解音乐和用合适的身体语言去表现。随着即兴训练的深入,学生们的音乐理解力和人体表现力会不断提高,最终一听到音乐就能尽情地去自我表现、描述、创作、发挥以及升华。

(3)课后巩固。完成了课堂教学任务之后,教学目标是否实现还不能完全确定,这时,合理的课后巩固,能进一步达成教学的有效性,见表4。

表4 合理的巩固方法

话题	巩固方法
不同的人物形象	以个人为单位,进行课后创作
不同的主题	以两人一组,进行配合创作
不同的情节	以组为单位,集体性创作

3.教学过程有序

任何一个“话题”教学都很难一蹴而就,总是需要循序渐进。在实际教学中应该以即兴为主线、教师为范例、学生思考为要求、实践训练为手段,实现教学过程的有序。

达尔克罗兹认为,舞蹈即兴学习应遵循这样一个螺旋上升过程:听→感受(情感体验)→感觉→分析→即兴创造(表演)。在这个过程中,即兴表演包括在每一次循环中,在进入最终的表演时,必须有一定的即兴创造能力。也就是说,只有经过专业的即兴创造练习,才能达到创造性的表演。他继而强调,学生的音乐表演不是对教师的模仿,而是学生自己的感受力、想象力和记忆力的推动。

在这样的理解基础上,笔者进行了一些有效的教学设计,例如在以“古典舞”为主题的即兴舞蹈课中,做了这样的教学设计:

板块一:初涉主题——音乐特点

回忆并欣赏课外推荐的古典舞作品《踏歌》,学生自主分析其音乐特点。从音乐的基本要素(音的高低、长短、强弱和音色)和形式要素(节奏、旋律、力度、速度等)进行讨论,让学生明白音乐是即兴表演的基础。

板块二:分析基本——手形手位和体态

师生互动,让学生学习基本手形手位,掌握中国古典舞手位的特点:男撑女推。

图片比较,让学生了解中国古典舞的基本体态:拧倾圆曲。

板块三:深入感受——肢体运动路线、特点

教师以男女两种不同表现方式示范,学生感受中国古典舞的肢体运动路线:圆与弧线、身体的韵律感,以及音乐与舞蹈的密切关系。

学生通过观看技巧视频片段,自主找出中国古典舞第四大特点:大幅度的跳、转、翻的技巧及特技穿插于舞蹈动作当中。

板块四:个性体验——“主题”的创编

由古典舞四大特点延伸,学生间自主播放准备的音乐进行主题即兴表演。

这样的设计将主题悄然融于课堂教学之中，学习目标紧扣而形式自由，教学过程紧凑而不松散，有效完成了教学目标。

（二）步步为营，教学有法

1.“口传身授”法

“口传”即口头传递，包含讲述、解释、语言渗透等多方面含义；“身授”就是实践。当不能以动作来描述意境和气韵时，就用口传身授的教学方法来完善，即所谓通过稳健奔放、轻快舒展、柔刚相济的形体动作来展示情节的延宕，用口传心授来凝练、概括和着重描绘人物精神世界的诗意幻想和真挚情感。舞之以心，动之以情。

例如：“身授”——舞蹈动态的形象示范。

①全面示范。全面地把动作进行展示，即手、脚、身体、面部都同步进行，让学生对舞蹈动作的整体有一个了解。

②动作逐步简化。有时用手比画以锻炼学生的反应能力，对学生智力的提高具有极大的好处。

学生从开始单一的模仿到掌握了身体运动规律后开始淡化模仿对象的肢体语言，进一步调动自己的想象。当教师逐步过渡到很简化的示范时，学生可以完全依靠自己的理解去塑造人物形象了。

舞蹈教师运动的教学手段明显区别于其他学科运动的教学手段。舞蹈教师不仅要运用科学、规范的形体动作来示范，而且要会运用准确、生动、形象的语言讲解形体动作，必须会用“口传身授”的教学方法来强化，从而提高舞蹈教学效果。

2.比较欣赏法

比较欣赏法是将舞蹈类型自身、舞蹈类型与舞蹈类型之间在音乐和舞蹈动律、体态、风格特征上有相同或相异的地方加以比较、分析，同中求异、异中求同的方法。这种方法，运用于即兴表演教学上，效果很好。

例如：在分析欣赏同为汉族舞蹈——秧歌中的胶州秧歌和东北秧歌时，笔者挑选了《扇妞》《小看戏》这两部作品来做比较，见表5。

表5 《扇妞》《小看戏》两部作品的比较

	胶州秧歌	东北秧歌
音乐	伴奏乐器有两把唢呐、一个堂鼓、一面大锣、一副铙	唢呐的悠长与小钹的急促节奏相呼应
律动	“抻、韧、碾、拧、扭”	“艮、俏、浪”
体态	“三弯九动十八态”	重心前倾，双膝略存，提胯、拔腰、含胸、垂肩
风格特征	婀娜多姿、舒展大方	融泼辣、幽默、文静、稳重于一体

通过比较欣赏，学生不仅对这两种舞蹈类型有了进一步解读，还明确了人物塑

造方面的一些不同点，有助于加深并拓宽学生对这一舞蹈类型更全面的理解。

3. 体验法

(1)通过专题训练，巩固舞蹈风格。以傣族舞蹈为例说明有关舞蹈风格的音乐即兴实践，了解有关傣族舞蹈的风格。

①体态的基本特征："三道弯"是傣族舞蹈富有雕塑美的典型的基本特征。这与他们生活在亚热带地区，与姑娘着紧身上衣、长筒裙，与他们信仰小乘佛教等有关。

②律动的基本特征：舞蹈动作较为平稳，跳跃动作较少。舞蹈基本动律多为双膝在屈伸中带动身体颤动和左右轻摆；脚后踢起时快而有力，落地时轻而稳，具有一股内在的含蓄健稳的力量美。

③音乐特点：傣族音乐多为柔美、含蓄，调式为五声调式，节奏大多为2/4拍。特有的乐器有象脚鼓、葫芦丝等。

舞蹈风格的音乐即兴实践包括：

①体态的即兴练习。第一，同一体态舞姿造型进行前、后、左、右、高、低等空间的探索变化练习；第二，运用以上音乐节奏、旋律、主题即兴的方式进行变化、运用、发展的练习。

②基本律动的即兴练习。第一，把基本的踢步进行前、后、左、右、高、低等空间的探索变化练习；第二，运用以上音乐节奏、旋律、主题即兴的方式进行变化、运用、发展肢体的踢步这个基本的律动。

③音乐舞蹈即兴实践。综合以上所有的方式进行实践，甚至是舞台表演。

相信学生经过以上练习后，最后的表演在感动自己的同时亦能感动现场的观众。

(2)运用音乐要素，深化即兴表演。西方国家强调和声的走向，而我国更注重旋律的发展。无论哪一首音乐作品，通过特有的节奏旋律都赋予自身以鲜明的风格特征。如：汉族东北民歌曲调中因符点音符较多，经常出现上下对句的装饰音，体现出粗壮豪放、热情诙谐的风格特征；而维吾尔族歌曲旋律优美动听，节奏活泼鲜明，结构规整对称，变化音使用复杂多变。教师根据学生的专业知识，启发他们依据音乐所赋予的风格特征去选定相应的舞蹈词汇。

(三)追本溯源，探究有根

生活是一切艺术的源泉，不光给我们提供创作资源和养料，同样也给我们提供了创新的动力与智慧。在远古人类尚未产生语言之前，人们就用动作、姿态和表情来传达各种信息和进行传情达意的交流。各种声音发展成为语言和音调以后，才相继产生了诗歌和音乐。舞之初，就与人们日常的生活和劳动息息相关。至今在中国云南、广西等地还保存了被舞蹈史学家称之为"岩画舞蹈"的舞蹈崖画。

1. 剖析典型作品

典型作品在引领和感染方面起着不可估量的重要作用，带领学生深入剖析一些好作品，有助于学生对舞蹈取材于生活这一特质的感性理解。如《双面胶》就是一部这样的作品。该舞蹈讲述的是以婆婆、儿媳、儿子三人的家庭生活为核心，最终因婆媳间文化、观念、生活习性等差异导致家庭失和，小夫妻走向离婚的悲剧。在取材源于生活的基础上，舞蹈作品用娴熟的人体动作并结合了其他艺术手段，把作品的主题、人物形象、情节发展等表现得淋漓尽致。音乐由舒缓发展到不和谐音律，两位女舞者的舞台动态由轻缓变得铿锵有力，动作力度、幅度的变化传达出婆媳间矛盾的逐步升级。男舞者在两位女舞者之间的周旋与冲击，传达出了其内心的挣扎与事态的变化。可以说，精彩的舞蹈设计传神地反映了生活。

2. 追溯舞蹈本源

在日常生活中，舞蹈无处不在。让学生观察生活小细节感悟舞蹈的真谛，让生活的语汇感染孩子，丰富孩子的创造力。

舞蹈源于生活，又高于生活。那是因为一个生活中的肢体语汇必须经过艺术的加工与修饰才能发展成为舞蹈动作；同时，因为经过艺术加工的动作才能使其更加具有感染力。我们在鼓励孩子进行舞蹈模仿的同时更应该注重学生从生活中创造舞蹈，为舞蹈积累生活语言和即兴的素材，让他们的舞蹈知识更加丰富，为即兴表演打下良好的基础。

（四）出入舞蹈，体验有魂

我们知道，舞蹈是情感的艺术，情感是舞蹈内在的生命核心。无论舞者通过怎样的形式去表达、去抒发自己的情感，都只为欣赏者在欣赏时动情，在思想上和情感上得到陶冶和感染。诗人闻一多说过："舞是生命情调最直接、最尖锐、最单纯而最充足的表现。"然而在即兴舞蹈的考试中，许多考生或因为紧张，或是其他原因，在音乐响起后经常不顾音乐所表达的特定情绪而随意起舞、胡编乱跳，有的甚至把即兴舞蹈变成技巧展示，拼命做空翻、大跳等各种高难度动作，令人啼笑皆非。针对这一现象，笔者在教学实践中注重引领学生对舞蹈的内在体验，让他们在即兴舞蹈中跳出情感和灵魂。

1. 以情动人，提高学生的艺术想象力

爱因斯坦说过："想象力比知识更重要。因为知识是有限的，而想象力是概括着世界的一切，推动着进步，并且是知识进化的源泉。"由此可见，培养学生艺术想象力是何等的重要。实际上，舞蹈自心生，是我们表达自身情绪的一种语言。每个人对美的事物都有着自己的感知。因此，学生在舞蹈之前，先让学生充分地感受音乐，鼓励学生对所听的音乐有独立的感受和见解，引导他们将节奏、想象和舞蹈联系起来。

2. 形神兼备，舞蹈训练过程中要注重表情的训练

所谓"观其舞，看其功，察其色，鉴其貌"。舞者在舞蹈过程中，面部表情始终贯穿其中，是整个舞蹈艺术的焦点。人们对舞蹈的感觉，只有舞者才能唤醒。这就要求在平时训练中多教授表情和讲解情感，让学生认识到，舞蹈动作是为舞蹈主题服务的，而舞者的面部，则是为舞蹈的整个灵魂服务的。而所有的面部表情中，眉目最

为传情。京剧大师梅兰芳说过:“谁的脸上有表情,谁的脸上不会做戏,这中间的区别,就在于眼睛的好坏。”眼睛是反映内心世界的一面镜子。所以,在平时的训练过程中,应加强眼部表情的训练。对一些情绪性的词语进行反复的练习,如兴奋、难过、忧伤、开心等。

四、反思:回首向来萧瑟处

多年的教学之路使我深深地体会到:由实践到理论再到实践,应该是一个教师由青涩走向成熟的必由之路。而在舞蹈即兴表演课程的教学中,我经历了反复多次这样的过程,回首来看,足以将这些教学心得予以总结,以待更有效的教学。

1. 注重音乐的切入

“舞蹈即兴表演”是在乐曲的节奏、旋律、主题、调式、和声等启发下刺激而起的舞蹈实践,是在听音乐的同时以身体动作来体验、感受、认识音乐,需要学生敏锐地捕捉并融合音乐与动作表达之间的元素关系。因而在教学中,必须注重引导学生对音乐的切入,增强他们迅速捕捉音乐的能力。

2. 突出动作动机的把握性练习

动机动作发展要注意慢进快出的原则,尽量做到安静、冷静、清静,逐步发展至激情状态,以避免造成情急之下为了表现而堆砌动作又无动作发展思路的尴尬现象。根据音乐的特点设计舞蹈动机的几种处理方法:(1)随意式,沉浸在音乐之中,使动作像音乐一样流畅;(2)反叛式,在音乐的渲染下,创造另外一种和音乐节奏形成和谐对比的动机;(3)伴侣式,舞蹈和音乐形式处于比翼同进的位置;(4)对抗式,舞蹈和音乐平行存在,但即兴时不考虑音乐格式节奏,动作节奏和音乐节奏各自独立进行,如快节奏音乐伴以慢动作舞蹈,使音乐和舞蹈同时平行存在。

3. 把握舞台空间的训练

充分利用空间、事物、人物的关系来表达即兴性,在表达过程中应敏锐捕捉到周围的发生性与自身动作发生性的互动关系,把自己放在空间里并同时想象自己带着小空间运动的虚幻关系,以加强即兴动作的饱满性、丰富性、生动性。

舞蹈即兴表演是新内容,它的教学模式还有待进一步探索。但不管如何,都应该注重学生个性化的想象能力和表演能力。泰戈尔说:“使卵石臻于完美的,并非锤的打击,而是水的且歌且舞。”将水的灵性赋予教育,那么真正的有效教育便当如且歌且舞的水了。

参考文献

[1] 杨立梅.达尔克罗兹音乐教育理论与实践[M].上海:上海教育出版社,2005.
[2] 潘志涛.中国民族民间舞教程法[M].上海:上海音乐出版社,2004.
[3] 吕艺生.中国艺术教育大系(舞蹈卷)——舞蹈学导论[M].上海:上海音乐出版社,2003.

声乐艺考生对于莫扎特咏叹调的演唱处理

——以凯鲁比诺的咏叹调《不知道我自己干了什么》为例

杭州市萧山区第十高级中学　张丽慧

摘　要:莫扎特是古典主义时期维也纳乐派三大作曲家之一。随着音乐统考的愈演愈烈,演唱古典主义风格的典型代表——莫扎特的作品成为很多声乐艺考生的首要选择。深度剖析并实践莫扎特咏叹调的演唱处理对于提高高中声乐艺考生的声乐演唱能力,具有较高的现实意义。本文从歌剧《费加罗的婚礼》中仅出场四次的小角色凯鲁比诺所演唱的咏叹调《不知道我自己干了什么》入手,对演唱进行研究,从歌曲的歌曲分析、情感表达、舞台表演等三个方面进行逐层分析,以对莫扎特的咏叹调声乐作品演唱的处理为切入点,来帮助艺考生更好地把握古典时期咏叹调的演唱风格,更好地演绎作品。

关键词:声乐艺考生;莫扎特;凯鲁比诺;演唱诠释

奥地利作曲家莫扎特(沃尔夫冈·阿玛多伊斯·莫扎特),1756年出生,于1792年离开世界。莫扎特作为古典时期伟大的音乐家之一,被人们誉为“音乐小神童”。随着音乐统考的愈演愈烈,演唱古典主义风格的代表性作品——莫扎特的作品成为很多艺考生的首要选择。然而艺考生如何处理这些歌曲成为很多教师在教学过程中应注意的问题。演唱古典时期的声乐作品需要特别强调研读谱面,忠于原作。以《不知道我自己干了什么》这个作品为例,音域不宽,大部分在一个八度的音程内,多为凯鲁比诺一人的叙述,旋律优美而不复杂,莫扎特的音乐在这些方面做得非常细致。作为一名高中音乐老师,应树立正确的教学方向,笔者进一步结合自身对于凯鲁比诺这一角色的舞台演绎与塑造的理解以及教学经验,从三个方面提出相应的教学方向,以期帮助学生更好地把握这首咏叹调的演唱风格。

一、歌曲处理

在演唱歌曲之前的案头工作中,了解歌词中每一句歌词的含义以及能够准确地发音是非常重要的。这首咏叹调因较快的速度而加大了学生咬字吐字的难度,应多加练习从而保证演唱时咬字清晰,切不可含糊随意。在学习旋律前先学习语音,需要学生进行反复的朗读,由于外国语言以及语言环境的限制,建议跟着歌曲的歌词范读进行跟读矫正，教师有针对性地讲解朗读意大利语要注意的语音规律。

如图 1 所示，“faccioghiaccioaccenti”，在同一个单词中前面的字母 c[k]发“k”音，后面的 c[c]发汉语“七”音。同时注意 s[z]在两个元音之间，要浊化发“z”音，例如 cosa。在朗读时要注意单词的含义，这样对找到每个乐句中的逻辑重音有很大的帮助，从而能够增强每个乐句的语感，对于音乐作品清晰地表达起着非常重要的作用。这也就是内行人因莫扎特作品所感受到的莫扎特风格，避免出现“中国味”。

图 1 第 1—3 小节

莫扎特坚定地认为诗歌必须是为音乐服务的，在这个作品中就有鲜明的表现。这首咏叹调歌词虽然比较密集，但与音乐的强弱起伏和音乐走向紧密结合。在咬字和吐字方面要非常注意应与音乐的乐句相适应。歌词真实地表达着小男孩的内心，因为与苏珊娜关系好，非常真诚自然且毫无保留地叙述着这个年龄的烦恼。虽然歌词中很多表达看似是荒唐甚至有些怪诞的想法，但这也体现了他真实单纯的一面。

在每一句中可以找到一到两个逻辑重音，就像说话中每一句都有正常的逻辑重音，而不是一个音调。如图 2 所示，“cheilsuonde'vaniaccenti”中单词 vaniaccenti 是乐句中的逻辑重音。又比如“Non so piu cosa son, cosafaccio”中的 faccio 也可看作逻辑重音，通过加强重音处理的方式来增强语气。

图 2 第 65—69 小节

歌词对于人物形象的刻画起着重要的作用。如图3所示，A段开始的第一句歌词就是歌名，开门见山地表达了整首歌曲的中心内容和主题。歌词中唱到“不知道我自己干了什么，有时我热如火，有时冷却”。潜台词就是：我好像不能控制自己的想法和行为了。作曲家巧妙地运用了这样的手法，刻画了此时内心复杂、青春涌动的人物形象。

图3 第1—5小节

如图4所示，B段的歌词与A段凯鲁比诺噼里啪啦地往外倾诉有所不同，B段更倾向于沉浸在自己的世界了，自言自语地说着“清醒时我说爱情，睡梦中也说爱情”。这清晰地表达着凯鲁比诺对爱情的渴望，无论是在清醒时还是睡梦中这个想法都充斥着内心，其疯狂程度真是一览无余。

图4 第54—59小节

如图 5 所示，尾声部分凯鲁比诺满脸落寞的样子，反复唱了两遍“但是如果没人听”。虽是两句相同的歌词，但在表达上第二遍可作一个语气的强调，表达他自己的想法也许没人能理解的苦楚。为后面选择与自己和解，选择自己说给自己听做铺垫，体现了孩子般倔强的性格特征。

图 5　第 96—100 小节

在力度变化中，凯鲁比诺情绪的变化都伴随着力度的变化，在演唱力度上的强弱对比赋予了这首咏叹调的音乐形象更加丰满而有活力。学生尽量按照作曲家力度记号的提示进行演唱，每一次力度的改变都非常符合凯鲁比诺的心理活动，其重要性不言而喻。因此，学生在演唱中最忌讳的是用一种力度和状态诠释整个作品。全曲的力度包括：*p*（弱）、*mf*（中强）、*f*（强）、*cresc.*（渐强）。在做 *f* 的力度时，声音应温暖明亮，不应过于强硬，才能更加贴近角色的年龄特点。

如图 6 所示，前奏仅有短暂的三拍，以 *p* 的力度和慌张的语气演唱，演唱者可以在 *p* 的起音时想象进入凯鲁比诺在喃喃自语的状态。这样的力度处理也为之后强力度的处理提供了空间。每一句都以 *f* 的力度结尾，这样强烈的力度对比也正是莫扎特作品的风格所在，凸显了凯鲁比诺情绪起伏之大。

图 6　第 1 小节

在第 61 和第 63 小节是 *fp*，在小节内突强后变弱，体现了凯鲁比诺急切又天真的性格。从第 66 小节的 *p* 到第 67 小节的 *cresc.* 力度不断加强，将情绪也向上推进，直到第 68 小节的 *f* 最终爆发，将所有的情绪涌现出来。值得一提的是，第 70 小节马上回到 *p*，这种情绪的回归和收缩，让后面的乐句进行充满动力感和弹性。

如图 7 所示，力度发生了频繁的改变，第 83 小节作 *cresc.* 的处理到 *f* 后马上回到 *p*，第 87 小节又一次 *cresc.* 直到 *f* 结束乐句。密集的强与弱的力度变化让作品富有歌唱性，将凯鲁比诺心中复杂的情绪展现得淋漓尽致。

图 7　第 83—86 小节

从第 97 小节的 *f* 到第 98 小节 *p* 的力度，是心情的转换，也是情绪的回收，凯鲁比诺劝慰着自己“那说给自己听吧”，为最后的爆发做铺垫。在第 100 小节的小字二组 e[e]声音的力度可以稍稍加大且坚定一些，注意情绪的控制。凯鲁比诺最后坚定想法“就说给自己听”，心中充满了希望和力量。

在速度变化中，莫扎特对速度巧妙的处理给音乐氛围带来巨大的变化，完美地贴合着角色的情绪变化。该曲的速度标记是 Allegro vivace 有活力的快板，是一个较快的速度。这样的速度奠定了凯鲁比诺内心慌张与不安的基调。

第 54—59 小节，前两句“parlodamorvegliando，parlodamorsognando（清醒时我说爱情，睡梦中也说爱情）”在演唱时应要保持声音的黏连，但是整体的速度不能突然变慢，做稍稍的拉宽处理。如图 8 所示，“all'acqua，all'ombraair eco（对水、对影、对回声空气）”稍加一点速度，增加紧张感，表现了凯鲁比诺向万物倾诉内心时紧张又激动的心情。再到“venti”（微风）这句，速度渐慢，自由延长记号增强了语句的顿挫感，像是凯鲁比诺对微风的呐喊。

从第 92 小节开始进入速度 Adagio 行板，速度稍慢，整个情绪的基调也跟着沉了下来。在 2 拍的休止后过渡到第 96 小节马上回到原速。在第 97－98 小节做慢速的处理，注意做到慢而不拖，再加上最后一句之前的自由演唱记号，为最后一句回到原速做了充分的准备，这样的衔接自然且流畅。这样频繁的速度转换，让音乐给人松弛有度的感觉，充满戏剧感和紧迫感。速度频繁地变化很符合凯鲁比诺这个年龄多变的心理，莫扎特对人物性格的拿捏让人由衷地叹服。

关于歌唱艺术中呼吸的重要性，在古今中外都有非常多的精彩言论。如“美声之父”卡鲁索曾说：“当人们掌握了呼吸的艺术，学习者就登上了声乐艺术高峰的第一步。”歌唱呼吸的支持力来源于吸进气以后，吸气肌肉群还需继续工作，不能放松，

图 8　第 64—69 小节

继续保持吸气的状态,使吸与呼形成对抗,这个对抗就是我们常说的"呼吸的支持"。因此,建立良好的呼吸对于这首作品的演绎的重要性就不言而喻了。

这首作品音符密集,在演唱时,要求全程保持呼与吸之间的对抗感。学生吸气前应身体放松,吸气后横膈膜扩张,不同量的气息能将演唱者带入不同的状态。在短暂的三小节分解主和弦的伴奏引导下,张口的第一句"Non so piu cosa son cosafaccio"后咽壁应兴奋地打开,要求气息轻快且有弹性,马上就能传达给观众凯鲁比诺紧张而又激动的心情。当再现部分出现时,相较于第一遍,气息的量应稍稍加大加深一些,演唱时通过有意识地加强气息的方式增加了声音的厚度,这样的处理使凯鲁比诺情绪的抒发有更深的层次感。

要注意同样两句歌词在演唱时不同的呼吸运用。如图 9 所示,"ogni donna mi fa paipitar",这是一个先上行再下行的旋律,上行时气息要不断地输出,下行时气息输出减少但是要继续保持腹部肌肉与背部肌肉配合。在重复的歌词部分,旋律变得更加激昂。吸气要更深更满,吐气时要更加深沉,以此恰如其分地强调凯鲁比诺对每一位姑娘都喜爱的复杂心情。在一句话的演唱中出现多次换气并非气息不充足,有时候是将气息看作声音的艺术处理。

如图 8 所示,"ai fiori, all'erbe, aifonti",每两个单词浅吸一口气,状态不能在换气间隙就松懈下来,腰腹依然支撑。演唱凯鲁比诺对花、草、泉井的叙述,浅吸的停顿感增强了语气感,将听众带入音乐的情景之中。

图 9　第 45—48 小节

图 10　第 61—63 小节

如图 11 所示，在歌曲最后的部分，“E se non ho chi m'o da”中从“E se”到“non ho”最好不要换气，吐气时应是舒缓的且做到声断气不断，过渡要自然，将音乐情绪慢慢做一个回收，这也是凯鲁比诺对于自己内心的叙述。后一句与前一句相同，但在演唱“e[e]”时，应深呼吸后叹出强烈的气流，音量也因此增大，暗示了凯鲁比诺自己的心中想法,找不到人诉说自己情感的哀伤和无奈。

图 11　第 91—93 小节

这首作品速度较快,教师应对学生多进行快速练习打嘟,才能训练气息更加经用。注意腰腹的对抗和气息的流动感,可以在吸气时双腿分开后下蹲,感受气息随着骨盆下沉的感觉,帮助找到腹部支撑的状态从而增强气息的支持力。另外,要想使声音更加丰满,多进行“打哈欠”的气息练习,上软腭打开,喉头下沉,要求口腔、咽腔都能积极地打开,拥有最自然放松舒适的呼吸状态才能在快速跑动音符中达到“松、通、柔”的声音效果。

二、情感表达

情感表达是歌曲演唱的灵魂,更是艺术审美的升华。对作品的社会文化背景、创作意图等能否进行细致研究,直接影响着作品的情感表达是否准确。学生在演唱前要对作曲家笔下的人物年龄、人物性格、情感表达、人物形象等有一定的理解,才能做到演唱时心中有依据。如图 12 和图 13 所示,学生对歌曲有了自己的理解后,在歌曲的表达上就会更加深入。

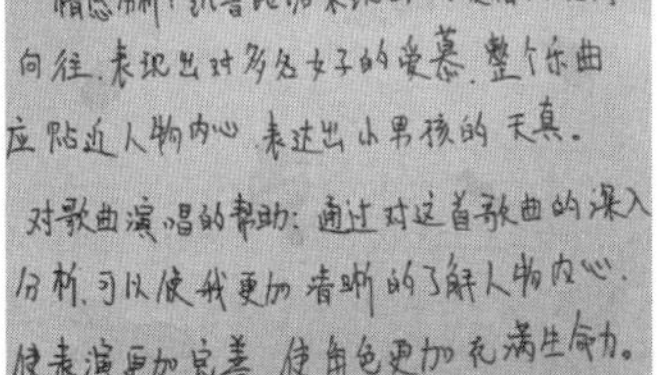

情感分析:凯鲁比诺表现出对爱情的美好向往,表现出对多名女子的爱慕,整个乐曲应贴近人物内心,表达出小男孩的天真。

对歌曲演唱的帮助:通过对这首歌曲的深入分析,可以使我更加清晰的了解人物内心,使表演更加完善,使角色更加充满生命力。

图 12　学生 1 对作品的理解

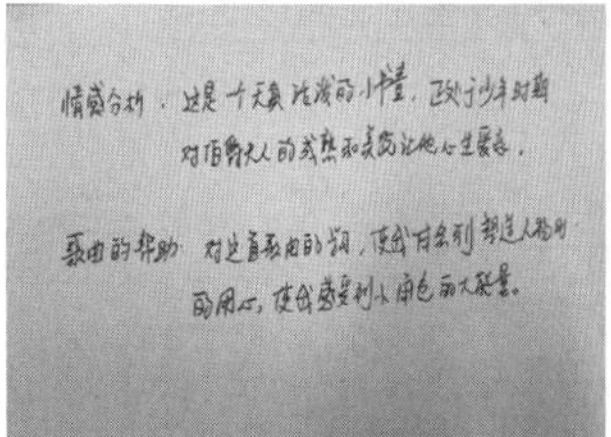

图 13　学生 2 对作品的理解

这首咏叹调不止体现了角色凯鲁比诺的心理活动,揭示了人物的情感,更是推动了剧情的发展。深入分析咏叹调的情感对演唱者更好地理解和演唱作品有着重要的意义。在演唱时要注重表达角色情绪的细微变化。莫扎特对小人物的描写真是惟妙惟肖,刻画了凯鲁比诺作为可爱大男孩应有的纯真、在青春时期对爱情的渴望。凯鲁比诺对着苏珊娜演唱时,叙述着自己对于爱情、对于女生的着迷,凯鲁比诺唱到“不知道我自己干了什么,有时我热如水,有时冷却”。这将凯鲁比诺怕别人知道，又怕别人不知道的纠结状态表现得淋漓尽致。这些在做功课时要多进行感知，用心细细体会。

在歌曲演唱时，心中要提前进入状态，起音也一定要准确柔和，表现凯鲁比诺着急忙慌但是还不能大声说出自己内心纠结的情绪。

如图 14 所示，凯鲁比诺对花、草、空气、山岭、泉水、微风诉说，向一切美好的事物诉说自己的想法，即使这些花草树木都无法像人一般给予他回复，但是对于他来说能够说出来就很满足了。这形容了凯鲁比诺此时对爱情充满了期待，心情也是温暖愉悦的。

图 14　第 58—69 小节

如图 15 所示，“E se non no chi m'oda(但是如果没人听)”，凯鲁比诺自问自答，情绪随着演唱层层递进，心中充满无奈和失望，但还是在寻找能够倾诉的对象，为结束句凯鲁比诺情感的最后爆发选择说给自己听做铺垫。

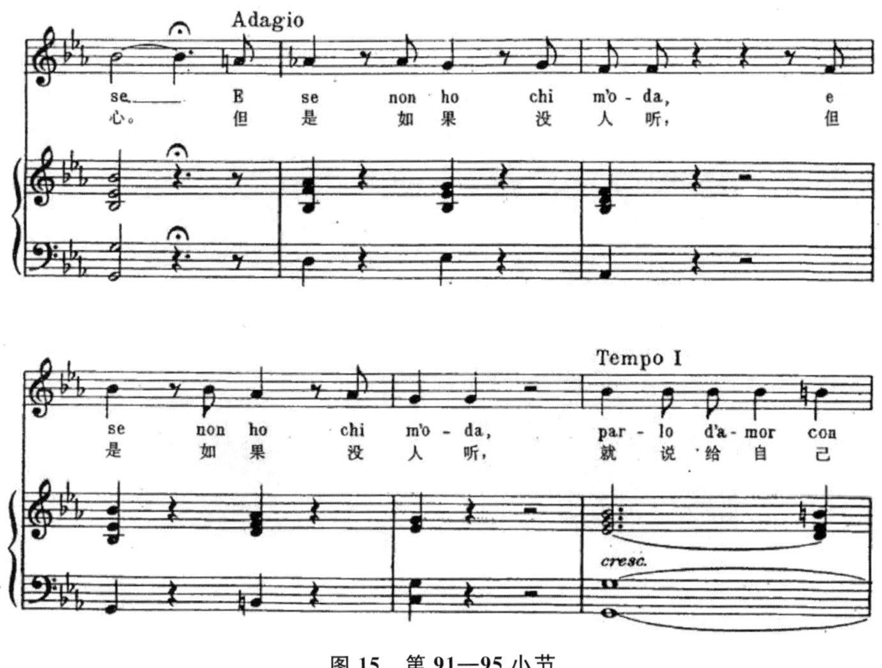

图 15　第 91—95 小节

三、舞台表演

舞台表演是通过人声表演、自身的神态以及肢体动作，向观众传递情感和情绪，从而引起观众的内在共鸣。而想象是舞台表演中最好的创作力。在舞台表演艺术中，想象是灵感源泉，大脑有意识地去指引舞台表演的实践活动，对作品进行自我加工，形成表演。歌剧中会有布景、灯光、音响以及对应角色的服装。但在音乐会中基本是只有钢琴伴奏，在演唱时需要抛开心中的杂念想象自己就是凯鲁比诺，是一个十六七岁年纪的大男孩。在剧情的场景中，同时要熟悉每一个乐句的处理，乐句对应的表情如惊讶、害怕、忧虑、喜悦等要做到心中有数，音乐色彩的改变带来的肢体动作也要烂熟于心。

教学中学生带着表演演唱的场景如图 16 所示。开始时凯鲁比诺向苏珊娜诉说，甚至想要拥抱苏珊娜，想到爱情满脸都是懵懂害羞，对于爱情充满迷惑。尾段有短暂几句宣叙调，慢慢回归自己的内心，从突然感受想象与现实的距离时的失落到打开心扉，可以自己说给自己听的欣喜。这些都可以通过肢体动作，包括身体前后摇摆、伸手、身体的走动、双手做托举状、摇头等来向观众展现。在演唱第一句时，身体有规律地前后摇摆是向外界诉说自己慌张不安的心情；在演唱重复的“ogni donna mi a pal tai（每位姑娘都叫我心动）”时，第二遍的演唱可向前伸手，像是在对面前的姑娘诉说；当再现部分出现歌曲的主题“Non so piu cosason，cosafaccio（不知道我自己干了什么）”时，通过身体的走动表达自己的不安；在演唱“parlodamoursognan do

(睡梦中也说爱情)”时,双手做托举状,表达了即使在梦中也对爱情充满着渴望和幻想;在演唱“e se non ho chi m'oda(如果没人听)”时,摇头像是喃喃自语,也代表着自己找不到人诉说的无奈,所以,演唱这里时需要稍稍减轻声音的力度,暗示小男孩难过又无奈的情绪。古典风格注意不宜过度夸张。

(a)

(b)

图16 教学中学生带着表演演唱的场景

特别注意的是,不要为了表演而表演。尤其是女性扮演男性角色,在生活中应多观察这个年龄段男生的动作和表情,表演时才能更好地想象自己就是这样的小男孩。如果表演过度,或者过度炫耀声音技巧,就不符合人物角色的年龄特点,也不符合古典咏叹调的风格了。所以,在舞台上应有适度的形体动作、自然的表情、自然的台风,最终赋予人物形象的刻画,取得良好的效果。

莫扎特的《费加罗的婚礼》这部喜歌剧是西方古典主义时期歌剧史上的顶峰之作。高中艺考生对于古典时期的咏叹调学习的方向还没有自己的一套体系,需要教师加以指引,提高对歌曲处理的能力,从而有针对性地帮助学生提升演唱的水平。在演唱的理念中应意识到声乐的演唱不仅仅是声音技术,更重要的是把握作品的情绪,从而加深对歌曲的理解。本文同时为正在学习这首作品的人们提供一定的借鉴,为古典时期的咏叹调的学习贡献自己的力量。

参考文献

[1] 沈湘.沈湘声乐教学艺术[M].上海:上海音乐出版社,2000.

[2] 张进.中外音乐鉴赏[M].成都:西南交通大学出版社,2009.

[3] 赵震民.声乐理论与教学[M].上海:上海音乐出版社,2004.

[4] 高宏宇.古典音乐欣赏——欧洲部分[M].北京:中国林业出版社,2014.

[5] 陈捷.“穿裤子的角色”——歌剧《费加罗的婚礼》中凯鲁比诺的角色分析与体验[D].天津:天津师范大学,2013.

[6] 任君.歌剧《费加罗的婚礼》中咏叹调《我不知道自己干了什么》的音乐特点与角色分析[D].太原:山西大学,2016.

[7] 陈玉琳.莫扎特歌剧《费加罗的婚礼》中凯鲁比诺咏叹调的创作特征及演唱风格研究[D].南

昌:江西师范大学,2008.
[8] 潘璠.莫扎特歌剧中次女高音声部观念的形成与演唱体验——以凯鲁比诺咏叹调为例[D].南京:南京师范大学,2019.
[9] 刘琼.浅谈女中音和次女高音的区别[J].北方音乐,2017(12):22.
[10] 宋春婷.歌剧《费加罗的婚礼》的艺术美学特征[J].长江大学学报,2013(8):185-187.

艺考热背景下有效提高音乐生钢琴基础的可行性研究

杭州市萧山区第十高级中学　朱梦璐

摘　要:本研究从高中艺术生的钢琴课现状出发,结合高中生心理特点,深入实际地从教学实践入手,全面论述了钢琴教学的现状,钢琴课的教学形式、教学内容,以及教师的配备和教材的选择,并且对如何切实提高学生的钢琴基础做了详细的阐述,使不同类型的学生能在高中阶段有效地提高演奏技术,在专业考试中表现出自身最大的综合优势,同时为爱好钢琴的学生提供发展个性的平台和空间,满足不同学生的发展需要。

关键词:普高;艺术生;音乐班;钢琴教学;艺考

一、研究缘起

近年来随着各类艺术院校或非艺术院校相继出台了扩招政策以后,艺术类学生在高考的队伍里所占比重逐年增加。萧山十中就是在艺考逐年升温的大环境中,招收了一批又一批的音乐特长生。然而笔者在多年的教学过程中发现,学生在钢琴方面的巨大差异性,使得基础训练的有效性难以真正落实。为了更准确地研究音乐班学生的钢琴学习情况,笔者对高一、高二、高三的三个音乐班进行了问卷调查,共发放问卷99份,回收94份,有效率95%。调查结果显示,主要存在着以下几个问题。

(一)质量堪忧:音乐班生源参差不齐

我校音乐班的学生能够顺利进入音乐特长班学习,必须“过五关斩六将”,在中考时进行音乐测试,专业成绩优异且文化课成绩达到分数线才得以进入音乐班。而在此音乐测试中,每个人的主考项目不同,主要分为声乐、舞蹈、钢琴和其他乐器四项。具体情况如图1和图2所示。

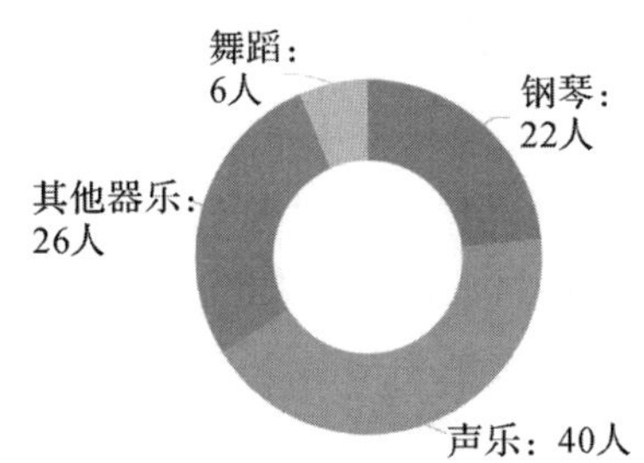

图1　音乐生入校主考项目分析图

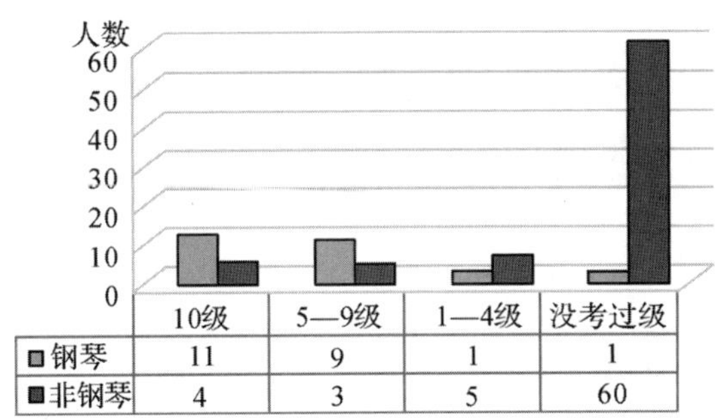

	10级	5—9级	1—4级	没考过级
钢琴	11	9	1	1
非钢琴	4	3	5	60

图2　进校时钢琴水平统计图

如图1所示，我校音乐生入校时以钢琴作为主项的人数仅为22人，占全体学生总数的23%。笔者就“钢琴与非钢琴学生入校时的钢琴水平”进行了调查。具体情况如图2所示。

如图2所示，在非钢琴的72位同学中，有12位进行过钢琴的学习，其中4位甚至达到了钢琴10级的程度。因此，按照调查结果，以钢琴程度作为主要依据，学生大致划分为三类：

1. 零基础型

如图2所示，此类学生有60位，占全部学生的64%。他们没有任何钢琴学习的经历，通过声乐或者其他器乐考入我校。

2. 低程度及中等程度型

此类学生往往在小时候学过钢琴，但是中途由于种种原因中断了，后因自己在学文化课的大部队里并不占优势，于是重操旧业，选择了音乐这条路。他们往往有一定的基础，但是基本功并不扎实。

3. 较高程度型

此类学生往往有较扎实的基本功，家长重视钢琴学习，从未间断。这类学生到了高中阶段，如果正确引导，会更上一层楼。

(二)根源透析:音乐生渴望有效的钢琴训练方式以及专业的师资保障

笔者根据多年的教学经验,发现绝大多数的音乐生初进校时的钢琴基础存在着诸多问题。排除零基础的学生,在第2、3类学生中,学习钢琴最基本的手型,如折指、晃腕,识谱问题,如高低音谱号混淆、指法随意改动、音符认错、节奏分辨不清、识谱速度慢等等,均和小时候打下的基本功有很大的关系,同时也与授课老师的专业性有很大的关系。问卷调查中关于“钢琴启蒙老师的来源”一项,如图3所示。

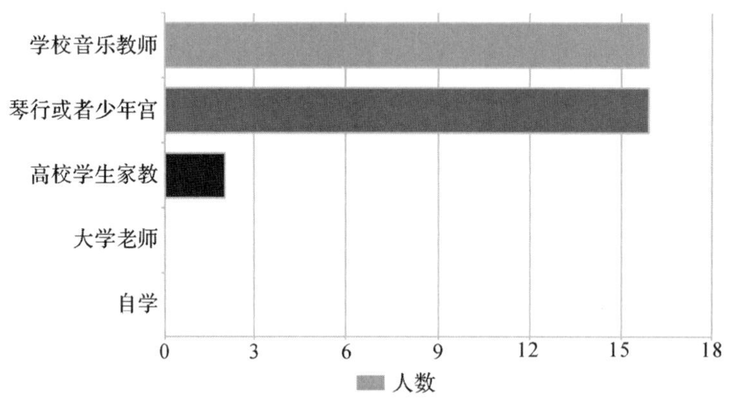

图3　钢琴启蒙老师的来源

图3显示,这34个学生的钢琴启蒙老师中,有16位是中小学的音乐教师,有16位来自琴行或者少年宫,有2位是大学生。由此可见,在初学钢琴时,师资的选择对于学生家长而言并没有受到足够的重视,有相当一部分学生及家长处于随便找个琴行或者机构学琴的状态,导致师资的水平无法得到保证,教学质量参差不齐。

同时,我们就“进入高中学习,你希望学校能提供给你什么”进行了调查,主要从“优秀的师资、完善的课程以及展示自我的平台”三个维度出发,了解学生的真正所需。调查结果如图4所示。

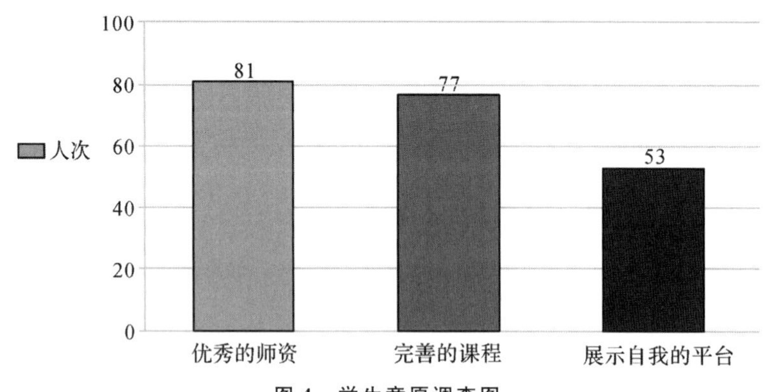

图4　学生意愿调查图

图4很明显地表达出学生的真实意愿。在这个环节,选择“优秀的师资”的学生多达81人次,其次是“完善的课程”77人次和“展示自我的平台”53人次。由此可

见，师资以及课程是高中阶段学生比较重视的两大方面，如果能辅以各项比赛、演出等展示自我的机会，对专业方面的学习会起着积极的促进作用。

二、研究设计

（一）概念界定

1. 音乐特长生

近年来，“音乐特长生”一词经常被提到。何谓“音乐特长生”？其就是指在音乐方面优于普通人群的人。而钢琴特长生即音乐特长生中钢琴专业比较突出的人，声乐特长生即声乐专业比较突出的人。

2. 浙江省音乐类联考

浙江省音乐类联考由浙江省教育考试院组织实施，实行全省统一考试，专业考试科目为视唱听音、声乐、器乐三门，总分为100分。各科目占分比例：视唱听音30％、声乐35％、器乐35％。

3. 钢琴基础

顾名思义，钢琴基础指的就是“钢琴基本功”，主要有以下几个方面：

（1）均匀跑动技巧，主要指音阶式跑动和琶音式跑动，包括24个自然大小调的音阶和琶音，速度力度完全均匀。

（2）初级手指独立技巧，指五指范围内平稳均匀的颤音。

（3）一个八度范围内，非连续性的三、六度双音技巧。

（4）八度技巧。包括24个大小调的八度音阶和八度琶音。

（5）和弦技巧。有力、深沉、饱满地弹奏和弦。

（6）双音技巧。包括24个大小调的三、六度音阶，双音半音阶。

（7）复调技巧。要求两只手能清晰地演奏出两个以上声部的技巧。

（8）特殊技巧。包括大跳、重复音、长颤音等。

（二）研究目标

1. 优化钢琴课的教学形式和教学内容

音乐生钢琴基础的提升需要探索适合他们的教学模式，而钢琴课的教学形式和教学内容是重中之重，是钢琴教学得以顺利进行的重要保障。

2. 深入选择适合我校学生的钢琴教材

音乐生钢琴基础的提升同样需要适合他们的教材，这亦是本课题的研究重点，需要能形成教学合力的优秀师资团队，并且研究选择适合不同层次学生的钢琴教材，使钢琴教学得以有效开展。

3.构建促进学生专业成长的优秀平台

音乐生钢琴基础的提升更加需要展现自我的舞台，即通过校内校外各项比赛、演出的实践锻炼，促进学生的专业成长。

（三）研究回顾

准备阶段（2019年5月—2019年9月）：搜集、查找有关文献资料，进行细致的阅读，列出各文章的中心观点，拟定详细的课题研究方案。

实施阶段（2019年10月—2020年6月）：整理资料，对本校音乐班学生进行问卷调查。

总结阶段（2020年7月—2020年9月）：整理与统计问卷调查，撰写课题论文。

三、研究实践

（一）钢琴课的教学形式与教学内容的安排

我校钢琴课的教学以小课形式为主，即教师和学生一对一进行授课，这也是钢琴教学中最常用的方式。由于乐器教学的特殊性、学生个体的差异性，这种授课方式更有利于因材施教，使学生能清楚地了解自己存在的不足，以期更好地改进。

在教学内容的安排上，根据学生的程度、个性以及喜好，尽量在布置的作业上做到不重复，让每个学生对他们自己演奏的作品保持与别人不同的新鲜感。大致可以把教学内容分成四部分，即基本练习、练习曲、复调、乐曲。基本练习从《哈农》中选取，主要练习学生的手指能力，不管是何程度的学生，基本练习在整个练琴过程中都占有重要的地位，这就是俗话说的“基本功训练”，为演奏其他作品做准备。练习曲一般从《拜厄钢琴基础教程》和《车尔尼练习曲》中选取，练习曲比较有针对性地就某一技术难点进行单项训练，旨在能够熟练、快速地掌握各种演奏技能。复调作品一般从《巴赫初级钢琴曲集》《巴赫创意曲集》中选取，巴赫是复调音乐大师，学习他的作品，可以很好地锻炼学生的多声部思维能力，这在钢琴教学中是非常难却是非常有用的。乐曲一般从《钢琴基础教程》第1—4册中选取，程度高的学生还可以从莫扎特、海顿、贝多芬奏鸣曲中选择，可弹曲目非常广泛。通过弹奏乐曲，训练学生的全方面演奏技巧，不仅技术难点要攻克，还要有音乐表现力。这是学生综合能力的很好体现。这四部分内容看似独立，却相辅相成，缺一不可。笔者在教学过程中要求学生不挑食不偏食，有计划有目的地布置作业，循序渐进，力争在学生有限的时间内将水平发挥到最高。

（二）钢琴教师的配备与钢琴教材的选择

我校在职钢琴教师有三位，其中两位是硕士研究生学历，毕业于国内外知名音乐学府，另一位是本科生，毕业于国内知名音乐学院。三位教师自身的专业素质过硬，教学经验非常丰富。

教材的选择是一件非常严肃的工作，高中生较之小学初中生，个人的思想逐渐体现，因此学生所用的教材既要符合学生的现有水平，又要面面俱到地体现钢琴技能。另外，还要有趣味性，应该根据学生的训练重点和特点去选择相应的练习曲目，选择内容健康、表现力丰富并具有代表性的教材。一般来说，在钢琴教学的过程中会考虑以下几个方面：基本练习、练习曲、复调、乐曲。针对三类学生，所用的教材是不同的，具体情况见表 1 和图 5—图 7 所示。

表 1　钢琴教材一鉴表

	零基础型	中低程度型	较高程度型
基本练习	《哈农》1－20 条	24 个大小调音阶	24 个大小调音阶、琶音、和弦
练习曲	《拜厄钢琴基础教程》	《车尔尼 599》 《车尔尼 849》	《车尔尼 299》 《车尔尼 740》 《肖邦练习曲》
复调	《巴赫初级钢琴曲集》	《巴赫二部三部创意曲集》	《巴赫十二平均律钢琴曲集》
乐曲	《钢琴基础教程》第一册	《钢琴基础教程》第二、三册	《钢琴基础教程》第四册；莫扎特、海顿、贝多芬钢琴奏鸣曲

图 5　基本练习与练习曲封面图

图 6　乐曲封面图

图 7　复调作品封面图

(三)钢琴实践的舞台

每年,校内外的比赛和演出数不胜数,从杭州市艺术节到学校里的器乐比赛、元旦文艺会演等等,都是音乐生锻炼的好机会。一次次的舞台实践,提升了技能,磨炼了意志,获得了掌声,更是提高了他们对学钢琴的信心。学生参加比赛的照片,如图 8 所示。

图 8　学生参加比赛演出

四、研究成效

(一)分层次教学,夯实钢琴基础

如今,我校的钢琴课模式已经采用一对一的教学方式,分层次教学显得非常有必要。分层次教学分成两方面:一方面是全班学生的演奏水平分层次,另一方面是有基础的学生分层次。新生入校,往往会举办一场专业摸底考试,以是否学过钢琴为标准将学生分成零基础、初级中级程度、高级程度等层次。另外,在有基础的学生中再进行细致分层。因为笔者在教学过程中发现,虽然有的学生自称考过了钢琴 10

级，但是C大调的音阶都完全弹不出来，在演奏过程中手型和指法混乱，不懂分句，这样的学生属于基本功不扎实的，而另外有部分学生基本功还是相当不错的。

正如著名钢琴家尼古拉耶夫·里安涅德所说："音阶、和弦、琶音的学习，对学生是非常必要的，因为通过这些练习，学生才能掌握那些基本规律。"钢琴作品结构中的种种变化形式都是这些规律发展而成的。因此，在教学的过程中，笔者一直很重视音阶、和弦和琶音的学习，无论学生程度高低，一律从音阶入手，24个大小调始终贯穿于三年的钢琴教学当中，从最基础的高抬指的单音练习，到快速的音阶琶音跑动技巧，真正做到"两手都要抓，两手都要硬"。

（二）增强学生的专业知识，拓宽专业知识的学习面

普高生对于专业学习仅停留在表面，应加强试唱练耳、中西方音乐史、乐理、和声及曲式等相关课程的学习，并能将所学知识运用到专业学习中来。还应加强演奏风格的了解，如对巴洛克、古典、浪漫主义时期的钢琴演奏风格进行深入的探讨和研究。从各个时期的代表人物及音乐特点入手，对每个时期作出总结，从速度、力度、声音、和声、奏法、装饰音、踏板、弹奏方法八个方面对巴洛克、古典、浪漫主义时期的钢琴演奏风格作详细的比较研究。

（三）保证充足的练琴时间

一周一次的"回课"之后，更多的是学生自己的练习。教师提出的要求，有些学生理解快，积极配合教师，改正错误的能力强；有些学生理解慢，不能较快达到教师要求。因此学生们必须在上完课后勤加练习。以我校的音乐班为例，练琴时间逐级递增，高一每天保证1个琴点（60分钟），高二每天保证1—1.5个琴点（60—90分钟），高三每天保证2—4个琴点（120—240分钟），高考前半个月处于高强度、高密度练琴时期，基本每天保证6—8小时的练琴时间。

（四）养成勤于思考的习惯

钢琴教学包括学生的"学"和教师的"教"两方面，因此在钢琴教学过程中要关注到这两方面的问题。而笔者经常会碰到一些学生，谱面上非常整洁干净，除了老师写的字就什么都没有了，而善于思考的学生，在上完课之后，往往会把本节课老师所讲的要点难点用文字记录在谱面上，作为练琴时候的参考。绝大部分的学生在初入校时基本都表现出懒于动笔、更懒于动脑的状态，甚至对于有些重复的错误，一而再再而三地犯，使教学效果受到很大的影响。笔者通过谈话、示范等形式，教学生如何做音乐笔记，坚持一段时间下来，大部分学生逐渐学会了记录课堂重点，慢慢养成了勤于思考的学习习惯。

（五）重视钢琴实践，克服心理障碍

钢琴考生最终是要走向考场的，考场就是一个不折不扣的舞台，尽管没有灯光，

没有音响，有的是苛刻的耳朵和严肃的评判。高中的这两年半的学琴时间里，老师要提供机会给学生，使他们练就良好的演奏心态。

笔者在平时教学中发现，有的学生在平时课堂学习中表现十分出色，但遇到上台或者考试往往因为紧张都不能发挥出正常水平，这就是心理素质的培养问题了。经常会听到这样的话：“老师，我自己一个人弹得非常熟练的，怎么到了你这里就弹不熟练了呢?”这就是紧张心理所造成的。笔者经常跟学生说：“要想在台上有80%的水平，平时就要达到200%的准备程度。”每个人上台都会紧张，包括钢琴家，主要看心理素质是否过硬了。良好的心理素质不是每个人都有的，也不是与生俱来的，而是需要舞台和比赛的积累逐渐形成的，学生会在一次次登台和比赛中得到锻炼，并提升自信心。当然，并不是每一次比赛或登台演出都会成功，这需要老师适当的鼓励与安慰，并且及时发现学生演奏中的问题对症下药。因此，在高一、高二的专业学习生涯中，每个学期至少有两次专业考试、一次比赛或者演出的机会。进入高三后，每月进行一次模拟考试。这些考试和比赛演出训练，给了学生极大的保障来克服他们自身的心理问题，从而在高考的考场上发挥出最好的水平。

五、结语

现在音乐专业的招生，对考生提出了更高更全面的要求，除了有基本的音乐技能外，还要求弹奏技术性要好、富有表现力，如何在短期内使学生的整体音乐素质及相关技能得到切实的提高，并在专业考试中考出自身的最佳成绩，是广大考生及辅导教师都关心的问题。本文从高中钢琴特长生的现状出发，分析了高中生生理心理的特点，深入实际地从教学实践入手，论述了钢琴教学中存在的问题、教学计划的制定、基本技术训练以及音乐表现等方面。普通高中音乐特长生的钢琴训练是一项既符合一般教学规律又有其特殊性的教学形式，教师要了解高中生生理和心理特点，根据不同学生的不同特点，把握钢琴的教学规律和教学原则，总结出一套行之有效的教学方法。应试是一种策略，也是一种技巧，尤其是高考，关系着钢琴特长生的命运和前途，更应该进行认真的选择和设计。

由于笔者水平有限，研究中存在着很多不足之处，也不可能彻底解决音乐高考教学中存在的问题。在此真心希望各位同行批评指正。

参考文献

[1] 赵学会.高中艺考班钢琴教学研究——以昆明市第三十中学艺考班为例[D].昆明：云南师范大学，2017.

[2] 夏云雁.浅谈普通高中音乐特长生的钢琴教学[J].北方音乐，2013(7)：108.

[3] 张琴.探讨普通高中音乐艺术生的培养模式[J].新课程导学，2014(12)：11.

[4] 王英爱，赵颖.对普高生进行钢琴教学的实践与探索[J].音体美园地，2008(9)：62.

基于素养立意的教学课例设计

——《动能和动能定理》

杭州市萧山区第十高级中学　金华泉

摘　要：学科核心素养是学科育人价值的集中体现，是学生通过学科学习而逐步形成的正确价值观念、必备品格和关键能力。本文以高中物理《动能和动能定理》一节为例，采用任务探究式的教学方式，同时采用推理、演绎的教学法，在教学设计中重点突出三个环节："问题驱动下对概念的探究""问题解决中对物理规律的深化和理解""变式中提高对物理规律的深化应用"。整节课堂环环紧扣、层层推进，实现了素养立意的教学目标。

关键词：核心素养；物理；育人

通过初中的学习，学生对功和能量的概念已有了初步的认识，同时通过上一节教学的学习，认识到了力做功与物体速度变化的关系。因此，将本节内容设计成一节探究型课堂具有积极的意义，通过"动能定理"的学习，能深入了解"功是能量转化的量度"，在解释功能关系上有着深远的意义。

学科核心素养是学科育人价值的集中体现，是学生通过学科学习而逐步形成的正确价值观念、必备品格和关键能力。依据"核心素养"要求和学生的认知规律，在课堂教学设计中要以问题驱动、探究驱动的方式，增强学生对问题探究的过程性体验。因此，任务探究式教学成为本节课堂重要的教学方式，同时采用推理、演绎的教学法。采用"任务探究式"教学能有效引导学生进行自主、合作和有效的探究性学习。为此，在教学设计中重点突出三个环节："问题驱动下对概念的探究""问题解决中对物理规律的深化和理解""变式中提高对物理规律的深化应用"。

【教学目标】

落实"物理观念"：通过探究学习明确一个概念（动能）、一个规律（动能定理）；要求能对概念规律进行相关分析和计算。

渗透"科学思维"：通过对动能概念的定性探究，掌握控制变量方法进行科学研究；能够通过具体的情境分析，掌握恒力作用下的动能定理的推导，明确合力做功与物体之间的关系。

经历"科学探究":通过在规律的拓展应用中设置"冲突",体会变力作用下动能定理解决问题的优越性。

培养"科学态度和责任":在概念的定性探究、规律的推理过程中,体会"以状态的变化量量度复杂过程量"这一物理思想,感受数学语言对物理量过程描述的简洁美。

【教学过程】

环节一:问题驱动下对概念的探究

[设计]

提出动能的概念讨论,引导学生进行合理猜想和科学探究方案的制订;结合学生活动进行设计性的实验探究,体会控制变量的科学探究法。

[意图]

问题引入讨论,在定性探究中培养学生科学探究的意识,进行合理的猜想与假设。探究过程使学生对"动能"的概念有更切身的体会,在观察和实验中运用控制变量的科学探究方法,从定性角度对相关问题进行科学推理,找出规律,形成结论;具有使用科学证据的意识和评估科学证据的能力。

[现场]

教师活动1:通过橡皮筋对小车做功,探究"功与物体速度变化关系",得出了什么结论。具体的表达式是什么?意义是什么?

教师活动2:初中已学运动的物体具有能量,即为动能。下落的小球具有动能吗?那任何下落的物体的动能的多少如何定义?如何验证?

学生活动1:小组讨论与合作性学习,对动能的定量进行猜测,尝试设计探究方案。

结合学生的观点和方案预设,进行如下变量探究:

如图1所示的简易装置,以纸面覆于铁圈上并固定于铁架台。

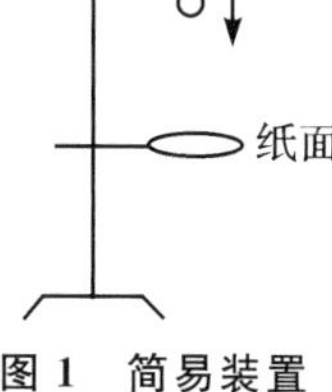

图1 简易装置

探究1:同一高度释放金属、塑料小球,结果金属球穿纸而过,塑料球则不然。

探究2:同一塑料小球从不同高度释放,结果高处释放的小球能穿纸而过,而低处释放的小球则不然。

学生活动:1. 小球运动具有的能量与小球的质量有关,即质量越大,物体的动能越大;

2. 小球运动具有的能量与小球释放高度有关,同时释放高度决定了小球与纸面的接触速度,因而物体的动能与速度存在着关系。

以学生总结为基础,结合教材强化对"动能"这一概念的深入认识。

环节二:问题解决中对物理规律的深化和理解

［设计］

设置情境化的模型分析学生的合理推演,深化对规律的理解;在动能定理的应用中,对比与已掌握的动力学研究方法的不同之处。

［意图］

情境化的问题培养学生正确剥离表象、建立物理模型的同时,培养使用不同的方法和手段分析、处理信息的能力;体验物理学科也是严密的数学语言的学科,数理并重才能有效揭示客观规律。让学生在课堂上切实进行两种方法的相关计算,理解恒力作用下利用动能定理解决问题优于牛顿定律的分析法。在两种思维方法的“碰撞”中培养学生对科学探究过程和结果的评估和反思的能力。

［现场］

情境模型化:设某物体的质量为 m,在重力的作用下发生一段竖直位移,速度由 V_1 增加到 V_2,重力做功为多少?(不计空气阻力)

$$W = mgh = mg \cdot \frac{v_2^2 - v_1^2}{2g} = m \cdot \frac{v_2^2 - v_1^2}{2} = \frac{1}{2}mv_2^2 - \frac{1}{2}mv_1^2$$

师生共同探讨得出结论:

(1)$\frac{1}{2}mv^2$ 描述了物体的一个状态,此后我们给 $\frac{1}{2}mv^2$ 一个名字——动能(E_k);

(2)同时我们也得出了重力做功与 $\frac{1}{2}mv^2$ 变化的关系:$W = E_{K2} - E_{K1}$。

变式探究:如果考虑空气阻力的作用,$E_{K2} - E_{K1} = ?$

$$E_{K2} - E_{K1} = m \cdot \frac{v_2^2 - v_1^2}{2} = m \cdot a \cdot \frac{v_2^2 - v_1^2}{2a} = F_{合} L = W_{合} = W_F + W_f$$

强调 $W = \Delta E_K$ 公式中的 W 为合外力所做的功。合外力所做的功等于动能的变化量。

应用例题 1:将质量 $m=2\text{kg}$ 的一块石头从离地面 $H=2\text{m}$ 高处由静止开始释放,落入泥潭并陷入泥中 $h=5\text{cm}$ 深处,不计空气阻力,求泥对石头的平均阻力,示意图如图 2 所示。(g 取 10m/s^2)

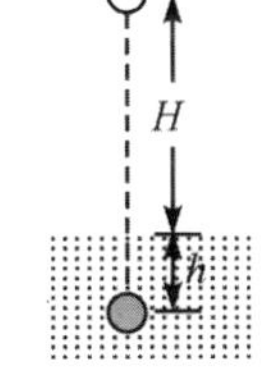

图 2　动能实验

教师引导分析:受力分析—运动过程—做功情况。

学生活动:从牛顿运动定律和动能定理两个角度解此问题⟶得出动能定理的一大优势——简化多个过程问题的分析。

体会应用动能定理的一般方法:1. 受力分析,掌握运动过程;2. 研究各力做功情况,求合力做功;3. 巧选初末状态,求动能变化量;4. 应用求解。

环节三:变式中提高对物理规律的深化应用

［设计］

在例 1 情境下,应用动能定理强调以有效的受力分析为先,对比两种状态下物理量的差别,这是解决问题的一般思路。考虑到实际问题的多样性和复杂性,存在着许多变力做功的情况,例如以踢球为实际背景的问题研究。

[意图]

通过曲线运动中变力做功的问题,定量地对相关问题进行科学推理,找出规律,正确认识科学规律的本质,进一步渗透“功与能量转化的关系”,同时为之后电磁学问题的研究奠定坚实的基础。

[现场]

教师:虽然看似应用动能定理简单,但有些问题应用牛顿定律一样可解。不过实际问题具有多样性和复杂性,存在着许多变力做功的情况。

变式练习:质量为500g的足球以10m/s的速度被踢出后,在空中飞行的最大高度为10m,试计算运动员踢球时对足球做的功。(假设落地速度已知,可以求解阻力做功)

教师引导:足球的受力情况如何?运动员脚对足球的作用力有多大?足球获得的动能、机械能各为多少?

学生活动:研究足球踢出时获得动能的来源,应用 $W=\Delta E_K$,从而得出动能定理的另一大优势——可以求解变力做功的问题。

此时本节教学内容已经基本完成,可以总结收尾,同时辅以相应的强化作业进行巩固。

【课后反思】

《普通高中物理课程标准》是制定和实施教学目标的依据,教学目标的制定和实施过程是培养学生学科核心素养,体现以生为本的教学理念的关键。

立意“核心素养”要求,课堂在导入新课环节中,明确了基本认识、观念;在定性探究动能的相关因素中,渗透着控制变量的科学探究方法;在推理演绎功能关系过程时,培养学生能基于经验事实构建物理模型的能力,具体运用分析综合、推理论证等方法,渗透着浓厚的物理科学思维;问题引领、总结规律时,引导学生正确实施探究方案、处理信息数据、描述并解释结果,能对物理规律进行明确阐释和合理的外延。整节课堂环环紧扣、层层推进,基本实现了素养立意的教学目标。

经过课后对教学目标的思量和环节流程的反复推敲,笔者发现也有值得改进之处:(1)涉及动能概念提出时稍显仓促,设计实验探究方案是学生创新能力的重要表现之一,课堂没有充分论证学生提出的各种方案,之后类似探究课例中应充分利用课堂生成资源,成为及时、生动鲜活的课堂;(2)动能定理的应用将会贯穿整个高中物理学习阶段,因此定理学习的侧重之处在于引导学生领会功和能之间的转化关系,反思课堂中的各环节对于思维方法的渗透可以更直接些,切勿被探究环节、呈现形式“冲淡”,毕竟探究的本质也是为了更突出规律的本质内涵。

参考文献

[1] 庄勇飞.人教版物理教材“电磁感应”部分内容编写的商榷与建议[J].中学物理教学参考，2021(10):58-60.

[2] 郑蔚青，邓飞.基于科学思维的物理情境教学——以“法拉第电磁感应定律”为例[J].中学物理教学参考，2021(7):4-6.

聚焦科学思维素养的高中物理学模型建构与应用

杭州市萧山区第十高级中学　马春红

摘　要：本文以高中物理学习中用模型建构解决问题为案例，从概念解读、常见的物理模型分类、模型建构在解题中的核心作用等方面阐述高中生应用物理学模型建构和评价促进科学思维素养的落实。

关键词：科学思维；模型建构；规律

一、研究背景

2022年浙江省普通高等学校招生统一考试物理卷中有一预判为中等难度的题，学生测评显示的错误率是80%，这一学情迫使我们停下教学脚步，反思问题所在。题(1)"探究碰撞中的不变量"，阻力很小的滑轨上有两辆小车A、B(如图1所示)，给小车A一定速度去碰撞静止的小车B，小车A、B碰撞前后的速度大小可由速度传感器测得。问：①实验应进行的操作有什么？(A. 测量滑轨的长度　B. 测量小车的长度和高度　C. 碰撞前将滑轨调成水平)；②表1是某次实验时测得的数据，由表中数据可知，碰撞后小车A、B所构成系统的总动量大小是________ kg·m/s(结果保留3位有效数字)。

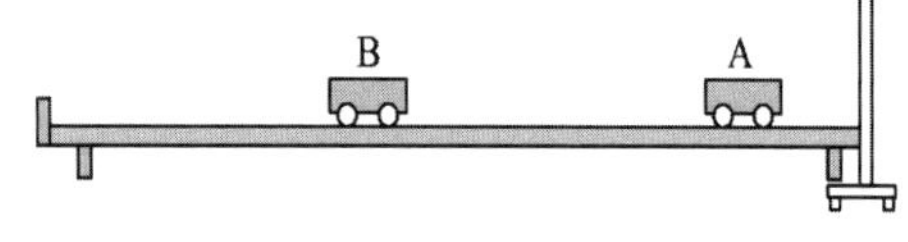

图1　碰撞实验

表1　某次实验时测得的数据

A的质量/kg	B的质量/kg	碰撞前A的速度大小/(m·s^{-1})	碰撞后A的速度大小/(m·s^{-1})	碰撞后B的速度大小/(m·s^{-1})
0.200	0.300	1.010	0.200	0.800

题①碰撞前将滑轨调成水平，保证碰撞前后A、B做匀速直线运动即可，没有必要测量滑轨的长度和小车的长度、高度。②由表中数据可知小车A的质量小于B

的质量，则碰撞后小车 A 反向运动。这样的题目考查的还是学生的建模能力，即考查学生的科学思维。

2023 年 1 月浙江省选考物理命题也全面考查了学生运用真实情境建构模型，推动思维递进的多层次的有区分度的问题解决能力。如第 4 题“生活中的蹦极运动”、第 5 题“抛石子”、第 6 题“消声耳机”、第 7 题“阻尼振动”的分析推理、第 8 题“大电流测量装置的简化”和第 10 题“冲日”天文。

陶行知先生提出“行是知之始，知是行之成”，学习不能脱离实际，学好物理学必须从生活实践出发，尤其高阶思维的培养要有高阶学习活动和教学指导予以支持，聚焦科学思维素养在物理课堂实施模型建构与应用，促进学生的解题能力和解决问题能力的提高。比如，发电机模型，如图 2 所示，基于科学思维素养的模型建构和应用策略，具体情况见表 2。

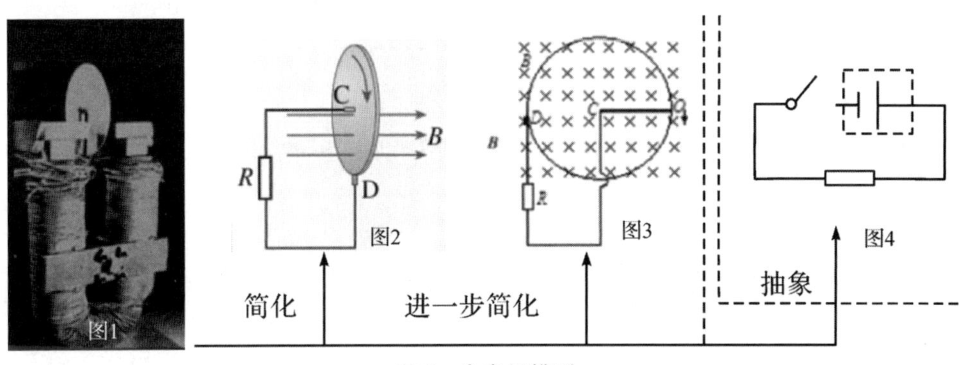

图 2　发电机模型

表 2　基于科学思维素养的模型建构和应用策略

科学实践	阅读文字，分析情境→模型建构，简化分步→搜寻规律，罗列方程→实践检验，修正参数→成果输出，评价反馈
试题解答	

二、概念解读

《普通高中物理课程标准(2017 年版，2020 年修订)》从物理观念、科学思维、科学探究、科学态度与责任等方面提炼学科育人价值，体现物理学科本质对提高学生核心素养的独特作用。

科学思维是从物理学视角对客观事物的本质属性、内在规律及相互关系的认识方式；是基于经验事实建构物理模型的抽象概括过程；是分析综合、推理论证等方法在科学领域的具体运用；是基于事实证据和科学推理对不同观点和结论提出质疑和批判，进行检验和修正，进而提出创造性见解的能力与品格。科学思维主要包括模型建构、科学推理、科学论证、质疑创新等要素，从定性和定量两个方面对相关问题进行科学推理、找出规律、形成结论。

模型思维方法是对研究对象、实际现象与过程加以简化和抽象，突出主要因素，忽略次要因素，进行研究和处理物理问题的一般方法，如图 3 所示。

实际的研究对象→理想化的物理对象模型→
实际的现象与过程→理想化的物理过程模型→ | 规律、方程

图 3　模型思维

三、常见的物理模型分类

1. 基础型模型

对象模型：质点、轻质弹簧、点电荷、点光源、平行板电容器、流体等。
过程模型：匀速直线运动、自由落体运动、匀速圆周运动、对心碰撞等。
条件模型：平面、光滑面、真空、匀强电场、匀强磁场等。

2. 应用型模型

板块相互作用、质点与弹簧相互作用、行星运动模型、汽车启动、霍尔模型、带电粒子在有界电场(磁场)中偏转等。

四、模型建构在解题和解决问题中的核心作用

教材中的模型大多都是理想化的基础模型，相当于学武的基本套路学习；综合性的高考题有真实情境，需要考虑实际情况的各种变化，相当于置身在真实的战场比武。怎样才能在那样的情境下获胜？需要学生用物理知识对情境化试题进行分析、判断、简化、抽象，构建物理模型，然后再运用物理规律和数学工具进行推导、演算来解决问题。

(一)模型的构建与应用

第一步是梳理步骤，即“文字→情境→模型→规律→方程”。题(2)“身高 1.8m 的跳高运动员，想要越过 1.8m 的横杆，他起跳的竖直分速度至少应该是多少?”怎样建构模型，先将头脑中想象的跳高情境画一画，然后简化模型，再进一步简化，具体情况如图 4 所示。

第二步是搜寻模型的全部规律，“围剿”上题。例如，整理竖直上抛所对应的规律，定竖直向上为正。①动力学公式：$a=-mg/m=-g$；②运动学公式：$v_t=v_0-gt$；③$h=v_0t-gt^2/2$；④$2ah=v_t{}^2-v_0{}^2$；⑤动能定理：$-mgh=0-mv_0{}^2/2$；⑥动量定理：$-mgt=0-mv_0$；⑦机械能守恒定律：$0+mv^2/2=mgh+0$。关联决策过程，已知 h 和 $v_t=0$，求 v_0，可①④式联立，或单独用⑤式或⑦式。

第三步是根据实际情况讨论最后结论，解得$=\sqrt{2}g(h/2+\Delta h)$，设 $\Delta h=0.3\text{m}$，由特定的空间关系，可得：$v_0=4.9\text{m/s}$，只要运动员的竖直分速度 $v_0\geqslant 4.9\text{m/s}$，就有可

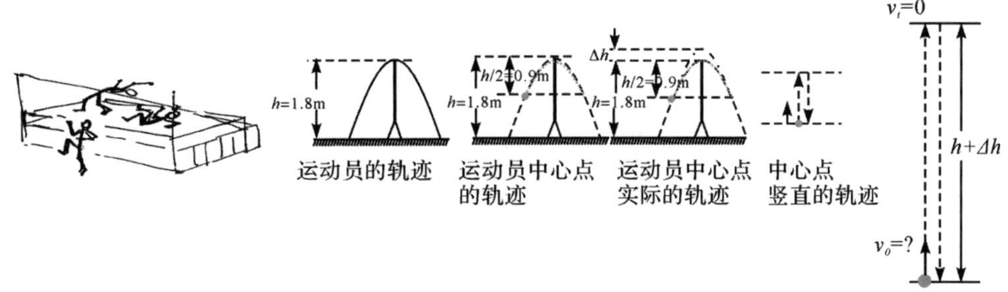

图 4　跳高模型

能跳过横杆。

（二）模型的拆分和重组

题(3)，水平金属板 A、B 分别与电源两极相连（如图 5 所示），带电油滴处于静止状态，现将 B 板右端向下移动一小段距离，两金属板表面仍均为等势面，则该油滴将怎么运动？（B 板右端向下移动一小段距离，F_A 没有变化，F_B 变了，答案是向右下方运动）

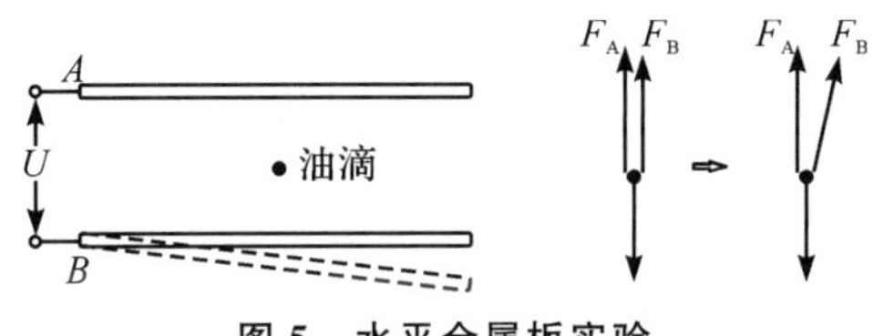

图 5　水平金属板实验

（三）面对物理世界与物理试题的反应路径

学科核心素养是学生核心素养的具体化，物理学科的科学思维素养的具体表征是学生面对物理世界与物理试题的反应路径。依据“现状”推理“原来”，为何会如此，找找原因及规律；依据“现状”推理“将来”，想想之后将怎样持续，如何依规律定趋势。从而引导学生通过模型建构，从时间维度、空间维度、因果关联和认知维度来解决问题，提高学生自我的科学思维素养。

（四）模型建构促进物理的深度学习

创设真实情境和实际任务是让学生内化知识、构建概念的最佳方式。而学生建构模型、应用模型是深化理解、激发高阶思维的最直观表现，也推进学生对物理规律的探究、推理和科学论证，为学生感悟大型物理实验搭建桥梁。

题(4)思考感应电流产生条件。

保持 S 不变，改变 B(Φ 变)由 $\Phi=BS$ 得（实验 1 切割和实验 2 没切割），有感应电流；保持 B 不变，改变 S(Φ 变)由 $\Phi=BS$ 得（实验 3 有切割磁感应线），有感应电流；用铁粉模拟强磁铁的磁场分布，用铁丝制作成磁场分布点的样子，位置 1 和位置

2 的磁感线一样多，磁通量一样，但是面积和磁场都是变化的，用一个可变大小的线圈套在喇叭状的铁丝上进行上下快速运动，检流计观察不到指针偏转，说明无感应电流。这样的实验和模型建构，使得学生从“感应电流的产生条件是穿过回路的磁通量发生变化”的认知转变为“磁场 B 变化和面积 S 变化不是产生感应电流的必要条件，磁通量 Φ 的变化是产生感应电流的必要条件”的认识。

题(5)“曲线运动速度的方向”探究。

工人把要打磨的原件放到一个圆形的砂轮上，看到沿着圆周的切线有火星冒出；看一运动员旋转链球，松手后球沿着圆周切线飞出；拿一把雨伞旋转，看雨滴沿着圆切线飞出。学生讨论“曲线运动的速度方向和曲线相切吗?”然后学生动手制作模型，利用家里装修剩下的 PVC 管子，挑选几段弯曲形状不同的，到电工那里用专业工具把管子的上面一半去掉，这样便于观察，然后准备不同的两段稍微粗一点的短管做接头，实验小球半径要比管径稍微小一点，保证运动顺畅。演示时在器材下面垫上白纸，分三次演示，让沾有红墨水的钢球在不同圆管末端滚出，会看到三条红色痕迹都呈现的是直线并且与弯曲管道相切。通过模型的应用，学生就可以比较容易回答“为什么小球滚出后是沿着直线运动的”(是由于惯性，小球滚出时保持此时状态不变)，那么这条直线是曲线的切线吗？学生可以画出数学模型，从数学角度利用无限趋近法和物理模型来论证推理，得到一般的曲线运动，它某时刻的速度方向也是沿着曲线的切线方向的，从特殊的圆周运动过渡到一般的曲线运动，找到物理规律，如图 6 所示。

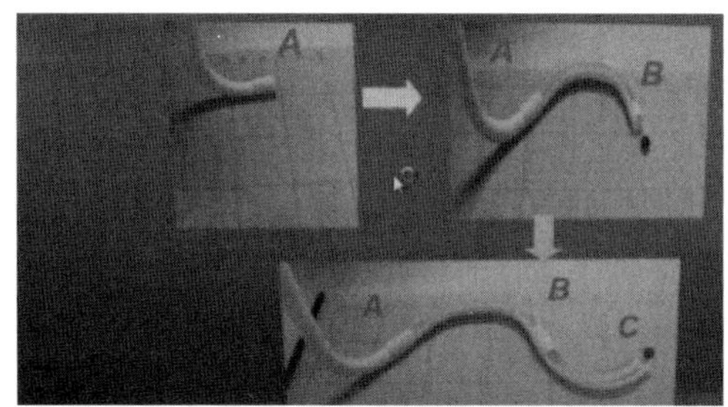

图 6　曲线运动的速度

题(6)打破离心运动的方向的错觉。

判断物体的离心运动对于学生是比较抽象和困难的，利用实验和模型观察，在绕竖直轴线匀速转动的水平圆盘上有一个相对圆盘静止的物体，想分析它的向心力是由指向哪里的什么力提供。在可旋转圆盘上滴一滴红墨水，快速旋转圆盘停下来观察墨水痕迹，依据实验结果画出简易模型。

题(7)作用力与反作用力性质相同。

任何力都有反作用力，作用力与反作用力性质一定是相同的。比如弹簧秤和弹簧秤互相拉伸产生的弹力；玩具小车下面放一片纸板，小车前进纸板后退，它们之间的摩擦力；两块相同的圆环状磁铁上下放置，磁力让悬浮的地球仪保持静止。

五、评价模型建构促进素养落实

以评促学，因此在模型建构的物理课堂上，多运用激励性评价，激发学生学习内驱力；多运用多元化评价，增加对学生的正向引导；多运用差异性评价，促进学生个性化科学思维的发展，最终减轻学生的解题负担。以评促教，教师的教学思维因学情而改变，所以对物理题目的选择要精准，试题难度要有层次、有梯度，情境要新颖并无限接近实际，让学生能对试题情境产生联想，能尝试建构简易模型或者实验实践来深度思考，引导学生从理解的低层次思维转向推理、论证的较高层次思维，再到建构、创造的高层次思维。

综上所述，有意义有深度的物理学习要伴随着可视化的实验或者模型建构和应用，学和教源于生活，也用于生活，因此高中的物理课堂要让学生动起来，直观或者接近现实地去观察事件、琢磨实际问题，去理解概念并激发自身的想象力建构概念，让物理规律的学习不再只是抽象的，让物理学习迸发出更强劲的创造力。

参考文献

[1] 何玲，黎加厚. 促进学生深度学习[J]. 计算机教与学，2005(5)：29-30.
[2] 中华人民共和国教育部. 普通高中物理课程标准[S]. 北京：人民教育出版社，2020.

实验探究教学中创新应用“控制变量法”的实践探索

杭州市萧山区第十高级中学　金华泉

摘　要:控制变量法是高中物理实验教学中应用最广泛的一种方法,是学生认知世界、探究世界的基础方法之一。本文介绍笔者在实践教学中以实现核心素养为目标,渗透控制变量的实验思维,以“重力势能”“楞次定律”两课为案例剖析如何创新实验探究,使学生在经历探究的过程中,理解掌握控制变量的科学探究方法,从而培养提高学生终身学习能力的过程。

关键词:控制变量法;核心素养;创新;终身学习能力

一、“控制变量法”的应用背景和意义

在高中物理课堂教学中,尤其是实验理论教学、科学探究中经常采用控制变量的探究方法。变量,即为事件的某个或某几个影响因素。例如,物体的质量或受力情况,影响了物体的加速度;导体的长度、截面积等因素,影响了导体的电阻值。为了厘清多个物理量之间的关系,同时又要排除多个因素的相互干扰,因而在每次实际探究中需要控制几个因素不变,只改变其中的某一因素,从而研究被改变因素对事件的影响,继而对每个因素加以研究,即为“控制变量法”。“控制变量法”是科学探究中重要的方法,也是高中物理理论研究学习、实验探究创新的主要方法。

新的时代对高中物理教与学已经提出了“核心素养”的要求,其中“科学思维、科学探究”的素养要求更是切中了物理学科学习的本质特点,使学生具备终身学习的能力成为物理教学的重要目标。

抽象的思维能力、严密的逻辑能力是物理学科的特点,学生在学习中仅凭死记硬背根本无法解决疑问,更无法掌握物理学科的精髓。物理实验又是学生学习规律、探索自然的重要手段,倘若能在实验教学中采用正确有效的探究方法,往往能起到良好的教学效果,而“控制变量法”的应用既是物理科学探究的起点,也贯穿整个高中物理教学的始终,能正确掌握应用“控制变量法”对于核心素养的培养具有十分重要的实际意义。

二、如何有效地应用“控制变量法”

“控制变量法”虽是重要的实验思维方法，但其使用环境也会被教学内容所左右，设计实施实验时应注意使用“控制变量法”的有效性，方法教学应最大限度地服务教学内容，因而笔者认为教师在课堂预设时应注意以下几个问题。

1. 预设的合理性

探究未知事件时，多以猜测为前提，而在课堂探究中学生的猜想是不受控制的，具有复杂多样性。实际探究不足以对每个猜测变量进行控制和探究，因而需要教师在教学中能事先做出预设，对于一些明显存在偏差的变量可以通过简单实验或者理论论证予以排除，抓住有效且具有实际探究价值的变量进行探究，以求探究活动的高效。

2. 问题的导向性

物理学科具有以实验教学为基础的特点，学生通过实验设计、探究的学习过程来掌握探知世界的基础本领。因而在师生共同设计“控制变量法”实验时，应引导学生注重设计的目标性，“控制变量法”的应用为所探究的问题服务，力求学生能在探究掌握知识规律的同时增强对科学思维、探究方法的理解和应用。

3. 变量的单一性

影响事件可能有多个因素，多个因素同时作用会造成结果的不确定。例如，在加速度的探究实验中，常以受力和质量作为控制的目标变量，而实际实验中的“绳轮”“车板”之间的摩擦力也是应该控制的目标变量，如果实验中不注意改变“摩擦力”这一变量，那么力、质量和加速度的控制变量探究也将被影响以至关系模糊了。因此，在设计控制变量实验时一定讲究严谨性，整合固定多个因素影响，挑出单一变量进行研究，以正确揭示变量与目标之间的本质规律。

三、应用“控制变量法”设计实验，创新教学实践

案例 1：高中物理《必修 2》第七章第 4 节“重力势能”的教学中，教材的编排先由重力做功推导为切入口，由做功条件分析得 $W_G=mgh_1-mgh_2$，此时教材的描述为：“mgh 这个物理量的特殊意义在于与势能的基本特征一致，因此，我们把这个物理量 mgh 叫重力势能”，要知道此时学生对“重力势能”的概念、特征毫无亲身体验，教材如此处理，本人认为稍显简单。其实可以在推导之前加入简单的“控制变量法”实验，让学生获得体验感，以化解认知上的突兀。

笔者设计了如图 1 所示的实验装置，实验装置的设计以学生能定性了解重力势能的影响因素为目标。实验时选择厚薄适宜的白纸，用双面胶或者夹子将白纸固定

覆盖于铁圈之上，并说明下落的钢球能否穿纸而过由钢球初始的重力势能决定。因而第一次实验保持钢球的材质不变，改变钢球下落的高度，在逐渐增加高度的过程中，某时刻钢球穿纸而过。通过此现象学生能做出物体的重力势能与下落高度存在正相关关系的结论；第二次实验，取另一只与钢球尺寸一致的塑料小球，并与钢球保持同样的下落高度，在高度相同的情况下可以观察到钢球能穿纸而过，塑料小球则不能。至此，学生能轻松得出物体的重力势能还与物体的质量存在正相关关系的结论。此后再辅以重力做功过程的推导，便可自然得出 $E_p = mgh$ 的关系式。在理论推导遇到阻滞时，引入恰当的"控制变量法"实验，并分析实验现象，能轻松化解知识认知中的阶梯高度，学生学习概念、规律就更加轻松了。

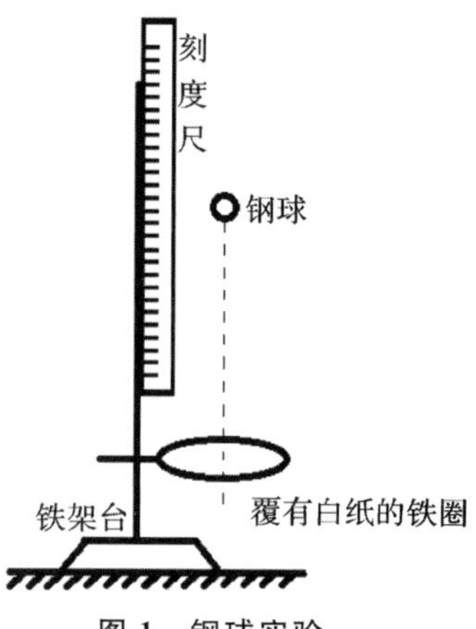

图 1　钢球实验

此实验装置还被笔者应用在"动能"的新课教学中作为体验式的课堂引入。在不同质量小球的下落效果对比中，引入动能和质量之间的正相关关系；改变下落高度时，加入适当引导：高度发生改变时，小球在接触纸面时的速度也发生改变，由 $v = \sqrt{2gh}$ 可知，h 越大，小球与纸面接触的 v 也就越大，从而说明物体的速度越大，动能也随之增大。总而言之，通过此控制变量实验探究，学生体验了物体动能大小与质量、速度存在正相关关系，为之后动能定理推导提供了认知基础。

控制变量的实验探究让学生能轻松认识物体势能(动能)的影响因素，也为之后的内容学习打下坚实基础；同时控制变量的科学探究方法在实验教学中得到了落实，使学生能在学习中掌握基础的科学探究方法，为终身学习能力的发展做了铺垫。

案例 2：在高中物理《选修 3－2》第四章第 3 节"楞次定律"的教学实践中，涉及楞次定律的内容探究过程历来是学生学习难以掌握之处，在众多变量因素的共同作用下，难以弄清感应电流方向的真实影响因素，导致仅靠记忆了解楞次定律内容，不能做到从科学探究方法的角度认识掌握楞次定律；与此同时，对于楞次定律内容的实验探究也是教师在教学中需要突破的难点，只有突破了教学难点，才能真正将方法教学寄寓于课堂中。而现实情况是教师往往嫌探究过程麻烦或者不必要，不探究也不影响做题，就把探究过程简化或者一句带过。如此即便学生能记住楞次定律的内容，但没有经历科学探究过程，对探究没有亲身体验感，使得教学失去了思维教学、方法教学的重要环节。

笔者针对这一教学难点，设计了以控制变量思维为基础的课堂教学环节。

首先，为了使学生能对感应电流方向探究有初步的预案，布置学生进行课前预习，并设计关于感应电流方向的变量讨论的一个开放性预习案，见表 1。

表 1　开放性预习案

	探究场景 1	探究场景 2	探究场景 3	探究场景 4
探究变量 1				
探究变量 2				
……				
感应电流的方向				

学生通过完成教材预习、查阅资料等环节，均能初步形成自己的探究方案。从探究变量的讨论方面，学生提交了丰富多样的猜想，比如：磁场的强弱、方向，线圈截面大小，导线的粗细，磁通量的变化……

其后为了能高效展开探究，在探究前组织课堂对学生提交的预案进行了有效性和可行性的论证。学生在讨论中基本能对一些明显无效或不合理的变量探究建议进行了剔除，在论证中，学生的情绪高涨，比较投入，在看似热烈讨论中其实也是对学生制订探究实验方案能力的一次提高，能力素养的教学得以凸显。

经过论证，在众多有待探究变量中“磁场方向”“磁通量的变化”成为最具探究价值的变量，继而形成了班级的探究预案（见表 2），并以此方案展开了有效的实验探究操作，最终每个实验小组均可得出实验结果（见表 3）。

表 2　探究预案

	N 极插入	S 极插入	N 极拔出	S 极拔出
磁场方向				
磁通量的变化				
感应电流的方向（俯视）				

表 3　探究结果

	N 极插入	S 极插入	N 极拔出	S 极拔出
磁场方向	向下	向上	向下	向上
磁通量的变化	增	增	减	减
感应电流的方向（俯视）	逆时针	顺时针	顺时针	逆时针

能从表中找到感应电流方向的决定因素，事实上是比较困难的。从多个因素中找规律真不是容易的事情，如果借以控制变量的思维方法作为参考，分析感应电流方向可以先提炼类似的两个变量之间的联系，然后再分析与其他变量之间的关系，逐步减少探究变量的数目，这与多个力的合成的思维方式不谋而合。此探究涉及的变量有三个，即“磁场方向”“磁通量的变化”“感应电流的方向”，其中是否有变量存在共同之处？

不同维度的变量无法合并提炼，因而可将“磁场方向”和“感应电流方向”转换成同一维度的物理量，可以将“感应电流的方向”转换成“感应电流的磁场方向”，继而可以将两个变量在同一维度下作讨论。探究表格中可以增加“感应电流的磁场方向”一栏（见表 4）。

表 4　完善后的探究实践

	N 极插入	S 极插入	N 极拔出	S 极拔出
磁场方向	向下	向上	向下	向上
磁通量的变化	增	增	减	减
感应电流的方向（俯视）	逆时针	顺时针	顺时针	逆时针
感应电流的磁场方向	向上	向下	向下	向上

至此，从表 4 可以清楚地理出：当原磁通量增加时，感应电流的磁场方向和原磁场的方向相反，反之相同。就此学生在探究过程中的认知障碍得以轻松突破，对楞次定律的内容认识更加深刻到位。

以上是笔者在教学实践中，利用控制变量的思维方法，对几个教学难点做了一些创新式的实验设计，以求突破学生认知的难点。“控制变量法”是高中物理实验教学中应用最广泛的一种方法。能将看似复杂的问题进行最大化的简单处理；也为学生认识世界、探究世界提供了基本的探究方法，为培养学生的终身学习能力打下坚实基础。

参考文献

[1] 桑嫣. 基于核心素养的高中物理教学关键问题解析[M]. 北京：高等教育出版社，2022.
[2] 林同春. 高中物理实验素养初步[M]. 福州：福建教育出版社，2021.
[3] 陈松. 高中物理新课程教学设计与评析[M]. 北京：高等教育出版社，2008.

以思维导图为载体提升学生学习力的实践研究

杭州市萧山区第十高级中学　王金良

摘　要：在当前的教学环境中，思维导图作为一种创新性的教学工具，受到了较为广泛的关注以及喜爱。在思维导图的辅导下，学生学习的难度以及复杂程度都能够得到有效的缓解。并且，思维导图的制作过程也是学生对知识进行整理的过程，这对于学生学习效果以及思维能力的强化，均能够形成有效影响。基于此，本文将对如何借助思维导图提升学生的学习力进行分析。

关键词：思维导图；学习力；教学实践

首先，思维导图指的是一种将人们在脑海中进行知识体系构建的过程，以直观的方式展现出来的创新型工具。其次，思维导图的制作方式比较多样。比如，可以用纸笔对其进行构建，也可以借助网络技术对其进行合理绘制。由于该种工具具备较强的便捷性以及应用价值，所以也被广泛地应用在教学活动中。在学习的过程中，学生可以利用思维导图为自己构建完整的学习计划；也可以借助架构完整的知识体系，加深自己对知识的理解深度，从而有效提高自身的综合学习效率。

一、思维导图的应用价值

首先，思维导图的应用能够有效降低学生的学习难度。在以往的教学观念中，很多教师在讲解知识时，都只是简单地照本宣科，然后为学生画出一些教材中的知识点或者是需要记忆的知识，要求学生通过死记硬背的方式对其进行掌握。但很多情况下，由于学生并没有真正地理解知识的内涵，从而导致整体的教学效果无法得到强化。然而，在思维导图的帮助下，学生能够清晰彻底地了解到知识的内涵体系以及结构，能够有计划有逻辑地对知识进行深层次的探索，从而增强自己的理解深度。

其次，思维导图的应用能够有效提高学生的思维逻辑意识以及学习能力。在借助思维导图对知识体系进行构建时，学生需要拓展自己的思维，对各个知识点之间的关系进行全面彻底的分析。在这一整个过程中，学生的思维会得到有效的开发，其自身也会在导图的引导下，对知识进行有效的探索。

最后，思维导图的应用能够提高学生的核心素养，提高学生的学习力。在思维导图构建的过程中,学生的创造力、创新能力以及分析能力都能够得到有效加强,而这也是学生核心素养组成体系中重要的一部分。

二、借助思维导图提升学生学习力的教学对策

(一)激发学生的自主学习意识

首先,在以往的教学环境中,由于应试教育理念的存在,很多教师都会对学生进行单方面的教育指导,甚至一部分教师会把学生看作是一个没有感情的学习傀儡,只是单纯地把知识硬塞进学生脑海中,要求学生对它们进行记忆背诵,然后一字不落地转述出来。在这一教学模式的引导下,学生的学习主动性以及学习思维都会受到严重的限制,这对于学生的发展并不能够形成有效的影响。其次,在教学中,教师会发现,很多知识点之间都是存在一定联系的。但是由于课程分布相对较为零散,所以在学习中,学生很难将知识进行有效的整合,为其构建完整的知识结构,从而影响到自己的学习效果。

对于这些问题,在具体的教学中,教师需要加以关注,采取合适的教学手段对其进行化解调整,以此提高学生的学习效果,提升学生的学习力。而在此期间,思维导图就起到了很好的作用。比如,在正式教学活动开始之前,教师可以先对教学内容进行了解分析,然后以教材中的章节目录为基础,选取其中的关键词作为思维导图的核心要点,以细化的章节小标题,作为思维导图的各个分支,帮助学生构建完整的知识体系。在正式教学中,教师可以先为学生展示制作好的思维导图,借此帮助学生了解整堂课的学习规划以及学习方向,从而促使学生能够对后续的学习活动形成基本认识,激发自身的自主学习思维。

除此之外,在教学的过程中,教师也可以借助这一方法引导学生开展预习工作。比如,教师可以提前要求学生对某一章节的知识进行了解,然后结合自己的认知为其构建一个简单的思维导图,对知识点之间的关系进行有效整合,以此强化学生的学习能力。例如,在讲解真空中稳定磁场和磁场对电流的作用的相关知识过程中,可以引导学生利用思维导图进行自主学习。指导学生在思维导图中加入安培环路定理和高斯定理的内容,通过整合核心知识,了解主要知识框架和脉络。融合洛伦兹力和磁通量等知识,进而为课堂上学习磁感应强度和磁场中受力的计算打好基础,减轻课堂学习负担。

(二)引导学生进行学习评价反馈

在正式教学的过程中,教学内容讲授以及学生自主学习是两个比较重要的环节。在此期间,教师也可以对思维导图进行有效应用,引导学生进行评价反馈以及学习反馈,借此有效加强学生的主体意识,提高学生的学习能力。

例如,在学习过程中,学生经常会遇到一些公式、概念或者是定义类的知识点。

对于这些知识点,学生需要在理解的前提下对其进行记忆。而在记忆的过程中,教师就可以借助思维导图,为学生构建一个完整的知识结构。当学生完成基本学习活动后,教师可以为学生展示思维导图,然后鼓励学生在思维导图的辅助下,对脑海中的知识进行回忆,将相关的知识点安插在思维导图的空白处,借此帮助学生形成完整的学习思维。同时在这一方式下,对自己不理解的地方,学生也能够快速地对其进行确定,从而有针对性地进行复习,提高自己的学习效果。

除此之外,在课堂上,教师的评价以及引导会对学生的整体学习效果形成直接影响。所以,在对思维导图进行应用时,针对学生在学习过程中所展现出的问题以及缺陷,教师应及时地指出,比如学生所构建的思维导图存在漏洞、没有选取正确的导图核心词等等,借此有效加强学生的思维导图制作能力以及问题解决能力,奠定学生的学习力基础。例如,对于串联电路和并联电路知识的学习,学生可能混淆电流表、电压表的相关功能、特性、使用方式等核心内容,没有明确串联、并联电路的特征。因此,需要重点反馈这几个方面的思维导图制作和知识梳理的问题,让学生弄清楚知识关联。

(三)转变学生的学习方式

在借助思维导图引导学生开展学习活动时,教师能够有效地提高整体的辅助效果。而学生也能够借助思维导图这一工具对知识进行合理的架构,提高自身的记忆能力以及学习效率。除此之外,在教学的过程中,教师也可以多多地鼓励学生进行导图制作创新,促使其能够结合自己的实际能力以及实际的认知,构建出具有个性的思维导图,以此保证能够满足自己的学习需求,也能够有效加强学生的思维能力以及创新能力[2]。

总体来说,思维导图的出现,对学生以及教师的学习方法、工作方法都带来了较大的改变。在思维导图的辅助下,学生能够直观地了解到知识之间的关联。并且,由于多数思维导图都具备较为鲜明的色彩以及较为简洁的线条,所以其对于学生的联想能力以及组合能力都能够得到有效加强。在思维导图的引导下,学生可以不再对知识死记硬背,而是可以通过导图的引导对自己的思维进行转化,对知识进行理解性的记忆,从而有效提升自己的学习力。

最后,在此期间,教师也应该适当地为学生提供一些辅助。比如,可以借助网络技术为学生展示一些比较优秀的思维导图制作案例,借此不断地丰富学生的思维导图制作经验、提高学生的导图制作水平,让学生能够在思维导图绘制的过程中,加深对知识的理解以及思考,找到自己在学习过程中所没有注意到的知识细节,从而提升自身的成就感以及学习质量,完善个人的学习力结构体系。例如,在指导学生学习电磁知识时,可以结合思维导图改进学生的学习方式,把知识分成电和磁两个板块。针对电的部分,对电场和恒定电流进行细分,让学生深入了解;针对磁的部分,可以对电场和恒定电流进行补充。对电磁公式和定理进行学习,进而有效解决物理题目,这种结合思维导图的学习模式效率更高并且事半功倍。

(四)培养学生的学习能力

在思维导图应用的过程中,学生不仅能够增强个人的自主能力和学习能力,而且同时也能够加强自身的自我管理能力。其主要可以表现在以下三个方面:第一,在学习的过程中,学生可以借助思维导图对知识进行全面的了解,形成系统的学习计划,加强学习的完整性;第二,教师可以借助思维导图有效掌握整体的知识结构体系,能够有针对性地为学生介绍知识点,加深学生的理解深度;第三,在对思维导图进行绘制时,学生会不自主地进行知识回忆,也需要对所学的内容进行重新阅读以及整理,发现一些之前没有注意到的问题,及时对其进行处理,从而有效增强自身的学习效果[3]。然而在学习如何绘制思维导图时,学生也应该注意以下几点内容:在绘制一份思维导图时,首先,应该以纸张的中心为起点,在中心点明确思维导图的核心。然后,可以借助不同颜色的线条,将核心知识点与其他信息之间进行有效连接,加强分支的层次性以及关联性。最后,当基本思维导图绘制完毕后,可以对各个知识点之间的关系进行合理确定,以此增强思维导图的完整性。

总体来说,在这一整个过程中,学生会被"强制"地对知识进行复习巩固,提高自己的记忆力以及学习效果。

综上所述,在教学活动开始的过程中,绘制思维导图能够帮助学生将抽象枯燥的知识具体地展现在纸张上,便于学生理解,也便于学生记忆。但在具体的教学过程中,教师也应该注意引导学生学习一些与制作思维导图相关的技巧,促使学生能够对这一学习工具形成有效的掌握以及熟练的应用,促使其能够主动借助思维导图提高自己的学习效率以及学习能力,进而有效完善个人的核心素养。

参考文献

[1] 梁乾胤.巧用思维导图培养学生自主学习能力[J].甘肃教育,2018(17):120.
[2] 姜美岩.思维导图提升学习能力[J].品味经典,2018(2):114-116.
[3] 薛颖,张艳明.思维导图:提升学生学习能力之有效途径[J].中国信息技术教育,2017(12):51-54.

思维导图在高中物理课堂的应用研究

杭州市萧山区第十高级中学　王巧敏

摘　要:高中物理课堂中借助思维导图向学生传递相关知识的框架结构及重点体系,帮助学生放射性延展学习的深度和广度,更直观地将所学的知识点相互联系起来,突破学生面对综合问题时的障碍,是促进学生有效学习的好方法。本文就思维导图下的高中物理课堂学习现状以及策略展开讨论,希望对一线教师的教学实践有所帮助。

关键词:思维导图;物理教学;应用研究

一、高中物理课堂现状分析

近年来,以学生为主体的新课堂教学模式正大规模地替代传统的灌输式的物理课堂,在很大程度上促进了学生对知识内容的消化与吸收,尤其帮助到那些逻辑思维能力较弱的困难生,使他们在学习物理中遇到的困扰减少。但是在物理课堂上还是存在着一些有待解决的问题。

首先,受传统教学模式的影响,一些老师依旧习惯采用传统的教学方法,凭借自己多年的教学经验授课,新课堂模式无法得到及时更新。

其次,部分教师的课堂教学中把问题提问作为检查学生对知识点理解与掌握的主要手段,但是没有安排科学有效的实践探索,没有充分考虑高中学生的实际学习需求,教学环节脱离了以学生为中心的教学理念,学生在课堂学习中缺乏科学合理的思维训练。

最后,经调查研究显示,部分高中物理老师在实际教学中急于求成,为了将教材知识快速传递给学生,在一定程度上忽视了学生对知识点的消化与吸收过程。学生在教师赶进程的过程中处于迷茫的状态,被动地听,被动地学,对物理知识的学习就慢慢失去兴趣。学生的学习兴趣降低,自主学习的可能性就下降,在这样的情况下谈何“促进学生发展”?

二、思维导图在现代物理课堂的意义

实现学生的有效学习始终是学校课堂的第一追求,是教师的核心夙愿,为此,教师尝试各种教学方法来提升学生知识消化的能力。笔者在课堂实践中发现,思维导图的应用对学生理清和掌握物理基本理论知识很有用。

思维导图是借助事物之间的联系而制作的相关知识的结构化产物,是现阶段有效的思维工具之一,它科学地运用图文并茂的形式,有效地将每个阶段的知识点以及相互联系进行科学梳理和展示。直观、形象的图表比文字描述更能促进学生对知识点的记忆,有效调动学生左右脑各项机能的发挥。新时期的思维导图好比网络资源中的信息库,帮助学生在最短的时间内找寻到知识内容的连接点,促进和巩固学生对高中物理知识和技能的理解与掌握。

因为思维导图能够帮助人们在最短时间内概括出最核心的知识结构,促进大脑对知识的快速梳理和记忆,现阶段的思维导图不仅仅在学校得到广泛运用,还在社会的其他领域、大小企业中得到普遍使用,带动相关事业的改革与发展。因此,思维导图在实际中发挥的作用是不容小觑的。

三、思维导图在高中物理教学中的应用实践

高中物理在整个高中教学阶段占核心位置。近年来伴随着新课程改革发展的不断深入,教师对思维导图学习模式进行了一系列的实践与探究,发现了应用思维导图的诸多优势。

(一)思维导图式笔记

笔记下的思维导图与我们平时所说的“流水账”存在一定的差别,思维导图笔记具有思维导图模式明显的特点,能够清晰有效地展现出知识结构的流程导向。例如,在讲解库仑定律知识点时,授课老师借助电荷知识点引导话术将库仑定律的来源讲解给学生听,然后引导学生逐渐掌握电荷之间作用力的计算方法以及力的方向判断等相关知识点。传统的课堂笔记是对知识点理解后进行分类记录,思维导图笔记是通过一个知识点进行辐射,借助具有指向性特征的图文表示形式,引发出更多更全面的关联知识点,形成更全面的思维导图笔记,帮助学生更好地理解与掌握。

以下为课堂上给学生做示范的电荷守恒与库仑定律思维导图实际例子,如图1所示。

(二)思维导图式探究

新时代教育改革背景下的教学倡导合作与探究,学生在学习小组中经过讨论交流,以图文形式呈现讨论交流的结果,形成各小组专属的思维导图,然后让各小组代表进行思维导图分析,其他学生查缺补漏,进而形成更科学的思维导图,学生的思维得以启发和提升。例如,在学习与静电有关的知识点时,学生分成六个小组,组内讨论在生活中遇到的静电现象,并且举例说明现象特征和原因,然后让小组画出对静电现象认知的知识图,通过此种方式引导学生主动发现静电现象的相关特点,制作

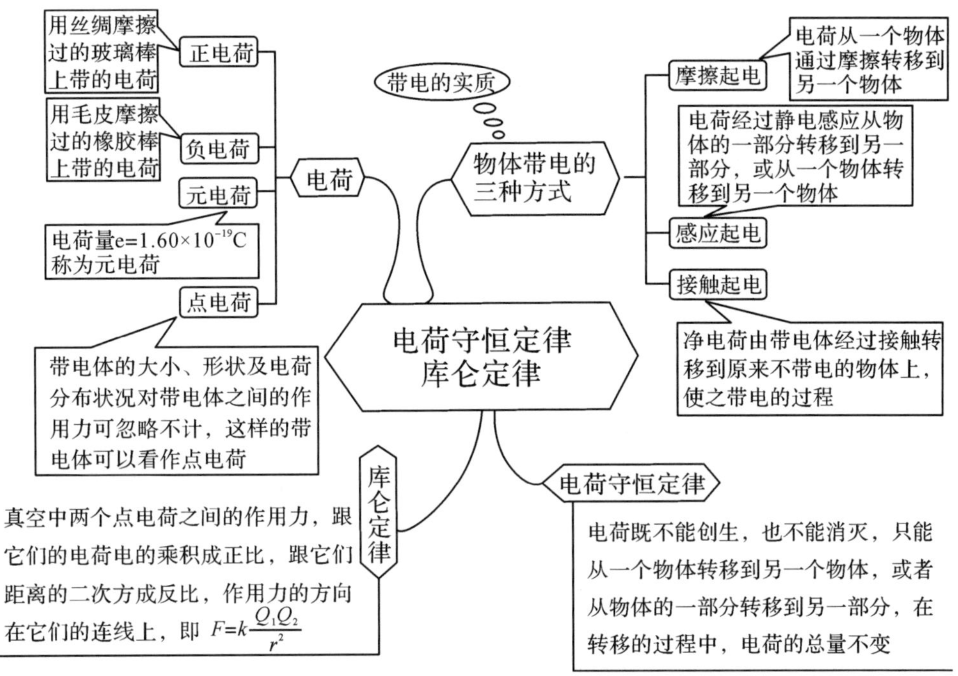

图 1　电荷守恒与库仑定律

成静电思维导图(如图 2 所示),然后授课老师再引导穿插一些摩擦起电以及感应起电现象,让学生深入了解静电知识。

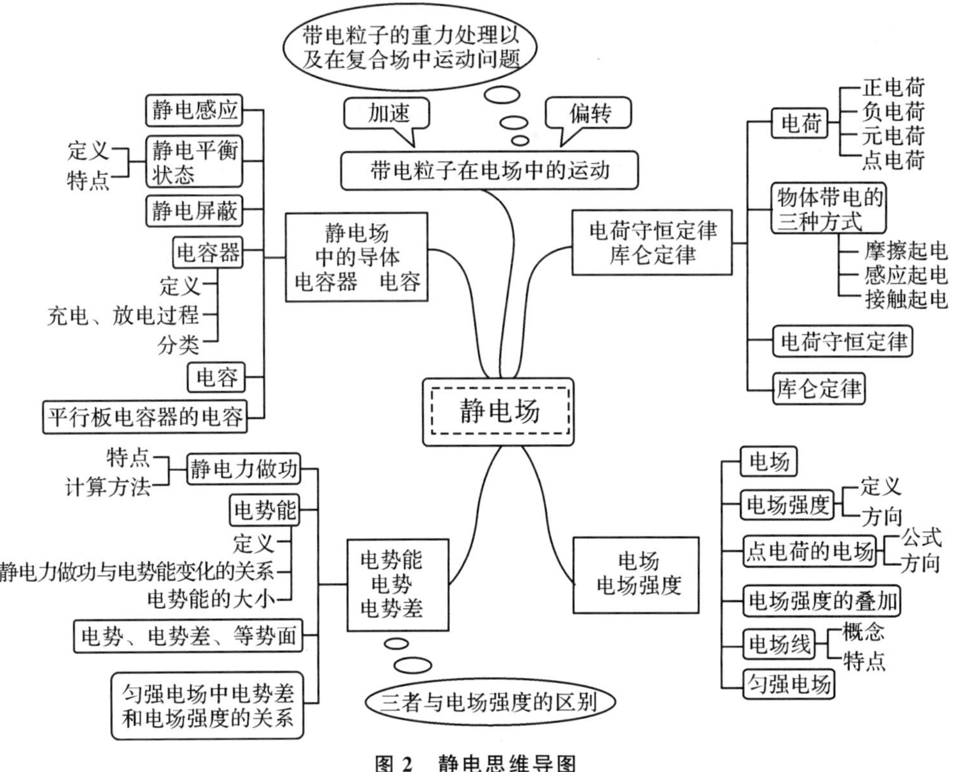

图 2　静电思维导图

以上为其中一组学生课堂所画思维导图，学生通过画思维导图，一步步分析和细化知识，借助此种形式的思维导图制作方式提升学生的沟通交流能力、逻辑思维能力以及学习探究能力。

(三)思维导图式记忆

高中物理知识点呈螺旋上升模式，所以学生在学习过程中常常出现一听就明白、一看就理解、一做就出错的现象，甚至有些学生读完题目时脑子一片空白，束手无策。导致这种现象发生的主要原因是学生对高中物理知识的梳理不够清晰，没有理解和掌握。为此，可以利用思维导图帮助其改善，引导学生更好地掌握物理各个知识点之间的联系。例如，在学习与电场有关的知识点时制作思维导图，把电场作为思维导图的散发点、发射源，把电场的定义、单位、特点、性质以及规律等作为思维导图的分支，再从每个不同的分支中关联更细的分支，进而绘出一张涵盖知识点全面的电场思维导图(如图 3 所示)，这相当于将知识点再次给学生讲解一遍，学生将知识点再次巩固，加深记忆。

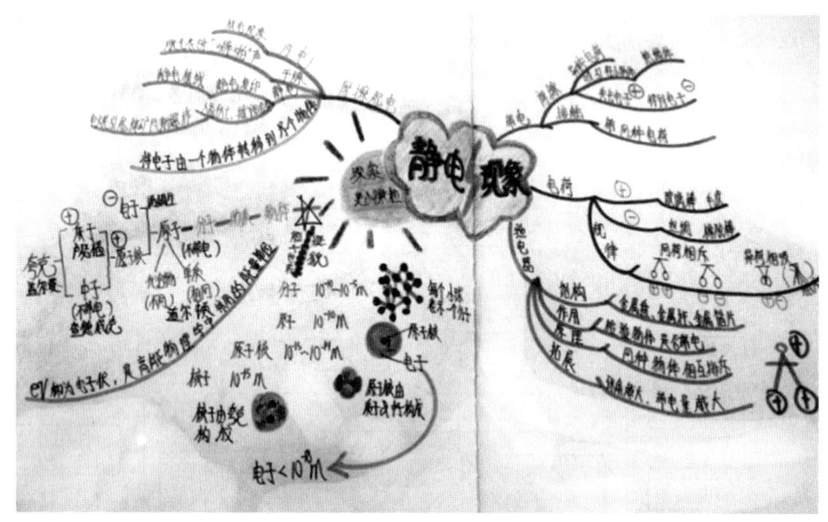

图 3　静电现象思维导图

(四)思维导图式复习

复习课要加深学生对知识点的梳理巩固，提升学生对物理问题的实际解决能力。高中阶段物理课本知识并不多，许多授课老师往往把时间放在新课以及错题讲解上，很少会花费更多的课程进行复习，当一些练习题涉及之前的知识点时，授课老师往往简单带过，这样往往会造成学生学过就忘的现象。为此，在课前可以要求学生绘制与本课知识相关的思维导图，将涉及的知识点全面展现出来，使其进行系统的复习。一方面，可以提升学生的学习自主性；另一方面，授课老师可以通过学生绘制的思维导图发现学生掌握不足的知识点，进而进行有效的补充。

学生甲对运动的描述这块内容做的章末复习思维导图，如图 4 所示。

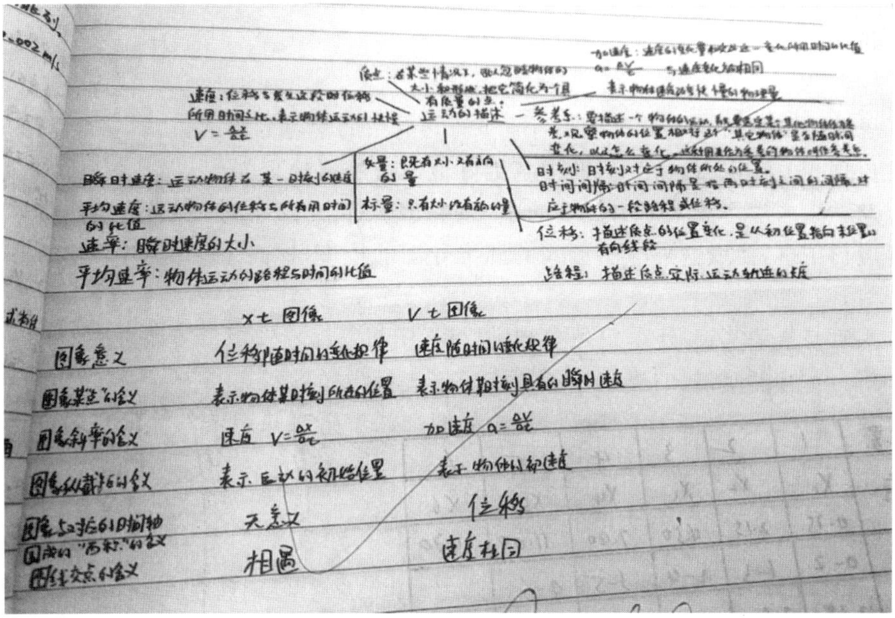

图 4　学生甲的思维导图

应该说这张思维导图已经很细致合理了，唯一不足的是 xt 图像和 vt 图像的分析上如果再加上图像，就更加好了。

学生乙的思维导图也存在同样的问题（如图 5 所示），不过老师对其进行补充之后，学生对知识的完整度就掌握得更好了。

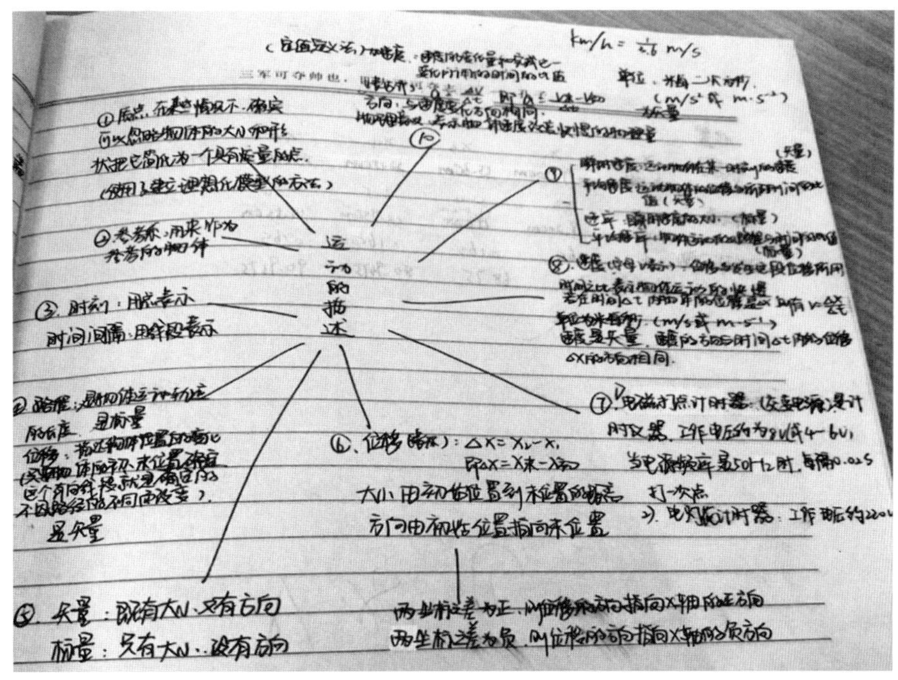

图 5　学生乙的思维导图

四、结语

思维导图是新时期教育改革背景下行之有效的学习方法之一，能够帮助学生更好地梳理相关知识点内容，帮助学生更好地学习掌握物理知识，提升教师的教学质量以及学生的学习效率。更关键的是，原本学生对于知识点的罗列比较厌烦，很多都是应付了事，换成这种作图形式的思维导图的梳理，提高了不少学生对知识总结的兴致。

不管是新课笔记，还是复习总结，思维导图都发挥着作用。新课阶段，一步步细化知识，借助此种形式的思维导图制作方式提升学生的沟通交流能力、逻辑思维能力以及学习探究能力。复习阶段，思维导图加深学生对知识点的梳理巩固，提升学生对物理问题的实际解决能力。

参考文献

[1] 陈妍如，李敏，张爱玲.思维导图在理论力学教学中的应用[J].科技经济导刊，2019，27(36)：145-147.

[2] 魏明，卢文卜，王梦婷，等.物理化学实验思维导图教学法考核标准设定探析[J].安徽化工，2019，45(6)：128-131.

关于数形结合中“结合”的一点理解

杭州市萧山区第十高级中学　刘华泉

摘　要:数形结合思想包括“以形助数”和“以数辅形”两个方面,图形反映数学的直观性,代数反映数学的精确性和规范性。在数形结合思想的应用中,我们很多时候是只注重了代数问题几何化,也就是用图形来辅助解决代数问题,而忽视了数与形的相互补充与结合,本文旨在这一方面谈一点理解。

关键词:数形结合;数学直观;逻辑推理;1+1>2

数学知识较为抽象,学习高中数学知识时需要有数形结合思想。数形结合,从字面上来理解,就是让数字和图形一一对应。通过简单、直观的几何图形以及某种位置关系,将抽象的数字概括起来,让其有机结合起来,实现抽象思维、形象思维之间的转化,利用图形理解数字,利用数字去揭示图形,让复杂的问题变得更加简单,让抽象的问题更加形象,最终实现优化解题。

一、问题缘起

问题 1:已知向量 $\boldsymbol{a}=(-2,-1)$,$\boldsymbol{b}=(\lambda,2)$,若 $\boldsymbol{a}$ 与 $\boldsymbol{b}$ 夹角为钝角,则 λ 的取值范围是________

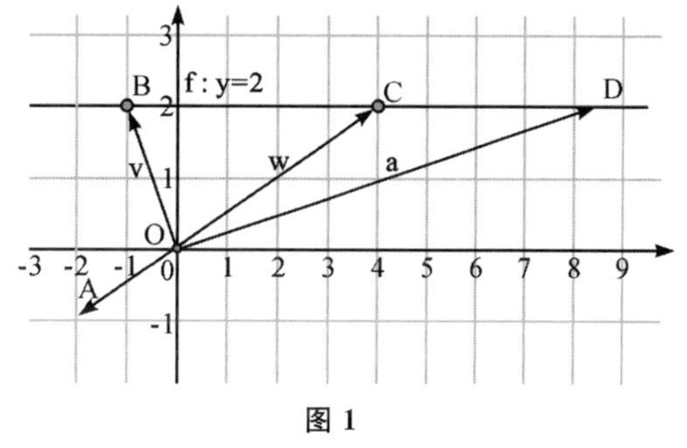

图 1

常见的解答:夹角为钝角,则 $\boldsymbol{a}\cdot\boldsymbol{b}<0$,但 $\boldsymbol{a}$ 与 $\boldsymbol{b}$ 不能反向,具体过程:$\boldsymbol{a}\cdot\boldsymbol{b}=-2\lambda-2<0$,则 $\lambda>-1$,若 $\boldsymbol{a}/\!/\boldsymbol{b}$,则 $\frac{-2}{-1}=\frac{\lambda}{2}$,解得 $\lambda=4$,而当 $\lambda=4$ 时,$\boldsymbol{a}$ 与 $\boldsymbol{b}$ 反向,所以 $\lambda>-1$,且 $\lambda\neq4$。这种解答比较套路化,讲解过程中学生能理解 $\boldsymbol{a}\cdot\boldsymbol{b}=|\boldsymbol{a}||\boldsymbol{b}|\cos\theta<0$,但还需要解释为什么 $\boldsymbol{a}$ 与 $\boldsymbol{b}$ 不能反向,因为反向时夹角 $\theta=180°$,此时 $\cos180°=-1<0$。实际效果是学生只能“死记硬背”,记住这个套路的,碰到这种题时能做,没记住的做不出来。

通法 1(学生的思路):$\cos<\boldsymbol{a},\boldsymbol{b}>=\frac{\boldsymbol{a}\cdot\boldsymbol{b}}{|\boldsymbol{a}||\boldsymbol{b}|}=\frac{-2\lambda-2}{\sqrt{5}\cdot\sqrt{\lambda^2+4}}\in(-1,0)$,由 $-2\lambda-2<0$ 易得 $\lambda>-1$,由 $\frac{-2\lambda-2}{\sqrt{5}\sqrt{\lambda^2+4}}>-1$ 得 $(\lambda-4)^2>0$,则 $\lambda\neq4$,所以 $\lambda>-1$,且 $\lambda\neq4$。

通法2(数形结合):在直角坐标系中作出$\boldsymbol{a}$(一定)与$\boldsymbol{b}$(一动),由图1不难发现当$\boldsymbol{b}=\overrightarrow{OB}=(-1,2)$时,$\boldsymbol{a}\perp\boldsymbol{b}$,即夹角为$90°$,而当$\boldsymbol{b}=\overrightarrow{OC}=(4,2)$时,$\boldsymbol{a}$与$\boldsymbol{b}$反向,即夹角为$180°$,所以$\lambda>-1$,且$\lambda\neq4$。

第二种方式更显通性通法,它可以解决夹角为任何范围(或某个值)的所有问题,属于“代数法”,第三种方式可以很好地回答第一种方式中的$\lambda>-1$和为什么$\lambda\neq4$,是一种几何解释,属于“图形法”。以上三种解答方式放在一起时才呈现了解题的立体感与知识间的联系,回答了问题的本质,学生才能融会贯通,真正理解数形结合中的“结合”,而不单单就“代数法”或者“图形法”解题,真正起到“$1+1>2$”的作用。

问题2:要得到函数$y=3\cos\left(2x+\frac{\pi}{4}\right)$的图像,只需将函数$y=3\sin2x$的图像 (　　)

A. 向左平移$\frac{3\pi}{8}$个单位　　B. 向右平移$\frac{3\pi}{8}$个单位

C. 向左平移$\frac{3\pi}{4}$个单位　　D. 向右平移$\frac{3\pi}{4}$个单位

【分析】这道题的难点是函数名不同,常见的做法是利用诱导公式$\sin\alpha=\cos\left(\alpha-\frac{\pi}{2}\right)$或者$\cos\alpha=\sin\left(\alpha+\frac{\pi}{2}\right)$将不同名函数化为同名函数,比如本题中$y=3\cos\left(2x+\frac{\pi}{4}\right)=3\sin\left[\left(2x+\frac{\pi}{4}\right)+\frac{\pi}{2}\right]=3\sin\left(2x+\frac{3\pi}{4}\right)$,所以需要将后者的图像向左平移$\frac{3\pi}{8}$个单位。这种解法对诱导公式的逆向运用提出了一些要求,基础不好的学生比较吃力。我们再深入探究,为什么“两个”函数的图像进行平移能够重合,原来它们的“长相”要一样,那么解决这类问题就只需要考虑对称轴(或者对称中心)的平移就可以了,实际上一般的点也可以,但这两个比较方便找到。先对比正弦函数$y=\sin x$与余弦函数$y=\cos x$的图像,可以直观看到$y=\sin x$的对称轴$x=\frac{\pi}{2}$向左平移$\frac{\pi}{2}$个单位得到直线$x=0$,也就是$y=\cos x$的对称轴,如图2所示。

本题就可以取$y=3\sin2x$的一条过最大值点的对称轴$x=\frac{\pi}{4}$,取$y=3\cos\left(2x+\frac{\pi}{4}\right)$的一条过最大值点的对称轴$x=-\frac{\pi}{8}$,如图3所示,直接就得到了正确选项A。这道题本来就是一道图形题,很多学生却绕开去寻找代数方法,这是本末倒置的处理,不利于揭示数学问题的本质,我们要注重提高对图形的思考能力、用数学思维思考问题的能力。

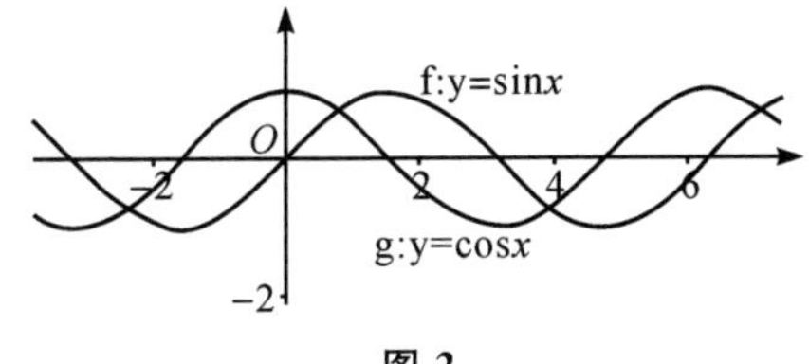

图 2

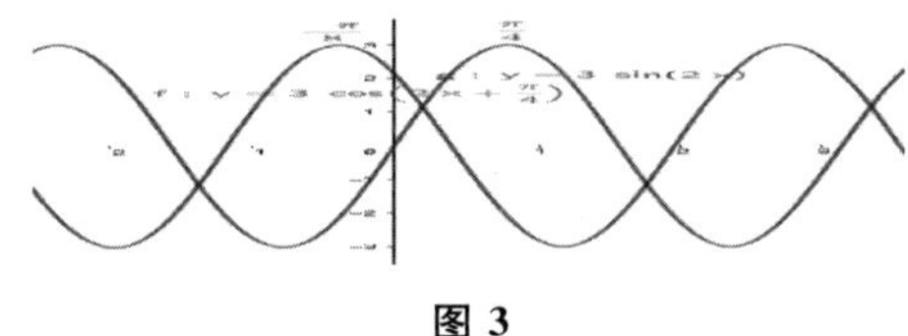

图 3

二、几种“结合”的理解

1. 充分挖掘代数式的几何背景,图形辅助代数理解

例 1. 设 $a>0,b>0$,则“$a+b\leqslant 2$”是“$a^2+b^2\leqslant 2$”的 ( )

A. 充分不必要条件　　B. 必要不充分条件

C. 充分必要条件　　D. 既不充分也不必要条件

解法 1: 充分性,代特值,$a=\dfrac{3}{2},b=\dfrac{1}{2}$,显然充分性不成立;必要性,就不好举反例,需要用到基本不等式的“拓展”$\dfrac{a+b}{2}\leqslant\sqrt{\dfrac{a^2+b^2}{2}}$,则必要性成立,故选 B。

解法 2: 抽象的代数转化为直观的图形,如图 4 所示,“$a+b\leqslant 2$”对应直线 $x+y=2$ 的左下方区域,“$a^2+b^2\leqslant 2$”对应圆 $x^2+y^2=2$ 及其内部区域,由图形很直观地看出正确选项为 B,也“看到”刚才用代数法对必要性举反例的空间很小。本题启示我们对代数的表达式要充分挖掘其几何背景,让抽象的代数形象化、直观化。

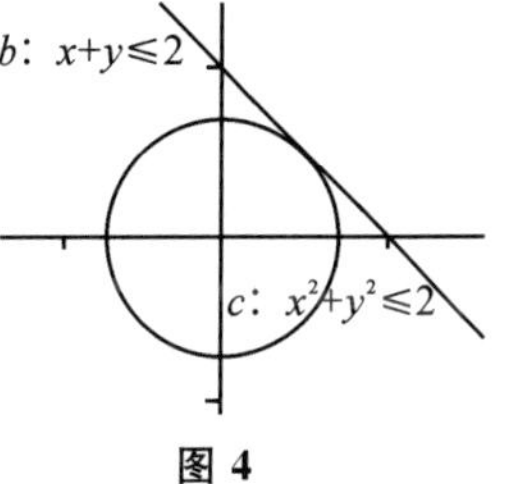

图 4

2. 图形的直观观察与代数严谨推理相结合

例 2. (2021 年全国卷)若过点(a,b)可以作曲线 $y=e^x$ 的两条切线 ( )

A. $e^b<a$　　B. $e^a<b$　　C. $0<a<e^b$　　D. $0<b<e^a$

【分析】由图 5 可以直观地观察到当点 $A(a,b)$位于 x 轴之上、点 $A'(a,e^a)$之下时,可以作出曲线的两条切线,则正确选项为 D。实际上我们还可以观察到,当点 $A(a,b)$位于 x 轴上、x 轴以下或者曲线上时,只有一条切线;当点 $A(a,b)$位于点 $A'(a,e^a)$之上时,作不出切线。以上是图形给我们的直观印象,我们可以做以下的推理:

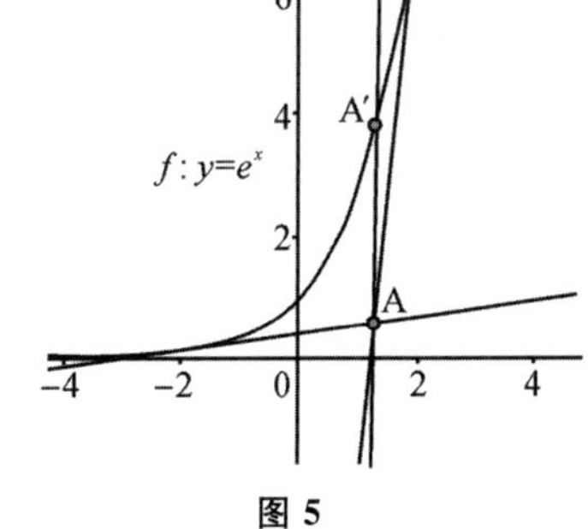

图 5

设切点为 $P(x_0,e^{x_0})$,则 $k_{切}=y'|_{x_0}=e^{x_0}=\dfrac{e^{x_0}-b}{x_0-a}$,整理得:$b=e^{x_0}(-x_0+1+a)$。

记 $f(x)=e^x(-x+1+a),x\in\mathbf{R}$,则 $f'(x)=e^x(-x+a)$。当 $x<a$ 时,$f'(x)>$

0，$f(x)$单调递增；当 $x>a$ 时，$f'(x)<0$，$f(x)$单调递减。结合函数 $f(x)$只有一个零点 $1+a$，可以画出 $f(x)$的大致图像，如图 6 所示，通过图像可以发现当 $0<b<e^a$ 时，直线 $y=b$ 与 $y=f(x)$的图像有两个交点，即原方程有两个不同的根，也就是可以作出两条切线，所以答案选 D。

同时，还可以看到当 $b>e^a$ 时，直线 $y=b$ 与 $y=f(x)$ 的图像没有公共点，从而没有切线，当 $b=e^a$ 或 $b\leqslant 0$ 时，直线 $y=b$ 与 $y=f(x)$的图像只有一个公共点，这与上面的直观观察是一致的，从而对问题的认识由感性上升到理性。

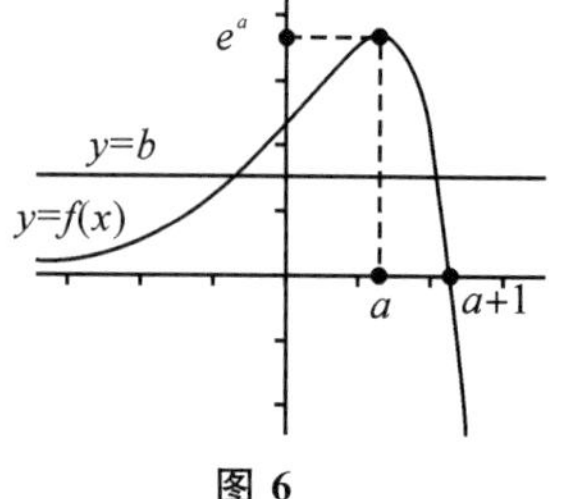

图 6

例 3.（2021 全国卷）设 B 是椭圆 C：$\frac{x^2}{a^2}+\frac{y^2}{b^2}=1(a>b>0)$的上顶点，若 C 上任意一点 P 都满足$|PB|\leqslant 2b$，则 C 的离心率的取值范围是（　　）

A. $\left[\frac{\sqrt{2}}{2},1\right)$　　　　B. $\left[\frac{1}{2},1\right)$

C. $\left(0,\frac{\sqrt{2}}{2}\right]$　　　　D. $\left(0,\frac{1}{2}\right]$

看到这道题让我想起一道经典的高考题，（2014 福建卷）设 P,Q 分别为圆 $x^2+(y-6)^2=2$ 和椭圆$\frac{x^2}{10}+y^2=1$ 上的点，则 P,Q 两点间的最大距离是（　　）

A. $6\sqrt{2}$　　　　B. $\sqrt{46}+2$

C. $7+\sqrt{2}$　　　　D. $5\sqrt{2}$

图 7

先说本道题，不难发现，求$|PQ|$的最大值即求圆心 C 与椭圆上点 Q 的距离的最大值，画出相应图形，如图 7 所示，如果这时只是直观观察后就做出判断，认为点 C 到椭圆的下顶点距离最大为 7，则 P,Q 两点间的最大距离是 $7+\sqrt{2}$，正好有选项 C。这样通过“直观观察”就认为 C 到椭圆下顶点的距离最大的解题思路不严谨，缺少逻辑推理与论证，不够有说服力，实际上也是错误的。下面从函数角度寻找$|CQ|$的最大值，设点 $Q(x_0,y_0)$，则$|CQ|=\sqrt{x_0^2+(y_0-6)^2}=\sqrt{x_0^2+y_0^2-12y_0+36}=\sqrt{-9y_0^2-12y_0+46}$，配方得$|CQ|=\sqrt{-9\left(y_0+\frac{2}{3}\right)^2+50}$，因为 $y_0\in[-1,1]$，所以当 $y_0=-\frac{2}{3}$时，$|CQ|_{\max}=5\sqrt{2}$

即$|PQ|_{\max}=5\sqrt{2}+\sqrt{2}=6\sqrt{2}$，这样就推翻了刚才的直观判断，像这样的类似问题必须要有代数的严格推理与计算，否则就容易犯错。再回到上面的问题，对比两道题，发现都是围绕椭圆上的点到其他点距离的最大值问题来命题的，2021 年的高考题是将椭圆外一点换成椭圆上一点，再结合考查求二次函数的最大值问题，本题要将代数式$|PB|\leqslant 2b$

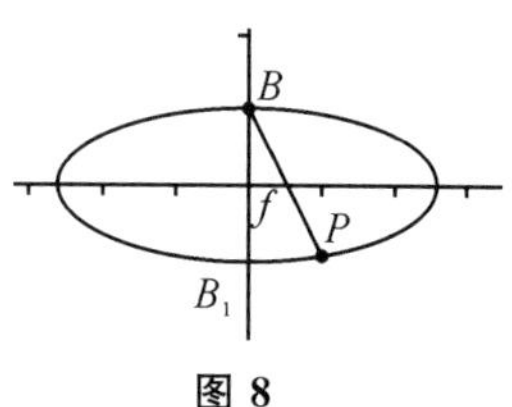

图 8

$=|BB_1|$与图像相结合，得到$|PB|_{\max}=|BB_1|$，也就是当点 P 位于椭圆下顶点时，$|PB|$取得最大值，已知 $B(0,b)$，设 $P(x_0,y_0)$，则 $|PB|=\sqrt{x_0^2+(y_0-b)^2}=\sqrt{\frac{b^2-a^2}{b^2}y_0^2-2by_0+a^2+b^2}$，$y_0\in[-b,b]$，则对称轴在区间$[-b,b]$的左侧，即$\frac{b^3}{b^2-a^2}\leqslant -b$，解得 $a^2\leqslant 2b^2=2(a^2-c^2)$，即 $a^2\geqslant 2c^2$。

所以离心率 $e\in\left(0,\frac{\sqrt{2}}{2}\right]$。本道题的关键是将题目中抽象的代数语言转化为形象的图形语言，也就是当点 P 位于椭圆下顶点时，$|PB|$取得最大值。这正是新课程理念中要求的“会用数学的眼光观察世界，会从数学的角度思考世界”。

3. 构造几何图形，实现数向形的转化

例 4. 设$|z_1|=5$，$|z_2|=2$，$|z_1-\overline{z_2}|=\sqrt{13}$，求$\frac{\overline{z_1}}{z_2}$的值。

【分析】 利用复数模、四则运算的几何意义，将复数问题用几何图形帮助求解。

解法 1： 设 $z_1=\overline{OA}$，$z_2=\overline{OB}$后，则$\overline{z_1}=\overline{OC}$，$\overline{z_2}=\overline{OD}$，如图 9 所示。

由图 9 可知，$\left|\frac{\overline{z_1}}{z_2}\right|=\frac{5}{2}$，$\angle AOD=\angle BOC$，由余弦定理得：

$\cos\angle AOD=\frac{5^2+2^2-(\sqrt{13})^2}{2\times5\times2}=\frac{4}{5}$

所以$\frac{\overline{z_1}}{z_2}=\frac{5}{2}\left(\frac{4}{5}\pm\frac{3}{5}i\right)=2\pm\frac{3}{2}i$

图 9

解法 2： 设 $z_1=\overline{OA}$、$\overline{z_2}=\overline{OD}$，如图 10 所示，则$\left|\frac{z_1}{z_2}\right|=\frac{5}{2}$，且

$\cos\angle AOD=\frac{5^2+2^2-(\sqrt{13})^2}{2\times5\times2}=\frac{4}{5}$，$\sin\angle AOD=\pm\frac{3}{5}$，

所以$\frac{z_1}{z_2}=\frac{5}{2}\left(\frac{4}{5}\pm\frac{3}{5}i\right)=2\pm\frac{3}{2}i$，即$\frac{\overline{z_1}}{z_2}=2\pm\frac{3}{2}i$。

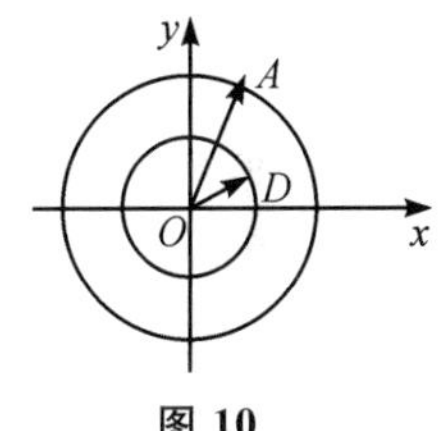

图 10

本题运用“数形结合法”，把共轭复数的性质、复平面上的向量表示与代数运算的几何意义等都表达得淋漓尽致，体现了数形结合的生动活泼。一般的复数问题可以利用复数的几何意义而将问题变成几何问题。我们的几何模型包括直线、圆、圆锥曲线、三角形、长方体、球等，在具体问题中可以联系相关的几何模型，使问题几何模型化。

三、反思

数与形是数学中两个最古老、最基本的元素，是数学大厦深处的两块基石，所有的数学问题都是围绕数和形的提炼、演变、发展而展开的：每一个几何图形中都蕴藏着一定的数量关系，而数量关系又常常可以通过图形的直观性作出形象的描述。因

此，在解决数学问题时，常常根据数学问题的条件和结论之间的内在联系，将数的问题利用形来观察，提示其几何意义；而形的问题也常借助数去思考，分析其代数含义。如此将数量关系和空间形式巧妙地结合起来，并充分利用这种“结合”，寻找解题思路，使问题得到解决的方法，简言之，就是把数学问题中的数量关系和空间形式结合起来加以考查的处理数学问题的方法，称之为数形结合的思想方法。

数形结合是一个数学思想方法，包含“以形助数”和“以数辅形”两个方面，其应用大致可以分为两种情形：或者是借助形的生动和直观性来阐明数之间的联系，即以形作为手段，以数作为目的，比如应用函数的图像来直观地说明函数的性质；或者是借助数的精确性和规范严密性来阐明形的某些属性，即以数作为手段，以形作为目的，比如应用曲线的方程来精确地阐明曲线的几何性质。数形结合的思想，其实质是将抽象的数学语言与直观的图像结合起来，关键是代数问题与图形之间的相互转化，它可以使代数问题几何化，几何问题代数化。运用数形结合思想解题的三种类型及思维方法如下：

①“由形化数”：借助所给的图形，仔细观察研究，提示出图形中蕴含的数量关系，反映几何图形内在的属性。

②“由数化形”：根据题设条件正确绘制相应的图形，使图形能充分反映出它们相应的数量关系，提示出数与式的本质特征。

③“数形转换”：根据“数”与“形”既对立又统一的特征，观察图形的形状，分析数与式的结构，引起联想，适时将它们相互转换，化抽象为直观，并提示隐含的数量关系。

四、结语

数形结合的核心与灵魂是“结合”。解题时，由于观察与联想的视角不同，会出现不同的“结合”，“结合”得好就得到好的解题方法，“结合”得不好就使解题过程烦琐且易出错，“结合”的优劣反映出了我们的基础与能力，也反映出我们思维灵活性与创造性的水平，“结合”的优化选择，应是数形结合法研究的重要一环。

参考文献

[1] 张艺璇. 关于高中数学几何解题技巧之“数”“形”结合策略[J]. 亚太教育，2015(34)：73.
[2] 盛雨瑶. 高中数学几何解题技巧之“数”“形”结合途径分析[J]. 数码世界，2017(9)：249-250.
[3] 宋玉敏. 高中数学教学中数形结合思想的融入[J]. 新课程(中学)，2014(6)：50-51.

高中数学单元教学设计的实践研究

杭州市萧山区第十高级中学　胡雅红

摘　要：单元教学设计，是跳出一节课一节课的教学设计。本文从单元教学内容、教学目标、教学方案、教学小结四方面论述了如何整体把握教材内容，抓住本质，全面了解学情，正确确立教学目标，认真分析教学重难点，从数学模块知识主线、学生认知规律、教学组织原则等方面，探索提高教学有效性。

关键词：高中数学；单元教学设计；实践研究

一、课题研究背景

高中数学课程内容多、难度大。教师将含有内在联系的单元分割成一个个零碎的知识点，针对知识点和考点进行教学，导致学生掌握困难；学生遇到综合性题目找不到切入点，往往花费较多的时间仍不见成效。传统的课堂是教师教、学生听的课堂，不利于良好师生关系的建立、学习成绩的提高和学生主体的发挥。

高中数学单元教学是指运用系统的方法，有机整合教学单元所涉及的各种课程资源，并对教学过程中的各个部分做出整体布局，它可以实现学期教学设计与课时教学设计的链接。数学单元主题教学，重视课堂情境的创设，数学课堂真正变成了学生学习知识、掌握技能、体会学习过程、形成正确人生观和良好人格的课堂，有利于学生全面和谐的发展。

二、课题研究的理论依据

（一）概念界定

单元教学设计是指教师从一个单元（一章）的角度出发，根据单元（章）中不同的知识点的需要，综合利用各种教学形式和教学策略，通过一个阶段（而不是一个课时）的学习让学生完成对一个相对完整的知识单元的学习。单元教学设计，是跳出一节课一节课的教学设计，整体把握教材内容，抓住本质，全面了解学情，正确确立教学目标，认真分析教学重难点，从数学模块知识主线、学生认知规律、教学组织原则等方面，探索提高教学有效性的一种教学设计思想。

（二）课题研究的理论依据

1.学生认知结构发展原理

瑞士心理学家皮亚杰认为，学习过程并不是个体获得越来越多的外部信息的过程，而是能动地建构新的认知图式，不断完善新的认知结构的过程。数学单元教学的目标是学生通过有限时间的学习，对所学知识获得螺旋式上升的认识，从而达到知识的系统化、网络化，使认知结构经过顺应和同化得到发展。

2.最近发展区理论

苏联教育学家、心理学家维果茨基提出了“最近发展区”的概念。他认为进行教学时必须注意到少年儿童有两种发展水平，一种是现有的发展水平，一种是即将达到的发展水平。他认为重要的不是今天为止已经完结的发展过程，而是那些仍处于形成状态的、刚刚在发展的过程，这一观点对于指引数学课堂的单元教学设计具有极大的意义。

（三）设计特征与理念

单元教学设计的特征分析：“整体性”“结构性”“方法性”“代表性”。

单元教学设计的设计理念：

（1）理清整个知识系统与结构特征，再现教材精华，即把握“整体性”与“结构性”。单元教学的“整体性”特征，包括知识的整体性、教学的整体性和认知的整体性。单元教学的“结构性”特征，体现在各层次知识之间的构建环环相扣，知识的分布也是从低到高、由易到难的。所以，如何设计单元教学、组织单元内容，并没有一个统一的标准，应该从学生认知发展的规律出发，根据教学需求对教学模块、内容结构进行整合、重构。

（2）展现数学教学的研究方法，即体现“方法性”。以“单元主题”为组织核心，将高中数学中琐碎、分散的知识内容融合成一个完整的体系，并在内部按照“知识点”的统一性，形成一个个便于教学实践的知识模块，设计出不同的教学模块及配套的教学方案，明确教学方法、学法。

（3）以典型的例题与习题为载体，开发数学实践活动，即注重“代表性”。高中数学单元教学要遵循“以生为本”的原则，在教学实践过程中要遵循学生的认知规律及发展规律，设计出具有代表性的典例与习题，不断倡导学生展开“自主、探索、合作”学习。

三、课题研究内容

（一）分析单元教学内容

高中数学教材本身就编排了不同单元，从“整合重构”角度出发，应摒弃固有的教材单元框架，在《考试说明》指导下，以逻辑为主线重新梳理知识模块，构建“新单元”。当然，也可以按照新课程标准提倡的六种核心素养为主题，对高中数学教材固有单元进行重组，如此一来，数学知识与核心素养之间的对应关系将会更加明晰。

下面以“数列学考复习”为例，阐述如何设计单元教学内容。

先看《浙江省普通高中学业水平考试导引》说明：《浙江省普通高中学业水平考试导引》（数学新学考）明确指出，本章内容突出了类比思想、归纳思想、数形结合思想、算法思想、方程思想和特殊到一般的思想，解题中应灵活运用。

再看近几年考试真题分析：“等差、等比数列的通项、求和公式、性质的运用”每年都考，以简单题为主；“等差、等比数列概念的判断”多次出现，以中档题为主；“数列函数特性、数列与不等式等综合应用”出现几次，以较难题为主。

最后看数学《必修二》教材内容：“数列”主要分 5 节知识点。（1）数列的概念与简单表示；（2）等差数列；（3）等差数列的前 n 项和；（4）等比数列；（5）等比数列的前 n 项和。

综合以上三方面分析，本单元复习可以分以下 3 课时进行：

第一课时：等差、等比数列公式与性质的运用以及概念的判断。

第二课时：常规数列求数列的通项与和。

第三课时：数列的综合应用，即数列与不等式、数列的实际应用等。

（二）设计单元教学目标

立足高中数学课堂组织形式，单元教学是基于一节节具体的“课时”而构成的，设计课时教学目标是达成单元教学“整体性”的保障，也是“层次递进”和“动态演变”的基础。课时教学目标的设计主要依据两种思路：

其一，从学生的认知水平出发，可以对整个单元的教学目标进行分解，转化成层次有致、层层递进的“课时目标”；

其二，分别设计各个课时教学目标，并通过“做加法”的方式累积出“单元教学目标”。

再以“数列学考复习”单元教学为例。

学情分析：对于“等差、等比数列的通项、求和公式、性质的运用”这个考点，主要考查学生的运算能力，绝大部分学生没问题；对于“等差、等比数列概念的判断”“数列函数特性、数列与不等式等综合应用”这两个考点，鉴于学生掌握程度一般，可以引领学生从“数列即一列有规律的数”出发，从特殊入手，一一列举，从而寻找到解题思路与方法。

所以“数列”单元教学目标设计如下：

1. 认识两类数列

（1）说出等差、等比数列的概念，能从具体情境中直观感知、分析、猜想、归纳出概念，并能用递推式表达概念。

（2）体会探究等差、等比数列概念的思想方法，借助模型，运用归纳、类比，从特殊到一般，提升概括、抽象能力。

2. 推导通项、求和公式

(1)会从递推关系推导出通项公式;会用“倒序相加、错位相减”的方法推导出求和公式。

(2)能用类比的方法比较两类数列的通项、求和公式,体会公式的结构特点与异同点。

3. 运用通项、求和公式,会求数列的通项与和

(1)会用通项、求和公式进行运算,会用递推关系求通项,会用“分组求和、裂项相消、错位相减”等方法求和。

(2)提升数学运算与数据学处理能力。

4. 处理数列综合应用

(1)运用递推关系探究数列与不等式的综合问题。

(2)通过数列语言表达实际问题,通过建模,计算求解,解决实际问题。

(三)制订单元教学方案

在分析完单元教学内容、设计完课时教学目标后,单元教学框架也基本成型,为保障单元教学实践的顺利开展,还需要制订合理的教学方案。“框架”与“方案”最大的不同在于,后者对单元教学内容做了明细化处理,一方面保障了知识传授的结构性、逻辑性,另一方面也保障了核心素养的针对性、合理性,满足了彼此渗透、相互融合的需要。

下面以“数列学考复习”单元教学为例。

在设计第一课时“等差、等比数列公式与性质的运用以及概念的判断”时,其中“概念的判断”以教材与真题为载体,设计方案如下。

方案一

【教材再现】

(1)《必修5》第46页习题6。有两个等差数列2,6,10,…,190及2,8,14,…,200。由这两个等差数列的公共项按从小到大的顺序组成一个新数列,求这个新数列的各项之和。

(2)《必修5》第61页习题6。已知S_3,S_9,S_6成等差数列,求证a_2,a_8,a_5成等差数列。

【真题再现】

(1)(2018浙江4月)9. 设$\{a_n\}$,$\{b_n\}$($n\in \mathbf{N}^*$)是公差均不为零的等差数列。下列数列中,不构成等差数列的是 ( )

A. $\{a_n\cdot b_n\}$　　B. $\{a_n+b_n\}$　　C. $\{a_n+b_{n+1}\}$　　D. $\{a_n-b_{n+1}\}$

(2)(2019浙江6月)14. 已知数列$\{a_n\}$的前n项和为$S_n=\frac{1}{4}n^2+\frac{2}{3}n+3$($n\in \mathbf{N}^*$),则下列结论正确的是 ( )

A. 数列$\{a_n\}$是等差数列

B. 数列$\{a_n\}$是递增数列

C. a_1, a_5, a_9 成等差数列

D. $S_6-S_3, S_9-S_6, S_{12}-S_9$ 成等差数列

(3)(2020 浙江 6 月)16. 已知数列$\{a_n\}$的前 n 项和为 S_n，S_3, S_9, S_6 成等差数列，则下列说法正确的是 ( )

A. 如果数列$\{a_n\}$成等差数列，则 a_2, a_8, a_5 成等比数列

B. 如果数列$\{a_n\}$不成等差数列，则 a_2, a_8, a_5 不成等比数列

C. 如果数列$\{a_n\}$成等比数列，则 a_2, a_8, a_5 不成等差数列

D. 如果数列$\{a_n\}$不成等比数列，则 a_2, a_8, a_5 不成等差数列

在概念的形成过程中，需要学生学会处理数据，经历观察、分析、思考、猜想、归纳、概括等思维过程，培养了数据分析能力和抽象等核心素养；在利用概念进行判断、验证过程中，学生进行严格证明、推理并运用公式探究运算思路、方法，培养了逻辑推理和数学运算等核心素养。

在设计第三课时“数列的综合应用，即数列与不等式、数列的实际应用等”时，可以围绕“数列即一列有规律的数”这根主线展开，直接以真题为载体，设计方案如下：

方案二

【真题再现】

(1)(2021 浙江 1 月)13. 已知数列$\{a_n\}$的前 n 项和为 S_n，且满足 $a_1=2, a_{n+1}=1-\frac{1}{a_n}, n\in\mathbf{N}^*$，则 ( )

A. $a_{40}<a_{100}$　　B. $a_{40}>a_{100}$　　C. $S_{40}<S_{100}$　　D. $S_{40}>S_{100}$

【分析】直接从“数列即一列有规律的数”入手，按照条件列举后，不难得出答案。

(2)(2020 浙江 1 月)16. 设数列$\{a_n\}$满足 $a_1=1, a_{2n}=a_{2n-1}+2, a_{2n+1}=a_{2n}-1, n\in\mathbf{N}^*$，则满足 $|a_n-n|\leqslant 4$ 的 n 的最大值是 ( )

A. 7　　B. 9　　C. 12　　D. 14

【分析】根据数列$\{a_n\}$满足的条件，讨论 n 的奇偶性，即可求得解析式。根据解析式解绝对值不等式即可求得满足条件的 n 的最大值。

解：数列$\{a_n\}$满足 $a_1=1, a_{2n}=a_{2n-1}+2, a_{2n+1}=a_{2n}-1, a_2=3$，则 $a_{2n+1}-a_{2n-1}=1$。

则当 $n\in$ 奇数时，$a_n=\frac{n+1}{2}$，所以 $|a_n-n|\leqslant 4$，代入可得 $\left|\frac{n+1}{2}-n\right|\leqslant 4$，解不等式可得 $-7\leqslant n\leqslant 9$，而 $n\in\mathbf{N}^*$，所以此时 n 的最大值是 9。

则当 $n\in$ 偶数时，$a_n=2+\frac{n}{2}$，所以若 $|a_n-n|\leqslant 4$，代入可得 $\left|2+\frac{n}{2}-n\right|\leqslant 4$，解不等式可得 $-4\leqslant n\leqslant 12$，而 $n\in\mathbf{N}^*$，所以此时 n 的最大值是 12。综上可知，n 的最大值是 12。

【另辟蹊径】以上解法需要分类讨论，求出通项，有点困难，但如果从“数列即一列有规律的数”入手，按照条件，则数列$\{a_n\}$列举如下：

1,3,2,4,3,5,4,6,5,7,6,8,7,9,8,10,9,11……将选项依次代入,可得:

当 $n=12$ 时,$|a_{12}-12|=|8-12|\leqslant 4$。此题迎刃而解。

(3)(2020 浙江高考)已知等差数列$\{a_n\}$的前 n 项和 S_n,公差 $d\neq 0$,$\frac{a_1}{d}\leqslant 1$。记 $b_1=S_2$,$b_{n+1}=S_{2n+2}-S_{2n}$,下列等式不可能成立的是 ( )

A. $2a_4=a_2+a_6$ B. $2b_4=b_2+b_6$ C. $a_4^2=a_2a_8$ D. $b_4^2=b_2b_8$

【分析】由已知利用等差数列的通项公式判断 A 与 C;由数列递推式分别求得 b_n,证得$\{b_n\}$是等差数列,分析 B、D 成立时是否满足公差 $d\neq 0$,$\frac{a_1}{d}\leqslant 1$ 判断 B 与 D。

解:A. $2a_4=2(a_1+3d)=2a_1+6d$,$a_2+a_6=a_1+d+a_1+5d=2a_1+6d$,故 A 正确;

在等差数列$\{a_n\}$中,$a_n=a_1+(n-1)d$,

$b_1=S_2=2a_1+d$,$b_{n+1}=S_{2n+2}-S_{2n}=a_{2n+1}+a_{2n+2}$,$b_n=a_{2n-1}+a_{2n}$,

$\therefore b_{n+1}-b_n=4d$

$\therefore \{b_n\}$是以 $2a+d$ 为首项,$4d$ 为公差的等差数列,故 B 正确;

又 $a_4^2-a_2a_8=(a_2+2d)^2-a_2(a_2+6d)=2d(2d-a_2)=-2d(a_1-d)$,

则当 $\frac{a_1}{d}=1$ 时,$a_4^2=a_2a_8$,

而 $b_4^2-b_2b_8=(b_2+8d)^2-b_2(b_2+24d)=-8d(2a_1-3d)$,

则当 $\frac{a_1}{d}=1$ 时,$a_4^2=a_2a_8$,故 C 正确;

而 $b_4^2-b_2b_8=(b_2+8d)^2-b_2(b_2+24d)=-8d(2a_1-3d)$,

则当 $\frac{a_1}{d}\leqslant 1$ 时,$b_4^2\neq b_2b_8$,故 D 错误。

【另辟蹊径】本题考查数列递推式、等差数列的定义、通项公式与前 n 项和及性质,考查转化思想和计算能力,是较难题。但如果从“数列即一列有规律的数”入手,按照条件,则可举出一个符合条件的最简单的等差数列$\{a_n\}$。

$a_n=n$,代入判断,显然选项 A、C 正确;

$b_{n+1}=S_{2n+2}-S_{2n}=a_{2n+1}+a_{2n+2}$,

$\therefore 2b_4=2(a_7+a_8)=30$,$b_2+b_6=(a_3+a_4)+(a_{11}+a_{12})=30$,即 $2b_4=b_2+b_6$,故 B 正确;

$b_4^2=(a_7+a_8)^2=225$,$b_2b_8=(a_3+a_4)(a_{15}+a_{16})=7\times 31=217$,

$\therefore b_4^2\neq b_2b_8$,故 D 错误。

(4)(2018 浙江高考)已知 a_1,a_2,a_3,a_4 成等比数列,且 $a_1+a_2+a_3+a_4=\ln(a_1+a_2+a_3)$。若 $a_1>1$,则 ( )

A. $a_1<a_3,a_2<a_4$ B. $a_1>a_3,a_2<a_4$

C. $a_1<a_3,a_2>a_4$ D. $a_1>a_3,a_2>a_4$

【分析】本题考查等比数列的性质的应用,利用导数求函数的单调性和最值、对数函数的性质,考查分类讨论思想,属于拔高题。

解：设 $f(x)=\ln x-x(x>0)$，则 $f'(x)=\frac{1}{x}-1=\frac{1-x}{x}$，令 $f'(x)>0$，得 $0<x<1$，令 $f'(x)<0$，得 $x>1$，$\therefore f(x)$ 在 $(0,1)$ 上为增函数，在 $(1,+\infty)$ 上为减函数，

$\therefore f(x)\leqslant f(1)=-1$，即有 $\ln x\leqslant x-1$，设等比数列公比为 q，

从而 $a_1+a_2+a_3+a_4=\ln(a_1+a_2+a_3)\leqslant a_1+a_2+a_3-1$，$\therefore a_4<0$，又 $a_1>1$，$\therefore q<0$，

若 $q=-1$，$a_1+a_2+a_3+a_4=0$，

$\ln(a_1+a_2+a_3)=\ln(a_1)>0$，等式不成立，所以 $q\neq-1$；

若 $q<-1$，$a_1+a_2+a_3+a_4=a_1(1+q+q^2+q^3)=a_1(1+q)(1+q^2)<0$，

而 $a_2+a_3=a_2(1+q)=a_1q(1+q)>0$，$\therefore \ln(a_1+a_2+a_3)>\ln a_1>0$，矛盾，

所以 $q\in(-1,0)$，从而 $\frac{a_3}{a_1}=q^2<1$，$\because a_1>0$，$\therefore a_1>a_3$，

同理，$\because \frac{a_4}{a_2}=q^2<1$，$a_2<0$，$\therefore a_4>a_2$。故选 B。

【另辟蹊径】以上解法需要联想到“切线不等式”，属于压轴题。但从“数列即一列有规律的数”入手，按照条件，可举出具有几个不同类型的等比数列，依次代入，看 $a_1+a_2+a_3+a_4$ 的值与 $\ln(a_1+a_2+a_3)$ 的值哪个比较接近。举例如下：

第一个：2，4，8，16，$a_1+a_2+a_3+a_4=30$，$\ln(a_1+a_2+a_3)=\ln 14$

第二个：2，1，$\frac{1}{2}$，$\frac{1}{4}$，$a_1+a_2+a_3+a_4=3.75$，$\ln(a_1+a_2+a_3)=\ln 3.5$

第三个：2，-1，$\frac{1}{2}$，$-\frac{1}{4}$，$a_1+a_2+a_3+a_4=1.25$，$\ln(a_1+a_2+a_3)=\ln 1.5$

显然，第三个数列中的结果“1.25”与“ln1.5”最接近，对照选项，故选 B。

在进行数列综合应用时，鼓励学生通过直观感知，列举数列，去发现规律，寻找通性，由特殊到一般，从而挖掘出解决实际问题的方法，培养直观想象和数学建模等核心素养。

（四）做好单元教学小结

高中数学单元教学的最后一个环节，就是做好单元教学小结。但是，在实际教学中，教师对课堂小结不够重视，认为可有可无。这样，零碎的知识得不到归纳、系统化，模糊的地方得不到纠正，造成学生对本节课的内容认识不深、理解不透。在讲课的过程中，尤其是高三复习课，很多老师由于时间紧迫，想多讲解题目，因此匆忙下课，没有总结，或者随便说几句马虎了事。这种做法，就等于只顾耕耘，不管收获，反映出课堂教学的虎头蛇尾，削弱了教学效果。

所以，在一堂课结束前，教师与学生共同对课堂用到的知识点、技能、过程和方法、情感态度与价值观进行有效总结是完全必要的。课堂教学小结不仅保证了单元教学的完整性，更能使学生牢固地领悟、掌握好学习内容，对知识点起到“画龙点睛”的归纳作用，教学效果“事半功倍”，真正做到“余音绕梁，三日不绝”。

下面以“导数高三一轮复习单元教学”为例，单元教学小结如图 1 所示。

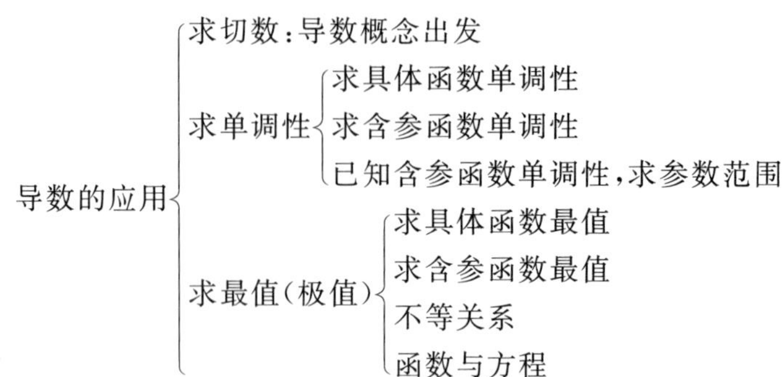

图1　导数的单元教学小结

小结以"树状图"的形式展现在学生面前,让学生明白"导数"这一章节主要复习哪些内容、要点与考点,一目了然。

当然,单元教学小结不仅仅总结知识内容,在实际教学中,教师不能被教辅资料牵着鼻子走,要整合知识,优化典例,酝酿思想、方法。

例如,以"高三一轮复习——导数"为例,以复习内容中的一个模块"求含参函数单调性"来小结思想、方法,小结如下。

讨论含参函数单调性的依据 $f(x)=0$ 根的有解性:

①根本身有意义;

②根与定义域比较大小;

③两根大小。

【配套典例】(2020浙江高考)22.设 a,b 为实数,且 $a>1$,函数 $f(x)=a^x-bx+e^2(x\in\mathbf{R})$

求函数 $f(x)$的单调区间。

【分析】$f(x)=a^x-bx+e^2$,$f'(x)=a^x\ln a-b=0$,

$x=\ln\dfrac{b}{\ln a}$,如何讨论呢?关键在于根的有解性,即对数有意义,

真数 $\ln\dfrac{b}{\ln a}>0$,而 $\ln a>0$,∴取决于 b 的正负。讨论如下:

①若 $b\leqslant 0$,则 $f'(x)=a^x\ln a-b\geqslant 0$,所以 $f(x)$在 $\mathbf{R}$ 上单调递增;

②若 $b>0$,当 $x\in\left(-\infty,\log_a\dfrac{b}{\ln a}\right)$时,$f'(x)<0$,$f(x)$单调递减,

当 $x\in\left(\log_a\dfrac{b}{\ln a},+\infty\right)$时,$f'(x)>0$,$f(x)$单调递增,

综上可得,$b\leqslant 0$ 时,$f(x)$在 $\mathbf{R}$ 上单调递增;

$b>0$ 时,函数的单调减区间为$\left(-\infty,\log_a\dfrac{b}{\ln a}\right)$,单调增区间为$\left(\log_a\dfrac{b}{\ln a},+\infty\right)$。

以高考真题为载体,学生经历观察、猜想、证明、类比、归纳、反思等一系列思维过程,从而总结经验、提炼方法、领悟思想。

再例如,以"高三一轮复习——基本不等式求最值"为例,如图2所示。

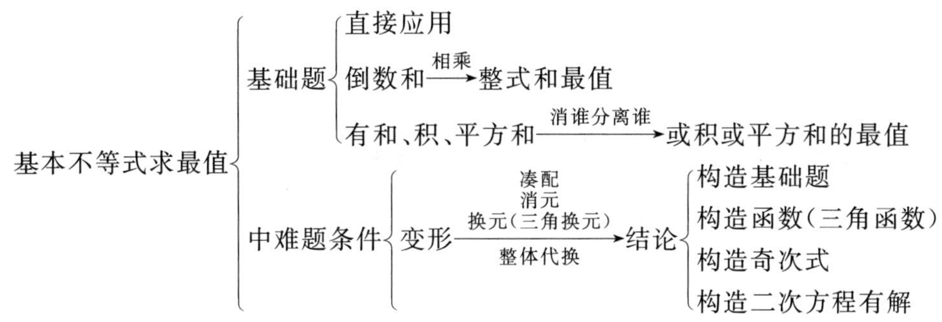

图 2　基本不等式求最值

该小结不仅很好地回顾了“基本不等式求最值”的主要内容与考点，还在各个考点之间渗透了多种方法与技能，学生从发现问题、分析问题、敢于发表见解、提出解决方法、优化方法直至解决问题，提升处理问题能力。

四、反思与展望

尽管我们在课题研究中取得了一些显著的成效，但由于诸多主观与客观因素的影响，本课题研究也还存在不少问题，主要表现在：在高中数学现有的教学与学习条件下，在新课教学与回顾复习之间，从可操作性及有效性出发，高中数学单元教学究竟应当如何定位？采用哪些手段和措施才能使高中数学单元教学更高效、有序地进行？本课题研究中关于高中数学单元教学的评价体系这一重要问题还没有涉及，有待本课题后续研究加以建构和论证。

一位著名专家曾说过，学习的本质是“自学”，教学的本质是“教会学生学会学习”。高中数学单元教学模式正是体现这两个“本质”的有效手段，两者在“整体性”“结构性”“方法性”“代表性”等方面高度一致。高中数学单元教学，一方面，要求教师具备较高的数学学科知识整合能力，便于具体教学实践工作的组织与实施，也促进了教师专业能力的发展；另一方面，要求凸显“以学生为主体”的特征，不断倡导学生开展“自主、探索、合作”学习，加强数学思维、方法的训练，形成数学探究能力，提升学生的核心素养，最终提高“学生适应终身发展及社会发展”的重要能力、品质。

参考文献

[1] 黄基云.基于核心素养的高中数学史教学实践探究[J].中学数学，2019(17)：94-95.

[2] 李梅，张博.高中数学单元教学设计对提高学生核心素养的研究[J].学周刊，2019(23)：50.

高中数学优化作业设计的研究及实施

杭州市萧山区第十高级中学　胡雅红

摘　要:作业是数学课堂教学的延续,它能够丰富学生的知识储备,扩大知识面。面对“漫天飞舞”的题目,面对“大海捞针”式的题海战术,怎么有效提高学生的数学成绩,已成为一个很现实的问题,这不仅要求教师向课堂40分钟要效益,而且还要求教师科学地设计作业。为了探索作业设计的改革、提高教学质量、提升学生的核心素养,笔者通过调查、思考、探究,得出了新型的高中数学作业结构——来点“弹性”,伴点“合作”,守点“时效”,会点“反思”,求点“新意”,创点“整合”。

关键词:高中数学;优化;作业设计

一、一次调查引发的思考

2019年9—11月我校96节数学课作业情况表见表1。

表1　2019年9—11月我校96节数学课作业情况表

来源	课内作业(选用次数)	学科自修作业(选用次数)
课本	41	3
《五年高考三年模拟》	2	30
自编讲义	5	15

从表1中可以看到,96节数学课的作业大多是直接从课本和《五年高考三年模拟》上选择的,自编的练习卷实际上也是搜集到的一批练习题的剪拼。这种作业与片面追求升学率或应试教育相适应,存在许多弊端,如:问题的提出与数据的提供者是课本和教师;作业形式单一;作业不鼓励合作;重视结果而不重视过程;对作业的评价是被动评价;等等。

目前高中数学作业的形式及其弊端主要如下。

1. 口头作业或不布置

例如,学习“三角函数诱导公式”后,笔者布置如下作业:

(1)把三角函数公式(诱导公式、两角和与差的三角函数、二倍角公式、半角公式)推导并记忆一遍。

(2)完成书本 P_{61} 习题 1,4,6,7。

数学是思维的体操,需要在实践中加以锻炼,三角函数公式需要在练习中加以巩固和灵活应用。以上口头作业(学生未必去完成)导致当天所学内容难以巩固与强化。

2.作业难度大、量大(杂),没有切合学生的实际

例如:学习完"双曲线"后,笔者曾布置的作业中有这么一道练习题。

已知双曲线 C 的方程为$\frac{x^2}{a^2}-\frac{y^2}{b}=1(a>0,b>0)$,离心率$=\frac{\sqrt{13}}{2}$。

(1)求双曲线的渐进线方程。

(2)若 A,B 分别是两渐进线上的点,AB 是位于第一、四象限间的动弦,$S_{\triangle AOB}=\frac{27}{4}$,且双曲线 C 过 AB 的一个三等分点 P,试求双曲线 C 的方程。

从学生的答题情况看,第(2)问答得很不理想,很多学生无从下手,即使算了也是半途而废。本题难度大,技巧性强,超出学生的能力范围,浪费了学生的宝贵时间,收效甚微。

3.作业回收不及时

由于量大、难度大,作业成了不可能完成的任务,作业回收不上来就成了默认的事。

2011 年我校(9—11 月)高三文科班学生(人数 256)对数学作业的态度及完成情况见表 2。

表 2　2011 年我校(9—11 月)高三文科班学生(人数 256)对数学作业的态度及完成情况

	积极完成(%)	感到厌烦但能独立完成(%)	只能抄袭完成(%)	不能按时完成(%)
男生	9.25	30.21	7.25	3.08
女生	12.31	30.65	4.25	0
合计	21.56	60.86	11.50	3.08

从表 2 可以看出大多数学生(占 78.44%)对传统作业感到厌烦。抄袭作业的比例男女大体相同,而乐于完成的比例女生略高于男生,且男生中有 3.08%的同学不完成作业,这与男生的叛逆倾向不无关系。由此引发以下思考:

思考 1:作业能否更契和学生实际,达到事半功倍的效果?

思考 2:作业能否及时上交,训练学生的时效观?

思考 3:作业形式能否多样化,提高学生的积极性?

思考 4:作业能否来点创新,培养学生的创造能力?

……

二、优化高中数学作业

1. 来点“弹性”

每名学生在学习上都有差异，这种差异是客观存在的。在作业设计时，教师要针对学生的差异，因材施教，设计多梯级、多层次的作业，给学生留有自主选择的空间，充分发挥他们的学习主动性，让他们各取所需，自主选择作业的数量与难度。

【案例 1】设计“作业超市”。

作业布置时，可设置三类题目：A 类为基本题，紧扣当天所学的内容，主要目的是用来巩固新知；B 类是基础题，这是针对一部分基础薄弱的学生布置的，浅显易懂，有利于他们获得成功的快乐，增强学习的自信心；C 类是选做题，这种题目有一定的难度，主要是针对程度好的学生设计的，有利于培养学生思维的灵活性和深刻性。

2. 伴点“合作”

以前的作业，教师过于片面地强调独立思考，没有将合作作为重要的素质来培养。对于自主型的作业，我们应完全允许学生自主选择作业方式，鼓励他们与人交流，进行有效合作。比如，可以尝试让学生以四人小组合作的形式探究一道小综合问题。

【案例 2】“立体几何”学完后，笔者为学生提供了下面的实习作业，“空间的角”作业要求见表 3。

表 3 “空间的角”作业要求

作业内容	“空间的角”
作业目的	引导学生通过对课题的研究从“纵、横”两方面归纳整理知识，将“空间的角”这一新知识纳入原有的认知结构中
完成时间	1—2 周
作业成果	研究报告、小论文、网页等

通过学生 1—2 周的合作研究，硕果累累，比如形成了《试论空间角规定的合理性》《异面直线所成角的确定方法》《“擎天柱”与二面角的平面角的寻找方法》等专题文章。通过交流、分享，同学们说对“空间角”有了更深的认识。

通过学生的自主探索与合作交流，共同完成作业，不仅让学生的思维得到了充分的迸发与共享，更培养了学生的团结合作与探究精神。

3. 守点“时效”

“如果给我一根足够长的杠杆，我可以把地球撬动；如果给我一天时间，我可以把这题做得非常漂亮。”遗憾的是，现实中没有那么多的如果，高考需要学生有一种讲时效的能力与意识。因此，数学作业在平时也要守住“时效性”，强化学生的训练，重视学生第一次的正确率。目前，在我校“课堂 40 分钟分段式模块教学设计”的倡导下，15 分钟的限时作业给学生搭建了有效的训练平台。

【案例 3】在圆锥曲线里，求解圆锥曲线的离心率问题是常规题。笔者曾设计过 4 道小题。

> 限时训练——求离心率(15 分钟)
>
> 1. 在平面直角坐标系 xoy 中，双曲线中心在原点，焦点在 y 轴上，一条渐近线方程为 $x-2y=0$，则它的离心率为________。
>
> 2. 若点 F_1，F_2 分别是双曲线 $\frac{x^2}{a^2}-\frac{y^2}{b^2}=1(a>0,b>0)$ 的两个焦点，A，B 是以 O 为圆心，$|OF_1|$ 为半径的圆与该双曲线左支的两个交点，且 $\triangle F_2AB$ 是正三角形，则双曲线的离心率为________。
>
> 3. 已知双曲线方程为 $\frac{x^2}{a^2}-\frac{y^2}{b^2}=1$，$A$，$F$ 是它的右顶点和左焦点，又 $B(0,b)$，且 $\overrightarrow{AB}\cdot\overrightarrow{BF}=0$，则双曲线的离心率为________。
>
> 4. 已知双曲线 $\frac{x^2}{a^2}-\frac{y^2}{b^2}=1(a>0,b>0)$ 的左右焦点分别为 F_1，F_2，P 是准线上的一点，且 $PF_1\perp PF_2$，$|PF_1|\cdot|PF_2|=4ab$，则双曲线的离心率是________。

设计意图：同一个问题，以不同小题的形式呈现；而不同的小题，又有不同的解题方法、思路。

学生反馈：对于第 1、2 两题，全班基本能做出，做不出第 3 题的有 8 人，做不出第 4 题的有 28 人。

【感悟】鼓励学生能够根据题中所给的信息进行有效的探究，这样，一些常规的、简捷的、有创造性的优美解法会一个又一个接踵而至，最后在“一题多思、一题多解”中激活心智。

4. 会点“反思”

一个人学业的长进离不开自我反思。目前学生处理作业大都是任务观点，很少关注作业中所考查的知识点、思维方法。所以，作业的设计要让学生有机会对自己的思维过程加以反思，有机会阐述他们不同的思考途径和解题方法，让他们在反思的过程中真正领悟数学的思想、方法，提高思维能力。

【案例 4】在一次模拟练习后，笔者将学生作业中关于 4 道题的实际解法投影出来。

下列求解是否正确？若不正确，请予改正。

(1)方程 $x^2-2ax-a+20=0$ 有两个实数根且均大于 2，求实数 a 的取值范围。

解：设两个实数根分别为 x_1，x_2，$\begin{cases}x_1>2\\x_2>2\end{cases}$ 可得 $\begin{cases}x_1+x_2>4\\x_1x_2>4\end{cases}$，所以 $\begin{cases}2a>4\\-a+20>4\end{cases}$，即 $2<a<16$。

(2)求 $f(x)=x^2+\frac{x^4}{x^2-3}(x^2>3)$ 的最小值。

解:由 $x^2+\frac{x^4}{x^2-3}=x^2-3+\frac{x^4}{x^2-3}+3\geqslant 2\sqrt{(x^2-3)\cdot\frac{x^4}{x^2-3}}+3=2x^2+3\geqslant 3$

故所求函数的最小值为 3。

(3)已知实数 x,a_1,a_2,y 成等差数列,x,b,y 成等比数列,求 $\left(\frac{a_1+a_2}{b}\right)^2$ 的取值范围。

解:由 $a_1+a_2=x+y,b^2=xy$,得 $\left(\frac{a_1+a_2}{b}\right)^2=\frac{(x+y)}{xy}$。

又由 $x^2+y^2\geqslant 2xy$,得 $(x+y)^2\geqslant 4xy$。当 $xy>0$ 时,得 $\frac{(x+y)}{xy}\geqslant 4$;

当 $xy<0$ 时,得 $\frac{(x+y)}{xy}\leqslant 4$。故所求范围为全体实数。

(4)实数 a,b 满足 $1\leqslant a^2+b^2\leqslant 2$,求 $a^2+2ab-b^2$ 的范围。

解法 1:因为 $|a^2+2ab-b^2|\leqslant a^2+b^2+2|ab|\leqslant 2(a^2+b^2)\leqslant 4$,所以 $-4\leqslant a^2+2ab-b^2\leqslant 4$。

解法 2:设 $a^2+2ab-b^2=t$,又 $a^2-2ab-b^2\geqslant 0$,两式相加得 $t\leqslant 2a^2\leqslant 4$。

再由 $a^2+2ab-b^2=t$ 与 $-a^2-2ab-b^2\leqslant 0$ 相加得 $t\geqslant -2b^2\geqslant -4$。因此 $-4\leqslant a^2+2ab-b^2\leqslant 4$。

【感悟】相近不相同,相似不相等。面对似是而非的问题,如何让学生加深印象?以误导悟,以错治错是最好的处理方法。学生在失败中明理,在教训中醒悟。因此,作业中错误解法的警示作用备受关注。

5. 求点“新意”

作业除了老师设计外,还可以大胆尝试着让学生来设计,转化为开放题。

【案例 5】直线 $y=x+m$ 与抛物线 $y=4x^2$ 相交于 A、B 两点,________(请你添加条件),求直线 l 的方程。

学生的思维异常活跃,补充的条件形形色色,例如:

①$|AB|=3$;②AB 中点的纵坐标为 6;③若 O 是原点,$\angle AOB=90^\circ$ 或 $\triangle AOB$ 的面积为 10;④抛物线存在两点 M、N 关于直线 AB 对称;……

涉及的知识有韦达定理、弦长公式、中点坐标公式、对称问题、两直线相互垂直的充要条件等等,学生通过自主探索、合作交流,充分发挥了集体的智慧与力量,提出问题、思考问题和解决问题的能力得到了充分锻炼,教学效果十分明显。

【感悟】抓住某个问题的特殊性,多角度全方位探索到一题多变,达到举一反三、触类旁通的目标。通过具有“新意”的作业设计方案,增强学生应用数学的意识,使学生学会用已有的数学知识,探索新的数学问题。

6. 创点“整合”

作业设计,还可以对教材内容(特别是课后习题)有机整合,探索知识内在联系,让学生在作业练习中有效提炼思想方法,牢固掌握知识和发展数学能力。

【案例 6】人教版《选修 2—1》中有这样一个练习探究题：

设 A、B 坐标分别为(0,—6)与(0,6)，直线 AM、BM 相交于点 M，它们的斜率之积是 $\frac{4}{9}$，求点 M 的轨迹方程，并判定轨迹的形状。笔者后续设计了这样的变式问题：

"$\triangle ABC$ 的两个顶点 A、B 坐标分别为(0,—6)与(0,6)，边 AC、BC 所在直线的斜率之积为 $-\frac{4}{9}$，则顶点 C 的轨迹方程为________。"

答案：前者轨迹方程为 $\frac{y^2}{36}-\frac{x^2}{81}=1(x\neq0)$，后者轨迹方程为 $\frac{x^2}{81}+\frac{y^2}{36}=1(y\neq0)$

设计意图：教师设计两个问题一起布置，目的是通过这两题的题型结构，让学生有所体会，讲评作业时，能将两题概括，合并成一种说法。

生 1：$\triangle ABC$ 的两个顶点 A、B 坐标分别为 $(0,-a)$ 与 $(0,a)$，$(a>0)$，边 AC、BC 所在直线的斜率之积为常数 $k(k\neq0)$，求点 C 的轨迹方程。

生 2：动点 C 到两定点 $A(0,-a)$，$B(0,a)(a>0)$ 连线的斜率之积为 $k(k\neq0)$，求点 C 的轨迹方程。

师：根据上述概括后的问题，试求点 C 的轨迹方程。

全班学生解之，易得轨迹方程：

$y^2-kx^2=a^2(x\neq0)$。

师追问："轨迹"与"轨迹方程"有区别吗？

生 3：求"轨迹"除了求出"轨迹方程"外，还要说明该方程表示什么图形。

师：很好，请根据轨迹方程：$y^2-kx^2=a^2(x\neq0)$，说明该方程表示什么图形。

学生分组探索、交流，分类讨论如下：

①当 $k<-1$ 时，点 C 轨迹为焦点在 y 轴上的椭圆(除去 A、B 两点)；

②当 $k=-1$，点 C 轨迹为以 A、B 为直径的圆(除去 A、B 两点)；

③当 $-1<k<0$ 时，点 C 轨迹为焦点在 x 轴上的椭圆(除去 A、B 两点)；

④当 $k>0$ 时，点 C 轨迹为焦点在 y 轴上的双曲线(除去 A、B 两点)。

【反思】以上作业设计与讲评中，处处体现探究活动，遵循了数学中从特殊到一般的发展规律，大胆猜想，合理证明，揭示了习题的本质，并通过对 k 的讨论与猜想的验证，体现了分类讨论、类比的思想，培养了学生的思维品质，提升了学生的核心素养。

三、实践的成效

经过近 1 年的时间，再次对学生进行问卷调查，发现学生学习数学的积极性明显提高。2019 年我校高三文科班学生对数学作业的态度及完成情况见表 4。

表 4　2019 年我校高三文科班学生对数学作业的态度及完成情况

	积极完成/%	不感到厌烦且能独立完成/%	只能抄袭完成/%	不能按时完成/%
男生	20.30	20.21	2.25	1.05
女生	25.05	28.04	3.15	0
合计	45.35	48.25	5.40	1.05

比较表 1 与表 4，能积极完成作业的学生比例提高了近 24%，人数增加了 1 倍多；绝大部分学生能独立完成作业。学生的数学成绩也有了明显的进步，特别是尖子生的人数有了明显的增加。

当然新课改要求培养学生对数学的兴趣，培养创新精神、实践能力以及审美意识。因此，在节奏较强的高中数学的教学中也应适时布置一些生活型作业、实践型作业、调研型作业，让所有学生享受到数学的应用价值，同时，让有足够紧张程度的学生的大脑能得到有效、适时的调节，激发一部分数学智力较差的学生或带动一批数学兴趣不浓的边缘学生学习数学的主动性、积极性。

新型的高中数学作业结构，通过在我校数学教学的实践表明，效果是显著的。我们的探索仅是一个开始，我们还将不断探索和实践。

参考文献

[1] 徐淑芳. 提高教学效率之数学设计作业[J]. 科学教育，2010(5)：2.
[2] 朱慧琴. 优化作业设计策略　提高训练的有效性[J]. 江苏教育研究，2010(8)：55-56.

以课本为本，发展学生核心素养

——课本回归在高三复习中的应用

杭州市萧山区第十高级中学 瞿世明

摘 要：《普通高中数学课程标准(2017 年版)》中明确指出“高中数学教学以发展学生数学学科核心素养为导向，创设合适的教学情境，启发学生思考，引导学生把握数学内容的本质”。创设合适的教学情境，就需要教师合理搭建适合学生认知水平和能力水平的平台。高三复习中，不少师生认为课本题目简单不适合高三复习而忽略了课本数学内容的本质，抛弃课本转向题海战术，与“以课本为本，回归课本”相违背，只注重解题数量轻数学内容本质、数学思维。本文围绕“课本回归在高三复习中的应用”这一问题，从问题的现状与意义、问题的理论支撑、搭建平台应遵循的原则、根据课本搭建平台的策略研究四个方面，通过大量的例子来阐述以课本为本，在学生的就近知识区搭建平台，使学生有更加广阔的舞台自主研究探索，提高数学核心素养。

关键词：搭建平台；教学情境；策略研究

一、问题的现状与意义

“课本回归在高三复习中的应用”在高三复习中不受重视。这既有由于课本习题的难度与考试题目难度不相匹配，没有发掘课本数学内容本质的客观原因；也有师生思想意识不到位，对数学课本内容的不重视等主观原因。

(一)学生的现状

1. 学生思想认识不到位

经过两年的高中数学学习，学生一直认为课本上的例题与习题过于简单，方法虽然有普遍性但是不够新颖；对课本的概念、定理、性质没有很好地掌握其数学本质，只是停留在其表面而没有深入研究对比掌握本质。考试的时候题目稍微难一点就找不准知识切入点，分不清知识点的数学本质。参考资料投其所好，介绍特例方法、难题偏题，解题方法让学生“焕然一新”，让学生错误地以为“课本无用”，复习的时候抛弃课本，成了“无本之木”。

2.上课听讲与自己做题有差距

上课特别是上新课的时候，为了能把知识点讲清楚，所以题目相对会简单一点。学生往往“欺软怕硬”，题目简单了就往往凭空想象，而不是仔细推敲、根据知识体系按部就班，没有通过简单题目掌握知识体系以及知识本质。其实，简单题蕴含的思想方法、知识内容一点都不少，反而更能体现思想方法，学生却忽视了。自己做题目的时候，由于知识结构、知识点和思想方法都没有掌握到位，因此自己做题目的时候有思想障碍，造成了“上课我都听得懂，自己做就不会了”这一“假懂”现象。

3.知识点之间的联系有困难

学生在学习数学的时候，往往是孤立的、表面的。这导致学生做了很多题目却不知其所以然，不了解本质。听教师讲解题目的时候往往是停留在欣赏和感叹的阶段：原来可以这样做，真的是太巧妙了；我怎么会想不到呢？究其原因就是学生没有很好地去思考，没有在掌握知识本质的基础上，把各个知识点串联成一张网。这导致了学生很努力却只能解决一个问题而不是一类问题，只会做简单题而不会做综合题，难以提高数学水平，造成数学学习效率低下，学习兴趣下降。

(二)教师的现状

1.忽视知识的形成，只重视知识的应用

不少教师教学中存在“掐头去尾烧中断”的现象，不讲知识的起因经过，不注重数学解题的回顾反思。学生对定理性质还是一知半解的时候就进行大量的题目练习。由于学生未掌握数学本质、不能进行灵活变通，因此学习后劲不足。

2.书本例题剖析不到位

部分教师对课本例题没有足够重视，也是匆匆而过。没有很好去理解例题的数学本质、数学思想和数学方法。认为这么简单的题目学生应该懂，不值得讲。这导致到了高三，学生还是一直在回顾似曾相识的旧知识。

3.偏好难题，搞题海战术

课本例题匆匆而过，课本练习基本不讲。为了迎合考试和学生，教师就把重心偏向于难题，偏向于题海战术。这导致学生还不会走就被老师拉着跑，最终失去了对数学学习的兴趣和自信心。

(三)问题解决的意义

教师在学生现有知识水平与认知水平的基础上，以课本为本搭建一个平台，架起现有知识与未学知识、教师讲解与自己做题、知识点与知识点之间的网络化桥梁。教师以此为学生数学学习扫除心理障碍、知识障碍，提高学生的自信心，提升数学的核心素养。

二、问题的理论支撑

在新的课程改革背景下，《普通高中数学课程标准（2017 年版）》中明确指出，“高中数学教学以发展学生数学学科核心素养为导向，创设合适的教学情境，启发学生思考，引导学生把握数学内容的本质”。这就要我们教师创设合适的教学情境、搭建合理的平台来启发学生思考，引导学生把握数学内容的本质，提高数学的核心素养，发展“四基”，提升“四能”。

建构主义认为，学生的知识不是凭空而来的，知识既不是来自主体，也不是来自客体，是个体在与周围环境相互作用的过程中，逐步建构起来的，从而使自身认知结构得到发展。这就需要我们教师在学生知识的就近发展区搭建平台，给学生以知识的连接点和思维的发展区，真正使学生爱学数学、掌握数学。

以课本为本搭建平台的步骤，如图 1 所示。

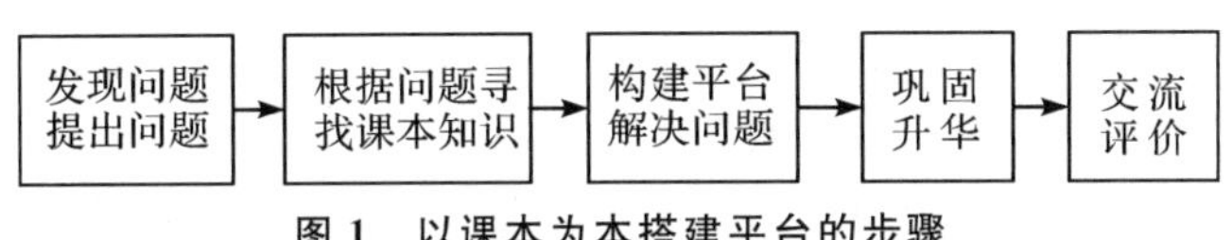

图 1　以课本为本搭建平台的步骤

三、搭建平台应遵循的原则

1. 搭建平台的素材要有针对性

教师必须对学生已有知识经验和教材内容进行全面的、科学的分析。要深入分析和挖掘课本内容中蕴含着数学本质、能力价值和情感价值的知识，利用这些知识作为素材搭建平台，才能顺利解决学生的疑惑，激发学生学习数学的兴趣，提高学生的数学素养。

2. 搭建平台要有方向性

教师要把平台搭建在学生有疑之处，这样的平台才能引起学生的认知冲突，激发学生探究的兴趣，满足学生的成就感，提高学生的数学素养。问题一旦得以解决，学生就会有“柳暗花明”的感觉，有极大的成就感。学生通过理解数学本质、培养分析解决问题的能力，进一步激发探究的欲望。

3. 搭建平台要难易适度

难易适度的平台是引起学生探究，激发学生思维的重要条件。搭建平台过于简单，不能激发学生探究的兴趣；搭建平台过难，又会使学生感到力所不及、不知从何做起，可能会失去探究学习的兴趣。课本内容是学生相对熟悉的，通过教师构建平台，把平时的难题与课本相联系，找出共同的数学本质。学生通过解决难题，进一步理解课本内容的数学本质，而不是停留在课本或例题的表面；通过实例，巩固升华数学本质，体会到高三复习不是简单地重复课本内容，而是在理解数学本质的基础上有新的数学体验，达到对数学知识螺旋式上升的理解和掌握。

4.搭建平台时要留给学生足够的等待时间

足够的等待时间能使学生提出问题的质量提高，猜测性提问和回答增多，推理活动增加，问题多样化，问题和回答的灵活性增强，学习自信心提高，特别是后进生的期望效应提高。

四、根据课本搭建平台的策略研究

1.根据课本的章头图搭建平台

课本的章头图与引言，是整章内容与思想方法的总结与引领。它往往揭示了数学本质，体现了数学思想方法，是本章数学学习主线。所以教师要利用好章头图与引言，搭建好学生学习知识的形成、发展、应用平台。例如《选择性必修1》第三章《圆锥曲线的方程》就有章头图和引言如下：

我们知道，用一个垂直于圆锥的轴的平面截圆锥，截口曲线（截面与圆锥侧面的交线）是一个圆。如果改变圆锥的轴与截平面所成的角，那么会得到怎样的曲线呢？

如图2所示，用一个不垂直于圆锥的轴的平面截圆锥，当圆锥的轴与截面所成的角不同时，可以得到不同的截口曲线，它们分别是椭圆、抛物线、双曲线。我们通常把椭圆、抛物线、双曲线统称为圆锥曲线(conic sections)。

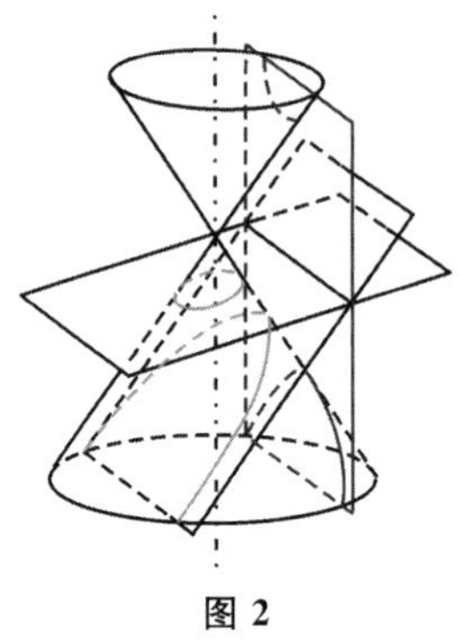

图2

……

根据章头图，我们就可以很清楚地知道圆锥曲线的来源、圆锥曲线的几何解释、圆锥曲线在本章中的处理方法。这样，学生在没有学习圆锥曲线的时候就清楚本章的内容、思想方法。教师在讲解的时候，讲清楚如何截取，给学生以直观的几何感受。以此为基础和出发点构建平台，学生做题就有理有据，信心十足。

案例1：（2015年浙江省高考数学文科第7题）如图3所示，斜线段AB与平面α所成的角为60°，B为斜足，平面α上的动点P满足$\angle PAB=30^\circ$，则点P的轨迹是（　　）

A. 直线　　　　B. 抛物线

C. 椭圆　　　　D. 双曲线的一支

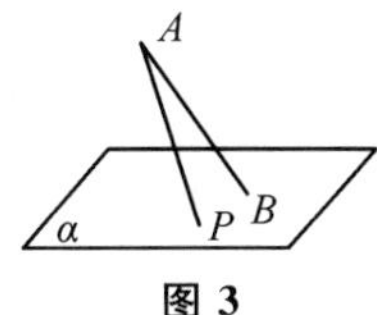

图 3

这个题目，学生看到后就无从思考。这个动点 P 到底是怎么运动的，会形成怎样图形？一切无从所知。究其原因，就是对数学本质的未掌握，对数学的来龙去脉不了解。以章头图为平台，这个题目就很简单：所有的动点 P 在以直线 AB 为旋转轴的圆锥侧面上，且母线与旋转轴 AB 的夹角为 30°。这样点 P 的轨迹就是用平面去截一个圆锥的截面，而这个截面与圆锥的一条母线平行，这样点 P 的轨迹就是抛物线。

教师在教学的时候，不但要教学生知识的结果，还要教学生知识的形成过程。这样学生对知识的来龙去脉才有了更加深刻的理解，在脑子中形成一个体系，为自己的深层次发展打好基础。学生经过该题的体验，发展了数学的空间想象能力，提升了数学核心素养。

2. 根据课本概念搭建平台

数学概念是数学的重要组成部分，是人脑对现实对象的数量关系和空间形式的本质特征的一种反映形式。作为一般的思维形式的判断与推理，以定理、法则、公式的方式表现出来，而数学概念则构成它们的基础。正确理解并灵活运用数学概念，是掌握数学基础知识和运算技能、发展逻辑论证和空间想象能力的前提。

正确地理解和形成一个数学概念，必须明确这个数学概念的内涵——对象的"质"的特征，及其外延——对象的"量"的范围。一般来说，数学概念是运用定义的形式来揭露其本质特征的。

案例 2：（2015 年浙江高考理科数学第 7 题）存在函数 $f(x)$ 满足，对任意 $x\in\mathbf{R}$ 都有（　　）

A. $f(\sin2x)=\sin x$　　　　B. $f(\sin2x)=x^2+x$

C. $f(x^2+1)=|x+1|$　　　　D. $f(x^2+2x)=|x+1|$

这个题目学生看到后，感觉无从下手，主要还是学生对函数概念的不重视、不理解、不会应用，对函数还是停留在初中两变量的依赖关系上。《普通高中数学课程标准(2017 年版)》中对函数概念明确要求，"在初中用变量之间的依赖关系描述函数的基础上，用几何语言和对应关系刻画函数，建立完整的函数概念，体会集合语言和对应关系在刻画函数概念中的作用"。为了帮助同学理解函数概念，课本列举了四个具体例子，再引导归纳它们的共同特征，引出从集合的角度来定义函数。在阅读与思考部分还专门介绍了《函数概念的发展历程》，从函数发展史的角度来更加深刻地理解函数概念。

通过这个题目的求解，学生可以以点带面，重视课本的概念学习与理解，在高三复习中会主动加强概念学习，理解数学本质。学生从实际题目真正理解高考是"源于课本又高于课本"。

我们在讲解概念的时候，应该多角度地直官地展现给学生。这样学生才能多维度地去理解、掌握概念并应用于实际。课本在讲解二面角概念的时候就给了如下思考题："在日常生活中，'我们常说把门开大一些'，是指哪个角大一些？受此启发，你认为应该怎样刻画二面角的大小呢?"这个思考题，在学生还没有系统学习二面角的概念的时候，就直观地给了学生二面角以及二面角的大小判断。正是这个思考题可以搭建一个二面角大小判断的直观平台，顺利解决案例 2。

案例 3：（2017 年浙江省高考数学第 9 题）如图 4 所示，已知正四面体 $D\text{-}ABC$（所有棱长均相等的三棱锥），P,Q,R 分别为 AB,BC,CA 上的点，$AP=PB,\frac{BQ}{QC}=\frac{CR}{RA}$，分别记二面角 $D\text{-}PR\text{-}Q$，$D\text{-}PQ\text{-}R$，$D\text{-}QR\text{-}P$ 的平面角为 α,β,γ，则（　　）

A. $\gamma<\alpha<\beta$　　B. $\alpha<\gamma<\beta$

C. $\alpha<\beta<\gamma$　　D. $\beta<\gamma<\alpha$

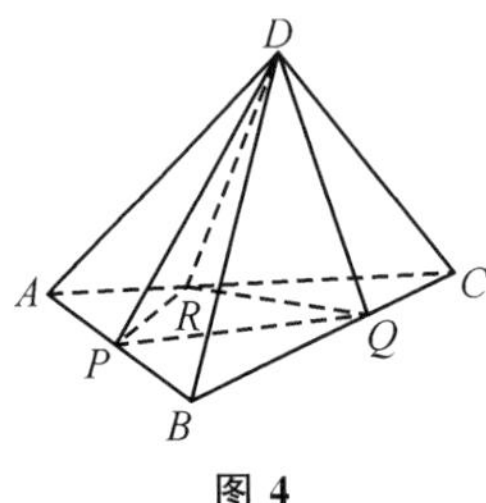

图 4

学生往往会去作出二面角的平面角，再去求出平面角的三角函数值。看起来是天衣无缝，但是在求解的时候却是困难重重，使得学生停留在思想的程度，违背了出题人的意愿。若以课本二面角教学中的思考搭建平台，使学生从"门开大一些"定性理解二面角，帮助学生多角度理解二面角的本质。案例 3 就可以从 D 点在平面 ABC 内的射影点到线段 PR、RQ、QP 的距离长短来判断二面角开口的大小，从而解决问题。

通过案例 3 的学习，同学们深刻体会到定性理解也是概念学习的一部分，会自主根据生活中的数学模型来理解数学本质，应用于数学学习，发展数学抽象、直观想象等核心素养。

教师不但要以概念搭建平台，更要以概念之间的联系搭建平台。高三复习中，概念之间的对比联系、延伸拓展可以进一步帮助学生理解概念，掌握数学本质。例如《必修 2》第 151 页学习线面角的时候就有如下介绍："如图 5，一条直线 l 与一个平面 α 相交，但不与这个平面垂直，这条直线叫作这个平面的斜线，斜线和平面的交点 A 叫作斜足。过直线上斜足以外的一点 P 向平面 α 引垂线 PO，过垂足 O 和斜足 A 的直线 AO 叫作斜线在这个平面上的射影。平面的一条斜线和它在平面上的射影所成的角,叫作这条直线和这个平面所成的角。"如果学生只是停留在这个概念的层面,那是对线面角很抽象的理解。书本又给出了思考题:"如果 AB 是平面 α 内的任意一条不与直线 AO 重合的直线,那么直线 PA 与直线 AB 所成的角和直线 PA 与这个平面所成角的大小关系是什么?"通过这个思考题,教师可以用三支笔和桌面作为模型,通过同桌两个同学合作,可以得到"$\angle PAO \leqslant \angle PAB$",即线面角是斜线与平面内所有直线所成角中最小角。进一步研究,我们除了得到上面这个定性的结论,还可以进一步得到定量结论"$\cos\angle PAO \cdot \cos\angle OAB = \cos\angle PAB$"。通过概念之间的联系,我们不但掌握了概念的数学本质,还学会了一种学习方法。在二面角概念的学习中,我们与线面角、线线角去对比学习,通过对比,得到以下结论:

(1)如图 6 所示,$\angle BOA$ 是锐二面角 α-l-β 的平面角,$OC \subset \beta$,$\angle COD$ 是直线 OC 与平面 α 所成的平面角,则 $\angle BOA \geqslant \angle COD$。简称二面角大于或等于线面角。

(2)如图 7 所示,$\angle BOA$ 是锐二面角 α-l-β 的平面角,过 O 作平面 γ,$\alpha \cap \gamma = OD$,$\beta \cap \gamma = OC$。若交线 OC,OD 在平面 AOB 的同侧,则 $\angle BOA > \angle COD$。简称二面角大于同侧角。

(3)如图 8 所示,$\angle BOA$ 是锐二面角 α-l-β 的平面角,过 O 作平面 γ,$\alpha \cap \gamma = OD$,$\beta \cap \gamma = OC$。若交线 OC,OD 在平面 AOB 的异侧,则 $\angle BOA < \angle COD$。简称二面角小于异侧角。

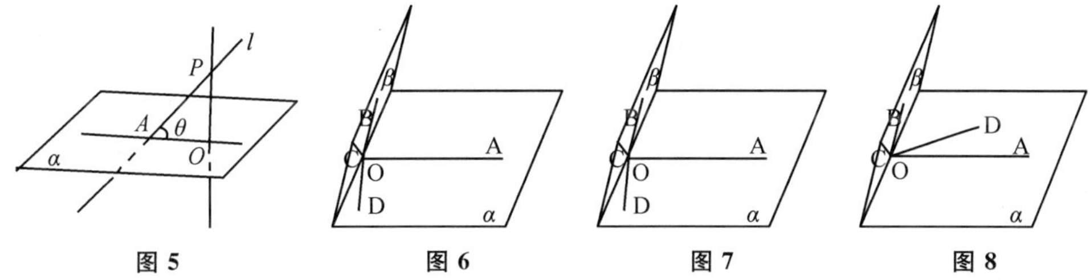

图 5　　图 6　　图 7　　图 8

应用结论(2)(3)或者借助于实际三角形纸片,运用极端思想,把三角形的二面角折成 0 度角或者不折(二面角为 180 度),很快就可以得到案例 4 结论。

案例 4:(2015 年浙江省高考数学理科第 8 题)如图 9 所示,已知 $\triangle ABC$,D 是 AB 的中点,沿直线 CD 将 $\triangle ACD$ 折成 $\triangle A'CD$,所成二面角 A'-CD-B 的平面角为 α,则 (　　)

A. $\angle A'DB \leqslant \alpha$　　B. $\angle A'DB \geqslant \alpha$

C. $\angle A'CB \leqslant \alpha$　　D. $\angle A'CB \geqslant \alpha$

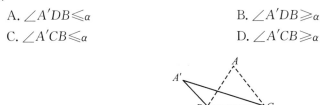

图 9

应用结论(1)(2)(3),结合线线角、线面角、二面角之间的相互联系,学生很容易得出案例5的答案。

案例5:[Z20名校联盟(浙江省名校新高考研究联盟)2022届第三次联考第8题]在正方体$ABCD\text{-}A_1B_1C_1D_1$中,M是线段A_1C(不含端点)上的点,记直线MB与直线A_1B_1所成的角为α,直线MC与平面ABC所成的角为β,二面角$M\text{-}BC\text{-}A$的平面角为γ,则 ( )

A. $\beta<\gamma<\alpha$　　B. $\alpha<\beta<\gamma$

C. $\beta<\alpha<\gamma$　　D. $\gamma<\alpha<\beta$

所以概念教学以及对不同概念之间联系的进一步深挖,可以让学生更好地理解数学本质、提高核心素养。对以上案例的分析,可以提升学生的数学抽象——通过对数量关系与空间形式的抽象,得到数学研究对象的素养;提升学生的逻辑推理能力——从一些事实和命题出发,依据规则推出其他命题的素养;提升学生的直观想象能力——借助几何直观和空间想象,感知事物的形态与变化,利用空间形式特别是图形,理解和解决数学问题的素养。教好数学概念是成功的一半,可以进一步探究数学的本质和性质,提升学生的学习兴趣和数学素养。

3.根据课本运算律搭建平台

数学核心素养之一——数学运算,是指在明晰运算对象的基础上,依据运算法则解决数学问题的素养。运算律穿插在整个数学运算中,掌握并运用运算律可以简化计算、提高运算速度和正确率、提升数学运算能力。

比如学习向量数量积运算的运算律的时候,教师往往忽视了运算律的分析、推导和证明,而是将重点落实在运算律的运用上。学生对知识的形成、发展、应用缺乏系统的了解,直接进入应用,一味地跟着老师解题,依样画葫芦。事实上,教材中明确地给出了数量积运算律的推导过程(《必修2》第20、21页),如下。

由向量数量积的定义,我们可以发现下列运算律成立:

对于向量$\boldsymbol{a}$、$\boldsymbol{b}$、$\boldsymbol{c}$和实数λ,有

(1)$\boldsymbol{a}\cdot\boldsymbol{b}=\boldsymbol{b}\cdot\boldsymbol{a}$;

(2)$(\lambda\boldsymbol{a})\cdot\boldsymbol{b}=\lambda(\boldsymbol{a}\cdot\boldsymbol{b})=\boldsymbol{a}\cdot(\lambda\boldsymbol{b})$;

(3)$(\boldsymbol{a}+\boldsymbol{b})\cdot\boldsymbol{c}=\boldsymbol{a}\cdot\boldsymbol{c}+\boldsymbol{b}\cdot\boldsymbol{c}$;

下面我们利用向量投影证明分配律(3)。

证明:如图10所示,任取一点O,作$\overrightarrow{OA}=\boldsymbol{a}$,$\overrightarrow{OB}=\boldsymbol{b}$,$\overrightarrow{OC}=\boldsymbol{c}$,$\overrightarrow{OD}=\boldsymbol{a}+\boldsymbol{b}$。

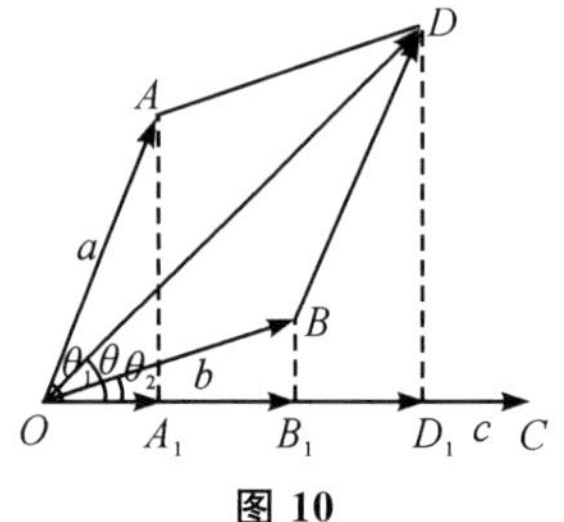

图10

设向量 $\boldsymbol{a},\boldsymbol{b},\boldsymbol{a}+\boldsymbol{b}$ 与 $\boldsymbol{c}$ 的夹角分别为 θ_1,θ_2,θ，它们在向上 $\boldsymbol{c}$ 的投影向量分别为 $\overrightarrow{OA_1},\overrightarrow{OB_1},\overrightarrow{OD_1}$，与 $\boldsymbol{c}$ 方向相同的单位向量为 $\boldsymbol{e}$，则

$\overrightarrow{OA_1}=|\boldsymbol{a}|\cos\theta_1\boldsymbol{e}$，

$\overrightarrow{OB_1}=|\boldsymbol{b}|\cos\theta_2\boldsymbol{e}$，

$\overrightarrow{OD_1}=|\boldsymbol{a}+\boldsymbol{b}|\cos\theta\boldsymbol{e}$，

因为 $\boldsymbol{a}=\overrightarrow{BD}$，所以$\overrightarrow{OA_1}=\overrightarrow{B_1D_1}$。于是$\overrightarrow{OD_1}=\overrightarrow{OB_1}+\overrightarrow{B_1D_1}=\overrightarrow{OB_1}+\overrightarrow{OA_1}$，即

$|\boldsymbol{a}+\boldsymbol{b}|\cos\theta\boldsymbol{e}=|\boldsymbol{a}|\cos\theta_1\boldsymbol{e}+|\boldsymbol{b}|\cos\theta_2\boldsymbol{e}$。

整理，得

$(|\boldsymbol{a}+\boldsymbol{b}|\cos\theta-|\boldsymbol{a}|\cos\theta_1-|\boldsymbol{b}|\cos\theta_2)\boldsymbol{e}=0$，

所以 $|\boldsymbol{a}+\boldsymbol{b}|\cos\theta-|\boldsymbol{a}|\cos\theta_1-|\boldsymbol{b}|\cos\theta_2=0$，

即 $|\boldsymbol{a}+\boldsymbol{b}|\cos\theta=|\boldsymbol{a}|\cos\theta_1+|\boldsymbol{b}|\cos\theta_2$，

所以 $|\boldsymbol{a}+\boldsymbol{b}||\boldsymbol{c}|\cos\theta=|\boldsymbol{a}||\boldsymbol{c}|\cos\theta_1+|\boldsymbol{b}||\boldsymbol{c}|\cos\theta_2$，

因此$(\boldsymbol{a}+\boldsymbol{b})\cdot\boldsymbol{c}=\boldsymbol{a}\cdot\boldsymbol{c}+\boldsymbol{b}\cdot\boldsymbol{c}$。

案例 6：（2016 年浙江省高考理科第 15 题）已知向量 $\boldsymbol{a},\boldsymbol{b}$，$|\boldsymbol{a}|=1$，$|\boldsymbol{b}|=2$，若对于任意单位向量 $\boldsymbol{e}$，均有$|\boldsymbol{a}\cdot\boldsymbol{e}|+|\boldsymbol{b}\cdot\boldsymbol{e}|\leqslant\sqrt{6}$，则 $\boldsymbol{a}\cdot\boldsymbol{b}$ 的最大值是________。

这道高考题题目新颖，条件简洁明了，学生却不容易入手。如果教师结合数量积运算律(3)的推导过程：向量 $\boldsymbol{a}+\boldsymbol{b}$ 在向量 $\boldsymbol{e}$ 上的投影等于向量 $\boldsymbol{a}$、$\boldsymbol{b}$ 在向量 $\boldsymbol{e}$ 上的投影的和，这样问题就可以迎刃而解，变得简单明了。

由此可以看出，怎样才能够有效教学，那就需要教师搭建好一个好的平台、一个适合学生现有水平的平台、一个可以让学生学会思考问题和数学本质的平台。根据课本的运算律搭建平台，我们可以很好地帮助学生掌握知识的形成、发展、运用：知识的形成——可以帮助学生发现问题进而尝试解决问题，运用自身的知识结构进行思维；知识的发展——可以很好地帮助学生掌握知识的来龙去脉和本质，真正掌握知识体系；知识的运用——根据掌握的知识体系，结合问题所给的条件去解决问题，进一步加深对知识体系和本质的掌握。

4. 依据课本练习和例题搭建平台

课本中的练习和例题是经过专家精挑细选的，简单的题目蕴含着数学思想方法和数学定理、性质等理解与应用。老师要仔细分析挖掘其中的数学思想方法和数学定理、性质，并根据这些题目的讲解，以点带面，举一反三。教师应该以此为基础，搭建平台，让学生顺着思路的发展去解决问题，进一步理解数学的本质，体会编者的用心。

例如《选择性必修 1》第 89 页“拓广探索”第 9 题：

“已知点 M 与两个定点 $O(0,0)$，$A(3,0)$的距离之比为$\frac{1}{2}$，求 M 的轨迹方程，并说明轨迹的形状。”

根据求动点的轨迹方程，马上可以知道点 M 的轨迹就是以$(-1,0)$为圆心、半

径为 2 的圆。进一步可以探究，一个动点到两个定点的距离之比是一个不等于 1 的正定值，则这个动点的轨迹就是圆。以此为平台，有关线段成比例关系的题目就可以转化成几何图形关系来处理。

案例 7：在三角形 ABC 中，$AB=2AC$，$BC=6$，点 M 为边 BC 的中点，则 $|AM|$ 的取值范围是________，三角形 ABC 面积的最大值是________。

这个题目简洁的已知条件令学生无从下手，线段的比例关系以及动点 A 的无规律变化更是令学生头疼。要是教师能帮学生搭建好平台，学生根据这个平台知道 A 的变化是在一个圆周上，则这个问题马上就可以根据几何图形直观地看出来。

看似这类问题已经完美解决，其实进一步依靠课本，我们还可以搭建平台拓展题目。例如《选择性必修 1》第 108 页例 3：

“设点 A，B 的坐标分别为$(-5,0)$，$(5,0)$。直线 AM，BM 相交于点 M，且它们的斜率之积是 $-\frac{4}{9}$，求点 M 的轨迹方程。”

根据例题的求解，我们可以知道点 M 的轨迹就是一个椭圆。

结合上一个题目，学生可以自己搭建平台，自己出题目，做到举一反三。

案例 8：在三角形 ABC 中，$BC=6$，$\tan\angle ABC\cdot\tan\angle ACB=\frac{4}{9}$，点 M 为边 BC 的中点，则 $|AM|$ 的取值范围是________，三角形 ABC 面积的最大值是________。

由此可见，依据课本中的练习和例题的思考与探究结果，可以把所求问题进行联系，运用数形结合思想，在形与数之间相互转化，达到简化题目的效果。这就需要我们同学对熟悉的形要有一定的代数认识，熟悉的代数要有形的认识，特别是课本中探究获得的。

5. 依据课本的阅读与思考搭建平台

课本中的阅读与思考是对书本知识的进一步深化，是对书本知识的补充，特别是对学有余力、对数学有兴趣、具有刻苦钻研精神的同学的补充与提升。教师要及时根据学生的知识水平，进行合理补充，提升学生思维容量与质量。

例如《必修 2》第 81 页“阅读与思考”中的有关部分：

设实系数一元三次方程 $a_3x^3+a_2x^2+a_1x+a_0=0$，$a_3\neq 0$ ①

在复系数集 C 内的根为 x_1、x_2、x_3，方程①可以变形为

$a_3(x-x_1)(x-x_2)(x-x_3)=0$，

展开得 $a_3x^3-a_3(x_1+x_2+x_3)x^2+a_3(x_1x_2+x_1x_3+x_2x_3)x-a_3x_1x_2x_3=0$ ②

比较①②可以得到

$$\begin{cases}x_1+x_2+x_3=-\dfrac{a_2}{a_3}\\ x_1x_2+x_1x_3+x_2x_3=\dfrac{a_1}{a_3}\\ x_1x_2x_3=-\dfrac{a_0}{a_3}\end{cases}$$

以这个思考与探究为学生搭建平台,学生就可以很好解决以下高考题:

案例9:(2014年浙江省高考文科第7题)已知函数 $f(x)=x^3+ax^2+bx+c$,且 $0<f(-1)=f(-2)=f(-3)\leqslant 3$,则 ( )

A. $c\leqslant 3$　　B. $3<c\leqslant 6$　　C. $6<c\leqslant 9$　　D. $c>9$

这道题目,学生会感觉无从下手。一元三次本身就是一个难点,计算量大;条件又不知该如何去应用。要是根据一元三次的韦达定理,这个题目不但计算量小,而且可以秒杀:由题可知 -1、-2、-3 就是一元三次方程 $x^3+ax^2+bx+c+m=0$ 的三个根。设 $g(x)=x^3+ax^2+bx+c+m$。

因为 $0<f(-1)=f(-2)=f(-3)\leqslant 3$,所以 $g(-1)=f(-1)+m=0$,

所以 $m=-f(-1)\in[-3,0)$。根据一元三次的韦达定理,可以知道 $(-1)(-2)(-3)=-(c+m)=-6$,所以 $c=6-m\in(6,9]$。

一元三次的韦达定理不但运用在高考试题上,而且还运用在一流顶尖大学的自主招生的试题中。

案例10:(2011年复旦大学自主招生题)设 a、$b\in(0,+\infty)$,$b\neq 0$,α、β、γ 是三次方程 $x^3+ax+b=0$ 的3个根,则以 $\frac{1}{\alpha}+\frac{1}{\beta}$,$\frac{1}{\alpha}+\frac{1}{\gamma}$,$\frac{1}{\gamma}+\frac{1}{\beta}$ 为根的三次方程为 ( )

A. $a^2x^3+2abx^2+b^2x-a=0$　　B. $b^2x^3+2abx^2+a^2x-b=0$

C. $a^2x^3+2ab^2x^2+bx-a=0$　　D. $b^2x^3+2a^2bx^2+ax-b=0$

这道题目主要考查了对一元三次方程的韦达定理的理解与应用。由题可知,$\alpha+\beta+\gamma=0$,$\alpha\beta+\alpha\gamma+\beta\gamma=a$,$\alpha\beta\gamma=-b$。所以 $\frac{1}{\alpha}+\frac{1}{\beta}+\frac{1}{\alpha}+\frac{1}{\gamma}+\frac{1}{\gamma}+\frac{1}{\beta}=2\left(\frac{1}{\alpha}+\frac{1}{\beta}+\frac{1}{\gamma}\right)=-\frac{2a}{b}$。

由韦达定理可知,方程 $b^2x^3+2abx^2+a^2x-b=0$ 符合题目要求。

课本中的思考与探究,运用得体会达到令人意想不到的效果。特别是对学有余力的学生是很好的知识扩充和能力提升。

五、结语

以课本合理搭建平台,可以使相对枯燥的数学知识变得更加容易接受,能帮助学生打开思维;可以很好地串联各个知识点,帮助学生把零碎的知识点变成知识网,提高数学素养;可以使学生的思维变得顺畅,使学生会思考、乐于思考。但是也要注意,并不是所有的题目都是适用的,还要照顾到学生原有的认知水平,让平台的作用真正使学生"跳一跳"才能够得到,不能设置得太高或太低。

参考文献

[1] 俞昕.基于数学核心素养摭谈2016年高考试题[J].中学数学(高中版)(上半月),2016(10):65-67.

在“对话教学”中提升核心素养

——“五个一”模式及其在数学教学中的应用

杭州市萧山区第十高级中学　瞿世明

摘　要:本文针对传统教学不足,依据建构主义理论和《普通高中数学课程标准(2017年,2020年修订)》支撑,引出对话教学。从对话教学的理论形成、对话教学的理解、对话教学的特征分析三个方面,提出了确实可行的“五个一”教学模式,并为“五个一”教学模式提供了强大的理论依据和保障。用一节实践课来执行“五个一”教学模式,评述其意义和局限性。

关键词:对话教学;建构主义;“五个一”教学模式

一、传统教学的不足

笔者认为传统教学是独白式的教学,是讲授式的教学。换言之,传统教学就是教师一个人的独角戏,而上课就是执行教案的过程。叶澜老师的《让课程焕发出生命活力》一文中是这样描述这种独白式的教学的:“死的”教案成了“看不见的手”,支配、牵动着“活的”教师与学生,让他们围绕着它转;课堂成了“教案剧”出演的“舞台”,教师是主角,好学生是“配角”,大多数学生只是不起眼的“群众演员”,很多情况下只是“观众”与“听众”。具体地讲,这种独白式的教学存在以下几种不足:教学结构呆板单一,教师主导作用发挥不到位;开放程度浅显,学生的主体性得不到充分发挥;学生合作互助机会较少,缺少充分的合作与交流;教学关系摆不正,没有良好的师生情、学友情以及求知情,导致学生被动学习、应付学习、低效学习。

二、理论依据和支撑

(一)建构主义理论

建构主义为对话教学提供了理论渊源。建构主义认为,每个学习者都是知识的主动学习者,根据自己现有的认识对知识进一步深入探究和探索未知的知识,不是外界刺激的被动接受者。学习者往往通过自己的切身体验、合作、对话等学习方式完成知识意义的建构。数学内容主要是对现实世界抽象的思想材料，数学活动也主要是基于抽象结构，通过符号运算、形式推理、模型构建等，理解和表达现实世界中事物的本质、关系和规律的思想活动，因此数学新知识学习就是典型的建构学习过程。高中生在数学学习中，由于知识的局限性、学习时间的短暂性、心理心智的不成熟性，不可能完全凭一己之力去研究未知的数学知识，需要教师根据教材，把需要学习的新知识构建在学生已有知识的基础之上，帮助学生构造新知识的思维过程。教师在活动过程中只是设疑、引导、搭建新旧知识的联系，为学生主动学习提供辅助作用。活动中，学生是知识加工、探究的主体，是主动构建者，而不是被动的木偶。

(二)《普通高中数学课程标准(2017年版,2020年修订)》支撑

《普通高中数学课程标准(2017年版,2020年修订)》基本理念之一“把握数学本质，启发思考，改进教学”中提出“高中数学教学以发展学生数学学科核心素养为导向，创设合适的教学情境，启发学生思考，引导学生把握数学内容的本质。提倡独立思考、自主学习、合作交流等多种学习方式，激发学习数学的兴趣，养成良好的学习习惯，促进学生实践能力和创新意识的发展”。理念中之所以明确提出改进教学，一部分原因也是由于传统教学中存在不足，教学手段和教学方法也要与时俱进；创设合适的教学情境，启发学生思考，再次强调了数学不是凭空抽象产生的，是随着生产生活的发展形成的一个发现问题、解决问题的漫长过程，而在学习过程中，学生是学习的主体，是主动思考的主体。只有时时启发学生思考，才能掌握数学本质，激发学生的学习兴趣和学习动机，满足学生的学习成就感，提高学生的解决问题的能力，发展学生的数学核心素养。对话教学摆正师生关系，平等师生地位，激发学生思考的空间，发展学生多种学习方式，培养学生核心素养。

三、对话教学的理念

(一)对话教学理论的形成过程

古希腊大教育家苏格拉底的教学思想中就体现了对话教学理念。他往往让他的弟子们先去体验思考，根据弟子们的疑惑与弟子对话，启发他们深入思考，有所领悟。

我国古代伟大的思想家、教育家孔子也曾提出“不愤不启，不悱不发，举一隅不以三隅反，则不复也”。

几年来，我们注意到一种较完整的现代教学理论—对话教学理论正在逐渐形成。克林伯格提出“教学方式中起相互作用的对话是优秀教学一种本质性的标识”；弗莱雷在其解放教育理论中最主要的思想就是要反对传统的“讲授式教学”、提倡“对话式教学”。他认为“对话式教学”能把教师从主体变成主导、学生从客体变成主体。作为主导的教师，其主要任务是根据学生现有知识搭建知识联系，利用对话教

学,采用独立思考、自主学习、合作交流等多种学习方式,充分体现出学生的主体作用。学生不再是单纯地听教师讲授,而是积极主动地参与其中。把被动的"要我学"变成了主动的"我要学",把"上下级"的师生关系变成了"民主"的师生关系。

(二)对话教学的理解

对话教学不但是一种教学方法,更是一种教学原则。在对话教学中,我们要防止出现只是以对话为手段、停留在表面的误区。以对话为原则的教学,是追求人性化和创造性质的教学。只有以对话为原则的对话教学,才能真正体现学生的主体作用,才能促使学生进行独立思考、自主学习、合作交流等多种学习方式,才能激发学生对未知世界的探究和对数学本质的追求,才能提高学生应用数学知识去解决实际问题的能力,才能促使学生获得学习数学带来的自信心和满足感。

(三)对话教学的特征

1. 对话教学是民主的、平等的教学

民主、平等是对话教学的第一法则。传统教学中也有对话,但是这个对话只是一种教学方法和形式,没有民主和平等,更多的是学生听老师讲,学生最多在老师叫到回答问题的时候才有"资格"对话,更不要说提出自己的观点和质疑,这种对话只是狭隘的语言交谈,更不要说互动、学生参与其中。要打破这个格局,必须设置一个民主、平等的对话条件,让学生敢于提出问题、乐于提出问题,形成一个教师和学生只是知识的先知者与后知者的关系,并不存在尊卑关系的理念。民主平等的对话教学中,数学教学在学生形成正确的人生观、价值观、世界观等方面发挥独特作用,落实以学生发展为本、立德树人的根本任务,培育科学精神和创新意识,提升数学核心素养。

2. 对话教学是沟通的、合作的教学

沟通与合作是对话教学的生态条件。在教与学的沟通合作中,对话是一种很重要的手段,一旦脱离了对话,就很难进行双方沟通、合作。"教学,是拥有教学理论素养的教师与学生进行沟通的文化",现代教学是合作的艺术,不是教师单方面的表演。

3. 对话教学是互动的、交往的教学

有沟通和合作,必然会有互动与交往。对话教学中,教师和学生、学生和学生之间普遍存在互动与交往,是对话教学的基本手段和原则。只有通过互动和交往,学生才能表达自己的见解和疑惑,教师才能根据学生的疑惑进行引导和设疑。对话本身具有一种自我生长的内在机制,它指向更深邃、更新颖、更富有启发性的对话。

4. 对话教学是创造的、生成的教学

对话性沟通不是表面的沟通,而是在主体的脑力劳动之下具有重新建构意义、生成意义的功能。在对话精神的作用下,教师与学生、学生与学生,就教学内容和知识疑惑进行平等交流,发表见解,互相借鉴,达成共识。在合作交流中,教师与学生、学生与

学生的知识点、疑惑点、新知点之间产生激烈的碰撞，最终达成教学目标，完成对知识的构建。对话教学的创造，旨在“自主建构”，学生不再仅仅是知识接受的载体，而是探究知识的主体。探究促进学生的思维能力、实践能力和创新意识的发展。

5. 对话教学是以人为本的教学

讲授知识的教师和学习知识的学生都是活生生的人，所以在教学过程中应体现以人为本。人作为对话教学的平等主体，应该主动探究学习知识。这样的课堂才能焕发出生命的色彩，学生学到的知识才是活的，才是长久的和应用于实际的。反之，若以知识为主体，以传授知识为教学第一目的，那么知识将主宰着教师和学生，“死”的知识束缚着“活”的人，师生成了知识的奴隶。对话教学，以师生心理世界的开放为特征，以互动为方式，语言交融，心灵交流，师生双方均从对话中获得道德和理性的升华。

四、“五个一”教学模式

“五个一”教学模式是在教师指导下，以“问题为载体，在问题和学生已有知识区搭建对话平台”，让学生在“讲一讲”中利用已学过的知识和体验去同化新知识，获得新体验，从而扩充原有认知结构和体验，让学生在主动探究过程中，完成对知识的获得；让学生在“议一议”“动一动”中发现问题、表达观点，通过对话在各自问题观点的碰撞中解决问题，完成对知识的本质理解和运用；以小组合作学习和组内交流为主要途径，在“评一评”的过程中使问题得到纠正、提高、发展、完善，完成对知识的掌握；以培养学生核心素养为中心，通过“理一理”来提升对话的质量，不断引导学生感悟数学的科学价值、应用价值、文化价值和审美价值，体现对话教学是创造的、生成的教育。

（一）操作程序

“五个一”教学模式包括：
情景中质疑—交流中合作—实践中探究—小结中提高—作业中延伸。

（二）基本框架

基本框架如图 1 所示。

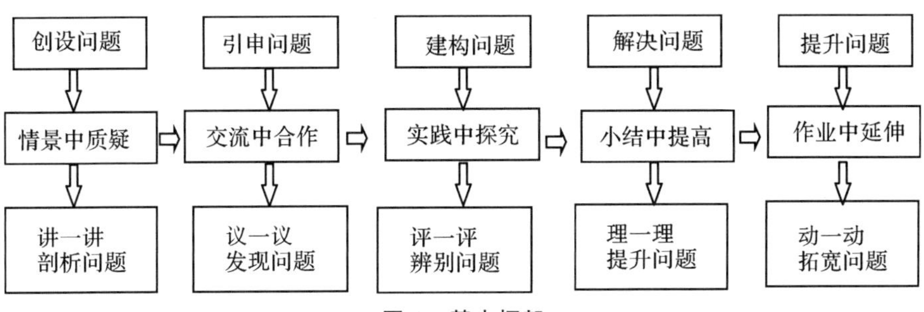

图 1　基本框架

1. 情境中质疑

教师创设良好的问题情境，营造民主、和谐的对话氛围，从而使学生产生一种内在需求。通过“讲一讲”，学生自觉地投入学习中，把自己的想法表达出来，使每个学生形成克服困难、主动积极的心理倾向。

2. 交流中合作

(1)学生个人根据教师提供的情境、问题等素材进行独立思考、自主学习。把自己思考和学习获得的成果或者虽然经过努力但仍得不到解决的问题写下来。

(2)在学生自学整理的基础之上，各小组组织本组成员“议一议”。本组成员把各自的成果和问题通过相互提问、相互补充、共同探讨，最大限度将自学成果完善并转化为全组成员的共同成果。

(3)教师对学生获得的成果和问题加以归纳，通过对话引导学生组织大交流，帮助学生完善成果、解决问题，从而形成对话的场景，形成新的认知结构。

3. 实践中探究

根据教学内容由易到难设置练习，并在练习设置中注重变式练习和条件相近的练习设置，引导学生自己改变个别条件来编题。通过解题、变式训练、编题等有梯度的实践，掌握知识的本质。可采取组内互批、互评的方式对结果和方法进行评价。通过“评一评”的讨论，学生对知识结构和知识本质进一步深入了解、掌握和应用。

4. 小结中提高

通过“理一理”组织学生归纳总结。引导学生从知识与技能、过程与方法、情感与价值等方面进行归纳总结，不断提高实践能力和创新能力，使“对话教学”达到创造、生成的新境界。

5. 作业中延伸

精心挑选作业，让作业紧扣上课知识内容。通过“动一动”真正让作业成为课后的延伸与拓展。布置不同类型的作业：A 类，有提出要求的常规书面的作业；B 类，选做作业、开放性作业、探索性作业；C 类，自找、自编作业。真正实现：人人都能获得良好的数学教育，不同的人在数学上得到不同的发展。体现对话教学“以人为本”的特征，为学生的可持续发展和终身学习创造条件。

(三)“五个一”教学模式在数学课堂教学中的应用

通过“抛物线及其标准方程”，我们可以明晰“五个一”教学模式是如何被应用到数学教学中的。

1. 情境中质疑

我们在学习第三章《圆锥曲线的方程》时，课本讲道：“用一个不垂直于圆锥的轴的平面截圆锥，当圆锥的轴与截面所成的角不同时，可以得到不同的截口曲线，它们分别是椭圆、双曲线和抛物线。”

问题一：如果动点 M 到定点 F 的距离与 M 到定直线 l（不过点 F）的距离之比为 k，当 $0<k<1$ 时，点 M 的轨迹为椭圆；当 $k>1$ 时，点 M 的轨迹为双曲线；那么当 $k=1$ 时，点 M 的轨迹是什么？

师：根据以上内容和问题，同学们猜测一下，点 M 的轨迹是什么？请同学来“讲一讲”。

生 1：平面截圆锥得到的截口曲线类型有三种，我们已经学习了椭圆和双曲线，我猜测 $k=1$ 时，点 M 的轨迹是抛物线。

师：刚才那位同学（生 1）是根据内容定性猜测的，那我们用几何画板把图形画出来，看看是不是抛物线。（画出图形，确实是抛物线。）

引出抛物线定义：平面内与一个定点 F 和一条定直线 l（不过点 F）的距离相等的点的轨迹叫作抛物线（parabola）。点 F 叫作抛物线的焦点，直线 l 叫作抛物线的准线。

2. 交流中合作

师：我们在学习椭圆、双曲线的时候，都是通过求它们的方程来进一步探究。我们能不能根据椭圆、双曲线方程的求解过程，来建立坐标系，求出抛物线的方程？

问题二：根据坐标系的建立原则，请同学们“议一议”并建立坐标系，小组可以进行讨论。

教师参与到讨论中去，并给予指导。

经过小组讨论、总结，设计结果如下：

方案(1)：以直线 l 所在直线为 x 轴，过点 F 且垂直于直线 l 的直线为 y 轴，建立直角坐标系。

方案(2)：以点 F 为坐标原点，平行于 l 的直线为 x 轴，垂直于 l 的直线为 y 轴，建立直角坐标系。

方案(3)：过点 F 作 l 的垂线为 y 轴，垂足为 K，线段 FK 的中垂线所在直线为 x 轴，建立直角坐标系。

每一小组安排不同人员，分别求三个方案的解析式。求得解析式：

方案(1)：$x^2=2py-p^2$

方案(2)：$x^2=2py+p^2$

方案(3)：$x^2=2py$

经过共同合作，同学们得出一致结论：选择方案(3)建系比较方便。

在教师的引导下（不排除有学生自己发现），学生再“议一议”提出以下问题：

问题三：建立坐标系还有另外三种形式，即焦点在 y 轴的负半轴，焦点在 x 轴的负半轴，焦点在 x 轴的正半轴。

问题四：此抛物线与初中学的抛物线是不是一致的？为什么高中的抛物线标准方程只要确定一个系数 p 就可以了，而初中的抛物线却要确定 a、b、c 三个系数？

问题三由学生小组讨论，并填写好书上四种标准形式的方程、焦点、准线方程。

师：初中的抛物线开口方向是向上或向下的，我们就以开口向上来研究问题四。经过教师引导，学生讨论，得出结论：$y=ax^2+bx+c=a\left(x+\frac{b}{2a}\right)^2+\frac{4ac-b^2}{4a}$，由函数图像平移的性质可知，只要按照向量 $\boldsymbol{n}=\left(\frac{b}{2a},-\frac{4ac-b^2}{4a}\right)$ 平移函数 $y=ax^2+bx+c$ 后就可以得到 $y=ax^2$，即 $x^2=\frac{y}{a}$ 是抛物线的标准形式。

3. 实践中探究

例 1 (1)已知抛物线的标准方程是 $y^2=6x$，求它的焦点坐标和准线方程。

(2)已知抛物线的焦点是 $F(0,-2)$，求它的标准方程。

(3)已知抛物线过点 $P(1,-2)$，求它的标准方程。

例 2 (1)抛物线 $y^2=2px(p>0)$ 上一点 M 与焦点间的距离是 $a(a>0.5p)$，则点 M 到准线的距离是________，点 M 的横坐标是________。

(2)抛物线 $y^2=12x$ 上与焦点的距离等于 9 的点的坐标是________。

(3)动点 P 到定点(2,0)的距离等于到定直线 $x=-2$ 的距离，求 P 的轨迹方程。

问题五：根据以上的讲解和例题，你能否从代数和几何两个方面来“评一评”抛物线？

生 2：高中讲的抛物线与初中讲的抛物线本质是一致的，但是高中的抛物线标准方程更加简单，只要确定一个系数就可以。给定一个点和开口方向就可以确定系数。

生 3：给了抛物线方程就可以画出抛物线图像，给了抛物线图像就可以确定唯一抛物线方程。

师：以上两名同学分别讲了初中与高中的抛物线是一致的本质和代数与几何联系的解析几何本质。那么有没有同学从几何角度来理解一下抛物线？

生 4：抛物线上点到焦点的距离等于该点到准线的距离。

师：根据生 4 的结论，我们能否自己改编一下题目。我先改编一个：动点 P 到定点(2,0)的距离比到 y 轴的距离多 2，求 P 的轨迹方程。同学们也可以回顾一下，到定点的距离是定值的图形是什么？

经过交流合作，教师适时指导，得出以下改编题：

改编 1：已知 P 是抛物线 $y^2=4x$ 上的动点，F 是抛物线的焦点，$B(4,1)$，求 $|PF|+|PB|$ 的最小值。

改编 2：已知 P 是抛物线 $y^2=4x$ 上的动点，过 P 作直线 $x=-2$ 的垂线，垂足为 A，$B(1,4)$，求 $|PA|+|PB|$ 的最小值。

改编 3：已知 P 是抛物线 $y^2=4x$ 上的动点，过 P 作直线 $y=x+5$ 的垂线，垂足为 A，过 P 作直线 $x=-2$ 的垂线，垂足为 B，求 $|PA|+|PB|$ 的最小值。

改编 4：已知动圆 P 过定点 $A(2,0)$ 且与直线 $x=-2$ 相切，求圆心 P 点的轨迹方程。

4.小结中提高

小组讨论，通过“理一理”，达成以下共识：

(1)一个概念：平面内与一个定点 F 和一条定直线 l(不过点 F)的距离相等的点的轨迹叫作抛物线。

(2)两个方面：代数方面和几何方面来理解抛物线本质。

(3)三个思想：方程思想、分类思想、数形结合思想解决抛物线问题。

(4)四个类型：抛物线方程有四种类型。

5.作业中延伸

布置各个层次的作业，让学生“动一动”来拓宽问题。布置作业结构如下：A 类，巩固定义的基础题；B 类，在巩固基础上，适当加深；C 类，开放性比较强，提高运算能力和数形结合能力，进一步发展数学思维，掌握数学本质。(题目此处略)

五、“五个一”教学模式的意义

(一)“五个一”教学模式有利于激发学生对数学学习的兴趣

“五个一”教学模式，是以问题为主线、教师为主导、学生为主体，在学习中真正激发了学生的学习积极性。把“要我学”变成了“我要学”，把“要我想”变成了“我要想”，把“要我讲”变成了“我要讲”，激发学生的学习兴趣和探究心理，在“议一议”中提高，在“议一议”中发展。在对话教学这个大环境下，“五个一”教学模式中常出现学生踊跃发言、展开激烈交锋的场面，这是常规教学中鲜有的现象。

(二)“五个一”教学模式有利于提高学生分析问题和解决问题的能力

“五个一”教学模式是一种动态的开放式教学方式。教师和学生在人格上是平等的，在交流上是和谐的。教师会根据学生的想法适时引导，参与讨论、沟通研究、实践探究、小结提高都是学生在合作基础之上自主进行。成功后的喜悦会激发学生强烈的求知欲和“自我实现需要”的心理，学生就会想方设法去讲(问)、去议(题)、去动(解)、去理(决)，达到“问题解决”的目的，使自己分析问题、解决问题的能力得到提高。

(三)“五个一”教学模式有利于促进学生沟通与合作

“对话教学”正是体现一种对话精神，使“以人为本”处于一种活性的状态。“五个一”教学模式就是对“对话教学”的特征直译。这个模式的过程，通常要经过小组、集体合作思维的碰撞。在“议一议”中“讲一讲”，在“讲一讲”中达到“理一理”，“理”的过程还需要纠正、完善，使学生在“评一评”中动起来。学生真正做到在合作中互相沟通、在沟通中互相合作，从而学会尊重他人、关心他人。

(四)“五个一”教学模式有利于培养学生的核心素养

“五个一”教学模式的知识传递方式是双向的,是学生自主生产的,改变了传统教育只是单向的、灌输式的模式;是“对话教学”的本质要求,学生的学习有了更大的知识生成空间,而且师生之间情感交流得到了充分的发展,在学习知识的同时,正确的人生观、价值观、世界观也潜移默化地形成,做到了以数学教学为过程、数学知识为载体全面培养学生的核心素养。

(五)“五个一”教学模式的局限性

有些数学知识或者课型不一定都有一个对话的情境和平台。所以“五个一”教学模式只是常规教学中的一部分,有些内容强行使用,反而适得其反。在该模式应用中,要注意应用现代计算机技术,多种教学辅助和方法取长补短、相辅相成,才能取得相得益彰的教学效果。

(六)“五个一”教学模式的实践意义

在平等交流、独立思考、合作探究的基础之上,创建一个有利于发挥学生主体的和谐的教育环境。在教学过程中启发学生思考,引导学生把握数学内容的本质,促进学生实践能力和创新意识的发展。

六、结语

我们开展“五个一”教学模式是对传统教学的一个改善,但是还需要进一步完善和长期实验。在实施过程中,学生和教师都面临着挑战和改变:学生要改变“只听不思考,只思考不交流,只交流不合作,只合作不提升,只提升不拓宽”的一系列现状,从而由被动为主动、由乐于接受为敢于质疑;教师也要改变满堂灌,改变自己的角色定位,改变自己的知识结构和知识联系,去创建更好的情境和平台。基于这些改变,通过对话给学生搭建这样一个互动的平台,在“动一动”中,使学生认识自我、发现自我、完善自我、发展自我,这正是我们广大教师要为学生设计的一个系统工程。

参考文献

[1] 顾明远,孟繁华.国际教育新理念[M].海口:海南出版社,2002.
[2] 赵林林,张远增.“再创造数学教学模式”的研究与实践[M].上海:上海出版社,1997.
[3] 王季之.培养创造性思维能力的认识和实践[M].北京:华夏出版社,1987.
[4] 中华人民共和国教育部.普通高中课程方案(2017年版,2020年修订)[S].北京:人民教育出版社,2021.

高中德育分层教育的实施路径探讨

杭州市萧山区第十高级中学　汪观春

摘　要:新时期,在素质教育、新课程改革持续深入推进的背景下,社会范围内对德育教学的质量和成效关注度较高。与此同时,分层教学成为新型教学模式,已经有越来越多的教师在实践教学中运用此种模式,并注重对其进一步创新,从而达到预期的育人目标,促进学生身心高质量发展、整体素养进一步提升。基于此,本文针对高中德育分层教育教学的模式和方法展开探讨,以期能够为相关教育工作者提供参考和实践。

关键词:高中;德育教育;分层;教学路径

在素质教育改革的宏观背景下,加强高中阶段学生德育教学既是学生自身发展的核心需要,同时也是践行新课程标准的必然要求,还是新时期立德树人教育任务背景下的重要选择[1]。高中班主任作为学生德育教学的主体,应当在教学和管理过程中,采取科学、合理的方式提升学生的思想道德水平与认知,促使学生可以进一步完善世界观、价值观、人生观,从而实现良好的成长。

一、高中德育分层的内涵

德育分层主要是指在德育实践教学中,教师应当根据心理学、教育学理论,结合学生的差异化特征,制定有针对性的教学策略。现阶段在新课程体系中,教育改革持续深入推进,高中德育教学的质量和成效也在逐渐提升,通过运用分层德育教学模式,可以更好地帮助学生学习德育知识内容。同时,任何教育的开展过程中均有其客观的规律性,对于德育教学来说也不例外,从某种角度分析,德育课程的层次性更加明显[2]。应用德育分层教学,教师需要遵循客观的教育规律,实施高效率的育人活动。对于高中阶段的学生来说,其作为德育教学实施的主体,由于来自不同的家庭,成长环境并不相同,无论是在认知层面还是在道德水准层面,都存在一定的差异。而对于德育课程本身来说,其涵盖了学生家庭、社会、国家、个人等四个层面;在课程结构方面也分为“品格养成”“支撑家庭”“振兴国家”等阶段;在实践内容和课程内涵方面也有着道德素养教育、政治思想教育、法治精神教育和国民基础教育等;在德育教学方法方面,其也是千变万化的,拥有不同的形态,并没有一种适合所有学习对象的万能教学方式。因此，在高中德育课堂，如果教师一直采取传统教学模式，以“灌输式”“填鸭式”等方法开展教学，或是针对班级的全部学生采取同样的教学方法和内容，将会导致学生学习课程效率不高，教育效果并不突出。

此外，德育课程在实践方面也存在一定的层次性。德育作为一种意识形态的教育，在实践过程中注重相关措施应当科学、规范、合理，如果缺失相应的实践标准，将会导致德育实践效果不强。根据相关研究数据可知，学生的德育观念主要依赖于后期的培养教育，而此种培养的实效性又将会与课程的实践性建立关联。因此，传统的说教式并不能满足学生学习的需要，只有根据学生的特征、学情等不同，制定差异化的德育教学模式，才能够更好地实现教学成效，帮助学生提高学习质量和效率。

二、高中德育教育分层的实践意义

1.发挥学生的主体作用

在新课程改革背景下，学生已经成了课堂教学活动的主体，而教师在教学中处于引导者的地位[3]。因此，学生主体作用能否发挥出相应的作用，将会在一定程度上决定着德育教学的质量和效率。在传统教学理念中，教师通常会将学生作为课程知识的容器，采取“灌输式”的教学方法实施教学，此种方法不仅会削减学生学习德育课程的兴趣和动力，同时也将阻碍学生自我能力的有效培育。为了能够有效改善此种教学局面，提升教学的成效，教师需要发挥学生的主体作用，增强学生学习德育课程知识的驱动力，通过运用分层教学模式，从实际出发，根据学生的兴趣爱好、性格特点等设计符合其需求的教学主题、内容，以不同的教育手段满足不同阶段、不同状态的学生，提高学生在德育课堂中的参与度。当学生深入参与教学活动后，其主观能动性能够有效调动，在学习过程中学生的思想、心灵容易产生共鸣，就爱学，从而取得更好的成效。

2.进一步改善班风班纪

在高中德育教学过程中，教师采取分层教学的方式，可以更好地改善班级的整体风气，规范班级的纪律[4]。在实践教学中，教师应掌握学生个体之间的差异化特征，规范思想观念，约束行为习惯，培养实践能力，从而帮助学生培养集体主义精神，促使班级内部的学生能够相互帮助，打造良好的凝聚力、向心力。在此种模式下，良好的班风班纪能够更容易构建，班级的氛围更加良好，学生在此朝气蓬勃、欣欣向荣的氛围中成长、生活、学习可以更加顺利，为其全面发展和综合素养的提升起到积极作用。

3.培养学生的思想观念

在高中德育实践教学中，其教学的目标和任务是培养学生的道德情操，培养学生良好的品德素养，使其形成正确的行为规范。因此，高中德育教师不仅仅需要关注实践教学工作的开展，还应当深入落实德育教学的重点任务，完成教学育人的重要工作。具体在德育教学和管理过程中，教师需要根据学生的性格特点、学习水平、兴趣爱好等要素，以及不同阶段、不同年龄学生学习德育知识的实际需求，采取分层教学的模式，更好地为学生解决生活和学习中出现的各类问题，促使学生健康成长。

4.养成正确的行为习惯

在高中阶段的教学管理活动中，有许多学生均会出现听课注意力不集中的问题，甚至还有部分学生逆反心理较为严重，造成此种现象的原因一方面来自学生自身，另一方面也与学生所处的家庭、社会等因素有关。对于此种问题，教师应当掌握学生的不良行为或现象产生的根本因素，然后采取分层教学的模式，对不同类型的学生实施个性化的德育教学手段，帮助学生能够尽快适应高中阶段的生活和学习，建立良好的行为习惯，从而能够更为有效地应对学习和生活过程中存在的问题。

三、高中德育分层教学的实施路径

1.根据性别进行分层

对于高中教师来说，在实施德育分层教学时，首先应当遵循实事求是的原则，根据学生的性格特征、兴趣爱好、身心特征的实际状况，并结合德育教学相关知识点，有针对性地开展教学。教师可以将班级中的男生、女生划分为两个小组，每一个小组分别实施不同类型的德育教学。此种分层的依据主要是因为高中阶段的男生，其内心世界拥有一定的个人英雄主义情怀，对于社会中的一些事物通常有一定的观点和看法，对于存在的不良事件也有较强的打抱不平的心理。因此，教师可以根据此特点在实施德育教学时充分挖掘古今中外一些英雄人物的伟大形象，探究其身上存在的道德品质，并将其传递给男同学，从而鼓励其构建高尚的道德品质，并逐渐改善自身存在的不良习惯、思维等，以达到德育教学的目的。而高中女生，其在心思和情感方面相对较为细腻，对于周边的事物关注度也相对较为敏感。因此，教师可以结合生活中的常见现象，特别是所在区域内的一些生活习俗、风气面貌等对女同学进行德育教学，同时时刻关注学生的心理变化状态，确保能够有效解决学生在生活中存在的心理矛盾、困难问题等。

通过按照性别进行分层，高中德育教学的成效可以在一定程度上有所提升，男同学、女同学所接受的差异化知识也将会引导学生主动探索符合自身性格特征的内容，进而有效促进学生思想道德品质逐步提升。

2.根据年级进行分层

高中阶段作为学生成长的关键时期，其自身的人生观、价值观、世界观将会在该阶段得以塑造，核心素养也会获得良好的建立。在该阶段中，德育教学极为重要，如果将小学德育教学定位为兴趣、习惯的培养，初中德育教学定位为意志、能力的培养,那么高中德育教学更多的是对学生责任、担当、拼搏精神的培养,同时也对学生的创新能力、意识等提出了要求。此外,高一、高二、高三的学生在道德水平、认知能力、内心愿望等层面的差异化程度也较为明显,社会对其品质的要求也有所不同。因此,高中德育教师应当根据学生的品格特征、身心发展等选择不同层次的德育教学内容和教学方法。如针对高一阶段的学生主要是树立人生伟大理想,引入一些国内外经典的人文故事,帮助学生拓展知识面;针对高二阶段的学生则主要是帮助学生建立良好的生活行为习惯,促使学生可以找对学习方法、养成良好的生活作息习惯;针对高三阶段的学生,教师则应当重点帮助学生树立学习自信心、激发昂扬的斗志,从而良好地应对即将到来的高考,引导学生养成百折不挠的意志。

3. 丰富德育活动的开展形式

在实施德育分层教学活动时,最重要的是促使德育教学拥有良好的趣味性、生动性,从而能够吸引学生深入课程并探究相关知识内容。因此,教师应当为学生组织类型丰富、形式多样的教育教学活动,并将这些活动与学生的认知盲点、兴趣爱好相互结合,从而确保学生可以积极参与德育活动并在活动中有所收获。例如,在学习“服务社会”的相关知识内容以后,教师可以引导学生利用课余时间搜集有关服务社会、奉献社会的人或事,并可以鼓励学生多参与一些公益活动,如帮助清洁工打扫街道卫生、到访敬老院慰问老人等等。只有学生通过亲身体验才能够更好地感知生活中的艰辛。此外,教师也可以鼓励学生搜集身边的生活场景作为教学案例,或是将自身所参与的公益活动在课堂中分享,然后教师可以与学生共同探讨,应当如何服务于社会、为什么需要服务社会等等,通过这些内容可以促使学生建立高尚的服务意识,更加积极、主动地参与到社会服务活动中,有效培养学生乐于奉献、热爱劳动的精神。

4. 树立榜样,加强鼓励

现阶段随着社会的快速发展,高中德育教学工作在实施过程中也需要持续创新,教师可以采取德育分层教学的模式为学生树立良好的榜样,从而发挥出分层教学的优势。在实际操作过程中,教师可以采取如下方式:一是以自身为榜样带领学生学习德育知识内容。在德育教学管理活动中,教师需要持续提升自身的德育素养,丰富道德修养和认知,从而能够以身作则为学生树立学习和模仿的榜样。例如,教师可以从小事做起,要求学生做的事情自身先做好,如早自习要求学生按时进班,教师也应当按时甚至提前到岗,并与学生一同进行早读。二是在班级中要求班干部、团员等在德育教育中起到模范带头的作用。针对班级中的干部,教师需要挖掘其价值和作用,激发其潜能,引导班干部、团员等在学习和生活中发挥模范带头的作用,对周边的同学产生积极的影响,实现协同进步。三是教师可以在课后通过评估选择一些学习成绩相对一般甚至排名靠后但在道德修养方面表现优异的学生,将其设定为道德模范先锋,要求其在德育课程及教育中作为班级标兵,然后教师带领班级的学生向其看齐。四是对于班级中存在问题的学生,教师应当有更多的耐心和爱心，循序渐进地引导学生正确认知自身的不足并通过努力缩小差距，从而逐步进步、完善自身、提升自我。

5. 因材施教，给予学生真正的尊重

在高中德育教学中，教师实施分层教育需要结合学生的实际学习状况。例如，针对班级中一些性格相对外向的学生，教师可以采取面对面沟通的方式实施教学；而对于班级中性格相对内向的学生来说，教师在教学或与其沟通时可以额外采取间接沟通的形式，例如运用 QQ、微信、抖音等工具与学生进行线上交流。同时，为了有效保护学生的内心情绪，当学生向教师表达自身的情绪、想法时，教师应当为学生提供一个相对私密的空间，避免与学生的谈话内容被其他学生听到，也不能将学生的想法直接反馈给家长，而是应当尊重学生，有保留地向家长反馈，并与家长沟通相应的德育教学方法，从而能够更好地为学生成长保驾护航。

综上所述，根据心理学、教育学的相关理论，德育教育作为一项循序渐进的过程，其在教学中需要层次性，教师在实践教学中应当结合学生的个性化、差异性，不能采取一概而论的教学模式，只有这样才能够切实提升德育教育的质量。德育分层教学“路漫漫其修远兮”，本文针对高中德育分层教育的探究仅作为现阶段的参考，相关教育工作者及专家学者应当持续研究高中德育分层教育的实施路径，明确教学路径，从而更好地帮助教师开展相应的教学活动。

参考文献

[1] 代保新，丁岚，戚兵. 从问题解决出发：高中德育工作之系统设计与整校推进[J]. 中小学管理，2018(4)：41-43.

[2] 璩巍，卢冬梅. 新高考背景下高中教育变革的实践探索——以天津市第二南开学校“未来学部”为例[J]. 教师教育论坛，2017(4)：25-28.

[3] 李卫东. 普通高中国际化、多元化人才培养体系的探索与实践——以广东省华附南海实验高中为例[J]. 西部素质教育，2018，4(21)：18-19，21.

[4] 唐建国，陈合斌. 管理精细化　德育网络化　教学高效化——石家庄实验中学办学特色巡礼[J]. 党史博采(理论)，2010(5)：52-53.

积极心理学理念下的高中班主任德育教育模式分析

杭州市萧山区第十高级中学　汪观春

摘　要:思想政治道德教育无疑是当代高中政治教育内容中非常重要的一部分。在当今大力推进基础教育新课程的教育改革中,在倡导学生素质教育的时代,在中学生思想政治教育中运用现代积极心理学方法显得越来越重要。基于学校高中思想道德政治教育的研究现状,结合当代积极心理学领域的相关学术内容,对高中政治心理教育活动中的学生心理及相关教学进行初步研究,以期对当前相关学科的教育工作有所启示。

关键词:思想思政;积极心理学;高中

积极心理学是我国心理教育领域广泛使用的一种心理学。它指出,每个人都应该有积极的一面,这是人们与生俱来的本性,通过这种积极的心理教育引导,可以激发每个学生的积极性,从而提高自身的道德水平。这无疑是高校积极开展心理学研究的重要方向,积极心理学模式的出现,给广大高中班主任的日常德育教育工作带来了新的契机,开发了新的内容。高中班主任可以考虑采用这种积极心理学教学模式,提高高中生的综合道德水平,实现学校预期的日常德育目标。

一、积极心理学理念的内涵

积极心理学是指2000年1月《积极心理学导论》Seligman和Csikzentmihalyi发表心理学研究成果以来,在美国心理学领域中逐步发展起来的一个心理学领域。越来越多优秀的心理学研究者也开始尝试介入这一新领域的研究,将矛头指向在过去近一个世纪的漫长理论发展史中一直占据主导地位的消极心理学。积极心理学的英文是Positive Psychology,实际上是指致力于探索和研究内在发展的潜力和每个人的德行品质,由一系列内在的积极因素形成的一门新科学。积极心理学研究主要方向的确定,主要在于其目标对象应该是最初达到人类平均健康水平的几乎所有普通人。与此同时,它将首先要求所有社会心理学家从一个相对理性、开放和欣赏的科学角度出发,重新系统地看待我们所有的人及其与生俱来的社会潜力、动机特征和认知能力。积极心理学的研究,意味着需要改变消极心理学中的社会问题和研究方法,从过去人类心理学中存在的过于单一地关注一些消极的社会心理问题及其自身因素的态度，转向全面深入地关注全世界人类心理学中激发正能量的内在因素。在德育教育中，高中班主任应首先关注的是受教育者身上的积极品质，要从他们身上的积极品质出发，通过营造积极的德育环境，激发受教育者自身的资源与潜力，引导他们充分利用教育环境中的积极因素，改善自身的道德品质，并在积极道德品质形成的过程中逐渐克服自己的不良品行。积极心理学在高中德育教育中的实施步骤，如图 1 所示。

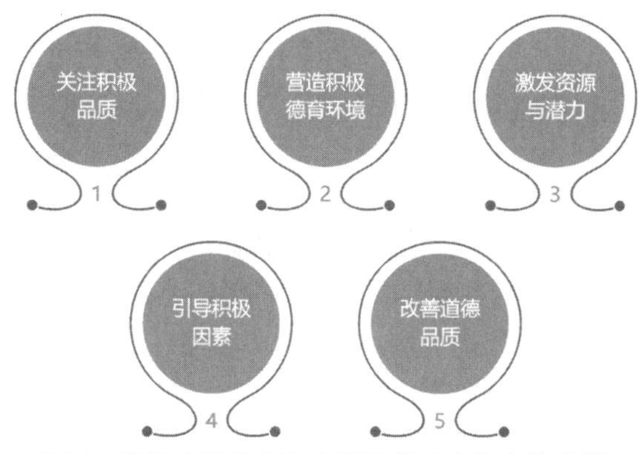

图 1　积极心理学在高中德育教育中的实施步骤

二、传统的高中班主任德育教育存在的不足

在高中时期，每一个班主任都应该积极开展基本的教学任务，那就是当前教育行政部门对高中德育工作提出的一系列新的要求。德育理论中包含了许多实践性的思想理论内容。高中班主任只有把这些课的所有主要德育理论内容与教育实践紧密结合起来，才能有效地发挥德育工作对提高每个学生思想道德素质的重要作用。但是现在，由于高中德育工作时间太短，很多高中班主任对学校德育知识还不是那么熟悉，往往还在沿用过去传统的高中教学方法，给高中学生灌输很多枯燥的理论知识。这种落后的教学方法将严重阻碍高中班主任在中学的德育实践。高中生的年龄一般在十七八岁，有明显的逆反心理。而且学生对做事，特别是对学习，几乎没有耐心。因此，如果高中教师用这种老套的教学方法对高中学生进行日常德育教育，不仅不能充分发挥日常德育的实际效果，还会使得很多学生产生非常厌学的逆反心理，对德育教学产生完全相反的作用。这样的学习状况也会给正常的德育工作带来严重的障碍。高中德育教育中的三大障碍，如图 2 所示。

图 2　高中德育教育中的三大障碍

三、积极心理学在高中德育教育中的作用

1.帮助学生建立积极的学习生活态度

在高中班主任的德育心理学工作中，最重要的德育目标之一就是如何帮助学生树立正确健康的社会人生态度，使班级工作目标与积极教育心理学中的正确引导行为目标相一致。由于高中生的年龄还比较小，很多高中生的人格特质和情感观念还在慢慢发展。而且，随着当前社会条件的变化，外界因素对他们心理的影响会越来越大。除了学习成绩直接造成的心理压力外，各种社交网络媒体与外部社会环境的影响也在增加。现在，许多高中生正遭受着严重的心理问题。造成这些心理问题的外部环境因素有很多。但如果从学生的内在人格因素进行分析评价，学生心理问题形成背后的深层次原因往往是学生个人对生活态度的严重内在问题。但是，如果将高中班主任的德育教育与学生积极健康心理的发展有机地结合起来，就能有效地改善目前我国高中生的消极心理状况。这种积极心理学将有助于促进学生心理正确的认知观念体系的进一步形成。学生对学习和生活的态度自然会更积极。通过这种思维方式，可以提高学生自身的道德水平，达到预期的效果，达到德育教学的目的。

2.提升高中生的自信心

幸福是世界上每个人迫切需要拥有的，也是当今所有人追求的最高奋斗目标。如果人在奋斗的过程中能够有充分而强大的个人自信，就会真正体会到在追求幸福生活的道路上遇到的各种乐趣。现在高中生在学习上的压力非常大，他们根本感受不到生活带给他们的那种乐趣，这可能会引发各种心理问题。但是，高中班主任有责任做好积极心理教育这项工作。在现代积极教育心理学理念指导下实施的高中班主任德育与心理健康教育，可以帮助高中生发现其他各种心理乐趣，提高他们对身心健康的热情，对幸福有更好的感知；而且可以有效培养学生的自信心，让他们永远以积极乐观的心态面对生活。高中生的心理状态越来越成熟，在一定时期内还是有可塑性的。但是因为处于青春期，对自己的学习兴趣和学业前途问题非常迷茫，找不到自己未来的发展方向。很多时候，高中生对提高自己的综合学业能力有严重的怀疑。缺乏自信是一种非常普遍的社会现象。主动学习心理学的暗示和高中班主任的德育教育方法的巧妙结合，能够有效快速地增强高中生的高度自信，提高幸福感，使学生都能认可自己在生活中因提高独立能力而产生的高度自尊，能够自信从容地独立面对各种挫折和困难，对高中生的快乐成长有着非常重要而深远的意义。积极心理学的作用如图3所示。

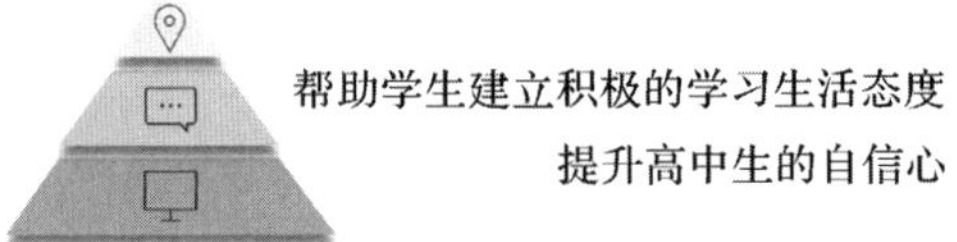

图3 积极心理学的作用

四、积极心理学理念下高中班主任德育教育的措施

1.合理运用心理暗示，提升德育教育效果

目前，在我国针对高中生的传统德育思想教育模式中，大篇幅和简单枯燥的关于部分学生理论知识问题的简单叙述和方法，从根本上来说，是一种有效的德育方法，不能直接有效地解决实际问题，老师自己也会讨厌使用这种传统的德育方法。在现代学校积极发展教育心理学理念的前提下，教师可以尝试对学生的实际问题做出一个更合理有效的心理暗示，通过对学生的心理暗示所产生的一些正面教育效果，进一步达到提高其自我教育能力的正面教育效果。在未来面对生活中的艰辛、困难等各种复杂问题时，学生也可以做到不仅不会选择被动的后退、贸然的前进，也不会盲目、被动地做出负面的抱怨。教师可以通过采取各种更加积极正面的思想措施，正面引导学生解决生活中的各种问题，培养学生更加积极的心理力量。

2.运用积极心理理念，培养学生健全的人格

发展学生独立的人格，对我国现代高中生德育建设也具有重要意义，也是当今高中班主任德育思想理论教育应作为指导工作的根本目标。目前，在中国社会学校和各行各业的领导人中，都有一个非常共同的认识和重视加强班级德育和指导高中班级管理的研究工作。班主任也在不断改进高中德育工作，以适应不断改变的客观要求。高中班主任在做高中德育工作报告材料的分析讨论的过程中，可以先尝试引入一些具有鲜明思想论证倾向的典型案例，并且还要注意对案例内容中可能蕴含的各种思想观点和思想价值观偏差等现象进行较为系统的教育理论剖析。教师可以帮助学生建立一个积极健康的主题德育理念，比如在学校开展一些德育主题班会，让学生参与积极的思想论证，教师可以做出一个积极健康的教育主题引导，把健康积极的心理教学思想理念引入主体班会中，让学生们受到积极心理学思想理念的正面教育影响，在积极健康的学生主体德育教学的氛围中，这些学生自身的思想素质水平都可以逐步地得到提升。

3.创新德育方式，实行“德育导师制”

在学校推行德育导师制，逐步实现真正的全员管理教育，变一部分人的简单德育教育为全员的综合德育教育。德育不是简单地指班主任、学校管理人员、团委等所做的简单工作，实际上是指学校区域内所有部门和全体教职员工应该共同承担的责任。把实施德育教育实践教学作为教师的主要教学目标，通过课程在实际课堂生活中开展德育的教学研究，每一位教师都必须努力逐步成为一名真正能被全体学生喜欢和尊重的德育教师。明确了实践课程、活动教学课程必须是今后在现代学校实施德育教学实践的基本的实践方式，以此树立学校教师心中永远是德育工作者的价值观。

学生要能够自觉、自主、积极地参与现代社会学校教育的政治思想教育、评价管理和常规教学管理,加强社会自我教育组织活动和社会生活自我规范的管理,促进良好思想道德行为能力的逐步规范,推动道德思想素质教育的全面、良性、可持续发展。

4.寓德育于活动中,为学生创设个性发展空间

马克思明确指出,社会生活本身就是实现人类目标的各种方式相互作用和发展的最终产物。实际上,人类社会发展过程的一系列的社会活动,对于追求自身生存发展目的的人来说,只是一种社会历史活动的存在。在活动中愉快交往是人类的基本需要,也是为逐步实现中国人的幸福生活而存在的文明社会化基本条件中的一个重要前提。

5.建立合理评价机制,激发学生的主动性和创造性

在传统的高中思想政治课教育模式下,教师习惯于简单地以学生知识素养的一些最终评估结果来客观地评价学生个体的素质,侧重于单个学科的评价,这显然对当前的高中思想政治课教育教学的课程质量的进一步提高极为不利。在德育教学系统中,教师对学生的评价,具有督导、激发和强化学生学习活动的积极作用。一个科学合理的评价机制能够在短时间内对广大学生的思想政治品德学习产生长期的积极的影响。对于积极评价学生的活动,教师首先应积极建立全面、系统、合理的德育教学行为评价体系,保证行为评价研究范围的多元化,采用过程生成的行为评价方法,即行为过程评价,关注学生个体在整个成长过程中的情感态度和价值观。教师要注意建立多元化的学习评价活动主体,将学生个体自我评价、学生班级互评、教师单位总评活动等内容有机结合,促进全体学生能力的均衡全面发展,对学生个性化学习过程探索中体现的主动性给予更多、更积极的鼓励。

6.关注学生原有的良好品德,使其形成对集体的责任感

传统的中学德育模式具有明显的思想负面教育特征,习惯于先处理一部分学生的问题,再开展各项工作。在学校特定的心理教育模式下,教师眼中没有学生,只有学生身上存在的一些问题。学生正常的课堂学习变成了这样一种思想上的教育适应,以至于学生不可避免地会因为某种外界压力而被迫表现出来。积极心理学主张现代心理学首先要重视对人的一切积极心理品质的研究。有了这样一个更加开放、包容、欣赏的科学视野,教师应该重新审视关注每一个学生,把他们的注意力转移到每一个学生内在的潜能、动力、快乐等积极的心理品质上来。具有积极人文取向的学校的良好德育,应强调充分关注学生已普遍形成的基本良好职业道德,致力于促进学生在原有良好道德修养的基础上获得进一步有效的发展机会和良好成长。高中生中有相当多的所谓"问题学生",大多来自有"问题"的家庭,或父母离异,或因为父母工作很忙无人陪伴,或被父母惯坏。在这样一个不被称为"正爱"的社会环境中学习和成长,必然会产生一些不健康的社会思想、观念、方式和行为。对于一名普通

学校教师而言,不应再只关注学生在学习成绩方面的不足,而完全放弃提高德育质量这一主要的思想政治任务。高中班主任一定要更加注重培养自己有一双真正善于发现美的眼睛,挖掘和培养每个学生的爱好、特长和潜力,欣赏这些真正存在于学生身上的良好的个人品质。

7.加强多媒体应用

随着基础教育新课普改政策的持续不断深入发展,社会逐渐加大了对学校教育发展的教育资金的扶持力度。其中在教育设施器材、教育环境、师资培养等多个方面上都会有所体现。作为一个新时代的高中班主任,就应该跟紧着时代潮流的前进步伐,积极创造条件,利用现有的、便利丰富的德育教学资源条件进行学校德育教学。多媒体是时代高速发展的产物,近年来多媒体逐渐走进了大众课堂,所以教师可以利用多媒体进行德育教育,这样可以激发学生们的兴趣,让学生们更加容易接受德育教育。

教师可以通过多媒体给学生们放一些音频或者影片,达到更好的教育效果。例如:教师可以放《我的父亲母亲》,让学生们了解父母的艰辛,从而培养学生们孝敬父母的品质;教师可以放《战狼》《我和我的祖国》等爱国影片,让学生们了解祖国的伟大,从而培养学生们的爱国情怀;教师也可以放《老男孩》,从而让学生们进一步了解理想的重要,让学生们树立自己的理想与奋斗目标。教师可以利用多媒体放一些励志的演讲视频,让学生们更加珍惜眼前的学习机会,把握现在,以积极的心态努力奋斗。教师也可以增加唱班歌的环节,每天都利用多媒体放一首有教育意义的班歌让学生们唱,比如《我相信》《答案》,这些歌曲可以从心理上对学生们起到激励作用,让学生们可以以更加积极、热血的态度投入学习中。这样,可以通过多媒体不断地提高学生的思想素质,培养学生积极的心理状态。

8.营造工作新文化

德育教育活动的开展,有时候会引起广大学生的极度反感,不管学校教师付出多少努力,学生往往都不会去认真地倾听,更不会去真心地接受,导致整体德育教育工作根本无法正常发挥应有作用,也得不到任何效果。为了改变这种境遇,负责授课的教师必须从学生的兴趣出发,进行德育教育。在现实生活中,班主任可以尝试通过电视播放一些视频去吸引年轻学生的眼球,继而开展德育教育。例如,在从事德育教育工作的时候,可以为学生播放《肖申克的救赎》这部电影,让学生通过电影感受到幸福、自由、友谊的重要性,永远心怀希望,培养学生积极的人生观和永不放弃的精神。另外,在进行德育教育的时候,为了营造良好的氛围,班主任可以使用多媒体教育工具,演奏适合的音乐,通过音乐来激发学生内心的情感,以此为铺垫,落实德育教育工作,会得到较好的效果。

9.高中班主任开展学生心理健康教育讲堂

从学生的未来职业规划发展、人生理想的角度开始着手教学,吸引学生的注意力。高中生阶段会开始逐渐规划未来的人生目标,但因缺乏相关的专业知识,会经常处于迷茫阶段,此时就需要班主任的辅助教学,为学生指点迷津。例如,教师可以利用定期课程,组织一些学生来观看一些关于积极心理学和对学生个人成长的发展有所影响的教育视频资料,提高一些学生对学习积极的心理学方面的自我认知;教师可以在班级读书角放置一些相关书籍供学生阅读,让学生自主学习了解积极心理学相关知识。对理论教学与实际教学两手抓,学生就会感受到班主任在这方面的用心教育,也会积极配合教师的教学工作,双方共同推进德育教学工作的有效展开。积极心理学理念下高中班主任德育教育措施如图 4 所示。

图 4　积极心理学理念下高中班主任德育教育措施

五、积极心理学的实践意义

1. 丰富了学校德育的内容

在目前的高中学校教学中,很多教师经常抱怨学生的德育教育工作难以开展,德育教育内容非常缺乏。传统的德育教学是单向的、强制的、封闭的思想教育模式,明显偏离了开发学生潜在资源、全面培养和发展人文思想素质的重要价值目标。积极心理学认为,学校里的每一个人也都是教育者,每一个人的内心都会有自己积极向上的文化心理潜能,都会有一种自我激励、向上追求的人格成长能力。这种社会价值取向为我们提供了一些新的德育视角,丰富了现代德育活动的主要内容。事实上,这些丰富的德育活动都集中在每个学校教育者和受教育者群体之间的和谐上。它们可以看作是学生积极思维的心理思维活动,也可以看作是教师积极教学的过程。可以说,既是主动教学思维习惯的培养,也是学生主动学习个性能力的自觉培养。可以认为是一种积极健康的生活认知和行为方式,也是一种积极乐观的人格和意志。

2. 改善了德育的主客体关系

我国传统的德育体系一直强调向学生灌输一些健康、积极、可持续发展的优秀社会主义道德，但也有一些认知或偏差现象不容忽视，即往往在强调德育的同时，任意拔高关于政治的、信仰的、理想的自由王国的认同，甚至不适当地上升到意识形态的高度，德育的价值取向与道德修养主体的内在要求难免错位，学生只能被动地接受和继承既定的社会道德规范体系。教师常常把自己当作教育者的角色，而把学生当作是“问题学生”，认为自己所做的一切努力无非是帮助其解决思想道德问题，提高思想道德水平。积极教育心理学认为，德育体系中的教师和学生一样，都是正在成长和发展的社会个体，他们不再完全把受过教育的人和没受过教育的人对立起来。教师不仅要用积极教育的客观态度看待一个成长中的学生，还要重视挖掘学生自我教育的积极经验，培养学生的积极心理。教师还应注意恰当使用与学生平等表达的积极词汇，如表达尊重、分享、快乐和体验，以鼓励每个学生的发展潜力。积极心理学研究的这一独特观点也有助于学生重新认识学校德育的重要课题——师生关系。教师不仅要成为参与整个德育过程的主体，还要直接积极地影响其他学生。同时，他们也是参与整个德育过程的对象，受到学生积极心理的影响。学生不再仅仅是德育实践的主体对象，被动地被老师的言行所影响。同时，教师也是教育的主体。教师可以尝试挖掘学生内在的发展潜能，培养学生优秀的、积极的内在道德品质并积极影响教师的行为，让师生双方都在快乐中健康和谐地成长。

3. 拓展了学校德育的途径与方法

在传统的学校德育模式下，学校德育教学的方式过于单一、复杂。人们往往试图将德育教学与传统学校教育体系中的常规工作区分开来，使德育教育独立于现代学校体系中任何学科的教学模式。但是，具体的教育方式、手段、形式无非是德育思想宣传、德育讲座和研讨会等教学方法。积极心理学认为，每个人内心都有巨大的潜能，都应该有多种基本的心理需求，都应该关注身心的健康发展。这种积极的观点决定了学校德育教学活动的方法，它必将朝着积极的、多样化的方向发展。

综上所述，通过探索现代积极心理学研究的重要理论在现代高中思想政治理论教育实践中的应用，进一步有效促进德育教学水平的提高，促进高中生身心素养的全面、良性发展。作为所有高中思想政治理论教育的实践者，高中班主任要时刻注意把对学生的道德教育放在心中，不断提高自身专业知识的基础水平，加强学生积极心理学方法的理论研究，找到掌握积极心理学知识与高校思想政治基础理论教育实践的重要连接点，从而推动高中思想政治基础教育实现跨越式发展，迈向一个新的发展水平。

参考文献

[1] 寇敏.浅谈积极心理学与小学德育融合的分析和对策[J].科学咨询(教育科研),2022(2):52-54.
[2] 蔺聪.积极心理学视域下构建中学德育共同体的方法和策略探究[J].考试周刊,2021(89):136-138.
[3] 董杨.积极心理学视角下高中班主任德育教育的新模式[J].好家长,2021(34):71-72.
[4] 张锐.积极心理学在中职德育教学中的应用研究[J].科学咨询(教育科研),2020(4):81-82.
[5] 胡文根.积极心理学理念下的高中班主任德育教育新模式[J].华夏教师,2020(8):85-86.
[6] 蒋道红.基于积极心理学的中职德育教育教学策略创新分析[J].中国多媒体与网络教学学报(中旬刊),2020(2):104-105.
[7] 徐娥.基于积极心理学的中职德育教育教学策略创新探讨[J].科学大众(科学教育),2019(11):138.
[8] 侯升丽.初中班主任德育教育中积极心理学的应用实践分析[J].学苑教育,2019(18):13,15.
[9] 肖虹.积极心理学视角下的五年一贯制德育教育途径探索[J].湖北函授大学学报,2018(19):79-80.

基于深度学习的高中数学教学设计

杭州市萧山区第十高级中学　汪观春

摘　要：在高中的数学课程中，教师必须重视学生数学思想发展情况，并训练学生的实际问题处理能力，深度学习是提高数学课堂质量、培育学生数学核心素质的关键途径。通过深度学习，培养学生核心素养，帮助学生养成从数学研究角度看问题、剖析和解决问题的习惯。深度学习主张通过教学，使学生积极解决实际问题，从而获得自身发展。因此，本文探究了基于深度学习的高中数学教学设计方法。

关键词：深度学习；高中数学；教学设计

深度学习是指学习者需要在教师的指导下，围绕富有挑战性的教学题材，全身心地参与到学习中来，从而实践感悟学习成功、得到知识的一个有重要意义的教学过程，学生在整个教学过程中，通过自己已经掌握的知识，以及通过调整自我思路，对知识点进行剖析、掌握，从而实现深入加工认识，进一步深化对基本知识点的了解。

一、深度学习相关概述

（一）深度学习的内涵及特征

深度学习是指学习者需要全身心投入学习的行为。发挥学习者的学习自主性，使他们在学习活动中产生自身的创造性，对学习过程加以反省、掌握，从而建立独属于他们自身的认识系统。因此，深度学习也是多元化的教学目标。但深度学习不同于普通认识，除认识之外，尚有对社会情感、意愿、人生价值观等的全面投入，还有通过合作、沟通、资源共享等在社会建立学习基础的行为。因此，深度学习并非一个教学方法，而是一个教育目标，它还需要同时具备对认知状态高度投入、认知意识多层次、结构自主创建、知识点迁移应用等的特点。深度教学的出现，给教师课堂提供了全新的需求，在实践中教师应针对学生的认知水平，赋予他们一定的认知空间，使他们能够在自主学习中提升自己的综合数学能力，从而培养他们的逻辑思维能力，促进他们对数学知识进行深入的研究、应用，这对学生核心素养的发展非常有益。

(二)深度学习的教学意义

1.促进学生学习方式发生转变

当下,由于高中数学课堂上往往忽略内容和知识,课堂上更多地重视课堂知识,在实际教学中,知识点往往出现了碎片化,教师忽略了内容和学生实践、活动之间的联系,缺少对实际情况的参与。这样的教学方式把教师放在了教学的重点地位,导致学生学习的兴趣不高,对数学知识的了解浅显,利用知识处理现实问题的能力偏弱,学生学习积极性不高,有知识、无素养的现象很明显。要攻克上述难题,必须对课堂和学习模式进行深层次改造。教师应该通过建立有利于深度学习的教学平台,推动其学习模式的改革。

2.培养学生的核心素养

以素养为目标的课程,就是希望学习者可以在一定情境中运用所学知识、方式和观点去解决问题。知识学习是人类核心素质的生成路径,这种学习对知识的需求是成系统、有结构性、有实际情境介入的,深度学习是学生想要去理解以及从学习内容中提取意义这两者的结合。学生在深度学习中所掌握的不仅是认识或思考,而是解决问题等理智方面的能力,因此学生会用数学的眼睛看世界,也会用数学的思想解析世界,从而使学生的基础知识掌握能力和综合素质训练共同发展。

3.强化学生的实践能力

掌握理论知识的目的就是应用,学生只有在运用理论知识处理现实问题的过程中,才能获取真知灼见,从而提高做事的本领,并感悟学问的本质。在信息化时代,学生很容易地从不同渠道获得知识,但对知识的掌握、内化与运用并不是像知识获取过程一样简单,而教师课堂存在的教育价值正是为了给学生创造对知识进行实践与感受的机会,将知识内化成教育素养。通过深度教学的新方法,向学生提供了丰富多彩的核心教学内涵,让学生全心全意地投身学习与实践的活动中,把其所学知识付诸应用,从而了解在何种情景下利用什么知识可以做成哪些事情,正确地解决实际问题。

二、基于深度学习的高中数学教学设计要点

1.注重理解性

深度学习是学生提升学习品质的最有效方法,学生可以借助深度学习活动掌握基础知识和运用其成果处理现实问题。注重理解性作为数学知识教育学习课程中的基本要求,是对数学教学知识内容通性、通法、共识的深入理解,是学习者了解数学理论、发展数学核心素养的最有效手段,通过理解分析内容、细心研究设计并促进学生深入思考的活动,让反映课程内在实质、重视学习过程和具有深入思考的学习

活动真实进行。所以，在深度学习的数学教学过程中，学生需要掌握数学认识教育的基本内容，并以此推动学生核心素养的发展。

2.渗透思想性

在深度学习的数学教学过程中，渗透数学教学思想是培育学生创新思维的一个有效方式，它能够帮助学生形成自身的学习方式，进而逐渐提升教学效率。数学教学思想，是指数学教学理论知识、办法在更深层次上的抽象式总结和最实质的认识。所以，教师在设计数学教学时，一定要使学生学会利用深度学习，把自身所掌握的零碎的数学知识、思想内化成必要品德和重要能力。学生通过深入学习的过程，促使分析解决问题、批判性思考、创造力等基本能力得到明显提高，进而提升数学思想意识，进一步快速发展数学核心素养。

3.把握整体性

从深度学习的要求出发，数学整体性课程设置，一方面需要教师在介绍课程中的显性知识点之后，积极引领学生通过问题发掘数学的实质，并深入掌握运用数学的思维方式等隐性知识点，从而实现显隐性知识点之间的动态过渡；另一方面，需要学生能把零碎的数学知识整合化，并通过系统整合知识点框架后，能建构科学的、合理有效的学习框架。所以，教师在设计课程中必须把握总体，有效克服课程知识内容的零散性与课程之间的封闭性，有效地发现数学知识的实质，提高知识点内容的迁移类推，从而实现深化理解，并积极引领学生在知识点转化和运用的实践中，提升数学基础素养，以便为学习者的自身成长打下基石。

4.恪守逻辑性

基于深度学习的高中数学教学设计要遵循逻辑性这一关键。而所谓遵循逻辑性，就是指教学设计遵循逻辑框架，并具备相应的逻辑特征与逻辑规律。可见，教师必须根据合情合理、合乎逻辑的课程特点，通过整体梳理数学知识架构、抓住高中数学教材的实质，提升知识点掌握，从而训练学生思维创新能力，并推动其深入复习。所以，高中数学核心素养教师在设计课程时，应该根据数学课程标准的有关理念和特点，从知识点与逻辑架构的角度研究课程、构建对象，并重视知识点之间的内在逻辑，使各知识点构成一个整体的知识点链和结构系统，并以此掌握知识点的系统性，从而推动学生数学核心素养的全面发展。

三、基于深度学习的高中数学教学设计方法

1.创设情境化教学内容

当前的高中数学课程更加注重以学科大概念为核心内容，将教学内容情境化，通过身临其境，引导学生进行直接的感受，使学生能够从应用过程中意识到数学知识源于日常生活，从而调动学生的学习欲望，并以此实现教育目的。高中的数学教

师在教学实践中，可利用教材内容阅读、例题、练习题等，把各种类型的知识点综合起来，以丰富数学知识的应用背景，扩大学生练习空间，以适应学生的实际复习需要，引导学生在自主探索、动手实践的过程中理解数学本质，从而构建生动的数学课堂，让学生在数学学习中从感性上升到理性层次，深化学生认知体验，从而提高学生的学习效果。例如"三角函数的概念"这一节课中，教师可以带一个溜溜球到课堂中来，当教师将溜溜球的线套在手指上，溜溜球会呈现来回摆动的状态，这种周期现象可应用"三角函数"知识解决问题。教师借此促使学生能充分体会到数学知识与实际生活的关联，引导学生理解抽象知识，培养学生数学思想及处理实际问题的能力，在处理问题中思考如何利用数学知识来解决实际问题。

2. 注重问题情境的引入

在高中的数学教学活动中，问题往往是影响学生思维发展的重点。数学教师应以问题为教学载体，通过分析、解决问题来提高学生的思维质量，并鼓励学生深入学习。在基于深度学习的课程中，教师要精心创造合理的、内容丰富的课堂情境，以培育学生的问题意识，使学生能够有意识地对知识问题加以探究，从而深刻理解数学知识，要使学生了解探究问题的方式、探究问题的思维，从而发展学生的数学核心素质。教师需要加强对教材的挖掘，设计主问题、真问题课堂，让学生在学习中产生新的问题，并在解决问题中培养能力。例如在"三角函数的概念"这一课教学中，教师就可以在教学过程中以问题为导向，对学生进行启发引导，从而促进学生学习效果提升。在课堂上教师可以给出问题：手中的溜溜球在自然地摆动，其离开平衡位置的距离 s 和时间 t 呈函数关系式 $s=4\sin\left(\pi t+\frac{\pi}{2}\right)$，那这个溜溜球单摆来回摆动一次，需要多长的时间？让学生感知数学与生活的紧密联系，探究其中蕴含的数形结合等思想方法，深化学生的学习效果。

3. 把握整体教学思路

教师在开展基于深度学习课程的课堂教学方案设计时，应整体把握课程教学思路，在素质教育环境下，教师既要重视学生知识技巧的基础教学，也要重视学生基本思考方法与实践能力的综合练习，并利用巩固训练环节指导学生对探析性知识点的转化运用，以培养学生从数学的角度发现问题、分析解决问题的能力，从而全面发展学生的数学核心素养。高中数学教师在进行教学设计之前，必须先对教材内容进行全面总结，有效地准备教学活动，先梳理整个的重要知识点，并对每个课时的重点内容、重难点知识等展开合理安排，以避免知识点讲解散乱、知识点之间联系不强等状况，从而促进学生切实了解并把握相关的数学知识内容、方式运用、思维本质等，使学生可以更好地把握数学知识的深度。例如，教师在向学生讲述"三角函数"这一节课时，教师可以在教学课程设计中，从单位圆出发，为学生讲解三角函数的定义，并向学生说明弧度制的重要性；接下来，教师综合代数计算、几何直观等方法，对三角函数的基础特性展开探究，以此推进学生对数学核心素养的培养，使学生能够进行深度学习。

4.善用思维导图优化教学

深度教学需要教师重视学生对知识点的掌握度、联系性，并进行专业知识、课程整合的学习工作；同时教师也要意识到学生掌握新知识点，并不仅仅单纯地获得、接收新知识点，更关键的是进行新旧知识点之间的良好连接，使学生真正地掌握新知识点，把新知识点融入自己的知识体系之中，以取得良好的教学效果。教师应灵活地指导孩子自己建立知识结构、优化知识结构。同时教师需要根据学生的需要来设置教学过程，一旦教师在课堂中能够设置出符合他们知识、身心特征的活动，他们就能够比较积极地在课堂中掌握、应用数学知识。所以在深度课堂教学时，高中数学教师必须保证教学设计的实用性，加强对学生的引导，使他们能够充分梳理各个方面知识点。可以通过合理的思维导图梳理教学，将学生的思维活动可视化，并由此了解数学的社会文化因素。例如，在“三角函数”课程中，教师可依据学生现阶段的接受能力和实际掌握情况，巧设合理的思维导图，并通过使用思维导图的方法设计教学小结内容，使学生更加熟悉本节教学内容的逻辑架构，并由此提高他们的个性化思维能力。

当前高中数学课堂教学中，教师需要立足于深度学习的视角，主动地转换课堂思路，重视学生学习的主动性，指导学生在课堂上积极地思考，并进行知识的探索，从而使得他们能够比较系统、全面地把握重难点内容，从而深化他们对重难点内容的把握，增强他们对数学基础知识的了解。

参考文献

[1] 胡娜，王晓，杨静宇.基于数学核心素养的高中数学教学设计——以“三角函数的性质”为例[J].赤峰学院学报(自然科学版)，2022(4):18-19.

[2] 邹旭涛.面向创新人才培养的高中数学项目式教学中问题设计的改进策略[J].现代教育，2022(3):32-35.

[3] 李保臻，孟彩彩，巩铠玮.基于深度学习的高中数学教学设计:基本要求及优化策略[J].内江师范学院学报，2022(2):1-5.

[4] 赵萍，田俊.面向精准教学的逆向教学设计模式构建与实证研究——以高中数学学科为例[J].中国电化教育，2022(2):98-105.

[5] 李保臻，孟彩彩，巩铠玮.基于深度学习的高中数学教学设计研究[J].教学与管理，2021(25):62-64.

[6] 张翠云，范方亮.浅谈分层教学模式下高中数学教学设计的思路和方法[J].科技风，2020(24):20-21.

[7] 王立俭.高中数学教学设计探索——以《双曲线的标准方程》为例[J].中国新通信，2020(13):198.

高中数学建模教学的实践与反思

杭州市萧山区第十高级中学　郑文平

摘　要:通过对高中数学新教材的教学,结合新教材的编写特点,对高中数学建模教学中的模型构造进行探究,培养学生运用数学知识进行探索的能力。

关键词:数学模型;数学建模;构造;反思

一、数学建模的基本理论方法和步骤

简单地说,数学模型就是用数学语言来模拟空间形式和数量关系的模型。具体地说,数学模型是关于部分现实世界为某种目的设计的一个抽象简化的数学结构。更确切地说,数学模型就是对一个特定的对象为了一个特定目标,根据特有的内在规律,做出一些必要的简化假设,运用适当的数学工具,得到的一个数学结构。一切数学概念、公式、理论体系、算法系统、表格、图示等都可称为数学模型。

数学建模是一种数学的思想方法,是运用数学的语言和方法,通过抽象、简化建立能近似刻画并"解决"实际问题的一种强有力的数学手段。主要程序为:实际情境—实际问题—数学模型—反馈—求解—实际结果检验数学结果—数学结果。

建立数学模型的方法和步骤如下。

模型准备:了解问题的实际背景,明确其实际意义、建模目的,搜集掌握对象的各种信息。弄清对象的特征,用数学语言来描述问题。

模型假设:根据实际对象的特征和建模的目的,对问题进行必要的、合理的简化,并用精确的语言提出一些恰当的假设。

模型建立:在假设的基础上,利用对象的内在规律和适当的数学工具来刻画各变量之间的数学关系,建立相应的数学结构。(尽量用简单的数学工具)

模型求解:利用获取的数据资料,采用解方程、画图形、证明定理、逻辑运算、数值运算等各种传统的和近代的数学方法,特别是计算机技术,对模型的所有参数做出计算(估计)。

模型分析:对模型解答所得结果进行数学上的误差分析、数据稳定性分析等。

模型检验:将模型分析结果与实际情形进行比较,以此来验证模型的准确性、合理性和适用性。如果模型与实际吻合较差,则应该修正假设,再次重复建模过程。

模型应用：应用方式因问题的性质和建模的目的而异。

二、开展高中数学教学的重要意义

智力的核心是思维，有思则明，明则通，通则能应变。《全日制普通高级中学数学教学大纲(试验修订版)》对学生提出新的教学要求，要求学生：

(1)学会提出问题和明确探究方向；

(2)体验数学活动的过程；

(3)培养创新精神和应用能力。

其中，创新意识与实践能力是新大纲中最突出的特点之一，数学学习不仅要在数学基础知识、基本技能、思维能力、运算能力、空间想象能力等方面得到训练和提高，而且在应用数学分析和解决问题的能力方面同样需要得到训练和提高，而培养学生分析解决实际问题的能力仅仅靠课堂教学是不够的，必须有实践。培养学生的创新意识和实践能力是数学教学的一个重要目的和一条基本原则，要使学生学会提出问题并明确探究方向，能够运用已有的知识进行交流，并将实际问题抽象为数学问题，就必须建立数学模型，从而形成比较完整的数学知识结构。

数学模型是数学知识与数学应用的桥梁，研究和学习数学模型，能帮助学生探究数学的应用，产生对数学学习的兴趣，培养学生的创新意识和实践能力，加强数学建模教学与学习，对学生的智力开发也具有深远的意义。

三、数学建模与中学数学

数学模型这一思想方法几乎贯穿于整个中小学数学学习过程之中，小学解算术应用题，中学建立函数表达式及解析几何里的轨迹方程等都孕育着数学模型的思想方法。整个中学数学可视为一个数学模型，中学数学内容中初等代数、初等几何、平面三角、初等微积分、概率统计初步、逻辑与算法等都是数学模型。其中有的模型又包括一些子模型，例如二次方程这个数学模型就是初等代数模型的一个子模型。

四、对高中数学建模教学的设想

下面是笔者在教学过程中用数学建模解决的一个问题。

例 1. 某商人如果将进货单价为 8 元的商品按每件 10 元售出，那么每天可销售 100 件，现在他采用提高售出价减少进货量的办法增加利润。已知这种商品每涨价 1 元，其销售量就减少 10 个，问他将售价定为多少时，方能赚得最大利润，并说明理由。

建模过程如下：

①将实际问题转化为数学模型：设每件提价 x 元($x\geqslant 0$)，利润为 y 元，则每天销

售额为$(10+x)(100-10x)$元，进货总价为$8(100-10x)$，故$0\leqslant x\leqslant 10$。

∵利润＝销售总价－进货总价

∴$y=(2+x)(100-10x)$，$(0\leqslant x\leqslant 10)$

即原问题转化为数学模型：二次函数的最值问题。

②对数学模型求解：

$$y=(2+x)(100-10x)$$
$$=-10(x-4)^2+360,(0\leqslant x\leqslant 10)$$

∴当$x=4$时，$y_{\max}=360$

③回归实际问题：故当售出价为每件14元时，每天所赚利润最大为360元。在过程①中，要培养阅读和语言转化能力，这里包括由普通语言抽象为数学文字语言，再抽象为数学符号语言。因为只有出现了符号语言的形式，才能联想和应用相应的数学结构。要培养抽象、概括能力，数学建模实质上也是一个去粗取精、去伪存真、抽象概括的过程；还要培养数学检索能力，从已有的知识中认定相应的数学模型，这与学生认知结构的好坏有关。在过程②中，不仅需要基本的数学能力，而且带有更大的综合性和灵活性；在过程③中，要培养联系实际、全面考虑问题的能力。

总结出以下几点：

①数学建模对学生的要求。根据《全日制普通高级中学数学教学大纲(试验修订版)》，进行数学建模教学的主要目的并不是要他们去解决生产、生活中的实际问题，而是要培养他们的数学应用意识，掌握数学建模的方法，为将来的工作打下坚实的基础。

②数学建模过程的重点及难点就是根据实际问题特点，通过观察、类比、归纳、分析、概括等基本思想，联想现成的数学模型或变换问题构造新的数学模型来解决问题，如利息(复利)的数列模型、利润计算的方程模型、决策问题的函数模型以及不等式模型等。

③开展数学建模教学，向学生介绍一些常用的、典型的数学模型。如几何模型、三角模型、方程模型、直角坐标系模型、目标函数模型、不等式模型等。教师应研究在各个教学章节中可引入哪些数学基本模型问题。如讲立体几何时可引入正方体模型或长方体模型，把相关问题放入这些模型中来解决；又如，在解析几何中讲了两点间的距离公式后，可引入两点间的距离模型解决一些具体问题；而储蓄问题、信用贷款问题则可结合在数列教学中。教师可以通过教材中一些不太复杂的应用问题，带着学生一起来完成数学化的过程，给学生一些数学应用和数学建模的初步体验。

(一)构造函数模型

在实际生活中，有关用料最省、造价最低、利润最大、容积(面积)最大等问题，往往可以通过分析、联想，建立“函数模型”，转化为求函数最值问题。

例1. 在测量某物理量的过程中，因仪器与观察的误差，使得n次测量分别得到$a_1,a_2,\cdots,a_n$这n个数据，我们规定所测物理量的“最佳近似值”a是这样一个量，与其他近似值比较，a 与各数据的差的平方和最小，依此规定，从 $a_1, a_2, \cdots, a_n$ 推出 $a=$

分析：从复杂的叙述中发现，a 与各测量数值之差的平方和与 a 之间的函数关系，即当此平方和之值最小时的 a 值即为所求。

解：由题意，令 $y=(a-a_1)^2+(a-a_2)^2+\cdots+(a-a_n)^2$

$$=na^2-2(a_1+a_2+\cdots+a_n)a+a_1^2+a_2^2+\cdots+a_n^2$$

显然，y 为 a 的二次函数，因此，当 $a=-\dfrac{-2(a_1+a_2+\cdots+a_n)}{2n}=\dfrac{a_1+a_2+\cdots+a_n}{n}$ 时，y 取最小值，此时的 a 值即为所求。

则满足规定的最佳近似值 $a=\dfrac{a_1+a_2+\cdots+a_n}{n}$。

(二)构造数列模型

在实际生活中，有关产量增长、资金增长、存贷利率、工程用料等问题，可以通过分析题目所提供的有关数据，建立“数列模型”，再借助数列的性质与求和，使问题获得解决。

例 2. 某种机器，每天要付维修费，若在买回来以后的第 t 天，应该付的维修费为 $(t+500)$ 元（买回的当天以 $t=0$ 计算），又买机器时，花的费用为 50 万元，问买回来以后的第多少天报废最合算？

解：设买进以后第 t 天报废最合算，则买进以后的 $(t-1)$ 天内所付的维修费为：

$$500+(1+500)+(2+500)+\cdots+[(t-1)+500]$$

$$=500t+[1+2+\cdots(t-1)]=\left[\frac{t(t-1)}{2}+500t\right](\text{元})$$

加上购买机器的 50 万元，设每天的平均损耗为 y 元，则：

$$y=\frac{500000+\dfrac{t(t-1)}{2}+500t}{t}=\frac{500000}{t}+\frac{t}{2}-\frac{1}{2}+500$$

$$=2\sqrt{\frac{500000}{t}}\cdot\frac{t}{2}-\frac{1}{2}+500=1500-\frac{1}{2}=1499\frac{1}{2}$$

当且仅当 $\dfrac{500000}{t}=\dfrac{t}{2}$，即 $t=1000$ 时取“=”号。

故知在买回机器后的第 1000 天报废最合算。

(三)构造方程或不等式模型

在实际生活中，有关最佳决策、合理调配、统筹安排最优化问题，一般可以通过对给出的一些数据进行分析、转化，建立“方程或不等式(组)模型”，再求在约束条件下方程或不等式(组)的解集。

例 3. 某企业出售某种牌号的收音机，每台成本 24 元，如直接设门市部销售，每台售价 32 元，销售费用每月 2400 元。如批发给商家销售，出厂价每台 28 元。问每月销售多少时，需要设立门市部？若要求销售量每月达到 2000 台，试问采用哪种销售方式效益好？

略解：效益好坏的依据是销售利润的大小，为此，设 x 为两种销售形式下利润相等时的销售量，依题意可得：

$$(32-24)x-2400=(28-24)x$$

解之得：$x=600$（台）

即当销售量为 600 台时，这两种销售方式的利润相等。而当 $x>600$ 台时，直接销售的利润大于间接销售的利润，这时应设立门市部。

因此，每月销售 2000 台时，采用设立门市部直接销售的效益较好。

例 4. 某工厂制订一种明年新产品的生产计划，人事部门提出该厂实际生产的工人数不能多于 130 人，每人年工时为 2400 小时；销售科预测明年的销售量至少是 60000 件；技术科计算每件产品的工时定额为 4 小时，需钢材 20 千克；供应科说目前库存钢材 700 吨，而今年尚需用去 220 吨，明年能补充 960 吨。试根据以上信息决定明年的计划生产量。

分析：根据题设条件，明年的产量应受人事信息与技术定额、销售预测、原材料供应等因素的制约，各种因素共同决定了明年的生产量，各个条件联合起来便产生一个不等式组模型。

设明年的生产量为 x 件，则从总工时考虑，共需要 $4x$ 小时完成，而全年工人总工时数为 130×2400，即可建立不等式：$4x\leqslant130\times2400$。再从钢材数量考虑，共需要 $20x$ 千克，而明年总钢材数量为 $(700-220+960)\times1000$ 千克，即可建立不等式：$20x\leqslant(700-220+960)\times1000$。从而建立了不等式组

$$\begin{cases}4x\leqslant130\times2400\text{（人事信息与技术定额）}\\x\geqslant60000\text{（销售预测）}\\20x\leqslant(700-220+960)\times1000\text{（原材料供应）}\end{cases}$$

于是得 $60000\leqslant x\leqslant72000$。

所以明年的计划产量可在 60000 到 72000 之间考虑。

（四）构造立体几何模型

例 5. 若锐角 α,β,γ 满足 $\cos^2\alpha+\cos^2\beta+\cos^2\gamma=1$，求 $\tan\alpha\tan\beta\tan\gamma$ 的最小值。

分析：锐角 α,β,γ 满足 $\cos^2\alpha+\cos^2\beta+\cos^2\gamma=1$，形式满足长方体的三度平方和等于对角线的平方，故可构造长方体，设三棱长分别为 a、b、c，对角线为 1，对角线与三条棱所成的角分别为 α,β,γ，则 $\tan\alpha=\dfrac{\sqrt{b^2+c^2}}{a}$，$\tan\beta=\dfrac{\sqrt{c^2+a^2}}{b}$，$\tan\gamma=\dfrac{\sqrt{a^2+b^2}}{c}$。所以 $\tan\alpha\tan\beta\tan\gamma\geqslant\dfrac{\sqrt{2bc}}{a}\cdot\dfrac{\sqrt{2ca}}{b}\cdot\dfrac{\sqrt{2ab}}{c}=2\sqrt{2}$。故 $\tan\alpha\tan\beta\tan\gamma$ 的最小值是 $2\sqrt{2}$。

（五）构造三角模型

例 6. 已知函数 $y=\sin x+\sqrt{1+\cos^2x}$，求函数的最值。

分析:我们拿到此题最大的困惑是去根号,这看起来很难。这时我们注意观察 $\sin x$ 和 $\sqrt{1+\cos^2 x}$ 的关系,可发现 $\sin^2 x+(\sqrt{1+\cos^2 x})^2=2$,则可令

$$\begin{cases}\sin x=\sqrt{2}\cos\theta \\ \sqrt{1+\cos^2 x}=\sqrt{2}\sin\theta\end{cases}\left(\frac{\pi}{4}\leqslant\theta\leqslant\frac{3\pi}{4}\right)$$

这样 $y=\sqrt{2}\cos\theta+\sqrt{2}\sin\theta=2\sin\left(\theta+\frac{\pi}{4}\right)$

而 $\frac{\pi}{2}\leqslant\theta+\frac{\pi}{4}\leqslant\pi$,$0\leqslant\sin\left(\theta+\frac{\pi}{4}\right)\leqslant 1$

函数的最大值为 2,最小值为 0。

说明:上面是通过构造三角模型,利用三角函数的性质,巧妙地摆脱了根号的困惑,使问题得到了解决。

五、教学反思

首先,中学数学教师首先需要提高自己的建模意识。这不仅意味着我们在教学内容和要求上的变化,更意味着教育思想和教学观念的更新。中学数学教师除了需要了解数学科学的发展历史和发展动态外,还需要不断地学习一些新的数学建模理论,并且努力钻研如何把中学数学知识应用于现实生活。作为中学数学教师,在日常生活中必须做数学的有心人,必须积累与数学相关的实际问题。

其次,在数学课堂上,要适时地结合实际,将数学建模思想引入课本知识。这是关键。新课程标准在教学建议中指出:“在数学教学中,应注重发展学生的应用意识:通过丰富的实例引入数学知识,引导学生应用数学知识解决实际问题,经历探索、解决问题的过程,体会数学的应用价值。帮助学生认识到:数学与我有关,与实际生活有关,数学是有用的,我要用数学,我能用数学,我要学数学。”因此,教师要多创设教学情境,从现实生活中引入数学知识,使数学知识生活化。让学生带着生活问题进入课堂,使原本觉得十分枯燥的数学问题一下子变得鲜活起来。

因此,作为授课的数学教师,必须在课前精心备课,在掌握基础知识的基础上,将例题、练习精心设计。其中,能与实际生活相结合的,应尽量设计进去,突出应用理念。培养学生将课堂知识活学活用的能力,在课堂上渗透数学建模思想。

最后,我们还可以开设类似“数学建模”这样的选修课,从侧面来组织数学建模教学,巩固教学效果,这是数学建模理念教学最终得以完善的保证。新课程标准对数学文化的渗透十分重视:高中数学课程设立“数学探究”“数学建模”等学习活动,为学生形成积极主动的、多样的学习方式进一步创造有利的条件,以激发学生的数学学习兴趣,鼓励学生在学习过程中,养成独立思考、积极探索的习惯。高中数学课程应力求通过各种不同形式的自主学习、探究活动,让学生体验数学发现和创造的历程,提高创新意识。

参考文献

[1] 应向明.构造数学模型解题[J].数学通讯,2002(5):21-22.
[2] 张串绒,焦和平.用构造模型法解三角题[J].中学数学教学参考,2000(4):57-59.
[3] 侯敏义.数学思维与数学方法论[M].长春:东北师范大学出版社,1987.
[4] 刘兆明.中学数学方法论[M].武汉:湖北教育出版社,1987.
[5] 毛永聪.中学数学创新教法[M].北京:学苑出版社,1999.
[6] 周春荔.数学竞赛与数学建模[J].数学通报,1996(6):33-35.
[7] 单文海.中学数学建模举例[J].数学通报,1997(2):36-38.
[8] 王迎东,张大英.从常见应用性问题看数学建模[J].数学通讯,1997(3):1-41.
[9] 章晓航.借助图形表建模解数学应用题[J].数学通讯,2000(5):9-10.

千磨万击还坚劲，任尔东西南北风

——如何落实数学网络课堂的核心素养

杭州市萧山区第十高级中学　蔡　樱

摘　要：2020 年疫情暴发，各级老师不得不通过网络授课，如何保证网课的质量，如何在高三冲刺阶段落实课堂效果，切实提升数学学科成绩，成了教师和学生迫切的要求。笔者尝试探索多角度、多渠道结合新技术，全面提升中等及中等偏下学生的数学核心素养。

关键词：网课；核心素养；多媒介；多渠道

2020 年 1 月底，疫情来势汹汹，寒假结束后全国中小学都无法正常开学，全体老师当起了一线主播，全国中小学生开始了为期三个月甚至是更长的网课。此时，笔者正在带高三，数学基础非常薄弱的文科班和美术特长班各 1 个。如何在高三冲刺阶段提升学习效率，在数学这一科切实提升成绩，成了教师和学生双方迫切的要求。近三个月的网课，与高三学子一起奋斗的日日夜夜，我们一起磨合，一起调整，共同进步。这次特殊的线上体验，对我们线下的课堂教学而言其实有很多值得反思的东西，在不断尝试调整的过程中，笔者觉得这就是在培养中等或基础薄弱学生的核心素养。特此记录点滴，希望对同类学校、同类基础的教学有所帮助。

一、面对网课，中等或更弱一些的学生面临的困难

1. 自学能力不强，自控性较弱

对于网课，不管家长、老师还是学生本人都清楚，这是比拼一个人自律性、自学能力的重要时刻。对于学习基础好、自学能力强的学生来说，线上课程和线下课程对他们的影响并不是很大。但对于中等层次或是更弱一些的学生来说，他们主观上是想努力学习的，但家中的氛围不如学校好，没有学校的规律作息，没有老师的监督管理，没有学生的相互帮助，困难似乎比以往来得更凶猛一些，总是让人觉得无法战胜。有挂着网课，人跑去吃早饭的；有眼睛一闭，直接睡过去一个小时的；有晚上十点多作业还未提交的。所以，自控性差的孩子成绩受影响的程度最大。

2. 亲子关系日益紧张

网课前期，家长们都还没有开工，难得有这么多日子可以和孩子朝夕相处，但同

时烦恼也接踵而至。平时在学校里上课什么状态，家长并不知情；作业做得如何，老师也不会如同小学似的细致反馈。网课一开，每天早晨的出勤、作业情况都需要家长配合，如果学生是平时需要监督的人，现在家长就是老师的眼睛，就是老师的嘴。亲子关系迅速恶化。到了高三，每个学生都想认真地学，可家长在一边的过度关注，反而达不到最佳的效果。学生常常会反映心中焦急，但自我控制能力不够，家长的催促让他更加烦躁，亲子关系日益紧张。

3. 学习的困难无法独立解决

高中生以往都是以住校居多，不住校也会参加学校的晚自修，平时与同学老师相互讨论的机会较多。网课之后，面对高三综合性较高的复习题，本身数学学习上的困难点就比其他科目要多，没有得到老师和同学的帮助和指点，数学科目学习时间长、效率低，特别不容易获得学习的成就感。个性内向的孩子主动与他人的沟通更少，解决数学作业的时间就拖得更久。

二、针对以上问题，数学教师如何去落实属于中等生的核心素养呢？

（一）课前——精神鼓励、自制备考宝典多管齐下

1. 做好思想上的引领，多做正面积极的引导

没有不求上进的孩子，也没有不想优秀的孩子。线下的数学课堂，数学教师一般都特别注重课堂实效，数学课就是讲题做题，而忽略了精神上的引领。当无法面对面交流的时候，精神层面的思想引领就起到了至关重要的作用。每天清晨我都会在班级数学学习群里发一些鸡汤文，引导学生调整自我认知，只有认清自己，才能砥砺前行。文字虽然不多，但细水长流。对高三的学子来说，名人名言由数学老师说出来，惊喜满满。虽然每天发完之后，不会有任何的留言，但笔者知道每个学生都会看见，这就像一只只无形的手一样，在拉起一个个有惰性的孩子，战胜自我，克服困难，每天让自己越来越优秀！具体如图1所示。

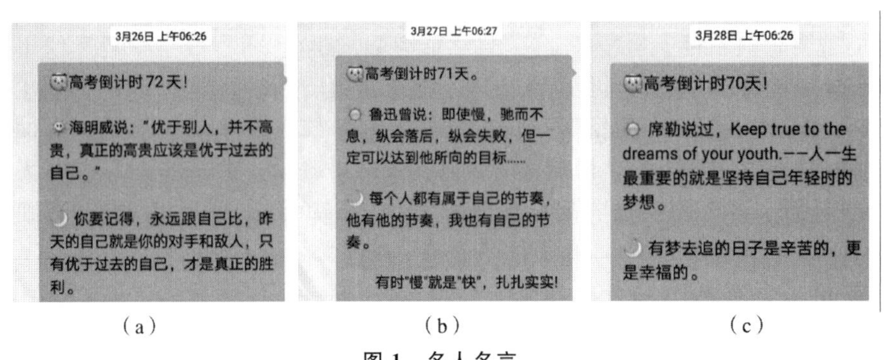

(a) (b) (c)

图1 名人名言

2. 自制备考宝典

网课时间有限，每天只有40分钟，讲什么、怎么讲显得尤为重要。从时间点上来说，我们的网课进入了二轮复习，但真正二轮的题目难度并不适合我们的学生，可以说一轮复习还有很多欠缺之处。美术特长生的高三上半学期一直在校外培训，一轮复习只持续了35天，普通班有不少学生对高考一轮也掌握得不甚理想。我们一直说高考要回归课本，但所有手头上的资料都是加难、加难、再加难，找不到适合我们学生使用的资料。如何让那些基础非常薄弱的学生从头开始，适应高考的节奏，尽可能多得分呢？仔细研读浙江高考试题，针对我们这类学校的学生来说，基础题必须掌握，简单的中等题要会解决，并保证计算正确。因此，笔者先着手整理了高考中最容易得分的12个知识点。其中包含复数、充要条件、点线面的关系、空间几何体的表面积与体积、排列组合、二项式定理、概率分布、线性规划、直线和圆、圆锥曲线基本知识、等差等比数列、三角函数。以知识梳理的形式分12个专题，根据进度提前发给学生，供基础知识比较薄弱的学生自学使用。每一篇从最基本的概念出发，配以几个基础的典型例题，对比较常见的解题方法和原则进行小结。每份知识梳理不长，一般A4一页到两页，家里有打印机的学生可以打印，没有打印机的学生手抄一份压力也不大，先过基础知识关。

例如：排列组合这个内容，在填空题、选择题中必有一题，这份知识梳理能让学生快速了解该知识点最基本的原理，了解排列组合的概念和公式，对常用的五种基本方法进行罗列。

附：知识梳理排列组合小结

一、基本原理

1. 分类加法原理：有两类方案，在第1类有m种，在第2类有n种，完成这件事用$m+n$种。

2. 分步乘法原理：要两个步骤，第1步有m种，第2步有n种，完成这件事共有$m\times n$种。

典型例题：

1. 我校301班有学生55人，302班有学生60人，303班有学生50人。(1)从中选一名学生担任校学生会主席，有________种不同的选法。(2)要从三个年级中各选一个代表，有________种不同的选法。

二、排列组合

1. 排列：从n个不同的元素中，任取m个，有顺序地排成一列，叫作从n个取出m个元素的一个排列。

排列数：$A_n^m=n(n-1)(n-2)\cdots(n-m+1)(m、n\in\mathbf{N}^*, m\leqslant n)$

全排列：$A_n^n=n\cdot(n-1)\cdot(n-2)\cdot\cdots2\cdot1=n!$（叫作$n$的阶乘），另外我们规定$0!=1$

2. 组合：从n个不同元素中取$m(m\leqslant n)$个元素，叫作从n个不同元素中取出m个元素的组合。

组合数：$C_n^m=\frac{A_n^m}{A_m^m}=\frac{n!}{m!\ (n-m)!}$。

性质：$C_n^m=\underline{C_n^{n-m}}$，$C_n^m+C_n^{m-1}=\underline{C_{n+1}^m}$. 规定：$C_n^0=\underline{1}$。

典型例题：

①从 10 名学生中选择 2 名学生，分别参加 100 米和 200 米跑步，有多少种选法？

②有 10 名教师，现要从中选 2 名去参加会议，有多少种不同的选法？

三、排列组合综合

基本方法：

①分清分步还是分类，有无顺序，是排列还是组合。

②较复杂问题，先选后排，不重不漏。

③从特殊元素入手，从特殊位置入手。

④相邻问题捆绑法，不相邻问题插空法，都有的话先考虑不相邻。

⑤平均分组问题：2+1+1，除以 $A22$；2+2+2 除以 $A33$。

典型例题：

①0、1、2、3、4 五个数，①有多少没有重复数字的 4 位数？②有多少没有重复数字的偶数？

②3 名男生、4 名女生按照不同的要求排队，①男生必须站在一起，②男生不能站在一起。

这批材料的投放主要针对基础非常薄弱的同学，回忆和强化基础知识点，对平日练习中的小题，努力做到练习自检订正，争取不断提升基础得分率。在寒假的 20 天和网课初期，稳固提升基础分，收到了较好的效果。学生反馈，每每遇到错题，对照知识梳理，复习订正，基础题再也不怕了。

3. 备课不求大而全，但求有重点

虽然高考需要做大量的复习准备，但每天只有 40 分钟集中上课的时间，怎么才能高质量地授课呢？本人初始想尝试大而全，但效果不太理想，因为学生躲在电脑屏幕后面，你看不到他们是听懂的神情，还是迷惑的表情。结合每天课后的逐个交流，发现这样的大容量的课堂并不适合我们这种层次的学生，学生的感觉是觉得什么都认真听了，但做的时候又什么都不会。不如每堂课就落实一个主题，或落实两到三个关键词。

例如：在复习建系法解决立体几何大题中，我们首先要准确落实如何正确地建系。笔者通过两个例题巩固落实两句话：(1)还原底面找到突破口；(2)比较不同的建系对运算量的影响。而后再配以一个练习题落实。时时刻刻就围绕这两句话，让学生印象深刻。对于学生反映后续的解题过程中碰到个别点无法进行准确表示的问题，放到下一节的内容上。下一节就是专门针对个别点的表示进行专项突破。具体情况如例 1 所示。

例 1：如图 2 所示，在直三棱柱 $ABC\text{-}A_1B_1C_1$ 中，$A_1B_1=A_1C_1=2$，$CC_1=2\sqrt{3}$，$\angle BAC=120^\circ$，O 为棱 B_1C_1 的中点，P 为棱 CC_1 上一动点（异于点 C、C_1），Q 为棱 BC 上一动点，且 $QP\perp OP$。

(1)求证：平面 $A_1PQ\perp$ 平面 A_1OP；

(2)若 $BO/\!/PQ$，求直线 OP 与平面 A_1PQ 所成角的正弦值。

方法如图 3 所示。

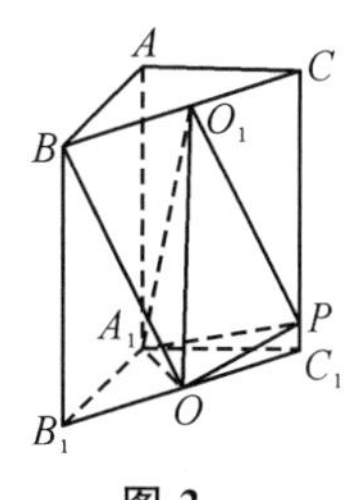

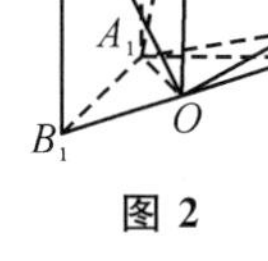

图 2

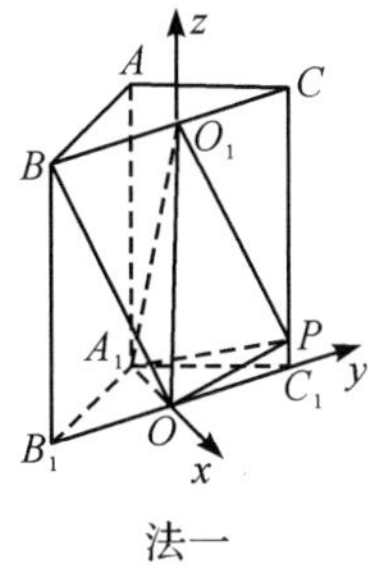

法一

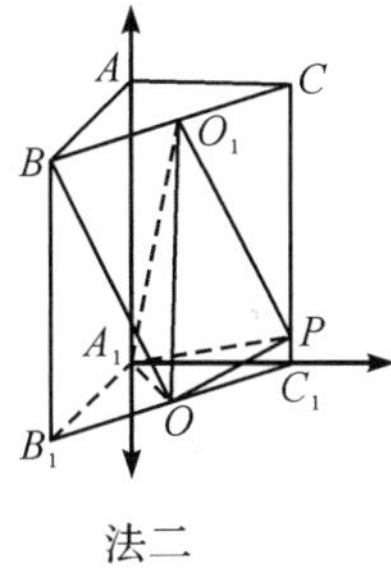

法二

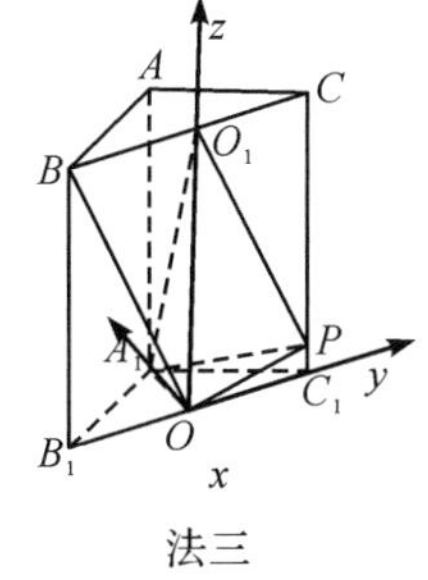

法三

图 3

思考：哪一种建系最佳？

(二)课中——充分利用网课这个新平台，激发课堂学习的活力

网络授课初期，由于技术的局限性，我们网课基本都是满堂灌，想把课堂 40 分钟用足用好。但实际课堂效果很差，只有少数同学能高效地听课。之后我校高三教研组利用视频会议形式，共同研究网课平台自带的功能，尽量把已有的功能最大化地利用起来。比如利用课堂即时点名、现场连麦、听懂敲 1 不懂敲 0 等多种互动方式灵活组合，促使学生能在屏幕前保持较高的专注力，及时发现哪些同学有走神、离开屏幕等问题。

其次，利用互动题使全体学生全面参与到课堂教学中来。互动设计中有判断题、单选题、多选题和描述题等不同形式，作为老师能快速看到学生的答题情况和各选项的百分比，而且每次都可以设定时间，高效地训练。使用这些互动题，老师能较为快速地了解学生的真实结果，摸清哪些知识点存在疑惑需要重点讲，哪些掌握得不错可以快速跳过；哪些同学反应快，哪些同学做错了，需要课后"开小灶"。就课堂授课而言，网课平台帮我们教师提升了课堂效率，统计功能的使用比线下课程效果要好。例如：笔者在上数列复习课时发布了一个描述题，要求学生限时答题，时间结束上传个人书写过程。在教师端，老师可以看到全体提交同学的先后和解答过程，可以勾选典型的多名同学的做法和大家一起在线分享，进行直观高效的讲评。而线下课堂我们是无法同时顾及这么多学生的。线上的课堂可以使每个人独立思考，而我们老师需要做的就是安静地等待，让他们独立审题、解答。课堂上不时能迸发出多种解法，拓宽了思路，激发了学生学习的积极性。

经过一周的学习之后，笔者还把课堂小测利用了起来。试卷经老师输入电脑后，统一时间，限时完成。系统能自动批改选择题和判断题，并反馈回来专业的数据分析，不仅有全班、全年级的基本情况，还有小题反馈、个人反馈。这种小测效率还是挺高的，让老师快速掌握答题情况，分析试卷有了第一手详尽的资料。

（三）课后——利用多种媒介、多种渠道进行沟通和交流

1. 作业的上交、批改与反馈

网课期间，作业上交有多种形式，有钉钉群、QQ 群、杭州家校、微信等。本人布置的作业主要依靠微信中的小程序——班级小管家。它能统计、批改、点评、分享，非常好用。有几个同学每天做作业特别及时，早上两节课结束后有一个小时的休息时间，他们分秒必争，第三节课开始前他们就提交了作业。这些同学递交的时间截图发到数学学习群后，笔者给他们留下这样一段话：“时间对于每一个人都是公平的，谁能用好碎片化的时间，谁就胜出。”有不少学生听了进去，放下手机，学会使用零散的时间，第一时间完成作业并提交。

当然能快速完成作业的毕竟是少数，绝大多数的学生完成作业的耗时还是比较长的，可能的确是早上开始做的，但有个别题卡住，那么下午或晚上会继续思考。一般在晚上七八点，笔者会随机找一些学生询问当天遗留的疑问，并把与其他同学如何探讨解决疑问的截图发给他们看。不少同学因此逐渐放下心理包袱，也学会主动反馈自己的一些疑问。具体情况如图 4 和图 5 所示。

图 4　学生 1 反馈疑问

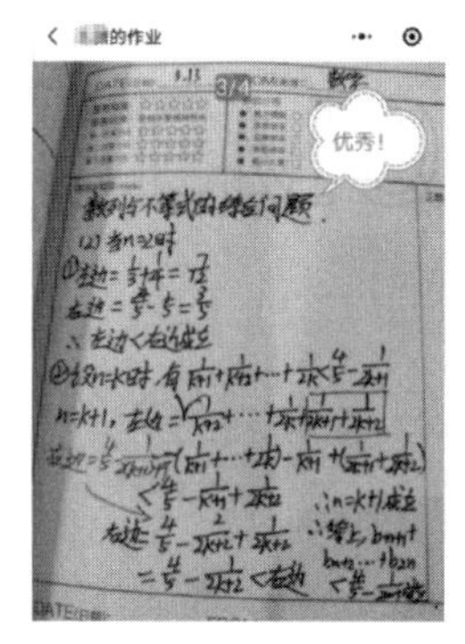

图 5　学生 2 反馈疑问

图 3 是学生在小程序中递交的作业，已经进行了自我批改和订正，但对无法解决的问题留下了题号和描述。批改到这样的留言，简单的习题我一般会以私信的方式单独交流，以代替面批的效果。图 4 是学生上交作业的截图，两张图我都以优秀作业进行展示分享，对好的学习方法、好的沟通形式进行宣传和推广。被表扬的同学积极性更高，而其他同学也学会以不同的形式与老师沟通。

在优秀榜样的带领下，每个人学习的积极性日益高涨，我们的学生越来越敢问问题，也慢慢找到自己最迷惑的难点在哪里。笔者和学生之间的私信交流越来越多，有些平时胆小的，用手机沟通反而会主动很多；有些平时挺爱问问题的，网课期间不勤快了，笔者一般会单独找他聊一聊。看着两个班的学生渐入佳境，笔者颇感

欣慰,课堂的效率也跟着大大提高。我们教学为各种不同程度的学生所做的调整,让他们每个人都收获进步和成就感,这就是核心素养推行的初衷吧!

2. 多种新技术的学习和尝试

笔者认为:如果困难是一座大山,那我们就得爬过去;如果困难是一片荆棘,那么我们就拿刀向它砍去。这一关,谁敢闯,谁就胜。学生们也感受到了来自高考的压力,自发地组织成学习互助小组,建立小范围的学习微信群讨论问题。那么除了上传语音、图片、短视频外,我们老师还能做些什么呢?

首先,笔者想到了微课的模式,制用 5—10 分钟的小视频对作业共性问题进行统一的讲评。为此在网课期间笔者特意自学了 Camtasia 这个录屏软件,它能以 mp3 的格式轻松上传 5 分钟以上的视频,可供学生反复观看。这种小视频适合对个别小的考点进行针对性的补充。具体如图 6 所示。

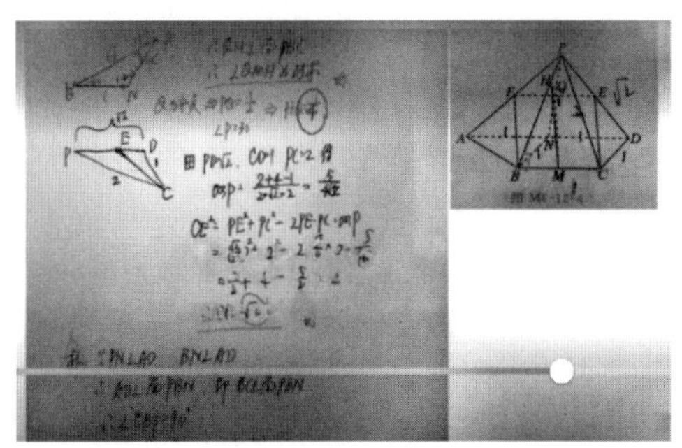

图 6　小视频截图

其次,充分利用视频会议功能,把每个班中数学比较优秀的学生拉个小群,平时有一些问题先把这些小老师教会,以点带面,让他们分别负责几个,教会更多的人。如果问题比较复杂,我们会发起视频会议,在线实时讨论。几个学生积极性很高,思维也很活跃,即时的交流使我们师生发生了很多思维的碰撞,争论的过程让双方都获得了更开阔的思路和更好的解答,很多时候笔者还能从学生身上学到更快更巧妙的解法。

三、回顾与反思

2020 年的疫情,对 2020 年的高三毕业生影响很大,尤其是对于我们这批中等水平的学生,他们在自控能力、自学程度上都与优秀的学生有较大的差距。如何在现有网课的条件下,创造最有利于高三复习的学习环境,不仅仅是学生本人、家长的责任,也是我们作为一线教师必须担起的责任,克服重重困难,努力迎难而上。

从调动学生自身的主动性和积极性入手,针对中等生基础不扎实、计算薄弱等特点,立足课本,回归双基,落实因材施教的理念,不因二轮复习的难度来定位平时的教学,而是根据班级学生的水平来逐步提升我们教学的要求和难度,这才是真正的以人为本,把素养发展真正作为教育的核心去践行。努力做到“高中数学课程面向全体学生""让不同的人在数学上得到不同的发展"。从 2020 届高三毕业班最后的高考成绩来看,笔者还是比较成功地实现了这一目标,看着一张张发来的喜报,网课教学这段经历是成功的基石,师生双方都充分用好了这三个月的宝贵时间,基本达到了和在校学习同等甚至更好的效果。

郑板桥有一首诗:"咬定青山不放松,立根原在破岩中。千磨万击还坚劲,任尔东西南北风。"面对逆境,能稳扎稳打,尽可能把困难改造成对自己有利的因素,这本身对个人就是一种最佳的修炼。2020 年 9 月,新高一全面进入新教材,单元视角设计教学等一系列挑战等着我们。希望我们的研究能让中等生在数学核心素养上获得快步提升,人人获得良好的数学教育,不同的人在数学上得到不同的发展。

参考文献

[1] 李必船.中学数学网络课堂教学的实践与研究——以腾讯课堂为例[J].中学数学教学参考,2021(9):68-69.

青山缭绕疑无路　忽见千帆隐映来

——转换问题巧解困境

杭州市萧山区第十高级中学　王　朔

摘　要：解题是数学学习和研究的过程中必须经历的环节，然而，有的题目总是让学生在关键处断了线索，让人仿佛看到了路尽头的铁墙而无法穿越。有些问题苦思冥想也没有结果，或者看不懂题目，或者找不到思路。是被问题的描述困扰了，还是被掌握知识的不足限制了？如果能够跳出固有的思维，转换看问题的角度，就能看到不一样的风景。

关键词：解题；转换；思路

一、背景阐述

千百年来，人们对数学的追寻都围绕着对问题的思考与解答，所以解题是数学不可或缺的部分。从中国古代的《九章算术》《周髀算经》《张丘建算经》到西方的《几何原本》《算术研究》《几何基础》等数学著作，无一不是将数学的方法理论与解决问题的实际相结合。无论这个问题来自实际生活还是来自数学家的想象，数学的发展总是离不开命题的提出与解答。波利亚曾经撰写了《怎样解题》一书，将解题分为四个步骤。可见，解题对于数学来说有多重要，数学的学习更是离不开解题。解题从表面上看只是对现有命题进行解答，实际上在审题的过程中存在对现有命题的理解和转换，即存在重新提出命题的过程。

二、理论依据

解题是一种创造性活动，通过审题、分析、解答等步骤将问题从未知转化成已知。著名数学家波利亚有一句名言，解题的一个经常有用的办法就是“不断地变换你的问题”。

三、实践探索

命题转换是一种重要的数学思想，提升命题转换的能力，能够有效提高学生的解题水平。命题转换的核心是变形，方法是多种多样的。这里整理了几种常用的方法，希望能够帮到更多的普通学生。

1. 反客为主，转难为易

在含参问题中，有时若能突破思维定式，将参数和主元交换地位，可以让问题变得更为简洁明了。

例 1 已知不等式$(1-m)x^2+(2m-5)x+3>0$，当$m\in[-2,2]$时恒成立，求x的取值范围。

在这个问题中，如果将x作为主元，因为相应的二次函数$f(x)=(1-m)x^2+(2m-5)x+3$，$m\in[-2,2]$的二次项系数$1-m$可正可负，抛物线的开口有向上的也有向下的情况，而且需要求的是x的范围，所以很多学生会觉得无从下手。我们可以将主元x和其中的参数m交换地位，将原来的不等式改写为$(2x-x^2)m+(x^2-5x+3)>0$，将m作为主元，而将x看作参数，这样原来关于x的一元二次不等式转化为关于m的一元一次不等式。通过考虑相应的一次函数$g(m)=(2x-x^2)m+(x^2-5x+3)$，$m\in[-2,2]$是单调函数，只要满足$\begin{cases}g(-2)>0\\g(2)>0\end{cases}$即可，所以得到$x$的取值范围是$\left(\frac{-1-\sqrt{13}}{2},\frac{3-\sqrt{5}}{2}\right)$。

2. 化动为静，排难解纷

相对于运动的点或者直线来说，静止的点或者直线需要考虑的情况更为简单直接，因此通过分析运动的规律，将运动的问题先转换为静止的问题，或者部分静止的问题，就能够更容易找到问题的突破点。

例 2 已知点A和B分别是直线$x-2y-2=0$和圆$(x+1)^2+(y-2)^2=1$上的动点，求线段AB长度的最小值。

在这个问题中由于两个点同时在动，无法从直观上找到适合的切入点进行解答，在代数上由于变量较多计算困难，所以学生会觉得很难。我们可以将圆上的动点暂时用圆心$C(-1,2)$替代，先找到圆心C这个定点到直线上的动点B的距离的最小值是点C到该直线的距离d，再通过圆上的动点A到直线上动点B的距离的最小值$d-r$，从而获得最终结果。

3. 构建直观，变数为形

例 3.1 已知实数x、y满足方程$x+2y-3=0$，求x^2+y^2的最小值。

本题如果想采用基本不等式来解决会因为系数而遇到困难，我们可以将代数问题与几何模型联系起来，从图形的角度来思考这个问题，那么满足方程$x+2y-3=0$的实数对$P(x,y)$就是直线上的一个动点，而x^2+y^2则代表了坐标原点$O(0,0)$到点$P(x,y)$的距离的平方$|OP|^2$，从几何直观的角度我们可以得到最小值即点O到该直线的距离的平方$\frac{9}{5}$。

例 3.2　已知实数 x_1、x_2、y_1、y_2 满足 $x_1^2+y_1^2=1, x_2^2+y_2^2=1, x_1x_2+y_1y_2=\frac{1}{2}$，则 $|x_1+y_1-1|/\sqrt{2}+|x_2+y_2-1|/\sqrt{2}$ 的最大值为________。

本题中若将 x_1、x_2、y_1、y_2 看作平面直角坐标系中的两个点的坐标 $A(x_1, y_1)$，$B(x_2, y_2)$，则由题目中的 $x_1^2+y_1^2=1, x_2^2+y_2^2=1$ 可知这两个点都是单位圆上的动点，而 $x_1x_2+y_1y_2=\frac{1}{2}$ 则表示 $\overrightarrow{OA}\cdot\overrightarrow{OB}=\frac{1}{2}$，于是可求得 $\angle AOB=\frac{\pi}{3}$，而 $|x_1+y_1-1|/\sqrt{2}+|x_2+y_2-1|/\sqrt{2}$ 表示点 $A(x_1, y_1)$，$B(x_2, y_2)$ 到直线 $x+y-1=0$ 的距离之和，通过转化为中位线的两倍以及圆心到直线的距离加半径最大，最终得到最大值为 $\sqrt{2}+\sqrt{3}$。

4. 巧设坐标，转形为数

例 4.1　求 3 点到 4 点之间时针和分针在何时重合。

这个问题中如果将时间用 x 表示，旋转的圈数用 y 表示，则在 3 点到 4 点之间分针的运动方程为 $y=x-3$，$(3\leqslant x\leqslant 4)$，时针的运动方程为 $y=\frac{1}{12}x$，$(3\leqslant x\leqslant 4)$，通过联立方程组可以求得交点横坐标为 $\frac{36}{11}$，即时针和分针重合时的时间。

平面向量中也有很多问题可以借助坐标系，尤其是当几何直观较为复杂时，通过坐标转化，进行代数运算，往往能够更为直接地解决问题。

例 4.2　已知 $\boldsymbol{a}$、$\boldsymbol{b}$、$\boldsymbol{e}$ 是平面向量，$\boldsymbol{e}$ 是单位向量。若非零向量 $\boldsymbol{a}$ 与 $\boldsymbol{e}$ 的夹角为 $\frac{\pi}{3}$，向量 $\boldsymbol{b}$ 满足 $\boldsymbol{b}^2-4\boldsymbol{e}\cdot\boldsymbol{b}+3=0$，则 $|\boldsymbol{a}-\boldsymbol{b}|$ 的最小值是　　　　(　　)

A. $\sqrt{3}-1$　　B. $\sqrt{3}+1$　　C. 2　　D. $2-\sqrt{3}$

建立平面直角坐标系，设 $\boldsymbol{e}=(1,0)$，由于 $\boldsymbol{b}^2-4\boldsymbol{e}\cdot\boldsymbol{b}+3=0$ 可因式分解为 $(\boldsymbol{b}-\boldsymbol{e})\cdot(\boldsymbol{b}-3\boldsymbol{e})=0$，所以知道 $(\boldsymbol{b}-\boldsymbol{e})\perp(\boldsymbol{b}-3\boldsymbol{e})$，因此向量 $\boldsymbol{b}$ 的终点在以 $(2,0)$ 为圆心、半径长为 1 的圆周上。而由于非零向量 $\boldsymbol{a}$ 与 $\boldsymbol{e}$ 的夹角为 $\frac{\pi}{3}$，所以向量 $\boldsymbol{a}$ 的终点则在直线 $y=\pm\sqrt{3}x$，$(x>0)$ 上，于是求"$|\boldsymbol{a}-\boldsymbol{b}|$ 的最小值"的问题就转换成"求圆上的动点到直线上的动点的距离的最小值"问题，借助 2 中的方法可以进一步转换为"圆心到直线的距离"问题，从而解得最小值为 $\sqrt{3}-1$，于是选 A。

5. 正反互换，弃繁就简

由于原命题与其逆否命题的真假相同，所以在原命题需要分析的情况种类较多时，我们常常考虑它的逆否命题，此时逆否命题的情况往往比较单一。

例 5　已知三名射击运动员甲、乙、丙的射击命中率分别是 0.7、0.8、0.9，若三人同时射击同一个靶子，至少有一人击中的概率是________。

这个问题如果直接考虑需要分为"恰有一人击中""恰有两人击中"和"三人均击中"三类，而前两类中又需要分别分三个小类，这样一方面计算很烦琐，另一方面在分类时有可能会错或漏而引起错误。其实我们可以转换为求三人都没有击中的概率，然后再由1减去这个概率就是至少有一人击中的概率了。所以答案是$1-0.3\times 0.2\times 0.1=0.994$。这样来考虑问题就变得更为简洁。

6. 降低维度，立足基础

转换角度，将问题从三维的降低到二维的，从二维的降低到一维的，可以让问题变得更加简洁，也可以从以前所学习的基础知识中寻找到解决问题的方法。

例6.1 （2018年浙江卷第9题）已知四棱锥$S\text{-}ABCD$的底面是正方形，侧棱长均相等，E是线段AB上的点（不含端点），所成的角为θ_1，SE与平面$ABCD$所成的角为θ_2，二面角$S\text{-}AB\text{-}C$的平面角为θ_3，则（　　）

A. $\theta_1\leqslant\theta_2\leqslant\theta_3$　　B. $\theta_3\leqslant\theta_2\leqslant\theta_1$

C. $\theta_1\leqslant\theta_3\leqslant\theta_2$　　D. $\theta_2\leqslant\theta_3\leqslant\theta_1$

在这个问题中可以通过点S在底面上的投影是底面正方形的中心，找到相应的异面直线所成角、线面角和二面角的平面角，其中一条直角边是相同的长度，则通过比较另一条直角边的长短就能够比较这三个角的大小。这样就是把空间角的大小比较问题转换为平面中线段的长短比较问题。2019年浙江卷的第8题，也可以通过这个方法比较。

例6.2 已知正实数x、y满足方程$x+2y+6=xy$，求$x+2y$的最小值。

这个问题由于等式中常数的存在，使得基本不等式的使用受到了限制，但是借助基本不等式，我们可以将原本两个变量的问题转换为单变量的问题。设$x+2y=t$，根据基本不等式$x+2y\geqslant 2\sqrt{2xy}$，则$xy\leqslant\frac{t^2}{8}$，于是原来的二元二次等式可以转换为关于$t$的一元二次不等式$t+6\leqslant\frac{t^2}{8}$，即$t^2-8t-48\geqslant 0$，解得$t\leqslant -4$或$t\geqslant 12$，由于$x$，$y$为正实数，所以$t>0$，因此$t\geqslant 12$，所以$x+2y$的最小值为12。

降低维度的转换方法还有，通过换元将复合函数转化成两个简单函数进行考虑，或是降次等方面的应用，这里就不一一列举了。

7. 改变结构，豁然开朗

例7.1 已知函数$f(x)=ax^2+ax+a-1$，对任意实数x，恒有$f(x)<0$，求实数a的取值范围。

这个问题可以通过分离参数，变为“对任意实数x不等式$a<\frac{1}{x^2+x+1}$恒成立”，从而将原来的不等式恒成立问题转换为“求函数$y=\frac{1}{x^2+x+1}$的最大值”。由于$x^2+x+1=\left(x+\frac{1}{2}\right)^2+\frac{3}{4}$，所以函数$y=\frac{1}{x^2+x+1}$的最大值为$\frac{4}{3}$，所以实数$a$的取值范围为$\left(-\infty,\frac{4}{3}\right)$。

一般的含有一个参数的恒成立问题，可以考虑通过参变量分离将原来的恒成立问题转换为求某个单变量函数的最值问题。

例 7.2　已知函数 $f(x)=mx^2-2x+1,(m>0)$，$g(x)=x-\frac{1}{x}$，若对于任意 $x_1\in(2,3)$，$x_2\in[2,5]$，不等式 $f(x_1)<g(x_2)$ 恒成立，求实数 m 的取值范围。

这个问题中首先通过对 $g(x)$ 单调性的分析，得到 $x_2\in[2,5]$，$g(x_2)_{\min}=g(2)=\frac{3}{2}$，将“不等式 $f(x_1)<g(x_2)$ 恒成立”转换为“$f(x_1)<\frac{3}{2}$”恒成立，然后通过分离参数，将问题转换为“不等式 $m<\frac{4x+1}{2x^2}$ 当 $x\in(2,3)$ 时恒成立”，与例 5 相同，可以将这个恒成立问题转换为求函数最值问题，再通过换元进一步转换为“求函数 $y=\frac{1}{2}t^2+2t$，$t\in\left(\frac{1}{3},\frac{1}{2}\right)$ 的取值范围”，这么一来，问题就变成了求二次函数在某个区间上的值域问题了。这里通过层层转换，将原来的复杂问题逐渐转换为基础问题。

改变结构这一方法，除了可以将恒成立问题转换为函数最值问题外，还可以将函数零点问题转换为方程根的问题，将求某个函数零点个数问题转换为求方程根的个数问题，也可转换为求两个函数图像交点个数的问题。

四、总结

转换问题的方法除了上述几种常见的外，还有特殊与一般的转换、系统整体的转换等，而我们需要培养的是学生如何灵活转换的能力。可以不断通过叙述转换前后的命题、分解和重组命题中的条件或者结论、转换看问题的角度等方法循序渐进地使学生明确问题的一些常见的转换方向，了解转换的过程，从而引发学生认知的提升，从而达到独立实现问题的转换过程的目的。虽然这个过程会比较漫长，却是我们要引起重视的。

参考文献

[1] 张金良. 高中数学教学的行与思[M]. 杭州：浙江教育出版社，2016.

借助数学软件　开启想象思维

——浅谈信息技术在培养学生直观想象素养中的应用

杭州市萧山区第十高级中学　张　丹

摘　要：学科的核心素养是学生在学习本学科过程中产生的正确思维方式、思想品质和各种综合能力。数学核心素养是学生在学习数学知识和方法过程中逐渐形成的具有数学特征的思维、能力及情感态度等的综合体现。数学核心素养中的直观想象能力是发现、提出问题，分析、解决问题的重要能力。直观想象能力也是进行数学演算、证明问题、建立数学抽象思维、进行数学归纳推证等的基本能力。传统教学是“一块黑板一张嘴”的单一信息传递模式，数学教师要善于利用现代教育技术手段，借助一些有用的数学软件，教学生也能操作这些数学软件并帮助其学习数学知识，这样的教学模式才有利于开启学生的直观想象思维。

关键词：信息技术；直观想象；核心素养；思维

一、研究背景

2020 年秋季，杭州市采用 2019 年版新教材，进一步明确了高中教育的地位。学生走出高中校门大致分成进入社会直接工作、继续高等教育、进行职业教育等不同层次，我国普通高中教育要为学生的长远利益着想，为学生将来顺利迈向下一阶段奠定良好的知识与各种综合能力的基础，所以教师更应该关注学生核心素养的培养。数学的核心素养应该贯穿在整个课程教学中，教师在讲授知识时更应该围绕核心素养的落实精心选择恰当的方法和技术支持。教师的教学应有意识注重学生核心素养的培育，引导教学注重人文精神，提高学生的综合素质和分析解决问题的能力。

教学中教师应该以发展学生核心素养为中心，提供适合学情的学习环境，应用现代教育技术手段，让学生真切体验到数学学习是有用的并可以独立完成的，是可以借助适宜的教学情境通过自主思考、多媒体辅助学习、小组合作学习等方式达到学习目的的。在借助数学软件学习的过程中，学生不断积累数学学习方法，逐渐提高数形结合的能力，提高直观想象素养。

二、研究中存在的问题

(1)高中阶段数学内容复杂难懂,对于抽象的数学问题学生百思不得其解,没有可行的实验或者可见的模型进行参照,学生学习困难很大。

(2)教学模式单一,“粉笔黑板”硬生生的教学方式让数学课枯燥乏味,更无兴趣可言。

(3)平时的教学应用信息技术机会少,教师的应用也不够熟练,学生更是“纸上谈兵”。

(4)学生的几何直观和空间想象能力欠佳,没有信息技术的支持。

(5)数学软件在教学中发挥的作用很大,但是教师在教学中并没有充分应用,比如函数图像的讲解、立体几何图形的概念、解析几何图形的运动变化、统计学中的统计图表等等。

三、概念界定

(1)信息技术:是主要用于管理和处理信息所采用的各种技术的总称。它主要是应用计算机科学和通信技术来设计、开发、安装和实施信息系统及应用软件。它也常被称为信息和通信技术。

(2)直观想象:是借助几何直观和空间想象感知实物的形态与变化,利用空间形式特别是图形,理解和解决数学问题的素养。

(3)核心素养:是指学生应具备的适应终身发展和社会发展需要的必备品格和关键能力,突出强调个人修养、社会关爱、家国情怀,更加注重自主发展、合作参与、创新实践。

(4)思维:是人类所具有的高级认识活动。按照信息论的观点,思维是对新输入信息与脑内储存的知识经验进行一系列复杂的心智操作的过程。

四、教学中的解决策略

1. 应用 GeoGebra 数学软件画函数图像,培养数形结合思维

函数是高中数学学习的关键,它的思想方法贯穿了整个高中的数学学习。但是函数很抽象,学生难以把握,传统的教学只是凭空说教,学生也只是凭空想象函数的样子,摸不到头脑,没有可以参照的媒介或者模型,学习起来困难重重。但是随着信息技术的发展,在信息技术教室可以使用 GeoGebra 数学软件,让学生亲自体验函数是看得见、摸得着的,除了硬生生“列表、描点、连线”的作图外,还可以通过软件让多媒体为我们作出函数的图像,既省事又精确,解决了很大的问题。

【案例 1】请画出以下函数的图像,并填写函数性质的表格。

$y=x, y=x^2, y=x^{-1}, y=x^3, y=x^{\frac{1}{2}}$

（幂函数的学习中可以引进 GeoGebra 软件）

下面是 GeoGebra 数学软件作出的每个函数的图像，如图 1 所示。

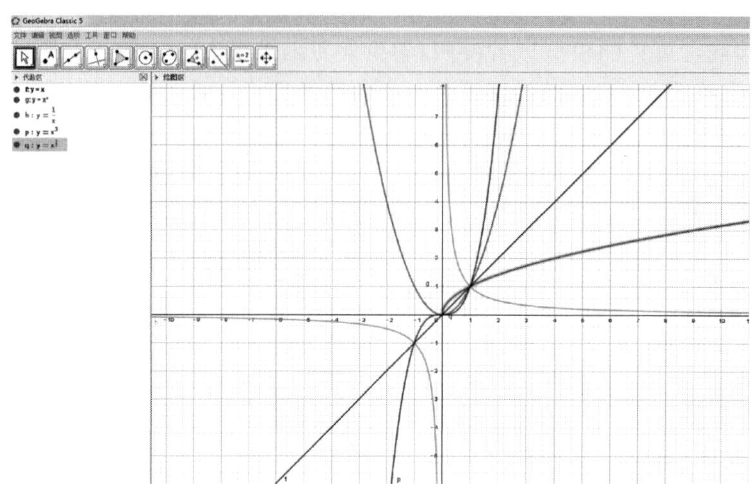

图 1　GeoGebra 数学软件作出的每个函数的图像

根据函数的图像，请同学们填写表 1，写出相应函数的性质。

表 1　写出相应函数的性质

函数	$y=x$	$y=x^2$	$y=x^{-1}$	$y=x^3$	$y=x\ \frac{1}{2}$
定义域					
值域					
单调性					
奇偶性					

在信息技术教室学生可以独自在平板上操作，应用 GeoGebra 软件进行作图，比自己“描点”手工作图要快很多，根据图像也能轻松分析出各个函数的性质，提高学习效率。

【案例 2】探究指数函数的性质时，应用 GeoGebra 软件进行研究。

在研究 $y=a^x(a>0$，且 $a\neq1)$ 的图像时，由于底数 a 可以取大于 0 且不等于 1 的所有实数，所以可以应用 GeoGebra 软件操作一个函数图像的动态演示，然后让学生找到引起图像变化的关键因素。图像进行局部的放大或者缩小，有利于我们观察函数整体的变化趋势，也不能忽略其中的细节部分，从这个过程中获取大量关于函数特点的信息。这为我们归纳、总结指数函数的性质及发现不同函数之间的差异提供方便。

下面是 GeoGebra 软件图像动态演示中的截图，如图 2 所示。

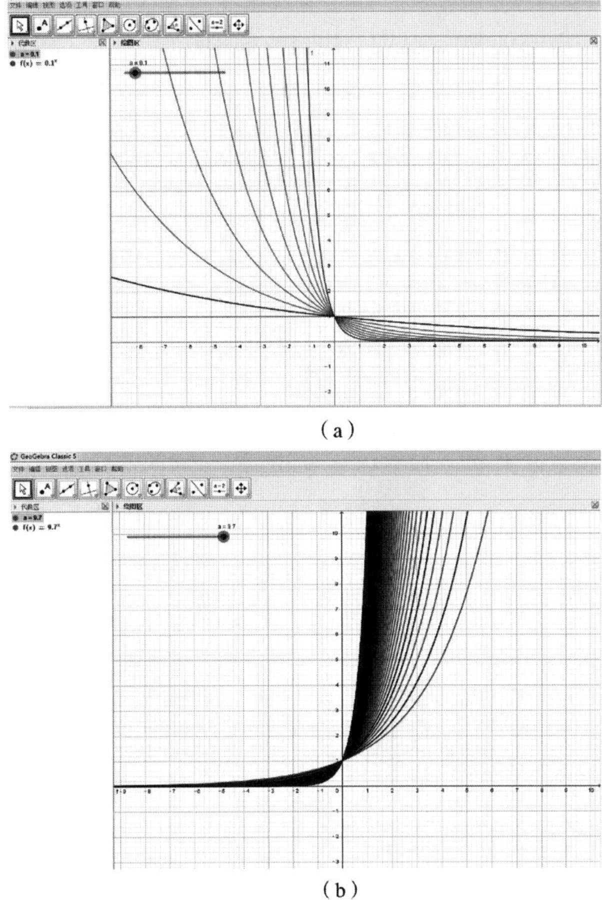

(a)

(b)

图 2　GeoGebra 软件图像动态演示中的截图

通过上面的图像动态演示，学生发现指数函数有下列性质：

(1)所有函数都经过一个定点(0,1)；

(2)所有函数的定义域都是$(-\infty,+\infty)$，值域都是$(0,+\infty)$；

(3)在图(a)中，当$0<a<1$时，函数图像都是呈现下降趋势的，即函数在定义域上为单调递减；在图(b)中，当$a>1$时，函数图像都是呈现上升趋势的，即函数在定义域上为单调递增。

继续探究，引发学生自己探索：

①当$0<a<1$时，可以观察a的变化引起函数图像的变化趋势，发现什么规律？

②当$a>1$时，可以观察a的变化引起函数图像的变化趋势，发现什么规律？

这个案例就是利用 GeoGebra 软件作图和数据分析功能，做函数图像的动态演示来启发学生对指数函数的图像和性质的学习，信息技术与数学课堂紧密地联系在一起，有利于培养学生直观想象能力。

2. 应用几何图霸软件，学习立体几何知识，发展空间想象能力

【案例 3】空间二面角概念的学习，应用几何图霸软件学习(必修二)。

二面角及其平面角的概念是立体几何最重要的概念之一。二面角的平面角可以描述两个相交平面的位置情况，而且也将空间中线线、线面、面面垂直关系联系在了一起，所以学好本节课具有十分重要的意义。

因为二面角知识点比较难懂，一直以来都是教学中的难点，学生空间想象能力欠佳，学习起来非常困难，以往的教学也只能是借助简单折纸进行粗略教学，学生形成空间感知不强。如果二面角概念没有研究透彻，那么涉及二面角的求解及相关题目就无从下手了。而几何图霸软件恰好弥补了二面角学习不直观的缺憾，学生利用这款软件可以在平板电脑上独立操作绘画二面角模型，并结合图形翻折演示实验就可以感知二面角的概念及二面角平面角的取值范围了。

课堂实录：

教师：同学们，我们在地理学习中，知道发射人造地球卫星时，一定要保证卫星轨道平面和地球的赤道平面成一定的角度；在生活中修水坝时，为了使水坝牢固经久耐用，也要使水坝与水平面成适当的角度。为了解决这些具体的问题，需要研究两个平面所成的角。

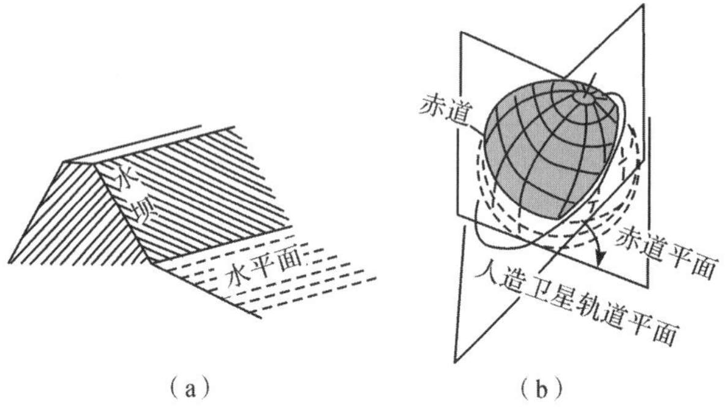

图 3　平面角示例

教师：(演示，手拿两块折叠板示范)平面内的一条直线把平面分成两部分，每一部分都叫作半平面，从一条直线出发的两个半平面所组成的图形叫作二面角，这条线叫作二面角的棱，二面角可以记作：α-l-β，如图 4 所示。

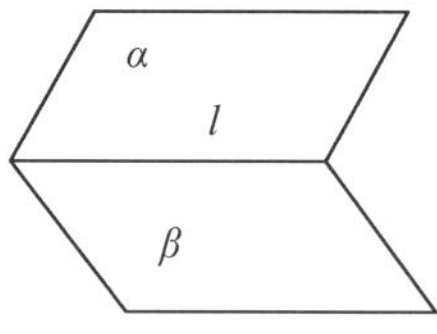

图 4　二面角 α-l-β

教师：(问)看我手中的二面角的旋转演示，请同学们想想二面角的大小是由什么来判定的，可以结合书中图 9-69 得出。

学生 1：(答)过棱上任意的一个点在两个半平面内作棱的垂线，那么不同的二面角，这两条垂线所成的角不同，那就由这个线线角来判定二面角的大小吧。

教师：回答得很好，其实他说的这个角叫作二面角的平面角，完善一点说呢，就是一个平面垂直于二面角 α-l-β 的棱 l，且与两个半平面的交线分别是射线 OA、OB，

O为垂足，则$\angle AOB$叫作α-l-β的平面角。或者理解为在二面角的棱上任意选取一个点，强调任意性，过此点在两个半平面内分别画棱的垂线，那么这两条垂线所成的角就是二面角的平面角。

教师：（问）那么请同学们思考一下，二面角的平面角的大小与垂直平面的位置有关吗？与棱上点取的位置有关吗？（看教材图9-69分析）

这里通过几何图霸软件观看二面角的平面角的动态画面，动态画面中的一个截图（此时的动画是两条垂直棱的垂线的平移变化），如图5所示。

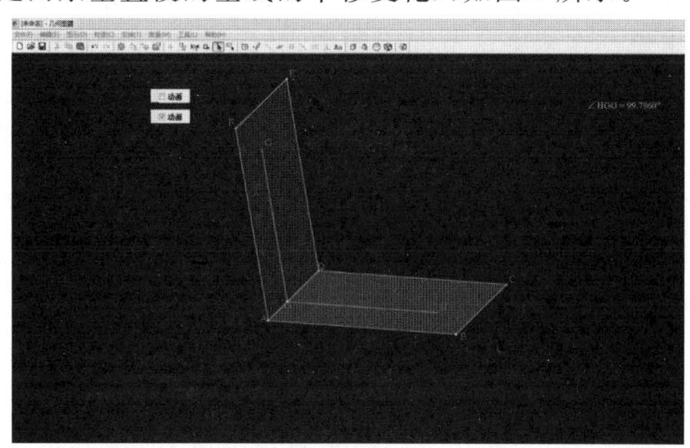

图5　二面角的平面角的动态画面截图

学生2：（答）没有关系的，平面角的大小与垂直平面位置是无关的，和棱上点的位置也是无关的。

教师：（演示两块折叠板）请大家思考，二面角的平面角的大小范围是什么，并且演示出来！

学生3：（到前面演示）将两个平面展开成锐角再展开成直角以至成钝角，所以最后给出结论，二面角大小范围为（0°—180°）。

教师：（引导）还有不同意见的吗？看看临界值可不可以取到？

学生4：（回答并且演示）当两个半平面重合时，是0°；当两个半平面平铺开来时，是180°。这应该补充进去。

这时可以观看几何图霸软件展示的二面角动态模型。动态展示中的一个截图（此时的动画是两个半平面的翻折变化），如图6所示。

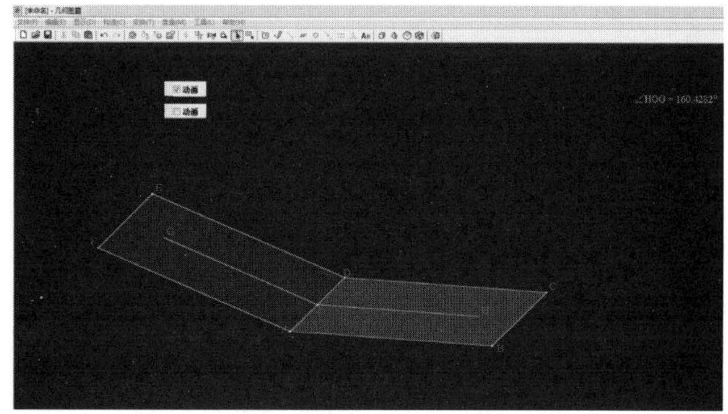

图6　二面角动态模型画面截图

教师：补充得比较好，这样我们总结出二面角的平面角的范围是$[0°,180°]$。大家可以利用几何图霸软件自己制作二面角图形，亲自感受二面角的概念和二面角平面角的范围。

经过了高一的数学学习，学生的整体思维能力有了一定的提高，但是空间想象能力不强，应该鼓励学生自己动手画一些几何图形，比如教材上的，课后习题里的，辅导书上的，等等，可以让学生在画图的过程中逐渐形成空间立体形象思维，并且进一步发展逻辑推理能力。教学中要特别强调几何直观，合情推理和逻辑推理并重，适当渗透公理化思想。在解决这节课问题中，鼓励学生自己制作二面角简易模型，边讲边看边思考。利用信息技术手段，在课堂上展示二面角基本模型，使学生直观感受二面角的几何特征。

3. 应用几何画板软件，学习平面解析几何和立体几何知识，提高直观想象素养

【案例 4】必修 2 中《圆与圆的位置关系》课堂教学片段：

……

观察已知两圆，从它们远离无交点的情况开始，慢慢移动它们，使它们逐渐靠近，产生一个交点、两个交点，再到一个交点，最后又无交点的情况变化。

借助几何画板软件画出两个圆的不同位置，观察它们的变化过程。下面是几何画板软件的截图，如图 7 所示。

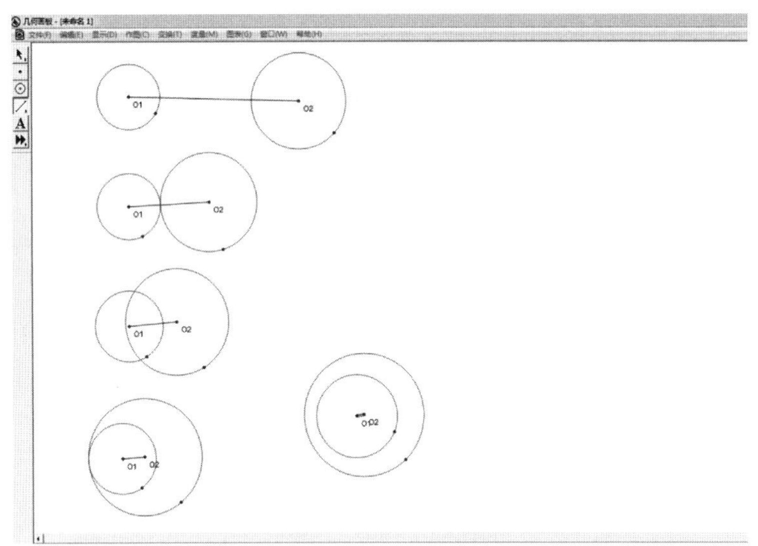

图 7　几何画板软件的截图

学生通过观察圆与圆的位置变化过程，总结出圆与圆的位置关系如下：

(1)两圆相离$\Leftrightarrow d>R+r$(d 是圆心距，两圆半径分别为 R 与 r)；

(2)两圆相外切$\Leftrightarrow d=R+r$；

(3)两圆相交$\Leftrightarrow |R-r|<d<R+r$；

(4)两圆相内切$\Leftrightarrow d=|R-r|$；

(5)两圆相内含$\Leftrightarrow d<|R-r|$。

【案例 5】用一个平面去截正方体，出现的截面可能是哪些形状？

这个题目凭空想象是很难的，教学时可以利用几何画板软件画出一个正方体，然后让学生自己在平板电脑上画出可能的截面图形，对培养学生的直观想象素养很有意义。

第一种情况：三角形。当截面经过正方体的三个面时，所得截面是三角形，如图8所示。

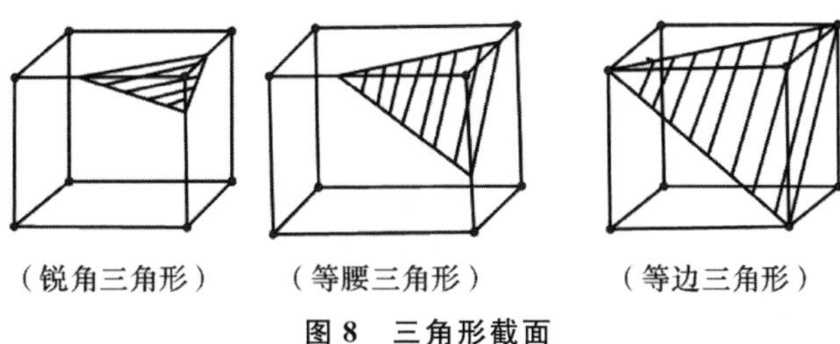

图8　三角形截面

其中等边三角形三个顶点是正方体的顶点。

第二种情况：四边形。当截面经过正方体的四个面时，所得截面是正方形、长方形或梯形。

(1)按如图9所示的方式切截，得到的截面是正方形。

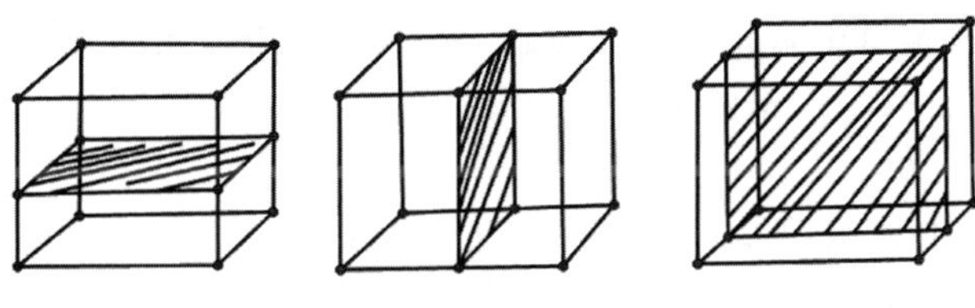

图9　正方形截面

(2)按如图10所示的方式切截，得到的截面是长方形。

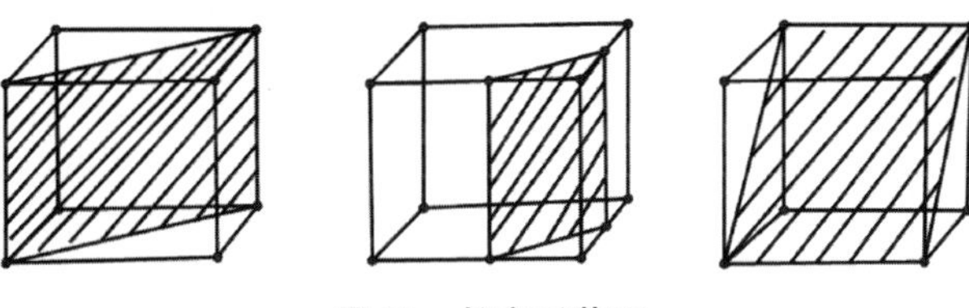

图10　长方形截面

(3)按如图11所示的方式切截，得到的截面是梯形。

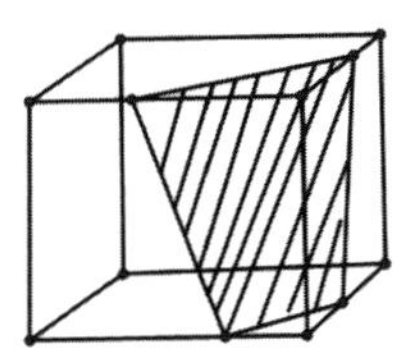

图11　梯形截面

第三种情况：五边形。当截面经过正方体的五个面时，所得截面是五边形，如图12所示。

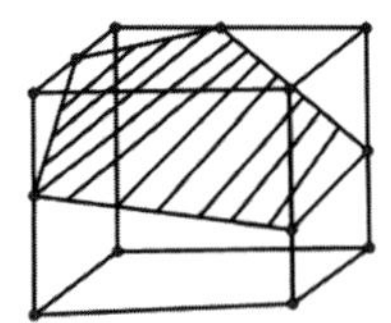

图 12　五边形截面

第四种情况:六边形。当截面经过正方体的六个面时,所得截面是六边形,如图 13 所示。

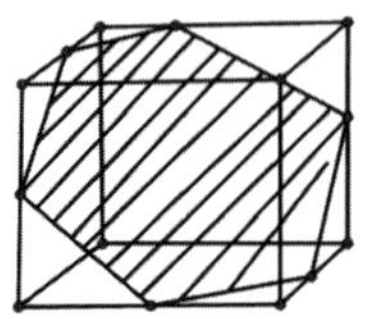

图 13　六边形截面

由于正方体共有六个面,所以截面不可能是七边形或以上的多边形。

这道题目要求数学教师具备一定的计算机操作能力,会用几何画板软件,在电脑上将这些立体几何图形作出图来,直观形象地展现给学生,并要指导学生能够在平板电脑上独立画出,借助信息技术辅助教学达到要求的教学目标。

4. 应用 GeoGebra 软件和 SPSSAU 软件,学习统计图表,提升直观感

【案例 6】一次测试中有 5 个同学的数学、语文、英语的成绩分别是:

王恒 89　78　95　　张丽 78　89　90　　李志远 66　68　80

孙杨 78　69　60　　马丽丽 67　92　93

分别求出他们的三科平均分和各个科目五人的平均分。

下面是应用 GeoGebra 软件进行计算的截图,如图 14 所示。

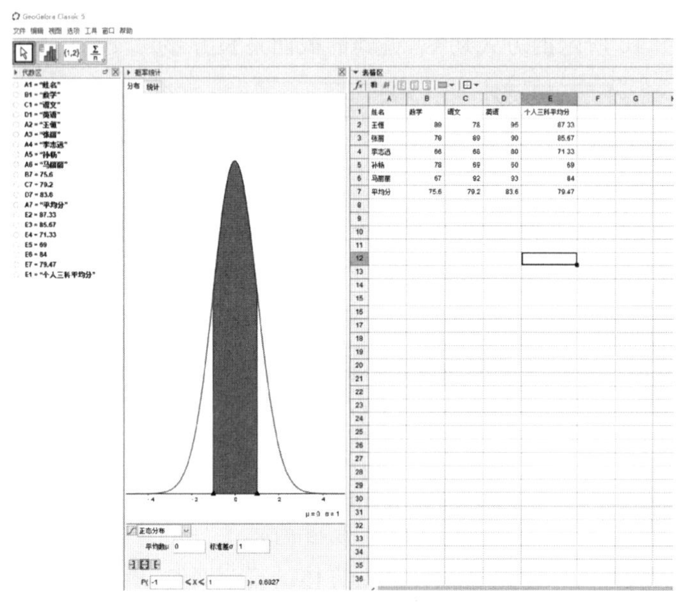

图 14　GeoGebra 软件进行计算的截面

【案例 7】课后实践作业，收集网购忠诚度数据，根据相关数据画出直方图和正态分布图。应用在线 SPSSAU 软件进行数据分析如图 15 所示。

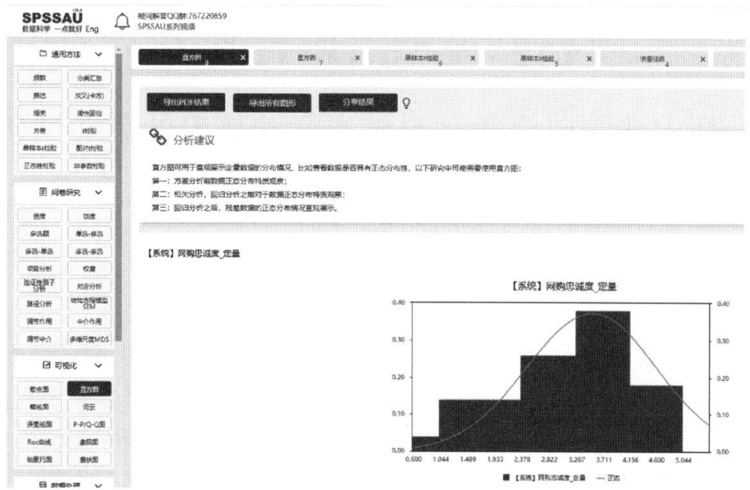

图 15　SPSSAU 软件数据分析

这些晦涩难懂的知识点，恰好是和显示数据相关联的知识，教师在教学中要善于应用这些数据处理软件，并将软件技术传授给学生，让学生将这种信息技术应用起来，是会逐渐提高学生的直观想象素养的。

在信息高速发展的今天，作为一名数学教师，应当在教学中注重将信息技术与教学紧密结合，引导学生应用各种数学软件来解决学习过程中产生的问题，培养并提高学生的直观想象素养。这是当今时代对数学教学提出的新要求，也是赋予数学教师的新责任。

参考文献

[1] 卢万才. 重点高中数学应用意识和应用能力的培养[D]. 济南：山东师范大学，2004.
[2] 燕国材. 新编普通心理学概论[M]. 上海：东方出版中心，1998.
[3] 陆菊. 高中数学课堂教学中对学习困难学生的教学反思[N]. 学知报，2011-05-02(G01).
[4] 冷秋君. 探讨信息技术与高中数学课堂深度融合的实例[J]. 新课程(下)，2018(12)：119.

玩转“模型”，培育素养

——高中数学建模活动对核心素养培养的重要性研究

杭州市萧山区第十高级中学　张　丹

摘　要：数学建模是中学数学六大核心素养之一。数学建模是对日常生产生活中的问题进行数学抽象，从数学角度分析问题，把实际问题用数学语言表达出来，再用数学及其他学科的知识方法解决问题的过程。在学习中开展的数学建模活动，能使学生重新认识数学，感受到全新的学习体验；同时也能提高学生的数学应用意识；还能提高学生的自我学习能力，促使学生合作学习。学生在建模过程中，不仅体会到数学学习的关键意义，还能感受到数学与其他学科的联系，学会运用数学及其他学科的知识方法综合解决实际问题。数学建模活动对学生数学学习起促进作用，对学生数学核心素养的培养十分有益！

关键词：数学模型；数学建模；核心素养；研究

一、研究背景及研究问题中的情境性分析

（一）研究背景

数学核心素养是数学课程改革的新指向，是数学教育最终的培养目标。新一轮的高中数学课程标准修订案中将数学核心素养明确写入标准，说明高中数学核心素养是我们教师在教学中重点要注意的问题。数学建模是其中一个素养，简言之，就是要求学生将实际问题数学化，将实际问题转化为数学模型结构来研究。

各个科学领域都离不开数学模型的身影。比如，天气预报的数据就是气象研究员根据气象卫星收集的资料建立数学模型后得到的；城市环境监测部门根据 PM 大气含量检测仪提供的即时数据，建立数学模型，研究 PM 值高峰时段的原因，进而采取相应的措施；医疗研究人员在研制新型药品时，根据试验中药品随时间的推移在动物体内的浓度数据建立数学模型，研究药品特性。上述这些数学模型比较复杂，建模要考虑许多因素，需要更高深的数学知识。可见，高中生进行数学建模活动是很有必要，也是很有意义的。

(二)研究问题中的情境性分析

针对数学建模活动的教学,笔者对在校的113班与203班的全体学生(110人)进行问卷调查,结果见表1。

表1 对113班与203班的全体学生(110人)进行问卷调查

数学建模活动教学的现状调查	你认为数学学习有用吗?	非常有用14.2%,比较有用29.8%,无用56%
	你重视应用问题吗?	非常重视10.9%,比较重视22%,不重视67.1%
	你解决实际应用问题顺利吗?	非常顺利9%,比较顺利23.5%,不顺利67.5%
	你会碰到一些不懂的名词术语吗?	经常碰到69.8%,偶尔碰到30%,不会碰到0.2%
	你能把握一些烦琐的数据吗?	轻松把握20.2%,一般把握51.6%,不能把握28.2%
	你面对实际问题会找准用哪类数学知识解决吗?	很会找准10.5%,一般找准31.8%,不能找准57.7%
	你对实际问题能准确写出它的数学模型吗?	经常能9.7%,有时能45.6%,不能44.7%
	你参与学习小组一起研究应用问题吗?	经常参与26.8%,偶尔参与55.6%,不参与17.6%

根据调查结果,可以得出数学建模活动中存在以下几方面问题:

1.数学学习"无用论"

学生中普遍存在的思想是,学习数学只是为了应付高考,其实没什么用处,生活中更是用不到数学知识。数学就是无意义的符号游戏,简直枯燥至极,所学无用。

2.对应用问题不重视,应用意识淡薄

高中数学知识比较难懂,学生学习时,重点关注数学基础知识与技能的学习。教师在教学中,也是重点讲解基本知识、技能及数学方法,习题课也是讲解数学本身的疑难问题,对应用问题不重视,导致学生应用意识淡薄。

3.解决实际问题时,学生缺乏建模的信心

实际问题更贴近学生的生活,所以题目叙述起来会很长,提供的数据也会很繁杂,数量关系不容易把握。因此,面对冗长的专业性素材,多数学生感到困惑、不知所措,久而久之便形成了惧怕数学建模的心理,缺乏足够的信心。

4.不理解问题中的名词术语

数学建模问题中往往有许多其他学科领域的名词术语,学生感到生疏,无法理

解题意，比如现实生活中的利率，银行中的复利，商品的折扣、纳税率、折旧率，等等。学生如果不理解问题中涉及的名词术语，当然就很难理解题目的意义，更无法准确建立模型了。

5. 缺乏处理庞杂数据的方法

面对一些实际问题中的庞杂数据，学生常常手忙脚乱，不知道从哪里下手。数据看起来没有什么规律，学生很难找到建模的突破口和关键点。

6. 缺乏将问题数学化的经验

数学模型呈现的形式是复杂多样的，有函数形式，有概率统计形式，有方程形式，有不等式形式，有图像或图形形式，等等。当学生碰到一个问题时，判断这个实际问题与哪些数学知识相关、用什么方法和技巧来解决就倍感困难。例如，当学生阅读完一道实际问题后，教师问他们要采用什么数学知识来解决时，学生很多时候回答不出，这里很重要的原因是学生在把具体问题转化为数学问题的环节上存在困惑，缺乏将实际问题数学化的经验。

7. 缺乏团队精神，合作学习不足

高中生学习任务偏重，都在自己忙着看书、做题目，很少有固定的时间和固定的场合进行分小组合作学习。学生长此以往团队意识淡薄，只会“单打独斗”，遇到应用问题解决不了时，只好选择退缩、依赖甚至放弃的态度，严重阻碍其数学核心素养的培养。

二、对核心概念的界定

1. 数学模型

数学模型一般是指由数字、字母或其他数学符号组成的，描述显示对象（原型）的数量规律和空间特征的数学结构。具体地说，数学模型可以理解为：对实际生活中一个特殊的对象，为了一个特定目的，根据独特的规律，做出假设后，运用适当数学工具和方法，最终得到一个数学结构。

2. 数学建模

数学建模是对现实问题进行数学抽象，用数学语言表达问题，并用数学知识与方法构建模型解决问题的过程。通过数学符号化这种方式，把几何模型或文字模型转化为数学模型。其中的数学符号化，是指把未知量设定，把已知量代入，把模型转化成一个用数学语言表述的数学问题，建立的数学模型可以是方程形式、不等式形式、函数形式或图像、图形形式等等。

3. 数学核心素养

新课程标准把数学核心素养定义为“学生应该具备的、能够适应终身发展和社会发展所需要的、与数学有关的思维品质和关键能力”。高中阶段六大数学核心素养分别是：数学抽象、逻辑推理、数学建模、直观想象、数学运算、数据分析。

4.研究

研究是主动寻求根本性原因与更高可靠性依据，从而为提高事业的可靠性和稳健性而做的工作。

三、课题研究的实际意义

1.培养学生的应用意识

学生在平常学习时大部分都在解决数学问题，研究此课题会让学生体会到数学并不是孤立存在的，而是与生产生活的各个领域紧密相连的，应用数学知识可以解决很多其他学科的问题。

2.培养学生合作学习的能力

很多数学建模活动，光靠一己之力是很难取得成功的。最好能以小组为单位进行数学建模活动，让学生以建模为手段，共同学习，互帮互助，加强人与人之间的沟通交流，培养合作精神。

3.培养学生处理信息的能力

数学建模活动能让学生学会如何在给定的一系列信息中找到有用信息，并整理信息、处理信息以备建模。当学生面对实际问题中的烦冗信息时，可能会焦头烂额，无从下手，教师应该鼓励学生慢慢来，开始可以给学生一些必要的提示，指导学生找问题中的关键词及相关数据，提取必要信息并加以备注，一点点摸索就会找到复杂数据背后的“突破口”，捕捉到有用信息。

在数学建模中，学生依赖所给信息不能建立数学模型时，必须结合相关的信息去搜罗有用信息，这些有用信息的获取可以求助相关工作的负责人员，查阅文献、资料，应用互联网技术，等等。

当学生取到所有信息后，如果还不能建立数学模型，那就需要对信息进行分析处理再加工，方可建模。如果发现所建数学模型与实际不符，那还必须用即时获取的信息去修正模型或重新建立数学模型。

4.有利于学生形成正确的数学观

在学生心中，数学知识是坚不可摧的真理，是毋庸置疑的，数学无非就是算算题、推推理、最后得出结论的学科。

数学建模活动是基于实际情境展开，然后提出问题、假设、建立模型、再检验的过程。在建模中如果遇到建立的数学模型存在很大误差时，一定要重新建立数学模型。学生经历了重新建模的过程，就会切身体验到数学也是不断摸索、尝试、出现错误、再次尝试、证明与反驳、检验与修改的过程。数学不是一下子就很完美的,是需要我们大胆质疑并不断推进的动态学习的过程。

5.有利于学生体验数学与生活、数学与其他学科的联系

因为数学建模问题来源于我们的实际生活或其他学科,这些问题可以依靠学习者已掌握的数学知识和方法、其他学科领域的知识进行综合运用来解决。学生在操作时感受到数学是很有用处的学科,除了应付高考,还可以解决身边的诸多问题。

另外,学生建模中,还会碰到现有知识解决不了的问题,那只能逼自己去涉猎新的知识,主动学习未知领域的知识和方法,这样就可以促使学生自我完善知识体系。也就是说,数学建模在建立过程中会催化一些新的数学知识和数学方法,这时学生会有一种切身体验:有些数学知识与方法是因为要解决实际应用问题或其他学科问题才发展出来的。

6.激发学生学习的兴趣

传统数学教学过于重视传授基础知识和方法,远离学生的实际生活,枯燥乏味。数学建模活动给死板的数学带来"阳光",它从学生的生活实际和感兴趣的学科中选题,让学生乐学;数学建模采用的合作学习模式让学生更有兴趣投入建模活动中去。

7.发展学生的创新意识

面对同一个问题情境,学生会根据自己的生活经验与掌握的数学知识做出不同的问题表述,那么数学建模也不能过分强求模型的绝对一致性。学生根据自己实际获取数学建模的方法可以展示自己的建模新意。

四、数学建模的教学原则

1.可操作性原则

数学建模活动并不是孤立存在的,它建立在原有的基础知识和技能之上,所以它与日常数学教学活动是相辅相成、共同进步的。

建模教学的可操作性原则体现在以下三点:一是体现学生学习数学的特点。学生学习数学是从间接的理论或前人的经验到实践、再从实践上升到理论的过程。二是体现教材教学特点。教学的核心是让学生掌握基础知识和基本技能,在不同的阶段提出不同的认知水平和层次要求,并注意知识的融会贯通,数学知识都是相互关联的,教师要帮助学生对相关知识进行整合。三是体现学生学与教材教相结合的特点。数学建模的教学要尽量针对教材的内容选择和设计问题,既能全面展示教材的基础知识和思想方法,又能给学生发现新的数学知识提供有利条件,让学生亲身完成数学来源于实际又应用于生活的体验。

2.循序渐进性原则

建模教学与其他数学知识的教学一样,要注意渐进性原则。数学建模教学的渐

进性主要体现在问题呈现的渐进性上，问题的难度复杂性由浅入深可分为五个阶段：粗浅性问题、计算性问题、应用性问题、探究性问题、情境性问题，其中前两个问题是双基要求，也是数学建模教学的基础。在建模教学中，教师应该分成三个主要阶段进行：(1)基本知识运用阶段，在这个阶段，教师应该选择一些简单易懂、贴近学生生活经验、适合学生初步学习的应用问题，让学生领会数学建模的基本含义、方法和过程步骤，是熟悉阶段；(2)探究性建模阶段，在此阶段，教师可以选择一些典型应用问题，指导学生分组进行独立的建模活动；(3)情境性建模阶段，这个阶段要求学生具有一定的数学建模能力，会处理一些复杂的建模问题，能在一定的情境中挖掘关键的信息，假设出数学模型，得出解决问题的方法和结论，能验证结果的正确性，并适当做出修补和改进，直到找到正确的结论。

3. 发散性原则

高中阶段，学生的自我意识正逐渐完善，思维品质也大幅度提高，教师可根据实际情况大胆提出一些开放性的问题，促使学生交流、研究、学习。另外，数学建模教学应该与其他学科紧密相连，建模不仅是解决数学中的问题，更是解决日常生产生活中和其他学科相关联的问题，应该将数学与天文、地理、经济、社会就业、家庭水电等联系在一起，让学生学会将具体问题数学化、将数学模型生活化。

4. 自主学习与干预学习相结合原则

教师要成为学生数学建模学习的领路人，要注意以下两点：一是要了解学生已有的认知和发展水平，即学生对相关数学知识和方法的熟悉程度；二是要选取适合学生思维发展的建模问题，给予指导，让学生能在解决问题中主动学习，发展自己的数学思维。

5. 课堂教学与课下活动相结合原则

课堂教学非常重要，学生精力集中，教师有针对性地讲解数学建模问题的程序和要领，这是学生数学建模学习的基础；另外，开展以数学建模为主题的课下活动也很必要，是学生利用所学知识独立学习的大好机会。

6. 独立探索与合作探究相结合原则

数学建模教学应该注意独立探索与合作探究相结合的原则：一是强调开发学生的自主意识，鼓励学生自主参与到数学建模的各个步骤中，督促学生主动思考、探索，从而找出解决问题的对策；二是强调开发学生的合作意识，提倡分小组合作学习和共同讨论的研究学习方式，以达到相互补足、共同发展的目的。总体来说，简单的数学建模问题可由学生自主完成，复杂的建模问题可采用小组合作学习形式。

五、数学建模中应用问题的来源

1. 从课本数学问题出发，加强问题数学化的训练

数学教材中有很多应用类问题，教师可以选取一些学生感兴趣或者学生容易懂的问题来进行建模活动。同时，可将这个阶段的学习定为初级层次的建模教学，一般设计的应用问题数量关系明显，容易上手，学生不难找到关键的数量关系，结果比较明确，不需要经过大量的验证演算、分析整理。

【案例1】人教A版《函数》章节后习题：

《中华人民共和国个人所得税法》规定，公民全月工资、薪金所得不超过3500元的部分不必纳税，超过3500元的部分为全月应纳税所得额，此项税款按表2分段累计计算。

表2　计算纳税所得额

全月应纳税所得额	税率(%)
不超过1500元的部分	3
超过1500元至4500元的部分	10
超过4500元至9000元的部分	20

某人一月份应缴纳此项税款为303元，那么他当月的工资、薪金所得是多少？

【解析】这个应用题和学生生活很贴近，也很容易理解。知道此人的税款额是303元，可以先计算一下不超过1500元的部分税额是$1500\times3\%=45$元，超过1500元至4500元的部分税额是$3000\times10\%=300$元，$300+45=345$元>303元，说明他的工资、薪金的超出部分在1500元至4500元之间。可以假设他的薪金超出部分是x元，则$1500<x<4500$，列出如下方程：$45+(x-1500)\times10\%=303$，求出$x=4080$元。再验证一下结论是正确的，此问题得解。

此问题所涉及的数学模型是一个分段函数的形式，将工资进行分段求各自的税额，清楚明了，大部分学生可在课堂上完成，主要是通过此题可以了解数学建模的解答程序。

2. 从生活中的数学问题出发，加强应用意识的培养

生活中的很多问题都是可以通过数学建模解决的，教师在教学中插入这些问题，加强学生应用意识的培养。

【案例2】据气象台预报，台风中心在A市正东方300千米的B处，并以每小时25千米的速度向西北方向移动。从现在起距台风中心250千米以内的地区将受其影响。问从现在起经过几时，台风将影响A市？台风影响将持续多长时间？

【解析】这是关于台风影响检测报告问题，教师应该发挥引领作用，让学生画图分析研究这个建模问题的解决方案。

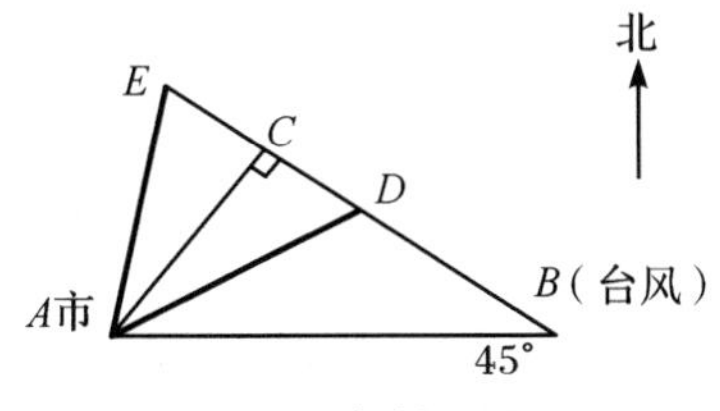

图1　案例2图

分小组讨论、分析并提出解决方案：

小组1代表：如图1所示，台风路径在 BE，$\angle ABE=45^\circ$，过 A 作 AC 垂直于 BE，在 $\mathrm{Rt}\triangle ABC$ 中可求出 AC 长度，比较 AC 与250的大小，来分析受台风影响的区域。

教师：思路很不错，要具体解一下！

各小组都在紧张设计方案、计算、检验……

小组2代表：计算出 $AC=AB\cdot\sin45^\circ=300\times\frac{\sqrt{2}}{2}=150\sqrt{2}\approx212.1$，说明 A 到 C 的距离正好处在250以内，处在台风影响范围内。现在要找到在直线 BE 上 C 点左右两侧距离 A 点的距离刚好为250的位置，可设为 D 与 E。

接下来设 $BD=x$，在 $\triangle ABD$ 中，由余弦定理建立一个数学模型：

$$AD^2=BD^2+AB^2-2BD\cdot AB\cdot\cos45^\circ$$

$$250^2=300^2+x^2-2\cdot300x\cdot\frac{\sqrt{2}}{2}$$

这是一个一元二次方程，解此方程看判别式。

$\Delta=(300\sqrt{2})^2-4\times27500=180000-110000=70000>0$，所以方程有两个解，$x=150\sqrt{2}\pm50\sqrt{7}$，由图可知 $BD=150\sqrt{2}-50\sqrt{7}$，$BE=150\sqrt{2}+50\sqrt{7}$。

那样在 DE 之间的点与 A 点的距离都小于250，是台风影响的区域。

接下来求出从 B 点到 D 点的时间：$\frac{BD}{25}=\frac{150\sqrt{2}-50\sqrt{7}}{25}=6\sqrt{2}-2\sqrt{7}\approx3.19$（小时）；

从 B 点到 E 点的时间：$\frac{BE}{25}=\frac{150\sqrt{2}+50\sqrt{7}}{25}=6\sqrt{2}+2\sqrt{7}\approx13.78$（小时）；

这样算出台风影响 A 市的持续时间约是 $13.78-3.19=10.59$（小时）。

3. 从社会热点问题出发，介绍建模方法

问题中出现的专业术语，可鼓励学生主动寻求。

【案例3】按复利计算利息的一种储蓄，本金为 a 元，每期利率为 r，设本利和为 y 元，存期为 x，写出本利和 y 随存期 x 变化的函数解析式。如果存入本金1000元，每期利率为2.25%，试计算5期后的本利和是多少（精确到1元）？

此题可以课前布置下去，主要是让学生了解本金、利率、复利的概念（可以询问父母或银行人员，也可以上网搜索）

【课堂实录】(引导式)

教师:说一说本金的概念。

学生 A:本金即贷款、存款或投资在计算利息之前的原始金额。

教师:再说一下利率的概念。

学生 B:利率是指一定时期内利息额与借贷资金额即本金的比率。

教师:那同学们在课下了解的复利概念是什么呢?

学生 C:复利是一种计算利息的方法,即把前一期的利息和本金加在一起算作本金,再计算下一期的利息。我国现行定期储蓄中的自动转存业务类似复利计算的储蓄。

教师:这道实际应用问题的数学模型应该如何建立呢?先考虑 1 个存期后本金变成多少本利和。

学生 D:$a+a\cdot r=a(1+r)$

教师:回答很好,这个本利和在第 2 个存期开始作为本金,那么第 2 个存期后的本利和为多少呢?

学生 E:$a(1+r)\cdot(1+r)=a(1+r)^2$

教师:那么同学们接着考虑这个本利和在第 3 个存期开始又作为本金了,那第 3 个存期后的本利和又是多少呢?

学生 F:$a(1+r)^2\cdot(1+r)=a(1+r)^3$

教师:那当存期是 x 时,请问本利和又是多少呢?

学生 G:$y=a(1+r)^x$

教师:非常好,此题的数学模型已经写出,第二个问题同学们看下如何解答?

学生 H:此数学模型中的 $a=1000$,$r=2.25\%$,$x=5$,则代入模型中可得 $y=1000\cdot(1+2.25\%)^5=1000\cdot1.0225^5\approx1000\cdot1.118=1118$(元)。

教师:同学们回答得很不错,数学建模问题中涉及的名词术语,大家也通过课下的准备搞清楚了,建立数学模型解决实际问题。

4. 从其他学科中选择应用性问题,培养解决问题的能力

【案例 4】某地区不同身高的未成年男性的体重平均值见表 3。

表 3　不同身高的未成年男性的体重平均值

身高/cm	60	70	80	90	100	110	120	130	140	150	160	170
体重/kg	6.13	7.90	9.99	12.15	15.02	17.50	20.92	26.86	31.11	38.85	47.25	55.05

(1)根据表中提供的数据,能否建立恰当的函数模型,使它能近似地反映这个地区未成年男性体重 y 与身高 x 的函数关系?试写出这个函数模型的解析式。

(2)如果体重超过相同身高男性平均值的 1.2 倍为偏胖,低于 0.8 倍为偏瘦,那么,这个地区某校一男性身高 175 cm,体重 78 kg,他的体重是否正常?

这道题目可以放在课后作业,让学生分小组进行研究、解答,并写出数学模型问

题研究过程报告。

抽取几个小组的研究报告展示：

【小组 1】观察数据，身高从 60cm 到 170cm，体重从 6.13kg 到 55.05kg，可知体重随着身高的增长而加大，属于递增函数。试将体重写成身高的一次函数，即 $y=kx+b$，$(k>0)$，代入两组数据算出 k、b。

$$\begin{cases}60k+b=6.13\\70k+b=7.90\end{cases}\quad\begin{cases}k=0.177\\b=-4.49\end{cases}$$

那么得到函数模型为 $y=0.177x-4.49$。

【小组 2】体重随身高增加而增加，是个递增函数，看增加的情况可知增加得越来越快，想到二次函数，设出函数模型 $y=ax^2+b$，$a>0$，代入两组数据算出 a，b。

$$\begin{cases}a\cdot 60^2+b=6.13\\a\cdot 70^2+b=7.90\end{cases}\quad\begin{cases}a\approx 0.0014\\b\approx 1.09\end{cases}$$

那么得到函数模型是 $y=0.0014x^2+1.09$。

教师：同学们看这两个研究报告，好像都有道理，那有没有问题呢？

学生 1：这两个数学建模的过程中都存在一个问题，就是没有验证的过程。

第一个报告中的函数模型 $y=0.177x-4.49$，如果将 170 代入可知体重应该是 $y=0.177\times 170-4.49=25.6$，与已知的 55.05 相差很大，可见这个数学模型不正确。

第二个报告 $y=0.0014x^2+1.09$，如果将 170 代入可知体重应该是 $y=0.0014\times 170^2+1.09=41.55$，与已知的 55.05 相差也很大，这个模型也是不正确的。

教师：那该如何建立正确的数学模型呢？

学生 2：我们小组是先根据数据画出散点图，根据函数图像再研究选取什么函数模型比较适合。

教师：这个方法比较好，向我们展示了如何处理这么多数据的好方法，那展示下你们的数学建模研究报告。

【小组 3】由所给数据画出散点图，如图 2 所示。

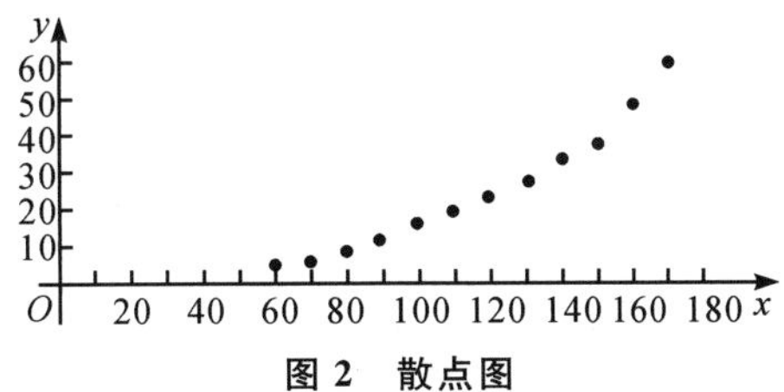

图 2　散点图

观察散点图，这个函数应该类似于指数函数的形态，可以考虑用 $y=a\cdot b^x$ 函数模型来近似刻画这个地区未成年男性的体重与身高关系的函数关系。

解答：以身高为横坐标、体重为纵坐标，画出散点图，可以考虑以 $y=a\cdot b^x$ 作为刻画这个地区未成年男性的体重与身高关系的函数模型。

如果取其中的两组数据（70，7.90），（160，47.25），代入 $y=a\cdot b^x$

得$\begin{cases}7.9=a\cdot b^{70}\\47.25=a\cdot b^{160}\end{cases}$。

由计算器算得 $a\approx2$，$b\approx1.02$，这样，我们就得到一个函数模型：$y=2\times1.02^x$。

将已知数据代入上述函数解析式，或作出上述函数的图像，发现，这个函数模型与已知数据的拟合程度较好，说明它能较好地反映这个地区未成年男性体重与身高的关系。

教师：这个小组建立的数学模型过程很缜密，应用散点图来猜测函数模型非常聪明，而且得出函数模型后不忘记验证模型的行为应该表扬，那继续阐述下一题的研究过程和结果吧！

【小组 3】对于第二小题，我们已经知道了函数模型，将 $x=175$ 代入 $y=2\times1.02^x$，$y=2\times1.02^{175}$，由计算器可得 $y\approx63.98$，由于 $78\div63.98\approx1.22>1.2$，可知这个男生偏胖。

教师：通过建立函数模型，解决实际应用问题的过程，如图 3 所示。

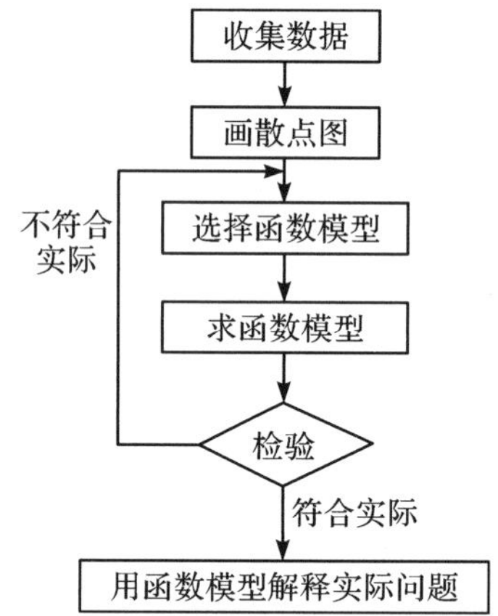

图 3　建立函数模型解决实际应用问题的过程

教师：其实我们还可以借助计算器或计算机的拟合功能，获取函数模型更精确。比如说，Matlab 软件是一个很强大的数据处理软件，是人们进行数据分析的得力助手。用 Matlab 作曲线拟合很便捷，同学们可以在课下去了解这个软件及应用这个软件来建立函数模型的过程和方法。我们会发现信息技术在数学建模问题中有很大的作用。同学们要好好学习信息技术知识等其他科学文化知识，提高自己的综合素养。

六、克服数学建模困难的策略

1. 培养学生阅读能力、收集关键信息的能力

培养学生的阅读能力可以采用以下几个方法：

(1)学生读题后可先进行分析，理出题目大意；也可大体说出题目中提供的信息，要解决什么问题，需要用到什么方法和模型。

（2）适当组织课堂研讨，围绕话题发表见解，讨论过程中鼓励学生用数学语言进行提问、反驳、证明，与其他同学的不同思想进行交流，这样可以增进对数学知识的理解。

（3）也可以要求学生试着撰写建模问题的小报告或小论文，将数学建模的具体模型的得来、思考过程和切身体验用文字形式记录下来，以便更好地去交流学习。

2. 培养学生数学语言表达能力

在建模活动中，教师应该培养学生的数学语言表达能力，应注重数学语言互译的练习。一个数学问题可以用一种语言描述，同时可以引导学生转化成其他描述方法。

3. 校内安排数学建模活动课，对建模进行讲解与指导

可根据教学内容适当安排数学建模活动课，集中研究某一专题的数学问题。教师可以对学生的数学建模进行全面的讲解与指导。新版教材中也安排了数学建模课，教师应该重视这些课的教学。

4. 课后布置社会调查作业，达到讲练结合

教师可以给学生布置社会调查作业，调查某类问题或应用某一部分知识，可以把课堂上的教学活动与课后的实践活动结合起来，起到巩固学习、加强理解的作用。同时学生可以向父母、邻居或是居委会了解一些有关的社会生活常识，补充自己的信息量。

5. 学生进行社会学习或通过网络查阅资料，了解各个领域中的专业术语

例如本文案例 3 中的本金、利率、复利等专业性术语的概念可以去银行找专业人员进行了解，也可以通过网络查阅相关资料了解。

6. 建立合作学习小组，培养团队精神

教师可以将班级里的学生分为几个学习小组，按照学习能力强弱搭配分组，建立小组长负责制，组长有组织本小组的建模活动和作出总结报告的职责。其他组员要积极响应小组的活动，多多参与，试着在建模活动中提出问题并试着解决问题。当组员有困难时，大家应该互帮互助，用集体的智慧来解决建模中的问题。这样不仅能共同学习，而且还增进同学之间的情谊。

7. 鼓励每个合作小组撰写建模报告和课题小论文

教师在指导学生数学建模论文写作时要注意以下几个问题：

（1）教师的指导应该是在一定的允许范围内提出建设性建议，而不是包办所有。如果学生建模的思路、研究的方法偏离正确方向，教师应该采取实际措施干涉和引导。

（2）数学建模应该极力将课堂、课后，平常、假期结合起来。课堂上教师应利用

教学内容适当安排建模活动,集中研究某一部分与数学知识有联系的实际问题。课后,教师给学生布置社会调查,调查某一类数学问题及应用某一块知识点,把课上教学和课后活动结合起来。假期时,可以给学生布置撰写数学建模小论文的任务,和平常的小组活动有机结合起来。

(3)教师应对各小组的论文或报告进行积极评价。凡是通过自己观察、分析、建立数学模型并解决问题的学生,教师都应予以肯定,并鼓励他撰写建模小论文。

(4)教师不应该将目光只放在优秀学生身上,应该设计出适合不同能力水平的学生不同的建模问题,组织不同难易程度的论文撰写。教师更应该关注能力欠佳的学生,哪怕是从最简单的建模问题开始也不要紧,应该鼓励学生把自己亲身体验的数学建模活动的过程、实录和感受写下来,这也是很不错的数学体验。

参考文献

[1] 卢万才.重点高中数学应用意识和应用能力的培养[D].济南:山东师范大学,2004.
[2] 张世富.心理学教学指导(师专教师用书)[M].北京:人民教育出版社,1995.
[3] 陆菊.高中数学课堂教学中对学习困难学生的教学反思[N].学知报,2011-05-02(G01).
[4] 徐斌艳.数学课程与教学论[M].浙江:浙江教育出版社,2003.
[5] 李龙才.普通高中数学课程标准(2017 年版)[M].北京:人民教育出版社,2018.
[6] 章建跃.普通高中教科书数学必修第一册(2019 年版)[M].北京:人民教育出版社,2019.

借“互联网+”，用“数据”说话

——“互联网+”在提高数据分析核心素养中的应用研究

杭州市萧山区第十高级中学　张　丹

摘　要：数据分析是中学数学核心素养之一。科学研究、工程技术及人们的生产生活无时无刻都离不开数据分析。数据分析是大数据时代中数学技术和数学应用的主要方法。对于随机问题的数据进行收集、整理、分析，我们能够理解数据所隐含的信息，通过对信息的加工，得出数据反映的知识及规律。同时数据分析也是“互联网+”相关领域的主要方法，而且在“互联网+”时代中，信息技术高速发展，正在被广泛应用于数学学习中，为数据分析提供更广阔的技术支持，促进数据分析素养的形成及发展。

关键词：“互联网+”；数据分析；核心素养；应用

一、研究背景及研究问题中的情境性分析

（一）问题研究背景

数据是进行各种统计、计算、科学研究或技术设计等所依据的数值。现实世界里充满着各种数据，学生应认识到数据中所蕴含的信息，并整理各种信息，分析及处理实际问题。数据分析能力是一种高层次的思维品质，让学生具有数据分析能力是非常必要的。学生只有在处理问题中勇于实践和探索，才能充分发展数据分析能力。

“互联网+”是以互联网平台为基础，利用信息通信技术与各行业的跨界融合，推动产业转型升级，并不断创造出新产品、新业务与新模式，构建连接一切的新生态，是“互联网”行业对思维的进一步升华的成果。它不仅推动着全球经济的发展，而且也推动着社会经济实体的快速进步，为各个行业的改革与发展提供了更为宽阔的平台。“互联网+”比较通俗的说法就是互联网和各种行业相加。但要注意的是，并不是将两个行业简单地叠加，而是利用互联网技术如信息通用技术与互联网平台，使互联网与其他行业有效整合，创造出新的发展状态的模型。

（二）研究问题中的情境性分析

伴随着大数据时代的到来，数据分析已经深入社会生活中的各个方面。新课程

改革中概率和统计是必修课与选择性必修课的一条主线。数据分析是概率和统计里最主要的方法，如思考总体与样本的关系，在一个总体中或同一样本中，二元变量的关系，并学会一些统计表述方法，如盒图及散点图等。随着学习的不断深入，学生对一些数据统计的简单问题应该进一步加深理解。

数学与物理、化学、生物合作，这样有利于实验的设计与操作，比如在科学实验中收集数据，再用数学方法对比数据进行分析整理。

“互联网＋教育”已经被越来越多的现代人认可，并且已开始采用这种新型教育模式进行授课，目前学术界与教育界对这种新型教育模式的关注度也越来越高，信息技术的应用研究已被纳入许多新编写的数学教材中，这也将要求教师在课堂中加入互联网技术，重视学生核心素养的培养。“互联网＋数学教育”破解数学课堂模式化，缓解与个性化学习之间的矛盾，在教学中落实数学学科核心素养。特别是“互联网＋”对于数据分析核心素养的形成与发展起至关重要的作用。这方面的课题国内外学术界研究的案例不是很多，所以这个课题的研究是很有意义的。

一、问卷调查及本课题研究中的实际问题

就本课题的研究，笔者对在校学习的高一学生共628人进行问卷调查，设如下问题：

(1)你能熟练运用极差、方差、标准差吗？

(2)你会收集有效数据吗？

(3)你会用数学方法整理所得到的数据吗？

(4)你能熟练应用各种表格、图像方法刻画并分析数据信息吗？

(5)你在学习有关数据分析的数学知识时，应用互联网多吗？

(6)你了解有关数据分析的软件吗？

(7)一些有关数据分析的信息软件你会使用吗？

(8)你有没有在计算机教室上过数据分析课？

(9)你课后在家有没有了解“互联网＋”知识？

其中调查结果如下：

(1)48%熟练运用，30%不太熟练，22%不熟练。

(2)68%会收集，25%不太会收集，7%不会收集。

(3)57%会整理，22%不太会整理，21%不会整理。

(4)39%熟练，43%不太熟练，18%不熟练。

(5)12%经常应用，60%曾应用过，28%没应用过。

(6)13%了解，36%一般了解，51%不了解。

(7)9%会使用一些，23%只会用很少，68%几乎不会用。

(8)10%上过，90%没上过。

(9)5%了解，95%没了解。

二、由上述调查结果分析得出以下课题研究中存在的问题

1. 学生的数据认识能力欠佳

学生对一些数据的表述工具如平均数、中位数、众数的概念理解不清，对极差、方差、标准差等一些数据差异度量的运用不熟练。

2. 学生的数据收集能力不足

学生不能自主地设计实验，以及采用问卷调查等方式收集数据，收集数据的能力严重不足。

3. 学生的数据整理能力不足

学生不能根据问题需要，对数据进行进一步有效整理，如适当去除无用数据并对有效数据进行整理。

4. 学生缺乏对数据的探究能力

学生对于各种刻画数据特征的表格、图像的用途不清晰，运用不熟练，不能对所收集的数据进行进一步探究。

5. 学生缺乏对数据的分析能力

学生收集数据时不能大胆猜想并阐述新问题，就不能分析数据做进一步研究。

6. 学生应用互联网学习的机会少

传统教学模式是黑板板书讲解形式，信息通用技术及互联网平台应用较少。学生参与互联网学习机会特别少。

7.“互联网＋”与数据分析没有融合

应开设实践课堂，最好在信息计算机教室上数据分析课，学生也可以在课下多用互联网进行简单的数据分析。具体如图 1 所示。

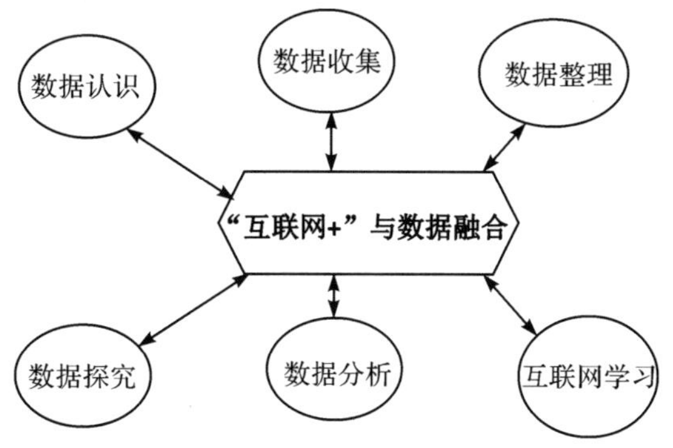

图 1 “互联网＋”与数据分析

三、课题研究中概念的界定

(1)“互联网+”:是创新 2.0 下中国互联网发展的新形态、新业态,是知识社会创新 2.0 推动下的互联网形态演进。

(2)数据分析:是运用适当的统计分析方法对收集来的大量数据进行分析,提取有用信息和形成结论而对数据加以详细研究和概括总结的过程。

(3)数学核心素养:是人们通过数学的学习建立起来的认识、理解和处理周围事物时所具有的品质,通常是在人们与周围环境产生互相作用时所表现出来的思考方式和解决问题的策略。

(4)研究:是主动寻求根本性原因与更高可靠性依据,从而为提高事业或功力的可靠性和稳健性而做的工作。

四、利用“互联网+”研究数据分析的策略

1.加强感知理解,增强数据敏锐度

例如在必修二《9.2.3　总体集中趋势的估计》中的平均数、中位数和众数是刻画“中心位置”的量,是从不同角度刻画了数据趋势。应教授学生掌握这几个重要概念,并了解它们的意义,会求出所给出数据的平均数、中位数和众数。有些学生对这几个数学量的概念并不十分清楚,教师可以帮助学生运用计算器构制一个数值表,比较三者之间的关系,或者应用统计软件,感知这三者之间的关系,也可以改变其中一个数值,并观察其余两个量的变化规律,增强对数据的敏锐度。

学习完频率分布直方图后,应利用图形来求数据的平均数、中位数与众数。在频率分布直方图中看不出各个数据值,所以教师应指导学生根据图形求解平均数、中位数与众数,这样也可以加强对这几个数量的理解,增强数据敏锐度。

2.联系实际情境,学习数据统计

学生在搜罗数据时,教师可以指导他们利用网络技术搜查资料掌握数据,也可以翻阅生活中的大众出版物收集数据,不仅联系实际生活,而且还提高了学习积极性。

所研究数据分析中的数据均来源于生活实际,比如:分析某市 2016 年 6 月的空气质量情况,了解某市居民生活用水费用支出情况,了解一批玉米种子的发芽情况,了解某地区小学生近视情况,了解某城市居民的食品消费结构情况,调查一个县各村的粮食播种面积情况,等等。这些数据分析的案例均来源于实际生活,教师可以指导学生对这些数据进行分析。对统计中的基本概念(如总体、样本、样本量)应结合具体问题进行描述性说明,在此基础上适当引入严格的定义,并利用数字特征(平均数、方差等)和数据直观图(直方图、散点图等)分析数据,将数学知识应用于实际

生活中，提高学生的数学应用意识。

3. 实验收集数据，加强学科交流

在具体的物理实验、化学实验、生物实验中收集所需要的数据，并能对数据进行整理及分析，绘制数据表述图，这样不仅可以加强数学与其他学科的交流，而且能让学生从实验数据中获得数据整理及分析的方法，利用数学知识解决实验中的问题，提高学生的数据分析素养。具体情况如图 2 所示。

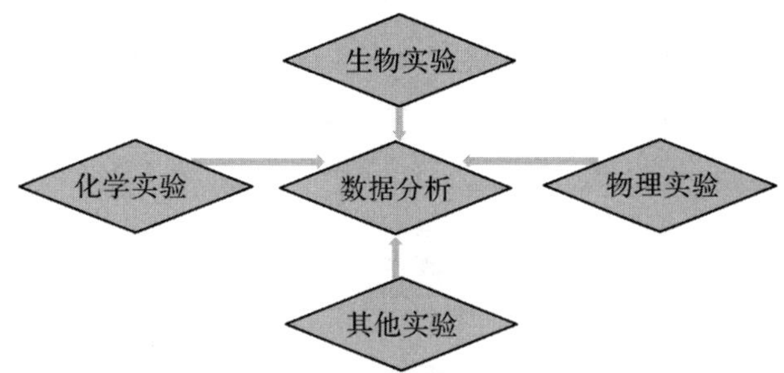

图 2　从实验数据中获得数据整理及分析的方法

4. 利用“互联网＋”，探究数据规律

“互联网＋教育”的时代，体会教法、学法及教学评价于一身的教学改革，使教师感受在“互联网＋”、大数据的辅助下，实现从传统的知识技能教学向核心素养教学转变的新征程。

有条件的学校，借助“互联网＋”等新时代信息技术手段优化数据分析教学。教师不再是学生获取知识的来源，而是扮演学生学习的牵头人、提供学习资源的分享者、与学生交流知识的合作者等多种角色。

互联网中的软件应用将数据进行分析整理，可以在收集数据时，就使用“互联网＋”提高效率。分析数据时，可利用条形图、扇形图、折线图、频数分布直方图和频率分布直方图来表达所收集的数据，学会用简单的语言表述图形展示的信息，并能发现一些问题，提出一些有意义的见解，并试着用数学的方法技巧解决这些实际问题。

【案例 1】计算一组数据的百分位数

设一组数据 1、3、5、6、7、9 分别在 $A_1:A_6$ 中，在电子表格软件中，函数“percentile，inc(array，k)”用于计算百分位数，其中 array 定义相对位置的数组成数据区域，$0\leqslant k\leqslant 1$ 分别用函数：

Percentile，inc($A_1:A_6$，0.10)

Percentile，inc($A_1:A_6$，0.25)

Percentile，inc($A_1:A_6$，0.75)

Percentile，inc($A_1:A_6$，0.90)

求得第 10、25、75 和 90 百分位数为 2、3、5、6、75 和 8。

R 软件也是采用这种方法计算一组数据的百分位数的。可以教导学生课下利用“互联网＋”探究数据规律，提高数学应用意识。

5. 多用通用技术，加强数据分析

教师应重视通过技术与数据分析课程的深度融合，使大量人工难以完成的数据处理变成可能。例如：随机模拟，使大量重复试验成为可能，这有利于学生直观体会数据随机性与规律性。恰当使用信息技术，指导学生从机械烦琐的数据分析处理中解放出来，可以把更多的精力放在对概念和方法的理解上。对收集的数据进行处理时可应用信息技术软件来研究，如将数据绘制频率分布直方图涉及数据的分组、频率的计算、图形的绘制等大量工作，都可用统计软件绘制出频率分布直方图，节省计算、操作时间，让学生把精力放在大量理解特征数与数据分析上。具体情况如图 3 所示。

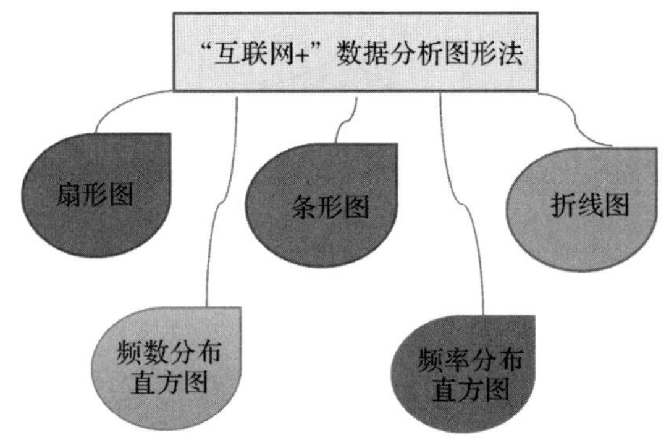

图 3　理解特征数与数据分析

【案例 2】居民月均用水量有 100 个数据，用数据软件绘制频率分布直方图来讨论数据反映的实际情况和问题。

用 EXCEL 表格来绘制频率分布直方图，EXCEL 软件的截图，如图 4 所示。

	A	B	C	D	E	F	G	H	I	J
1	9.0	13.6	14.9	5.9	4.0	7.1	6.4	5.4	19.4	2.0
2	2.2	8.6	13.8	5.4	10.2	4.9	6.8	14.0	2.0	10.5
3	2.1	5.7	5.1	16.8	6.0	11.1	1.3	11.2	7.7	4.9
4	2.3	10.0	16.7	12.0	12.4	7.8	5.2	13.6	2.6	22.4
5	3.6	7.1	8.8	25.6	3.2	18.3	5.1	2.0	3.0	12.0
6	22.2	10.8	5.5	2.0	24.3	9.9	3.6	5.6	4.4	7.9
7	5.1	24.5	6.4	7.5	4.7	20.5	5.5	15.7	2.6	5.7
8	5.5	6.0	16.0	2.4	9.5	3.7	17.0	3.8	4.1	2.3
9	5.3	7.8	8.1	4.3	13.3	6.8	1.3	7.0	4.9	1.8
10	7.1	28.0	10.2	13.8	17.9	10.1	5.5	4.6	3.2	21.6
11										

分组	频数	频率	频率/组距
[1.0,5.0)	30	0.30	0.075
[5.0,9.0)	33	0.33	0.083
[9.0,13.0)	14	0.14	0.035
[13.0,17.0)	11	0.11	0.028
[17.0,21.0)	5	0.05	0.013
[21.0,25.0)	5	0.05	0.013
[25.0,29.0)	2	0.02	0.005
合计	100	1	

图 4　EXCEL 软件的截图

从直方图（如图 5 所示）中进行数据分析，[5.0,9.0）这个区间频率最大，[25.0,29.0）这个区间频率最小，图形呈左边高、右边低的趋势，右边有一个较长的“尾巴”。这表明大部分居民用户的月均用水量集中在一个较低值区域。

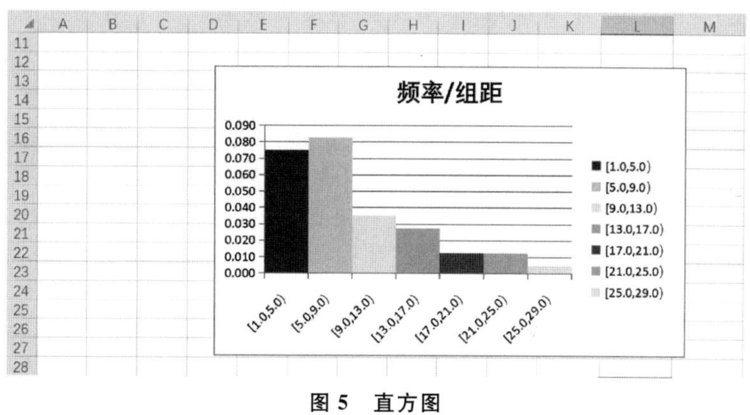

图 5　直方图

6. 应用 GeoGebra 软件和 SPSSAU 软件，学习数据分析

【案例 3】课后实践作业，收集网购忠诚度数据，根据相关数据画出直方图和正态分布图，应用在线 SPSSAU 软件进行数据分析，如图 6 所示。

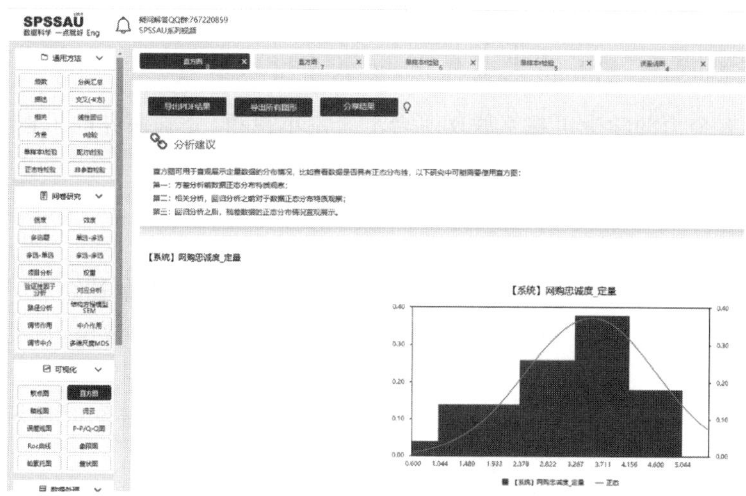

图 6　应用在线 SPSSAU 软件进行数据分析

这些晦涩难懂的知识点，恰好是和显示数据相关联的知识，教师在教学中要善于应用这些数据处理软件，并将软件技术传授给学生，让学生将这种信息技术应用起来，这会逐渐提高学生的直观想象素养的。

7. 发挥线上优势，探寻课堂变革

2020 年，全国各地大中小学实行网上在线教学新模式，这种在线教学打破了教与学的时空限制，促使学生的个性化发展。在上级部门的指导下，我们一线教师在家中精心备课，制作使用的课件，以备上直播课时使用，可以设置一系列“问题串”，引导学生思考，针对一些数据分析问题，也可设置“空中课堂”精品课。学生可以根据实际情况随时进行回放，有助于学生梳理回顾重要的数据分析手段及方法。此时教师可以在“空中课堂”中穿插视频，介绍如何运用数据软件来解决数据分析问题。学生看视频可激起学习兴趣，提高学习效能。如果学生在观看视频时发现问题可以发帖提问，不仅教师可以回答问题，学生之间也可以互帮互助，交流思想，将学习不断深入。建立网络环境下的教学模式：创设情境—提出问题—自主探索—网上协作—网上测试，使各层次的学生都能适应网上教学的学习。

【案例 4】数据分析中涉及的《9.2.3　总体集中趋势的估计》网上在线课堂截图，如图 7 所示。

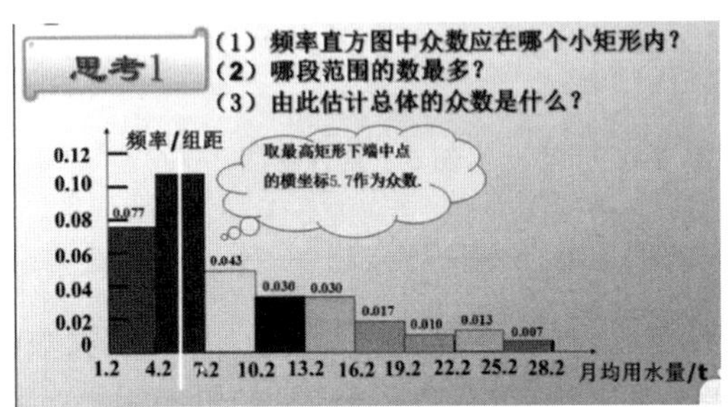

图 7　网上在线课堂截图

8.“互联网十”学习形式多样化，为教学增添乐趣

(1)学有余力的学生可在互联网平台上录制小视频，分享探究的乐趣，也可展示自己对某些数据问题的独到见解或感悟。

(2)有能力的学生可以进行说题，与其他同学分享思考，与同学共同进步，加强合作研究学习。

(3)基础较弱的同学可以回看教师讲解视频，自主学习，查漏补缺。

(4)教师可以通过课堂检测，发现学生不足之处，制作相应微课，帮助学生再理解、再学习。

(5)教师可将学生检测中出现的错误随时截图以示提醒，并同时展示优秀作业以鼓励其他同学学习。

(6)教师可以将拓展提高课与巩固基础课的讲解制作成视频上传到学习平台，供不同层次的学生按需选择收看，实现分层教学，因材施教，具体情况如图 8 所示。

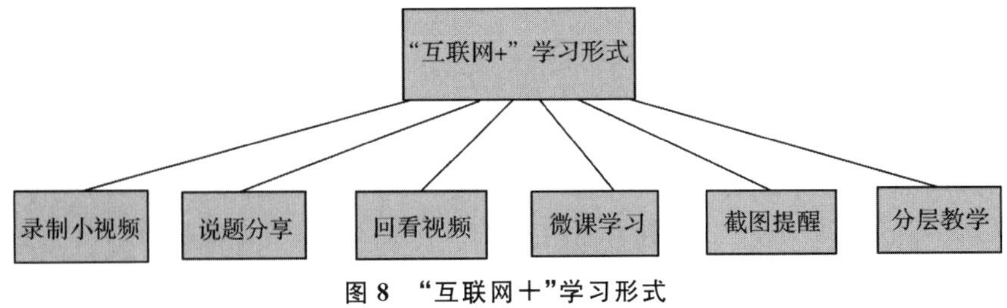

图 8　“互联网十”学习形式

9.“互联网+”模式下,正确处理好教师角色

“互联网+”模式下,正确处理好教师角色,具体情况如图9所示。

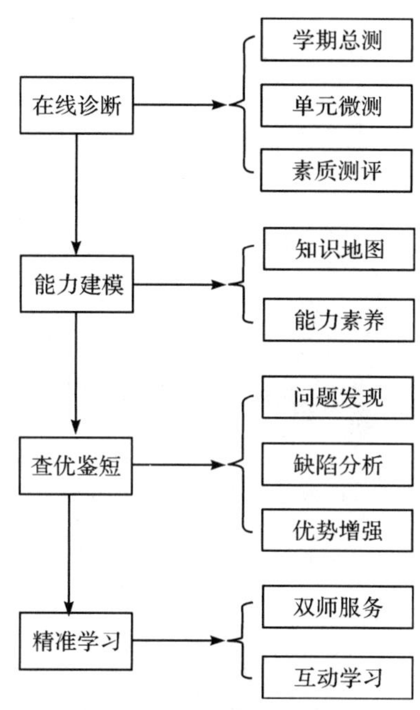

图9　正确处理好教师角色

其中微课可以推荐为“问题改进型”与“优势增强型”等不同类型,以服务于不同核心素养水平学生的学习需要。

【案例5】《9.2.4　总体离散程度的估计》《9.2.3　总体集中趋势的估计》的线上诊断、建模、学习改进,如图10和图11所示。

检测1:

甲、乙两台机床同时生产一种零件,在10天中两台机床每天生产次品数分别是:

甲:0　1　0　2　2　0　3　1　2　4

乙:2　3　1　1　0　2　1　1　0　1

分别计算这两组数据的平均数和标准差,从计算结果看,哪台机床的性能更好?

对于这个检测题,学生们绝大多数都能顺利解答,个别学生会感到吃力,主要是数学运算能力不够,要求这些学生要“再学习”“再检测”,“再检测”后可由学生互相批改,加强学生合作学习。

检测2:

在一次人才招聘会上,有一家公司的招聘员告诉你,“我们公司的收入水平很高”“去年,在50名员工中,最高年收入达到了200万元,员工年收入的平均数是10万元”,而你的预期是获得9万元年薪。

(1)你是否能够判断年薪为9万元的员工在这家公司算高收入者?

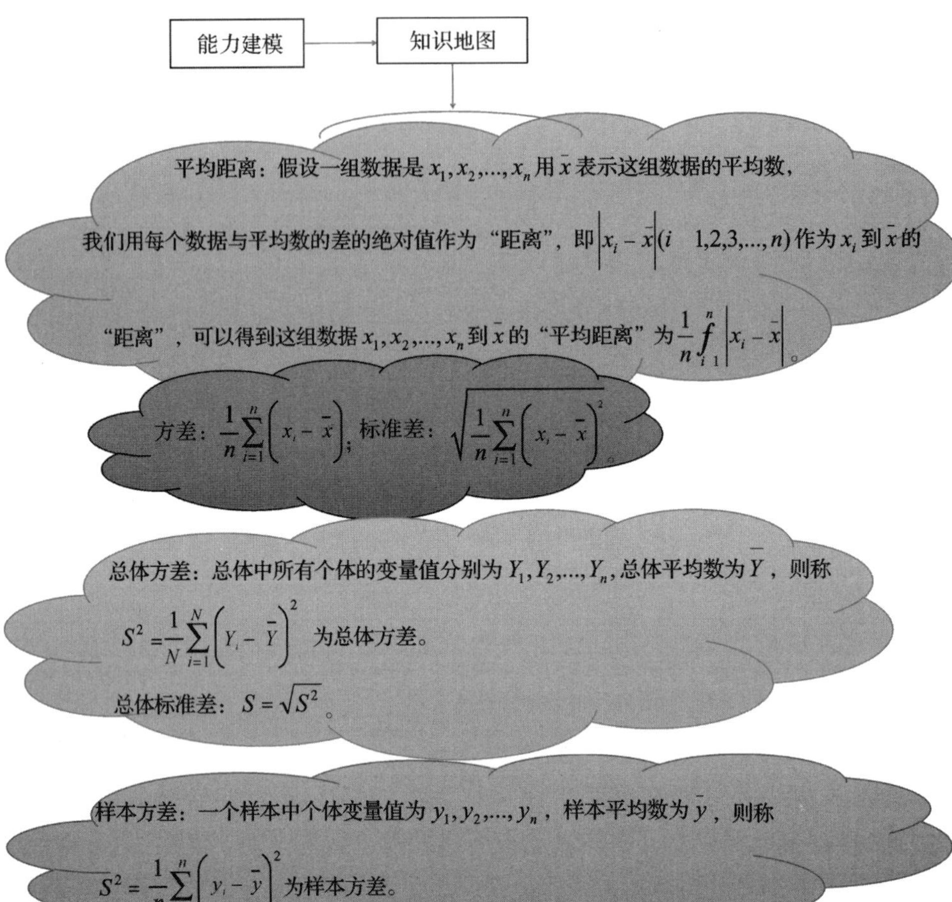

图 10　线上诊断、建模和学习改进

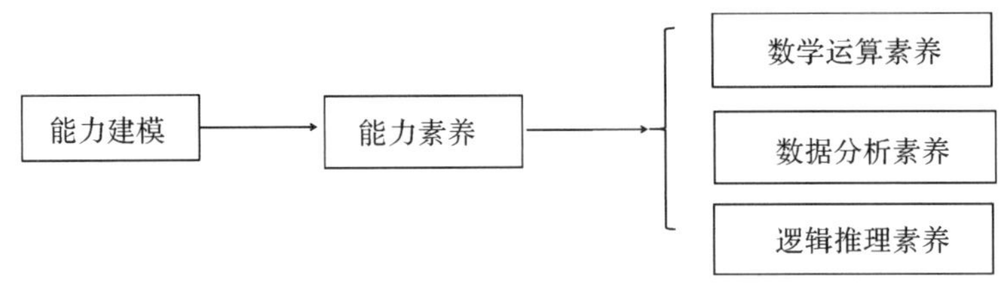

图 11　能力素养构建

(2)如果招聘员告诉你："员工年收入的变化范围是从 3 万元到 200 万元。"这个信息是否足以使你做出自己是否受聘的决定？为什么？

(3)如果招聘员继续给你提供了如下信息，员工收入的第一四分位数为 4.5 万元，第三四分位数为 9.5 万元，你又该如何使用这条信息来做出是否受聘的决定？

(4)根据(3)中招聘员提供的信息，你能估计出这家公司员工收入的中位数是多少吗？为什么平均数比估计出的中位数高很多？

学生作出以下几种答案：("互联网＋"学习实录如下)

学生甲:(1)共 50 名员工,平均收入 10 万元,则去掉 1 个员工年收入 200 万元,剩下 49 名员工平均收入为:$\frac{50\times10-200}{49}=\frac{300}{49}=6.12$(万元)。

如果再有几个高收入的,那么初进公司员工收入将会更低。

学生乙:(2)可以做出决定,不能受聘,因为收入变化范围从 3 万元到 200 万元,低收入是新员工的收入,不能达到自己的理想 9 万元年薪。

学生丙:对于(2)有不同意见,解释如下:不能做出决定,要看中位数。

因为中位数是排序得到的,它不受最大、最小两个极端数值的影响。部分数据变动对中位数无影响,可用它来描述这组数据的集中趋势。若中位数大于 9 万元,说明大部分员工年薪都是大于 9 万元的,可以考虑受聘。若中位数小于 9 万元,则不可以考虑受聘。

教师递进评价:对于(1)甲同学回答得很好,对于(2)同学们确实要注意中位数的意义,丙同学回答得很确切清晰。

学生丁:(3)可以确定有 75% 的员工年收入在 4.5 万元以上,其中 25% 的员工年收入在 9.5 万元以上,所以可以确定不能受聘。

学生戊:收入的中位数大约为$\frac{4.5+9.5}{2}=7$(万元),因为受年收入 200 万元这个极端值的影响,所以平均数比中位数高很多。

教师分层评价:同学回答得很棒,知道中位数和四分位数的意义特点,并能应用于实际问题当中。

查优鉴短具体情况见表 1。

表 1　查优鉴短

查优鉴短>问题改进	表层理解(优势分析)	深层理解(优势增强)
中位数的概念及理解	让学生自主将数据从小到大排序,排在最中间位置的数字为中位数	学生会求一组已知数据的中位数,根据频率分布直方图求中位数
四分位数的概念及意义	让学生理解四分位数为整个数据从小到大排序后,在 25%,50%,75%位置的数字	在具体问题中观察四分位数来解释实际意义
平均数与中位数的区别	通过中位数和平均数大小的图形,来理解它们的区别	举例说明平均数和中位数各自的意义及联系
数据分析应用题解答	会用中位数、平均数、众数及四分位数来解决实际应用问题	帮助学生对数据进行整理、分析及解决实际问题

10.“互联网+数据分析”,注重多元化评价

(1)教师递进评价及分层评价。对于某个实际问题,学生可以将其数据先进性整理、分析,可以把数据利用统计软件或散点图表示出来,提升学生的数据分析、数

学建模及直观想象素养。教师对这些学生的初步数据表达应及时给予评价,应该肯定学生已有的数据处理能力,鼓励学生再对所表述的数据做进一步的分析、整理,得出一些间接获得的结论。教师要再次做出评价,促使学生能根据实际问题提供的数据及数据的初步分析做出更深一步的研究,得出解决实际问题的具体措施,也可鼓励学生应用"互联网+"、运用数据分析软件对所给数据进行整理、分析,进而得出解决实际问题的方法及解释。当然对不同层次的学生应该提出不同的要求,并做出分层次的评价。

(2)学生自评。学生在进行线上学习后,对自己的学习过程进展情况及态度做出即时评价,可正确看待自己的学习情况及了解自己的不足之处,是处理数据不清晰、数据分析不具体,还是方法选择不恰当等,都能马上发现自己的问题并加以改正。

(3)学生互评。学生利用"互联网+"来进行数据整理、分析并得出结论后,需要展示一份简单的数据分析过程学习总结,放在线上成果展这个文件夹里。每个同学可以以自己的名字和大致数据分析内容做文件名,教师要求每个学生可以选取合作小组或者其他小组中任何一个或两个同学的成果进行评价。评价图(如图 12 所示)可以放在成果展文件夹里,以供学生参照。

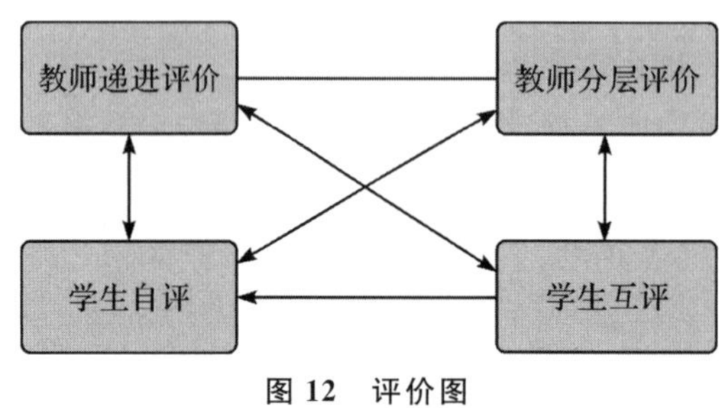

图 12 评价图

借助"互联网+"学习数据分析的多元化的评价更应该注重的是,学生是否在对待实际问题中运用统计思想想方设法解决问题,针对实际问题是否具有利用样本对总体估计的意识,是否会应用样本的分布及数字特征估计总体的取值、总体的集中趋势以及总体的离散程度等。多元化评价特别要关注学生是否具有根据实际问题收集数据,通过对数据的整理、分析和表达,获取有价值的信息,根据数据的取值规律或数字特征对总体进行合理推断,解决实际问题的数据分析核心素养。具体情况见表 2。

表2　高中数据分析学习评价量表

年级________　班级________　学号________　姓名________

评价项目	评价内容	自我评价				小组评价			
		A	B	C	D	A	B	C	D
学习态度	1.学习目标明确，重视数据学习过程的反思，积极优化学习方法 2.逐步培养浓厚的数据分析学习兴趣 3.重视自主探索、自主学习，拓展视野								
参与程度	1.认真参加数学学习活动，积极思考，善于发现问题，勇于解决问题 2.逐步提高数学表达与交流能力 3.积极参加数据分析探究、数学建模活动，加强数学文化的学习，能基本完成数据整理、分析及总结 4.积极撰写数据分析数学小论文、活动报告，参加数学实践活动等								
合作意识	1.积极参加数学合作学习，勇于接受任务，敢于承担责任 2.加强小组合作，取长补短，共同提高 3.乐于助人，积极帮助学习有困难的同学 4.公平、公正地进行自评和互评，评价过程认真、负责、有诚信								
探究活动	1.积极尝试、体验数据分析数学研究的过程 2.逐步形成严谨的科学态度、不怕困难的科学精神 3.勇于质疑，善于反思，有创新意识 4.善于观察分析数学事实，提出有意义的数据分析数学问题，猜测、探求适当的数学结论和规律，给出解释和证明，撰写探究活动报告								

备注：A：优秀　B：良好　C：一般　D：有待改进

参考文献

[1] 卢万才．重点高中数学应用意识和应用能力的培养[D]．济南：山东师范大学，2004.

[2] 燕国材．普通心理学概论[M]．上海：东方出版中心，1998.

[3] 陆菊．高中数学课堂教学中对学习困难学生的教学反思[N]．学知报，2011-05-02(G01).

[4] 冷秋君．探讨信息技术与高中数学课堂深度融合的实例[J]．新课程(下)，2018(12)：119.

基于家校合作下高中班主任德育策略探究

杭州市萧山区第十高级中学　朱国芳

摘　要:德育教育一直都是我们教学当中的重要组成部分,是促进学生身心健康成长的重要因素。在新的课程标准和教学改革下,更要注重学生道德品质的培养,促进学生的全面发展。高中学生正处于青春期的发展关键阶段,具备一定的思考能力和自主意识,在这一时期加强对高中学生的德育教育是十分有必要的。家校合作一直都是我们教学改革的重点,为此希望能够充分地发挥家校合作的功能,在德育教育过程中充分发挥家校协作的优势。为此,我们进行的探索,基于家校合作下的高中班主任的德育教育的策略,希望能够给予一定的参考。

关键词:家校合作;高中德育教育;策略

家校合作是德育教育当中的重要形式,对于学生的德育教育有着非常积极的作用。家庭和学校都是学生学习生活道路的重要组成部分,缺少任何一方的德育教育都难以真正地实现学生全面发展。因此,我们积极地探索高中德育教育存在的问题,加强家校合作,促进德育教育工作的提升。

一、德育教育中家校合作的不足之处

1. 家庭教育和学校教育分裂

在高中学生的德育教育当中,由于学生长时间在学校当中度过,在家中的时间较少,所以主要依托学校对学生开展德育教育工作,家长更多的是关心学生的学习成绩、身体健康。在高中的德育教育当中,班主任作为学生的直接管理教师,也是德育教育的主要负责人。通常班主任会将德育教育融入日常的教学和班级管理当中,对于学生家庭当中的生活、日常的表现并不是十分的了解,造成德育教育和家庭的联系不够紧密[1]。家长作为学生的经验教师,对于高中学生有着不可替代的作用,家庭的德育教育和学校的德育教育的分裂,致使班主任开展德育教育过程中不能够充分了解学生家庭当中的情况,家长也不能够及时了解学生在学校的情况,使德育教育不能够形成一个整体,直接影响到了高中德育教育的有序推进。

2. 德育教育的方式较为陈旧单一

在高中的德育教育当中,班主任通常用说教、灌输的方式开展相关的工作,对于青春期的高中学生而言，很容易产生逆反的心理，甚至产生相反的作用。而且，在教学当中，班主任和家长的联系不够紧密，使班主任对于学生的近况了解不够全面，难以真正地了解学生的性格、心理，使德育教育无法真正地发挥功能，影响德育教育的效果。

3.德育教育家校合作深度不够

对于处于青春期的高中学生而言，家庭和学校的合作是非常重要的，只有对学生有全面的了解，加强沟通，对学生进行全方面的德育教育工作，才能够真正地发挥德育教育的最大作用。但是在高中阶段，由于面临着高考的压力，因此教师和家长普遍更加重视学生的成绩，家校合作深度不够。由于学生长时间在学校接受教育，因此学校习惯了将学生作为教育的主体，将家长排除在外。一方面，教师认为学生的问题是深受家庭的影响的，而且家长工作繁忙，很难积极地配合班主任开展德育教育工作。另一方面，对于家长而言，已经习惯了学生的教育是由学校完成的，从而对家校共育、学生开展德育教育的合作不够积极，影响了家校沟通。

4.德育教育家校合作途径不多

德育教育当中，家校合作是需要建立在一定的途径之上的。随着时代的变迁，家校合作的途径也越来越多。但是在德育教育的过程当中，通常教师习惯了传统的途径，如对学生进行家访、和家长面对面地沟通、开家长会等，但是还不够深入，家校合作的途径还十分有限。能够时常和教师进行联系，沟通学生的实际情况也只是少部分的家长，不具有普遍性，不能使每一个孩子都能获得良好的发展。

二、高中德育教育家校合作的意义

1.有助于优化学校德育教育环境

高中生经常面临着家庭、学校的两点一线，班主任对于学生在学校当中的情况较为了解，能够有一定的针对性地开展德育教育，但是学生在家庭生活当中的情况，班主任是无法完全掌握的，这就需要班主任和家庭紧密地沟通，家校协同，实现全方位的德育教育。家庭的德育教育能够根据孩子的实际情况潜移默化地进行调整，为孩子创造一个良好的家庭环境，使孩子树立一个积极向上的观念。高中学生正是由未成年向成年过渡的关键时期，容易受到外界的影响，如果在德育教育中能够实现家校合作，对学生有全方面的了解，为学生营造一个家庭、学校全方面的德育教育环境，将十分有助于学生道德品质的提升。

2.有助于打破学校德育教育有限性

在学校进行德育教育，由于学生具有一定的差异性，因此同样的内容同样的德育教育的方法，对于不同的学生会产生不同的影响，甚至对于个别的学生不产生作用或者产生相反的作用。另外，德育教育良好效果的取得离不开师生之间的互动和沟通[2]。但是由于班主任对德育教育的了解，在教学和日常生活当中，运用德育教育的方法是相对有限的，学生的接受能力也是有一定限制的，这就导致了我们学校的德育教育的效果是存在着一定的限制性的。而家庭是学生生活的主要场所，家庭当中的教育是长期的，父母作为孩子的老师也是陪伴孩子成长的家庭成员，一言一行都对学生产生着重要的影响，这是学校教育所无法比拟的。因此，家校协同教育，对于学校的德育教育有着一定的补充作用，起着加强德育教育的效果。

3. 有助于提高德育教育的实效性

家庭教育是其他教育的基础，是跟随孩子一生的。而我们学校的德育教育只是针对学生在学校当中的时间开展相关的教育工作，只有充分地发挥家庭教育的优势，紧密地配合，才能够真正地实现学生全方位的道德教育。学生的很多行为、思想、性格都受到家庭教育的影响，学校在开展德育教育的过程当中，要充分地挖掘家庭德育教育的功能，使家庭教育和专业的学校德育教育紧密地结合在一起，才能够真正地实现德育教育的时效性。

三、基于家校合作下高中班主任德育教育策略

1. 构建沟通机制，提升合作深度

家庭和学校是学生生活的主要场所，也是开展德育教育的有效途径，为了提高高中班主任的德育教育效果，在教学当中，班主任要积极地和家长进行沟通协调，建立良好的家校沟通机制，让家长对德育教育有正确的认识，积极参与家校共育，和教师进行沟通交流，实现学生生活、学习的德育教育渗透，从而促进德育教育的有序开展[3]。作为班主任，要重视家长在学生成长生活当中的作用，不仅了解学生，也要了解家长的生活和工作，和家长建立良好的关系，达成德育教育的共识，在此基础之上，寻求有效的德育教育方法。对于家长而言，不仅要关心学生的成绩、身体健康，更要注重学生的心理教育，将在校的表现也纳入学生的教育当中。家长要尊重教师，通过家长会、现场交流等多种方式，开展家校合作，和班主任沟通学生生活当中的情况，勇于表达自己，只有这样，家校合作才能够不断地推进，成为高中班主任德育教育的重要手段。

2. 优化德育教育家校协同的环境

家庭的环境会对学生产生潜移默化的影响，因此在高中学生的德育教育当中，班主任要和家长紧密地沟通，优化家庭的德育教育环境。随着我国经济的快速发展，我们的生活得到了有效的改善，家庭物质环境和以前相比，有了巨大的进步。很多家长在教育子女的过程当中，过于注重物质的满足，而缺少对学生精神层次的教育，这会带给学生不良的影响。因此，教师要引导家长，注重家庭环境的建设，融入德育教育的内容，为孩子营造一个良好的德育教育环境。引导家长以身作则，在家

庭生活当中互敬互爱，尊重每一个家庭成员，尊老爱幼，从而潜移默化地影响学生，为学生营造一个良好的家庭环境。学校当中的德育教育的环境也需要家长的深度参与，从而实现对学生的教育和管理。在学校开展德育活动当中，学校要加强沟通，获取家长的支持，这样才能够让学生获得更多的来自学校家庭的指导，实现教育资源环境的共享。

3.想方设法拓展家校合作的途径

德育教育当中，家校合作的途径不应该是单一的，应该是丰富多元的。在传统的德育教育当中，家访、家长会是非常重要的德育教育的途径。而随着我们社会的发展，要深入地挖掘学校的德育教育资源，拓展合作的途径。每个星期学校都会举行升旗仪式，在升旗仪式上，可以邀请一些家长共同参与，加强家长对于学校德育教育的理解和认同。在母亲节、父亲节、重阳节等节日中，学校也可以开展各种各样的活动，让家长来到学校当中，和学生共同交流德育教育的内容，转变家长的观念，为孩子营造一个良好的环境。例如，班主任可以在母亲节到来之际，通过电话、微信的方式和家长沟通，将活动的时间、程序等详细地告知家长，让家长合理地安排时间，参与到活动当中。家长可以提前准备好和学生在生活当中的点滴小事，共同回忆家庭生活；学生可以将自己对母亲的心里话说出来，加强亲子之间的沟通。班主任还可以充分利用信息技术，通过 App、腾讯会议等，和家长保持适时的沟通，共同探讨教育的内容，通过这样的方式来拓展德育教育的途径。

4.丰富家校协同下的德育教育内容

高中生的德育教育内容丰富，在家校协同的背景下，要丰富德育教育的内容。生活化的德育教育对于学生而言更便于理解，每次在家校合作的过程当中，班主任可以和学生、家长建立密切的联系，要求学生在生活当中也要监督自己的言行，不仅仅学习理论知识，更要做好实践，将理论和实践结合在一起，做到言行一致，实现德育教育内容的生活化、多样化，从而将德育融入学生一言一行当中。因此，德育教育不仅要在学校当中进行，更要在家庭生活当中引起重视，家长也要注重自己的言行，督促学生在家庭生活当中进行德育教育的理论知识学习，促进家长与学生的沟通交流，从而使学生心理健康地成长，培养学生的道德品质。共同调动学生的积极性，让学生寻找解决问题的方法；培养学生的探究能力，让学生在解决问题的过程当中学会社会原则；关心学生的心理压力。

在高中的德育教育当中，家校合作需要家长对于家校合作有一定的认识，能够积极地参与到教学活动当中，支持学校开展德育教育工作。为此，班主任要加强和家庭的沟通交流，转变家长的观念，通过实践，提升德育教育的效果，积极地探索家校合作下的高中班主任德育教育的策略，实现学生道德品质的提升，促进学生的全面发展。

参考文献

[1] 赵玉海.利用民族地区家校合作助力高中班主任开展德育工作[J].考试周刊,2021(38):163-164.
[2] 许贤苏.理性反思问题,搭建家校深度合作德育平台[J].中小学班主任,2021(3):39-40.
[3] 赵风琴.在班级德育工作中提高家校合作效能[J].读写算,2020(22):46.

给学习进程一个“慢进键”

——高中生物学习中的真实情境实践教学探索

杭州市萧山区第十高级中学　朱旗平　韩小萍

摘　要：本文围绕生物学科学习中真实情境实践教学的重要性进行阐述，记录学生在真实情境中学习方式的改变和教师教学方法的改进，期待真境实践引领学生“合学、真学”，树立生命观念，发展科学思维、探究能力，增强社会责任感。

关键词：真境实践；挑战性；生物

一、问题缘起

目前很多学生的关注点在考点上，根据高频考点来记忆和刷题，无法达到知识的融合和实践应用。回想我的一些教学片段，也曾因为课时紧张而满堂讲，忽略学生实验和实践的机会。是时候按下“暂停”键，反思我们的课堂是否合格，是否让学生真实为学。

二、实践教学的重要性

“纸上得来终觉浅，绝知此事要躬行”，力学笃行是对师生的共同要求。任何时期，在实践中历练都是最好的学习过程。学生对学科核心概念的理解存在多个不同的中间水平，运用真境问题刺激将促进学生在中间水平的过渡和深入，促进思维发展。情境沟通生活世界与科学世界、文字符号与客观事物、知识与思维之间的关系，构建真境实践的认知路径是知识通向素养的必然要求（余文森《核心素养导向的课堂教学》）。

三、真实情境实践教学的推进

在大班化共学中，很多学生往往是被推搡着随大流，他们其实没有主动学习，而教学效果需要到生活中才能被证实，那样就晚了。教育就是让学生自己会思会学会创造，为此我们需要明确推进学生的真学。

1.依学情设问推进先学

教师基于“先学后教”理念，在了解学情的前提下设计先学任务链，学生自己先学也能在一定程度上达到“温故知新、迁移转化甚至激发自己的探究欲望”的目标。教师要做的第二步是再次详细了解学情，找到学生最近发展区，归纳不同学生的学习疑惑，设计真实情境任务并为学生不同的探究深度搭建梯子。

2.全班共学过渡到小组合学

鼓励学生组建小组，以四桌椅围坐为宜，支持课堂上必要的活动交流和讨论。四桌围绕模式让学生充分意识到四分之一的重要性，激发其参与活动，同时促进彼此之间的合作。不仅合作过程增加生生之间的情感交流，这样的氛围也能减少学习压力，学生的参与积极性更甚，其实学生教学生的效果有时比老师教更明显，还能减少学习孤独感，团队合作学习中的孩子更懂得分享。

3.目标转向从应试到素养

先学后教和因材施教使得更多的学生获得了精简容量的学习生活，他们有了相对更多时间去安排自己感兴趣的实践体验或者深度学习，更多地感受学习的有用性和乐趣，真正懂得学习为我所用的意义。

四、高中生物真实情境实践教学的探索

1.单元教学结构化

从单元学习目标到活动到评价都要进行整体重构，关注三者的内在一致性。单元学习要有主心骨，即核心任务、大任务，任务指向素养目标，学习活动围绕做任务把教材融合进去，把教材以外的其他学习资源也融进去灵活使用。

比如植物生命活动调节的学习，设计活动引导学生认知“生长素”的发现及研究方法，理解植物如何通过信息分子的分步调节来产生、来表现出一定的生理效应，从而形成植物激素和激素调节的基本概念，知道生命活动调节的普遍模式是“刺激→感应→响应→调节”，以此维持稳态，适应环境。这样的内容结构化能更好地理解大概念、重要概念，帮助学生从生命本质性去理解机体的稳态调节，将概念性知识升华为结构与功能观、稳态与平衡观。

2.真境教学证据化

在单元整体设计之后，目标清楚了，内容清楚了，活动清楚了，评价也清楚了，接下来就要进行情境教学活动，本质是在任务中落实单元目标，这是指向学生的素养发展，让学生去体会科学家的探究经历，激发思维发展，这也是学生核心素养的一个重要落点。

比如阅读生长素发现过程中达尔文父子实验、詹森实验、拜尔实验、温特实验，

比较这几位科学家的主要思路与方法。为了完成这样的任务，学生需要基于科学证据做出分析，然后建立概念，比如向光性是因为胚芽鞘尖端的背光侧生长素浓度比向光侧高，那么这个信息如何得到？确实是这样的吗？学生需要寻找证据，第一个证据是通过实验证明它确实是在尖端发生了转移，所以背光侧生长素浓度要比向光侧高，这是个体水平的证据。那么这就证明它确实是高了吗？学生还需要给出一些其他的证据来说服，比如用 GUS 基因染色法，通过报告基因的方法能够看到确实是在背光侧的蓝色比较深，这样就能从分子水平的证据看到生长素在背光侧的分布确实多。另外，从证据链条来讲还需要细胞水平的证据，通过显微镜观察可以看到背光侧的细胞伸长生长确实要比向光侧快，学生获得这些多层次的证据才能够支持他理解背光侧生长素分布多，从而理解向光弯曲生长。

另外，在解释向光性的时候，对于“为什么是尖端向光”也可以提供新的科学事实。比如豌豆幼苗的上胚轴光敏色素浓度相对比较高，这是因为这里感光蛋白比较多，不同生物胚芽鞘有相似的规律性分布，生长素活性相对值比较高也就明确尖端产生生长素比较多，而且这部分感光蛋白也主要分布在最顶端的部位，这也可以用来解释根为什么是负向光的，根这个地方也有光敏蛋白。综上所述，通过分子水平、细胞水平到个体水平的证据化情境活动能更有效地达成单元概念的理解，推进单元目标的落实。

3. 实践教学深入化

深度学习是一种基于实证研究的假设实践检验过程，这和单元学习中倡导的真境实践不谋而合。由于深度学习源于实证探寻的特性使得它与实践紧密相连，又能确保教学沿着最终目标（素养发展）稳步前进，还能反过来被实践类实证研究加以检验和修正。真实情境实践深入化的比较好的方式是给学生提供挑战性任务，这样的设置可以促进学生的思维能力发展，相当于给学生在思维上进行一种复合训练或是超耐力训练。

(1)从教材内容延伸形成挑战性任务。比如，从生长素的发现过程延伸出的挑战性任务是让学生整理不同科学家的研究方法，其实整理和在整理中总结是非常难的。达尔文父子实验中用锡箔小帽去除单侧光对顶端的影响，这主要用减法实验；詹森实验用插入云母片、琼脂片的做法，这主要用阻断方法；拜尔实验虽然切掉了顶端，然后挪了个位置，但是从效果上来看相当于人为施加了一个物质的不均分布，这是加法实验；温特没用胚芽鞘本身，而是用了琼脂块，如果胚芽鞘顶端确实有这种物质的话，那么放置过这个顶端的琼脂块也会有相同的生理效应，这样就证实了这个化学物质的存在，这是假说演绎的思路和方法。不同科学家的思路与方法是截然不同的，这样的情况值得让学生去比较、去分析、去挑战。

(2)从真实研究情境打造挑战性任务。比如，依据学术文献构建挑战性任务。野生型番茄（WT）和内源赤霉素降低的转基因突变体番茄（L10）的果实成熟不同，探讨这是不是由于内源赤霉素导致的。怎么来确认就是挑战性任务，确定的方法首先可以通过给突变体补充外源赤霉素（GA），早熟性状消失就可初步确认可能是由于赤霉素。那确实是赤霉素引起的吗？进一步实验应如何设计？这又是一个挑战性任务。学生在这需要去讨论的办法是阻断合成，当对野生型用赤霉素合成抑制剂(PAC)来阻断时表现出来的性状跟突变体一样就可以证明赤霉素在这里发挥了作用，学生通过这样的挑战性任务来体会植物激素研究中的常规方法，体会这种加法和减法的原理。具体情况如图1所示。

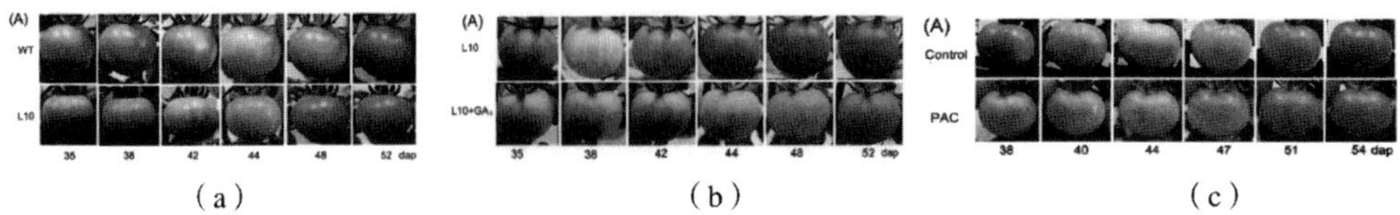

(a) (b) (c)

图1　野生型番茄(WT)和内源赤霉素降低的转基因突变体番茄(L10)的不同处理和果实成熟性状

4. 学科教学交融化

"学"是一个广泛的概念，应远大于对课本知识的学习。真实情境学习更容易遇见学科交融性问题，对此我们提倡学科整本教学和多学科联动融合教学，这是对传统课堂教学的更新。生活中的真实事件是综合教材，学生带着真实任务要学会各种跨学科知识、技能，最后解决综合任务，这才算是学完整，这是更接近实际的教学，也更符合学生所需。

跨学科的真实情境教学有利于促进"合学"到"个性学"。现在流行的项目化学习就是真实情境学习，也是多学科融合教学的好方法。不同的学生或学生团队选择不同的项目化学习活动，这相当于参与社区现实问题的解决，这样更具实战性，更能锻炼人的社会适应能力。项目化学习内涵量很大，做起来一点儿不轻松，很多时候学生需要去查阅大量资料、进行实地的调查或科学探究，还要经受社区的考验，这让学生拥有社会实战经验，获得个性化成长。学生终要进入社会，这比理论知识更有用，比应对高考更具意义。

五、真实情境实践教学的中长期发展保障

1. 勤反思和注重学情分析

真实情境教学要始终密切关注学生学情的变化，这是教学效果最直观的反馈和说明。教师必须做教学反思并坚持和学校同事交流，共同探讨相关措施的改进，相互影响教学理念的更新，从行为到思想来认知真实情境实践的实用性和重要性。

2. 及时做好评价跟进

没有跟进评价是难以巩固教学效果的，也不能帮助学生形成正确的行为习惯，因此要对学生增加基于不同学习目标的表现性评价和学业水平考核，将其列入学生的综合素质报告中。记录学生参与的实践活动和经验积累，记录和评价学生启动多种感官的体验和感悟。同时注重学生的主体作用，尊重学生的个性差异，让学生彼

此作为评价的主体或者进行团队评价，通过评价来让学生反思自己到底学会了没有。

3. 改善氛围突出实践

很多学生的学习表现内容主要是疯狂刷题和功利性的竞争，很多学生或许没有真正去思考过学习对自己的意义，也很难说他从学习中得到了快乐，考一百分也不能代表核心素养的落实。因此，我们需要找更多的机会让学生去实践、去体验，亲身体验到知识、技能用于实际问题的解决才能从中获得学习的成就感。当学生愿主动参与实践活动时，教师不必过多关注结果，更不要统一要求，每个人的能力不同，结果肯定也会不同，不管是能到达“记忆、理解、应用还是创新”的哪个地步，都是他们的收获。

一次真的经历比无数次的理论学习都会更有效，实践中辨别、历练、反思也比任何理论说教更实在，也只有真的经历过才能扬长避短，学会“用”和“学”。

参考文献

[1] 中华人民共和国教育部. 普通高中生物课程标准(2017 年版)[S]. 北京：人民教育出版社，2018.

高一开设园艺类综合实践劳动课程的应用研究

杭州市萧山区第十高级中学　朱旗平

摘　要：本文以生物学科为载体，在高一开设园艺类综合实践劳动教学，借此多方面调动学生的探究性学习、参与热情，提高学生的综合实践能力。

关键词：园艺类；综合实践；劳动教学

学生高中阶段的学习是其为成为各行各业实用型人才和高素质劳动者而夯实知识技能基础的最佳时期，也是促进学生形成品格的关键时期。学生在进入社会后所要面对的问题都是比书本内容更复杂、更综合性的，因此锻炼学生的综合实践能力是必需的。针对这个培养目标，依据生活教育理念，我们增设综合实践劳动课程。总之，我们要让学生拓展学习，在做中学。

一、园艺类综合实践劳动教学的实施

（一）自编校本选修教材，营造园艺教学氛围

依据我校学情，立足学生全面发展理念，构建校本选修课程服务于园艺类综合实践劳动教学，旨在激发学习兴趣、夯实生化基础知识、锻炼劳动技能、发展劳动创造思维，促进学生个性发展。自编校本课程《校园盆栽植物生理及养护》以盆栽培植、盆景制作为主线，把生物、化学专业知识与园艺相关知识、技能进行整合，并融入综合实践劳动技能的指导，是一门学生可以自行操作的实践课程。在课程中列举校园的植物花卉，引导学生实践辨别和养护，如"叶脉书签制作""校园绿植修剪和造型""校园花卉辨认赛""校园园艺摄影赛""无土栽培的实践和应用""校园盆景制作展览""绿化环保行为"等。

（二）利用校园劳动基地，构建园艺教学基石

1. 专业的实验实践室

配备常规教学设备和专职劳技辅导员。专业的实验实践室的开设服务于学生对专业理论知识的学习，弥补学生动手实践前的技能空缺，如生物学、化学、通用技术、美学等多学科融合学习，使我校的综合实践劳动课程专业化和规范化。

2. 劳动基地

为更好地开展综合实践劳动课程，我校专门对校园土地重新规划，开设出师生劳技教学实践基地，在校园的合适区域划分仔细并设置标志，配有大棚、果蔬园、盆景区等，这里是参观学习、实践实验的好去处，学生在这里栽植、翻地除草、科学记录、生产实践，在过程中感受真实的生活生产，体验自己劳作的成败。

（三）开放生物实践课堂，丰富综合实践过程

综合实践劳动课中学生有更多动手的机会，可以通过手工制作、生产劳动来反馈和评价自己的学习情况，认清自己对某个知识或技能有几分掌握，是否需要再学习等，使学生最大限度地处于主体激活状态。

1. 让学生在“动手”中学习

高中生处于好动的年龄，因此我们要想方设法增加学生的实践机会，让学生获取动手的体验，通过各种体验提高学习兴趣和积极性，这样有利于深刻理解并牢固掌握知识和技能。为此，在日常的生化课堂增设实验实践课，增加学生动手操作、亲身实践的时间。如在“叶脉书签制作”前，在生物课堂增加对植物各部分细胞的显微观察，了解叶肉细胞的亚显微结构、叶绿体的形状和光合作用生理过程，让学生能区分哪些植物的叶片更容易制作叶脉书签。

2. 让学生在“活动”中巩固

学生对专业知识、技能的巩固是需要经历综合应用的，如在生物课堂上学习“植物激素”“植物克隆”等，在基地就可以尝试操作植物的“无土栽培”，进行“植物组织培养”实践。当然在实践过程中还会遇到很多实际问题，这时学生在活动中练出来的胆识和表达能力就表现出来了，他们更懂得请教老师和学长，利用电脑网络查找收集资料，利用小组合作学习互补互利。

3. 让学生在“评价”中提升

学生的任何一项学习任务都要给予评价，这样学生才能知道自己的掌握情况，才能在学习中发展思维，开发创造的潜能。如在“盆景制作”后，学生学会对自我和他人盆景作品的评价，在日常生活中也会对各种盆栽盆景多加关注，会用更加“挑剔”的眼光欣赏作品，也会对作品再思考“如果我来做，我会如何……”，从而培养比较高的鉴赏水平，激发学生的创作想法。当然这个过程中少不了教师的点拨，促进学生的观察和动脑，引发思维的想象力。

（四）注重课外学习延伸，拓展技能体验途径

学生的综合实践劳动习惯的培养，不是一朝一夕就能形成的，需要多方面、多渠道的引导和培训。

1. 以学生社团为载体

组建"知禾研学社",以学生社团为载体组织各种比赛或者主题活动,"园之色显学才、艺之灵示生能",借此激发学生的学习热情和竞争意识,也间接增添校园的学术氛围。学生在社团活动中把课堂学到的知识运用到实践中,促进专业与综合教育"大一统",也使对专业与实践技术有特殊兴趣的学生聚集在一起,有一个充分发挥天赋、才能和创造力的场所。社团的技能竞赛和展览评比活动也让学生展露才能,体验成功,进一步鼓励学生积极参与。

2. 以家校联系为载体

一些实践项目可以组织学生回家进行,在家长的指导下,学会操作技术。这些活动使学生深入生活,懂得更多的生产生活实践和家务劳动,也增进学生与家长的亲情交流。

3. 以其他校外资源为载体

结合学生发展需求,充分利用社会资源,规范学生的社会实践途径。首先让学生在思想上认知社会实践的重要性,让学生根据自己的兴趣爱好和现有能力制订社会实践目标和计划,然后去社区或者企业公司联系实习。为了使这一活动有序开展,学校与家长紧密联系,也聘请相关部门工作人员作为"校外辅导员",使学生学到更多书本上学不到的知识,也让学生尽早体验不同职业的内涵,对自身未来的生涯规划和职业选择大有启发。比如,学生通过对园艺相关知识的学习来认识种植业、栽培业、设计业、环保业、经济业等与园艺有关的职业。

(五)探索多样评价体系,增强综合教学活力

有评价才能真正促进学生的综合实践技能、劳动态度和劳动习惯的养成。

1. 考试和平时考查相结合

考试可以作为评价的一种方式,但不是唯一,它可以反映出学生的大部分学习情况,客观公正地评价学生的学习结果。考试可以是试题,也可以是作品提交。综合实践劳动课程没有专门的试题库,可以就某个实践主题结合相关学科知识和选修课知识出题,若是作品提交,则必须是限定主题和要求的。

此外,我们应该更重视考查学生平时在实践中的具体表现,如活动的参与度、在活动中的积极性、交流表达的情况、与他人合作的情况、质疑率、问题的解决率、作品的完成率和展示情况等等,这样的评价要占70%以上,因为观察学生在活动中的表现最能反映出学生的学习态度和能力的成长。这种表现性评价是学生学习成效评价中比较好的方法,一般可从五个领域反映学生的学习成效,见表1。

表1　五个领域反映学生的学习成效

交流方式	操作	概念的获取	思维的转变	情感	得分
方案修改	书写方案	专业术语、仪器名称	对不确定因素进行辨别和解释	与别人分享用具	
演讲	活动仪器设备安置	选择适当的解决方法	采纳同组或其他组建议	在合作小组里一起工作	
听从口头指示	使用工具，实践过程	对实验数据资料进行归纳制表	综合集体智慧分析问题	服从学校规章制度	

2.运用发展性评价方法

综合实践劳动课程对学生而言，不仅是一门生活必修课，也是一门职业必修课，担负着引领学生将来择业的任务，培养学生的相关职业基础技能，包括观察能力、动手能力、想象能力和创造能力等。因此，在考查学生的学习效果时，也要对学生经过该课程学习后的能力进行考查。运用发展性评价方法，对学生的现有学习提出赞赏，对学生的后续学习提出期望，这样学生的学习热情就能维系，学习效率提高，情感态度价值也能得到发展，做事的自信心、自主性才会渐渐形成。

我们既要重视对学习者学习过程的表现性评价，也要重视对学生的综合运用能力、实践能力和交流能力的发展性评价。采用教师评价、同伴评价、学习者的自我评价相结合的方式，适度量化，有效反馈。

二、研究效果

1.促进学生的发展

(1)调动学习的自主性。中学生的思维本来就活跃，探索求知欲强，让他们亲身经历综合实践、亲自去创造劳动价值，他们的积极性很高，中途遇到的问题也有了自我解决的动力。据统计，活动课中各学生小组在获取信息时利用电脑(100%)、图书馆(100%)、书店(89%)、基地实践(100%)、实验(80%)，访问学者(54%)，请教教师及家长(100%)等，真正实现了学生自主获得信息。

(2)增添生活体验。在基地的实践劳动就是体验生活，怎么认识、种植、种好植物，怎么松土，怎么防病虫害，如何创收，等等。学生边动手操作，边观察记录，边动脑思考，促进了他们的知识综合应用能力。同时在劳动中培养他们的团结协作精神，提高交往能力，培养吃苦耐劳的品格，从而为培养出高素质劳动人才奠定基础。

(3)强化技能和特长。有目的地组织实践，增强学生的主体意识，引导他们进行自主探究学习、巩固专业知识、强化职业技能和特长，也增强了学生对未来社会的适应性。

2.促进教师的发展

(1)专业能力的提升。在园艺技能综合实践劳动课中教师也要通过培训学习，多渠道地更新和提升自己的知识内容和技能，提高自己的专业水平，拓宽自己的知识范围。

(2)科研能力的增强。园艺技能综合实践劳动课程的开发，使教师获得一个扩大综合知识和技术的机会，再学习和知识技能的再提升都会带来全新的教学感受，进行新学习方法的指导和应用，并进行教学反思，对自我教学行为进行研究和改进，撰写教学心得、感想，增强自己的科研能力。

(3)人际关系的改善。在综合实践劳动教学中，教师也会遇到比课堂教学多的实际问题，而很多问题的解决往往需要多学科联动才能完成，这促使更多不同科目的教师交流互动、参与实践，教师与教师之间的人际关系得到促进。

3.促进学校的发展

(1)充分利用家校资源。组织学生基地劳作，校园周围的土地资源得以充分利用。同时，学生为了解决问题，进出校生物、化学实验室的次数也多起来了。在果树栽培活动课程中，学生可以提供自家的特色果蔬样品，通过克隆方式栽培，丰富校园植物。

(2)凸显校园专业特色。我校依山傍水，校园的绿化做得特别好，是绿色示范学校。园艺技能综合实践劳动教学能更加美化我校的环境，同时丰富校园文化和促进学生发展。

三、思考

园艺综合实践劳动教学的实施还要考虑到多方面的问题。

(1)校本综合实践选修课程还不成体系，课程也需要再完善。目前，不同科目的教师依据自身教学特长和兴趣，编写的选修课程一般都是学科拓展方面的，各有特色，但还不成体系。选修课程也在教学试验中，学生的学习反馈正在记录，总的使用效果还不得知。我们知道每一个课程体系都需要被使用和被评价，或许要经过多次的批判和修改才能获得发展。为此，教师要做好反思，在课程应用中记录学生的感受，理性地分析学生在学习中出现的问题并积极寻找解决问题的方法，坦诚地面对课程设计中的漏洞，反思修改方案。

比如，就《校园盆栽植物生理及养护》课程而言，应用后的反馈中发现设计活动或实验时对照性的事例举得不够多，学生能参考的东西偏少，同时对多个活动主题的限制条框偏多，开放度不够；在反馈中也有学生提到课程中的活动比较陈旧，应该多添一些当时社会热点技术事件；还有学生自告奋勇地向我推荐了一些新奇的、趣味的资料，希望笔者编进课程中。这是个非常好的现象，是教师了解学生需求的捷径，也说明学生是真喜欢，要不然他不会有参与的想法，因此笔者非常重视学生的意见和建议，把它们记录下来，在修改时充分考虑。

(2)师生活动的契合度要进一步加深。学生的学习就像在铸造航行的“舟”，而我们的教学就像是为学生提供前行的水浪，如何因势利导地提供“好动力”，让学生在兴趣爱好的前提下建好可行之舟，我们仍需努力。面对每一届的学生综合实践活动教学，我们都要做好教学反思，及时补充新的教学技能，更新教学观念，追求更有效的活动指导。也可以从学生角度寻找方法，建议每一届学生把自身在活动课程中的体会记录下来，以信件的形式告诉学弟学妹们，帮助他们少走弯路。

(3)学习责任的归属要进一步明确。学习归根结底是学生自己的事，家长和教师不能包办，应把成长的责任还给他们，把成长的机会也还给他们。因此，在综合实践劳动中让学生自己去琢磨、去思考、去解决问题，不要去管这中间花费多少时间、学生是否受到打击，成长的道路上不可能都是岁月静好，要让学生在活动中知道学习的价值和责任，经历是“学”的最好推动器。

参考文献

[1] 刘世峰.中小学的劳动技术教育[M].北京：人民教育出版社，1987.

[2] 宋盛超.跨越2000年　中小学素质教育新探[M].成都：四川民族出版社，2000.

浅谈家庭教育的理性认知和策略建议

杭州市萧山区第十高级中学　朱旗平

摘　要：本文从一件校园事件说起，阐述对家庭教育的理性认知，从感恩、尊重和以身作则三个方面提一些策略建议，期待促进家校的合作、促进孩子的进步。

关键词：家庭教育；策略；言传身教

一、问题缘起

去年所带班级里发生了一件让笔者诧异的事儿，从班级孩子的言论中了解到有个孩子不大去食堂吃饭，这件事引起了笔者的关注。笔者于是去查了食堂数据，数据显示班里确实有个孩子天天只吃一次食堂饭。笔者一开始以为是不是孩子家里有什么困难，于是笔者去家访，发现孩子的家庭条件很不错。父母亲的工薪待遇是比较高的，但工作地点不在浙江，因此常年不在家，家中两个孩子，小的带在身边，大的留在这里由爷爷奶奶照顾。排除家庭经济困难的原因之后，笔者去了解孩子为什么不去食堂吃饭，她告诉笔者是为了减肥，但她本人其实有点儿瘦，于是笔者多次跟她交流沟通，从中学生这个年龄正在长身体说到健康的重要性，从饮食到身材到心理，却一直说服不了她去食堂一天吃三餐。

通过班级同学劝导也不起作用，于是笔者只能对她进行跟踪了解。笔者发现一个奇怪的现象，她在课间操和晚自修前吃大量的零食，然后又给自己催吐——主要用手伸进喉咙，有时候还用药催吐，这样短时间吃了又吐，吐了又吃。于是笔者把她叫到办公室，第一次非常严肃地问她："为什么这样做，不说原因笔者就要请家长了。"她告诉笔者她在锻炼自己的胃，如此"壮烈"的举动竟是为了锻炼，而她从不觉得这样的行为有什么不妥，而这样的行为已经有大半年的时间。笔者推算她在中考那样紧张的学习时间段里也在这样折磨着她的胃，直觉告诉笔者肯定还有更深层的原因。最后她告诉笔者这样做是为了能做"吃播"，孩子说："吃播赚钱快，读书不也是为了赚钱吗？"笔者非常惊讶孩子的想法是怎么来的，吃播视频现在确实很常见，吃播工作确实也有高薪现象，哪些信息促使她为此付诸行动了呢？笔者进一步跟踪调查发现，她的同学圈、朋友圈中没有热衷于此的人，再去和她的爸爸妈妈了解情况，经过多次的交流沟通，了解到她妈妈很喜欢美食，虽然工作在外，但一有时间就喜欢做吃的东西，而且每次做美食必然要在朋友圈中晒，还经常会在孩子面前唠叨要让大家看到她们的美食，在镜头面前吃是最好的宣传，在谈论中也多次说起吃播这一行，感觉这一行既能享受美食又能赚钱。笔者觉得这是孩子执念的主要源头，于是笔者和她妈妈交流，让她正视和慎重，并和孩子好好谈一谈。她妈妈确实也和孩子交流了，但无奈工作在外，交谈次数和监督力度都缺乏持久性，后来在被限制买零食的钱后孩子出现了偷钱行为，身体也越来越消瘦，无奈只能休学，她妈妈把她带去身边照顾。这虽是个案却也给我们警示，为什么有些孩子在可以天真烂漫的年纪会有这么执拗且不理智的行为，这其中大人要承担很大一部分责任。孩子需要教育，家长更需要时刻主动反思自我的言行。每个人都渴望被关爱、被看好、被肯定，对于孩子的一些出格的行为，在责备之前要先分析成因，很多时候需要先改正的是大人。

二、家庭教育的理性认识和策略建议

高中家长经常和老师反馈的一件事是孩子不愿意和家长多说话，难以达到有效的沟通。家长会抱怨孩子周末回家只知道玩手机，不理睬家长，而如果生命可以回放，会发现在孩子非常愿意和家长讲这讲那的年纪里，又有多少父母静下心俯下身来仔细听了呢？进入青春期的孩子对家长行为的模仿其实达到了高峰，并面临升学的压力，而父母也处于家庭压力很大的时期，此时若没有有效沟通，两者的冲突会迅速扩大。孩子和父母的战争可能引发悲剧。比如很多家长在孩子没有考出理想的分数时出口就来一句:“我生了你，供你吃供你穿，你却一点不争气，要你有什么用?”没有给孩子面子，没有给孩子自尊，但孩子是有情绪的，只是他一直积压着，直到有一天他实在忍不了了，可能就会做出“你不是给了我命吗，我还给你”这样悲剧性的报复，不要问孩子为什么那么玻璃心，一些父母但凡拿出和同龄人交际的三成态度来对待小孩，很多悲剧都不会发生。家长和孩子的关系其实是一起成长的伙伴，家长在孩子面前要懂得感恩、尊重和以身作则。

(一)感恩

刘瑜在《愿你慢慢长大》里曾说，唯有孩子能够让父母体验到放下所有戒备去信马由缰地爱，那简直是最大的自由。家长会潜移默化地影响着孩子，尤其在孩子不知为何而学时，现在的孩子几乎都是衣食无忧的，但做任何事情都需要情感寄托，懂得感恩能帮助他寻找到做事、学习的意义，为自己、为家人、为国家、为社会而付出努力。在青春期，个人英雄主义是坚持做事的力量来源。学习这件事去做过了才能感受到学习带来的成就和乐趣，才会激发孩子的学习兴趣，有兴趣就有了坚持的动力，持续的学习才能帮助孩子在高中清楚自己的爱好和能力，对自己的未来做出相对理性的规划，包括做出七选三的选考选择和大学专业的选择。

(二)尊重

家长要明白孩子是一个完全独立于你的“别人”,要尊重孩子的所思所想。课堂是否有效要学生说了算,同样的在家庭教育中的主体也是孩子,家庭教育也要从真实全面了解自己的孩子开始,这是教者必须遵守的原则。何为少年,不停奔跑,想要去探索好奇的每个领域,成年人呐喊“人生只有一次,要活出自己”,孩子也不例外,但家长接受不了。于是家长以保护者的姿态,把无私奉献的感情压向孩子,发出指令警告他“应该听话”。绝对听话的孩子会缺乏想象力和创新力。大人是否真的希望孩子事事听自己的安排?这和手牵木偶有什么分别?或许真出现这种情况又会担心得要死。那为什么把大人的这种矛盾心理无条件地转嫁给孩子后,还不允许孩子嚷一嚷委屈呢?

孩子的自我意识随着年龄的增长而增强,他很希望能和家长平等对话,因此家长要把话语权、思考权、质疑权还给孩子,让孩子感觉被重视。在安排孩子相关事宜时一定要与孩子事先交流一下,听听他们的意见和想法。若意见相左时,要耐心地和他们分析利害关系或解释缘由;当孩子有情绪时,要给予他们发泄情绪的机会,然后帮助孩子对事件有一个较全面的认识,对症下药。不论简单还是难的事情尽量都让孩子去体验一下,让他懂得这世界有风暴与骄阳、有春光与严寒,“任何的知道都是经历过的结果”,这样孩子才能放宽眼界,从现实环境的接触中学会趋利避害,真实成长。其实每个人都是通过“折腾”让自己变得更好,只是这个过程的程度不同而已,孩子“折腾”的劲更足,我们多用发展的眼光去看待孩子,多一分包容、理解和体谅,很多问题就不是问题了。

对于要参加考试的孩子而言,学习更是一件辛苦的事,想得到好的结果并不容易,仅靠孩子是很孤独的。学习需要交流,更需要陪伴,这里的陪伴不是指一味坐在孩子身边督促,而是指与孩子交流学习过程中的一些心得、感想,或者和孩子一起寻找方法、一起闯关。尤其孩子在家独学时,父母高质量的陪伴可以帮助孩子学习更顺畅、更有效。当然陪学对家长来说也是辛苦的事情,家长的策略是适时监管、时段督查、小时放松、松弛有度;孩子能做的家长一定让孩子自己做,孩子一人做不了的可以和他合作,以自己的生活经验给孩子不同的思考方法,给孩子以依靠,但不能喧宾夺主;管住自己的嘴,提醒的话不多说,过期的话不说,鼓励的话多说,点评的话及时严肃说,但是要注意顾及孩子面子和情绪,不能高高在上地指挥;不对孩子盲目加码,依据孩子学情安排学习计划,商量拓展学习事宜,孩子不愿意做的事不逼迫,但也不能什么都不管,尊重不等于放养。孩子毕竟是孩子,不懂的还很多,不管不问是真的会耽误孩子前途的,因此需要安排适时适量的督学。

(三)以身作则

父母是孩子永不退休的班主任,对孩子的行为准则和思想信念产生最大影响。身教大于言教,父母的做事风格,孩子很善于模仿,因为模仿是孩子的本能,因此最好的策略是家长做好榜样。

1.养成好习惯

孩子的习惯很多是从父母身上继承来的,父母亲有好习惯孩子就得力,总之孩子好习惯的养成不是孩子一个人的事儿,需要父母和孩子共同培养。

(1)遵守规则。遵守做事的规矩,不能不劳而获,不能半途而废,不能坐以待毙。做什么事情,不管结果如何,做完它,这是意志力的培养。遵守诺言,比如对电子产品的使用要理性,要遵守和父母的约法三章,家长的策略首先是自我监控、以身作则。

(2)习惯沟通。家长要多找时间和孩子一起参加有趣的话题讨论,一起聊聊东南西北,通过向孩子介绍自己的生活经历给孩子传递是非道理,给孩子讲一讲职场生活,和孩子论一论社会百态,带领孩子慢慢接触这个社会,和孩子一起讨论对未来的希望,哪怕和孩子一起吐槽生活的窘迫也是和孩子的有效沟通,一家人要始终了解彼此的近况。

(3)学做规划。给孩子定人生目标、学习目标,可能孩子不会听,那么先给自己做个短期规划,当着孩子的面完成,将坚持做下来的规划成果展示给孩子,这样做比你纯粹说的效果要好。渐渐地,孩子也会向你学,给自己定一个目标,想上什么样的大学、想从事什么样的职业等,让孩子对自我有认知、有定位、有追求的目标。有规划的行事就是学会了自己的时间管理,作息规律、劳逸结合能大大提高做事的效率。

(4)热爱劳动。哈佛大学和斯坦福大学曾经联合做过这样一项调查,调查1000名由哈佛和斯坦福大学毕业的学生和1000名贫困家庭孩子在走向人生道路之后取得卓越成就的人小时候的共同之处。很多家长认为要想让孩子取得卓越成就,给孩子报补习班比和孩子一起劳动重要得多。而调查的结果显示,共同点是从小参与一些劳动,特别是做一些看似不起眼儿的家务活。其实这是好理解的,无论是在事业上还是在学业上取得成就的人似乎都有一种雷厉风行的作风,对于他们来讲,不存在等待与拖延,更多的是说干就干、立马行动。而且在干事的时候,都能够做到亲力亲为、踏实肯干。遇到困难时第一想到的是主动承担和解决,而不是推诿扯皮。这类人无论是给同事还是给领导的感觉就是积极肯干、向上、正能量。每一个阶段都安排适当的事情让孩子经历,或许孩子易五分钟热度,会做事不分轻重缓急,会做错,但是能力的养成就是通过做事锻炼的。

(5)保持好奇心。尊重孩子的热爱,或许内容和我们千差万别,但要知道的是成人未知未涉及的领域很多,不要过多约束孩子,好奇心是天生的,也是学习的源头之一。年龄从来不是限制思想和行动的条件,一个人几乎可以在任何他怀有无限热忱的事情上成功,所以,何不放手一试。孩子坚持梦想远比放弃要难得多,虽然这个所谓的梦想可能在你眼里不值一提。每个人的精神世界里都渴望自己一直保持在好奇又神采奕奕的年少时期,聪明的家长、老师会以宽容与牵引对待孩子的热情和好奇心,用乐趣分享的方式将彼此黏合起来。

(6)学会倾听。这首先是彼此的尊重,让孩子听你说的同时也让孩子把话说出来,并且听懂孩子话里的真实意思,这样才可以彼此理解。站在孩子的角度想想是不是有道理,孩子也会学着从不同角度想问题,有了彼此的理解才有彼此的谅解和体贴,才能听得进去建议,选择正确的行动行事。

每个孩子都是伴随着问题成长的,每个父母也将是伴随着问题陪伴孩子在成长,孩子解决问题所采取的方法不是通过父母的说教产生,而是后天通过父母的言传身教融入孩子的血肉的,同时融入孩子心里的还有从父母身上继承的意志、胸怀和品德。

2. 理性看待孩子的“试错成长之路”

触摸、感受、反思是孩子认知世界最直接的方式,孩子的成长之路很多时候是试错之路,趋利避害是人的本能,孩子在学习的过程是会有反思意识的,但这种类似本能的反思意识需要他人的鼓励和呵护,长此以往就会变成能力,只是这个过程的时间长短不一。此时家长和老师要有耐心,不要只看着考试分数,要懂得“知情并重”。爱因斯坦有句名言:“提出一个问题往往比解决一个问题更重要。因为解决一个问题也许仅仅是一个数学或实验上的技能而已,而提出新的问题,却需要创造性的想象力,而且标志着科学的真正进步。”每个孩子因成长环境不同而具有其独特的特长、兴趣、能力和学习需求,家长要对自己孩子的冒险行径心中有数,充分关注过程,理性看待结果,道明是非责任,协助估值风险。孩子有时对一件事的看法会有自己的坚持,只有自己经历过了,才知道对错崎岖。当然这个过程中要教导孩子尊重生命和保护自己,这是最重要的。教孩子辨别是非,因为对孩子而言,有时来自社会、人性的危险比来自自然的更甚。

家庭教育是终身教育问题,家庭教育观念的最大误区是任何成人都可以承担教育孩子的任务,父母、祖辈、亲戚甚至保姆,这是孩子成长路上发生的最糟糕的事。许多父母往往直到自己孩子成为“问题学生”才开始为孩子的教育问题感到惊恐。家庭教育绝不可出现替代,家校教育要责任分明,本该由家长来承担的教育不可让学校或培训机构替代,本该由父母双亲来陪伴孩子成长的事不可由隔辈或者亲戚替代,本该由孩子自己完成的事更不可由家长老师替代。其实也替代不了,要不然也不会出问题了。因此,家庭和学校在教育孩子这件事情上一定要共同参与、共同学习。

参考文献

[1] 刘瑜.给我百天的孩子:小布谷,愿你慢慢长大[EB/OL].凤凰网,2014-06-28.

合理设计教学活动　聚焦核心素养培养

杭州市萧山区第十高级中学　李　超

摘　要：培养学科核心素养是落实“立德树人”教育方针的具体途径，也是新一轮课程标准实施的核心任务。本文结合教学实践，从四个方面阐述怎样设计合理的教学活动来达成教学目标，培养学生的生物学科核心素养。

关键词：教学活动；生物学；核心素养

生物学课程是自然科学领域中重要的科学课程之一，其精要是展示生命现象和生命活动规律等基本生物学内容。生物学课程的教学，不仅要让学生获得基础的生物学知识，更要让学生领悟生物学家在研究过程中的观点、思路和方法，因此，在教学过程中，生物教师应该积极探索并有效地利用优秀的教学素材，合理地设计教学活动，引导学生积极主动地思考生物现象，探索未知的生物世界，加强对生命本质的全面认识和理解。本文结合教学实践，在教学中强调学生主动参与过程，在亲历模型制作、获取信息、回顾经典、应用实践的过程中习得生物学知识，形成科学的生命观念，养成科学的思维习惯，掌握科学的探究方法，树立科学的社会责任，进而使学生的核心素养得到显著的提升。

一、通过模型制作形成生命观念

“生命观念”通常是指对观察到的生命现象、特征及相互关系进行理解后的抽象，并且都是经过实验验证后的科学观点，能更加合理地理解或解释所有的生命现象和相关事件。生命都是经过自然规律的筛选，并在激烈的竞争中生存下来，具有自我复制和新陈代谢的物质形态，生命在本质上是功能和结构的结合体、进化与适应的组合体、稳态与平衡的协调体、物质与能量的统一体。生物学研究的大多是微观世界，很多结构要借助显微镜才能观察到，只通过讲解或观察，学生很难形成具体的结构，此时教师可以改变教学模式，比如让学生制作具体模型，化抽象思维为具体实物，明确生物物体结构与功能的统一，在理解生物学概念的基础上形成相应的生命观念，并且能够用生命观念去认识生命世界、解释生命现象。

例如，在讲解“细胞膜的结构模型”时，笔者积极地创造课堂实验条件，让学生预习课本知识、提前自备材料，在课堂上以创作型的模式来制作细胞膜结构模型。如学生利用乒乓球、铁丝、彩纸为材料制作质膜流动镶嵌模型，还有部分学生发挥空间想象力，直接用不同颜色的橡皮泥为原料，制作出了质膜流动镶嵌模型，如图 1 所示。再如，在讲解细胞的结构之前，笔者先启发学生“细胞到底是由什么构成的”，让学生借助于模型道具在课后时间来制作细胞的结构模型，如图 2 所示。

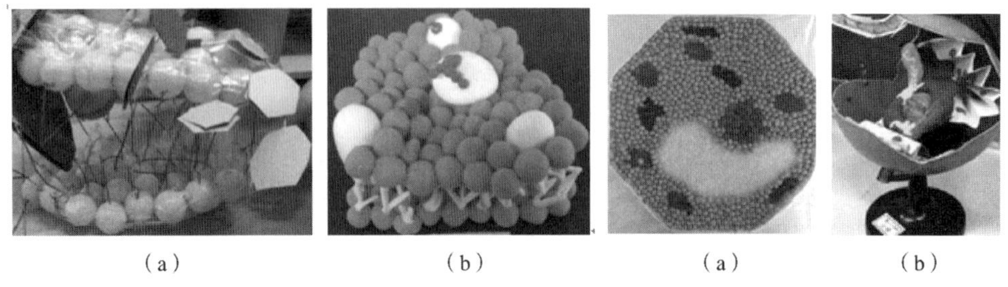

(a) (b)

图 1　质膜流动镶嵌模型

(a) (b)

图 2　细胞的结构模型

如学生用纸盒做细胞壁、红豆组合细胞核、黄豆组合细胞溶胶、白大米组合液泡、绿豆和黑豆组合其他细胞器等，组合成“杂粮版的植物细胞结构图”；还有用废旧足球制作细胞膜、彩纸制作细胞器、橡皮泥制作细胞核，而且里面的细胞器和细胞核是立体感极强的悬空式结构，制作成类似地球仪的“旋转式动物细胞模型”。这些细胞模型的制作培养了学生的思维能力、信息获取能力、动手能力，使其真正动手又动脑。

模型制作的教学活动新颖、生动，学生既掌握了生物学基本概念，又切身体会到了细胞构造的和谐统一，在制作细胞模型过程中感悟到细胞膜、细胞器、细胞核结构与功能协调之美的同时，也领悟到了细胞结构与功能相适应的生命观念。

不仅是生物体内部要体现结构与功能相适应的生命观念，同样在生态系统内部也要体现生物个体与其功能相适应的观念，生态系统的各种成分如生产者、消费者、分解者要与非生物的环境和谐共处、彼此协调、各司其职，以维持生态系统的功能。

如在生态系统讲解前，先组织学生设计并制作微型生态系统模型——生态瓶，教师在课上进行布置，小组进行讨论，确定制作哪种生态瓶。然后小组成员进行分工，准备材料制作生态瓶；制作完后还要观察生态瓶中微型生态系统持续的时间，设计记录表，做好观察和记录；在交流与展示环节相互介绍各自生态瓶的设计特点。生态瓶的制作既调动了学生学习生物学的兴趣，又培养和锻炼了学生的创造能力、思维能力和动手能力。

学生在制作生态瓶的过程中认识到生态系统稳态与平衡的复杂性，从而形成稳态与平衡的生命观念；在确定生态瓶的成分和摆放位置的过程中认识到生态系统物质和能量的重要性，从而形成物质和能量观念。

生物模型制作，既使学生理解了生物学核心概念，也使学生在理解生物学概念的基础上形成生命观念，并对生物的研究过程、方法、成果和后续发展产生巨大的兴趣，进而更加积极主动地去探究生命世界、解释生命现象。

二、利用情境漫画培养科学思维

“兴趣是最好的老师”，要让学生在学习相对枯燥的理论知识过程中逐渐养成好奇、好问、好学的习惯，生物教师就要从生物教材的实际和学生的认知水平出发，创设合理的教学活动，最大限度地去激发学生学习生物学的浓厚兴趣。而漫画正好可以作为这一载体，将枯燥的理论知识融会在漫画中，不仅能创设轻松诙谐的课堂气氛，还能引导学生积极主动地参与课堂，使学生的科学思维时刻处于活跃的状态。在课堂总结和复习课中常采用比较和分析、归纳和概括的教学方法，在分析比较和归纳概括的过程中，学生能清晰地认识生物现象的区别和联系，准确地总结生物知识的规律和原理，从而更有效地掌握生物学知识，锻炼科学思维能力。但直接列表比较一些生物学现象时，学生往往感觉课堂枯燥，也提不起兴趣，如果这时用形象生动、通俗易懂且能体现生物知识点的情景漫画来授课，会取得意想不到的效果。

如在讲解“特异性免疫反应”时，由于免疫概念多、内容抽象、知识点杂，学习难度较高。很多教师在讲解完生物概念后，往往采用思维导图的形式来进行总结，虽然能取得一些效果，但学生往往容易混淆细胞免疫和体液免疫。笔者在进行教学时，先通过两幅漫画来展现两种免疫的区别，如主要免疫细胞、作用对象和免疫效应的方式。看到这两幅风趣幽默的漫画(如图 3 和图 4 所示)，学生的学习热情立即被点燃，主动参与课堂的欲望也得到激发。通过情景漫画，学生可以直观地看到细胞免疫对抗的三大目标，而知识漫画也形象地展现了“Y”形结构的抗体和在体液中对抗病原体的方法。漫画的幽默风格，让学生对特异性免疫内容的印象十分深刻，通过讨论分析后就很容易概括和归纳出具体免疫对象、作用途径、免疫方式等。

图 3　“细胞免疫”漫画

图 4　“体液免疫”漫画

学生通过感性、可见、形象和具体的情景漫画，能有效地激发自己的想象潜能，超越个人的认知范围和时空的限制，透过现象看到生物的本质，分析和归纳又能让学生获得更多的知识，促成归纳和概括思维的形成。教师通过改变作业的形式，让学生绘制简易的情景漫画来归纳、概括、阐释、建模某些生命现象及规律，以达到深刻理解生物学知识的目的，最大限度地培养他们的科学思维能力。

三、回顾科学经典，掌握科学探究

生物学科知识体系是丰富多彩的，涉及诸多生物学研究的历史和探索过程，比如植物光合作用的探索、生物酶的发现历程、孟德尔遗传定律的提出、生长素的发现过程等。教师应该把生物学家的科学思想和科学探究方法融入日常的课程教学中去，引导学生在生物实验分析和设计的过程中学习到更多的科学探究方法，并且得到实验逻辑的训练和培养，学会生物实验材料的选取、实验的设计和操作、实验数据的统计和分析、实验结论的总结和交流等。通过对生物科学史中探究实验的讲解和模拟，既能让学生感悟生物学家们的科学探索精神，还能体验、学习和掌握生物科学探究的方法，也能够快速地培养学生逻辑思维的灵活性和变通性，进而提高学生的科学探究能力。

例如，在讲解“植物光合作用”时，笔者通过向学生展示生物学家探究光合作用的历程，和学生共同分析恩格尔曼和萨克斯设计的生物实验的精妙之处、鲁宾与卡门放射性同位素实验的巧妙之处，让学生在学习理论知识的同时分析各个生物学家所得结论的科学性，从而提出自己的科学疑问，比如为何要将实验植物“饥饿处理”、为何要对实验叶片进行遮光处理、为何要用酒精来进行实验等，这样就能够使学生在各种疑问当中对实验进行逐步的分析，从而学会设置实验变量、设计实验步骤等，养成科学的逻辑思维和理性的科学探究意识，使学生切身地感受到生物学探究过程中实验方法选择的重要性。

再如，在对学生讲解“植物生长素的发现史”时，教师通过向学生讲解几位科学家的经典实验，教师引导学生积极地观察达尔文的胚芽鞘向光弯曲实验现象，然后提出合理的分析，形成自己的实验假设；引导学生讨论并分析波森和詹森生物实验的绝妙之处，得出设置合理变量的科学方法；创造实验环境对温特实验进行还原和模拟，引领学生进行实验设计并得出更加完善的生物学实验结论。

不难发现，科学、正确的生物学研究方法对于知识的获取和理论的形成具有重要的导向作用。只有选用科学的研究方法进行科学探究，才能够找到解决科学问题的最佳方法；也只有通过科学的探究过程，才能引导学生准确地形成生物科学探究的基本方法：提出问题－作出假设－实验设计－方案实施－分析结果－交流讨论－总结结论。回顾和模拟生物学经典实验，既培养了学生发现、分析和解决问题的能力，又让学生掌握了生物实验设计，形成观察、分析、推理、归纳等科学的探究方法。

四、参与社会事务，树立社会责任

生物科学的社会责任是通过对生物学知识产生系统性的认识，然后再参与到社会与个人的事物讨论中去，从而做出科学的判断和解释，最终有效地解决生活和生产中出现的生物学问题，从而培养个人的责任担当。在生物教学的过程中需要以学生为本，要求教师在教学过程中将知识、能力和情感价值观有效地传导给学生，引导学生在学习和探究真理的过程中培养责任意识，最终树立起服务人类、回报社会的责任感和使命感，这样在学生进入社会之后就能在科学意识的指导下，将自己所学到的科学知识运用到社会生活的方方面面，使科学技术真正地造福于人类。

例如，在讲解生态系统的稳态时，笔者常以“五水共治”为课堂教学活动的素材，五水共治包括了治污水、防洪水、排涝水、保供水和抓节水五个方面，其中治污水是“五水共治”的主要任务，和日常生活联系最紧密的是生活污水处理。组织学生从生态系统的角度设计简易可行的污水治理方案，学生设计了利用挺水植物如茭白、香蒲、芦苇来净化污水，如图5所示。这既能保持当地的生物多样性，又能维护当地生态系统的稳定。在学习完生态系统和生态工程的知识之后，组织学生考察临江湿地滩涂，学生结合具体生活环境、资源空间来设计合理的、适合本地产业发展的“生态农庄”，如将芦苇荡改成渔场、桑树林和果园等。还组织学生依据生态学原理将家庭种植业、养殖业和加工业有机结合，对农村家庭生活用燃料、餐厨垃圾和庭院养殖进行整体设计，设计符合农村实际的家庭庭院生态系统，如图6所示。

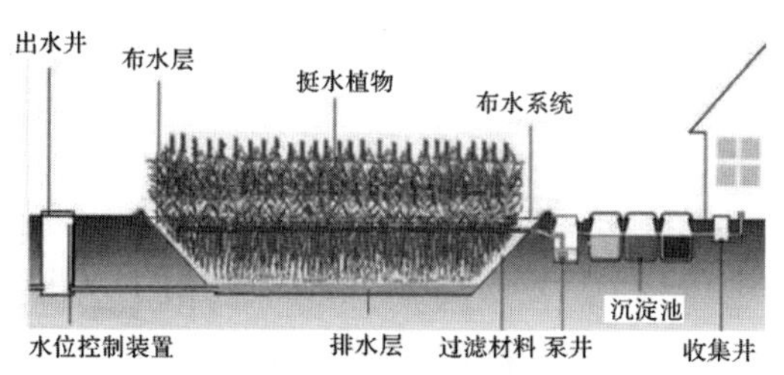

图5　生活污水净化处理系统

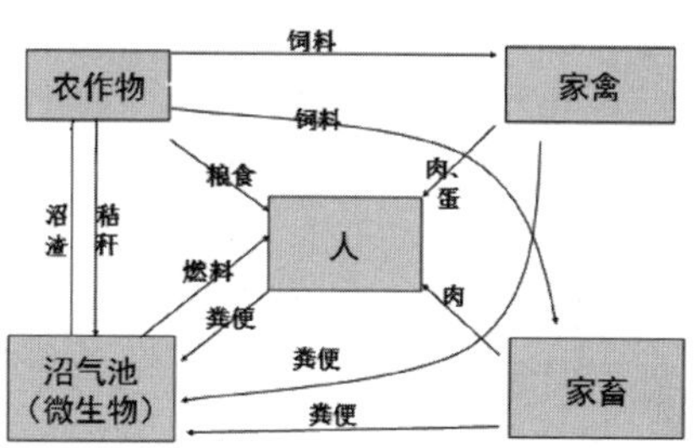

图6　家庭庭院生态系统

引导学生利用生物学知识积极参与社会实践活动，既可以让学生巩固所学知识，对知识进行系统的整理和自主建构，又能激发学生的社会责任感，树立和践行“绿水青山就是金山银山”的生态理念，形成生态意识，主动参与环境保护实践活动，积极造福人类和社会。

总之，随着生物教学改革的不断深入，生物教师应该从教材的内容结构、生物课程的教学目标和学生的认知水平出发，设计合理的教学活动，采取科学的教学方法，引导学生主动地对生物现象进行思考、积极地探索未知的生物世界，培养学生的科学思维，从而形成科学的生命观念，让学生掌握科学的探究方法、树立强烈的社会责任感，进而提升学生的生物学科核心素养。

参考文献

[1] 中华人民共和国教育部. 普通高中生物课程标准(2017年版)[S]. 北京：人民教育出版社，2018.

[2] 裴银龙. 构建生物学科思想，有效提高课堂效率[J]. 读与写，2016(9)：88-89.

[3] 李国强. 高中生物核心素养的内涵与培养策略[J]. 中学课程辅导(教师通讯)，2018(16)：32-33.

依托抛锚式教学，培养生物核心素养的教学研究

——以“基因突变”的教学为例

杭州市萧山区第十高级中学　侯卫杰

摘　要：抛锚式教学又称“实例式教学”或“基于问题的教学”，依托抛锚式教学，以“基因突变”教学为例，探索如何在生物课堂中培养生物学科的核心素养。

关键词：抛锚式教学；生物核心素养；基因突变

抛锚式教学又称“实例式教学”或“基于问题的教学”，是建构主义教学模式下较为成熟的教学方法之一。抛锚式教学，强调教学以生活实例或有感召力的问题（即“锚”）为基础，根据教学需要选择相关事件或问题（即“抛锚”），其主要特点是学生在真实实例或问题背景下产生学习的欲望，并通过自主学习、合作学习以及教师指导下的学习，亲身体验，从情境中生成问题到自主协作去解决问题。这样的教学方式非常符合生物学核心素养提倡的科学探究思想。

抛锚式教学有两条非常重要的设计准则：(1)学生的学习过程与教师的教学活动应该围绕某一“锚”来设计，而“锚”应该是某种类型的真实案例或问题情境；(2)教学的设计需要学生对教学内容进行合作与探究。生物学核心素养所倡导的科学探究要求学生在学习生物学之后获得以下能力：能够发现现实生活和学习中的生物学问题的能力，针对特定的生物学现象，进行观察、提问、实验设计、方案实施以及结果的交流与讨论的能力。在探究中，乐于并善于团队合作，勇于创新。从这里可以看出，抛锚式教学的过程非常适用于生物学核心素养的培养。

一般来说，抛锚式教学的实施主要包括 3 个基本步骤：抛锚（创设情境，抛出问题）；解锚（自主合作，解决问题）；收锚（聚焦本质，深化应用）。

一、基于抛锚式教学方式的教学设计

1. 创设真实情境，定点抛锚

戴维・梅里尔认为，当学习者在现实世界问题或者任务的情境中掌握知识和技能时，其学习会得到促进。创设的真实情境能营造出一种学习气氛，短时间内能激发学生形成良好的求知欲，使学生能积极参与对所学知识的探索、发现和认知过程，进而完成对课堂主题内容的知识构建。在进行“基因突变”新课教学时，教师首先给

出资料：

资料 1：1910 年，赫里克医生的诊所来了一个黑人男性青年，他脸色苍白，四肢无力，肌肉疼痛，经过血液检查发现，病人的红细胞不是正常的圆饼状，而是弯曲的镰刀状。这种红细胞非常容易破裂，使人产生溶血性贫血，严重时会导致病人死亡，后来人们把这种病称为镰刀型细胞贫血症。

然后抛出相关问题：资料中病人面色苍白的原因是什么？根据资料中的信息，你能做出怎样的推测？依据是什么？

通过小组合作分析资料，学生可以得出：镰刀型细胞贫血症患者的红细胞和正常人的红细胞形状有所不同，这样长而薄的镰刀型红细胞容易破裂，使病人患上溶血性的贫血症，导致病人面色苍白，由于贫血，营养供应不足，因此人总感觉没有力气。得出以上结论后教师展示正常红细胞和镰刀型红细胞的图片进行视觉冲击，加强学生对此疾病的认识，激起学生对生命的热爱，培养生命观念，同时对学生进行引导：患者红细胞的形状为什么会和我们正常人不一样？通过真实的情境激发学生的学习动力，激发学生的思维活力，以情境为载体引导学生去寻找问题的本质。

2. 把握学习时机，合力解锚

通过抛锚这个环节，成功激发了学生的学习兴趣和主动探索、主动思考、主动建构的认知主体位置，接下来教师继续提供以下资料。

资料 2：1949 年，一位曾经两次获得诺贝尔奖的美国著名化学家鲍林在美国的《科学》杂志上发表了题为“镰刀型细胞贫血症 cc 一种分子病”的研究报告，鲍林推测镰刀型细胞贫血症是由血红蛋白分子的缺陷造成的。

资料 3：正常的血红蛋白是由两条 α 链和两条 β 链构成的四聚体，α 链由 141 个氨基酸组成，β 链由 146 个氨基酸组成。

资料 4：1956 年，英格拉姆等人用胰蛋白酶把正常的血红蛋白和镰形细胞的血红蛋白在相同条件下切成肽段，通过对比发现 β 链 N 末端开始的第 6 位的氨基酸残基与 α 链的不同。氨基酸序列对比分析如下。

（正常的血红蛋白）缬氨酸—组氨酸—亮氨酸—苏氨酸—脯氨酸—谷氨酸—谷氨酸

（异常的血红蛋白）缬氨酸—组氨酸—亮氨酸—苏氨酸—脯氨酸—缬氨酸—谷氨酸

通过对资料 2、3、4 的分析，学生可以得出镰刀型细胞贫血症发病的直接原因是患者红细胞内的血红蛋白出现了问题：患者血红蛋白中的谷氨酸被缬氨酸替换导致血红蛋白异常。得出这个结论后，教师继续引导：异常血红蛋白中氨基酸的种类为什么会发生改变？为了解决这一问题，向学生提供资料 5。

资料 5：研究发现，镰刀型细胞贫血症患者控制血红蛋白合成的基因中 DNA 的碱基序列发生了改变，也就是 DNA 双链上的一个碱基对 A—T 被替换成了 T—A。如图 1 所示。

图1 DNA双链上的一个碱基对A—T被替换成了T—A

从资料5中，学生可以分析出镰刀型细胞贫血症患者体内控制血红蛋白合成的基因中DNA的碱基序列发生了改变：一个碱基对A—T被替换成了T—A。分析出镰刀型细胞贫血症的根本原因后，教师告知学生由于DNA分子上碱基对的缺失、增加或替换引起基因结构的变化称为基因突变，引出本节课的重要概念，然后提醒学生回想上一章中所讲过的转录和翻译的相关内容，引导学生推导出由于碱基对发生改变，导致密码子由GAA变成了GUA，所编码的氨基酸由谷氨酸变成了缬氨酸，从而导致血红蛋白发生异常，使红细胞由正常的圆饼状变成了异常的镰刀形，红细胞的功能发生改变进而产生一系列的症状。接下来教师引导学生利用已经准备好的学具来构建模型，用磁片在白板上将因“基因突变而引起的血红蛋白分子中氨基酸序列发生改变”的推理过程呈现出来，要求呈现出突变前和突变后的碱基序列，并用文字和箭头做出简要说明。

学生通过小组合作的方式进行探讨交流，结果展示后请其他学生指出图中的不足之处并进行修正，然后老师再进行评价，通过学生合作探究建模的方式成功得到浙科版必修二课本78页的镰刀型细胞贫血症病因示意图，这种方式培养了学生合作探究的精神，同时也通过学生自主学习的方式解决了本节课的难点问题：基因突变的机理。学生从自己构建的模型中很容易就可以推出以下结论：由于DNA在复制时出现了差错，使碱基对发生了增添、缺失或替换，导致基因结构中碱基的排列顺序发生改变，在发生转录时得到的信使RNA中密码子发生改变，对应的氨基酸发生变化，从而使翻译出的蛋白质发生改变，最终导致生物性状发生改变。至此通过师生合作共同完成了“基因突变”这一重要内容的本质探索历程。本次教学活动全员都参与到了教学活动中，更好地体现了以学生为主体的教学理念，激活了生物课堂的教学氛围。

3.聚焦内容本质，及时收锚

对内容本质的揭示并不是课堂教学的终点，学生应该在理解内容的基础上继续聚焦本质，解决生活和学习中遇到的一些实际问题，进一步提升学生的生物核心素养。基于以上目的，教师提出几个话题，让学生通过分析、讨论和交流，进一步深化对相关内容的理解和应用。

讨论话题：

(1)哪些因素可能会引发基因突变？

(2)从减少基因突变概率的角度考虑，我们应拥有哪些健康的生活方式？

(3)从基因突变的机理考虑，基因突变是不是一定会导致生物性状的改变？

学生在必修一细胞癌变的相关内容中已经学习过致癌因素，经过教师的提示，很容易就解决了第一个问题：一些化学物质，如亚硝酸盐、射线、紫外线，还有一些病毒都有可能引起基因突变，得出诱发基因突变的三大因素：物理因素、化学因素和生物因素。基于第一个话题，对于第二个话题学生很快给出了一些合理的建议。例如，在夏季的时候，可以使用防晒霜和防晒伞来避免紫外线的侵袭；女性在怀孕期间尤其是在早孕期不要长时间接触电脑，不要去做放射性的检查，以免辐射对胎儿产生不利影响，引起胎儿发育畸形；尽量减少腌制和油炸食品的摄入，避免一些化学物质引起基因突变；等等。教师通过联系实际，引导学生关注健康的生活方式，提升学生的生命观念。第三个话题就更进一步，要求学生在理解基因突变机理的基础上去解决问题，借助于已经学过的转录和翻译的相关知识，学生经过讨论概括可以得出结论：由于有些氨基酸对应多个密码子，即使密码子发生了改变，但如果对应的氨基酸种类不变，那么翻译出的蛋白质结构和功能都不会发生改变，那么生物的性状也不会发生变化了。

以上话题的设置，加深了学生对基因突变概念和机理的理解。小组讨论的方式，培养了学生合作探究的精神，能帮助学生养成自主思考、独立解决问题的能力，还能培养学生合理进行知识迁移的良好思维习惯和思维方式，同时锻炼学生思维的严密性，巩固知识的记忆和理解，形成更加完善的生物知识体系，并利用所学知识来解决生活中的一些问题，给予学生在健康生活方面的指导，引导学生形成热爱生命、珍爱生命的价值观。

在课堂中采用恰当的教学方法，不仅能增添课堂教学的活力，而且还能达到非同凡响的教学效果。为了体现教师的引导作用和学生的主体地位，教师应对生物课堂的教学方法进行优化和整合。教师在课堂上不能只是“满堂灌”，应该有针对性地选取教学方法，为学生提供多角度多方向的学习契机。采用合理的教学方式，不仅可以使生物课堂的各个教学环节环环相扣，而且可以使学生思维向多个方面发散。学生在这样的课堂上思维变得敏捷、快速，可以更加准确地领悟课堂所学知识。

二、抛锚式教学应用的体会和思考

上述案例中，师生围绕“镰刀型细胞贫血症的病因”这个“锚”展开深入讨论，并最终构建“基因突变的概念和机理”这一重要内容。在课堂教学中，教师采用抛锚式教学的方式，用心设计活动环节，可以逐步提高学生的生物核心素养——自主学习能力和科学探究思考能力。教师用心研究生物课堂，结合生物学科和学生学习实际，采取抛锚式教学的方式，创设学生自主学习、主动思考的课堂氛围，调动学生主动学习的意愿，让学生真正成为课堂的主人。

参考文献

[1] 马小明. 基于多媒体技术的抛锚式教学模式在生物学教学中的应用[J]. 中国现代教育装备，2015(8)：45-47.
[2] 李守宇. 抛锚式教学在生物学概念教学中的应用[J]. 生物学教学，2019(8)：22-24.
[3] 戴维·梅里尔. 首要教学原理[M]. 福州：福建教育出版社，2016.

“理解为先”的参与式四方评价策略的设计与实施反思

杭州市萧山区第十高级中学　沈状明

摘　要:本文以综合实践课程课例为载体,引入“理解为先”的参与式四方评价策略,从概念解读、评价策略设计、实践活动设计、理解为先的评价实施、效果分析等方面阐述此评价策略的应用情况。

关键词:理解为先;参与式;四方评价

一、研究背景

教师作为教学的主导要明白,哪些知识和技能(概念)是学生需要掌握的,怎样组织活动才能促进学生学会,怎样评价才能给学生提供效果的准确信息……这需要教师花更多的时间在了解学情上。学生作为学习的主体,有必要先了解学习目标,知道自己需要学会什么和能先学什么,这样将学困点提前理一理,可以在小组合作学习或者师生交流中得到更有效的指点,然后通过概念迁移应用或者解决问题与否来进行评价(实践检验),再通过新情境问题的解决进行巩固。只有让学生提前知道自己要学什么,把握目标向前进,教师随行扶持,才能依据目标推进教与学的活动;只有评价紧跟其后,才能真正有效地落实教与学的目标,让学生在掌握知识与技能的同时建构学科思想观念、发展科学思维、提升科学探究与问题解决的能力、形成生命观念和社会责任。

以跨学科的综合实践活动课程为例,学生一般由已熟知的事物拓展出新问题,通过逐步渐进的探究过程,反思自己的观念和操作技能,在与经验世界的对话中建构自己的新认知。相对学科教学,综合实践活动的开放度更大,是一个锻炼学生问题解决能力的好机会。那么如何去获知学生的学情发展?也就是说如何说明它的好呢?这需要通过评价来反馈,但是相对于单科学习的评价,对综合实践活动中学生学情的评价是比较难的,因此这是对教与学的机遇和挑战,我们需要思考多样的方式方法来应对。

综合实践活动评价的核心是强调对学生质疑、思辨、修正和探究等多元能力的培养,它强调自主性、实践性、开放性。配合此课程特性,笔者引入“理解为先”的参与式四方评价策略。学生依据感兴趣的课题组建团队,整理任务链;教师引导学生从质疑开始,借助团队、班级的力量,共同制定出"追向"自我达标的生成评价指标和量规,再通过四方评价,推进学生的学习成长。

二、概念解读

"理解为先"是指掌握知能、理解意义、学会迁移。"理解为先"要有恰当的评价方法。评价要具有效度和信度。效度是指评价是否有效地反映了学生的理解程度,最好有恰当的指标和量规来保证,指标是指从哪些方面来评价,量规则是指有哪些等级及详细描述。指标和量规既可以由教师根据经验来判断,也可以通过分析学生的成果来归纳,还可以通过学生在活动中的反思、批判性思维来自我生成。信度是一致性的问题,既指多次测试的一致性,也指多种形式的评价的一致性。要做到学会迁移(能解决问题),就要理解意义和掌握知能,这在一定程度上就是由评价反馈不断推动的,因此形成评价反馈的重要性不言而喻,它是工具而不是结果,反馈学生是否真的理解了。

"参与式"是基于学生选择活动主题,自组团队、自定目标、共同活动和评价,在实践活动过程中又自我参照、自我修正、自我完善,从而支撑继续学习和实践的方式。

"四方评价"指向四个维度。质疑评价是指学生是否能够对某事件或者某概念提出自己的质疑点和自己的观点,并能给出理由;辨析评价是指学生是否敢于对事物、人言等做出判断,并说出对错和优劣的理由;修正评价是指学生是否能倾听和转述他人的看法和建议,并有调整自己或者修正他人思维的意愿;应用评价是指学生是否能够应用概念、技能等去解决问题,并建构自己新的概念网络。

三、评价策略的设计和实施

"理解为先"的参与式四方评价策略是逆向建构、正向开展的。先将评价内容、目标和等级告知学生,然后在实践活动中评价学生的质疑、辨析、修正和应用等表征行为,通过评价推进学生对学科核心概念的理解、提升解决问题能力。教师通过更客观、多维的观察,去捕捉和评价学生的生成和表现,判断学生是否理解。

(一)活动设计流程

"理解为先"最终是"自主独立地应对各种问题情境",因此要经历一个从扶到放的过程。以高中综合实践活动"彩皂制作项目"为例,此活动分为前期起始课、中期指导课以及后期展示课三个阶段,这对应活动的开始、过程和结束。在每个上述阶段中都插入"理解为先"的参与式四方评价策略。

1. 以主题为引

评价离不开初期的主题活动的大目标和个体分工的微目标，个人具体分工不同，达成过程不同，需制定不同的评价标准，比如“具体评价学生制订方案的 A、B、C 等级”“实验或者实践活动的材料配备的 A、B、C 等级”。这是过程中和结束时对学生评价的重要一环。

教师配备指导教学，采用讲授教学法，系统地介绍给学生一些背景性的知识，讲解示范让学生掌握知能，同时通过“概念判断、工具选择等题型来评价”学生是否听懂、听明白。

2. 以实践为线

实践是检验真知的不二法门。在实践过程中，学生会对自我的评价细则产生疑问，因此会处于不断思、议、改的过程，“理解为先”的参与式评价也贯穿其中，学生在对活动方案、步骤、操作技能、工具等进行完善的同时，也会对评价标准有更深刻的理解。

教师配备促导教学，采用建构助学法，为学生澄清活动中的错误理解，通过类似活动体验让学生理解意义。动态的评价量规需灵活调整，尊重学生的生活经验，重视学生的生成性资源，体现个性化评价趋向，推进学生多元能力的提升。

3. 以成果创生为导

活动可以是连环式的，活用每个活动的评价结果，使其成为下一个主题活动的引子和方向，或者作为牵引力让学生回顾活动的整个过程，回忆自己在活动中的得失，并能通过不同形式的交流、展示来总结和反思。

教师配备辅导教学，采用个别指导法，通过让学生独立评价、分析他人评价反馈等让学生学会辨析、修正、形成自我观念。

（二）评价指标和量规

评价指标具体情况见表 1。

表 1　评价指标和量规

分项	质疑评价	辨析评价	修正评价	应用评价
评价指标	①个体或小组结合概念情境和学习经历来交流、分享观点；②能表述自己和他人的认知冲突；③能说一说支持自己观点或者他人观点的理由	①复述他人观点；②用自己的理解和语言表述他人观点并表明自己的立场；③分享自己的观点并表述理由	①分享解决问题的方案；②参与互问互答、自省和互助，共同克服困难；③分享改进、优化后的方案	①技术或方法模仿、迁移到实践中，并评判有没有做好；②是否应实际需求对相关技术或方法进行改善并分享；③是否有创新想法或者自制工具并分享

续　表

分项	质疑评价	辨析评价	修正评价	应用评价
量规	完成三项 A 等;完成两项 B 等;完成一项 C 等	完成三项 A 等;完成两项 B 等;完成一项 C 等	完成三项 A 等;完成两项 B 等;完成一项 C 等	完成三项 A 等;完成两项 B 等;完成一项 C 等
评价指标	倾听者:①倾听;②能寻找并表述与之思维共通之处;③思考、讨论思维的岔路出现的原因	倾听者:①倾听;②倾听内容(事物、人言等)做出判断;③说出对错和优劣的理由或者表述其他观点、方法	①是否形成修正文稿;②是否获得他组或者老师、专家的认可;③是否值得推广	①展示模拟成果和实践成果;②归纳活动中的规律,展示优化流程或者工具;③展示自创方案或者自制工具
量规	完成三项 A 等;完成两项 B 等;完成一项 C 等	完成三项 A 等;完成两项 B 等;完成一项 C 等	完成三项 A 等;完成两项 B 等;完成一项 C 等	完成三项 A 等;完成两项 B 等;完成一项 C 等

“理解为先”的参与式四方评价让学生将自己的理解应用于实际问题的解决中,并经历不同角色、分享不同经验,通过这种循环表述、反思、调整和完善,真正理解概念并建构个性化的知识和技能网络,完成学习目标,逆向推进自我核心素养的落实。

(三)评价的循环流程

评价的循环流程,如图 1 所示。

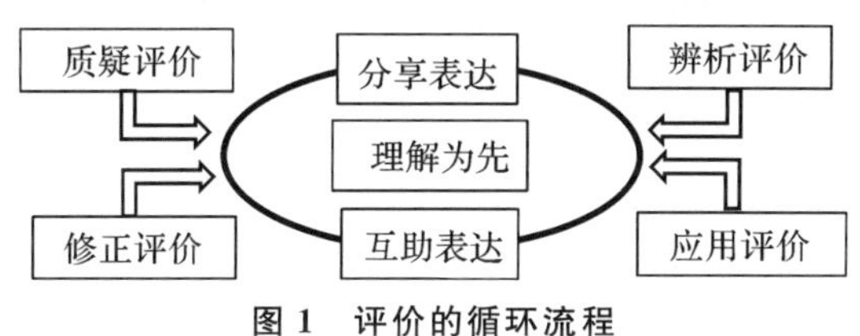

图 1　评价的循环流程

(四)评价案例“彩皂制作项目”

1. 组间评价

组间评价,如图 2 所示。

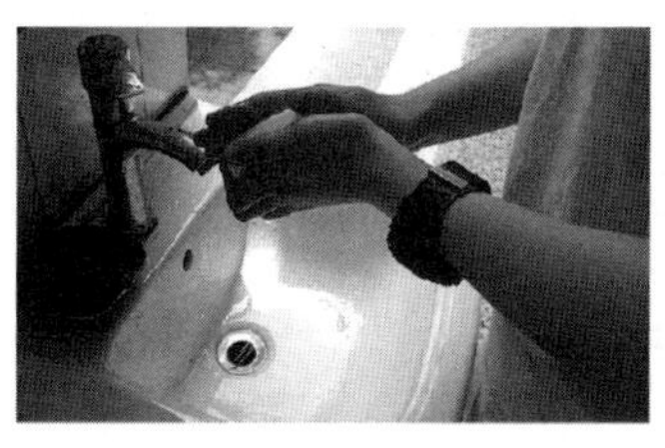

(a)

(b)

(c)

图 2　组间评价

2. 校级评价

校级评价，如图 3 所示。

图 3　校级评价

3. 区级展示

区级展示，如图 4 所示。

(a)　(b)　(c)

(d)　(e)　(f)

图 4　区级展示

四、策略的效果分析

(一)促进学生成长

1. 生成性评价贯穿活动，调动学生思考

评价可以让学生在“做”中体会方案的合理性，会促进新想法、新点子的产生，会对经历的活动有修改的冲动，这是对自己想法和操作最真实的评价，也是学生参与活动的真正价值体现，是坚持活动的力量源泉，毕竟兴趣和自我挖掘比教师的引导效果要好得多。生成性评价也是对学生新想法、新观点的鼓励，对学生活动执行力的激励。

2. 评←→议←→思的三步落实，促进学生交流

“理解为先”的参与式四方评价，倡导学生在“做”的同时多看、多听、多交流，对自我实践的概念、技能和团队中的其他点子、方法、技巧进行判断、评析、筛选和修

正，论一论"糟粕"之处，谈一谈"精华"之理，会表述，也会倾听和分享。

3. 多维度互评鼓励，提升学生自信

"理解为先"的评价更偏向学生互评，综合实践活动是团队活动，学生面对自己的队员更放得开一些、敢说一些，那么他的想法或者点子呈现出来的机会也更多，获得的鼓励和肯定的机会也就多起来，人会变得更加自信起来。

4. 多方位实际经历，激发学生潜能

学生在彩皂制作项目中经历了多种分工任务，或奔波于材料准备，或坚持于实验的反复，或组织访谈，或查阅资料，等等。为了拿出理想的产品，他们一遍遍地重复实验，坚持对产品品质的追求，坚持动手实践，通过这样的不同经历的锻炼，很好地激发了自身潜能，提升做事的能力，增加做事的责任心和使命感。

（二）促进教师教学

1. 促进精准的教学相长

教学是一个动态的过程，"理解为先"的参与式四方评价策略促进教师去掌握、应用评价，提升教师的评价素养，促进教师的专业发展。评价的反馈也让教师更详细地把握学情，对教学进行审察和反思，增强科研意识，让后续的教学跟进有科学依据，促进精准教学。

2. 更新教师的教学理念

活动的指导任务和评价策略让教师在学科专业上进一步提升，也更新教学理念。活动是学生的活动，教师是辅助者、合作者和引导者，更多的时候教师只是陪伴者、倾听者和鼓励者，因此教师对于学生的行动要懂得放手，同时教师要从单学科的一亩三分地里突破出来，提高自己的跨学科指导能力，教师的能力越强才能给学生提供更多助力和支持。

参考文献

[1] 丁露萍.综合实践活动评价方式多元化探究——以社会服务为例[J].基础教育论坛，2021(23)：54-55.

[2] 李凤仪.基于"教学评一致性"的高中地理教学研究[D].武汉：华中师范大学，2017.

在高中多样化课程中实施拓展训练的可行性分析

杭州市萧山区第十高级中学 董 斌

摘 要:随着我国社会经济的不断发展,素质教育开始被提出并在不断地落实,这在体育教学中也有体现。体育教学是素质教育的重要内容,不仅有利于学生的体质健康,而且有利于锻炼学生的实践能力。而拓展训练对于提高学生的综合体育修养能够起到至关重要的作用,因此我们为了推动高中体育教学能够实现进一步的发展,必须对体育教学模式从根本上加以改变,把拓展训练全面融入高中体育教学中,大大提升高中体育教学的效果。本文在对拓展训练的内涵进行概述的基础上,指出了把拓展训练应用于高中体育教学的意义,并指出了目前高中体育教学中拓展训练存在的问题,最后就解决这些问题提出了自己的意见和建议。

关键词:高中;体育教学;拓展训练

多样化课程在高中已经飞速发展,体育学科是高中教学中不可轻视的一个重要内容,体育教学对于培养学生的健康体魄和积极向上的心态有着重要的意义。如今高中《体育与健康》教学中的内容虽然项目较多,但总体上还未能达到学生所需的要求,体育课堂教学的效果还有待于进一步提高。当前拓展运动在飞速开展,必须高度重视拓展训练的应用,高中体育教学内容中引进体育拓展项目,会更进一步丰富多样化的教学内容。所以,在高中体育课堂教学中把拓展训练项目有效地结合起来,既培养了学生的兴趣,得以在课堂中很好地实现,又提高了课堂教学的效率,从而促进了高中学生体育素质与体育素养的显著提升。本文就高中多样化课程中实施拓展练习,提出有效的实施办法,并在教学实践中进行具体分析,以供同行们参考。

一、拓展训练的由来

拓展训练的起源地是英国,最初被用于培养人们的心理素质和管理能力,后来在教学领域得到了更广泛的运用,并起到了较好的效果。把拓展训练运用于体育教学中,是对体育教学模式的创新,它突破了传统体育教学课堂的局限性,主张让学生在学习中处于主体地位。拓展训练主要在户外进行,提前经过策划和安排,并设置了教学目标,在教学过程中汇总强调让学生亲身感悟,进而把自己的潜能充分发挥出来，促进中学生综合体育素质得到全面发展。高中阶段的文化课学习压力较大，因此我们在体育教学中必须选择合适的方法，这对锻炼高中生的体质有着积极的作用，还能锻炼他们坚韧不拔的意志。在高中体育教学的拓展训练中，在教师的引导下，学生在训练中可以做到全身心地投入，并就自己的收获让学生们共同分享，进而把自己的知识体系完善起来。

二、体育课堂中实施拓展训练的有效性

1.丰富高中体育教学的资源

高中体育课堂教学实施拓展训练，可以使体育教学更加自然化、人文化，适合学生的兴趣与爱好，不仅是对体育教学资源的挖掘，还可以提高学生的各项身体素质，进而提高学生必要的各项素质。学生通过拓展训练，在课堂中进行实践，养成自主锻炼的习惯，发挥团队协作的作用，培养独立自强的能力。拓展项目练习，让他们在体育活动和课堂学习中拓展自己的知识面，学会认识事物，提高分析问题和独立解决问题的能力。这可以说是对传统体育教学模式的挑战与突破，我们现在通过克服传统体育教学模式的弊端，把体育基础教学与课外实践有机地结合起来，让学生在课堂外能近距离接触大自然，享受大自然的给予。同时学生的意志力、耐受力可以在大自然中锻炼出来，使学生形成自己完美的人格，促进身心健康发展。团结合作、自信努力的意识逐渐被培养出来，会认识世界，并能形成正确的价值观。

2.综合素养得到提升

素养不是一个人与生俱来的，是靠后天慢慢培养的。拓展训练使得高中体育教学内容多样化、项目自然化，通过拓展项目的练习，在大自然中进行锻炼，可以感受到体育活动的快乐和心理的愉悦，有利于促进学生自我人格的完善，同时也有利于培养他们对体育运动的兴趣，从而积极主动地投入体育锻炼中去。在拓展体育教学过程中，高中生的情操也得到了陶冶，对于自己个性的发展起到了积极的推动作用。

3.新课改发展的趋势和学生愿望的需要

中学生在长期的传统体育教学模式下，思维考量有明显局限性，身体素质上去了而往往忽视了学生精神层面的锻炼。拓展训练项目的出现，尤其对学生精神层面的锻炼重视了，这与新课改提出的要求相一致。因此，拓展训练正好使得这方面的空白得到了弥补，而且使得体育教学内容得到了丰富，同步提高了学生的身体素质和精神意志。这与新时期体育教学的发展是符合的，是体育教育不断发展的必然要求。

三、拓展训练在高中课堂教学中存在的问题

1.高中学生体育教学内容相对较少

中学阶段是青少年世界观、人生观、价值观形成和发展的重要时期，体育拓展运动项目训练在我国中学体育课堂教学中的应用还处于初级阶段，特别是高中体育教学的拓展训练还没有广泛深入的开展，相对的运动项目也还比较单一。拓展训练活动项目亟待进一步丰富，高中体育课堂中开展拓展训练，相对于传统体育项目来说，有一种新颖有趣之感，传统项目为何让学生产生倦怠之感，主要是长期以来内容不变、项目不增，以至于学生参与体育活动的热情大打折扣，导致高中学生积极参与的心态难以保持，不利于学生主动地深入运动锻炼中去。如果这种状态不加以改变，学生喜欢的拓展训练项目，在体育教学中的优势就很难发挥出来，培养学生主动锻炼与学习的习惯也难以完成。

2.当前学生对喜爱的运动项目了解不彻底

学生从小学到高中，教科书上的体育内容几乎是清一色的，没有大的变化，这主要是受到传统的体育教学模式的影响。在课堂教学中，教学的方法与手段变化也不多，创新对于体育教师来说应该是非常重要的，如果我们现在采用的拓展训练项目，没有根据学生的喜好去选择，最终去训练、去练习，学生还是会出现倦怠现象的，所以运动项目的选择一定要根据学生的需要，根据每一个学生的个性特点和身体素质有针对性地开展教学。好的内容对学生来说，就是兴趣的前提，学生个体差异不同，喜欢的项目也不同，因此学生喜欢的拓展训练内容，在体育课中，师生配合互动不会差，课堂的教学效果一定能达成课前预设的教学目标，课堂氛围也一定会达到良好的效果。如果我们选的拓展运动项目仍然是学生不喜欢的，那么这种改革的效果不明显，就会影响学生学习的积极性，还会使有些学生产生挫败心理，最终对拓展训练项目没有信心。

如果在选项问题上没有针对学生的兴趣爱好去开展拓展运动训练，那么学生就不会自主地积极地参与到体育拓展运动项目中去，上课时学生还会应付了事，这与我们当初开展拓展运动训练的新兴项目的目的是不符的，要充分发挥拓展运动训练这个科目的作用是不可能的。

3.拓展运动训练项目具有专业性

新兴项目一旦获得较好的效果，那么就成功了一半。但拓展训练具有专业性，我们必须依赖于它的专业性。高中体育教学中，我们在设计拓展运动项目训练活动时，首先要考虑训练的实用性、学生的喜欢程度和操作的可行性，符合了上述条件，就可以保证将学生在拓展训练中的兴趣和积极性调动起来。在课堂上要特别关注学生的学习情况和掌握情况，有效的方法能使学生积极主动地投入拓展活动中去。

任何体育项目的训练与学习都具有危险性，在学习训练时一定要加强安全教育，让每个学生在活动中高度关注人身安全，在活动中不能造成任何伤害(包括本人、其他同学和老师)。高中体育教学首先要讲究教学效果，以及课堂教学的达成度，要使学生在拓展运动中达到一定的水平，教师必须要有拓展训练的专业设计能力，有针对性地设计一整套的教学方案，在训练和学习中有更新颖的教学措施，这样才能快速提高拓展运动训练和学习的效果。平时教师要提高自己的专业技术和理论水平，只有专业水平提高了，才不会出现体育拓展训练和学习的效果不尽如人意。拓展运动项目确实具有一定的危险性，所以在课堂教学的拓展运动项目学习和训练中，教师要不断地观察学生活动的动向，随时引起高度警惕，拓展活动时万一有不好的苗头，及时发现问题，应果断地停止活动并及时予以解决。

四、课堂教学中拓展训练和学习的措施与策略

1.内容的选取

拓展训练和学习内容的选取，要根据学生的需求与学生的实际身体素质来确定，这是选取的前提和基础。拓展训练内容选取正确，符合学生的身心特点，充分研究论证选取训练项目的安全性和可行性，有效地选取拓展训练项目，对下一步我们在课堂上的实际操作与开展才会有可靠的保障。前期了解充分，才能顺利融入体育课堂教学中，从而把拓展训练的优势淋漓尽致地充分发挥出来。但是在选取确定拓展训练内容时，要遵循区别对待的原则，必须了解每一个学生的身体素质的具体情况，有选择性地选取拓展运动项目，只有符合学生的身心现状，才能有效宏观地把握学生的实际情况，这样有针对性地选取拓展训练内容，才是我们开展拓展运动的最初想法。只有考虑到我们学生对体育锻炼与学习的需求，才能正确地对拓展训练内容做出综合考量。在今后的课堂教学实施中，还应逐步完善拓展训练的战略目标和拓展计划，通过培养计划和树立切实可行的教学目标，选取相应的拓展训练项目。作为一线的体育教师，在上课过程中要仔细观察、细心留意，积极做好针对每一个学生活动中表现的综合评价，课后及时反思，重新整理并对拓展训练内容进行规划。在今后的课堂教学中采用分层教学法，照顾到绝大多数的学生，充分发挥学生的自主性，等到一定时机可以采取自由训练的形式，慢慢培养学生体育锻炼的自觉性，促进学生养成自觉自愿的锻炼习惯，为打下终身体育锻炼奠定良好的基础。

2.科学有序的训练方式

体育学习一定要讲究科学性，拓展运动项目训练的内容选取确定后，必须按计划慢慢实施。在体育课堂拓展训练中一定要讲究学习的方式和方法，根据教学内容与学生的实际情况，有目的、有条件地充分考虑体育器械的实际和训练场地的基本情况。在拓展练习中要严格要求地理环境和器械的安全性，教师对这两个条件要予以保证，这样拓展训练才能够得以正常地进行。拓展训练的场地要选择比较宽敞安

全的地方，尽量照顾到绝大多数学生。要正确科学地利用教学方法，并合理运用器械进行训练，实实在在有着可靠的安全保证。拓展训练中，教师应该根据学生身体素质和掌握的状况，根据不同的项目和不同的学生素质，分成不同的级别，让学生在不同的区域内分组训练，有效进行训练和学习，达成教学目标。

3. 良好的组织与管理是加强拓展训练的有效保证

对于高中学生来说，班级授课制最重要的是组织与管理。拓展训练活动有着较强的特征，具有严密的综合性，内容丰富繁多，有基础训练，也有技术技能训练，是一项综合训练。组织和管理的好坏直接影响着高中开展体育拓展训练的进程，有条件的学校应该设一个拓展训练的管理机构，管理成员加强对其活动的组织管理。每所学校的实际情况不同，学生的素质也不一样，所以每一所学校都要联系实际，针对不同学生的自身实际，制订出不同的教学目标，特别是对拓展训练所需的场地和器材进行选择。拓展项目的选取还要考虑到校内外场地，有条件的学校，如果教师充足，可以考虑到野外做拓展训练，以丰富学生的课外生活，领略野外的乡土风情，陶冶情操，这也是一个不错的选择。野外拓展训练，安全是第一位的，在出发之前，要加强安全教育，一切活动听指挥，教师在活动中进行严格管理。去野外做拓展训练活动，事先必须熟悉训练场地，根据拓展训练的要求，首先要保证学生安全，其次要保证野外训练的教学效果。拓展训练后在评价学习效果方面，要客观地对这次活动进行评价，不能一味看重拓展训练的教学效果。拓展训练是一项新兴项目，没有固定的教学模式，对教学效果与体能锻炼不能提出过高的要求，要着重注意学生精神意志的锻炼，提升学生的体育素养。对于在拓展训练中表现优异的学生，教师要进行表扬或奖励。

4. 拓展训练场地设施要规范

场地设施是拓展训练的基础。拓展训练中，场地设施设备是完成拓展训练的重要保证。这对一个体育教师提出了较高的要求，教师要经常查看和养护体育器材。同时教师又是拓展训练的直接组织者和管理者，教师的业务水平和课堂驾驭能力，决定了拓展训练活动质量的好坏和是否顺利地完成训练任务。身为教师要将教书育人列为首位，在学生面前榜样示范作用要充分展示出来，要学生获得半桶水，教师自己应该有一桶水，模范地表现在各个方面，以身作则才能教育学生进行高效的体育拓展训练。教师还要加强学习，不断地更新知识，把最新的体育信息、体育知识、教学方法运用到体育拓展训练中去。体育器械完善也是保证拓展训练的重要基础。我们在拓展训练中既要考虑到训练效果与完成情况，又要考虑到学生的安全因素。安全无小事，器械必须安全无故障，才不会影响拓展训练的正常进行。要严格按照国家规定购买体育器械，器械的安全必须有可靠的保障。

五、结语

拓展训练作为高中一个多样化课程的项目，是一项不成熟的内容，我们将以摸着石头过河的方式，深入开展拓展训练运动，把拓展训练内容作为高中学生课外活动训练的延伸，因为它是一个融合性极强的体育教学模式，能把高中体育教学的内容变得更加丰富多彩，所以只能把它列入更高发展的行列。至此，我们在体育课堂教学中，认真认识拓展运动这个项目，严格编成一本为学校所用的校本教材，有针对性地引入课堂教学之中，更好地把高中体育教学改革推向纵深发展。

参考文献

[1] 南秋红.体育教学中实施拓展训练刍议[J].教与学，2010(3)：112-113.

[2] 韩增武.素质拓展训练在邱县实验中学足球课教学中的应用研究[D].石家庄：河北师范大学，2018.

[3] 黄旭霞.论拓展训练在高校体育教学中的应用[J].当代体育科技，2013(1)：4.

[4] 王根风.浅谈拓展训练在高中体育教学中的应用[J].时代教育，2017(12)：84-84.

[5] 李喜文.在高中体育教学中拓展训练的应用研究[J].当代体育科技，2016(3)：17-18.

高中体育教师多样化继续教育的研究和探讨

杭州市萧山区第十高级中学　高　琴

摘　要：笔者采用自身文献资料和教师问卷调查方法，对我区中青年体育教师的继续教育专业成长的现状进行调查。本着“健康第一”的理念，始终围绕整个高中体育教学，对学生中自主锻炼意识的缺乏、学生教学目标的设置、学生体育专项教学开展多样化方面存在的问题，进行具体分析。本着要从过去“教师本位”转向“学生本位”，从学生的现有体质状况分析，围绕学生现有需求，从学生实践中培养体育教师逆向思考能力，逆向思考中探究教学中的实际问题，从而培养教师专业素养，并从教师专业素养的角度提出合理性建议，希望有关部门能予以采纳。

关键词：教师本位；专业素养；继续教育

体育教师在大学里已经受过四年的师范类教育，把每个需要的专业知识都进行过理论式学习，但真正面对高中学生时，可变因素很多。学生的需求迫使我们进行细化和实践，而这个过程是一个教师再学习的过程，依赖职前的一次教育是远远不够的，所以体育教师要进行职后培训。职后继续教育可以改变落后的教育思想，提升适合学生的教育方法和手段，让教师的专业素养得到很大提升，这样才能适应新时代的需要。

继续教育到目前为止已开展20年了。在这20年里，根据自己的需求和学校的要求，开展相应的职后继续教育。在现今教育模式下，教师要转变原有的教育观念，找到适合学生的教学方法。在实践的过程中，我们要学习新知识、新方法、新思路来应对学校体育带来的挑战。首先，受教育对象学生的体质每况愈下，体育锻炼意识缺乏主动性。其次，高中生要培养目标的多元化发展，缺乏有持续性的终身体育意识。最后，体育教学内容缺乏创新性、延展性。但啦啦操、体适能、跆拳道、武术、蹦床等一些新项目的开发，让我们从新方法、新思路的角度促使学生在新项目的开发下提高体育学习兴趣和学习积极性，让终身体育能够在体育课中得到很好的体现。

一、现有高中体育教师继续教育学习现状分析（2017—2021年继续教育五年，以本校为例）

作为一名高中教师，继续教育的开展很有必要性。特别是新课改，要求我们进行模块类的教学。而我在大学所学的只有一个专项(田径),另外的球类、武术、健美操等都只有一些简单的接触,没有进行过深入的研究。因此,在职再培训是很有必要的,这样可以让我更有针对性地去学、去教,也有助于自身的成长。

本人所在的高中是一所区普通类高中,全校42个班级,共11名体育教师,高级职称8人,中级职称1人,初级职称1人。按照学校对体育教师继续教育的要求,5年里我们参加的继续教育情况见表1。

表1　五年中本人所在高中学校体育教师继续教育情况汇总

年份	参加人员	培训科目	组织形式考试形式	学分
2017	高中体育教师	1.体育网络培训 2.90学时体育教学培训 3.高中教师培训 4.校本培(2个)	网络培训+作业 集体面授理论考试+过程考核 网络培训+作业 集体面授	36.1 108 36 12+12=24
2018	高中体育教师	校本培训(3个)	集体面授	12+12+10=34
2019	高中体育教师	校本培训(1个)	集体面授	24
2020	高中体育教师	校本培训(2个)	集体面授	12+12=24
2021	高中体育教师	1.校本培训(3个) 2.高中教师培训	集体面授 集体面授	12+12+12=36 40
总计				362.1

作为一名教龄20年的体育教师,笔者在2017年参加了一个90学时的体育类培训和两个体育内容网络培训,另外的4年中,笔者参加的都是学校的校本培训,没有机会去外面开展继续教育学习。也有的认为教师就是为了完成任务,可以不选,这样让有些教师失去了外地培训的机会,继续教育也就失去了原有的意义。

1.单一化的体育继续教育没有给体育课程改革带来生机

中小学体育课改后,教师继续教育培训还是一些老套路,例如新课程全员培训、中小学能力提升、浙江省体育教师专业发展培训等等都是一些理论知识类的培训,课改后的培训和原来没有区别,只是多了一些课改理论知识。而体育学科作为专业要求很高的科目,一些内容和方法的改变,还是需要实践。体育教师作为执行者来说,在体育课改后,没有参考标准,这样的课改没有可操作性。这种职后培训没有在继续教育中很好地落实,在未来的教学中,专业素养需要跟着新课程改革进一步提升。

2.体育教师继续教育课程设置不合理

浙江省继续教育培训政策的提出,是体育教师刚需的培训平台,通过培训学习,使体育信息被快速传递和交流。浙江省中小学教师培训中心已经按照中小学教师继续教育5年内集中完成培训和校本培训的360学时的规定搭建培训平台，培训内容有专业素养、新课程、新体育项目等培训类型。如表1中，后面4年大多数培训或远程教育有点形式主义，目的是拿到学时，教师的教学能力和专业技能没有达到实质性的提高。

(1)没有分层次的培训内容，影响教学培训的有效性。高中体育教师的教龄长短不一，教学能力和专业技能也会有很大的差别。笔者建议根据职称等级对培训内容进行分类教学，大家根据教学内容进行选择，对自身薄弱项目进行重点学习，强化教学，这样可以弥补专业不足。

(2)培训时间基本上是利用节假日，参与度低，没有效率。教师在平时都要开展体育教学，一些培训都安排在假期，时间短，参与度低，没有多大意义。

(3)评价体系单一性，随意性较大，影响体育教师培训工作的客观公正性。我们参与培训最后得到的学分是按照理论考试或参与度来评分的，达到一定分数线就可以顺利拿到学分。只要参与了，一般都能得到学分，而真正掌握多少，只有自己心里有数了。

(4)各地市、学校教师校本培训缺乏地域性和针对性。校本培训实质上是学校的全员培训，360个学分中近1/3的学分都是校本培训。而对体育教师来说，校本培训的学分偏多，继续教育的分数设置不是很合理，这样不利于教师的发展。

3.体育继续教育缺乏专业性，培训内容老模式，不能持续性发展

体育教师去外面进行专业理论培训的机会几乎没有，当地的教育局也没有安排一些专业类的技术内容的学习。按照上面的体育文件，学校必须开设体育模块选修课课程，体育教师只能根据大学里学到的专业技能和学生的实际情况边学边教，在摸索中进步，在练习中精益求精，一切都要靠自己。为了吸引学生学习兴趣，学校鼓励体育教师开发新项目，例如，啦啦操靠自学是永远不够的，这就要靠继续教育。教师才能在基本动作的基础上进行创新性的开发，让学生理解掌握，学以致用，这样的继续教育才有实质性的意义。

早在五六年前，高中教师都必须是硕士研究生毕业，通过本科生4年、研究生2年的师范类的学习，对专业要求更高了，6年的专业学习，让教师在大学校园里能够得到更全面的专业学习，个人专业素养能够得到提升。而原来本科毕业的教师则更需要继续教育来提高自身的专业素养，这样才能执教“00后”学生。

二、思考：多样化的继续教育满足教师需求，提高高中体育教师专业素养

在体育课改模式下，体育教师需要根据学生实际情况，更新体育理念，更新练习的辅助内容，从“教师本位”转换为“学生本位”，来灌输“健康第一”的理念，并从学生“终身体育”角度出发，进行扎实有效的继续教育培训。

1. 宣传动员：更新体育教师继续教育观念，被动学习化为主动学习

每个教师对继续教育要有一个正确的价值取向，它不单单是为教师学习提供平台，也是我们教师提升自身专业能力的突破口。每个教师都要更新继续教育的学习观念，将被动学习转化为主动学习，教师的继续教育与职称的技术等级挂钩，没有参加培训或每年达不到一定学分的技术等级都应降级处理。每个教师希望通过业余和短期的继续教育培训，来提高自身的专业能力。这样主动式学习才能使继续教育发挥更好的作用。

2. 改变意识：用"终身体育"的思想，引导体育教师继续教育的价值取向

传统的"一次专业教育，终身享用"的旧观念已经不再适应体育课改的需要，只有我们秉持"终身体育"的新理念，体育教育才能跟上新时代的发展。

3. 改变模式：采用灵活多样、形式多变的继续教育形式来适应体育课改

高中教师的继续教育往往还是一些老套路，以网络培训居多，另外 90 个学时的集中培训相对较长，其中校本培训占 1/3。我们现行的继续教育以区域培训班模式和远程教育模式最为常用。各区的培训形式，可以根据教师的职称配置更加合理的培训内容，可以根据教龄、课程内容、专业能力等等进行分层次的培训，最后进行汇总，实行激励性的评价制度，这样教师的教学水平会有很大提高。

(1)以专业技能培训为主、理论培训为辅的课程设置，加强继续教育的实效性。一切为了学生，为了学生的一切，专业的知识学习是为了更好地服务于学生。专业过硬的教师示范标准动作可以给学生强烈的视觉冲突，从而让学生爱上体育，这样可以调动学生学习的积极性。近几年，国家对学生体质的重视程度增加，体育教师队伍结构趋于年轻化，继续培训就要积极创新，以专业技能培训为主进行新课程开发，其中穿插理论知识为辅的新课程模式。体育教师要根据学校需要积极开发利用，这样更能体现继续教育培训的实效。

(2)自主选择菜单式网络的培训，更加促进教师专业水平提升。继续教育平台可以录制一些体育专业技能课，例如足球、武术、蹦床、啦啦操、体适能等视频录播课，教师自行选择一门或几门课进行学习；也可统一时间进行直播教学，每个教师在学习过程中遇到的实际问题，由直播课里的专家现场解决。网络培训平台根据教师上传的学习内容、在线学习时间、现场提问等因素给予一定学分。

(3)"专家引领、课例观摩、交流研讨"的研训一体的培训形式。针对体育教师专业发展需求，可以聘请体育课改专家、优秀教研员、一线优秀体育教师开展讲座。由一线教师进行的面授式的教学，在实际教学中提出问题，在实践反思中提升教师的专业素养。整个培训活动理论联系实践，教师提问和专家点评，让教师更直接地发现自身教学的问题，这样大大提高了学习的实效。

(4)体育培训内容要联系实际，要有创新内容。随着新课改的实施，需要通过培训来提升体育教师解决实际问题的能力，在培训中找到有效的解决方法。例如教学

生打篮球、踢足球等,大家都知道怎么打开心、怎么踢进球,关键是通过多种有效的手段,让学生喜欢上打篮球、踢足球。通过培训使教师真正感到有所学、有所悟、有所用,提高体育教师的专业技能水平,从而让学生爱上体育课。

(5)建立合理的继续教育评价体系。完善继续教育评价制度,可以采用教师的自我评价、他人评价、学习评价、能力评价等评价方式来综合考评教师的能力。

4. 发展趋势:从过去"教师本位"转向"学生本位"的角度把握继续教育

在体育新课改的形势下,继续教育的内容应将理论教育与实践相结合,从"教师本位"转向"学生本位",一切从学生角度出发思考问题,如他们喜欢什么类型的体育运动,怎样的体育运动能够调动他们的积极性,等等。

5. 体育延伸:针对体育教师专业特点,向新兴体育运动延伸

学校体育社团的成立,需要开设一些新兴的项目,例如体适能、啦啦操、击剑、射击、花式跳绳等等,这些新项目的开设,可以更好地吸引学生。

怎样把体育教师的继续教育落到实处,需要一个过程。总之,体育教师出去培训的机会很少,怎样在继续教育中得到转变也是值得思考的事情。教师不仅要教会学生专业知识,更要让学生爱上体育课,体会到体育课带来的乐趣,并把终身体育的思想贯穿一生。教师要找出自身不足之处,通过职后培训来弥补,这样自己的专业素养才能够得到很好的提升。

参考文献

[1] 蒋丰,张艳群.论体育教师继续教育的价值取向[J].四川体育科学,2005(3):9.
[2] 罗建萍,徐武.新时代体育教育价值取向探析[J].体育与科学,2001(3):5.
[3] 王书彦,姜雨.浅谈体育教师继续教育[J].辽宁体育科技,2003(1):53,59.
[4] 王秉彝,李志方.影响学校体育教学改革的主要原因及解决对策[J].体育学刊,2002(3):101.
[5] 廖祥龙,高加良.21世纪初我国高校体育师资队伍的建设分析[J].体育学刊,2002(1):95-96.
[6] 寇建民.高校对中小学体育与健康课师资的培养[J].湖北体育科技,2003(2):257.
[7] 杨再励.健康教育与素质教育关系的研究[J].中国健康教育,2003(1):34.
[8] 臧连明.高校体育教师的继续教育[J].体育学刊,2002(5):75.

高中体育耐力跑项目教学的改进和实践

杭州市萧山区第十高级中学　沈状明

摘　要:耐力跑既是基本运动,又是专项运动,是田径教学中非常重要的内容,但很多学生对其存有恐惧、排斥心理。立足体育核心素养,笔者通过改进教学策略,注重学情备课、常规与专业指导、多种教法融合,引导学生关注自己训练前后的身体指数、积极性情感认知、心理调节等方面,为有效实践耐力跑提供保障。

关键词:耐力跑;教学策略;应用

高校招生要求中都会提到考生必须参加体育测试作为录取的重要依据,这一明确要求凸显出体育在学生综合素质评价中的重要性,这引起了广大考生和家长的重视。目前高校增设的体测主要依据国家体质测试标准对学生进行耐力跑和立定跳远等项目的检测。耐力跑也叫耐久跑,它的特点是技术要领不多,练习简单。练习耐力跑能使心脏收缩力加强,提高供血能力,促进心脏、肺、血液循环系统等多方面发展,增强学生身体素质。科学而长期的耐力跑也能锻炼人的意志品质,使其身心全面发展,是终身体育的好方法,因此它具有独特的锻炼意义和价值。

但是耐力跑周期比较长,很多学生抗拒。总是要催一催,才会跑一跑,还会边跑边抱怨“又累又枯燥,不喜欢”,尤其是那些体质不太好的学生对耐力跑更是敬而远之。如何在体育课堂上发挥耐力跑的魅力让学生不再拒绝呢?

一、改进教师“教”的策略

(一)注重学情备课

体育教师学情备课非常重要,甚至比其他科目更重要,因为其他科目教学若对学情了解有偏差,最多影响学生的学习效果,如果体育教师对学情了解有偏差,在课堂上就可能出现安全事故。教师每节课之前都要及时了解近段时间学生的身体状况,依据“备学生”安排好教学环节,比如技术基础、要达到的素养水平、当前体质状况等。总之,教师一定要告知学生科学地看待和管理自己的身体,尤其在体育活动中关注自己,对待体育锻炼要做到不偷懒也不勉强。

(二)注重常规和专业指导

1.热身和放松运动

很多高三学生不大喜欢上体育课,尤其是高三女生,学业压力大,作业多,忙于伏案刷题。而体育课绝大多数是运动实践课,对学生的运动量有一定要求,身体运动量若没有过渡,容易产生胸闷、气短、脸色发白等负面体验,所以课前热身运动是不可或缺的。课后放松运动也不可或缺,带领学生做拉伸、保健按摩、放松操等整理活动,确保身体安全。

2.耐力跑项目的常规指导

耐力跑的动作要点:步法均匀,摆臂自然,重心平稳,有良好的跑步节奏,能合理地分配体力,呼吸节奏一般两三步一吸,两三步一呼,每次锻炼15分钟左右。耐力跑的基本技术掌握主要在呼吸方法上,首先学生必须了解什么是身体的“极点”和“第二次呼吸”,克服“极点”现象是耐力跑教学的难点,其次通过耐力跑,发展有氧耐力,然后帮助学生坚持耐力跑,培养学生顽强的毅力和坚持到底、克服困难的精神。

3.耐力跑项目的专业指导

一项体育运动的效果受该项技术、技能掌握情况的影响,而这得益于教师的专业技能指导。就耐力跑项目而言,教师的专业指导主要包括三个方面。

(1)指导运动规则,制订实施计划。先掌握耐力跑项目规则,并检测自身情况,用心率来测试和评价自身当前情况,制定合适运动强度,实施锻炼计划,并对效果做出合理的评价。

(2)指导正确方法,掌握安全运动。掌握发展心肺耐力、肌肉力量和肌肉耐力的基本原理;指导发展灵敏性的练习,如“Z”字形跑、折返跑、变向跑、“8”字绕环跑;指导发展速度的练习,如小步跑、后蹬跑、加速跑、牵引跑、上坡跑接下坡跑;指导正确动作的练习,如蹬摆、高抬腿、深蹲或半蹲慢起、各种跳跃和蹬台阶等;指导安全运动、预防常见跑步中的伤病和突发事故、消除运动疲劳的知识与方法,如心肺复苏技能、拉伤或崴脚的自助措施等。

(3)指导正确认知,增强健康意识。强调充足睡眠、良好饮食习惯等生活规律对训练耐力跑的影响,引导学生认知科学合理的生活对身体、对运动联动的作用;引导学生正确处理合作与竞争,促进学生体能、运动技能和健康心理的养成,为终身体育奠定基础。

(三)注重多种教法融合

在很多学生眼中,耐力跑就是单一枯燥的,因此教师要利用多元化的教学手段或者多种教法融合让学生对其改观。如情境教学利用不同的情境任务设计不同的跑步路线,通过路线变化增添跑的新意,促进其完成长跑任务;或者利用环境条件组织学生越野跑，如绕着湘湖跑，用视觉美感减轻学生身体的艰辛；或者设计游戏跑，通过匀速、变速或者定时、定点跑，用娱乐感抵消耐力跑的单一和疲劳；也可以将游戏和任务组织在一起，在保护学生自尊心的前提下依据体能分不同组跑，用互助形式提高学生的身心耐力。此外，还可以进行如下操作。

1. 带节奏跑

用音调上的节拍来踩点跑，增添耐力跑的趣味性。合理的运动节奏是可以减轻运动量带来的身体不适感的，而身体不适感的减轻也会使心理恐惧程度减轻。当学生踩着节奏跑时，心里会产生韵律感，能让他们放松，带给他们愉悦感，一旦心情愉悦，身体反应会更兴奋，适度的兴奋又激发体力，跑的时长极大可能延伸，从而实现耐力训练，久而久之，找到感觉后的他们就会喜欢上跑步。

2. 跟团队跑

跟团队跑就像是有人陪跑，集体热闹的感觉可以减轻跑的孤独感和疲惫感。团队跑也培养学生的团结互爱，当有人掉队时，更多的人在等你，在不远处鼓励、打气加油，使个体获得正压、获得更多的精神力量跑完全程。当然团队跑要选好带头人，他要善于带节奏，同时精神面貌要积极阳光，喊口令要清脆响亮。团队跑有个小细节要注意，将耐力跑较差的或孤僻离群的学生排在队伍中间，这样安排会给他们更多的安全感，也增加他们与人交流的机会，增强他们与人合作的能力。

3. 带竞争跑

有时候适当增加竞争彩头可以激发学生参与的热情和乐趣，可以是个人赛也可以组建小组竞赛，促进学生的拼搏精神，发挥团体叠加优势，培养学生的合作意识和合作行为。比如耐力接力跑，增添传棒环节，增加奖赏制。

4. 后段陪跑

与其他运动项目比，耐力跑中途放弃的比率是相当高的，这是因为在耐力跑的中后段身体往往会出现比较大的生理反应，如心跳加快、呼吸困难、两腿无力、眼冒金星等，相比其他项目，耐力跑中的“极点”出现时间比较长，引发的生理不适感持续时间也会较长。“极点”的出现又引发心理疲劳，这个时候“坚持”会变得异常困难，身心处于崩溃状态，此时最需要陪伴和鼓励，尤其是体质相对弱的学生在最后阶段如果有人鼓励，将极大促成坚持力。

5. 增加多元训练形式

耐力训练不是一朝一夕就能完成的，需徐徐图之。其实在其他运动项目中都可以训练，如羽毛球、篮球、足球、健美操等课程中都可以进行耐力训练，也可以在早操、课间跑操中继续训练学生耐力。同时，教师一定要积极开展表扬，全方位地赞赏学生体验完成每次耐力跑。

6.增加师生互动

学生越是处于身心压力巨大的过程中越是希望老师“患难与共”，在耐力跑中教师要参与其中，可以选择一段距离，也可以全程一起，这样有助于教师把握全局，同时更好地把学生调动起来，起到积极的带动作用。和学生一起跑更容易让其感受教师的真诚、关爱、尊重和鼓励，从而保持乐观愉快的运动情绪，而且师生彼此的信任感也更容易建立起来。

（四）注重职责和教态

跑前了解学生的身心反应，若是抗拒参与，则帮助其分析原因，鼓励积极参与；跑中通过积极的语言激励其克服身体和心理障碍；全程为学生提供后勤保障，如全程关注学生，对有异常变化的要及时问清状态。准备一定的急救物资，作为体育教师，自己还要懂一点急救技能。任何活动中生命都是第一位的，开展耐力训练的初心是为了促进学生身心健康成长，增加其生命质量，因此学校和教师一定要保证学生在训练中的安全，要对体育场地、设备进行经常性的检查。

高中体育课是学生心目中难得放松的课，因此教师的教态一定要适度放松，平日里不要强调体育活动是为测试要求安排的，让学生不被考试这样的字眼烦恼。教师要懂得保持微笑，尽己所能变着花样去引导学生参与耐力跑训练。

二、改善学生学的策略

（一）关注训练前后对比

在耐力跑训练开始前，让学生测安静时的晨脉和呼吸次数，使学生初步了解自己的心脏功能水平，经过一段时间的锻炼后，再测并进行对比，用具体的数据向学生说明耐力跑对增进健康的作用和意义。

（二）建立积极性情感认知

耐力跑需要学生整个身心处于一定的紧张状态，有鲜明强烈的情感体验，若这种情感是积极的，能使学生的神经系统处于适宜的兴奋状态，使身体发挥出最大的工作能力，对提高运动成绩起到促进作用。

1.从低强度开始，适量添加运动负荷

耐力跑的特点是时间长、距离远、生理负担量大，在运动中内脏器官常常跟不上运动器官而产生“极点”现象，就是“极点”带来的不适感让学生痛苦、紧张、害怕。小强度训练所带来的“极点”弱，学生感觉会比较好受，这可以提高学生的挑战信心，产生“我可以”的心理暗示。慢慢再增加强度，“极点”带来的痛苦也就不那么难受，体力恢复也会加快，学生会发现耐力跑也没有想象中那样可怕，这就表明其情感体验转向积极性。

2.分层分时明确锻炼的体能小目标

“当克服困难和危险而又成功地完成任务时最容易产生积极的情感体验。”[1]因此要帮助学生依据学情建立明确的体能目标，切实提出每一次训练的最近任务，不同学生的最近任务不同，以便让每个学生都能经历克服困难、体验成功并建立新胜欲望的过程。比如先只要求学生跑完全程，对速度暂不作要求，渐渐在后续任务中提出时间要求，每次跑速都在前一次基础上适度提高。这样，学生每次跑都能达到要求，增强了对下次练习的信心。

(三)加强心理调节和心理建设

一个人的体能和耐力不是天生的，必须经过训练和巩固，并将体能训练反馈到自我心理调节上，演变成身体本能反应，与此同时，自我意志力也变得强大，不再去过多关注身体的不适，也就减少了恐惧心理。耐力跑非常能锻炼学生的生理、心理素质，不是每个人都适合当竞技者，但真正经受住耐力跑训练的孩子，在今后的学习和生活中都将变得更自信、更强大。

参考文献

[1] 林清.积极性情绪在女子中长跑教学中的作用[J].浙江广播电视高等专科学校学报，2003(3):82-83.

基于体育核心素养下的生命安全教育实践研究

杭州市萧山区第十高级中学　沈状明

摘　要:2003 年的"非典",2008 年和 2010 年的大地震,以及曾经的疫情,让我们深刻认识到灾难的可怕,也让我们对自然充满了敬畏、对人的生命进行深刻反思。作为一线体育教师,也让我对自己的教学重新思考:我们的体育教育对学生应对灾难是否发挥了应有的作用? 本文对高中体育课程学科核心素养"运动能力、健康行为和体育品德"下增设"健康第一"的"生命安全(即生存)教育"项目进行实践研究,谈几点个人认识。

关键词:健康行为;生命安全教育;体育

一、研究的缘起

灾难让我们对自然充满了敬畏、对人的生命有了深刻反思。面对新形势下的新教学任务,作为一线体育教师的我重新思考自己的教学在学生应对灾难和自救过程中是否发挥了应有的作用,我们的教学是否经得起实战的考验。

2008 年的汶川地震中,有多名学生凭借自己过硬的身体素质、灵敏的身体反应能力和坚强的意志躲过了灾难,甚至也给别人带去生的机会,如映秀学生林浩、都江堰学生甯加驰、绵阳学生黄霖、彭州学生欧阳宇航等。2003 年的"非典"和 2020 年的疫情下,最好的防卫武器也是健康的体质和心理素质,因为自身免疫力是最坚强的防护盾牌。也就是说,无论是地震后 72 小时黄金时间之外的生命奇迹的刷新还是现在走出方舱、走出重症病房的幸运儿们,每一个奇迹的发生都有源头力量在支持,那就是强健的体魄、健康的身心和坚强的意志力。

只有经历过生死考验的人才会越来越深刻地认识到生命安全教育的重要性,生命安全教育是学生最应当去完成的必修课。灾难防不胜防,当灾祸发生时若有良好的身体素质并懂得如何积极地自救,将为孩子的生命安全增加筹码。

二、在体育课堂开展生命安全教育的意义

《体育与健康课程》核心素养包括运动能力、健康行为和体育品德,学校体育课

程开设的一系列活动都是为了学生的健康基础目标而设。“生存—发展”是教育学生的终极目标，而生存是底线，让学生掌握基本的求生知识和生存技能是促使学生在紧急情况下激发求生意识和应急能力的前提条件。

不管是疫情还是汶川地震那样的灾难，学生有好的身体就会有好的免疫力，也会有灵敏的身体反应，在自然灾害、意外伤害等情境下能更积极地做出安全的行为以保全自己的生命。从此角度看，生命安全教育无不贯穿于体育教学和学生的终身发展教育中，体育课堂是最好的实践空间。

三、体育课堂上为生命安全教育增设的项目实践

学生的生命安全教育如何加强？学生自护自救能力如何培养？我认为课堂里应增设以下几方面内容。

（一）加强学生对体育课程的正确认知，拓展知识学习

1. 加强正确认知

比如，花更多的时间让学生了解体育课堂做热身运动的重要性。其实这就是加强学生对体育课正确认知的有效途径之一，这是非常有必要的，如果学生对体育课的认知程度不够，上再多的室外课学生也只会觉得体育课是休闲课，是疯玩的课而已，他们不会意识到在体育课上学到的生存技能可能就是灾难中的救命稻草，是和其他科目书本上学到的技能一样重要甚至更重要的技能，他们不会意识到体育课是他们直接可以接触到的面对危险实战演练的最好机会。

2. 拓展心理学知识

体育课堂是学生身心成长的重要场合，要在体育课上对学生的心理状态加以关注，努力创设条件提高学生的心理健康水平。学生的心理健康可以增强其抗挫折能力，同时也要在体育课困境演练中注意学生应对困境表现出来的不同心理，让学生学习如何克服恐惧心理，如何自我应对心理创伤，如何形成应对困境的自信等方面的心理学技能。

3. 补充生理保健知识

比如，怎么让学生知道热身运动的重要性，就要增加学生生理保健知识。比如，进行有氧练习，学生首先应对有氧代谢有一定的认识。扎实的生理保健知识可以帮助学生尽可能避免损伤事故，增加健康自救的筹码。

4. 补充护理学知识

比如崴脚用冰敷的效应在于血管收缩，减慢局部血液循环，降低细胞的新陈代谢率，从而减少细胞组织的受伤及坏死，降低患处疼痛感觉，减轻肌肉痉挛，减低血管壁的渗透性，阻慢肿胀加剧及软组织出血。

俗话说“学无止境”。在学习过程中学生若能掌握一些护理学知识,如抽筋、脱臼、骨折、高温中暑、严寒冻伤等情况下如何自救应急,如人工呼吸、伤员护理、伤口包扎、病人搬运等互救方法,能大大提高灾难时学生的求生和救护能力。人总是要自立的,每一个人懂得多一点,就多一分自己面对艰难的胜算。

(二)增加应对自然灾害和事故伤害的有关知识、技能的渗透

1.增加抗灾、防灾、自救、互救的课堂演练

每学期初安排相应课程或在每年新生军训中有计划地进行抗灾、防灾、自救、互救等相关内容的课堂教学,使防灾自救意识深入学生心中,做到警钟长鸣。

平时的课堂上也可以把一些与教学内容匹配的灾害素材设计为情境让学生体验,激发学生的内在情感,珍惜生命,热爱生活,团结互助。比如,教师恰当利用高温困境进行脱水救护演练,冰寒困境下的冻伤处理,或其他损伤事故处理演练等,当然在这样的过程中,教师要能预见各种安全隐患,要预备相应的防范措施。

2.增加日常课堂的训练强度

要求从准备活动、热身运动到具体动作、技能传授,都要做到从实际出发、稳打稳扎、动作到位、幅度要大,使全身的关节、器官都得到动员,都能充分活动开,让学生的身体真正经历训练和考验,只有平时认真地加强训练,才能在未来应对灾难。

曾经,国家体育总局体育运动科学研究所提供了学生居家锻炼的方案,号召大家一起练习,增强自身抵抗力,做好自我生命安全教育。比如心肺耐力类练习、平衡性练习、力量性练习、柔韧性练习等,特别针对高中生做出补充内容要求,如自重俯卧撑、爆发力俯卧撑、自重双腿下蹲、交替分腿跳、蹲跳、平板支撑、侧支撑以及相应的放松活动要求。

生活中危险因子无孔不入,学生应对危险时的自我身体素质和自护自救知识掌握的多少,可能就决定了要承受的痛苦有多少。因此,我们要细致入微地教导,在课堂上认真指导学生的每一个动作要领,从器材的选择到运用,从动作的分解到全套,从训练中的摩擦到伤病自护,每一步都要加强学生的安全意识和相应技能。

(三)增加学生在体育课上真实又紧凑的体验

1.体验各种器材的使用

因为害怕事故的发生,一些常见的体育器材在很多学校已经被列为“违禁品”,如双杠、吊环、标枪、铁饼等器材,凡是可能让学生在使用时出现危险的都与学生渐行渐远,这种因噎废食的举动会造成学生技能训练出现盲区。其实每一项活动技能,不管用不用器材、用哪种器材,都可能会有危险,体育课本身就是一门危险性较大的学科,在解决相应安全问题和排除安全隐患的基础上,所有课程标准中涉及的器材,体育教师都应该大胆地使用。

不管是场地还是器材，在使用前都要事先对学生详细说明并明确规定使用规则和使用方法。但是对于特殊情况也要懂得稍加利用，如发现场地不平整，有坑洼或者砖头石块等杂物，器材有损等，要引导学生去发现，引导学生做出判断、做出应对策略等。这些都可以作为不利场景的应对演练，灾难可不会因地因器材而拐弯。为了使学生应对模拟困境更具实效性，可以培养学生安全分析判断能力、困难预见和处理能力、方位辨别和逃生技能。

2.体验一些高难度的竞技技能

体育课不等同于休闲课或者疯玩课，要给安排学生任务，要给学生学会技能的压力，一个动作甚至一个有难度的动作今天必须掌握的就不要拖到明后天，灾难很多时候是没有预警的，或者学会这个技能动作就可以救人一命。因此，体育课上必须加强学生在力量、速度、耐力、灵敏度以及心理素质等方面有针对性的训练。学生的身体素质提高了，这也是增加在灾难时逃生的筹码。

难度稍大的体育技能也应该让学生有学习的机会，不能因为害怕出现安全事故而不教不学，每一个孩子都是在摔跤中学会了走路，因为体会了摔疼的感觉，走路反而更稳当了。同理，在体育课上多学一个身体反应技能，也是多增加一个应对危险的技能。只要我们让安全防线始终紧绷于脑海，只要提高学生的安全意识和处理问题的能力，就不用去舍弃一些好的难度高的运动方式。

(四)强调体育课堂的纪律性和指令的服从性

学生的生命安全教育不仅仅体现在课堂学知识、学技能中，还体现在课堂的纪律常规和服从性上。“不以规矩，不成方圆”，体育课绝不是自由活动，它有自身的教学目标和学习过程，必须强调课堂的规范性和纪律性。

虽然现代教育观念强调教师要以民主的作风对待学生，但在体育课堂上学生的心性更大，更容易出现因为他们的好奇心而人为伤害的事故，教师作为引导者，责任更大。

1.一切行动听指挥

当教师在介绍场地、器材的使用和安全预防事项时，当教师要求学生检查场地器材的安全性时，当要求归还并管理器材时，当发出听、喊、行、跑的动作指令时，都要求学生绝对服从，尤其在大规模的灾难预防演练中要事无巨细地再三强调一切行动听指挥，防止拥挤或踩踏等人为事故的发生。

2.把日常习惯养成面对困境的自救本能

把学生日常习惯养成与防灾自救的生命教育结合起来，如平时在两操、体育课中要强调听哨声，形成一定的条件反射，要求学生养成快速集合、有序进退的习惯，这种雷厉风行的作风，正是我们灾难逃生自救的有效形式。

四、体育课堂上增设生命安全教育的反思

(一)对学生而言,能拓宽学习视野、增进对生命的尊重

生命安全教育内容的增设,拓宽学生的视野和技能,填补学生对灾难空白的感性认识和实践演练。

每一个生灵都应该被尊重,都有健康存活的权益,我们给予自然的尊重,自然才能容纳我们,爱生灵便是爱自己,促使学生更加珍惜眼前的美好时光。

(二)对教师而言,既要增加个性化教学,也要丰富课堂内涵

体育课的备课不比文化课教师的备课轻松,学生的身体素质差异很大,基础技能的掌握情况也会有很大不同,教师一定要对班级学生的具体身体情况有充分的认识,了解有无重大疾病史、兴趣、爱好等,每次上课前都要检查是否有学生身体不舒服,根据实际情况安排相应的活动量。生病学生要制定符合其具体特殊情况的个性化训练,灾难的发生不会因人而避。

通过给学生增加知识延展、创设逼真困境进行演练,增加体育课堂上的竞技难度和广度,丰富体育课堂的内涵。让学生更多地学习的同时何尝不是教师学习进修的过程,更多的体育和生存技巧要熟练地传授给学生,如攀岩、登山、森林野营等,这其实是师生共同的课堂。

体育教师作为体育课堂和活动的主要负责人和具体执行者,除了要教会学生生存知识和技能外,还需要懂一点医学知识,掌握一些医学方法,因此进行体育教师在医学护理专业上的学习进修,我觉得是非常必要的。

(三)对体育课堂而言,师生地位分配和课堂真实体验同样重要

在体育课上,学生指令服从和技能苦练同样重要,因此虽然课堂的主体是学生,教师的主导地位要比在其他科目上更显著,他贯穿于知识传授、巩固和扩展的全过程,保护于学生学习的每个步骤,交流于课堂内外,或许是所有教师中对学生影响最广泛的那一个。

生存教育的追求是非常具体而根本的,因此必须实打实地来做好。情境设置不求时髦,必须逼真而实用,这关乎人的生死,马虎不得。可以根据需要充分利用校内外资源,针对不同教学内容灵活调用各种现有的器具、材料,设计困境辅助教学。

参考文献

[1] 王子朴.学校体育与生命安全的辩证关系[J].体育教学,2008(2):1-4.

增强学生体质健康　体育助力全面发展

杭州市萧山区第十高级中学　杭秀山

摘　要:体育运动是教育的重要组成部分。学校体育教育受到人们的高度关注,尤其是体育相关工作人员的关注,目前关于学校体育教育的研究很多,总体研究结果表现为:体育教育已经成为人们德、智、体发展模式中不可或缺的部分;对学生进行体育教育能够大大提高学生的综合素质,达到强身健体的效果;体育教育能够促进学生培养团队协作意识,在学生的相互沟通中,展示自己的个性;同时在学校开展体育运动还能够加深学生对体育专业技能的掌控,培养学生进行体育运动的兴趣,为学习打好基础。体育运动对青少年的一生影响很大,会对学生的健康成长和全面发展产生重要作用。因此,学校体育对学生的全面发展是十分必要的。

关键词:体育运动;健康成长;学习

体育运动可以促进学生全面发展,因此对体育运动的教育越来越受到重视。体育运动可以使学生达到强身健体的目的,同时全方位地提升学生的综合素质,提高学生的运动能力和学习兴趣。众所周知,"金牌主义"在我国曾掀起一股风波,由此形成的"重训轻读"现象没有随着时间的推移而减弱,在体育运动学校中,该现象依然非常普遍。在很多的学校教程中,对于专业训练课程的安排比较到位,而忽视了文化课程的重要性,由此导致了很多的学生对体育课程表现出非常高的积极性,而其文化课的学习情绪不高,学习成绩也不好,这种现象拉低了学生的综合素质,无法保障学生在教育阶段全面发展。重视训练在一定程度上提高了学生的专业技能,但同时文化课的忽视也给学生的毕业和就业增加了一定的难度。因此,基于当前的教育形式,相关部门需要改革当前的教学模式,实现技能和专业的双重教育,促进学生的全面发展。

教育界流行着这样一句话:智育不合格是次品,德育不合格是危险品,体育不合格是废品。由此可以看出,学生的全面发展应是包括德、智、体、美等诸多方面的综合发展。学校教育应当面向全体学生,采取科学的、合理的教学方法,依据学生的共性和个性,开设不同的课程,最大限度地发挥学生自身的优势,促进学生的全面发展。体育运动不仅可以提高学生的专业水平,更能提高学生德、智方面的发展。通过体育运动可以提高学生智力,可以使学生保持充分的学习精力,还可以为学习奠定良好的思想基础。因此,研究体育运动对学习的促进作用是非常有意义的。

一、体育对人全面发展的重要性

1.体育运动促进人的心理发展

体育运动除了能够促进学习外,还具有很多其他效果,比如可以促进人们的身体健康,可以通过运动达到放松身心的目的,亦可以说体育运动的成效与我国的综合国力的提升有直接的关系。不同的社会发展环境赋予体育运动不同的功能,但是健身和娱乐的功能是体育运动最基本的功能,在任何阶段,体育运动都发挥着作用。体育运动通过身体的活动来达到强身健体、放松身心以及娱乐的目的。随着我国综合国力的提升,人们逐步意识到生活质量提升的重要性,对于精神生活的需求越来越高。因此,对于体育运动的诠释不再局限于强身的层面上,而是过渡到体育运动给人们的身心及精神方面带来的影响。比如,通过观看体育相关的节目,可以将自己的情绪融入运动中来,随着体育运动的跌宕起伏,可以进行呐喊和欢呼,从而达到放松身心的作用。人们还可以通过体育运动发泄自己的情感,减少周围环境和工作压力对自己的影响。通过体育运动能够给人的心情带来一定的舒畅感和愉悦感,因此,体育运动不仅仅能够起到强身健体的功能,还可以舒缓人们的情绪,满足人们的精神需求。

2.体育运动有助于学生品格的建立

体育运动使人们变得更加的刚强、坚毅,在运动的过程中不断地进行自我突破,挑战自身的极限。体育运动能够启发学生培养团队合作精神,以及竞争的意识,意识到体育比赛的公平性。同时通过参加一些体育运动,增加团队之间的合作,增加民族凝聚力。随着社会的快速发展,体育运动在人们的生活中发挥着越来越重要的作用,通过体育运动提升学生的身体健康,使学生具备一定的团队合作意识,在运动中学会相互帮助、相互支持,在达到训练目的的情况下,健全学生的思想品格。

3.体育锻炼可为努力学习奠定思想基础

从体育锻炼的运动现状分析,体育锻炼是艰苦的运动,需要学生投入坚强的意志和不怕苦、不怕累的精神,才能够掌握一定的运动技巧,取得良好的成绩。体育锻炼或者体育竞技,不仅仅是对学生身体机制的考量,也是学生意志力的竞技,竞技是激烈的,能够激发人们的斗志。通过体育锻炼所形成的不怕苦、不怕累、不畏困难的精神,在学习中也会有所体现,因此我们说体育锻炼可为努力学习奠定思想基础。

体育锻炼能够促进学生脑部的发育,增强学生的记忆力。通常情况下,习惯运动的人的大脑运转得特别快,能在极短的时间内分析问题,同时能够提升大脑分析和解决问题的能力。在脑细胞正常发育和维系功能的过程中,需要足够的氧气进行"呼吸",参加体育锻炼,可以使学生进行有氧呼吸,为大脑输送更多的氧气,促进大脑的灵活运转,增强其综合分析能力。

长时间地进行学习会使大脑的新陈代谢紊乱，大脑的运转速度减慢，记忆力下降，学生的身心也会感觉到很疲惫。因此，在脑力劳动过度的情况下，需要适当地让大脑休息一会。体育锻炼的过程，能够放松学生的神经，缓解学生的压力，从而使大脑的细胞得到适当的休息。在学习的过程中，间歇性进行体育锻炼，能够使大脑进行适当的休息和调节，从而提高学生的学习效率。

二、体育运动能够促进人全面发展的原因

1.体育锻炼可以提高智力水平、促进大脑发育、改善大脑功能

适当进行体育锻炼可以有效改善大脑的机能，提高大脑的分析和综合能力，促进大脑的健康发育。在学习过程中，合理安排一些体育锻炼，可以有效改善大脑的功能，加快大脑的分析应变能力。因此，在大脑的运转过程中需要大量的能量，而进行体育锻炼能够增加蛋白的数量，从而给大脑运输更多的氧气，使大脑的功能得到加强，从而提高了学生的智力水平。

人在高压力的环境下，脑部会出现疲乏、运转缓慢、记性不好等现象，在这种情况下，需要加强营养和适当的休息，消除大脑的疲劳感，同时还可以进行适当的体育锻炼，抑制大脑皮层细胞的活动，使压力得到缓解。因为适当的锻炼能够促使大脑释放新陈代谢所产生的代谢物，恢复大脑的机能，调整脑部细胞的活动以及自身的状态，提高学习的积极性，从而提高学生的智力水平和学习效率。

通过合理的体育锻炼还能够提升人对于外界事物的注意力和观察力。因为体育运动是需要一定的专业技能的，学生参与某种体育锻炼需要掌握一定的运动技能，而运动技能的学习对肢体的协调能力以及大脑应变能力有很高的要求。比如学生要观察教师的形体变化，通过敏锐的洞察力领悟运动的技术要领，从而自身进行动作的模仿和改善。在体育运动中，学生要时刻观察竞争对手的行为变化，洞察运动对手的运动策略，这就要求学生具备较高的洞察力和注意力。在体育的教学过程中，学生的一切肢体活动和精神表现是受到大脑控制的，面对激烈的运动过程和多元化的运动形式，学生能够从容地应对。由此可见，体育锻炼可以提高学生智力，有改善大脑的功能。

2.体育锻炼可以保持充沛的学习精力

进行适当的体育锻炼能够使学生的精力充沛，从而更好地进入学习状态，适当的体育锻炼要求时间适中，在学生的身心接受范围内，不会使学生感觉到很累，但是能够达到体育教学的目的，加强学生的身体素质。一般来讲，体育锻炼最好安排在早晨、课间或者课外，由体育教师或者班主任进行组织和监督，合理地安排对学生身体和心理有用的运动，在活动之后，学生能够很快地进入学习中。如果缺乏体育锻炼，那么学生的身体素质就会受到影响，从而降低学习的效率。有充沛精力的学生，才能有学习的动力，进而考出较好的成绩。因此，学生进行适当的体育锻炼是非常

有必要的。

3.体育锻炼可以创造良好的学习氛围

进行体育运动给学生带来的好处很多,不仅仅能够起到强身健体的作用,还能够培养学生的团队合作意识、突破自我的精神和创新精神等。体育锻炼通常是以小组或者班级的形式进行的,在锻炼的过程中,学生之间相互交流、相互学习,营造良好的集体环境,能使学生充分体会集体活动带来的快乐。在学生的学习生活中,集体扮演着很重要的角色。通过集体合作,培养学生的团队意识,使学生在今后的学习中能够互帮互助、相互学习,由此提高学习成绩。

三、体育促进人全面发展的策略

1.转变教育观念,调动学生体育学习的积极性

目前很多的学生在学校接受体育学习,但是当走出校门之后,由于受到周围环境的限制,便无法进行体育学习,因此导致不能够持续性地进行体育教育。随着时间的流逝,体育学习和锻炼的习惯逐步被改变。影响体育教育持续性的因素主要是我国的体育学习更多安排在学生在校的阶段,在社会或者家庭内,没有给体育教育营造很好的环境,导致体育学习的动力转移到其他方面,中断了体育学习的可持续性。我国当前的教育体制依然处在应试教育阶段,学校和学生都高度关注应试教育相关课程的学习,每天布置大量的学习任务,提升学生的学习成绩。体育课程不在应试考试范围之内,尽管各所学校都根据教学要求设置体育课程,但是形同虚设,学生在进行短暂的体育教育之后,没有足够的时间进行体育相关知识的整理,课外体育锻炼的时间更是微乎其微,因此体育教育一直达不到很好的效果。由于受到中国历史文化的影响,想从本质上改变这种现象有一定的难度,但是依然具有一定的可行性,通过改革教学模式,改变目前“学而优则仕”的现状,在传统教育模式的基础上,取其精华,去其糟粕,切实减轻学生的压力,培养和激发学生参加体育活动的兴趣。

2.调动家长对体育学习的支持,激发参加运动的积极性

由于受到我国应试教育模式的影响,在家庭教育方面,很多的家长将孩子学习的重心放在专业科目的学习方面,而忽视了体育学习的重要性,这也是家庭教育的“盲点”和有待改善的地方。体育学习不仅仅能够起到强身健体的作用,而且能够调节学生的学习压力。学生处在身心发育的重要阶段,来自家庭和学校的压力也比较大。鼓励学生参与体育学习,可以适当地让学生放松心情、调整自身的状态、维持心理健康。参与体育活动,还能够培养学生的团队合作意识、挑战自我的能力以及创新性。运动还可以达到健美的作用,在如今亚健康普及的社会,进行体育运动可以改善学生的身体机能,促进肢体协调。

同时，家长应该鼓励甚至陪同孩子参加一些户外运动，例如登山、游泳等。一是促进家长和孩子的沟通，构建温馨的家庭相处模式；二是开拓子女的视野，丰富孩子的生活。家长应该支持培养学生的体育爱好，适当给孩子买一些与体育相关的服装和器材等，鼓励孩子进行体育运动，将体育锻炼融入日常生活中去，形成良好的生活习惯。

3.提高个人对体育学习的认识，积极参与活动

从个人的角度出发，学生首先要意识到体育学习对自身发展的重要性，从而进行自我激励，鼓励自己多多参与体育运动，培养自身体育运动的兴趣，形成良好的体育锻炼习惯。学生个人提高体育学习动力的方法很多，比如为自己设定一个体育学习的目标，调动自身的积极性，将自己融入体育学习带来的愉悦感当中；或者有目的地培养某一种体育兴趣，找到可以使自己放松的方式，等等。学生有效进行体育学习需要根据自身的特点，制定符合自己的学习策略，注重团队合作意识和竞争意识，更好地享受体育学习为自己带来的乐趣。

人们进行适当的体育锻炼能够加强体质，提高记忆力，同时对人的智力发育也有一定的作用。通过体育锻炼能够激发大脑皮层的活跃度，提升其分析和解决问题的综合能力，改善大脑的功能，使人能够以更好的状态学习知识，在培养良好品质的同时，完成学习目标。在面临压力时，体育锻炼可以缓解人的压力，稳定学生情绪。有研究表明，在进行体育锻炼时，由于精神得到放松，心情愉悦，可以使大脑释放一些能够增加记忆力的化学物质，强化学生的记忆力，提高学生的智力水平。也有研究表明，进行运动除了可以释放学生的压力外，还可以巩固所学的知识，在学习后进行适当的休息，让大脑皮层内发生一定的神经冲动，可以比较完备地保存所学的知识。

综上所述，全面地分析运动对于学习的影响是非常必要的，根据系统的分析，提出能够提升学生参与体育运动的策略，不仅仅能够激发学生的体育锻炼积极性，还能够改善学生的身体机能，培养学生的协调能力和团队意识等，促进学生的全面发展。

参考文献

[1] 智文华.人的全面发展中体育的功能定位与实践逻辑研究[D].太原：山西师范大学，2017.

[2] 刘仁盛，白国玺.人的全面发展与新时代体育理念的内在一致性[J].中国学校体育（高等教育），2018，5(5)：1-5.

[3] 周庆谊.论体育在人的全面发展中的作用[J].内蒙古师范大学学报（哲学社会科学版），2008，37(6)：138-141.

[4] 陈青，于振峰.论体育与人的全面发展[J].西安体育学院学报，2000(S1)：84-86.

[5] 霍尔东.论体育与人的全面发展[J].黑龙江省政法管理干部学院学报，2006(3)：129-130.

[6] 宋强.体育审视：身体运动与人的全面发展[J].山东体育学院学报，2015，31(2)：40-45.

[7] 唐建.论体育在促进人的全面发展方面的重要作用[J].淮阴师专学报，1993(3)：85-88.

[8] 王喜虎.论体育运动对中学生健康的影响[A].中国体育科学学会运动生物力学分会.第二十

一届全国运动生物力学学术交流大会论文摘要汇编[C].中国体育科学学会运动生物力学分会,2021:2.
[9] 曾令成.中小学体育德育资源及利用研究[D].上海:华东师范大学,2019.
[10] 庞立春.体育在“健康中国”中的功能与价值审视[D].大连:辽宁师范大学,2018.

高中男子 200 米跑训练的方案制订与实施成效

——以×××学校为例

杭州市萧山区第十高级中学　杭秀山

摘　要:学校课余体育训练的大力开展,不仅能够提升学生的运动水平和体质,还能够促进学生全面发展,丰富课余生活。通过对某校高中男子 200 米跑项目课余训练的观察,笔者发现学生在训练中存在明显问题,为此对该校男子 200 米跑训练方案做进一步完善,以期提升课余运动训练的系统性和合理性,为学生课余训练提供更好的训练方法和训练模式,从而帮助学生获得进入体育高等学府训练和学习的机会,同时也为高中男子业余 200 米跑训练方案的制订与完善,提出可供参考的研究实例和借鉴素材。

关键词:高中男子;课余体育训练;男子 200 米

一、引言

对于高中男子 200 米项目运动来讲,高效的课余训练可以最大限度地提高学生的专项素质和运动水平,使学生的运动天赋得以有效挖掘和充分发挥,为他们后继参加更高水平的专项训练打下良好基础。然而,当前高中男子 200 米课余训练仍存在缺乏系统性、针对性和有效性等问题,这不但导致学生训练效果低下,还容易出现运动伤病等伤害问题。为此,针对高中男生的生理和心理特点,依据男子 200 米跑运动训练规律,进行运动训练方案与成效的研究具有现实意义,以期为提升高中男子 200 米跑训练水平提供行之有效的方法。

二、研究对象和研究方法

1.研究对象

选取×××学校 8 名男子 200 米项目高中生,且年龄在 16—18 岁,训练年限在 3 年左右,身体素质无显著差别。

2.研究方法

(1)文献资料法。通过中国知网、万方数据资源系统、电子图书网等进行研究主题检索，查阅相关的书籍、论文、期刊及网络资源等文献资料，并进行整理与分析。

(2)准实验法。训练周期分为第一周期和第二周期，共两个月的训练。每周训练3次，每次训练约90分钟，共24次训练。并测出训练前、后相关素质及专项指标数据。选取100米、4千克铅球后抛、立定跳远、200米等4项作为效果评价指标。

(3)数理统计法。采用科学统计软件Excel及SPSS19.0统计分析软件包对实验数据进行处理，分析结果是否存在显著性差异，以此判断训练方案的可行性。

三、研究结果与分析

1.训练前训练对象检测指标分析

(1)训练对象的基本情况分析，具体情况见表1。

表1 训练对象的基础信息

编号	性别	年龄/岁	身高/厘米	体重/千克
1	男	16	1.82	68
2	男	17	1.78	67
3	男	18	1.75	66
4	男	16	1.79	67
5	男	18	1.80	65
6	男	17	1.77	63
7	男	18	1.76	61
8	男	18	1.74	67

(2)训练前训练对象检测指标及分析。在对这8名高中男子进行统一的体育训练之前，首先对他们的基础能力进行测试，测试项目为100米、4千克铅球后抛、立定跳远和200米体育训练，具体情况见表2。

表2 训练对象检测指标

编号	100米/秒	4千克铅球后抛/米	立定跳远/米	200米成绩/秒
1	11.71	12.51	2.77	23.64
2	12.50	11.11	2.59	25.15
3	12.34	9.71	2.63	24.81
4	11.91	11.70	2.71	23.93
5	11.95	11.40	2.75	25.15

续 表

编号	100米/秒	4千克铅球后抛/米	立定跳远/米	200米成绩/秒
6	12.25	9.41	2.64	25.24
7	12.60	10.81	2.52	25.45
8	12.15	10.51	2.61	24.53
平均值	12.17625	10.89	2.65	24.73

2.高中男生的身心发展特点

(1)运动系统的特点。高中男生身体方面的发展较为完全,但骨骼的钙化程度远低于成年人,超负荷运动可能会造成其骨骼变形。因此,课余训练要根据其身体素质采取适度原则,并注重核心力量训练促进肌肉全面发展,为以后的专业训练打下良好的基础。同时,他们的肺活量相对较低,运动后过量氧耗的偿还能力较弱,大量的运动会使其呼吸过于急促,因此要进行适量的有氧运动以提高其肺活量。此外,中学生神经系统发育已经与成人无异,但由于身处青春期,肢体协调能力较差,因此训练时要注重身体协调性的培养,提高学生的短跑技术。

(2)心理发展的特点。高中男生正处于青春期的发展末期,心理素质往往不高,因此课余训练要结合学生的身心特点制订训练方案。中学生参与课余训练的心理特点主要体现在三方面:第一,心理发展与生理发展并不是同步发展的,相比较生理发展而言,心理发展较为缓慢,不能与生理同步发展;第二,中学生的自尊心极强,容易在训练中争强好胜,与同学发生不良竞争;第三,由于心理发展缓慢不成熟,容易在训练中产生不稳定的情绪,积极情绪和消极情绪会随着中学生的心理发展而不断转换。因此,200米的课余训练设计方案要充分结合中学生的心理特点制订。

3.高中男子200米跑的训练特点

(1)训练的业余性。中学生男子200米跑训练的主要特点之一是业余性,因为它不以训练学生的体育能力为主要依据,更多是为加强中学生的基础训练,为后期选拔运动人才做准备。同时,中学生现阶段的主要任务是学习,训练作为辅助项目并不占据中学生的大量时间,且训练方法不同于专业训练,因此训练的专业程度相差较大。

(2)训练的基础性。由于参加学校课余训练的学生并没有接受过系统的专业训练,对体育运动需要掌握的知识知之甚少。他们与专业体育院校的学生相比,身体素质和专业能力都相差较大,同时由于参加体育训练的年龄偏大,因此一般以基础性训练为主。

(3)训练的断续性。这部分高中生是“半路出家”准备报考高校体育专业的学生,他们在此之前并没有接受过系统合理的专门训练,相比较经常参与训练的体育特长生来讲,他们的训练会出现中断期。同时,他们的训练时间有限,每次只进行不到两个小时的训练,且周末和寒暑假并不接受训练,因此从训练时间上可以看出训练具有明显的不连贯性。

4.高中男子200米跑的训练原则

(1)系统训练原则。系统训练是指有组织、有计划进行的全面训练,具有较强的阶段性和连续性。同时,训练过程要循序渐进和逐步加深,不可中途越过某些基础训练项目。因为高中男生200米跑项目训练就是要通过各种方式的训练,来不断提高学生在短跑过程中的速度,包括起跑速度、途中速度和冲刺速度。但运动中的速度会受到各种主、客观因素的影响,例如爆发力、耐力和学生的身体柔韧性等。因此,在对学生进行200米训练时,要考虑到学生的各项身体指标与客观因素,全面制订训练方案,训练方案要与专业训练相结合,由此提高学生的专业基础和专业能力,从专业的体育水平角度出发,对学生进行全方位的200米体育训练,做到与专项训练相结合的训练原则。

(2)周期训练原则。在为期8周的课余训练中,由于参加体育训练的学生刚刚进行初期训练,学生的体育能力会表现出短暂的快速增强,但会随着训练时间的增加而逐渐趋于平稳。因此,在训练过程中,不能反复进行同一训练科目的枯燥练习,训练强度也要进行阶梯性提升,并且在原有的训练周期上继续扩大。总体来讲,就是首先增加训练强度,随之让学生进行适应性训练,再继续增加训练强度,让学生进行适应性训练。但要注意训练强度的增加是平稳的,而不是突然性的,同时在训练之余,让学生的身体和心理都得到充分休息。通过不断地调查和研究,将此次训练共分为两个周期:第一个周期要注重训练科目的全面性,并结合有效的专项训练;第二个周期要注重学生特长和能力的专项培养,促进学生运动水平的全面提升。

(3)适宜负荷原则。适宜的负荷训练对中学生的身体健康和体育能力都是有益的,可以促进中学生的身体尽快适应强度较高的体育训练,从而达到训练效果。程度较低的负荷训练,对中学生的身体没有刺激反应,对训练效果起不到显著作用;程度较高的负荷训练,会加重中学生的身体负担,使训练得到反效果。因此,适宜的负荷训练能够在确保中学生身体健康的前提下,有效促进中学生体育能力的快速提高。在训练负荷不断提高时,要采用直线式或阶梯式的增加方法,并以中学生的适应能力作为基础。同时,在负荷强度不断增加时,要给予中学生一定的休息时间,帮助其恢复体力,为后期的超负荷训练打下基础。

5.高中男子200米跑的训练计划

课余200米训练要保证其训练的完整性,在进行全程训练时要注意放松技术训练,增强短跑的持久性和爆发性。在设计200米训练的方案时,要结合训练对象的心理特点,在进行专项训练前,对其身体素质进行全面考察,以掌握其现有的体育能力和运动水平。具体数据信息见表3。

表 3　训练计划周期安排

周期	第一周期	第二周期
阶段	基础阶段	专项阶段
时间	8 周	8 周

通过表 3 可以看出，训练时间为期 8 周，每周共计训练 3 次，每次训练约 2 个小时，共计 24 次训练，训练过程分为两个训练周期。

通过研究可以发现，这两个周期中的训练内容、训练方法、专项训练的程度和训练负荷强度都是根据被训练对象的实际情况进行制订的。第一个训练周期要注重训练的基础性，逐步提高中学生的适应能力以及训练强度。第二个训练周期要注重中学生体育能力的培养，有针对性地培养其某项体育运动能力，对每个中学生实施不同的训练内容，有差异性地逐步深入训练。虽然训练周期不同，但都是以阶段性和系统性为训练原则，逐步提高其体育运动水平，帮助其取得优异的体育成绩。根据制订的训练计划和训练周期，对每个训练阶段的训练内容进行了初步制订，见表 4。

表 4　各个阶段的训练任务安排

周期	阶段	训练任务
第一周期	基础阶段	在发展基本身体素质和跑的基本技术基础上，发展专项耐力，掌握专项技术，把各种竞技能力集中到专项竞技中去
第二周期	专项阶段	①在第一周期的基础上，训练身体素质和专项耐力，有针对性地提高个别竞技。②把各种竞技力集中到专项能力上去，以提高综合竞技能力为主

6. 训练前、后的测试指标分析

训练后训练对象的测试指标见表 5。

表 5　训练后训练对象的测试指标

编号	100 米/秒	4 千克铅球后抛/米	立定跳远/米	200 米成绩/秒
1	11.5	13.00	2.83	23.43
2	12.00	11.61	2.67	24.33
3	11.73	10.82	2.72	24.11
4	11.54	10.71	2.78	23.61
5	11.65	11.21	2.80	23.84
6	11.85	10.51	2.75	24.21
7	12.21	10.70	2.65	25.51

续 表

编号	100 米/秒	4 千克铅球后抛/米	立定跳远/米	200 米成绩/秒
8	11.63	11.21	2.68	23.92
平均值	11.76	11.22	2.73	24.12

在对 8 名中学生进行 8 周的训练后，得出的数据信息见表 5 所示，100 米的后测平均成绩为 11.76 秒，铅球后抛的后测平均成绩为 11.22 米，立定跳远的后测平均成绩为 2.73 米，专项 200 米的后测平均成绩为 24.12 秒。通过与表 2 的数据对比可以看出，相比进行集中统一训练前的成绩来说，8 名中学生的 200 米跑成绩明显提高。

四、结论与建议

1. 结论

结果表明，8 名高中男子 200 米跑学生经过 8 周系统训练，他们的专项水平和综合素质均有提升。研究发现，高中男子课余 200 米训练具有业余性、基础性和断续性特点，在训练周期上应结合全面与专项训练相结合原则、系统训练原则、周期训练原则和适宜负荷原则。在对中学生进行 200 米课余训练时，要注重学生的身心特点、生理特征，以训练的周期选择科学、合理的训练方法。根据学生的实际身体状况逐步增加训练强度，逐渐提高中学生的体育运动能力，这有利于专项速度和力量都可以得到显著提高。

2. 建议

在制订学生课余训练方案时，要针对其身心发展的实际情况，制订全面系统的训练计划，从而最大限度地开发学生潜能。在训练过程中要提高训练效率，使学生在有限的时间内最大限度地提高体育运动能力。训练方法的选择也要具有多样性，从而提高学生的训练积极性，避免学生对训练产生抵触情绪。此外，要特别注意学生的身体协调性，充分锻炼学生放松跑的能力，逐步提高短跑速度。

参考文献

[1] 潘绍伟，于可红. 学校体育学[M]. 北京：高等教育出版社，2008.
[2] 袁运平. 短跑运动员体能训练理论与方法[M]. 北京：北京体育大学出版社，2006.
[3] 许延威，孙卓艺. 青少年短跑运动员肌肉力量训练的平衡发展[J]. 中国学校体育，2005(1)：34.
[4] 杜向锋，吴爱华. 我国专业运动训练与课余体育训练异同之理论辨析[J]. 首都体育学院学报，2005(3)：66-67.
[5] 谢慧松. 课余田径训练计划制定与范例[M]. 北京：北京体育大学出版社，2005.

“异”于身心　“同”于运动

——基于学生的个体差异性进行体育课程教学的研究

杭州市萧山区第十高级中学　沈英杰

摘　要：普通高中体育与健康课程是一门以身体练习为主要手段，以体育与健康知识、技能和方法为主要学习内容，以培养高中学生的体育与健康学科核心素养和增进高中学生身心健康为主要目标的课程。体育新课程坚持“一切为了每一位学生发展”的核心理念，在肯定学生的身心发展具有共同规律性的同时，也承认每个学生的独特性和学生个体间的差异性。本文通过对高中学生个体差异的分析，来探讨高中体育课的体育教学方式，促进学生在教师指导下主动地、富有个性地有效学习，从根本上实现学习方式的转变，促进学生身心健康、体魄强健，获得全面发展。

关键词：学生；个体差异；体育教学

孔子曰：“育人要深其深，浅其浅，益其益，尊其尊。”苏霍姆林斯基说：“每一个孩子都有一个独特的、独一无二的世界。”而素质教育的全体性特点要求每一个学生的素质都得到发展，这就要求教学应考虑学生的个体差异，真正做到因材施教。因此，我们的教学不能搞“统一化”，而应充分尊重每一个学生的个性。

传统体育课中教学具有高度的计划性和组织性，例如田径教学中的技能教学，教师按照技能的竞技规范和特点来设计教学进程，严格按照教学计划实施教学，教师讲解示范，学生机械模仿，师生之间没有交流，只有单向的信息传递，学生完全没有独立的学习时间。无论学生的学习能力和运动基础如何，都必须以学习与掌握具有严格确定性的运动技术为学习目标，教学活动按照统一步调组织教学，其结果是一部分学生因跟不上学习而丧失学习信心，一部分学生则因缺乏特长发挥的机会而丧失兴趣。体育新课程改变竞技化的教材体系，加强教学内容与学生生活的联系，关注学生的学习兴趣和经验，精选对终身体育学习有深刻影响的基本技能，改变学习内容与学习生活和学生的现实生活世界相脱节的状况，致力于调动学生学习的主动性和积极性，培养学生的体育兴趣。对青少年来讲，体育兴趣主要是指他关心与参与某种体育活动的积极性的一种体现，在当前全面实施素质教育的过程中，培养和发展这种体育兴趣是促进青少年德、智、体、美全面和谐发展的很现实、很活跃的心理成分，也是学校体育工作的一部分，是提高学生身心健康水平和教育质量的关键所在。

体育新课程在肯定学生的身心发展具有共同规律的同时，也承认每个学生的独特性和学生个体间的差异性。每个学生由于遗传素质、运动经历、生活环境等方面的不同，在学习中表现出学习水平、认知能力、悟性上的差异，他们不能站在同一起跑线上学习，在经过同样的学习后表现出来的学习结果也是不同的。此外，由于每一个学生的社会环境和生活经历等方面的不同，如农村和城市的区别，会形成各自独特的“心理世界”，他们的兴趣、动机、需要、家庭的影响、自身的运动经历、爱好、特长等方面都各不相同，在学习中就会以各自不同的方式来理解一个新的旨意。如教授高中女生发展耐力素质的课时，让学生以相同的速度跟教师沿操场行进。部分同学还可以跑得速度更快一些，没有花费多少力气；而部分同学则已经气喘吁吁了，达到身体可以负载的练习强度了；部分同学会认为这是对人的身体的损耗，没有必要，找各种理由和借口来逃避这项运动。

因此，高中体育的教学，特别是高中女生的体育教学，更要充分考虑学生的个体差异，在教学过程设计中要善于激发学生的学习潜能，激发她们的体育能力，发挥学生的主动作用，以创新精神为宗旨，促使学生最大限度地发掘个性潜质，将她们的个性能力发挥出来，增强体育意识，养成终身锻炼、自主锻炼的习惯。在高中体育课的教学中，我做了如下尝试。

一、激发动力阶段

在这个阶段中，学生要在教师指导下进行参与性的自学。教师在课堂上提出本堂课的学习目标，学生在教师的指导下一边思考一边讨论学习方法，将这种学习方法汇报给教师，接下来教师将启发学生完成教学目标，在课将结束时，教师总结本次课同学们的创新精神并对本次课进行评价。例如：体育课中的耐力跑项目，是高中女生最怕最不喜欢的。在这种项目中，首先笔者提出本课的教学目标任务：每人都按自己的水平跑法去跑，但不能太慢，至少跑 1000 米。其次向同学们讲明本课的教学目标：培养学生吃苦耐劳的精神，以顽强的意志，动用可用的力量，以最快的速度达到终点。让学生思考并讨论将在怎样的方法下完成教师布置的任务，讨论后学生会有一系列的提议，如越野跑、变速跑等。此时，笔者提醒学生，笔者在学校的各个场地有图标设定，学生即提议找图标比赛，这样，学生们分成若干组，笔者将图标大致位置告诉他们后，即有学生自己跑步寻找相应的目标。为了找寻目标而跑了一圈校园，达到了耐久跑的效果，找到目标后，学生还可以体会到成功的喜悦。在这一阶段中，主要是对自己的体能做一个自我的评估，根据自己的能力设定运动方向，激发学生锻炼兴趣，培养学生健康意识和自学能力。

二、主动探究阶段

在这一阶段中，学生在教师指导下进行主动的学习。学生在教师指导下确定学习目标，然后在教师的指导下思考讨论练习，教师启发后，再完成练习。如：篮球课中的练习，单独地互相传接球是非常枯燥的。在这里，笔者要求学生将篮球的传接球技术进行讨论，怎样才能使这种技术运用于你们感兴趣的练习中。经过思考后，学生确实提出了各种方式来练习传接球技术，如分组“Z”字形传球、听反应传接球等，此时的任务是将学生提出的练习方式进行分析后，学生分组进行练习，课堂将结束时，学生在教师的引导下小结，这样有利于学生更加明确自己的能力水平。这一阶段中，要培养学生的练习方式更符合实际情况，更好地发展学生的个性和体育学习的创新能力。

三、自动学习阶段

在这一阶段中，要求学生“学然后知不足”，会将自己需要的身体状态进行自我锻炼。在教师的指导下，学生自我确立学习目标，再自己确定练习的方法，经过教师的点拨后，完成教学目标。例如：在一堂体育课中，笔者提出让学生自主选择学习方法提高灵敏素质和反应能力，一些男生喜欢打篮球赛，一些女生自主进行“喊数抱球”的游戏，一些对乒乓球感兴趣的同学则玩起了“自创乒乓”。因为这些活动是同学们自己感兴趣的，是经过集体讨论确定的，所以进行起来特别顺利、特别尽兴。一些同学在课堂结束时，早已经把下次体育课堂上要锻炼的任务也已经想好了，针对自己情况做出了体育课上要加强训练哪一部分练习的决定。这样，就培养了学生养成自我锻炼能力的好习惯，为终身体育奠定了良好的基础。

体育与健康课程的性质就是“面向全体高中学生的基础教育”，所以，这就应该让每一位学生享受体育与健康教育，不让一个学生掉队，使每一个学生从体育与健康教育中获得身体和精神的协调发展。新课程标准要求我们，教学不能停留在知识的层面上，体育课堂就必须让学生学会自我锻炼、学会自主学习。教师要注重学习方法的指导，给学生一定的自由度，让其自己去探索、去发展，突出学生的主体性，发展其个性，培养创新精神和实践的能力，让每一名学生成为身心健康、全面发展的终身体育者。

参考文献

[1] 中华人民共和国教育部.普通高中体育与健康课程标准(2017年版)[S].北京：人民教育出版社，2018.

[2] 唐炎，刘昕.体育教育展望[M].北京：高等教育出版社，2020.

[3] 刘瑶.浅谈学生个体差异与体育课的自主教学性[J].中学课程辅导·教学研究，2018(5)：270-271.

[4] 郭倩.基于小学生个体差异的体育课体验式教学研究[J].大众体育，2021(8)：102.

[5] 丘辰.尊重学生个体差异实施体育分层教学的探究[J].读与写，2022(10)：118-120.

谈高中体育“高效课堂”中“三化”教学的有效运用

杭州市萧山区第十高级中学　魏永生

摘　要:笔者在课堂教学中以“高效课堂”新策略为指导,在体育教学中运用“三化”教学,较好地促进了学生身心健康,有力地培养了学生体育活动兴趣,并为学生终身体育观的树立进行了有益尝试。

关键词:高中体育;三化;高效课堂

拥有健康的身体是人类的共同追求,学生阶段正是生长发育的关键时期,是打下健康体魄的重要时期。在现阶段的高中体育与健康教育中,通过体育课促进学生身心健康正是进行体育教育的主要目的之一。然而,就目前高中体育健康教学来说,教学的效果还是不够理想,迫切需要教师创新教育理念、丰富教学内容、不断对高中体育教学进行新的探索。

一、体育教学更加信息化

当前我们处在一个互联网飞速发展的信息社会,这为课堂教学内容的丰富,带来了极大便利,但这并不意味着幻灯片、智慧课堂等现代教学手段只有诸如语文、数学这样的室内科目才能够使用。其实,对于体育这种需要极强技术性,有一定危险系数的室外运动科目来说,需要进行更加专业的指导,而这样的指导许多体育教师是无法进行的,就算可以,在演示过程中,也很难关注到每个学生的不同问题。这时候,引进信息化的教学手段就显得尤为重要,借助现代教学手段,能更好地辅助体育教学,更好地保障学生在运动时的身体健康。比如,在进行短跑内容教学时,教师对动作要领等进行讲解,虽然很专业,但是不能进行现场的比赛模拟,这样会使学生因为缺乏直观的心理感受而没有深刻的印象和记忆。这时候,我们可以通过播放苏炳添等短跑冠军的视频,通过鼠标进行慢动作的播放和回放,更能直观地进行观看和更加细致的讲解,同时也可以在网上查找一些专业的动作解析视频、健身视频等辅助教学。以后有条件还可以引入多媒体的AI识别功能,就像人脸识别一样,让学生在课堂上进行动作示范,由AI进行动作评价和辅助改正,不但能够使学生有更多的收获,进行针对性的动作改正,而且能够使体育课堂更加的现代化、教学环节更加的生动有趣,帮助学生完善动作细节,避免在进行实战演练时伤筋动骨或者发生意外危险。总之,信息化的教学手段能够为体育教学提供诸多的方便,教师应该进行积极的探索,利用好这一信息化工具辅助教学。教师应该积极探索智慧的教学手段的应用,丰富体育课堂的教学内容,转变体育课堂的教学形式,带给学生更多的学习兴趣。

二、体育教学更加个性化

由于每个学生的个性不同、身体素质不同、兴趣爱好也不同,在运动中受到损伤后的恢复程度也就不同。因此,在设计体育课的活动内容时,教师应该充分尊重每个学生的身体特点和身体需求,设计普适性和个性化的教学内容,在保证每个学生参与课堂的同时,通过个性化的手段进行展示,让每个学生在进行体育活动时都能游刃有余、有的放矢。比如,在笔者曾经带的一个班级中,女生喜欢的体育活动主要是乒乓球、跳绳这样相对运动量以及活动范围不是很大的体育运动,而男生则更多地倾向于选择篮球和足球这些需要大量的体力、危险系数相对较高的运动项目。根据以上特点,结合学生的不同爱好,这就需要教师在课堂上对每种运动都要进行一些热身知识、活动技巧的讲解,对学生的技术动作进行及时纠错。这样既能丰富体育课程的内容,也能让体育课对每个学生的能力提升提供帮助,使每个学生在体育课上都能找到自己感兴趣的内容。在进行课堂练习和培养兴趣活动时,也应该安排学生根据各人的不同爱好,自动组成小组,开展体育活动,充分尊重学生的自主选择权,这样,每个学生在不同的课节上还可以体验不同种类的体育活动。当然,在此类教学活动中,对体育老师也提出了更高的要求,要求教师对不同的同学进行有针对性的指导和帮助,这是非常必要的。体育教学的目的主要是强身健体、促进学生的身体健康,因此,只要能够达到锻炼身体、舒缓学习压力的目的,学生在规定的运动场地进行的体育运动,都是应该支持的。学生在高中时期,面临着高考压力,体育课程是学生难得的放松时间,教师应该充分利用体育课堂,尊重学生的选择,让学生在课堂时间充分放松,做一些自己喜欢的事情。

三、体育教学更加趣味化

笔者在多年的教学经验中发现,许多的高中生是非常期待体育课的,因为可以有难得的时间到室外缓解压力,进行体育活动,但是相比于体育课,他们更期待的是体育活动课,因为他们觉得体育课堂"规矩"很多,技术教学又枯燥。现在的体育课在设计体育活动方案时,在体育教学开展时,没有让学生参与进来,更没有与学生进行互动这个环节,相反,为了尽可能不让学生在课堂上出现安全事故,往往会对学生进行一些严肃的教导,使学生产生刻板印象。为此,体育教师要取得更好的课堂教学效果,就有必要拉近与学生之间的距离,增强课堂的趣味性,使学生对体育学习由恐惧变成热爱、由刻板变成活泼,在体育活动中应该多加入一些游戏互动环节。比如，在课前报数时，可以不要求学生大声喊出来，可以让学生以一列的四名同学为一组，每组设一个编号，以”萝卜蹲”的形式报数，教师先喊出一个编号，这个编号的一组成员立即蹲下，然后这一列的第一名随机再喊另一组没被叫过的编号，直到所有组的成员全部蹲下为止，在这过程中有反应不及时的学生要到前面进行才艺表演，结束后顺势让同学进行地面蹲起等热身活动。这样，既能增强课堂的趣味性，也能完成热身所需的教学任务。而这样的方式，既拉近了师生之间的距离，增强了交流互动性，又能够创造轻松愉悦的学习氛围。

综上所述，通过高效课堂中“三化”教学的有效运用，能使高中体育向着更好更快的方向发展，全面提升高中体育课堂的教学质量，使体育课从“要我练”变成“我要练”，学生运动的积极性得到较大提高，从而结出更加丰硕的教学成果。

在崇尚个性发展的时代，需要体育教师更加关注每个学生的课堂需求，让体育课堂具有更强的互动性和选择性，让学生在体育活动中收获更多的快乐。笔者希望本文的研究内容能够为体育教学提供更多的思路。

参考文献

[1] 潘绍伟，于可红. 学校体育学[M]. 北京：高等教育出版社，2008.
[2] 袁运平. 短跑运动员体能训练理论与方法[M]. 北京：北京体育大学出版社，2006.
[3] 许延威，孙卓艺. 青少年短跑运动员肌肉力量训练的平衡发展[J]. 中国学校体育，2005(1)：34.

体育游戏在高中体育教学中的应用探究

杭州市萧山区第十高级中学　魏永生

摘　要：近年来，随着我国社会经济的不断快速发展，教育领域也迎来了改革发展的春天。在这个改革的浪潮中，很多传统的教育思想和教育理念都受到了极大的冲击和挑战。基于此，本文首先简要分析了在高中体育教学中应用体育游戏的意义，接着提出了体育游戏在高中体育教学中的应用策略，旨在全面提升高中体育教学的整体水平。

关键词：高中体育；体育游戏；应用策略

在传统的高中体育教学中，教师使用的教学方法多年来未更新换代，学生在整个体育课堂上味同嚼蜡，没有丝毫的兴趣可言。在新形势下，体育游戏作为一种全新的教学模式走进了学校体育课堂，那么，如何在高中体育教学中使用体育游戏提升教学效率成了每个体育教师广泛关注的问题之一。

一、高中体育教学中应用体育游戏的意义

体育游戏源远流长，是人类在生存和发展的历史过程中创造和发展起来的一种娱乐活动，是人类最早的一种教育手段；同时，也是一种有计划的团体活动，给人们带来欢乐。随着人类社会的不断发展，人们的生活和劳动方式以及生产和交通工具也在不断演变、进化和发展，逐渐呈现出体育游戏的趣味性、娱乐性、情节性、综合性以及规则的制约性。体育游戏在体育教学中具有积极的影响，在体育游戏中加强学生团队合作精神，组织一个团队锻炼身体的同时，能让一个班集体关系更加融洽、师生关系更加和谐。

现如今，高中体育教学中掀起了轰轰烈烈的改革之风，在改革春风的吹拂之下，高中体育教学迎来了大刀阔斧的改变，其中将体育游戏融入高中体育课堂无疑是一个引人瞩目的亮点。其主要意义表现在以下几个方面。

第一，在高中体育教学中应用体育游戏能够让学生的学习兴趣得到陡然提升。高中学生正处于好奇心和探究欲都极度旺盛的特殊年龄阶段，对于学习兴趣尤为看重。凡是自己有兴趣的内容，学生都会变得跃跃欲试；反之，学生就表现出不想参与的样子。在传统的高中体育教学中，学生对于一些枯燥的体育专项练习往往显得十

分抵触。有了体育游戏之后,这些枯燥乏味的体育内容一下子变得生动有趣,在兴趣的驱使之下,每个高中学生都能在轻松愉悦的体育课堂上寻找到自己的乐趣,也能暂时从繁重的学业压力中松一口气,这是一件两全其美的事情。

第二,在高中体育教学中应用体育游戏能够让体育课堂教学变得更加丰满。在素质教育和新课改的背景之下,高中体育被赋予了全新的含义和定位。体育教学不再仅仅只是机械枯燥的重复单调训练,而是拥有很多要素和内容的多元化教学。在体育训练中加入体育游戏的内容,体育课堂就能变得更加丰富多彩,学生既能在课堂上强身健体,又能在课堂上收获思维模式的转变和更新,可谓一举多得。

第三,在高中体育教学中应用体育游戏能够让学生逐渐养成终身锻炼的良好习惯。对于一名高中生来说,与之相对应的体育习惯的养成至关重要。体育教学不应该仅仅局限在短短40分钟的课堂上,而是要引导学生养成一种行为习惯。有了体育游戏参与的高中体育课堂,对于学生终身锻炼习惯的养成往往能够起到事半功倍的奇妙效果。在体育游戏的进行过程中,学生的行为规范、自我约束力、公平竞争意识、团队协作能力等都得到了显著提升,这是好品质养成的基础。以此为基础,逐步强化学生的认知,让学生在自觉自律的前提之下养成良好的体育锻炼习惯。

二、体育游戏在高中体育教学中的应用策略

(一)根据不同的教学内容选择不同的体育游戏

在高中体育教学中应用体育游戏看上去似乎很简单,但蕴含在其间的学问却十分耐人寻味。高中体育教学内容众多,并不是所有的体育教学内容都适用于千篇一律的体育游戏。教师在应用体育游戏的过程中应该有的放矢,保证游戏的针对性和有效性。例如,教师在开展篮球运动教学的时候,就可以为学生设计一个能激发学生运动兴趣和运动积极性的游戏主题。在该游戏中,大部分学生都可以亲自参与,并在参与的过程中融入自己的运动热情与运动积极性,这一点至关重要。又比如,教师在进行短跑类运动项目教学的时候,也应该选择更加具有趣味性的体育游戏作为基本支撑。大部分学生对于跑步这个项目十分头疼,在学习的过程中迟迟提不起兴趣。有了体育游戏之后,一切就变得与众不同了,比如教师可以为学生设计一个名为“你追我赶”的小游戏,让女生先跑50米后男生追赶。在完成该游戏的过程中,高中学生特有的好胜心和斗志能全面激发和调动起来,原本死气沉沉的活动瞬间被改变,在你追我赶的氛围中学生积极向前,勇争优胜。

(二)在应用的过程中始终保持体育游戏的趣味性

高中体育教师在应用体育游戏的过程中,全面彰显游戏的趣味性是关键之所在。不少高中体育教师在应用体育游戏的过程中对于概念的认识和理解囫囵吞枣,在具体策略实施的过程中背离了初衷,原本应该秉承的趣味性渐渐变得荡然无存

了。具体来说，教师在应用体育游戏的过程中应该尽量淡化体育的竞技性，应该强化体育的趣味性。特别是随着学生身体的不断发育完善，身体素质的参差不齐也日渐明显，一些身体素质较差的学生本身就对体育学习充满了抵触，在平常的学习中本身就已经觉得十分疲惫了，本来希望在体育游戏上找点趣味和自信，如果体育游戏也忽视了趣味性的话，那么对于很多学生积极性的打击是十分“致命”的。因此，高中体育教师在应用体育游戏的过程中，不管采取何种策略，都应该坚持“趣味性”这条主线，只有保证了体育游戏的趣味性，整个的体育教学开展才能变得顺风顺水，体育游戏教学的应用目的也才能真正实现。

（三）各个学校结合自身实际情况，进行基础设施的更新换代

高中体育教师在应用体育游戏开展体育教学的过程中，对于各项硬件设施的要求也是逐渐提升的。体育不同于其他学科，对于硬件的依赖有目共睹，正所谓“巧妇难为无米之炊”，对于高中体育教师亦是如此。高中体育教师在开展体育游戏的过程中，对于设施设备的要求应十分严苛，如果没有相应的硬件配套，那么教学活动的开展就变成了一纸空谈。每个学校应该结合自身实际情况，添置一定数量的硬件设施设备辅助教学，对于已经有的设施设备，还应该定期或者不定期地进行安全和使用性能的检查。只有充分保证了各项设施设备的使用状况良好，才能让体育游戏的开展拥有载体，也才真正能够让体育游戏在高中体育教学中落地实施并发挥实效。

（四）在应用体育游戏的过程中保持教学的自主性

高中体育教师在应用体育游戏的过程中，还应该确保教学过程中的自主性。体育游戏教学不同于其他教学方式，主要是依靠学生的积极参与方能顺利完成。如果学生毫无兴趣，所有的教学活动也都由教师一手包办的话，那么游戏教学法就变得形同虚设，没有任何实际意义了。教师在制订体育游戏教学计划的过程中，应该对游戏的把控进行整体的规划和设计，在设计意图上体现教学主体和教学路径。同时，高中学生本身就具备很强的自主意识，在体育游戏中不要压抑学生的天性，让学生全身心投入，将自己在参与过程中的所感所想一一表达出来，这也是体育游戏教学顺利实施的有效保证。

通过上文的分析可知，高中体育教师应用体育游戏开展教学活动的过程非常重要，每一个高中体育教师应该深刻认识和理解体育游戏的内涵和外延，通过加深认识和理解，让高中学生全身心投入体育学习过程中，并在游戏的过程中不知不觉提升自己的体育综合素质和身体素质。

参考文献

[1] 顾铱娜.体育游戏在高中体育教学中的合理运用研究[J].学苑教育，2016(10):23-23.
[2] 倪春辉.体育游戏在高中体育教学中的应用研究[J].青少年体育，2017(6):72-73.
[3] 柏金风.体育游戏在高中体育教学中的应用探究[J].情感读本，2017(17):15-15.
[4] 陈俊超.探究体育游戏在体育教学中的运用[J].文体用品与科技，2016(10):68-69.

高中篮球训练中信息技术运用探究

杭州市萧山区第十高级中学　俞哲锋

摘　要：篮球体育活动是高中生大为喜爱的运动项目之一，也是球类运动项目中的重点部分；同时，部分体育特长生也更喜欢在篮球训练中提高自己的运动技巧和身体素质；而篮球运动本身的竞技性、运动性和发展性因素也可以实现对学生综合身心素质的发展与调动。虽然现阶段的高中篮球体育训练仍存在一系列问题，但教师可以利用信息化技术手段，从训练内容、训练方式和训练管理等方面提高训练的效率和水平。

关键词：高中体育；篮球教学；信息技术；教育策略

21世纪是信息化的世纪，是信息化的时代，将信息化手段与教学进行多角度融合也是教学改革的必要手段和方法。然而在一段时间之内，信息化技术手段多用于突破语、数、外等文化课教学中的重难点部分，用来丰富如音乐、美术等素质教育内容的资源和形式，却忽略了信息技术与体育锻炼的结合。简单认为体育运动教育只需要在户外，通过讲解、示范开展即可，此种教育理念是对传统的、僵化的教育思维的延续，忽视了对教学能动性的考量。所以，需要教师既充分认知到现阶段高中篮球训练存在的问题，又能够结合信息手段的开放性、包容性和跨学科性特点进行教学方法的创新。

一、高中篮球训练的现状

（一）教学思想不够科学

在实际进行训练时，许多高中体育教师将班级部分学生优异的篮球训练成绩当作了班级整体的篮球训练水平，而忽略了对于学生的个性化考量，导致在训练中过于强调学生对于某一些重点技巧的掌握，过于关注学生在校比赛或市篮球比赛中所取得的结果，学生变成了身体素质发展的附属品，缺乏对学生主体运动能动性和运动兴趣的考量。而部分教师在开展体育篮球训练时则选择“大撒把”的方式，教给学生基本的运动技巧之后，让学生自由分组、自由练习，仅在出现较大错误或学生主动寻求帮助时再进行点拨。

(二)教学内容不够丰富

高中的篮球训练内容主要以纸质教材为参考对象,再利用简单的网上篮球训练资料和教师多年积累的篮球训练经验为辅助手段,忽视了对篮球现代化发展的关注与考量,导致在训练中进行单一的重复的训练,容易消磨学生的热情,引发学生的审美疲劳。而长时间专注于纸质教材内容更容易让教师忘却了篮球这一运动对学生情感、人际交往能力、心理健康素质等方面的培养作用,缺乏该系列内容的引导和帮助,使教育目标更单一。

(三)教学方法单一

现阶段高中篮球的训练教学主要以体能训练和技巧训练两方面为主。在体能训练时,负重跑步、肌肉牵引等大量的训练内容,长时间的枯燥训练,让学生感到疲惫和乏力;而技巧训练时又以教师的示范和讲解为主要形式,通常对单一的训练内容进行大量多次的重复,如跳跃、投篮等,娱乐性不足,趣味性缺乏,导致学生原本对于篮球的热爱在长时间的单一教学模式中被消磨殆尽。教师过于关注教学的过程也导致学生的学习效率降低。

二、在高中篮球训练中应用信息技术的意义

(一)激发训练兴趣,提供全新体验

高中阶段的学习压力大,学生长期处于精神负担重、学习氛围紧张的环境之中,本就对可以释放身心、走到户外去感受阳光的体育活动充满期待,但如果教师仍然运用“单一动作讲解+示范”的方式开展篮球训练,学生既得不到放松也难以继续提起兴趣。而运用难度更大、竞争性更激烈或动作更优美的比赛视频或运动员动作视频导入课程,则可以激发学生学习、模仿的兴趣,可以让学生直观地感受如跑位、掩护、挡拆等技战术,在实际中应用技巧和方法,使训练学习更有针对性。

(二)提高训练效率,优化训练结果

高中体育篮球训练基本以教师一人对班级整体,即一对多形式呈现,虽然教师的讲解必不可少,却难免会忽略学生个体的学习需求,所以教师利用信息化技术手段可以更为直观地呈现本课需要讲述的内容。在多媒体屏上让学生结合自己对教师示范动作的理解来找到训练的方向,如:在某一场比赛中运用了哪些战术原理?该战术又是怎样被具体落实的?每一名球员的角色和定位又是怎样发挥到极致的?队员之间的默契和配合又都应当如何呈现?针对化地解决训练问题,最大化地利用训练时间。

三、在高中篮球训练中应用信息技术的途径

(一)多媒体设备和传统讲解相结合

高中生对于一些技术动作或篮球技巧掌握不清楚。一方面是由于教师在讲解时缺乏直观的展示物体和讲解对象,仅凭学生进行自我思考;另一方面则是由于部分教师在单一讲解时的语言表达能力不强,学生理解起来有困难。所以,此时就可以发挥信息技术手段和传统讲解的不同优势,教师一边播放视频或 PPT 演示动作,一边配合自己的讲解内容适时地进行快进、慢放,帮助学生更直观地看到本课学习中的重点和细节问题。

如看一段精彩赛事,看队员是怎样在其他队友的掩护之下跑位接球,并能够进行防守判断,组成合理的进攻队形。教师在播放该视频时先让学生去观看,引发自己的思考,再分段播放该视频,逐一讲解不同时段队员的心理和可能采取的下一阶段应对措施,圈出视频中的跑位变化,详细讲解各种跑位方法,使本课的训练突出重难点目标,讲解也更加细致生动形象。

(二)利用微课视频分组训练

分组展开篮球训练是教师较为常用的一种训练方法,但传统模式只是各小组学生根据个人不同的理解进行互相帮助和学习,如果没有教师的在场参与指导很难判断自己的动作是对是错,应当怎样进行提高,所以教师就可以利用微课视频的形式使小组训练更清晰、更有情境。

如将学生分成 5 人学习小组,共同训练队友之间的传球默契,为达到更好的效果,循环播放微课视频,将视频适当进行慢处理,方便学生对照视频讲解的技术动作进行模仿训练。有条件的学校还可以多准备几台移动终端设备,每一小组分发一台,根据自己小组的训练进度随时调整视频的进度,选择需要对应训练的内容和方法。在学生掌握了训练要领之后,教师也可以和学生共同制作微课视频,如本课的训练目标是要求学生掌握进攻端跑位的各种方式,就可以请学生自己先进行动作的示范,教师进行记录,课上再将专业视频与学生视频放在一起进行对比,请学生从多角度来观看自己所掌握的动作与专业动作存在哪方面的差距,方便在进行后续小组训练时更有目的性。

(三)看练结合,训练定点技能

许多教师在进行篮球训练时一般以自己的讲解为导入形式,然后再请学生进行针对性的训练,学习和训练相分离,学生不能够实时地运用自己所学到的知识展开训练,还容易在训练中忘记了教师讲到了哪些重点内容,使学习效率不高,还容易挫伤训练热情;但让教师跟进每一名学生进行针对性的 1 对 1 的指导,又不具备现实

条件，所以可以利用信息技术让学生在视频中、在仿真情境中一边看一边训练，掌握关键的篮球技能。

利用3D构图软件的功能拆解运球过人中的技术要领，如队友之间的眼神示意、潜在肢体语言和技术动作，将瞬间的动作变成延时动作，定格放大某一关键性动作指标，方便学生进行仔细的观察。观察带来了思考，思考使训练能动性更科学。学生还可以一边对着拆解的动作一边进行模仿训练。教师随时走在训练场地之中，可以快速高效地关注班级的整体状态，关注每一名学生的动作是否合规、是否达标；如若不然，还可以进行动作的再次细化拆解和重点分析，或请学生来谈一谈自己对于该动作的理解，在模仿、掌握时有哪些心得。

（四）运用网络资源调动运动状态

部分学生仅希望利用篮球训练这一形式放松身心，本质还是追寻自由与快乐；而部分学生又由于已经进行了一段时间的体能训练，身体疲惫感和思维疲劳感已经出现，对于后续的篮球训练没有较多的热情。所以教师在专业的训练之余，还要适当地应用一些视频比赛、故事等激活学生的运动状态，让学生可以对篮球训练有期待、有兴趣、有挑战意愿。

如设定校队的投篮记录，在同一时间内三分投篮最多的学生可以榜上有名。先让学生尝试挑战该纪录，每一名学生的投篮结果不尽相同，基于挑战与表现的心理，会催生想要提高自己投篮技术的想法；此时教师再展现一段精彩绝伦的比赛视频，用专业运动员良好的心理素质和投篮技巧进一步带动学生的比赛愿望；再请学生通过对该球员的技术动作进行分析，主动投入训练之中。这让学生形成篮球训练不再是被动活动，而是主动发展的意识形态。

（五）在线交流学习心得和体会

高效的篮球训练更需要教师能够打造良好的学习氛围，学生能够持续地、不间断地进行思考、进行分享、进行讨论，互相约定完成训练，参与比赛，形成良好的运动习惯和运动素养。所以就需要教师利用在线学习平台或网络交流群等为学生提供能够随时进行分享与讨论的机会，让学生有表达欲望时有相应的表达途径。

如教师将几名球员在抢篮板时的不同动作剪辑在一起，留下几个讨论问题：几名球员在抢篮板时身体有哪些不同的变化？其身体变化与最终的抢篮板结果之间是否有些必然联系？通过对一系列问题的分析，是否可以进行分类？在进行篮球训练时有哪些注意事项？学生自行观看视频，在班级交流群中上传学习结果，互相讨论认知，在突破了时间、空间限制的学习环境中实现头脑风暴，既深化了学习结果又可以明确训练目标，在后续完成活动时可以基于理论思考进行实践探索。

（六）融入翻转课堂提高教学效率

翻转课堂是文化课教学中较为常用的一类形式，教师也可将其运用到高中篮球的训练活动之中：课前针对本课需要完成的任务或目标布置学习任务，以微课视频的形式给出运动指导；学生自己观看视频，记录下已了解掌握的内容、需要进一步深化的内容，将学习结果上传至学习群；教师针对不同的结果进行整合，看到学生的学习期待和需求，课上针对具体问题进行讨论或重点训练。教师也可以提前为各学习小组分配训练任务；学生在简单的训练中发现自己存在的实际问题，将该问题记录下来，同样上传至教学平台；教师整理之后发现教学中急需解决的问题，使课堂教学更有针对性，学生的期待值更高。

四、结束语

高中篮球训练是对发展学生综合素质、培养学生核心素养的教育理念的落实，教师在进行训练时要摒弃传统的教育观念和引导理念，坚持以学生的发展需求为目标，积极运用现代化信息手段激发学生的运动兴趣，使学生在视频资源、电化教育手段的共同作用之下提高学习效率，真正通过篮球训练掌握知识、培养技能。

参考文献

[1] 尉隆.高中体育篮球训练特点及教学措施探究[J].考试周刊，2021(55)：11-12.
[2] 赵勇.高中体育教学中篮球训练的方法与技巧探究[J].考试周刊，2020(86)：125-126.

高中信息技术项目式教学的评价策略探究

杭州市萧山区第十高级中学　鲁　舟

摘　要:项目式教学区别于传统的教学模式。项目式教学是在事实基础上建立一个立体的知识体系并引导学生解决问题的教学模式,它具有整合性、创新性、真实性、合作性等特点。高中信息技术学科开展项目式教学可以有效提升学生的综合素质,提高学生的信息技术学科核心素养。科学合理的评价策略对项目式教学方向起着引领作用,有利于激发学生的学习兴趣和提高教学质量。文章简述了评价与项目式教学的关系,并结合高中信息技术项目式教学的特点,提出项目式教学评价的策略:研制评价量表、聚焦课堂观察、建立项目档案袋、搭建汇报平台、设计问卷调查等方式,以期助推高中信息技术项目式教学,让信息技术学科核心素养真正落实。

关键词:高中信息技术;项目式教学;核心素养;评价策略

教育的根本任务在于立德树人,在于培养学生、发展学生,保障这一教育使命落地达成的有效途径是提高学生的学科核心素养。笔者所在高中的学生成绩处于中等偏下,学习习惯相对较差。如何有效激发学生的学习兴趣、养成学生良好的课堂参与习惯、积极完成课后任务等尤为重要。高中信息技术项目式教学基于"学为中心"理念的课堂教学模式,通过开展项目活动,以核心任务驱动学生探索基本知识和技能,促进学生德、智、体、美、劳全面发展,可以充分提高学生的信息技术学科基于信息意识、计算思维、数字化学习与创新、社会责任的全方位的核心素养。有效教学是讲授、学习、评价三位一体的,"教学评"共同指向学生的核心素养,而科学合理的评价方式能够促进项目式教学的优化与发展。然而现有的项目式教学评价多聚焦于学习过程的评价,评价方式、评价主体相对简单,评价内容关注的多是知识掌握情况,以及项目活动中的学生行为表现情况,没有关注学生的思维表现和情感态度。因此,信息技术学科项目式教学评价的策略研究显得尤为必要。

一、评价与项目式教学的关系综述

(一)教学与评价是相互促进的关系

评价指引着教学方向,要提高教学质量,就要认真思考科学合理的评价方式,用评价引领教学。合理的评价方式可以客观地反映教与学这两个方面，即教师在教学中的指导作用和在教学过程中教学方法的优劣、学生达成学习效果的良好程度。传统的教学评价中，通常是先有教学，再有评价，一般都是通过纸笔测试评价学习效果，考查的是知识与技能的掌握情况。与传统教学评价相比，项目式教学评价关注导向与激励，以“过程性评价”为中心，并辅以“终结性评价”。过程性评价中更多关注的是学习过程中所表现的学科素养，比如相互协作的社会责任培养和基于计算思维培养与探究的科学精神。判断学生能否由“被动输入式学习”向“主动建构式学习”转变，评价的侧重点是学生学习效果的质量。

（二）教学评价的发展趋势

教学评价在项目式教学过程中发挥着导向、诊断、调节和激励的作用。有效的评估反馈是创造高质量学习成果的重要保障。项目式教学评价的发展趋势：首先，在评价主体上，更加强调学生的自评。人最重要的是认识自己、剖析自己。学生通过自我评价、自我反思，可以对自己有一个更为直观的认识，会了解自己的优势之处和不足之处。其次，在评价功能上，更加注重发挥评价的激励功能，教育的本质在于唤醒、激励和鼓舞，通过发挥评价的激励作用可以有效地提升学生的自信心，鼓励他们积极面对问题，利用科学知识去解决问题。再次，在评价类型上，更加重视实施过程性评价，传统的纸笔测验是一种终结性评价，对于学生的学习过程无法进行有效评价。过程性评价则可在项目完成过程中很好地记录学生在整个学习过程中的行为表现、思维表现、情感态度等，可以全方位地对学生进行评价，发现每个孩子的闪光点，有助于老师因材施教。最后，在评价方法上，更多采用表现性评价。表现性评价指的是使用客观测验以外的行动、表演、展示、操作、写作等方式进行评价，可以更加客观地反映学生的写作能力、语言表达能力、思维创新能力、批判质疑能力和动手实践能力。

（三）项目式教学评价模式实施的基本原则

项目式教学评价模式以学生为中心，以促进学生全面发展为目的，将对学生的考评置于动态的评价环境中，实施的基本原则具有客观性、发展性、整体性以及指导性等特点。基于以上原则，项目式教学评价方式不应该拘泥于一种，而应结合项目式教学的特点，在评价内容和评价主体上包含更为宽泛的对象。比如，评估内容可以包括学生的知识建构、团队协作、思维品质、沟通交流、语言表达、信息查询、动手实践等；评估主体可以包括教师、家长、小组成员以及个人等。这种全方位、多层次的评价方式，不仅可以给学生一个更为客观全面的评价，而且可以给学生的后续学习提供指导，给学生的长远发展提供参考，使学生对于自己的项目式学习更有方向和热情。

二、高中信息技术项目式教学的评价策略

(一)设计评价量表,促进自我

传统的教学评价多是教师在学生经过一段时间学习后,在期中或期末相关课程教学实施结束后,对学生的学习情况进行试卷测评,并进行的终结性评价。终结性评价更多的是关注学生最后所呈现的学习结果,以一次的考试成绩判断一个学生一学期甚至一年的学习效果,并不能全方位考查学生的合作与协调能力、沟通与交流能力、批判性思维与解决问题能力等高阶思维能力。因此,要想全面评价学生在这个课程学习过程中的表现,就要在每项学习任务发布前设计相应的评价量表。评价量表是对学生的作品、成果或行为、表现进行评价或等级评定的一套标准。评价量表将项目式教学中的任务分解成若干个子任务,并对每个子任务不同层次的表现进行详细描述,表达对学生完成某项任务的具体期望。在项目学习前将评价的标准及评价内容给全体学生进行解读和说明,强调项目活动中经历的阶段,以及每个阶段合格和优秀的标准。学生在清楚评价内容及评价标准后,心中就有了目标,可以更好地提升项目式学习效率。

1. 对学生个人表现进行评价

学生通过回顾自身学习过程中的行为表现、思维表现等情况进行自评。在评价内容中,可以细化为学习态度、任务解决、小组协作这三个维度,在这三个维度下可以划分为五星级(优秀)、三星级(合格)、二星级(改进)等三个等级,并分别对相应等级的评价标准作出描述。笔者进行"室内环境实时监测系统"的项目式教学时设计了一张个人自评量表(见表1)。学生在项目学习时会不断地反思自己的行为过程是否与对应的等级描述相符,如果要提高等级,应该做哪些调整与努力。有了这个抓手,学生就能更好地实现自我评估和自我教育。

表1　室内环境实时监测系统实验项目评价表

	五星级(★★★★★)	三星级(★★★)	二星级(★★)
学习态度	全面了解项目任务整体需要达到的目标和任务顺利开展的各项要求,有浓厚兴趣去完成本人分配的任务	清楚项目需达到的目标和自己被分配的任务;对于分配任务能按规定步骤完成	不清楚项目整体目标,对自己的任务敷衍了事
任务解决	对于项目中分配的任务和问题有自己的独立思考并能提出自己的解决方案,有一定的创新性,有一定项目优化能力并能推动项目的进行	能尝试解决项目中出现的问题,提出的解决方法有一定的可行性和参考价值	对于项目中出现的问题推诿责任,不去寻找解决的方法

续 表

	五星级(★★★★★)	三星级(★★★)	二星级(★★)
小组协作	能全面了解组内成员的分工和要达成的要求,时刻关注各成员任务进展情况,能积极主动与组内成员就问题进行讨论	清楚组内其他成员的任务,能相互交流、鼓励,互助解决问题	不清楚组内其他成员的任务;缺乏合作意识,存在各自为政、单打独斗现象

2. 小组成员间的互相评价

互评的内容设定中,可以参照自评的内容,再辅以组长领导力、探究与理解、分工与协作、规划与效率等维度设置评价内容。为避免自我评价偏主观的问题,可借助小组其他成员对同一个学习行为进行观察评价,可以获得更加客观真实的反馈,并能够促使学生深入理解独立思考带给个人的价值。只有有效地将团队协作和独立思考结合起来,发挥团队的力量,才能提高项目式学习的效率。

3. 教师对整个小组进行评价

教师结合项目要求和项目目标设置合理的评价量表,内容设定中可以分为小组成员相互合作的有效性、小组完成项目目标的时效性、小组生成项目作品的质量性等三个维度,从这三个维度审视小组的成果,让全体组员更客观地看到集体智慧的学习成效。

(二)聚焦课堂观察,助力教学相长

项目式教学课程的设置通过对现有教材内容进行二次整合重组,通过单元划分的方式设置教学规划。通过基于项目情境全方位学习,学生在项目目标的达成的有效性需要长期的学习和研究。教师在课堂观察学生行为并做出基本的教学评价方式,能够将学生课堂教学活动与学习活动记录下来,并且能及时地对学生在学习过程中的表现和进步予以反馈点评,学生学习的兴趣、学习过程中存在的问题以及面对问题的态度是评价的主要方向。课堂观察也可以促进教师的专业水平发展,这种及时反馈能让教师知道自己教学中的问题,例如项目设计、任务驱动以及问题预设之中存在的缺陷,从而帮助教师及时修正自己的教育教学规划和行为,更好地推进项目式教学。比如,笔者曾经在“室内环境实时监测系统实验”教学中,设计的项目就是一方面要正确搭建硬件环境,另一方面就是要通过驱动安装及软件调试,模拟出室内温湿度监测的实时状况。在学生小组讨论过程中,教师发现了因学生在硬件连接与软件监测端口不统一、软件语法书写不规范而导致系统无法运行等状况,学生及时进行了修改。同时也启发教师备课时需要考虑到学生的学情,更要兼顾不同层次的学生,既要重视思维训练也要重视细节梳理。由此可见,有效的课堂观察不但可以及时地发现学生项目学习中的问题,也可以发现学生在项目学习中的亮点,从而对教师的教学产生一定的启发,让教师真正做到了教学相长。

(三)建立项目“学习档案评价袋”,记录学习全过程

“学习档案评价袋”能对学生学习生成有效的评价模式,有助于培养学生的批判质疑能力、自我反思能力以及及时梳理能力。档案袋的生成过程,包含项目式任务从起始到结题的整个时间跨度,可以充分反映学生在项目学习各个过程中的学习收获、态度意志和进步情况等。理想型的档案评价应“成为学生学会如何自我反思的桥梁通过‘脚手架式’”的引导,学生将不断进行自我反思和自我完善,并最终摆脱“脚手架”独立行走。

项目式教学中的档案袋评价设计可以包括以下四个方面:封面、目录、内容、总结。其中,封面可以包括学生的个人信息及项目的基本信息;目录包括项目活动的实施过程,即提出问题、研究价值、研究目标、制订项目计划、设计项目方案、收集分析资料和数据、形成初步结论、交流解释、成果汇报等;内容包括整个项目式教学中所有的文字资料,即项目策划、调查问卷、心得体会、作品评估表等;总结包括个人小结、小组点评、家长点评以及教师点评。

(四)搭建汇报平台,展现个人风采

在高中信息技术项目式教学中,学生制作出的作品质量是评价学生项目式学习效果的重要参考之一。此外,对于学生制作出的作品要及时进行展示宣传,使学生获得成就感。完成项目式学习之后,学生借助多媒体进行汇报展示,与同学、老师、家长共同分享自己的设计初心、设计理念、设计过程和知识架构,这可以很好地培养学生的多媒体运用能力和表达交流能力。笔者也在 Python 的 Flask Web 实践与调试实验中,对能在完成基本任务基础上,进行代码二次改编成功的学生予以现场展示,展现了学生的风采,极大地激发了学生学习兴趣和课堂参与性。

(五)设计调查问卷,促进家校合育

调查问卷是以问题的形式系统地记载调查内容的一种评价方式,可以作为项目式教学评价的补充内容。调查的对象可以是学生也可以是家长,调查问卷可以采用匿名的形式获得一些额外的信息,以期获得更为客观的评价。

总之,我们要在高中信息技术教学中开展项目式教学。学生通过明确的任务驱动,开展具体的学习活动,在真实问题情境中学会实践、学会思考、学会学习,提高学生的思维能力,促进学生的深度学习习惯的养成。在项目实施过程中,教师需要关注结果,更要注重过程;关注行为表现,更关注思维表现、态度情感;关注问题解决,更关注问题提出。同时教师也可以了解学生之间的个体差异,从而更好地审视自己的教学规划,因材施教,改进自己的教学方式。

项目评价对学生而言是为了更好地让学生了解自己的优势与不足,查漏补缺,弥补自己的不足,全面发展;或扬长避短,充分发挥自己的优势,通过评价促进学生全方面的发展与进步。

参考文献

[1] 吕艳娇,姜君. PBL 教学方法对美国研究生创新能力的影响[J]. 黑龙江高教研究,2018(11):113-116.

[2] 杨金月. 中小学课堂教学评价量表及其比较研究[D]. 南京:南京师范大学,2018.

[3] 吴立宝,曹雅楠,曹一鸣. 人工智能赋能课堂教学评价改革与技术实现的框架构建[J]. 中国电化教育,2021(5):94-101.

教育是一种唤醒的艺术

杭州市萧山区第十高级中学　占晓钟

摘　要：在班会课跳长绳活动中，班主任发现了某同学的异常，在冷静处理之后又及时介入，深入了解、思考，用唤醒的方式持续对该学生进行教育。本文对“教育是一种唤醒的艺术”进行深入思考和解读，提出了“唤醒是善关注、有温情、有宽度的艺术”的观点。

关键词：教育；唤醒；关注；温情

翻看了一下这届学生写的毕业之永恒的回忆文章，发现很多学生说我是“时而慈祥，时而严厉”。学生都已经用“慈祥”来形容笔者了，看来笔者是老了，不仅老了，还阴晴不定、反复无常。这不是说明“老”得都已经没有争议了么？然而，在教知、育人的征途中，“老”却可以让时间流逝得再慢一些，可以让你能够停一停、看一看，可以让前进的脚步更踏实……

青春，有那么一点疼在心头

去年12月，为缓解学生紧张的学习压力，以更好的精神面貌、心理状态迎接即将到来的1月选考，笔者利用周五班会课的时间组织学生进行跳长绳的集体活动。活动分三部分进行：一是大家一个接一个地去跳，这部分活动的要求就是跳成功，绊到绳子就要重新来过，总共需要进行三轮；二是以寝室为单位进行集体跳，要求是一次性跳10个才算通过；三是20个人一起集体跳，要求是一次性跳3个算成功。在进行第一部分活动时，有个别同学就不敢上去跳，害怕绳子会打到自己，瞅不准时机，总是犹犹豫豫、徘徊不前，这其中就有小A同学。在这种情况下，大家都会不停地鼓励她们，笔者也时不时地助推一下，提醒她们注意跳的时机。三轮下来，起初不敢跳的同学都顺利克服了畏惧心理，都能勇敢地迎着绳子跳起来，除了小A。小A只跳成功了一次，还是在笔者的助推下完成的，之后再也不肯上去跳了，在寝室集体跳的环节，她更是躲在远处，笔者要求了几次都没有成功，反而引起她的不满。她很委屈，还蹲在那里掉眼泪，同寝室的同学围在她旁边安慰她，结果这个寝室因为她没有完成第二个活动部分。

当时，笔者因为还在组织活动，没法停下来单独处理她的事情，只能让她自己先缓缓情绪、平复一下心情。笔者也暗中多加关注，后来发现她也逐渐恢复了平静，表面上也能正常地和同学在一起玩了。

可是，在这节班会活动期间，有个问题却一直在笔者的心里搁着：一个很平常很普通的跳绳活动，怎么会引起小A这么大的反应呢？

德国哲学家雅斯贝尔斯在《什么是教育》一书中指出：“教育就是一棵树摇动另一棵树，一朵云推动另一朵云，一个灵魂唤醒另一个灵魂。”教育的灵魂在于唤醒心灵，唤醒人的生命感、价值感、责任感、创新能力等。可以说，教育不停止，唤醒不停止，教育是一种唤醒的艺术。

而要唤醒别人，至少自己是清醒的。

我们都知道，发现问题是解决问题的前提，同样，关注是唤醒的前提。只有心里装着学生，时刻关注学生的变化，关注班级管理过程中的细节，我们的唤醒才能有的放矢，唤醒才更具有针对性。我们关注的不仅仅是学生的成绩、作业的完成、课堂的纪律，更要关注学生的精神世界、学生的心灵。老师的一个微笑、一个眼神、一句不经意的鼓励等等，都是对学生心灵的关注。这些看似微乎其微的平常细节，却能让学生感受到自身的存在感，体会到被关注的幸福。这样的关注，本身就是一种“唤醒”。我们的关注，就像一股清泉注入学生的心田，浇灌美好心灵的种子，为唤醒提供不竭的动力。

所以，笔者以为，唤醒是关注的艺术。

心存阳光，必有远芳

当天傍晚，笔者来到办公室，看见桌上躺着一张折叠整齐的信笺，笔者猜想应该是小A写的。小A在信里面表达了两个意思：一是表示歉意，不该因为自己让老师没能开展好活动；二是希望老师不要管她，她自己不会给老师添麻烦，自己会管好学习。看了小A的信，笔者沉思良久，小A学习勤奋、自觉，成绩优异，是那种属于不用老师操心就能学好的学生。可这样一个在老师眼里懂事乖巧的学霸，真的不用老师管了吗？可她今天的行为却让笔者有种当头棒喝的感觉：笔者平时对这样的学生过于放心以致都有点疏忽了。笔者必须好好找她谈谈。

晚自习，笔者把小A叫到办公室，开门见山进入谈话交流状态。

问：“今天一个普通的跳绳，你怎么会有这么大的反应？怎么会这么抗拒呢？”

答：“我一直都不喜欢集体活动，就是不喜欢，老师您不用管我的。”

问：“为什么不用老师管呢？你看大家玩得那么开心，多好。况且参加集体活动也有助于你的学习啊，我怎么能不管你呢？”

答：“初中老师也是这样的，不用管我，家人也不管我，我不会给您添麻烦的。”

问：“家人也不管你？为什么？”

答：“我从小就在外婆家长大，和外婆一起生活的时间长些。现在每次打电话回去，我妈妈总是说很忙，没时间接电话，没说几句就不耐烦，周末回家，也很难见到她的身影。”

问:“你妈妈是做什么工作的?”

答:“开小店。”

问:“你爸爸呢,也不管你吗?”

答:“他很大男子主义,我说什么都不会听,平时不怎么和他联系,家里还有个弟弟要管。”

交流到这里,其实学生的信息已经差不多很清晰了,笔者理解为“家有二孩后老大的烦恼”,加上和父母生活在一起的时间很有限,渐渐地和父母有了距离,有了陌生感,觉得父母不关心自己。而学生平时上学住校,有心事的时候本想在电话中向自己的妈妈倾诉一下,可偏偏做父母的不懂这些,不但不能在有限的打电话中表达对女儿的关心,反而让女儿感觉到了不耐烦。

于是,笔者和她促膝长谈,谈到父母生活的不易,谈到作为女儿以后能陪伴父母的不易,谈到学习不仅仅是学习成绩,还有责任心、自信心、创造力等,谈到人可以独立但不能封闭,谈到未来集体活动、同伴相助的重要意义等等,最后还和她强调“老师是不会不管你的”。看着她时不时地露出难得的笑容,笔者感受到了她敞开的心扉,心里也稍微放松了一点,同时,也感慨万分。

教育是一项良心工程,而我庆幸自己今晚在做一件对得起良心的事情。学生远离父母,老师应是父母;学生陷入迷茫,老师该是益友。和社会上很多事相比,我们每天所做的真的是微不足道,有的甚至看起来可有可无。但是,在学生的生命里,我们却占据着万分重要的分量。我们教育的对象是人,因此,我们的工作不仅需要智慧,还需要关爱的温度。一次温暖的交流,让学生感受到“唤醒”的温度,也让学生向着健全人格上又迈进一步。教育只有回归人格的本质上,才能真正影响学生,实现真正唤醒。

所以,笔者以为,唤醒是有温情的艺术。

放心,你一直很珍贵

“解铃还须系铃人”,小A敏感又急需被关注的状态和她父母脱不了关系,可以说,根源在她妈妈这边。于是,笔者拨通了小A妈妈的电话,和她交流了小A的想法、心态,特别询问了“家里面有没有重男轻女的思想”“打电话时对小A是否经常不耐烦,对她不够关心”等相关问题。小A妈妈矢口否认,但确实存在打电话时刚好碰到事情多、来不及说很多话的情况。电话里,笔者向她解释了学生使用电话是有时间规定的情况,希望她努力适应学校的作息时间,在学生可以使用电话的时间段里务必减少事务的干扰,周末尽量把时间留给自己的女儿,多关心、多重视小A。小A妈妈满口答应,表示以后一定注意这方面的问题。

放下电话,笔者内心却没有因此感到轻松,总觉得沉甸甸的。老师也好,父母也罢,都经常会有这样的感慨:“他(她)这么优秀,怎么可能这样?”“这孩子从小就让我们很放心,长大了怎么会这样(让我们不放心)呢?"父母、老师眼里值得放心的孩子,并不等于可以顺其自然发展了,对他(她)们,你关注了吗?引导教育了吗?教育,没有真空地带;教育,不能无为而治。

很多时候,孩子呈现给我们"让人放心"的状态,是在学习上能积极主动,自我管理能力强,成绩优秀,听话懂事乖巧,等等。但是,教育是让孩子踏实、坚实地成长,它不仅仅是知识的传递、学业的发展,同时还要育人、育心、育灵魂,这是教育的宽度,也是唤醒的宽度。唤醒的宽度在于走出成绩和名次的藩篱,走向能力培养、多角度引领,以对生命成长高度负责的态度唤醒学生成长;唤醒的宽度在于摆脱功利性园囿,用真情促进学生的身心发展;唤醒的宽度在于摒弃短浅的目光,敢于抬头远视,不断拓宽唤醒渠道和唤醒方式方法。从学生到亲人、家长,从学校到家庭、社会,让学生因唤醒之宽而健康成长。

所以,我以为,唤醒是有宽度的艺术。

"老师,能把你手机借我打个电话吗?"

"怎么啦,有事?傍晚没打电话?"

"打过了,我生气挂掉了,现在再打过去。"

看着眼前微笑中带点害羞的小A,我心领神会地把手机递给了她;望着小A边拨打电话边离去的背影,我内心却感受到了从未有过的轻松。或许她那遥远的母亲依然很繁忙,无法在电话里表达对女儿的爱,但,至少,小A释然了,放下了,长大了……

这世上,除了父母外,老师是孩子最大的转机,老师的热情和坚持,就像黑暗中点点闪烁的亮光,照亮了学生也照亮了我们自己。最后,用陶行知先生的话共勉,"捧着一颗心来,不带半根草去"。如此,即便身已老,情怀却依旧充满激情,在教知、育人的征途中继续坚定地坦荡前行。

参考文献

[1](德)雅斯贝尔斯.什么是教育[M].邹进,译北京:生活·读书·新知三联书店,1991.
[2]陶行知.行知书信集[M].北京:人民出版社,1981.

“双减”背景下通过开发网络课程发挥学生学习潜力的实践研究

杭州市萧山区第十高级中学　李荣耿

摘　要：中共中央办公厅、国务院办公厅印发了《关于进一步减轻义务教育阶段学生作业负担和校外培训负担的意见》（简称“双减”政策）。为了贯彻落实党中央“双减”工作的有关精神，进一步规范学校教育教学管理，全面提高教育教学质量，不同地区都在采取有效措施。我们要深刻理解“双减”的目的，是要减轻学生的校外培训负担和校内课业负担，但不仅仅是单一地减少作业，而是要让孩子有更多自我选择的时间，让他们根据自己的兴趣爱好去选择发展自己的特长。

关键词：双减；网络课程；学习潜力

一、课程开发背景

航空与航天是人类认识和改造自然进程中最活跃、最有影响的科学技术领域，也是人类文明高度发展的重要标志。2020 年 7 月 23 日，我国“天问一号”探测器在海南文昌航天发射场由长征五号遥四运载火箭发射升空，并成功进入预定轨道，2021 年 5 月 15 日，在无人飞行了 296 天后，我国“天问一号”探测器于在火星表面成功着陆。2021 年 6 月 17 日，我国神舟十二号载人飞船又成功发射，并与天和核心舱成功实现自主快速交会对接，随后航天员聂海胜、刘伯明、汤洪波，先后进入天和核心舱，标志着中国人首次进入自己的空间站，这是中国载人航天工程的里程碑式进展。这标志着我国的航空航天器技术达到了一个新的高度，而其中编程控制飞行技术无疑是非常成功的。

我们都知道，积木搭建从下往上稳固而不倒，排队分先后，谁先进去就会先出来，这些都是成人世界中存在的显现编程。编程就相当于把人们的成年经验提前带入学生发展中，而青少年发展中这一认知我们理解为逻辑思维的训练，提高逻辑性、提高创造力，学习编程的作用并不是说就代表要培养孩子成为一个 IT 高手，至少逻辑思维训练下的孩子可以更好更精准地找到自己的兴趣爱好。

无人机的种类繁多，用途广泛，有的无人机还具有多种用途。民用方面，无人机＋行业应用，是无人机真正的刚需。目前在航拍、农业、植保、测绘、快递运输、灾难救援、观察野生动物、监控传染病、新闻报道、电力巡检、影视拍摄、广告宣传等领域的应用，大大拓展了无人机本身的用途，发达国家也在积极扩展行业应用，发展无人机技术。

军用无人机的方面有侦察无人机、诱饵无人机、电子对抗无人机、攻击无人机、战斗无人机、模拟飞机、导弹的靶机等，无人机还可以用于目标鉴别、激光照射、远程数据传递的空中中继站、反潜、炮火校正和远方高空大气的测量以及对化学、细菌污染和核辐射的侦察等。

《跟我学无人机编程飞行》课程的开设，让青少年学生能从小学习无人机编程控件控制飞行，符合青少年对新生事物的好奇、好动、好胜、好学的心理特征，养成从小爱科学、学科学的兴趣，在活动中动手又动脑，富有时代气息，对青少年富有强烈的吸引力。学习此课程将使青少年接触到广阔的知识领域，提高空间识别能力，增加立体几何知识，能带来很多可贵的特殊教育效果。在实践活动中可以获得积极的情感体验，或通过自己的发现而享受创造的喜悦，或在克服困难获得成功中体察到自身的价值和满足感，有利于培养学生自主、自立、自信、自强、自律等优秀的个性品格和严谨的科学作风。

二、课程设计目标

（一）总体目标

（1）丰富学生课外生活，培养他们对科学特别是对无人机和无人驾驶技术的兴趣和爱好，在活动中，会逐步学会正确的观察和分析，掌握科学的、求实的思想方法。

（2）引导学生动手动脑，掌握必要的科学知识和实践技能，引导学生树立科学思想和科学态度，学会按客观规律办事，锻炼坚定的意志和顽强的毅力。

（3）增强学生的创新精神和实践能力。学会与群体相处，善于学习别人的长处，通过自己的发现而享受创造的喜悦。

（4）使学生在实践活动中获得积极的情感体验，在克服困难获得成功中体察到自身的价值和满足感，在与同伴合作中建立起集体主义观念，培养少年优秀的个性品格。

（二）具体目标

（1）开发学生智力，激发学生深入探究科学技术的兴趣；锻炼学生的逻辑思维能力，在反复思考和检查错误的过程中，学生的逻辑思维能力会迅速提升；采取自主操作与合作探究相结合的方式，培养学生合作创新意识。

（2）培养学生的观察力、思考力、动手操作能力，不断促进学生提高技术素养、科学素养，乃至科技创新的素养。提高学生的升学竞争力也是这里面最为显而易见的一点，这也是一条通往顶级名校的全新赛道。

(3)促进更全面的学科融合。通过编程串联起其他学科的知识,让学生成为全科型人才,当然这是一件非常有影响的成果,还可以应对职业冲击,尤其是在未来人工智能可能取代普通人员的工作,但懂得编程的学生有更多的机会。

(4)培养尊重科学、实事求是的科学精神和最基本的科学探究方法,为终身学习与不断创造打下基础。

三、课程内容及课时安排

本课程共12章,每章1课时,目录如下:

第1章　无人机概述
第2章　软件下载安装
第3章　激活与固件升级
第4章　状态调整与检测
第5章　起飞与降落
第6章　上升和下降
第7章　前进与后退
第8章　向左向右侧飞
第9章　向左向右旋转
第10章　根据坐标直线飞行
第11章　三维曲线圆弧飞行
第12章　综合飞行训练实录

四、课程设计制作与实施

为了让学生能在进行本课程同步课堂学习后,能够了解国内外无人机发展现状,知道无人机在工业、农业、国防军事及日常生活中的作用,提高学习无人机编程的兴趣,特设了第1章无人机概述,介绍相关知识。

为方便学生学习,详细介绍了编程控制软件的安装使用,为保证学生能正常使用无人机,专门介绍无人机的激活、调试、检测等内容。同时为让没有无人机的同学也能学习本课程,每一节课均提供了编程控制模拟飞行,对于有编程无人机的同学,每节课都提供了拟飞行后,如何连接无人机,从而控制其实际飞行的内容,并且每个飞行动作都有实际飞行的视频录像作为对比参考,从而能保证参加学习的同学,在学完每一课的内容后,能进行实际操作。为了保证教学效果,每堂课还都设置有课后练习,以巩固学习成果。

学生在开始学习课程后,有一种循序深入、欲罢不能,渴望继续学习,等待下一堂开课的强烈愿望。为了激发学生探知欲,培养学生继续学习的兴趣,让学生养成良好的学习习惯,笔者的具体做法如下:

(1)参阅了大量书本、网络资料,收集整理了国内外无人机领域从无到有、从小到大、从弱到强等各方面的发展历程资料,了解科技工作者为祖国航空航天事业做出的贡献。引导学生培养爱学习、爱钻研、爱科学、敬长辈、爱家乡、爱祖国的思想感情,树立远大的革命志向,学好本领,报效祖国。将相关资料收集整理成 12 个章节,按无人机飞行动作顺序编写完成了各章节课程内容,精心剪辑制作每一章视频,制作 PPT 课件,并制定了每章的练习。

(2)在同步课程中,学生选择的范围较大,选择学习非常规教学同步课程,除了兴趣爱好外,课程视频的设计与制作显然成为影响同步课程推广的又一重要因素。界面、文字、图像、视频、声音、节奏、切入方式等等,都是课程建设者需要考虑的,因此,笔者收集整理并选用了一些有代表性的图片、图像、视频资料,让学生能在文字、声音阅读的基础上,有比较强烈的视觉感受。在开课之初,笔者为自己的课程精心设计课程封面,增加了视觉冲击,又突出了主题,在课程上线后,笔者的课程虽然是小众课,但成为最热课程首位,如图 1 所示。

图 1　上线的课程位居最热课程首位

(3)本次课程建设为了提高课程质量,尝试并使用了如 Photoshop 图像处理、会声会影、AdobePremierePro 视频编辑、爱拍剪辑、剪辑师、之江汇互动课堂、迅捷录屏及视频剪辑器、Apowersoft 录屏王、嗨格式录屏大师、喵影工厂等多种图像、声音、视频处理软件,不断测试,反复修改并进行效果测试,在这过程中有些软件也是边学习边操作,从中学到了很多知识和技能。

本课程从开设到结课时,获得了全省 1 万多学员的关注,有 1200 多名学生报名学习,来自不同地区的 100 位互联网学员学完本课程并给予优秀评价,全省 12 位专家给予全 5 星的评价。从报名情况来看,网络学员遍及全省各个地市 94 个区县,远远超过了预设人数，充分说明本课程开设是成功的，本校学生通过网络学习后参加科技比赛活动，多次荣获省市区一、二、三等奖。

五、成果、感想与期望

随着科学技术的发展，无人机已经在工业、农业、国防等许多领域得到了广泛的应用。目前，国内部分高校已经设置了无人机研究所，开设了无人机相关专业，对无人机的重视程度日益提升。无人机产业联盟、无人机系统标准化协会等行业组织相继成立，各地兴起建设无人机航空文化小镇、无人机研发制造基地，社会组织开展了航拍、无人机设计、无人机编队表演、竞技比赛，无人机产业迎来了新的热潮，市场需求有望得到全面释放，无人机科普活动也已经进入一些中小学的业余科技活动中了。

无人机编程控制飞行，结合了信息技术、数学、物理、航空等多项知识技能，是近几年才在中小学开展的科技活动，受到了家长、老师、学生的普遍欢迎，但是由于受知识、技能等方面的限制，许多人认为学习困难，因此活动还不够普及。

《跟我学无人机编程飞行》的课程结课报告如图 2 所示。

图 2 《跟我学无人机编程飞行》的结课报告

其中《跟我学无人机编程飞行》有来自 94 个县市 1 万多名学生关注学习，《初级程序员入门》有来自 68 个县市 9000 多名学生关注学习。

本课程的开设，能让学生、家长和老师通过学习，学会在手机、平板电脑等设备上安装使用飞控编程软件，学会无人机的调试、检测，通过分解无人机飞行的各个动作，一步一步学会编程控制基本命令，从而编制程序控制无人机飞行。本课程的学习能有效充实学生的立体几何知识、数学知识、物理知识等，通过编程飞行活动的动手又动脑的特性，将带来很多特殊的教育效果，在学习过程中可以获得积极的情感体验，通过自己的努力而享受创造的喜悦，在克服困难获得成功中体会到自身的价值和满足感，这些无疑有利于培养学生自主、自立、自信、自强、自律等优秀的个性品格，对青少年富有较强的吸引力。

课程的开设，符合青少年好奇、好动、好胜、好学的心理特征，活泼新颖，又富有时代气息，同时也能增强爱科学、用科学的爱国主义情怀。

参考文献

[1] 刘金美．网络课程现状及教学设计[J]．科技信息，2013(3)：194，221.
[2] 孙崴，刘学敏．网络精品课程研究现状及发展趋势[J]．中国教育信息化，2009(23)：75-77.
[3] 林君芬，余圣泉．关于我国网络课程现状与问题的思考[J]．现代教育技术，2001(1)：55-59.
[4] 王觅，贺斌，祝智庭．微视频课程：演变、定位与应用领域[J]．中国电化，2013(4)：37.
[5] 张明，郭小燕．“互联网＋”时代新型教育模式的研究与启示——微课、慕课、翻转课堂[J]．电脑知识与技术，2015(12)：66.

“海绵式学习”或“淘金式学习”

——高中生在线学习资源遴选的现状与策略实践研究

杭州市萧山区第十高级中学　钟丽楠

摘　要：本文基于高中生在线学习存在的问题展开研究，希望更大限度地帮助学生优化自主学习的学习效果。采用问卷研究、对比研究、实践研究的研究方法，最终提出实践研究的成效与策略，从变革教学理念、变革教学形式、变革能力素养、变革学生思维4个方面提出成效，并针对研究提出在线学习资源“课程协作”策略和知识精准化遴选策略。

关键词：在线学习；同步课程；直播课程；资源遴选

一、问题的提出

什么是“海绵式学习”？即单纯的吸收知识的一种学习方式。然而“淘金式学习”，是一种批判式的、与知识互动式的学习方式。多年的一线教学经验让我深刻地体会到一个制约教学效果的严重问题：现在的高中生更多地趋向于海绵式学习而非淘金式学习，只会单纯地吸收任课老师讲过的知识点，并没有及时去总结反思，更不用说去创造拓展，这说明我们的学生缺少最起码的教学资源遴选能力。

2020年开始“空中课堂”，一个月以来的教学实践，我分饰多个角色：担任“主播”老师，担任省同步课程老师，担任班主任老师。角色的多样性使得我在空中课堂的实施过程中便于发现问题。我能及时接触学生、任课学生、统筹班级管理、连接学校与班级。我既了解省网络同步课程的开设，也接触了各类优质课程资源。这些促使我产生了该课题研究的想法。因此，我利用前期对高中“空中课堂”开展情况所展开的调查研究，分析高中生在线教学资源遴选的现状，发现的确存在问题。

1.线上课程“盛宴”遴选，眼花缭乱，如何优化选择策略，互利共生？

2020特殊的新年，居家学习，我们首先看到的是各数字化公司及培训机构的信息敏感程度，它们推出了可以说品类齐全的课程盛宴。但每个人的味蕾有限，有限的空间和时间，是否能真正吃到适合自己的？还是吃到身体不适的？对于我们的学生更是如此，如何有效遴选数字化学习资源，是学习效果最优化的重要保证。

2. 课程“正餐与零食”选择，左右为难，如何找准融合策略，实现共赢？

停课不停学，各种线上线下培训机构纷纷开设线上培训，当学校开学全面开启“直播课堂”时候，一个特别的问题引起了我的注意，班里的学生问：“老师，我有其他平台的课程和学校的课程冲突，我可否看回放？”听到这里笔者不由得一惊，很多学生如果无法找准学习的重心，很容易输在高考这场战役中。笔者的回答是“学生必须以学校教育为主线，要知道什么是正餐，什么是零食”。但这个问题让笔者深思，零食必不可少的情况下，如何有效合理选择？

3. 家长参与线上选课决策，举棋不定，如何开展有效的资源鉴别方法指导？

很多家长陪同孩子在家，非常担心学生的学习，家长之间也存在众多比较。因此，家长的危机感推动着在线课程的选择。学生在家纷纷展开了其他平台在线课程的学习，但很多家长也表示对高中阶段教学不了解，该选择什么课程举棋不定，非常期待能有这方面的指导。那么，家长给学生遴选的教学资源是否真的适应学生当前的高中段教学？相关调查结果如图 1 和图 2 所示。

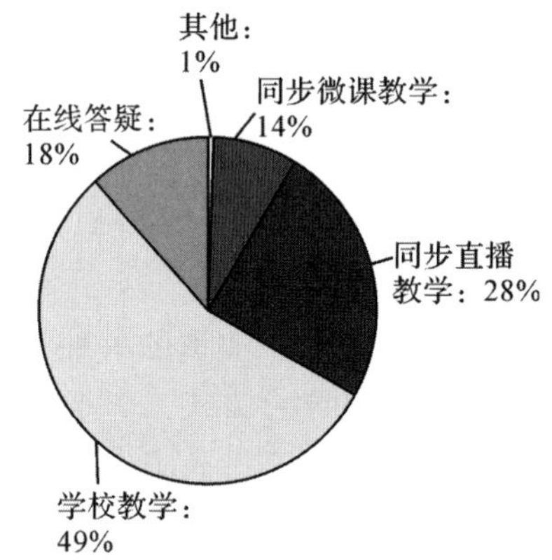

图 1　教师更喜欢何种形式的线上教学

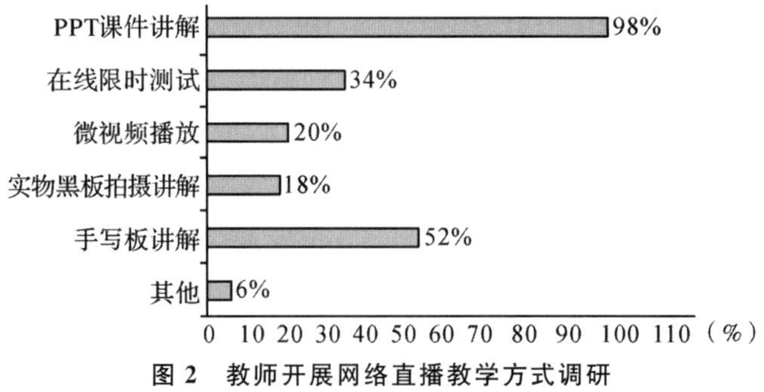

图 2　教师开展网络直播教学方式调研

4. 学科教师资源鉴别能力，参差不齐，是否制约对学生线上资源遴选策略的指导？

教师措手不及，无暇顾及额外在线资源遴选指导。由图 1 与图 2 可知，通过网课开设两周后的调研，88%教师还是喜欢学校教学。另外，在线直播的大多数教师的教学形式依旧是PPT讲授为主，配合用手写板，类似传统教学，说明大部分教师自己也在学习的过程中。这次疫情推动教育向在线化和科技化过渡，这种强行对教育在线化和科技化的提速，让一线教师感觉有点措手不及，有些教师难免无暇顾及学生其他在线资源的遴选，更别提指导学生。

基于上述情况，笔者决定就此展开研究，希望最大限度地帮助学生能提高学习效果。

二、研究设计

本研究采用问卷研究、对比研究、实践研究的研究方法，最终提出实践研究的成效与策略。问卷研究做前测与后测对比；对比研究梳理在线平台分析和同步课程与直播课程优势研究；实践研究主要是笔者开设的网络同步课程的过程性研究，然后，线下复课后参与同步课程班级与未参与班级对比研究。最终提出实践研究的成效与策略，从变革教学理念、变革教学形式、变革能力素养、变革学生思维4个方面提出成效，并针对研究提出在线学习资源“课程协作”策略和知识精准化遴选策略。研究框架如图3所示。

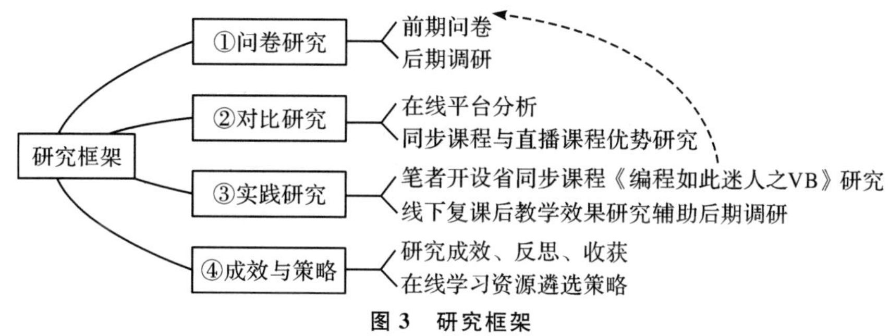

图3 研究框架

三、研究探索

（一）问卷研究

利用前期对高中“空中课堂”开展情况所展开的调查研究，分析高中生在线教学资源遴选的现状，具体情况如图4所示。

第一，前期调研，已发放并回收“网络课堂”教学的相关调研的教师版、学生版、家长版三份针对性不同的问卷834份。对前期自己工作中遇到的难点以及疑问加以验证，通过问卷分析，提出有效的解决措施与方法。

第二，学生已具备基本的信息获取与检索能力，优质教学资源遴选指导策略的提出，对他们是非常有必要的。

调研中发现，在遇到学习困难的时候，借助各种App辅助问题解决的学生最多，请老师指点已不是学生必备的解决问题的方式，学生已具备基本的信息获取与检索能力。基于此，“如何遴选优质教学资源，促进学生的学习”的很多指导性策略可以有效实施。

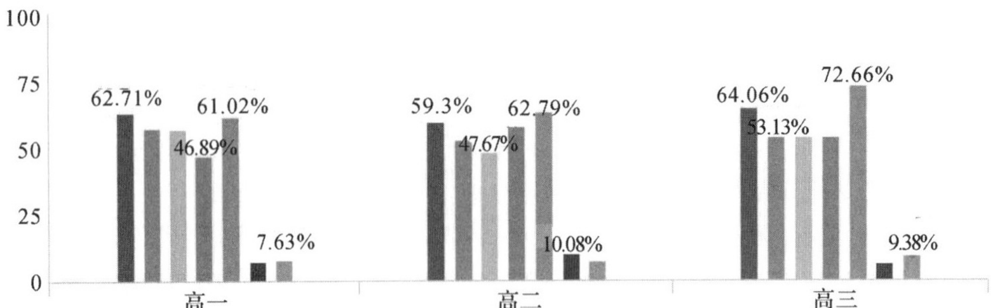

图4　学生的自我学习管理方面的调研

第三，疫情过后，在线学习资源的遴选策略同样具有指导意义。调查研究表明，教师和学生基本有一半多赞同开设在线课程，特别是家长层面，非常赞同并接受这一新兴的教学形式，并希望以后多开展。可见，疫情过后，在线学习资源的遴选策略同样具有指导意义。

（二）对比研究

通过问卷调研实证可知：在家长层面，大部分家长对线上课程抱有期待；对学生关注的家长，更多地会听取教师的资源推荐意见；家长大多愿意选择学校或教师推荐的平台；家长选课主观意识明显，学生在线课程选择受影响。在学生层面，学生在线平台选择存在依赖心理；多数学生认可线上学习；一线教师参与的相关平台，学生的满意度偏高；学生已具备基本的信息获取与检索能力。在教师层面，教师措手不及，无暇顾及额外在线资源的遴选指导。因此，为了找寻帮助高中生遴选在线平台资源的应对策略，笔者展开了对比研究，具体情况如图5所示。

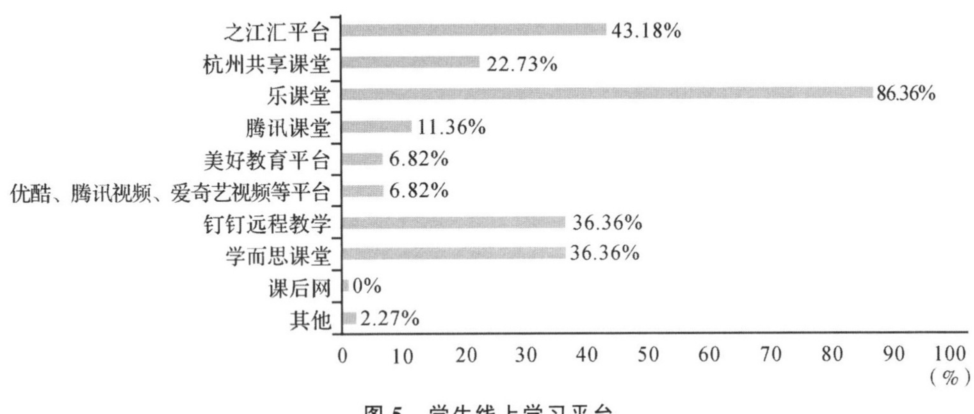

图5　学生线上学习平台

1.梳理调查中用的较多的在线平台特色、适用群体纵向对比研究

问卷调查中，学生常用的平台如图6所示。除此之外，还有在智慧树、新东方、

华数 TV、一网通、腾讯课堂等平台学习的学生。直播课堂的教学，每个学校有固定的安排，无须学生去遴选，但很多学生回到家里，自由地分配自己的时间和学习的时候，往往会听从父母的话去选择更多在线课程来学习，忽略学校课程的学习。

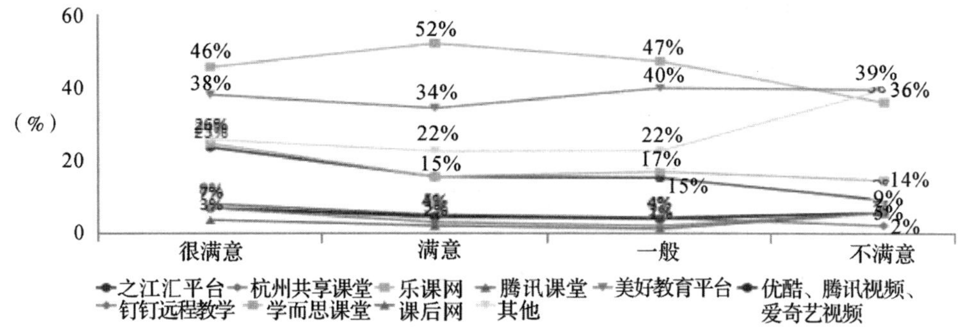

图 6　线上平台选择与线上学习的满意度交叉卡方分析

教育局主办的相关平台，学生的满意度偏高。由图 6 可见，从之江汇平台（之江汇平台是面向浙江省筛选优秀一线教师来开展网络同步课程和直播课程的平台）在线课程学习效果满意度来看，选择之江汇平台的学生越多，学生的线上课程学习满意度越高。相反，由选择其他平台的第三条黄色线的趋势可见，选择越多，越趋于不满意。

笔者结合问卷调研和文献调研，制作思维导图（如图 7 所示），做平台分析。

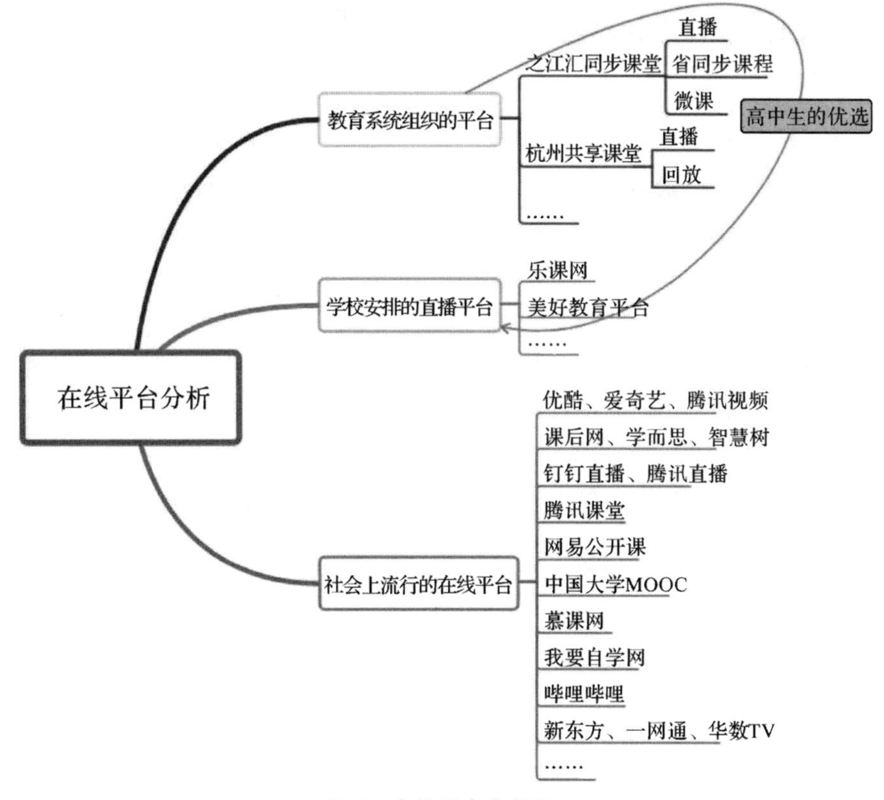

图 7　在线平台分析图

比如:之江汇广场的主要课程分为三个系列,即同步课程、直播课程、点播课程。杭州共享课堂,主要是直播课程、录播课程,每周会提前推出本周课表,供学生选择使用。

在线平台分析图,如图 7 所示。

2.针对直播课程、同步课程展开优势研究

①直播课堂多连线,即时评价激兴趣。

居家学习上空中课堂,最缺少的就是“互动与交流”。利用直播的形式最大的好处就是加入“生生互动、生师互动”,直播课堂上的每一次评价都是孩子和家长努力的方向,会激发孩子继续学习的兴趣。

②同步课程“随时、及时、同时”三个“时”保障。

【随时】——同步课程以微课和辅助资源形式组成,定期更新,每个微课程不超过 20 分钟,随时随地暂停,自由度大。

【及时】——同步课程的在线检测和作业指导,让教师可以及时反思自己的教学,及时评价反馈学生的学习成效,为下一次同步微课的备课做好准备。

【同时】——同步课程的在线讨论环节,让师生间、生生间均可看到围绕同一个问题的研讨、思想的碰撞,构建新的知识,激发新兴趣。线上学习,关键是锻练学生的自律能力、自控能力和自主能力。

从提出问题,到微课学习、实践操作、作业检测、线上答疑、在线讨论,这可以成为学生线上自主学习的基本样态。通过学生的自学笔记和作业反馈,我们也可见这种学习的效果。

(三)实践研究

笔者在浙江省用的最广泛的之江汇平台开展了省网络同步课程《编程如此迷人》。2020 年线上线下同步教学开展,如何有效遴选数字化学习资源,是学习效果最优化的重要保证。基于此,笔者决定亲自实践开设这门课程,在开展“网络同步课程”时,我们碰到很多问题,比如学习环境的改变,毕竟我们学生在家里的学习场地、学习设备和心理状态都有别于学校,有的父母心疼孩子平时在校学习辛苦,所以在家里尽量营造轻松舒适的氛围,因此,本人决定打破常规的教学模式,展廾项目式教学,让学生像“玩游戏一般”逐层突破难点,通过一个一个小程序的实现,反向激励自己的学习。教学结构如图 8 所示。

【实施举措】

“同步课堂”采用项目教学,以“问题导向—任务驱动—线上指导—在线答疑—在线讨论—作业点评—线上测评”为主要方式组织学生进行线上学习,针对学习者特征设计教学,课堂内外双向辅助学习,反馈评价,动态调整后续教学设计。每堂课设计包括:课前一问题引导、兴趣激发,课中一情境引导、实践演练,课后一答疑检测、头脑风暴,具体情况如图 9 所示。

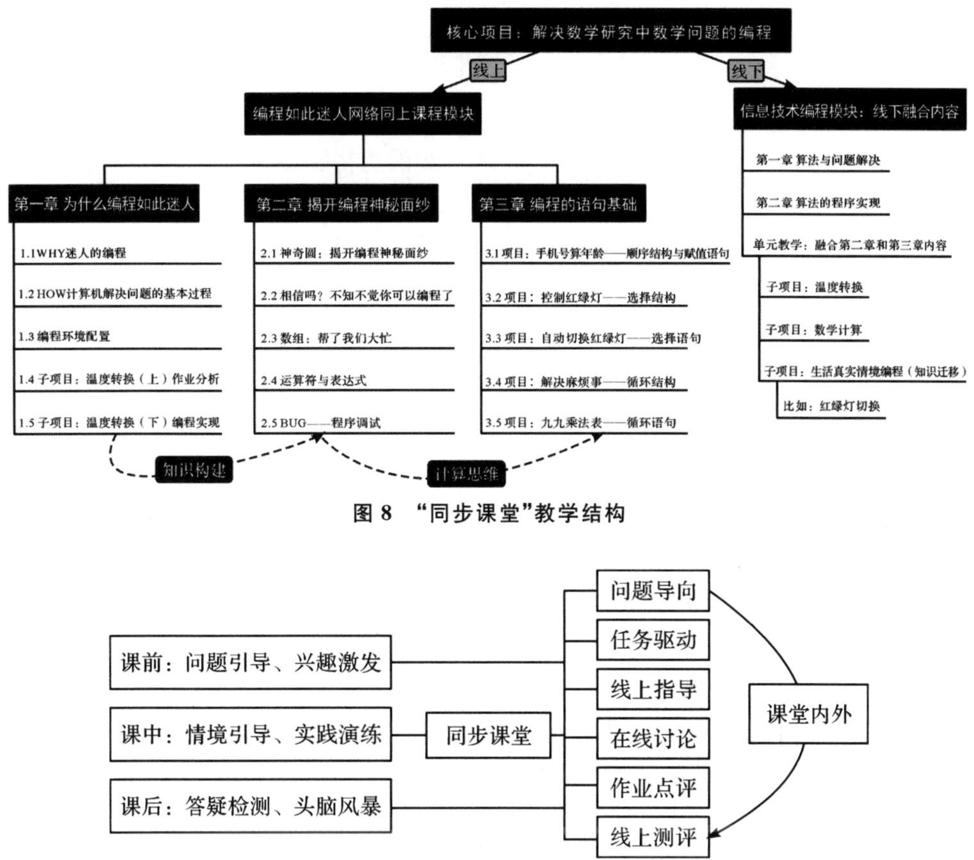

图 8 “同步课堂”教学结构

图 9 “同步课堂”教学模式的构建

【课程评价】

笔者收集了学生和专家对本课程的评价，通过课程评价词云图（如图 10、图 11 所示），学习、计算机、编程、思维、知识、掌握、讲解、帮助、教学、解决问题等关键词可以看出，学生通过课程学习，体会到了编程实践，感知到了思维提升，愿意尝试解决实际问题，对老师的课程讲解比较认同，学生对该课程是喜欢的。

图 10 网络班级学生课程综合评价词云图

图 11　同步课程专家点评词云图

四、实践成效

第一，变革教学理念——学科核心素养提升，培养创新

选修了《编程如此迷人之 VB》这门课程的一个班级，相比另一个只有部分学生选修的班级做对比分析。通过线上的作业来看，一直坚持学习该课程的学生，动手实践能力与计算思维显著提升，抽象与建模能力明显提升，做出了很多创新性作品。

第二，变革教学形式——在线多终端教学，终身学习

同步网络课程充分利用技术的最新发展。如：之江汇教育广场结合先进教学理念，是力求变革传统教学方式，提高学生学习主动性和积极性；之江汇同步课程学习利用电脑、手机等多终端教学，随时随地学习，具有学习时间自由分散、学习内容片段小、学习过程个性化、学习过程慢慢消化等特点。

第三，变革能力素养——师生素养共增，教学相长

对学生来说，转变学习方式，在信息意识、数字化学习与创新、计算思维、信息社会与责任等适用于终身学习的信息技术学科核心素养能力上得到新的提升与发展。对于教师而言，敢于挑战传统的教学理念和教学方式，努力探求属于自己的课程模式。笔者今年在此研究基础上杭州市课题立项“基础教育 OMO 教学策略研究——以高中信息技术线上线下融合互动教学设计策略为例”。

第四，变革学生思维——计算思维提升，超越课堂

笔者开发的每一节微课项目都设置有“基础作业项目、主题讨论、能力提升闯关项目”等内容，并配有学法指导。当课程实施一个月的时候，笔者惊喜地发现，很多按课程要求认真完成课后项目的学生，在仅仅学了两章的算法基础内容，不涉及具体算法的时候，竟能独立编程实现“心理测试、幸运抽奖、vb 音乐播放器、求点赞等更生活化的创意作品”（如图 12 所示），并积极主动地在之江汇上提交自己的作品代码，还录像展示效果和大家分享。

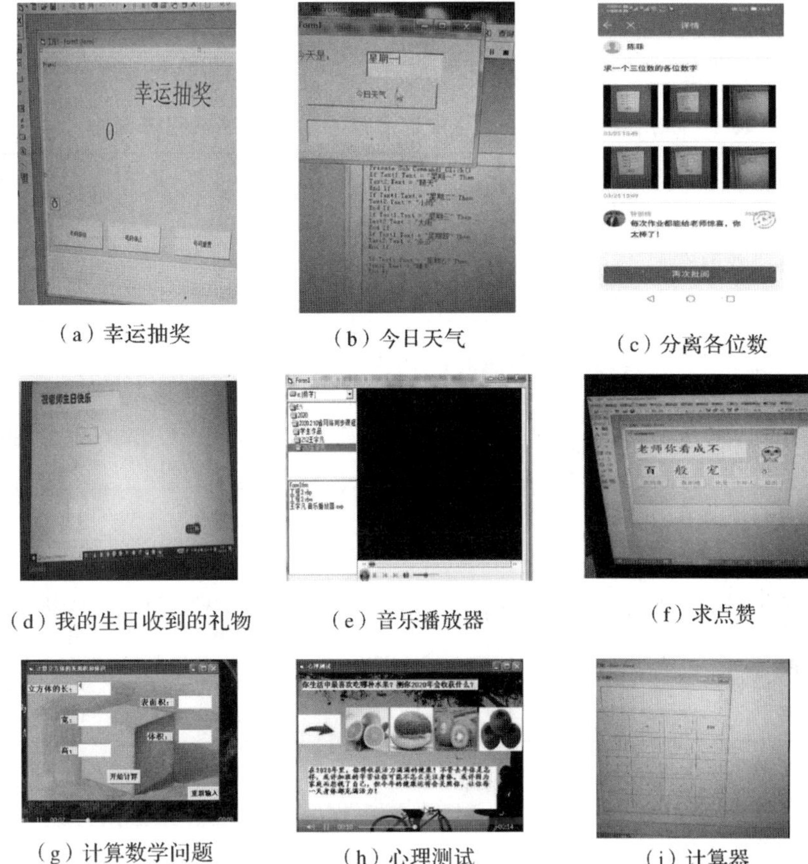

（a）幸运抽奖　（b）今日天气　（c）分离各位数

（d）我的生日收到的礼物　（e）音乐播放器　（f）求点赞

（g）计算数学问题　（h）心理测试　（i）计算器

图 12　同步课程学生创意作品

基于心理学理论的共生效应与成就动机，笔者也会将优秀作业在群里发布，与大家共享，同时，也激发了更多学生的编程兴趣。有的学生跟我说：“老师，编程真好，刚开始一个小时都编不出老师的作业，但一直努力，当实现程序的一刹那，成就感、喜悦感爆棚，也就浪费了我一点玩游戏的时间，还是编程更有趣儿。”

五、遴选策略

策略 1：在线学习资源“课程协作”策略，优化学习效果

学生可以根据自己的薄弱学科，分学科有针对性地梳理不同平台、不同类别课程的优质课程。整合课程优势，遴选适合自己的薄弱课题展开学习，节省时间，提高学习效果。比如，以高中信息技术学科为例，梳理杭州共享课堂与之江汇广场的线上课程。

1. 杭州共享课堂——高中信息技术学科在线课程资源推荐

杭州共享课堂——高中信息技术学科在线课程资源推荐，见表1。

表1 杭州共享课堂——高中信息技术学科在线课程资源推荐

序号	课题	主讲教师	单位	适用年级	点播链接
1	对分查找的有序性	沈晓恬	杭州学军中学	高二	https://www.wasu.cn/Play/show/id/9873279
2	进制转换的程序实现	李建江	杭州第十四中学	高二	https://www.wasu.cn/Play/show/id/9877922
3	冒泡排序的优化及拓展	高成英	浙江大学附属中学	高二	https://www.wasu.cn/Play/show/id/9883496
4	选择排序及其应用	周斌	杭州高级中学	高二	https://www.wasu.cn/Play/show/id/9888565
5	算法中的最值问题	谢宛辰	杭州学军中学	高二	https://www.wasu.cn/Play/show/id/9894395
6	字符的加密与解密	刘正阳	杭州第十一中学	高二	https://www.wasu.cn/Play/show/id/9904834
7	信息技术基础选考复习策略	钱华斌	杭师大附中	高三	https://www.wasu.cn/Play/show/id/9861999
8	多媒体技术应用选考复习策略	卢华	杭州第十四中学	高三	https://www.wasu.cn/Play/show/id/9861998
9	志愿者问题的算法解析(1月选考第16题)	何杭广	杭州高级中学	高三	https://www.wasu.cn/Play/show/id/9873287
10	矩阵专题复习	胡旭红	杭州第二中学	高三	https://www.wasu.cn/Play/show/id/9877923
	……				

杭州共享课堂是由杭州市教育局主办的，在华数互联网电视/华数TV手机客户端同步上线，因此对杭州各区的教学更有针对性。各区选出优秀教师来开展每个专题的课程，分高一、高二、高三三个阶段的课堂，每周推出两堂信息技术课程。每一个主题是一个专题的复习。

2. 之江汇同步课程——高中信息技术学科在线课程资源推荐

之江汇同步课程——高中信息技术学科在线课程资源推荐，见表 2。

表 2 之江汇同步课程——高中信息技术学科在线课程资源推荐

序号	课题	主讲教师	单位	适用年级	点播链接
1	高中信息技术学考选考（部分）新课导学	郑陈铅	宁波市五乡中学	高一 高二	http://ke. zjer. cn/index. php?r=curricula/syncourse/info&id=303535
2	高中技术学考选考综合复习和备考精题精讲	范肖霞	浙江省天台平桥第二中学	高二 高三	http://ke. zjer. cn/index. php?r=curricula/syncourse/info&id=300491
3	高中信息技术算法与程序设计同步课程	汪肖君	浙江省天台平桥第二中学	高二	http://ke. zjer. cn/index. php?r=curricula/syncourse/info&id=300569
4	编程如此迷人之 VB	钟丽楠	杭州市萧山区第十高级中学	高一 高二	http://ke. zjer. cn/index. php?r=curricula/syncourse/info&id=302785
5	高中信息技术知识点（软件相关）	孔丽亚	杭州市长河高级中学	高二	http://ke. zjer. cn/index. php?r=curricula/syncourse/info&id=303819
6	常见算法及其程序实现	练炜波	浙江省庆元中学	高二	http://ke. zjer. cn/index. php?r=curricula/syncourse/info&id=300801
7	高中选考之排序算法	陈斌	温岭市第二中学	高二 高三	http://ke. zjer. cn/index. php?r=curricula/syncourse/info&id=303081
8	算法早知道，课上没烦恼——常见算法解析	王静雯	宁波市第三中学	高二 高三	http://ke. zjer. cn/index. php?r=curricula/syncourse/info&id=301851
9	算法与程序设计的项目化实践	侯根林	湖州新世纪外国语学校	高二 高三	http://ke. zjer. cn/index. php?r=curricula/syncourse/info&id=302257
10	多媒体技术应用	刘超	丽水学院附属高级中学	高二 高三	http://ke. zjer. cn/index. php?r=curricula/syncourse/info&id=301709
	……				

之江汇教育广场面向浙江省筛选优秀教师来开展网络同步课程和直播课程，教

师资源非常优秀。但根据课程设置来看，杭州市的学生可以选择与自己所学知识模块相关的同步课程，同步课程以微课形式展开，每一门课程是一个完整的课程，至少12课时，有同步作业、在线研讨、在线答疑、在线检测等，还可以获得学分。

策略2：知识精准化遴选策略，利用思维导图，定制学生个性化知识管理图

(1)制作可视化笔记，促进学生知识整理与积累

思维导图能用文字将你大脑中的想法“画出来”。学生通常通过教学笔记，记录重难点、教学设计等，因而笔记是学生知识创造的基石。而利用思维导图将学生重要的思想、知识通过图像、文字、符号等记录下来，从一个主题中心扩展开来，通过一张可视化的图像来清晰地展示自己所掌握的知识。不仅可以理清教学内容，帮助教学设计；还可展示自己在学习过程中思考的痕迹，一张张整理好的知识图纸，恰恰是学生宝贵知识的积累。

(2)记录思维轨迹，促进学生专业成长

学生通过一张张可视化的教学笔记，完善自己的知识体系，记录自己的思维轨迹，帮助自己直观地了解已有的知识储备，指导自己更有效地规划未来发展蓝图，促进自己的全面发展。此外，教师可以使用思维导图作为教学工具，思维导图教学既新颖又独特，文字与图像结合，重点知识点一目了然，同样会增加学生的学习兴趣，利于学生的个人成长。

(3)思维导图促进隐性知识显性化

利用思维导图，聚集学生的各种零碎思想，这些零碎思想即是学生的隐性知识，虽然不能像显性知识一样用文字清晰地表达出来，但可以通过思维导图将脑中所想展示出来，便于学生直观地思考交流，极大地激发学生的想象力，对于学生的隐性知识显性化有极大的促进作用。

六、思考展望

通过对调研数据、实践成效中学生的编程作品以及线下课程后的调研进行分析发现，家长和学生有超过一半人非常赞同开设在线课程，也有很多教师实践中察觉线上线下课程可以相互促进，更多地开始研究在线平台，这对以后指导学生遴选线上学习平台有很好的促进作用。笔者也开展了相关系列的新课题“基础教育OMO教学策略研究——以高中信息技术线上线下融合互动教学设计策略为例”，该课题也有幸同时在2021年杭州市教科研课题与2021年杭州市现代教育技术类教师小课题立项(立项编号2021X517)，希望继续开展深入研究。

参考文献

[1] 中华人民共和国教育部.普通高中信息技术课程标准(2017版)[S].北京：人民教育出版社，2017.

[2] 刘智敏，独知行，于胜文，等.思维导图方法的教学实践[J].测绘科学，2016(9)：186-190.

[3] 胡永斌.“互联网+”背景下美国K-12教育转型分析[J].中国电化教育，2016(3)：33-38.

[4] 闫守轩.思维导图：优化课堂教学的新路径[J].教育科学，2016(3)：24-28.